토익® 정기시험
기출문제집 2
1000
LISTENING

정답 및 해설

기출 TEST 1

1 (B)	**2** (C)	**3** (D)	**4** (A)	**5** (D)
6 (C)	**7** (A)	**8** (C)	**9** (B)	**10** (C)
11 (C)	**12** (C)	**13** (B)	**14** (A)	**15** (A)
16 (C)	**17** (B)	**18** (C)	**19** (A)	**20** (A)
21 (B)	**22** (B)	**23** (B)	**24** (A)	**25** (C)
26 (B)	**27** (A)	**28** (C)	**29** (C)	**30** (C)
31 (B)	**32** (C)	**33** (B)	**34** (D)	**35** (D)
36 (B)	**37** (A)	**38** (B)	**39** (B)	**40** (C)
41 (C)	**42** (B)	**43** (A)	**44** (D)	**45** (C)
46 (B)	**47** (D)	**48** (C)	**49** (A)	**50** (A)
51 (B)	**52** (C)	**53** (D)	**54** (C)	**55** (A)
56 (B)	**57** (C)	**58** (D)	**59** (D)	**60** (C)
61 (A)	**62** (B)	**63** (D)	**64** (D)	**65** (B)
66 (C)	**67** (A)	**68** (C)	**69** (B)	**70** (B)
71 (B)	**72** (C)	**73** (B)	**74** (D)	**75** (C)
76 (A)	**77** (B)	**78** (A)	**79** (C)	**80** (D)
81 (C)	**82** (A)	**83** (B)	**84** (A)	**85** (A)
86 (A)	**87** (B)	**88** (D)	**89** (A)	**90** (C)
91 (B)	**92** (B)	**93** (D)	**94** (A)	**95** (C)
96 (B)	**97** (D)	**98** (B)	**99** (C)	**100** (D)

PART 1

1　W-Am

(A) A woman is painting a house.
(B) A woman is watering a plant.
(C) A woman is fixing a door.
(D) A woman is sweeping a walkway.

(A) 여자가 집을 페인트칠하고 있다.
(B) 여자가 식물에 물을 주고 있다.
(C) 여자가 문을 고치고 있다.
(D) 여자가 통로를 쓸고 있다.

어휘　fix 고치다　sweep 쓸다　walkway 통로

해설　1인 등장 사진 – 사람의 동작/상태 묘사

(A) 동사 오답. 여자가 집을 페인트칠 하고 있는(painting a house) 모습이 아니므로 오답.
(B) 정답. 여자가 식물에 물을 주고 있는(watering a plant) 모습이므로 정답.
(C) 동사 오답. 여자가 문을 고치고 있는(fixing a door) 모습이 아니므로 오답.

(D) 동사 오답. 여자가 통로를 쓸고 있는(sweeping a walkway) 모습이 아니므로 오답.

2　M-Cn

(A) They're folding some papers.
(B) They're putting a picture in a frame.
(C) They're studying a drawing.
(D) They're closing a window.

(A) 사람들이 종이를 접고 있다.
(B) 사람들이 액자에 그림을 넣고 있다.
(C) 사람들이 도면을 검토하고 있다.
(D) 사람들이 창문을 닫고 있다.

어휘　frame 액자　drawing 도면

해설　2인 이상 등장 사진 – 사람의 동작/상태 묘사

(A) 동사 오답. 사람들이 종이를 접고 있는(folding some papers) 모습이 아니므로 오답.
(B) 동사 오답. 사람들이 액자에 그림을 넣고 있는(putting a picture in a frame) 모습이 아니므로 오답.
(C) 정답. 사람들이 도면을 검토하고 있는(studying a drawing) 모습을 잘 묘사했으므로 정답.
(D) 동사 오답. 사람들이 창문을 닫고 있는(closing a window) 모습이 아니라 창문(window)은 이미 닫혀 있는(closed) 상태이므로 오답.

3　W-Br

(A) The man is turning on a light.
(B) The man is giving the woman a book.
(C) The woman is posting signs on a wall.
(D) The woman is typing on a keyboard.

(A) 남자가 불을 켜고 있다.
(B) 남자가 여자에게 책을 주고 있다.
(C) 여자가 벽에 팻말을 붙이고 있다.
(D) 여자가 키보드를 치고 있다.

어휘　turn on 켜다　post 게시하다

해설　2인 이상 등장 사진 – 사람의 동작/상태 묘사

(A) 동사 오답. 남자가 불을 켜고 있는(turning on a light) 모습이 아니므로 오답.
(B) 동사 오답. 남자가 여자에게 책을 주고 있는(giving the woman a book) 모습이 아니라 책을 들고 있는(holding a book) 모습이므로 오답.

(C) 동사 오답. 여자가 벽에 팻말을 붙이고 있는(posting signs on a wall) 모습이 아니므로 오답.

(D) 정답. 여자가 키보드를 치고 있는(typing on a keyboard) 모습이므로 정답.

4 M-Au

(A) Some clothing has been hung up.
(B) Some boxes are stacked on a cart.
(C) A bag has fallen on the floor.
(D) A chair has been pushed under a desk.

(A) 옷이 몇 벌 걸려 있다.
(B) 상자 몇 개가 카트에 쌓여 있다.
(C) 가방이 바닥에 떨어져 있다.
(D) 의자가 책상 아래에 밀려 들어가 있다.

어휘 hang up 걸다 stack 쌓다

해설 사물/배경 사진 – 실내 사물의 상태 묘사

(A) 정답. 옷(clothing)이 걸려 있는(hung up) 상태이므로 정답.

(B) 사진에 없는 명사를 이용한 오답. 사진에 상자(boxes)가 보이지 않으므로 오답.

(C) 명사 오답. 가방(bag)이 바닥에 떨어져 있는(fallen on the floor) 상태가 아니라 카트에 떨어져 있는(fallen on the cart) 상태이므로 오답.

(D) 전치사구 오답. 의자(chair)가 책상 아래에 밀려 들어간(pushed under a desk) 상태가 아니라 책상 옆에 밀려 있는(pushed next to a desk) 상태이므로 오답.

5 W-Am

(A) Some customers are paying for their meals.
(B) Some workers are washing dishes.
(C) Some food is being placed in a refrigerator.
(D) Some large cooking pots are on a counter.

(A) 손님 몇 사람이 식사비를 지불하고 있다.
(B) 직원 몇 사람이 설거지를 하고 있다.
(C) 냉장고에 음식을 넣고 있다.
(D) 큰 조리용 냄비 몇 개가 조리대 위에 있다.

어휘 meal 식사 refrigerator 냉장고

해설 2인 이상 등장 사진 – 사람 또는 사물 중심 묘사

(A) 동사 오답. 식사비를 지불하고 있는(paying for their meals) 손님이 보이지 않으므로 오답.

(B) 동사 오답. 직원들이 설거지를 하고 있는(washing dishes) 모습이 아니므로 오답.

(C) 동사 오답. 음식(food)을 냉장고에 넣고 있는(is being placed in a refrigerator) 모습이 아니므로 오답.

(D) 정답. 큰 조리용 냄비(cooking pots)가 조리대 위에 있는(are on a counter) 상태이므로 정답.

6 M-Cn

(A) Runners are lined up for the start of a race.
(B) Some people are cheering for a sports team.
(C) An athletic field is located near some trees.
(D) Lawn mowers are being used to cut the grass.

(A) 주자들이 경주를 시작하기 위해 나란히 서 있다.
(B) 몇 사람이 스포츠팀을 응원하고 있다.
(C) 나무들 가까이에 육상 경기장이 있다.
(D) 잔디 깎는 기계를 사용해 잔디를 깎고 있다.

어휘 cheer for ~을 응원하다 athletic field 육상 경기장 lawn mower 잔디 깎는 기계

해설 2인 이상 등장 사진 – 사람 또는 사물 중심 묘사

(A) 동사 오답. 경주를 시작하기 위해 나란히 서 있는(lined up for the start of a race) 주자들(runners)이 보이지 않으므로 오답.

(B) 동사 오답. 스포츠팀을 응원하고 있는(cheering for a sports team) 사람이 보이지 않으므로 오답.

(C) 정답. 육상 경기장(athletic field)이 나무들 가까이에 있는(located near some trees) 상태이므로 정답.

(D) 동사 오답. 잔디 깎는 기계(lawn mowers)로 잔디를 깎고 있는(are being used to cut the grass) 모습이 아니므로 오답.

PART 2

7

W-Br Who wants to organize the patient files?
M-Au **(A) Min-Su would like to.**
(B) Our phone number has changed.
(C) A well-run organization.

환자 파일 정리 작업 하고 싶으신 분 있나요?
(A) 민수요.
(B) 저희 전화번호가 바뀌었어요.
(C) 잘 운영되는 조직이에요.

어휘 organize 정리하다 patient 환자 run 운영하다 organization 조직, 단체

해설 작업 지원자를 묻는 Who 의문문

(A) 정답. 파일 작업 지원자를 묻는 질문에 민수라는 구체적인 인물로 응답했으므로 정답.

(B) 연상 단어 오답. 질문의 patient files에서 연상 가능한 phone number를 이용한 오답.

(C) 파생어 오답. 질문의 organize와 파생어 관계인 organization을 이용한 오답.

8

W-Am Why didn't Miranda shut down the computers yesterday?

M-Cn (A) Yes, my new laptop.
(B) Outside of office 101.
(C) Because she left early.

미란다는 왜 어제 컴퓨터를 끄지 않았나요?
(A) 예, 제 새 노트북이요.
(B) 101호 사무실 밖이요.
(C) 어제 일찍 퇴근했거든요.

어휘 shut down 끄다

해설 컴퓨터를 끄지 않은 이유를 묻는 Why 의문문

(A) Yes/No 불가 오답. Why 의문문에는 Yes/No 응답이 불가능하므로 오답.

(B) 질문과 상관없는 오답. Where 의문문에 대한 응답이므로 오답.

(C) 정답. 미란다가 컴퓨터를 끄지 않은 이유를 묻는 질문에 일찍 퇴근했기 때문이라며 적절한 이유를 댔으므로 정답.

9

M-Au Would you like the pie or the pudding for dessert?

W-Br (A) About five dollars.
(B) The pie sounds delicious.
(C) I just put it on.

후식으로 파이를 드시겠습니까, 푸딩을 드시겠습니까?
(A) 약 5달러예요.
(B) 파이가 맛있겠네요.
(C) 그냥 입었어요.

어휘 delicious 맛있는

해설 후식으로 무엇을 먹을지 묻는 선택 의문문

(A) 질문과 상관없는 오답. 가격을 묻는 How much 의문문에 대한 응답이므로 오답.

(B) 정답. 후식으로 파이와 푸딩 중 어떤 것을 먹을지를 묻는 질문에 파이가 맛있겠다며 선택 사항 중 하나를 택해 구체적으로 응답하였으므로 정답.

(C) 유사 발음 오답. 질문의 pudding과 발음이 유사한 put it을 이용한 오답.

10

M-Cn Didn't you read Mr. Kim's memo?

M-Au (A) He used to live there.
(B) A newspaper article.
(C) Yes, I read it this morning.

김 씨 메모 못 보셨어요?
(A) 그는 한때 거기 살았어요.
(B) 신문 기사요.
(C) 아니요, 오늘 아침에 읽었어요.

어휘 used to (한때) ~했다   article 기사

해설 메모를 봤는지 묻는 부정 의문문

(A) 질문과 상관없는 오답.

(B) 연상 단어 오답. 질문의 read에서 연상 가능한 newspaper article을 이용한 오답.

(C) 정답. 김 씨의 메모를 보았는지 확인하는 질문에 Yes라고 대답한 후에 메모를 본 구체적인 시점을 언급했으므로 정답.

11

W-Br We can put a seafood dish on the menu, can't we?

W-Am (A) They're in a stack over there.
(B) A restaurant with a view of the ocean.
(C) We can if you'd like.

메뉴에 해물 요리 넣을 수 있죠, 그렇죠?
(A) 저기 쌓여 있어요.
(B) 바다 전망이 있는 식당이요.
(C) 원하신다면 가능해요.

어휘 stack 쌓아 올린 더미

해설 해물 요리 포함 여부를 묻는 부가 의문문

(A) 연상 단어 오답. dish에서 연상 가능한 보관 방법인 쌓여 있는(in a stack) 상태를 이용한 오답.

(B) 연상 단어 오답. 질문의 seafood dish와 menu에서 연상 가능한 restaurant를 이용한 오답.

(C) 정답. 메뉴에 해물 요리를 넣을 수 있는지 여부를 묻는 질문에 Yes를 생략한 채 원한다면 가능하다고 응답하고 있으므로 정답.

12

W-Am Who managed the flower store last year?

M-Cn (A) No, a monthly order.
(B) Some yellow roses, please.
(C) Marta did it.

지난해에 누가 꽃집을 관리했죠?
(A) 아니요, 월간 주문이에요.
(B) 노란 장미 몇 송이 주세요.
(C) 마르타가 했어요.

어휘 manage 관리하다

해설 꽃집 관리자를 묻는 Who 의문문

(A) Yes/No 불가 오답. Who 의문문에는 Yes/No 응답이 불가능하므로 오답.

(B) 연상 단어 오답. 질문의 flower store에서 연상 가능한 roses를 이용한 오답.

(C) 정답. 누가 꽃집을 관리했는지를 묻는 질문에 마르타라는 구체적인 인물로 응답했으므로 정답.

13

W-Br Do you mind filling out our customer-satisfaction survey?

M-Au (A) I filled the tank in the car yesterday.
(B) **Sure, I can do that.**
(C) The stairs are around the corner.

고객 만족도 설문조사지를 작성하시겠어요?
(A) 어제 차 탱크를 채웠어요.
(B) **물론이죠, 할 수 있어요.**
(C) 모퉁이를 돌면 계단이에요.

어휘 fill out 작성하다 customer-satisfaction survey 고객 만족도 설문조사지 stairs 계단

해설 설문조사지를 작성하겠는지 요청하는 의문문

(A) 유사 발음 오답. 질문의 filling과 부분적으로 발음이 유사한 filled를 이용한 오답.

(B) 정답. 설문조사지 작성을 요청하는 질문에 좋다고 수락했으므로 정답.

(C) 질문과 상관없는 오답. Where 의문문에 대한 응답이므로 오답.

14

M-Cn Why aren't those workers wearing their uniforms?

W-Br (A) **Because they just finished their shift.**
(B) I did work in manufacturing.
(C) A green shirt and jacket.

저 직원들은 왜 유니폼을 안 입었나요?
(A) **방금 교대근무를 마쳤거든요.**
(B) 저는 제조 분야에서 일했어요.
(C) 초록색 셔츠와 재킷이요.

어휘 shift 교대근무 manufacturing 제조

해설 유니폼 미착용 이유를 묻는 Why 의문문

(A) 정답. 직원들이 유니폼을 입지 않은 이유를 묻는 질문에 방금 교대근무를 마쳤기 때문이라며 적절한 이유를 댔으므로 정답.

(B) 유사 발음 오답. 질문의 workers와 발음이 일부 유사한 work를 이용한 오답.

(C) 연상 단어 오답. 질문의 wearing과 uniforms에서 연상 가능한 shirt와 jacket을 이용한 오답.

15

M-Au Do you want me to ask Jake about the report?

W-Br (A) **Yes, that's a good idea.**
(B) Somewhere on your desk.
(C) How was the conference?

제가 제이크에게 보고서에 관해 물어볼까요?
(A) **예, 좋은 생각이에요.**
(B) 책상 위 어딘가에요.
(C) 회의 어땠어요?

어휘 conference 회의

해설 보고서에 관해 물어보길 원하는지 묻는 의문문

(A) 정답. 제이크에게 보고서에 관해 물어보지를 제안하는 질문에 좋은 생각이라며 찬성했으므로 정답.

(B) 연상 단어 오답. report에서 연상 가능한 장소(on the desk)를 이용한 오답.

(C) 연상 단어 오답. 질문의 report에서 연상 가능한 conference를 이용한 오답.

16

W-Br Should I display the data on a chart or on a graph?

W-Am (A) They're more energy efficient.
(B) No, that can't be right.
(C) **A graph would be better.**

데이터를 차트로 표시해야 할까요, 아니면 그래프로 표시해야 할까요?
(A) 그것들이 에너지 효율이 더 높아요.
(B) 아니요, 그럴 리가 없어요.
(C) **그래프가 낫겠어요.**

어휘 energy efficient 에너지 효율이 높은

해설 데이터를 무엇으로 표시할지 묻는 선택 의문문

(A) 연상 단어 오답. 질문의 data에서 연상 가능한 분석 결과(energy efficient)를 이용한 오답.

(B) Yes/No 불가 오답. 선택 의문문에는 Yes/No 응답이 불가능하므로 오답.

(C) 정답. 데이터 표시 방법을 묻는 선택 의문문에 그래프가 낫겠다며 선택 사항 중 하나를 택해 구체적으로 응답했으므로 정답.

17

W-Am Where can I get breakfast near this hotel?

M-Au (A) Cream and sugar, please.
(B) **Well, you have a few options.**
(C) I believe so.

이 호텔 근처에 아침 먹을 만한 곳이 어디예요?
(A) 크림과 설탕 주세요.
(B) **고를 만한 곳이 몇 군데 있어요.**
(C) 전 그렇게 생각해요.

어휘 option 선택권

(A) 연상 단어 오답. breakfast에서 커피를 연상하게 하여 cream and sugar를 이용한 오답.

(B) 정답. 호텔 근처에서 아침을 먹을 만한 장소를 묻는 질문에 고를 만한 곳이 몇 군데 있다며 우회적으로 응답했으므로 정답.

(C) 질문과 상관없는 오답.

18

M-Au What was our net profit for the second quarter?

W-Am (A) No, he arrived first.
(B) At the new tennis club.
(C) Ten thousand dollars.

2분기 순수익이 얼마였죠?
(A) 아니요, 그는 가장 먼저 도착했어요.
(B) 새로 생긴 테니스 동아리에서요.
(C) 1만 달러요.

어휘 net profit 순수익 quarter 분기

해설 순수익을 묻는 What 의문문

(A) Yes/No 불가 오답. What 의문문에는 Yes/No 응답이 불가능하므로 오답.

(B) 연상 단어 오답. 질문의 net에서 연상 가능한 tennis를 이용한 오답.

(C) 정답. 순수익을 묻는 질문에 1만 달러라고 구체적인 수치로 응답하고 있으므로 정답.

19

M-Cn Why don't you check the prices at a different paint store?

W-Br **(A) Is there one that you suggest?**
(B) Check-in is at eleven o'clock.
(C) No, she's a photographer.

다른 페인트 가게에서 가격을 확인해 보시죠?
(A) 추천할 만한 곳 있으세요?
(B) 체크인은 11시입니다.
(C) 아니요, 그녀는 사진작가예요.

어휘 check-in 체크인, 숙박 절차

해설 가격을 확인해 보라고 제안하는 의문문

(A) 정답. 다른 페인트 가게에서 가격을 확인하라고 제안하는 질문에 추천할 만한 곳이 있는지 되묻고 있으므로 정답.

(B) 단어 반복 오답. 질문의 check를 반복 이용한 오답.

(C) 질문과 상관없는 오답.

20

M-Au When will the presentation begin?

W-Am **(A) Actually, I'm not presenting today.**
(B) The production numbers.
(C) A screen and a projector.

발표는 언제 시작하나요?
(A) 실은 저 오늘 발표 안 해요.
(B) 제품 번호요.
(C) 스크린과 프로젝터요.

어휘 presentation 발표(회), 프레젠테이션 actually 실은

해설 발표회 시작 시점을 묻는 When 의문문

(A) 정답. 발표회 시작 시점을 묻는 질문에 나는 오늘 발표를 안 하므로 발표회 시작 시점이 언제인지 모른다고 우회적으로 응답했으므로 정답.

(B) 연상 단어 오답. 질문의 presentation에서 연상 가능한 production을 이용한 오답.

(C) 연상 단어 오답. 질문의 presentation에서 연상 가능한 projector를 이용한 오답.

21

W-Br We're trying to cut our delivery times.

M-Cn (A) The cords are too long.
(B) Our customers will appreciate that.
(C) The boxes in the closet.

우리는 배송시간을 줄이려고 노력하고 있어요.
(A) 코드가 너무 길어요.
(B) 고객들이 환영할 거예요.
(C) 벽장에 있는 상자들이요.

어휘 cut 줄이다 delivery 배송 appreciate 환영하다 closet 벽장

해설 배송시간을 줄이려고 한다는 사실을 전달하는 평서문

(A) 연상 단어 오답. 평서문의 delivery times에서 연상 가능한 long을 이용한 오답.

(B) 정답. 배송시간을 줄이려고 노력하고 있다는 사실을 전달하는 평서문에 고객들이 환영할 거라고 긍정적인 반응을 전달하고 있으므로 정답.

(C) 연상 단어 오답. 평서문의 delivery에서 연상 가능한 boxes를 이용한 오답.

22

M-Cn How much juice should I buy for the staff meeting?

W-Br (A) Sure, I'll take the receipt to accounting.
(B) Everyone from the department's attending.
(C) Do you want to get some lunch now?

직원 회의 때 주스를 얼마나 사야 할까요?
(A) 그럼요, 영수증을 회계부로 가져갈게요.
(B) 부서 전원이 참석해요.
(C) 지금 점심 드실래요?

어휘 receipt 영수증 accounting 회계, 경리

해설 구입할 주스 양을 묻는 How much 의문문

(A) 연상 단어 오답. 질문의 staff meeting에서 연상 가능한 accounting을 이용한 오답.

(B) 정답. 직원 회의 때 주스를 얼마나 사야 하는지를 묻는 질문에 부서 전원이 참석한다며 우회적으로 구입해야 할 주스 양을 제시하고 있으므로 정답.

(C) 질문과 상관없는 오답.

23

W-Br Shouldn't you have left for your trip already?

M-Au (A) A couple of suitcases.
      (B) The flight was delayed.
      (C) Actually, it's on the right.

벌써 여행을 떠났어야 하는 거 아니에요?
(A) 여행가방 두 개요.
(B) 비행기가 지연됐어요.
(C) 실은 오른쪽에 있어요.

어휘 suitcase 여행가방 delay 지연시키다

해설 여행을 떠났어야 하는 것 아닌지 묻는 부정 의문문
(A) 연상 단어 오답. 질문의 trip에서 연상 가능한 suitcases를 이용한 오답.
(B) 정답. 여행을 떠나야 하는지를 확인하는 질문에 비행기가 지연됐다며 여행을 떠나지 못한 이유를 제시하고 있으므로 정답.
(C) 연상 단어 오답. 질문의 left에서 연상 가능한 right를 이용한 오답. left는 '왼쪽의'라는 형용사로도 사용되지만 이 문장에서는 leave(떠나다)의 과거분사로 쓰였다.

24

W-Br Has the warranty expired for our solar-powered lights?

M-Cn (A) No, we still have two more months.
      (B) On the wall beneath the whiteboard.
      (C) The session starts at ten A.M.

태양광 조명 보증이 만료되었나요?
(A) 아니요, 아직 두 달 남았어요.
(B) 화이트보드 아래 벽에요.
(C) 세션은 오전 10시에 시작해요.

어휘 warranty 보증 expire 만료되다 solar-powered 태양광의

해설 보증 만료 여부를 묻는 조동사(Have) Yes/No 의문문
(A) 정답. 태양광 조명 보증 만료 여부를 묻는 질문에 No라고 대답한 후에 아직 두 달 남았다며 그에 호응하는 추가 정보를 덧붙였으므로 정답.
(B) 질문과 상관없는 오답. 위치를 묻는 Where 의문문에 대한 응답이므로 오답.
(C) 질문과 상관없는 오답.

25

W-Am You've placed the supply order, haven't you?

M-Au (A) On the desk is fine.
      (B) It was a surprise party.
      (C) I just submitted the payment.

비품 주문하셨죠?
(A) 책상 위가 괜찮아요.
(B) 깜짝 파티였어요.
(C) 방금 결제했어요.

어휘 place an order 주문하다 supply 비품 submit a payment 결제하다

해설 비품 주문 여부를 확인하는 부가 의문문
(A) 질문과 상관없는 오답. 장소를 묻는 Where 의문문에 대한 응답이므로 오답.
(B) 유사 발음 오답. 질문의 supply와 부분적으로 발음이 유사한 surprise를 이용한 오답.
(C) 정답. 비품을 주문했는지 여부를 묻는 질문에 Yes를 생략한 채 방금 결제했다는 추가 정보로 응답하고 있으므로 정답.

26

M-Cn When are you showing your clients the house on Bell Street?

W-Am (A) On the third floor.
      (B) Tomorrow afternoon.
      (C) It's playing at the downtown theater.

고객들에게 벨 가에 있는 집을 언제 보여 줄 겁니까?
(A) 3층이요.
(B) 내일 오후요.
(C) 시내 극장에서 상연되고 있어요.

어휘 client 고객

해설 고객들에게 집을 보여 줄 시점을 묻는 When 의문문
(A) 연상 단어 오답. 질문의 house에서 연상 가능한 third floor를 이용한 오답.
(B) 정답. 고객들에게 집을 보여 줄 시점을 묻는 질문에 내일 오후라며 구체적인 시점으로 응답하고 있으므로 정답.
(C) 연상 단어 오답. 질문의 Bell Street에서 연상 가능한 downtown을 이용한 오답.

27

M-Cn How long will the building addition take to complete?

W-Br (A) I'm reviewing the plans now.
      (B) You can take that.
      (C) In the back of the truck.

건물 증축이 완료되는 데 얼마나 걸릴까요?
(A) 지금 설계도를 살펴보고 있어요.
(B) 가져가세요.
(C) 트럭 뒤편에요.

어휘 addition 추가 take (시간이) 걸리다

해설 증축 완료 기간을 묻는 How long 의문문
(A) 정답. 건물의 증축 완료 기간을 묻는 질문에 설계도를 살펴보고 있다며 우회적으로 응답하고 있으므로 정답.
(B) 단어 반복 오답. 질문의 take를 반복 이용한 오답.
(C) 질문과 상관없는 오답. 장소를 묻는 Where 의문문에 대한 응답이므로 오답.

28

M-Au Which envelope should I use to mail these photos?

W-Am (A) No, I'm not using it.
(B) By the post office.
(C) Are you sending them express?

이 사진들을 부치려면 어떤 봉투를 써야 하나요?
(A) 아니요, 안 쓰고 있어요.
(B) 우체국 옆이요.
(C) 속달로 보내실 건가요?

어휘 envelope 봉투 express 속달로

해설 어떤 봉투를 써야 할지를 묻는 Which 의문문

(A) Yes/No 불가 오답. Which 의문문에는 Yes/No 응답이 불가능하므로 오답.
(B) 연상 단어 오답. 질문의 mail에서 연상 가능한 post office를 이용한 오답.
(C) 정답. 사진들을 부치기 위해 어떤 봉투를 써야 할지를 묻는 질문에 속달로 보낼 것인지 되물으며 우편 종류를 선택해야 함을 우회적으로 알려주고 있으므로 정답.

29

M-Cn The quality-control team is inspecting the factory soon.

W-Am (A) Some spare parts.
(B) Thanks, it went well.
(C) Everything is ready.

품질관리팀이 곧 공장을 점검합니다.
(A) 여분의 부품이요.
(B) 고마워요, 잘 진행됐어요.
(C) 만반의 준비가 되었어요.

어휘 quality-control 품질관리 inspect 점검하다 part 부품

해설 공장을 곧 점검할 것이라는 정보를 전달하는 평서문

(A) 연상 단어 오답. 평서문의 factory에서 연상 가능한 parts를 이용한 오답.
(B) 연상 단어 오답. inspecting the factory에서 연상 가능한 잘 진행됐다(it went well)는 결과를 이용한 오답.
(C) 정답. 품질관리팀이 공장을 점검한다며 정보를 전달하는 평서문에 준비가 되었다는 상황을 알려 주고 있으므로 정답.

30

M-Cn Where's the nearest bus stop?

W-Br (A) They work closely together.
(B) He left it at home.
(C) I'm going there now.

가장 가까운 버스 정류장이 어디인가요?
(A) 그들은 긴밀히 협력합니다.
(B) 그는 그걸 집에 두고 왔어요.
(C) 제가 지금 거기로 가는 길이에요.

어휘 closely 긴밀히

해설 버스 정류장 위치를 묻는 Where 의문문

(A) 연상 단어 오답. 질문의 nearest에서 연상 가능한 closely를 이용한 오답.
(B) 질문과 상관없는 오답.
(C) 정답. 가장 가까운 버스 정류장 위치를 묻는 질문에 자신이 그곳으로 가는 길이라며 정류장으로 안내해 줄 것임을 우회적으로 제안하고 있으므로 정답.

31

M-Au Could I come to your office today to sign the rental contract?

W-Am (A) A one-bedroom apartment.
(B) I'll be here until five o'clock.
(C) Two thousand dollars a month.

오늘 임대차 계약하러 당신 사무실로 가도 될까요?
(A) 침실 1개짜리 아파트요.
(B) 다섯 시까지 여기 있을 거예요.
(C) 월 2,000달러입니다.

어휘 rental contract 임대차 계약

해설 계약하러 사무실에 가도 되는지 허락을 구하는 의문문

(A) 연상 단어 오답. 질문의 rental에서 연상 가능한 one-bedroom apartment를 이용한 오답.
(B) 정답. 계약을 위해 사무실로 가도 되는지 묻는 질문에 다섯 시까지라는 조건을 제시하고 있으므로 정답.
(C) 연상 단어 오답. 질문의 rental에서 연상 가능한 임대료 액수(Two thousand dollars)를 이용한 오답.

PART 3

32-34

M-Au Hi, Maria. **32Were you able to start on the wedding cakes yet?**

W-Br **32Yes, I've started on the Anderson order.** It's a little more complex than I thought it would be.

M-Au Yes, they're more complicated and they do take a little more time, but it'll be worth it.

W-Br Right. **33We can definitely increase our bakery's sales by offering wedding cakes.** Take a look—is the color of this frosting OK?

M-Au Actually, the order called for a dark pink. This is a little too pale. **34Let me get some more food coloring from the supply closet.**

남 안녕하세요, 마리아. **웨딩 케이크 작업 시작하셨나요?**

여 **예, 앤더슨 씨 주문 작업을 시작했어요.** 생각했던 것보다 조금 더 복잡하네요.

남 그래요, 더 복잡하고 시간이 좀 더 걸리긴 하지만 그만한 가치가 있을 거예요.

여 맞아요. **웨딩 케이크를 제공하면 분명 우리 제과점의 매출을 늘릴 수 있어요.** 보세요—이 프로스팅 색상 괜찮나요?

남 사실, 주문에선 짙은 분홍색을 요구했어요. 이건 좀 너무 옅네요. **비품 찬장에서 식용 착색제를 더 가져올게요.**

어휘 complex 복잡한 complicated 복잡한 definitely 분명 increase 늘리다 frosting 당의 pale 옅은 supply 비품 closet 찬장

32

Where is the conversation most likely taking place?

(A) At a hardware store
(B) At a clothing shop
(C) At a bakery
(D) At a pharmacy

대화는 어디에서 이루어지고 있겠는가?

(A) 철물점
(B) 의류점
(C) 제과점
(D) 약국

어휘 pharmacy 약국

해설 전체 내용 관련 – 대화 장소

대화 초반부에 남자가 웨딩 케이크 작업을 시작했는지(Were you able to start on the wedding cakes yet?) 묻는 말에 여자가 그렇다며 앤더슨 씨 주문 작업을 시작했다(Yes, I've started on the Anderson order)고 한 것으로 보아 화자들이 있는 장소는 제과점임을 알 수 있다. 따라서 정답은 (C)이다.

33

How do the speakers hope to increase sales?

(A) By advertising online
(B) By offering a new product
(C) By providing free delivery
(D) By discounting some items

화자들은 어떻게 매출을 늘리기 바라는가?

(A) 온라인 광고
(B) 신제품 제공
(C) 무료 배송 제공
(D) 일부 품목 할인

어휘 advertise 광고하다 delivery 배송

해설 세부사항 관련 – 매출 증대 방법

여자가 두 번째 대사에서 웨딩 케이크 제공으로 제과점의 매출을 늘릴 수 있다(We can definitely increase our bakery's sales by offering wedding cakes)고 했으므로 정답은 (B)이다.

▸▸ Paraphrasing 대화의 wedding cakes → 정답의 a new product

34

What will the man do next?

(A) Contact a vendor
(B) Talk to a colleague
(C) File some invoices
(D) Get some more supplies

남자는 다음으로 무엇을 할 것인가?

(A) 판매자에게 연락한다.
(B) 동료에게 이야기한다.
(C) 송장을 보관한다.
(D) 비품을 더 가져온다.

어휘 vendor 판매자 colleague 동료 invoice 송장

해설 세부사항 관련 – 남자가 다음에 할 행동

남자가 마지막 대사에서 비품 찬장에서 식용 착색제를 더 가져오겠다(Let me get some more food coloring from the supply closet)고 했으므로 정답은 (D)이다.

▸▸ Paraphrasing 대화의 food coloring → 정답의 supplies

35-37

M-Cn Hi, Joanne. I didn't know you rode a bike to work. When did you start doing that?

W-Am Last week. **35The town just added a new bike lane on Felton Road**, so now I can ride here.

M-Cn That's great. I heard the town government is planning to add bike lanes on some other roads too.

W-Am It's really convenient. **36My commute to work used to be an hour by bus, and now it's only 25 minutes.**

M-Cn Wow. You know, **37I'm a member of a local bike-riding club that takes tours on the weekends. You should join.** It's a great group.

남 안녕하세요, 조앤. 자전거를 타고 출근한 줄 몰랐어요. 언제부터 그러셨어요?

여 지난주부터요. **얼마 전 시에서 펠턴 가에 자전거 전용도로를 새로 추가해서** 이제 여기까지 자전거를 탈 수 있어요.

남 잘됐네요. 시 정부가 다른 거리에도 자전거 전용도로를 추가할 계획이라고 들었어요.

여 정말 편리해요. **버스를 타면 출근하는 데 한 시간이 걸렸는데 지금은 25분밖에 안 걸려요.**

남 와. **제가 지역 자전거 동호회 회원인데 주말에 일주 여행을 해요. 가입하세요.** 멋진 단체예요.

TEST 1

TEST 1 **9**

어휘	bike lane 자전거 전용도로 convenient 편리한 commute 통근

35

What does the woman say a town recently did?

(A) It elected a mayor.
(B) It fixed a train line.
(C) It cleaned up a community park.
(D) It added a bicycle lane.

여자는 시에서 최근 무엇을 했다고 말하는가?
(A) 시장을 선출했다.
(B) 철로를 수리했다.
(C) 지역 공원을 청소했다.
(D) 자전거 전용도로를 추가했다.

어휘 elect 선출하다   fix 수리하다

해설 세부사항 관련 – 시에서 최근 한 일

여자가 첫 번째 대사에서 얼마 전 시에서 자전거 전용도로를 추가했다 (The town just added a new bike lane on Felton Road)고 했으므로 정답은 (D)이다.

▸▸ Paraphrasing	대화의 a new bike lane → 정답의 a bicycle lane

36

Why is the woman pleased about a change?

(A) Her monthly bills are lower.
(B) Her commute is quicker.
(C) Recycling is easier.
(D) A neighborhood looks nicer.

여자가 변화를 기뻐한 이유는 무엇인가?
(A) 월별 청구서 요금이 내려갔다.
(B) 통근이 빨라졌다.
(C) 재활용이 더 쉽다.
(D) 동네가 더 근사해 보인다.

어휘 recycling 재활용   neighborhood 동네, 지역

해설 세부사항 관련 – 여자가 변화를 기뻐한 이유

여자가 두 번째 대사에서 버스로 출근할 때는 1시간이 걸렸던 것에 비해 지금은 25분 걸린다(My commute to work used to be an hour by bus, and now it's only 25 minutes)고 했으므로 정답은 (B)이다.

37

What does the man suggest the woman do?

(A) Join a club
(B) Enter a competition
(C) Check an agenda
(D) Post a review

남자가 여자에게 하라고 제안하는 일은 무엇인가?
(A) 동호회 가입하기
(B) 대회 출전하기
(C) 안건 확인하기
(D) 후기 게시하기

어휘 competition 대회   agenda 안건

해설 세부사항 관련 – 남자의 제안 사항

남자가 마지막 대사에서 주말에 일주 여행을 하는 자전거 동호회 회원(I'm a member of a local bike-riding club that takes tours on the weekends)이라며 여자에게 가입할 것(You should join)을 제안했으므로 정답은 (A)이다.

38-40 3인 대화

M-Au Hello, Ms. Wilson? **38This is Oliver Lewis calling from Kardack Engineering.**
39I reviewed your application for the mechanical engineer position and would like to interview you.

W-Am Oh, I'm happy to hear that.

M-Au Good. I'll transfer you to my administrative assistant. He'll make the arrangements for the interview.

W-Am Great.

M-Cn Hello, Ms. Wilson. **38This is Mr. Lewis' assistant, Martin.** I'm wondering if Wednesday at nine A.M. works for you.

W-Am Yes, that's perfect. Now, I've never been to your office complex before. **40Where can I find directions?**

M-Cn **40I'll e-mail those to you.**

남1 여보세요, 윌슨 씨? 저는 카댁 엔지니어링의 올리버 루이스입니다. 당신이 내신 기계 기사직 지원서를 살펴 봤는데 면접을 보고 싶어요.

여 아, 다행이네요.

남1 좋아요. 제 업무 비서에게 전화를 돌릴게요. 그가 면접 일정을 잡아 줄 겁니다.

여 좋아요.

남2 여보세요, 윌슨 씨. 루이스 씨 비서 마틴입니다. 수요일 오전 9시 괜찮으신지요.

여 예, 완벽해요. 업무 단지에는 한 번도 가 본 적이 없어요. 길 안내를 어디에서 찾을 수 있을까요?

남2 제가 이메일로 보내 드릴게요.

어휘	application 지원(서) mechanical engineer 기계 기사 transfer 전화를 돌리다 administrative assistant 업무 비서 make the arrangements 일정을 잡다, 준비하다 directions 길 안내

38

What type of company do the men work for?

(A) An architectural firm

(B) An engineering firm

(C) A construction company

(D) An electronics manufacturer

남자들은 어떤 회사에서 일하는가?

(A) 건축 사무소

(B) 엔지니어링 회사

(C) 건설사

(D) 전자제품 제조업체

어휘 architectural 건축의   manufacturer 제조업체

해설 전체 내용 관련 – 남자들이 근무하는 회사

대화 초반부에 남자 1이 카댁 엔지니어링의 올리버 루이스(This is Oliver Lewis calling from Kardack Engineering)라고 자신을 소개했고, 중반부에 남자2가 루이스의 비서 마틴(This is Mr. Lewis' assistant, Martin)이라고 했으므로 정답은 (B)이다.

39

What is the purpose of the telephone call?

(A) To cancel an order

(B) To arrange an interview

(C) To ask about a policy

(D) To confirm a reservation

통화의 목적은 무엇인가?

(A) 주문 취소하기

(B) 면접 일정 잡기

(C) 방침 문의하기

(D) 예약 확인하기

어휘 cancel 취소하다   policy 방침, 정책   reservation 예약

해설 전체 내용 관련 – 통화 목적

대화 초반부에 남자 1이 입사 지원서를 살펴 봤고 면접을 보고 싶다(I reviewed your application for the mechanical engineer position and would like to interview you)고 했으므로 정답은 (B)이다.

> ▸▸ Paraphrasing   대화의 would like to interview you
> → 정답의 arrange an interview

40

What will be sent to the woman?

(A) A magazine article

(B) A warranty

(C) Directions to a location

(D) Instructions for refunds

여자에게 보낼 것은 무엇인가?

(A) 잡지 기사

(B) 보증서

(C) 위치 길 안내

(D) 환불 지침

어휘 warranty 보증(서)   instruction 지침   refund 환불

해설 세부사항 관련 – 여자에게 보낼 것

여자가 세 번째 대사에서 길 안내를 어디에서 찾을 수 있는지(Where can I find directions?) 묻는 말에 남자2가 이메일로 보내 주겠다(I'll e-mail those to you)고 대답했으므로 정답은 (C)이다.

41-43

M-Cn	Good morning, **41you've reached Taylor Dental.** How can I help you?
W-Br	Hi. This is Susan Walker, one of Dr. Taylor's patients. I'd like to schedule an appointment for a teeth cleaning this Friday. Will that be possible?
M-Cn	Unfortunately, we're all booked this week. But **42if someone cancels and an appointment opens up, I could contact you.**
W-Br	Sure, thanks.
M-Cn	I should let you know, in case you do get an appointment, that **43our parking area is under construction this week, so you can't park there.**
W-Br	Oh no—**43I don't know of any other parking areas nearby.**
M-Cn	Well, the Number 10 bus stops right outside our building.
남	안녕하세요, 테일러 치과입니다. 무엇을 도와 드릴까요?
여	안녕하세요. 저는 수잔 워커로 테일러 박사님 환자입니다. 이번 금요일 스케일링 예약을 잡고 싶은데요. 가능할까요?
남	아쉽지만 이번 주는 예약이 다 찼어요. 하지만 누가 취소해서 빈 자리가 생기면 연락드릴게요.
여	네, 감사합니다.
남	알려 드릴 게 있어요. 예약을 잡을 경우 저희 주차구역이 이번 주 공사 중이라 거기 주차하실 수 없습니다.
여	저런—근처 다른 주차구역은 아는 데가 없어요.
남	저희 건물 바로 밖에 10번 버스가 섭니다.

어휘   appointment 예약   unfortunately 아쉽게도   contact 연락하다   under construction 공사 중인

41

Where does the man work?

(A) At a bus station

(B) At a financial firm

(C) At a dental office

(D) At an auto repair shop

남자는 어디에서 일하는가?

(A) 버스 정류장

(B) 금융회사

(C) 치과의원

(D) 자동차 정비소

어휘 repair shop 정비소

해설 전체 내용 관련 – 남자의 근무지
대화 초반부에 남자가 테일러 치과(you've reached Taylor Dental)라고
전화를 받고 있으므로 정답은 (C)이다.

42

What does the man offer to contact the woman
about?

(A) A business's holiday hours
(B) An appointment opening
(C) The status of a delivery
(D) The cost of a service

남자는 무엇에 관해 여자에게 연락하겠다고 제안하는가?
(A) 업체 공휴일 영업 시간
(B) 예약 빈자리
(C) 배송 상태
(D) 서비스 비용

어휘 status 상태

해설 세부사항 관련 – 남자의 제안 사항
대화 중반부에 남자가 취소로 빈 자리가 생기면 연락 주겠다(if someone
cancels and an appointment opens up, I could contact you)고 했
으므로 정답은 (B)이다.

> ▶▶ **Paraphrasing**   대화의 an appointment opens up
>   → 정답의 **An appointment opening**

43

Why does the man say, "the Number 10 bus stops
right outside our building"?

(A) To recommend that the woman take the bus
(B) To request that a bus route be extended
(C) To correct an error on a map
(D) To complain about traffic noise

남자가 "저희 건물 바로 밖에 10번 버스가 섭니다"라고 말하는 이유는 무엇인
가?
(A) 여자에게 버스를 타라고 권하려고
(B) 버스 노선 확장을 요청하려고
(C) 지도의 오류를 바로잡으려고
(D) 교통소음에 대해 불평하려고

어휘 extend 확장하다

해설 화자의 의도 파악 – 건물 바로 밖에 10번 버스가 선다고 말한 이유
남자가 세 번째 대사에서 공사로 주차가 불가하다(our parking area is
under construction this week, so you can't park there)고 했고 여
자가 아는 다른 주차구역이 없다(I don't know of any other parking
areas nearby)고 대답한 말에 한 말이므로 여자에게 버스를 타고 진료를
오라고 권하기 위한 것으로 볼 수 있다. 따라서 정답은 (A)이다.

44-46

M-Cn	Hi. **44Welcome to Chesterton Bank**. How can I help you?
W-Br	Well, **45I'd like to deposit my paycheck into my savings account.**
M-Cn	Of course. Have you thought about signing up for direct deposit? That way, your paycheck will go directly into your account, and you don't have to come in to the branch to do the transaction.
W-Br	That sounds great, actually.
M-Cn	**46You just need to fill out some paperwork. I'll go prepare that now so you can sign up today.**
남	안녕하세요. **체스터턴 은행에 오신 것을 환영합니다.** 무엇을 도와 드릴까요?
여	**급여를 제 예금 계좌에 입금하고 싶어요.**
남	좋아요. 계좌입금 가입은 생각해 보셨나요? 그렇게 하면 급여가 바로 계좌로 들어가니까 거래를 위해 지점으로 오실 필요가 없어요.
여	괜찮겠네요.
남	**몇 가지 서류만 작성하시면 됩니다. 오늘 가입하실 수 있도록 지금 가서 준비하겠습니다.**

어휘 deposit 입금하다   paycheck 급여   savings account
예금 계좌   sign up for ~에 가입하다   direct deposit
계좌입금   directly 바로   transaction 거래, 처리
paperwork 서류 작업   prepare 준비하다

44

Where are the speakers?

(A) At a department store
(B) At a medical clinic
(C) At a library
(D) At a bank

화자들은 어디에 있는가?
(A) 백화점
(B) 병원
(C) 도서관
(D) 은행

해설 전체 내용 관련 – 대화 장소
대화 초반부에 남자가 체스터턴 은행에 오신 것을 환영한다(Welcome to
Chesterton Bank)고 했으므로 정답은 (D)이다.

45

What is the woman trying to do?

(A) Pick up a prescription
(B) Join a rewards program
(C) Make a deposit
(D) Borrow a book

여자는 무엇을 하려고 하는가?

(A) 처방전 받기
(B) 보상 프로그램 가입하기
(C) 입금하기
(D) 도서 대여하기

어휘 prescription 처방전 rewards 보상

해설 세부사항 관련 – 여자가 하려는 일

여자가 첫 번째 대사에서 급여를 예금 계좌에 입금하고 싶다(I'd like to deposit my paycheck into my savings account)고 했으므로 정답은 (C)이다.

> ▶ Paraphrasing   대화의 deposit my paycheck
> → 정답의 Make a deposit

46

What will the man do next?

(A) Speak to a manager
(B) Prepare some forms
(C) Refund a purchase
(D) Upgrade some software

남자는 다음에 무엇을 할 것인가?

(A) 매니저와 이야기한다.
(B) 서식을 준비한다.
(C) 구매품을 환불한다.
(D) 소프트웨어를 업그레이드한다.

어휘 refund 환불하다 purchase 구매(품)

해설 세부사항 관련 – 남자가 다음에 할 행동

남자가 마지막 대사에서 몇 가지 서류만 작성하면 된다(You just need to fill out some paperwork)며 오늘 가입할 수 있도록 지금 가서 준비하겠다(I'll go prepare that now so you can sign up today)고 했으므로 정답은 (B)이다.

47-49

W-Br	Good morning, Hakim. **⁴⁷The prototype for our new refrigerator is ready to show to our appliance distributors from Malaysia today.**
M-Au	Oh, it turns out we had to reschedule the meeting about the refrigerator. **⁴⁸Their flight was delayed, and their plane won't be arriving until this evening.**
W-Br	So I guess they'll be going straight to their hotel, then. **⁴⁹Should I arrange for a car service to pick them up in the morning?**
M-Au	**⁴⁹Yes, thanks.** Around nine o'clock would be good.
W-Br	OK. I'll do that right now.

여	안녕하세요, 하킴. **오늘 말레이시아 가전제품 유통업자들에게 선보일 신형 냉장고 시제품이 준비되었어요.**
남	아, 냉장고 관련 회의 일정을 조정해야 했어요. **비행기가 연착되어서 유통업자들이 오늘 저녁이 되어야 도착할 거라네요.**
여	그럼 그분들은 호텔로 바로 가겠군요. **아침에 모시러 가도록 자동차 서비스를 준비해야 할까요?**
남	**예, 고마워요.** 9시쯤이 좋을 거예요.
여	알겠어요. 지금 바로 할게요.

어휘 prototype 시제품 refrigerator 냉장고 appliance 가전제품 distributor 유통업자 reschedule 일정을 조정하다 arrange 준비하다

47

What product are the distributors coming to see?

(A) A vehicle
(B) A mobile phone
(C) A computer desk
(D) A refrigerator

유통업자들이 보러 오는 제품은 무엇인가?

(A) 차량
(B) 휴대전화
(C) 컴퓨터 책상
(D) 냉장고

어휘 vehicle 차량

해설 세부사항 관련 – 유통업자들이 보러 오는 제품

대화 초반부에 여자가 말레이시아 가전제품 유통업자들에게 선보일 냉장고 시제품이 준비되었다(The prototype for our new refrigerator is ready to show to our appliance distributors from Malaysia today)고 했으므로 정답은 (D)이다.

48

Why has the meeting been rescheduled?

(A) Some materials did not arrive.
(B) Some employees are still training.
(C) A flight was delayed.
(D) A room was not available.

회의 일정이 조정된 이유는 무엇인가?

(A) 일부 자료가 도착하지 않았다.
(B) 일부 직원이 여전히 교육을 받고 있다.
(C) 비행기가 연착되었다.
(D) 방을 쓸 수 없다.

어휘 available 이용할 수 있는

해설 세부사항 관련 – 회의 일정 조정 이유

남자가 첫 번째 대사에서 회의 일정을 조정해야 했다며 비행기 연착으로 오늘 저녁에 도착할 것(Their flight was delayed, and their plane won't be arriving until this evening)이라는 이유를 댔으므로 정답은 (C)이다.

49

What will the woman do next?

(A) Call a car service
(B) Submit some paperwork
(C) Hire some caterers
(D) Inspect some equipment

여자는 다음으로 무엇을 할 것인가?

(A) 자동차 서비스 업체에 전화한다.
(B) 서류를 제출한다.
(C) 출장요리 업체를 고용한다.
(D) 장비를 점검한다.

어휘 submit 제출하다 hire 채용하다 caterer 출장요리 업체
inspect 점검하다 equipment 장비

해설 세부사항 관련 – 여자가 다음에 할 행동
여자가 두 번째 대사에서 아침에 유통업자들을 모시러 가도록 자동차 서비스를 준비해야 할지(Should I arrange for a car service to pick them up in the morning?) 여부를 물었고, 남자가 수락하며 고맙다(Yes, thanks)고 했으므로 정답은 (A)이다.

50-52

> W-Am Hello, [50]**welcome to the Chemistry Research Conference.** Here's your name badge and welcome packet. It includes a program with a schedule of conference events.
>
> M-Cn Thank you! Do you happen to know if there'll be a question-and-answer session after each presentation? [51]**I have a question for one of the speakers.**
>
> W-Am Yes, there'll be a few minutes at the end of each session for that. Oh and before you go in, [52]**don't forget to choose a travel mug from the next table**—we have two different colors this year.
>
> 여 안녕하세요, **화학연구학회에 오신 것을 환영합니다.** 이름표와 환영 패키지입니다. 회의 행사 일정이 있는 프로그램이 들어 있어요.
>
> 남 감사합니다! 혹시 각 발표 후에 질의응답 시간이 있는지 아시나요? **강연자 중 한 명에게 질문이 있거든요.**
>
> 여 예, 각 세션 말미에 몇 분간 질의응답 시간이 있어요. 아, 입장하시기 전에 **잊지 말고 다음 탁자에서 휴대용 머그를 선택하세요**—올해는 두 가지 색이 있습니다.
>
> 어휘 packet 꾸러미 chemistry 화학 research 연구
> conference 학회, 회의 include 포함하다

50

Where are the speakers?

(A) At a conference
(B) At a factory tour
(C) At an interview
(D) At a laboratory

화자들은 어디에 있는가?

(A) 회의
(B) 공장 견학
(C) 인터뷰
(D) 연구소

어휘 laboratory 연구소, 실험실

해설 전체 내용 관련 – 대화 장소
여자는 첫 번째 대사에서 화학연구학회 참석을 환영한다(welcome to the Chemistry Research Conference)고 말했으므로 정답은 (A)이다.

51

What does the man say he wants to do?

(A) Take some pictures
(B) Ask a question
(C) Look at some machinery
(D) Review a slide show

남자는 무엇을 하고 싶다고 말하는가?

(A) 사진 찍기
(B) 질문하기
(C) 기계류 보기
(D) 슬라이드 쇼 검토하기

해설 세부사항 관련 – 남자가 하고 싶은 것
남자가 대화 중반부에서 강연자에게 질문이 있다(I have a question for one of the speakers)고 밝혔으므로 정답은 (B)이다.

> ▸▸ Paraphrasing 대화의 have a question
> → 정답의 Ask a question

52

What does the woman remind the man to do?

(A) Send a résumé
(B) Pay a fee
(C) Choose an item
(D) Enjoy some refreshments

여자가 남자에게 무엇을 하라고 상기시키는가?

(A) 이력서 보내기
(B) 요금 납부하기
(C) 품목 선택하기
(D) 다과 먹기

어휘 refreshments 다과

해설 세부사항 관련 – 여자가 상기시키는 것

여자가 마지막 대사에서 휴대용 머그 고르는 것을 잊지 말라(don't forget to choose a travel mug from the next table)고 했으므로 정답은 (C)이다.

▸▸ Paraphrasing   대화의 **a travel mug** → 정답의 **an item**

53-55

M-Au	Hi, ⁵³this is Takumi from Color Printing Solutions. ⁵⁴I e-mailed you the mock-up of your company's flyer this morning. Have you had time to review it?
W-Am	Oh hi, Takumi. ⁵⁴I just saw your draft of the flyer and was about to call you myself. We actually have a new company logo.
M-Au	OK, no problem. Can you send it to me before lunch? That way I can be sure to finish the print job by the end of today as promised.
W-Am	Sure! ⁵⁵Please charge the order to the credit card you have on file for our account.
남	안녕하세요, 컬러 프린팅 솔루션즈의 타쿠미예요. 오늘 아침에 회사 전단지 모형을 이메일로 보냈어요. 검토할 시간이 있었나요?
여	아, 안녕하세요, 타쿠미 씨. 방금 전단지 시안을 보고 전화하려던 참이었어요. 실은 회사 로고가 새로 바뀌었어요.
남	알겠습니다, 문제 없어요. 점심 전에 로고를 보내 주시겠어요? 그러면 약속한 대로 오늘까지 분명 인쇄를 끝낼 수 있어요.
여	그럼요! 주문품에 대한 청구는 거래 장부에 있는 신용카드로 해 주세요.
어휘	mock-up (실물 크기의) 모형 draft 시안, 초안 charge 청구하다 account 거래 (장부)

53

What business is the man calling from?

(A) An architectural firm
(B) A marketing agency
(C) An electronics store
(D) A printing shop

남자는 어떤 업체에서 전화하고 있는가?

(A) 건축 사무소
(B) 마케팅 대행사
(C) 전자제품 매장
(D) **인쇄소**

해설 전체 내용 관련 – 남자의 근무지

남자가 첫 번째 대사에서 컬러 프린팅 솔루션즈의 타쿠미(this is Takumi from Color Printing Solutions)라고 자신을 소개하고 전단지 모형을 이메일로 보냈다고 했다. 남자가 인쇄소에서 전화하고 있음을 알 수 있으므로 정답은 (D)이다.

54

Why does the woman say, "We actually have a new company logo"?

(A) To compliment a colleague
(B) To reassure a client
(C) To request an update to an order
(D) To express surprise at a decision

여자가 "실은 회사 로고가 새로 바뀌었어요"라고 말하는 이유는 무엇인가?

(A) 동료를 칭찬하기 위해
(B) 고객을 안심시키기 위해
(C) **주문 수정을 요청하기 위해**
(D) 결정에 놀라움을 표시하기 위해

어휘 compliment 칭찬하다   reassure 안심시키다

해설 화자의 의도 파악 – 회사 로고가 새로 바뀌었다고 말한 이유

남자가 첫 번째 대사에서 오늘 아침에 회사 전단지 모형을 이메일로 보냈다(I e-mailed you the mock-up of your company's flyer this morning)고 한 말에 여자가 방금 전단지 시안을 보고 전화하려던 참이었다(I just saw your draft of the flyer and was about to call you myself)며 실은 회사 로고가 새로 바뀌었다고 했다. 즉, 기존 로고의 수정을 요청하기 위해 한 말임을 알 수 있으므로 정답은 (C)이다.

55

What does the woman ask the man to do?

(A) Charge a credit card
(B) Obtain a supervisor's approval
(C) Close an account
(D) Update a contract

여자가 남자에게 요청한 일은 무엇인가?

(A) **신용카드로 청구하기**
(B) 상사의 승인 얻기
(C) 계좌 해지하기
(D) 계약서 수정하기

어휘 supervisor 상사   approval 승인   close an account 거래를 끊다, 계좌를 해지하다

해설 세부사항 관련 – 여자의 요청사항

여자가 마지막 대사에서 청구는 신용카드로 해 달라(Please charge the order to the credit card you have on file for our account)고 요청했으므로 정답은 (A)이다.

▸▸ Paraphrasing   대화의 **charge the order to the credit card** → 정답의 **Charge a credit card**

56-58 3인 대화

> **W-Br** A lot more people have been visiting the museum lately—**⁵⁶my tours have been completely full! What about yours, Emily?**
>
> **W-Am** **⁵⁶Mine, too.** **⁵⁷I think it's because of the new art exhibit—the one that was donated by Juno Siska.** It would be interesting to know how she started collecting art.
>
> **M-Au** Well, I just heard that **⁵⁸Ms. Siska will be here next Thursday afternoon to talk about her collection.** I'm sure there'll be a chance to ask her questions.
>
> **W-Am** That sounds great. How much are tickets to that event?
>
> **M-Au** Oh, you won't have to pay. Everyone who works at the museum gets in free of charge.

> 여1 최근 더 많은 사람들이 미술관을 방문하고 있어요—**제 투어는 꽉 찼어요!** 거기는 어때요, 에밀리?
>
> 여2 **제 투어도 마찬가지예요. 주노 시스카가 기증한 새로운 미술 전시회 때문인 것 같아요.** 그녀가 미술품을 수집하기 시작한 경위를 알면 흥미로울 텐데요.
>
> 남 방금 들었는데 **시스카 씨가 다음 주 목요일 오후에 여기 와서 소장품에 대해 이야기한대요.** 분명 그녀에게 질문할 기회가 있을 거예요.
>
> 여2 잘됐네요. 그 행사 티켓은 얼마예요?
>
> 남 돈은 안 내도 돼요. 박물관에서 일하는 사람은 모두 무료 입장이에요.

> 어휘 lately 최근 exhibit 전시(회) donate 기증[기부]하다 collect 모으다 collection 소장품 free of charge 무료로

56

What do the women do at the museum?
(A) Manage the gift shop
(B) Lead tours
(C) Collect donations
(D) Restore paintings

여자들이 미술관에서 하는 일은 무엇인가?
(A) 선물 가게 운영
(B) **투어 진행**
(C) 기증품 수집
(D) 회화 복원

어휘 restore 복원하다

해설 전체 내용 관련 – 여자들의 업무
대화 초반부에 여자가 자신의 투어가 꽉 찼다(my tours have been completely full)고 한 후, 에밀리를 호명하며 상황이 어떤지(What about yours, Emily?) 묻자 에밀리가 자신의 투어도 마찬가지(Mine, too)라고 했다. 여자들이 미술관에서 투어 진행 업무를 맡고 있음을 알 수 있으므로 정답은 (B)이다.

57

What most likely caused an increase in museum visitors?
(A) Free parking
(B) Extended hours of operation
(C) A new exhibit
(D) Lower ticket prices

미술관 방문자들이 증가한 이유는 무엇이겠는가?
(A) 무료 주차
(B) 운영 시간 연장
(C) **새로운 전시회**
(D) 인하된 티켓 가격

어휘 extend 연장하다

해설 세부사항 관련 – 방문자 증가 이유
여자 2가 첫 번째 대사에서 자신의 투어도 꽉 찼다며 주노 시스카가 기증한 새 미술 전시회 때문인 것 같다(I think it's because of the new art exhibit—the one that was donated by Juno Siska)고 했으므로 정답은 (C)이다.

58

According to the man, what will happen on Thursday?
(A) A film will be shown.
(B) An article will be published.
(C) A city official will host a fund-raiser.
(D) An art collector will give a talk.

남자에 의하면, 목요일에 무슨 일이 있겠는가?
(A) 영화를 상영한다.
(B) 기사가 게재된다.
(C) 시 공무원이 기금 모금행사를 주최한다.
(D) **예술품 수집가가 강연한다.**

어휘 host 주최하다 fund-raiser 기금 모금행사

해설 세부사항 관련 – 목요일에 있을 일
대화 중반부에 남자가 시스카 씨가 다음 주 목요일에 소장품에 대해 이야기할 것(Ms. Siska will be here next Thursday afternoon to talk about her collection)이라고 들었다고 했으므로 정답은 (D)이다.

> ▸▸ Paraphrasing   대화의 **talk about her collection**
> → 정답의 **give a talk**

59-61

> **M-Cn** Hi, **⁵⁹I bought this computer just the other day, but I think it may be defective.** The operating system software has frozen on me several times already.
>
> **W-Br** Well—freezes are common during setup, and there's an easy fix for that. We do offer technical support for a small fee, if you're interested.

M-Cn Isn't that included in my insurance package?

W-Br Oh— ⁶⁰**you bought our insurance!** Yes, ⁶⁰**technical support is one of the benefits.** ⁶¹**What's your phone number, please?** I can pull up your policy with that number.

M-Cn It's 555-0144.

남 안녕하세요, **요전에 이 컴퓨터를 샀어요.** 그런데 결함이 있는 것 같아요. 운영 체제 소프트웨어가 벌써 여러 차례 정지되었어요.

여 음—셋업 도중에는 정지되는 건 흔한 일이고 쉽게 고칠 수 있어요. 적은 비용으로 기술 지원을 제공하고 있는데 어떠신지요.

남 보험 패키지에 포함되는 것 아닌가요?

여 아—**보험을 구매하셨군요!** 예, **기술 지원도 혜택 중 하나입니다. 전화번호가 어떻게 되세요?** 그 번호로 보험을 확인할 수 있어요.

남 555-0144번입니다.

어휘	defective 결함 있는 freeze 정지하다 fix 수리 insurance 보험 benefit 혜택 pull up (컴퓨터 화면에서) 정보를 얻다 policy 보험(증권)

59

What problem does the man have?

(A) He was overcharged for a service.

(B) He forgot his password.

(C) His computer has not been delivered.

(D) His computer is not working properly.

남자의 문제는 무엇인가?

(A) 서비스 요금이 과다 청구되었다.

(B) 비밀번호를 잊었다.

(C) 컴퓨터가 배송되지 않았다.

(D) 컴퓨터가 제대로 작동하지 않는다.

어휘 overcharge (요금을) 과다 청구하다 properly 제대로

해설 전체 내용 관련 – 남자의 문제

대화 초반부에 남자가 최근에 구입한 컴퓨터에 결함이 있는 것 같다(I bought this computer just the other day, but I think it may be defective)고 했으므로 정답은 (D)이다.

> ▸▸ **Paraphrasing**   대화의 **be defective**
> → 정답의 **is not working properly**

60

What did the man's purchase include?

(A) A screen protector

(B) A carrying case

(C) Technical support

(D) Virus protection

남자가 구매한 것에 포함된 것은 무엇인가?

(A) 화면 보호기

(B) 휴대용 케이스

(C) 기술 지원

(D) 바이러스 방지

어휘 protector 보호하는 것

해설 세부사항 관련 – 남자가 구매한 것에 포함된 것

여자가 두 번째 대사에서 남자가 보험을 구매(you bought our insurance)했고, 기술 지원도 혜택 중 하나(technical support is one of the benefits)라고 했으므로 정답은 (C)이다.

61

What information does the woman request?

(A) A phone number

(B) A mailing address

(C) A model number

(D) A purchase date

여자가 요청한 정보는 무엇인가?

(A) 전화번호

(B) 우편 주소

(C) 모델 번호

(D) 구매 날짜

해설 세부사항 관련 – 여자가 요청한 정보

여자가 두 번째 대사에서 남자의 전화번호(What's your phone number, please?)를 물었으므로 정답은 (A)이다.

62-64 대화 + 제공 메뉴

W-Am Hey, David. ⁶²**Our clients are coming from overseas next week, and we need to order the food for the welcome dinner.** Which of these dishes do you think we should get?

M-Au Well, the last time we had clients here, we ordered the vegetable pasta. Everyone really liked it.

W-Am Yeah, I remember. But this time we have a larger budget, so I wanted to order something different.

M-Au ⁶³**Why don't we order the baked salmon?**

W-Am I was thinking that, too. Also, ⁶⁴**we still have to call and confirm the hotel booking for our clients. I'm going to do that now.**

여 안녕하세요, 데이비드. **우리 고객들이 다음 주 해외에서 오는데 환영 만찬용 음식을 주문해야 해요.** 이 요리들 중에 어떤 걸로 해야 할까요?

남 지난번 여기서 고객을 모셨을 땐 채소 파스타를 주문했어요. 모두들 정말 좋아했죠.

여 맞아요, 기억나요. 하지만 이번에는 예산이 더 많아서 다른 걸 주문하고 싶었어요.

남	연어 구이를 주문하는 건 어때요?
여	저도 그 생각 했어요. **전화해서 고객들 호텔 예약도 확인해야 해요. 지금 할게요.**

어휘	vegetable 채소 budget 예산 salmon 연어

Menu Options

Stuffed Eggplant	$6 per person
Vegetable Pasta	$8 per person
Roast Chicken	$10 per person
63 Baked Salmon	$12 per person

메뉴 옵션

속을 채운 가지 요리	1인당 6달러
채소 파스타	1인당 8달러
구운 닭고기	1인당 10달러
63 연어 구이	**1인당 12달러**

62

What are the speakers preparing for?

(A) A job fair
(B) A client visit
(C) A training session
(D) A retirement dinner

화자들은 무엇을 준비하고 있는가?

(A) 취업 박람회
(B) 고객 방문
(C) 교육 세션
(D) 은퇴 만찬

어휘 retirement 은퇴

해설 전체 내용 관련 – 화자들이 준비하는 것

대화 초반부에서 여자는 해외에서 고객들이 오는데 환영 만찬용 음식을 주문해야 한다(Our clients are coming from overseas next week, and we need to order the food for the welcome dinner)고 했으므로 정답은 (B)이다.

> ▶ Paraphrasing 대화의 Our clients are coming from overseas → 정답의 A client visit

63

Look at the graphic. How much will the speakers most likely spend per person?

(A) $6
(B) $8
(C) $10
(D) $12

시각 정보에 의하면, 화자들은 1인당 얼마를 쓰겠는가?

(A) 6달러
(B) 8달러
(C) 10달러
(D) 12달러

해설 시각 정보 연계 – 화자들이 1인당 사용할 금액

남자가 두 번째 대사에서 연어 구이 주문이 어떤지(Why don't we order the baked salmon?) 제안했고, 여자도 동의했다. 시각 정보를 보면 연어 구이는 12달러이므로 정답은 (D)이다.

64

What does the woman say she will do next?

(A) Prepare an itinerary
(B) Buy some train passes
(C) Visit some restaurants
(D) Confirm a hotel reservation

여자는 다음으로 무엇을 하겠다고 말하는가?

(A) 여행 일정 준비
(B) 철도 이용권 구매
(C) 식당 방문
(D) 호텔 예약 확인

어휘 itinerary 여행 일정

해설 세부사항 관련 – 여자가 다음에 할 행동

여자가 마지막 대사에서 고객들 호텔 예약도 확인해야 한다(we still have to call and confirm the hotel booking for our clients)면서 지금 하겠다(I'm going to do that now)고 했으므로 정답은 (D)이다.

> ▶ Paraphrasing 대화의 the hotel booking → 정답의 a hotel reservation

65-67 대화 + 설명서

W-Br	Carl, you cleaned all the equipment in the laboratory last night, right? **65 I received a complaint from one of the lab technicians this morning that I wanted to talk to you about.**
M-Cn	Really? What was the problem?
W-Br	Well, he said that the microscope lenses were dirty. **66 When you cleaned them, did you wipe them in a circular motion, like the manual indicates?** If you don't, it could just spread the dirt around.
M-Cn	Oh, you know I think I might have done that the wrong way. Sorry about that.
W-Br	It's OK, other people have made that same mistake. **67 I'd better copy that page in the manual and post it in the lab for all the staff.**

여　칼, 어젯밤 실험실에 있는 장비 전부 닦았죠? **오늘 아침 한 실험실 기사로부터 불만 사항이 접수돼서 이야기하는 거예요.**

남　그래요? 뭐가 문제였죠?

여　현미경 렌즈가 더러웠다고 하네요. **렌즈를 닦을 때 설명서에 표시된 대로 원을 그리듯 움직이면서 닦았나요?** 그렇게 하지 않으면 먼지가 퍼지기만 해요.

남　아, 제가 잘못했을 수도 있겠네요. 미안해요.

여　괜찮아요, 다른 사람들도 같은 실수를 하거든요. **설명서에 있는 그 페이지를 복사해서 전 직원이 볼 수 있게 실험실에 붙여야겠어요.**

어휘　equipment 장비　laboratory 실험실, 연구소　receive 받다　complaint 불만　lab technician 실험실 기사　wipe 닦다　circular 원형의　indicate 표시하다　spread 퍼뜨리다

Cleaning Microscope Lenses

5% Soap **Step 1** Prepare solution	**Step 2** Prepare cotton swab
66 **Step 3** Wipe surface in circle	**Step 4** Let air-dry

현미경 렌즈 닦기

5% 비누 **1단계** 용액 준비하기	**2단계** 면봉 준비하기
66 **3단계** 원을 그리며 표면 닦기	**4단계** 자연 건조하기

65

Why does the woman want to talk to the man?

(A) To ask for some advice

(B) To discuss a complaint

(C) To explain a schedule change

(D) To decline an invitation

여자가 남자와 이야기하려는 이유는 무엇인가?

(A) 조언을 구하기 위해

(B) 불만 사항을 논의하기 위해

(C) 일정 변경을 설명하기 위해

(D) 초대를 거절하기 위해

어휘　decline 거절하다

해설　전체 내용 관련 – 대화의 목적

대화 초반부에 여자가 한 실험실 기사로부터 불만 사항이 접수되어 이야기하는 것(I received a complaint from one of the lab technicians this morning that I wanted to talk to you about)이라고 했으므로 정답은 (B)이다.

▸▸ Paraphrasing　대화의 **talk to you about** → 정답의 discuss

66

Look at the graphic. Which step in the procedure does the woman mention?

(A) Step 1

(B) Step 2

(C) Step 3

(D) Step 4

시각 정보에 의하면, 여자가 언급하는 절차의 단계는 어떤 것인가?

(A) 1단계

(B) 2단계

(C) 3단계

(D) 4단계

해설　시각 정보 연계 – 여자가 언급하는 절차의 단계

여자가 두 번째 대사에서 렌즈를 닦을 때 설명서에 표시된 대로 원을 그리듯 움직이면서 닦았는지(did you wipe them in a circular motion, like the manual indicates?) 물었으므로 정답은 (C)이다.

67

What does the woman say she will do?

(A) Post some instructions

(B) Put away some equipment

(C) Write a report

(D) Forward an e-mail

여자는 무엇을 하겠다고 말하는가?

(A) 지침 게시하기

(B) 장비 치우기

(C) 보고서 작성하기

(D) 이메일 전달하기

해설　세부사항 관련 – 여자의 제안 사항

여자가 마지막 대사에서 설명서에 있는 페이지를 복사해서 전 직원이 볼 수 있게 실험실에 붙이겠다(I'd better copy that page in the manual and post it in the lab for all the staff)고 했으므로 정답은 (A)이다.

▸▸ Paraphrasing　대화의 **that page in the manual**
→ 정답의 **some instructions**

68-70　대화 + 그래프

M-Cn　Hi, Sandra. **68This information packet contains statistics about our sales performance so far this year. Take a look at this page—it has the sales figures for our high-end tires for the first quarter.**

W-Am　Hmm... Interesting. The Z150 is our newest car tire, right? And **69we sold 35,000 of them in one month this quarter!** What happened that month?

M-Cn **70**We offered a discount to car dealers that bought more than 1,000 tires. It was extremely effective. When we ended the deal, sales went down a little bit, so we're offering it again this month.

남 안녕하세요, 산드라. 이 정보집에는 올해 지금까지 매출 실적에 관한 통계가 있어요. 이 페이지를 보세요—1분기 고급 타이어 매출액이에요.

여 흠… 흥미롭네요. Z150이 최신 자동차 타이어죠? 이번 분기 한 달 동안 35,000개를 팔았군요! 그 달에 무슨 일이 있었던 거죠?

남 타이어를 1,000개 이상 구매하는 자동차 영업소에 할인을 제공했어요. 엄청난 효과가 있었죠. 거래를 끝내자 매출이 약간 줄었어요. 그래서 이번 달에 다시 제공할 거예요.

어휘 contain 들어 있다 statistics 통계 sales performance 매출 실적 sales figures 매출액 high-end 고급의 car dealer 자동차 영업소 extremely 엄청나게 effective 효과적인

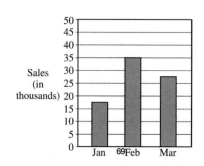

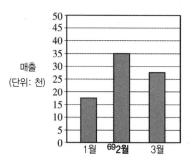

68

Where do the speakers most likely work?

(A) At a hardware store
(B) At a driving school
(C) At an automotive supply company
(D) At an international shipping company

화자들은 어디에서 일하겠는가?

(A) 철물점
(B) 운전학원
(C) 자동차 부품 회사
(D) 해운업체

어휘 automotive 자동차의

해설 전체 내용 관련 – 화자들의 근무 장소

남자가 첫 번째 대사에서 이 정보집에 올해 우리의 매출 실적 통계가 있다(This information packet contains statistics about our sales performance so far this year)면서, 1분기 고급 타이어 매출액을 보라(Take a look at this page—it has the sales figures for our high-end tires for the first quarter)고 했으므로 화자들이 자동차 부품 회사에서 일하고 있음을 알 수 있다. 따라서 정답은 (C)이다.

69

Look at the graphic. Which month's sales figures does the woman ask about?

(A) January
(B) February
(C) March
(D) April

시각 정보에 의하면, 여자는 어느 달의 매출액에 관해 질문하는가?

(A) 1월
(B) 2월
(C) 3월
(D) 4월

해설 시각 정보 연계 – 여자가 묻는 달

대화 중반에 여자가 이번 분기 한 달 동안 35,000개를 팔았다(we sold 35,000 of them in one month this quarter!)고 했으므로 정답은 (B)이다.

70

What does the man say they will do this month?

(A) Launch a new marketing campaign
(B) Offer a discount for bulk purchases
(C) Hire a consultant
(D) Increase production

남자는 이번 달에 무엇을 할 것이라고 말하는가?

(A) 새로운 마케팅 캠페인 시작
(B) 대량 구매 시 할인 제공
(C) 컨설턴트 채용
(D) 생산량 증가

어휘 launch 시작하다 bulk purchase 대량 구매

해설 세부사항 관련 – 이번 달에 할 일

남자가 마지막 대사에서 1,000개 이상 타이어를 구매하는 영업소에 할인을 제공(We offered a discount to car dealers that bought more than 1,000 tires)하자, 엄청난 효과가 있었다(It was extremely effective)고 한 후, 거래를 끝내자 매출이 줄어서 이번 달에 다시 제공할 것(When we ended the deal, sales went down a little bit, so we're offering it again this month)이라고 했으므로 정답은 (B)이다.

> ▸▸ Paraphrasing   대화의 **bought more than 1,000 tires** → 정답의 **bulk purchases**

PART 4

71-73 회의 발췌

M-Au OK, let's get the monthly staff meeting started. First off, **71this Saturday is the annual holiday parade.** And as many of you know, the parade goes right down our street. **72It's always one of our busiest days… lots of people will stop by for lunch, and the line can get quite long.** So we'll need a few extra cooks and servers, and everyone who works that day'll get overtime pay. Let me know soon if you're able to work on Saturday. Oh… and **73I strongly recommend taking the bus or train if you can.** Remember that it'll be very difficult to park on Saturday during the event.

좋습니다, 월간 직원 회의를 시작합시다. 우선, **이번 토요일은 연례 명절 퍼레이드가 있어요.** 그리고 많들 아시겠지만, 퍼레이드는 바로 우리 거리를 따라가요. **언제나 가장 바쁜 하루 중 하나죠… 많은 사람들이 점심 먹으러 들르니까 줄이 꽤 길어질 수도 있어요.** 그래서 요리사와 서빙 담당자가 몇 명 더 필요할 겁니다. 그리고 그날 일하는 사람은 모두 초과근무 수당을 받을 겁니다. 토요일에 일할 수 있으면 얼른 알려 주세요. 아… 그리고 **가능하면 버스나 기차를 타시길 적극 권합니다.** 행사 기간 동안 토요일 주차는 아주 어려울 거라는 점 명심하세요.

어휘 annual 연례의 stop by 들르다 overtime pay 초과근무 수당 recommend 권하다

71

According to the speaker, what will take place on Saturday?

(A) A retirement party
(B) A holiday parade
(C) A business workshop
(D) A company picnic

화자에 의하면, 토요일에 무슨 일이 있는가?
(A) 은퇴 파티
(B) 명절 퍼레이드
(C) 업체 워크숍
(D) 회사 야유회

어휘 retirement 은퇴

해설 전체 내용 관련 – 토요일에 있을 일

지문 초반부에서 이번 토요일은 연례 명절 퍼레이드가 있다(this Saturday is the annual holiday parade)고 했으므로 정답은 (B)이다.

72

Where do the listeners work?

(A) At a bank
(B) At an amusement park
(C) At a restaurant
(D) At a police station

청자들은 어디에서 일하는가?
(A) 은행
(B) 놀이공원
(C) 식당
(D) 경찰서

어휘 amusement park 놀이공원

해설 전체 내용 관련 – 청자들의 근무지

지문 중반부에서 화자가 청자들에게 가장 바쁜 날이고 많은 사람들이 점심을 먹으러 오기 때문에 줄이 길 것(It's always one of our busiest days… lots of people will stop by for lunch, and the line can get quite long)이라고 했으므로 청자들이 식당에서 근무하고 있음을 알 수 있다. 따라서 정답은 (C)이다.

73

What does the speaker suggest that the listeners do?

(A) Wear warm clothing
(B) Use public transportation
(C) Pack a lunch
(D) Bring identification

화자가 청자들에게 하라고 제안하는 일은 무엇인가?
(A) 따뜻한 옷 입기
(B) 대중교통 이용하기
(C) 점심 도시락 싸기
(D) 신분증 가져오기

어휘 public transportation 대중교통 identification 신분증

해설 세부사항 관련 – 청자들에 대한 제안 사항

지문 후반부에서 화자가 버스나 기차를 타기를 적극 권한다(I strongly recommend taking the bus or train if you can)고 했으므로 정답은 (B)이다.

▸▸ Paraphrasing 담화의 taking the bus or train
→ 정답의 Use public transportation

74-76 전화 메시지

M-Cn Hi, Jamie. **74I really like the suggestion you gave at yesterday's staff meeting for promoting our electronics store. 75I think holding a photography contest is a great idea,** especially since we mainly sell cameras and camera equipment. **75There are several things we'd have to do to prepare for it,** though, like decide on a submission deadline and outline the basic rules for the contest. We could even consider offering a prize for the first-place winner. Let's meet sometime this week to get started. **76I'll take a look at our schedules this morning and book a time for us to get together.**

안녕, 제이미. **어제 직원 회의에서 우리 전자제품 매장의 홍보 방안으로 주신 제안이 정말 마음에 들어요. 사진 콘테스트 개최는 멋진 아이디어 같아요.** 특히 우리는 주로 카메라와 카메라 장비를 판매하니까요. 그런데 **콘테스트를 준비하려면 몇 가지 해야 할 일이 있어요.** 이를테면 제출 마감일을 정하고 콘테스트 기본 규칙의 윤곽도 잡아야 해요. 1등 수상자에게 상을 주는 방안도 고려할 수 있어요. 이번 주 중에 만나서 시작합시다. **오늘 아침에 일정을 보고 모이는 시간을 정할게요.**

어휘 suggestion 제안 promote 홍보하다 electronics store 전자제품 매장 especially 특히 mainly 주로 equipment 장비 decide 결정하다 submission 제출

74

Where does the speaker most likely work?

(A) At an advertising agency
(B) At a technology firm
(C) At an art museum
(D) At an electronics store

화자는 어디에서 일하겠는가?
(A) 광고 대행사
(B) 기술 회사
(C) 미술관
(D) 전자제품 매장

해설 전체 내용 관련 – 화자의 근무 장소
지문 초반부에서 화자가 직원 회의에서 우리 전자제품 매장의 홍보 방안으로 준 제안이 마음에 든다(I really like the suggestion you gave at yesterday's staff meeting for promoting our electronics store)고 언급했으므로 정답은 (D)이다.

75

What is the talk mainly about?

(A) Updating a logo
(B) Changing a display
(C) Organizing a contest
(D) Offering a seminar

주로 무엇에 관한 담화인가?
(A) 로고 수정
(B) 진열 변경
(C) 콘테스트 준비
(D) 세미나 제공

어휘 organize 준비하다

해설 전체 내용 관련 – 담화의 주제
지문 초반부에서 화자가 사진 콘테스트 개최는 멋진 아이디어(I think holding a photography contest is a great idea)라고 했고, 콘테스트 준비로 몇 가지 해야 할 일이 있다(There are several things we'd have to do to prepare for it)면서, 관련 내용으로 메시지를 이어가고 있으므로 정답은 (C)이다.

> ▸▸ Paraphrasing 담화의 **holding a photography contest**
> → 정답의 **Organizing a contest**

76

What does the speaker say he will do this morning?

(A) Set up a meeting
(B) Submit a supply order
(C) Update a Web site
(D) Print some posters

화자는 오늘 아침에 무엇을 하겠다고 말하는가?
(A) 회의 일정 잡기
(B) 비품 주문서 제출
(C) 웹사이트 수정
(D) 포스터 인쇄

해설 세부사항 관련 – 화자가 아침에 할 일
지문 후반부에서 화자가 오늘 아침 일정을 보고 모이는 시간을 정하겠다 (I'll take a look at our schedules this morning and book a time for us to get together)고 했으므로 정답은 (A)이다.

> ▸▸ Paraphrasing 담화의 **book a time for us to get together**
> → 정답의 **Set up a meeting**

77-79 공지

W-Br OK everyone, before you head out to the factory floor this morning to start your shifts, I have a brief announcement. As most of you know, **[77]the new conveyor belt is now installed and up and running. [78]This new conveyor belt is very similar to the older model, except it's twice as fast as the old one.** This means that our factory can now move double the number of units per hour. Clearly, this is a big improvement in production speed. However, it could also be a challenge for us to watch out for production errors. So, **[79]you're all required to watch a short training video this morning before starting work.**

좋습니다, 여러분, 오늘 아침 교대근무를 시작하러 공장 작업장으로 향하기 전에 간단한 공지가 있습니다. 대부분 알고 계시듯, **새로운 컨베이어 벨트가 현재 설치되어 가동되고 있죠. 이 새로운 컨베이어 벨트는 구형 모델보다 두 배 빠른 것을 제외하면 이전 모델과 매우 흡사합니다.** 우리 공장에서 이제 개체의 개수를 시간당 두 배로 옮길 수 있다는 뜻이죠. 분명히 생산속도는 크게 개선됩니다. 하지만 우리로서는 생산 오류를 조심해야 하는 과제 역시 떠안게 되었습니다. 그러니까 **오늘 아침 작업을 시작하기 전에 짧은 교육 영상을 모두 꼭 보셔야 합니다.**

어휘 factory floor 공장 작업장 shift 교대근무 install 설치하다 similar 비슷한 except ~을 제외하고는 improvement 개선

77

What is the speaker mainly discussing?

(A) A computer program

(B) A conveyor belt

(C) A storage space

(D) A cooling fan

화자는 주로 무엇에 관해 논의하고 있는가?

(A) 컴퓨터 프로그램

(B) 컨베이어 벨트

(C) 저장 공간

(D) 냉각 팬

해설 전체 내용 관련 – 담화의 주제

지문 초반부에서 새 컨베이어 벨트가 설치되어 가동되고 있다(the new conveyor belt is now installed and up and running)며 컨베이어 벨트에 대해 담화를 이어가고 있으므로 정답은 (B)이다.

78

What key difference does the speaker point out?

(A) Some machinery will run faster.

(B) Some alarms are more sensitive.

(C) A password has been changed.

(D) A time sheet is online.

화자가 지적하는 핵심적인 차이는 무엇인가?

(A) 기계가 더 빨리 가동된다.

(B) 경고신호가 더 민감하다.

(C) 비밀번호가 바뀌었다.

(D) 일정표가 온라인에 있다.

어휘 sensitive 민감한

해설 세부사항 관련 – 핵심적인 차이

지문 중반부에서 화자가 새 컨베이어 벨트는 두 배 빠른 것을 제외하면 이전 모델과 매우 흡사하다(This new conveyor belt is very similar to the older model, except it's twice as fast as the old one)고 밝혔으므로 정답은 (A)이다.

> ▸▸ **Paraphrasing** 담화의 twice as fast as the old one
> → 정답의 faster

79

What does the speaker say the listeners must do?

(A) Speak with a supervisor

(B) Sign a document

(C) Watch a video

(D) Work extra hours

화자는 청자들이 무엇을 해야 한다고 말하는가?

(A) 상사에게 이야기한다.

(B) 서류에 서명한다.

(C) 영상을 본다.

(D) 추가 근무를 한다.

해설 세부사항 관련 – 청자들이 해야 할 일

지문 후반부에서 화자가 근무 시작 전에 교육 영상을 모두 꼭 봐야 한다(you're all required to watch a short training video this morning before starting work)고 했으므로 정답은 (C)이다.

80-82 전화 메시지

> **W-Am** Hello, Kwang-Ho. Listen, I hate to bother you after you've left the office for the day, but **80I just took a look at the materials for the health insurance orientation we're doing for our new employees on Wednesday morning.** **81Andre was supposed to finish preparing the new employee benefits packets, but he's been out sick, so they're not done.** I know you're going to be busy, but I don't have any appointments tomorrow. I do have a couple of questions about some of the materials, though, so **82give me a call back,** thanks.
>
> 안녕하세요, 광호. 저, 퇴근한 후에 귀찮게 해서 미안한데, **수요일 아침에 신입사원을 위해서 하는 건강보험 오리엔테이션 자료를 좀 봤어요. 안드레가 신입사원 복리후생 자료집 준비를 끝내기로 했는데, 병가를 내서 아직 못 끝냈어요.** 바쁘시겠지만, 저는 내일 약속이 없어요. 자료에 대해 두어 가지 궁금한 게 있는데, **다시 전화해 주세요,** 고마워요.

어휘 bother 귀찮게 하다 health insurance 건강보험 be supposed to ~하기로 되어 있다 benefits (회사의) 복리후생 appointment 약속

80

According to the speaker, what will happen on Wednesday?

(A) A career fair

(B) A promotional sale

(C) A work site inspection

(D) An employee orientation

화자에 의하면, 수요일에 무슨 일이 있겠는가?

(A) 취업 박람회

(B) 판촉 할인

(C) 작업 현장 점검

(D) 직원 오리엔테이션

어휘 inspection 점검

해설 세부사항 관련 – 수요일에 있을 일

지문 초반부에서 수요일 아침에 있을 신입사원을 위한 건강보험 오리엔테이션 자료를 보았다(I just took a look at the materials for the health insurance orientation we're doing for our new employees on Wednesday morning)고 했으므로 정답은 (D)이다.

> ▸▸ **Paraphrasing** 담화의 orientation we're doing for our new employees → 정답의 employee orientation

81

What does the speaker imply when she says, "I don't have any appointments tomorrow"?

(A) She has not been successful with a client.
(B) She thinks a schedule is wrong.
(C) She has time to take over a task.
(D) She needs to leave work early.

화자가 "저는 내일 약속이 없어요"라고 말하는 의도는 무엇인가?

(A) 고객과 일이 어그러졌다.
(B) 일정이 잘못되었다고 생각한다.
(C) 일을 맡을 시간이 있다.
(D) 일찍 퇴근해야 한다.

해설 화자의 의도 파악 – 내일 약속이 없다고 말한 의도

인용문의 앞 문장들에서 자료집 준비를 끝내기로 한 안드레가 병가를 내서 못 끝냈다(Andre was supposed to finish preparing the new employee benefits packets, but he's been out sick, so they're not done)면서 "저는 내일 약속이 없다"라고 한 것으로 보아 자료집 준비를 맡을 시간이 있다는 뜻으로 이해할 수 있다. 따라서 정답은 (C)이다.

82

What does the speaker ask the listener to do?

(A) Call her back
(B) Check a calendar
(C) Reserve a booth
(D) Cancel an event

화자가 청자에게 요청한 일은 무엇인가?

(A) 전화
(B) 일정 점검
(C) 부스 예약
(D) 행사 취소

해설 세부사항 관련 – 화자의 요청사항

지문 후반부에서 화자가 청자에게 전화해 달라(give me a call back)고 했으므로 정답은 (A)이다.

> ▶ Paraphrasing 담화의 give me a call back
> → 정답의 Call her back

83-85 광고

M-Au Do you work in the technology industry? Want to stay updated on the latest industry trends? Subscribe to our online magazine, *Tech Now*. ⁸³**This month's issue is devoted to women who are leaders in the technology field.** ⁸⁴**We're pleased to present an exclusive interview with Erika Cliffton, the founder and CEO of Cliffton Technology Solutions.** Erika gives advice for women starting their own businesses and shares her personal success story. ⁸⁵**If you subscribe to *Tech Now* today, you'll receive a free padded carrying case for your laptop. But hurry—the promotion expires in a week!**

기술 업계에서 일하십니까? 최신 업계 동향에 대한 정보를 계속 입수하시겠습니까? 온라인 잡지 〈테크 나우〉를 구독하십시오. **이번 달 호에서는 기술 분야의 선두주자인 여성들을 다룹니다.** 당사는 클리프턴 테크놀로지 솔루션의 창립자이자 CEO인 에리카 클리프턴과 단독 인터뷰를 제공하게 되어 기쁩니다. 에리카는 자기 사업을 시작하는 여성들에게 조언을 주고 개인적인 성공 스토리를 공유합니다. **오늘 〈테크 나우〉를 구독하시면 패딩 처리된 노트북용 휴대 케이스를 무료로 받게 됩니다.** 하지만 서두르십시오—판촉은 일주일 후에 끝나니까요!

어휘 subscribe 구독하다 be devoted to ~에 전념하다
exclusive 독점적인 founder 창립자 expire 끝나다

83

According to the speaker, what is special about this month's issue of *Tech Now*?

(A) It is free for university students.
(B) It is about women in technology.
(C) It is the magazine's first issue.
(D) It has a reader survey.

화자에 의하면, 이번 달 호 〈테크 나우〉가 특별한 점은 무엇인가?

(A) 대학생들에게 무료이다.
(B) 기술 업계 여성들에 관한 내용이다.
(C) 잡지 창간호이다.
(D) 독자 설문조사가 있다.

해설 세부사항 관련 – 이번 달 호 〈테크 나우〉가 특별한 점

지문 초반부에서 온라인 잡지 〈테크 나우〉 구독을 독려하면서 이번 달 호에서는 기술 분야의 여성 선두주자들을 다룬다(This month's issue is devoted to women who are leaders in the technology field)고 광고하고 있으므로 정답은 (B)이다.

> ▶ Paraphrasing 담화의 women who are leaders in the technology field
> → 정답의 women in technology

84

Who is Erika Cliffton?

(A) A company's founder
(B) A journalist
(C) An athlete
(D) A financial consultant

에리카 클리프턴은 누구인가?

(A) 회사 창립자
(B) 기자
(C) 운동선수
(D) 재무 컨설턴트

해설 세부사항 관련 – 에리카 클리프턴의 신분

지문 중반부에서 에리카 클리프턴을 클리프턴 테크놀로지 솔루션의 창립자이자 CEO(Erika Cliffton, the founder and CEO of Cliffton Technology Solutions)라고 했으므로 정답은 (A)이다.

85

What does the magazine offer this week with a subscription?

(A) A laptop case
(B) An umbrella
(C) Access to job listings
(D) A discount coupon for a store

이번 주 구독 시 잡지가 제공하는 것은 무엇인가?

(A) 노트북 케이스
(B) 우산
(C) 구인 목록 보기
(D) 매장 할인 쿠폰

해설 세부사항 관련 – 잡지가 이번 주에 제공하는 것

지문 후반부에서 오늘 〈테크 나우〉를 구독하면 패딩 처리된 노트북용 휴대 케이스를 무료로 받게 된다(If you subscribe to *Tech Now* today, you'll receive a free padded carrying case for your laptop)고 한 후, 판촉은 일주일 후에 끝난다고 했으므로 정답은 (A)이다.

> ▸▸ Paraphrasing 담화의 padded carrying case for your laptop → 정답의 laptop case

86-88 방송

W-Am **86This is *Health on the Go*, a weekly broadcast that gives you advice about your eating habits.** Today we're talking about salt. Who's heard that salt is not good for you? Well… **87this negative view of salt is surprising because it's simply not true.** You actually do need some salt in your diet to remain healthy. But remember — salt occurs naturally in most foods, so you don't need to add extra salt to your diet. In fact, even fruits and vegetables contain salt. **88I know you're all interested in trying more recipes that use fruits and vegetables.** We'll be talking about that on next week's broadcast.

여러분의 식습관에 대해 조언하는 주간 방송 〈헬스 온 더 고〉입니다. 오늘은 소금에 대해 이야기하겠습니다. 소금이 몸에 좋지 않다고 들은 분 있습니까? 음… 소금에 대한 이런 부정적인 견해는 놀랍습니다. 왜냐하면 단지 사실이 아니기 때문이죠. 건강을 유지하려면 실제로 식단에 어느 정도 소금이 필요합니다. 하지만 명심하세요—소금은 대다수 음식에 자연적으로 생기기 때문에 식단에 소금을 더 추가할 필요가 없습니다. 사실, 과일과 채소에도 소금이 들어 있습니다. 여러분 모두 과일과 채소를 활용하는 더 많은 요리법을 시도하는 데 관심 있으시겠죠. 이 이야기는 다음 주 방송 때 하겠습니다.

어휘 eating habit 식습관 negative 부정적인 naturally 자연적으로

86

What is the broadcast mainly about?

(A) Diet advice
(B) Exercise tips
(C) Improving sleep
(D) Reducing stress

방송은 주로 무엇에 관한 것인가?

(A) 식단 조언
(B) 운동 요령
(C) 수면 개선
(D) 스트레스 줄이기

어휘 reduce 줄이다

해설 전체 내용 관련 – 방송의 주제

지문 초반부에서 식습관에 대해 조언하는 주간 방송 〈헬스 온 더 고〉(This is *Health on the Go*, a weekly broadcast that gives you advice about your eating habits)라고 했고, 오늘은 소금에 대해 이야기하겠다며 방송을 이어 나가고 있으므로 정답은 (A)이다.

> ▸▸ Paraphrasing 담화의 advice about your eating habits → 정답의 Diet advice

87

Why does the speaker say she is surprised?

(A) A task can be very time-consuming.
(B) A popular view is incorrect.
(C) A local business is closing.
(D) A speaker is arriving late.

화자가 놀랍다고 말하는 이유는 무엇인가?

(A) 일에 시간이 많이 소요될 수 있다.
(B) 널리 퍼진 견해가 정확하지 않다.
(C) 지역 업체가 문을 닫을 것이다.
(D) 화자가 늦게 도착할 것이다.

어휘 time-consuming 시간이 걸리는

해설 세부사항 관련 – 화자가 놀란 이유

지문 중반부에서 소금에 대한 부정적인 견해가 사실이 아니어서 놀랍다(this negative view of salt is surprising because it's simply not true)고 했으므로 정답은 (B)이다.

> ▸▸ Paraphrasing 담화의 not true → 정답의 incorrect

88

Why does the speaker say, "We'll be talking about that on next week's broadcast"?

(A) To change a schedule
(B) To make a complaint
(C) To refuse a request
(D) To publicize a future episode

화자가 "이 이야기는 다음 주 방송 때 하겠습니다"라고 말하는 이유는 무엇인가?

(A) 일정을 바꾸려고
(B) 불만을 제기하려고
(C) 요청을 거절하려고
(D) 앞으로 할 에피소드를 알리려고

어휘 publicize 알리다

해설 화자의 의도 파악 – 이 이야기는 다음 주 방송 때 하겠다고 말한 이유
인용문의 앞 문장에서 청자들 모두 과일과 채소를 활용하는 더 많은 요리법을 시도하는 데 관심이 있을 것(I know you're all interested in trying more recipes that use fruits and vegetables)이라고 했다. 따라서 "이 이야기는 다음 주 방송 때 하겠다"라는 인용문은 앞으로 방송에서 다룰 내용을 알리기 위해 한 말이므로 정답은 (D)이다.

89-91 뉴스 보도

> **W-Br** Welcome to the evening news. I'm your host, Charlene Dawson. We've got a lot of interesting stories to cover on tonight's program. And... **89at the top of our list is an exciting announcement from Francisco City—where a solar-powered airport will be built!** One of the very first solar-powered airports in the world! If you're looking for a job, **90Nassar Builders, the construction firm that is building the airport, will be holding an employment fair next month.** At the fair, they'll interview and hire workers for the project. **91For more details about Nassar Builders, check the city's Web site.**
>
> 저녁 뉴스에 오신 것을 환영합니다. 저는 진행자 살린 도슨입니다. 오늘 저녁 프로그램에서 다룰 재미 있는 이야깃거리가 많습니다. 그리고… **목록 맨 위에는 프란시스코 시로부터 흥미진진한 발표가 있습니다—시에 태양열로 움직이는 공항이 건설됩니다!** 세계 최초의 태양열 공항 중 하나죠! 일자리를 찾고 있다면, **공항을 짓고 있는 건설 회사인 나사르 빌더스가 다음 달에 채용 박람회를 엽니다.** 이 프로젝트를 위해 박람회에서 면접을 보고 직원들을 채용할 예정입니다. **나사르 빌더스에 대한 자세한 정보는 시 웹사이트를 참조하십시오.**
>
> 어휘 solar-powered 태양열 동력의   look for 구하다
> construction firm 건설 회사   employment fair 채용 박람회
> hire 채용하다

89

According to the speaker, what is unique about the airport?

(A) It will be powered by solar energy.
(B) It will be made from recycled materials.
(C) It will be built by a famous architect.
(D) It will be the largest in the country.

화자에 의하면, 공항의 특이한 점은 무엇인가?

(A) 태양열로 동력을 공급할 것이다.
(B) 재활용 자재로 만들 것이다.
(C) 유명한 건축가가 건설할 것이다.
(D) 국내 최대 규모가 될 것이다.

어휘 recycled 재활용된   architect 건축가

해설 세부사항 관련 – 공항의 특이한 점
지문 초반부에서 프란시스코 시로부터 흥미진진한 발표라며 시에 태양열로 움직이는 공항이 건설된다(at the top of our list is an exciting announcement from Francisco City—where a solar-powered airport will be built!)고 밝혔으므로 정답은 (A)이다.

> ▸▸ Paraphrasing   담화의 **solar-powered**
> → 정답의 **powered by solar energy**

90

What does the speaker say will happen next month?
(A) A board meeting
(B) A training session
(C) A job fair
(D) A grand opening

화자는 다음 달에 무슨 일이 있다고 말하는가?
(A) 이사회
(B) 교육 세션
(C) 취업 박람회
(D) 개장

해설 세부사항 관련 – 다음 달에 있을 일
지문 중반부에서 공항 건축을 맡은 건설 회사인 나사르 빌더스가 다음 달에 채용 박람회를 연다(Nassar Builders, the construction firm that is building the airport, will be holding an employment fair next month)고 했으므로 정답은 (C)이다.

> ▸▸ Paraphrasing   담화의 **an employment fair**
> → 정답의 **A job fair**

91

According to the speaker, how can the listeners get information about the construction firm?
(A) By dialing a toll-free number
(B) By visiting a Web site
(C) By watching a documentary
(D) By picking up a brochure

화자에 의하면, 청자들이 건설 회사에 관한 정보를 얻을 수 있는 방법은 무엇인가?
(A) 무료 전화 걸기
(B) 웹사이트 방문하기
(C) 다큐멘터리 보기
(D) 소책자 가져가기

해설 세부사항 관련 – 청자들이 정보를 얻는 방법
지문 후반부에서 나사르 빌더스에 대한 자세한 정보는 시 웹사이트를 참조하라(For more details about Nassar Builders, check the city's Web site)고 했으므로 정답은 (B)이다.

> ▸▸ **Paraphrasing**　담화의 check the city's Web site
> → 정답의 visiting a Web site

> ▸▸ **Paraphrasing**　담화의 disappearance of some paintings
> → 정답의 Some missing paintings

92-94 방송

> **M-Cn** Hi, everyone. My name is Raul Bautista and this is *History with Raul*, the weekly podcast where we investigate little-known historical facts that have had a huge impact on today's world. **⁹²Today we'll be discussing a topic from art history. We'll hear about the mysterious disappearance of some paintings from a museum in seventeenth-century Europe. ⁹³Professor Ignacio Ortega from Westland University will explain what happened.** But before we speak to Professor Ortega—please remember, this program is only made possible by the financial support of our members. ⁹⁴**Visit historywithraul. org today.**
>
> 모두 안녕하세요. 제 이름은 라울 보티스타입니다. 여기는 〈라울과 함께하는 역사〉로, 사람들이 잘 모르는 역사적인 사실, 그러나 오늘날 세계에 엄청난 영향을 미치는 사실들을 탐색하는 주간 팟캐스트입니다. 오늘 우리는 미술사의 주제를 논의하게 됩니다. 17세기 유럽 박물관에서 일부 그림이 기이하게 사라진 사건에 대해 듣겠습니다. 웨스트랜드대학교 이그나시오 오르테가 교수님이 어떻게 된 일인지 설명해 주실 겁니다. 하지만 오르테가 교수님과 말씀 나누기 전에—이 프로그램은 저희 회원들의 재정 지원으로만 만들어질 수 있다는 점 기억하세요. 오늘 historywithraul.org를 방문하세요.
>
> **어휘** investigate 탐색하다　little-known 사람들이 잘 모르는　impact 영향　disappearance 사라짐　financial 재정의

92

What is the topic of this week's podcast?

(A) Historical monuments
(B) Some missing paintings
(C) Classical literature
(D) European composers

이번 주 팟캐스트의 주제는 무엇인가?

(A) 유적
(B) 사라진 그림
(C) 고전 문학
(D) 유럽 작곡가

어휘 monument 유적　literature 문학　composer 작곡가

해설 전체 내용 관련 – 팟캐스트의 주제

지문 초반부에서 오늘의 주제는 미술사(Today we'll be discussing a topic from art history)라며 17세기 유럽 박물관에서 그림이 사라진 사건에 대해 듣겠다(We'll hear about the mysterious disappearance of some paintings from a museum in seventeenth-century Europe)고 했으므로 정답은 (B)이다.

93

Who is the guest on this week's podcast?

(A) An actor
(B) A travel agent
(C) A politician
(D) A professor

이번 주 팟캐스트 게스트는 무엇인가?

(A) 배우
(B) 여행사 직원
(C) 정치인
(D) 교수

해설 세부사항 관련 – 게스트의 신분

지문 중반부에서 웨스트랜드대학교 이그나시오 오르테가 교수가 상황을 설명할 것(Professor Ignacio Ortega from Westland University will explain what happened)이라고 했으므로 정답은 (D)이다.

94

Why does the speaker say, "this program is only made possible by the financial support of our members"?

(A) To encourage the listeners to make a donation
(B) To apologize for a limited number of episodes
(C) To prevent people from getting a bonus
(D) To express concern about a proposal

화자가 "이 프로그램은 저희 회원들의 재정 지원으로만 만들어질 수 있다"고 말하는 이유는 무엇인가?

(A) 청취자의 기부를 독려하기 위해
(B) 제한된 에피소드 개수에 대해 사과하기 위해
(C) 사람들이 상여금 받는 것을 막기 위해
(D) 제안에 대한 우려를 표하기 위해

어휘 donation 기부　prevent 방지하다

해설 화자의 의도 파악 – 이 프로그램은 저희 회원들의 재정 지원으로만 만들어질 수 있다고 말한 이유

이 프로그램은 저희 회원들의 재정 지원으로만 만들어질 수 있다고 말한 후 오늘 historywithraul.org를 방문하라(Visit historywithraul.org today)고 했다. 인용문은 청취자들에게 기부해 달라는 의도로 한 말임을 알 수 있다. 따라서 정답은 (A)이다.

> ▸▸ **Paraphrasing**　담화의 financial support → 정답의 donation

W-Am Welcome back, everyone. At tonight's session, **95we'll pick up where we left off and go right into a discussion of the different types of interviews—in person, by phone, et cetera. 96After a brief break, I'll split you into small groups so you can practice being in an actual interview situation.** I'll walk around the room and listen to each group in order to give you individual feedback. Now, **97before we start, please sign your name on the attendance sheet on my desk.**

잘 돌아오셨습니다, 여러분. 오늘 밤 세션에서, **중단했던 지점으로 가서 대면 면접, 전화 면접 등 다양한 유형의 면접에 대해 바로 토론에 들어가겠습니다. 잠시 휴식 후, 작은 그룹들로 나누어 실제 면접 상황에서 연습할 수 있도록 하겠습니다.** 저는 방을 돌아다니면서 각 그룹의 말을 듣고 여러분에게 개별로 의견을 주겠습니다. 자, **시작하기 전에 제 책상 위에 있는 출석부에 서명해 주세요.**

어휘 in person 대면으로, 직접   et cetera 등등   actual 실제의 situation 상황   individual 개별의   attendance 출석

Job-Seeker Workshops

June 3	Research job market
June 10	Dress for success
95June 17	Practice interviews
June 24	After the interview

구직자 워크숍

6월 3일	인력 시장 조사
6월 10일	성공하는 옷차림
956월 17일	**면접 연습**
6월 24일	면접 이후

95

Look at the graphic. On which date is the talk being given?

(A) June 3
(B) June 10
(C) June 17
(D) June 24

시각 정보에 의하면, 담화 날짜는 언제인가?

(A) 6월 3일
(B) 6월 10일
(C) 6월 17일
(D) 6월 24일

해설 시각 정보 연계 – 담화 날짜

지문 초반부에서 중단했던 지점으로 가서 대면 면접, 전화 면접 등 다양한 유형의 면접에 대해 토론하겠다(we'll pick up where we left off and go right into a discussion of the different types of interviews— in person, by phone, et cetera)고 했다. 따라서 담화는 면접 연습에 관한 것임을 알 수 있으므로 시각 정보에서 면접 연습이 있는 날짜를 찾아보면, 정답은 (C)이다.

96

What will the listeners do after the break?

(A) Answer survey questions
(B) Participate in group work
(C) Review some résumés
(D) Watch a video

휴식 후 청자들은 무엇을 할 것인가?

(A) 설문 항목에 응답한다.
(B) 그룹 작업에 참여한다.
(C) 이력서를 검토한다.
(D) 영상을 본다.

해설 세부사항 관련 – 청자들이 할 일

지문 중반부에서 휴식 후, 작은 그룹들로 나누어 실제 면접 상황으로 연습할 것(After a brief break, I'll split you into small groups so you can practice being in an actual interview situation)이라고 했으므로 정답은 (B)이다.

97

What does the speaker remind the listeners about?

(A) Some research questions
(B) Some schedule changes
(C) A payment method
(D) A sign-in sheet

화자가 청자들에게 상기시키는 것은 무엇인가?

(A) 조사 관련 질문
(B) 일정 변경
(C) 납부 방식
(D) 출석부

어휘 payment 납부

해설 세부사항 관련 – 청자들에게 상기시키는 것

지문 후반부에서 화자가 청자들에게 시작 전에 책상 위에 있는 출석부에 서명해 달라(please sign your name on the attendance sheet on my desk)고 했으므로 정답은 (D)이다.

▸▸ Paraphrasing   담화의 **the attendance sheet**
→ 정답의 **A sign-in sheet**

98-100 회의 발췌 + 정원 배치도

M-Au Thanks for attending this planning meeting for the new neighborhood garden. I'm Chao, and **98I'm coordinating this project**. Here's the layout for the new garden. We'll mostly be planting vegetables, but we will have a herb garden, too, and we're going to plant that first. **99The herbs are going to go in the plot between the picnic area and the toolshed.** Also, **100I need volunteers to help me on Saturday. I'd like to put up a fence around the perimeter of the garden.** The wood for the fence will be delivered that morning.

새로운 동네 정원을 위한 이번 기획 회의에 참석해 주셔서 감사합니다. 제 이름은 차오이고 **이 프로젝트를 총괄 진행하고 있습니다.** 이것이 새 정원 배치도입니다. 대부분 채소를 심겠지만, 허브 정원도 만들어서, 허브를 가장 먼저 심을 것입니다. **허브는 피크닉 구역과 연장 창고 사이 구획에 들어갑니다.** 또한 **토요일에 저를 도와줄 자원봉사자들이 필요합니다. 정원 둘레에 울타리를 치고 싶거든요.** 울타리용 목재는 그날 아침에 배송됩니다.

어휘 neighborhood 동네 layout 배치 toolshed 연장 창고 perimeter 주위, 둘레 deliver 배송하다

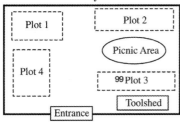

98

Who is the speaker?

(A) A security guard
(B) A project coordinator
(C) A course instructor
(D) A news journalist

화자는 누구인가?

(A) 경비원
(B) 프로젝트 총괄 진행자
(C) 강좌 강사
(D) 뉴스 기자

해설 전체 내용 관련 – 화자의 신분

지문 초반부에서 화자가 본인이 이 프로젝트를 총괄 진행하고 있다(I'm coordinating this project)고 밝혔으므로 정답은 (B)이다.

> ▸▸ Paraphrasing 담화의 coordinating this project
> → 정답의 A project coordinator

99

Look at the graphic. Where will herbs be planted?

(A) Plot 1
(B) Plot 2
(C) Plot 3
(D) Plot 4

시각 정보에 의하면, 허브는 어디에 심을 것인가?

(A) 1구획
(B) 2구획
(C) 3구획
(D) 4구획

해설 시각 정보 연계 – 허브를 심을 장소

지문 중반부에서 허브는 피크닉 구역과 연장 창고 사이 구획에 들어간다 (The herbs are going to go in the plot between the picnic area and the toolshed)고 했으므로 정답은 (C)이다.

100

What does the speaker plan to do on Saturday?

(A) Lead a tour
(B) Attend a picnic
(C) Take some photographs
(D) Install a fence

화자는 토요일에 무엇을 할 계획인가?

(A) 투어를 진행한다.
(B) 피크닉에 참석한다.
(C) 사진을 찍는다.
(D) 울타리를 설치한다.

해설 세부사항 관련 – 화자의 계획

지문 후반부에서 화자가 토요일에 자신을 도와줄 자원봉사자들이 필요하다(I need volunteers to help me on Saturday)고 했고, 뒤이어 정원 둘레에 울타리를 치고 싶다(I'd like to put up a fence around the perimeter of the garden)고 했으므로 정답은 (D)이다.

> ▸▸ Paraphrasing 담화의 put up → 정답의 Install

기출 TEST 2

1 (D)	**2** (A)	**3** (C)	**4** (A)	**5** (B)
6 (C)	**7** (C)	**8** (C)	**9** (A)	**10** (B)
11 (C)	**12** (C)	**13** (B)	**14** (A)	**15** (A)
16 (C)	**17** (A)	**18** (B)	**19** (C)	**20** (B)
21 (B)	**22** (A)	**23** (A)	**24** (C)	**25** (C)
26 (A)	**27** (C)	**28** (C)	**29** (A)	**30** (B)
31 (A)	**32** (B)	**33** (C)	**34** (A)	**35** (A)
36 (C)	**37** (D)	**38** (A)	**39** (C)	**40** (B)
41 (B)	**42** (C)	**43** (A)	**44** (A)	**45** (C)
46 (B)	**47** (D)	**48** (B)	**49** (C)	**50** (C)
51 (A)	**52** (D)	**53** (B)	**54** (A)	**55** (C)
56 (A)	**57** (C)	**58** (D)	**59** (D)	**60** (C)
61 (A)	**62** (C)	**63** (B)	**64** (A)	**65** (B)
66 (C)	**67** (D)	**68** (A)	**69** (C)	**70** (B)
71 (B)	**72** (D)	**73** (C)	**74** (B)	**75** (A)
76 (A)	**77** (A)	**78** (D)	**79** (C)	**80** (D)
81 (C)	**82** (C)	**83** (B)	**84** (D)	**85** (C)
86 (D)	**87** (C)	**88** (A)	**89** (C)	**90** (B)
91 (A)	**92** (D)	**93** (C)	**94** (B)	**95** (A)
96 (B)	**97** (A)	**98** (A)	**99** (D)	**100** (C)

PART 1

1 M-Cn

(A) He's hanging up a shirt.
(B) He's sweeping a floor.
(C) He's fixing a light.
(D) He's holding some clothes.

(A) 남자가 셔츠를 걸고 있다.
(B) 남자가 바닥을 쓸고 있다.
(C) 남자가 전등을 고치고 있다.
(D) 남자가 옷을 쥐고 있다.

어휘 hang up 걸다 sweep 쓸다 fix 고치다

해설 1인 등장 사진 – 사람의 동작/상태 묘사
(A) 동사 오답. 남자가 셔츠를 걸고 있는(hanging up a shirt) 모습이 아니므로 오답.
(B) 동사 오답. 남자가 바닥을 쓸고 있는(sweeping a floor) 모습이 아니므로 오답.
(C) 동사 오답. 남자가 전등을 고치고 있는(fixing a light) 모습이 아니므로 오답.
(D) 정답. 남자가 옷을 쥐고 있는(holding some clothes) 모습이므로 정답.

2 M-Au

(A) She's putting paper in a copy machine.
(B) She's wiping the outside of a file cabinet.
(C) She's stapling some documents together.
(D) She's closing the door to an office.

(A) 여자가 복사기에 종이를 넣고 있다.
(B) 여자가 서류 보관함 겉면을 닦고 있다.
(C) 여자가 서류를 스테이플러로 함께 고정시키고 있다.
(D) 여자가 사무실 문을 닫고 있다.

어휘 wipe 닦다 staple 스테이플러로 고정하다

해설 1인 등장 사진 – 사람의 동작/상태 묘사
(A) 정답. 여자가 복사기에 종이를 넣고 있는(putting paper in a copy machine) 모습을 잘 묘사했으므로 정답.
(B) 동사 오답. 여자가 서류 보관함 겉면을 닦고 있는(wiping the outside of a file cabinet) 모습이 아니라 서류 보관함 앞에 있는(in front of a file cabinet) 상태이므로 오답.
(C) 동사 오답. 여자가 서류를 스테이플러로 함께 고정시키고 있는(stapling some documents together) 모습이 아니므로 오답.
(D) 동사 오답. 여자가 문을 닫고 있는(closing the door) 모습이 아니므로 오답.

3 W-Br

(A) The woman is sawing some wood.
(B) The woman is lifting a box.
(C) The man is using a hammer.
(D) The man is organizing a toolbox.

(A) 여자가 나무를 톱질하고 있다.
(B) 여자가 상자를 들어 올리고 있다.
(C) 남자가 망치를 사용하고 있다.
(D) 남자가 연장통을 정리하고 있다.

어휘 saw 톱질하다 organize 정리하다 toolbox 연장통

해설 2인 이상 등장 사진 – 사람의 동작/상태 묘사
(A) 동사 오답. 여자가 나무를 톱질하고 있는(sawing some wood) 모습이 아니므로 오답.
(B) 사진에 없는 명사를 이용한 오답. 사진에 상자(box)가 보이지 않으므로 오답.
(C) 정답. 남자가 망치를 사용하고 있는(using a hammer) 모습이므로 정답.
(D) 동사 오답. 남자가 연장통을 정리하고 있는(organizing a toolbox) 모습이 아니라 연장을 사용하고 있는(using a tool) 모습이므로 오답.

4 W-Am

(A) A man is standing in front of a group.
(B) A man is reaching into a bag.
(C) Some people are entering a building.
(D) Some people are getting onto a bus.

(A) 남자가 무리 앞에 서 있다.
(B) 남자가 가방 안에 손을 넣고 있다.
(C) 몇 사람이 건물 안에 들어가고 있다.
(D) 몇 사람이 버스에 타고 있다.

어휘 in front of ~ 앞에   reach 손을 뻗다

해설 2인 이상 등장 사진 – 사람의 동작/상태 묘사

(A) 정답. 남자가 무리 앞에 서 있는(standing in front of a group) 상태를 잘 묘사했으므로 정답.
(B) 동사 오답. 남자가 가방 안에 손을 넣고 있는(reaching into a bag) 모습이 아니라 가방을 메고 있는(carrying a bag) 모습이므로 오답.
(C) 동사 오답. 몇 사람이 건물 안에 들어가고 있는(entering a building) 모습이 아니므로 오답.
(D) 사진에 없는 명사를 이용한 오답. 사진에 버스(bus)가 보이지 않으므로 오답.

5 M-Cn

(A) She's setting a glass bottle on a shelf.
(B) She's pressing a button on a device.
(C) She's removing her safety gloves.
(D) She's taking a lab coat off of a hook.

(A) 여자가 선반에 유리병을 놓고 있다.
(B) 여자가 장치의 버튼을 누르고 있다.
(C) 여자가 안전 장갑을 벗고 있다.
(D) 여자가 옷걸이에서 실험실 가운을 내리고 있다.

어휘 device 장치   remove 벗다, 없애다   gloves 장갑

해설 1인 등장 사진 – 사람의 동작/상태 묘사

(A) 동사 오답. 여자가 선반에 유리병을 놓고 있는(setting a glass bottle on a shelf) 모습이 아니므로 오답.
(B) 정답. 여자가 장치의 버튼을 누르고 있는(pressing a button on a device) 모습이므로 정답.
(C) 동사 오답. 여자가 안전 장갑을 벗고 있는(removing her safety gloves) 모습이 아니므로 오답.
(D) 동사 오답. 여자가 옷걸이에서 실험실 가운을 내리고 있는(taking a lab coat off of a hook) 모습이 아니므로 오답.

6 W-Am

(A) A banner is suspended from a window.
(B) An umbrella has been opened to provide shade.
(C) Some potted plants have been placed in a courtyard.
(D) Some leaves have fallen on a walkway.

(A) 현수막이 창문에 걸려 있다.
(B) 파라솔이 펼쳐져 그늘을 제공하고 있다.
(C) 화분에 심은 화초 몇 개가 뜰에 놓여 있다.
(D) 나뭇잎들이 통로에 떨어져 있다.

어휘 suspend 걸다, 매달다   shade 그늘   potted 화분에 심은
courtyard 뜰   walkway 통로

해설 사물/배경 사진 – 실외 사물의 상태 묘사

(A) 사진에 없는 명사를 이용한 오답. 사진에 현수막(banner)이 보이지 않으므로 오답.
(B) 동사 오답. 파라솔(umbrella)이 펼쳐져 있는(opened) 상태가 아니라 접혀져 있는(closed) 상태이므로 오답.
(C) 정답. 화분에 심은 화초(potted plants)가 뜰에 놓여 있는(placed in a courtyard) 상태이므로 정답.
(D) 동사 오답. 나뭇잎들(leaves)이 통로에 떨어져 있는(fallen on a walkway) 상태가 아니므로 오답.

PART 2

7

M-Cn When does the shop close?
W-Am (A) Yes, at the workshop.
　　　(B) No, they're new clothes.
　　　(C) At nine o'clock tonight.

가게는 언제 문을 닫나요?
(A) 예, 워크숍에서요.
(B) 아니요, 그건 새 옷입니다.
(C) 오늘밤 아홉 시요.

해설 폐점 시간을 묻는 When 의문문

(A) 유사 발음 오답. 질문의 shop과 부분적으로 발음이 유사한 workshop을 이용한 오답.
(B) 유사 발음 오답. 질문의 close와 발음이 유사한 clothes를 이용한 오답.
(C) 정답. 폐점 시간을 묻는 질문에 오늘밤 아홉 시라며 구체적인 시점으로 응답하고 있으므로 정답.

8

W-Br   Who's scheduled to clean the kitchen?

M-Cn   (A) By the sink.

(B) Yes, every day.

(C) Jack is.

누가 주방을 치울 예정인가요?

(A) 싱크대 옆이요.

(B) 예, 매일요.

(C) 잭이요.

어휘   scheduled to ~할 예정인

해설   주방을 치울 사람을 묻는 Who 의문문

(A) 연상 단어 오답. 질문의 kitchen에서 연상 가능한 sink를 이용한 오답.

(B) Yes/No 불가 오답. Who 의문문에는 Yes/No 응답이 불가능하므로 오답.

(C) 정답. 주방을 치울 사람을 묻는 질문에 잭이라는 구체적인 인물로 응답했으므로 정답.

9

M-Au   How will we get to the hotel from the airport?

W-Br   **(A) We'll take a taxi.**

(B) About 45 minutes.

(C) Will that be everything?

공항에서 호텔까지 어떻게 가나요?

(A) 택시를 탈 겁니다.

(B) 약 45분이요.

(C) 그게 전부인가요?

해설   호텔까지 가는 방법을 묻는 How 의문문

(A) 정답. 공항에서 호텔까지 가는 방법을 묻는 질문에 택시를 탈 것이라며 구체적인 방법으로 응답하고 있으므로 정답.

(B) 질문과 상관없는 오답. How long 의문문에 대한 응답이므로 오답.

(C) 단어 반복 오답. 질문의 will을 반복 이용한 오답.

10

W-Am   Is Teresa out of the office today?

M-Au   (A) Those tickets are sold out.

(B) No—she's just gone to lunch.

(C) I completed that yesterday.

테레사는 오늘 사무실에 없나요?

(A) 그 표는 매진되었어요.

(B) 아니요—방금 점심 먹으러 갔어요.

(C) 제가 어제 완성했어요.

어휘   complete 완성하다

해설   테레사가 사무실에 없는지를 확인하는 Be동사 의문문

(A) 단어 반복 오답. 질문의 out을 반복 이용한 오답.

(B) 정답. 테레사가 사무실에 없는지 묻는 질문에 No라고 대답한 후에 점심 먹으러 갔다며 그에 호응하는 추가 정보를 덧붙였으므로 정답.

(C) 연상 단어 오답. 질문의 today에서 연상 가능한 yesterday를 이용한 오답.

11

M-Cn   Which food supplier do you use?

W-Br   (A) In the vegetable aisle.

(B) On a weekly basis.

(C) We use E and G Food Company.

어떤 음식 공급업체를 이용하시나요?

(A) 채소 통로요.

(B) 주 단위로요.

(C) 저희는 E 앤 G 푸드 컴퍼니를 이용합니다.

어휘   supplier 공급업체   aisle 통로

해설   이용하는 공급업체를 묻는 Which 의문문

(A) 연상 단어 오답. 질문의 food에서 연상 가능한 vegetable을 이용한 오답.

(B) 질문과 상관없는 오답. 빈도를 묻는 How often 의문문에 대한 응답이므로 오답.

(C) 정답. 이용하는 음식 공급업체를 묻는 질문에 E 앤 G 푸드 컴퍼니라는 구체적인 업체로 응답했으므로 정답.

12

W-Am   Could you help me set up this window display?

M-Au   (A) A window seat.

(B) Yes, I was in a play.

(C) I'd be happy to.

쇼윈도 상품진열 좀 도와 주시겠어요?

(A) 창가 자리요.

(B) 예, 저도 경기에 참가했어요.

(C) 기꺼이 해 드리죠.

해설   도움을 요청하는 조동사(Could) 의문문

(A) 단어 반복 오답. 질문의 window를 반복 이용한 오답.

(B) 유사 발음 오답. 질문의 display와 발음이 일부 유사한 play를 이용한 오답.

(C) 정답. 상품진열을 도와주겠는지를 묻는 질문에 기꺼이 해 주겠다고 수락했으므로 정답.

13

W-Br   Why is this package here?

M-Au   (A) Three dollars and fifty cents.

(B) I'll carry it upstairs.

(C) An online retailer.

이 소포가 왜 여기 있나요?

(A) 3달러 50센트입니다.

(B) 제가 위층으로 갖고 갈게요.

(C) 온라인 소매상이요.

어휘   retailer 소매상

해설 소포가 여기에 있는 이유를 묻는 Why 의문문

(A) 질문과 상관없는 오답. 가격을 묻는 How much 의문문에 대한 응답 이므로 오답.

(B) 정답. 소포가 여기에 있는 이유를 묻는 질문에 위층으로 갖고 가겠다 며 우회적으로 응답했으므로 정답.

(C) 질문과 상관없는 오답. 이유를 묻는 질문에 온라인 소매상이라는 응답 은 어울리지 않으므로 오답.

14

M-Cn Which menu item do you recommend?

W-Br **(A) I'd suggest the pasta.**

(B) Do you have this shirt in blue?

(C) No, I'm fine, thank you.

어떤 메뉴를 추천하시겠어요?

(A) 파스타를 권해 드립니다.

(B) 이 셔츠 파란색 있나요?

(C) 아니요, 괜찮아요, 고마워요.

어휘 recommend 추천하다

해설 추천 메뉴를 묻는 Which 의문문

(A) 정답. 추천 메뉴를 묻는 질문에 파스타를 권한다며 구체적인 메뉴로 응답했으므로 정답.

(B) 질문과 상관없는 오답. 추천 메뉴를 묻는 질문에 이 셔츠 파란색이 있 느냐고 되묻는 것은 상황에 적합하지 않은 응답이므로 오답.

(C) Yes/No 불가 오답. Which 의문문에는 Yes/No 응답이 불가능하므 로 오답.

15

M-Au Do you know who requested technical support?

W-Br **(A) Sorry, I just got into the office.**

(B) The sports team is doing well.

(C) Two years of technical school.

누가 기술 지원을 요청했는지 아시나요?

(A) 죄송하지만 전 방금 사무실에 들어왔어요.

(B) 스포츠 팀은 잘하고 있어요.

(C) 기술학교 2년이요.

어휘 support 지원

해설 기술 지원 요청자를 묻는 간접 의문문

(A) 정답. 기술 지원 요청자를 묻는 질문에 Sorry라고 대답한 후에 방금 사무실에 들어왔다며 요청자를 모른다는 사실을 우회적으로 나타내고 있으므로 정답.

(B) 질문과 상관없는 오답. who에 대한 응답처럼 들릴 수 있으나 내용이 맞지 않으므로 오답.

(C) 단어 반복 오답. 질문의 technical을 반복 이용한 오답.

16

W-Am Where does Takumi keep the ink cartridges for the printer?

M-Cn (A) Yes, that'd be great.

(B) To get it replaced.

(C) In the supply room.

타쿠미는 프린터용 잉크 카트리지를 어디에 보관하나요?

(A) 예, 그거 좋겠네요.

(B) 교체하려고요.

(C) 비품실이요.

어휘 replace 교체하다 supply room 비품실

해설 잉크 카트리지의 보관 장소를 묻는 Where 의문문

(A) Yes/No 불가 오답. Where 의문문에는 Yes/No 응답이 불가능하므 로 오답.

(B) 연상 단어 오답. 질문의 ink cartridges에서 연상 가능한 교체하는 (get it replaced) 상황을 이용한 오답.

(C) 정답. 타쿠미가 잉크 카트리지를 보관하는 장소를 묻는 질문에 비품실 이라는 구체적인 장소로 응답했으므로 정답.

17

M-Au Ali is going to Jessica's retirement party, isn't he?

W-Br **(A) I don't think they worked together.**

(B) Brand new tires.

(C) No thanks, I already ate.

알리는 제시카의 은퇴 파티에 가는 거죠?

(A) 같이 일한 적 없을걸요.

(B) 완전 새 타이어예요.

(C) 괜찮아요, 전 벌써 먹었어요.

어휘 retirement 은퇴 brand new 완전 새것인

해설 알리가 제시카의 은퇴 파티에 가는지 여부를 묻는 부가 의문문

(A) 정답. 알리가 제시카의 은퇴 파티에 가는지 여부를 묻는 질문에 같이 일한 적이 없을 거라며 알리가 제시카의 은퇴 파티에 가지 않을 것임 을 우회적으로 나타내고 있으므로 정답.

(B) 유사 발음 오답. 질문의 retirement와 부분적으로 발음이 유사한 tires를 이용한 오답.

(C) 질문과 상관없는 오답. 음식을 권하는 권유문에 어울리는 응답이므로 오답.

18

W-Am Why don't you go to the trade show with Franklin and Jane?

W-Br (A) No, I didn't see it.

(B) Because I have a major report to finalize that week.

(C) Usually in San Francisco.

왜 프랭클린, 제인과 함께 무역박람회에 안 가시죠?

(A) 아니요, 못 봤어요.

(B) 그 주에 마무리해야 할 중요한 보고서가 있어서요.

(C) 보통 샌프란시스코에서요.

어휘 trade show 무역박람회

해설 무역박람회에 안 가는 이유를 묻는 Why 의문문

(A) Yes/No 불가 오답. Why 의문문에는 Yes/No 응답이 불가능하므로 오답. 제안을 하는 Why 의문문이라고 가정하더라도 못 봤다는 응답은 어울리지 않으므로 오답.

(B) 정답. 프랭클린, 제인과 함께 무역박람회에 안 가는 이유를 묻는 질문에 그 주에 마무리해야 할 중요한 보고서가 있다며 적절한 이유를 댔으므로 정답.

(C) 유사 발음 오답. 질문의 Franklin과 부분적으로 발음이 유사한 San Francisco를 이용한 오답.

19

M-Au　When are we ordering more gloves for the laboratory?

W-Am　(A) The latest test results.
　　　　(B) It's close to the post office.
　　　　(C) We've got extras in the cabinet.

언제 실험실용 장갑을 더 주문하나요?
(A) 최신 실험 결과예요.
(B) 우체국 근처예요.
(C) 캐비닛에 여분이 있어요.

어휘 laboratory 실험실　latest 최신의

해설 장갑의 추가 주문 시점을 묻는 When 의문문

(A) 연상 단어 오답. 질문의 laboratory에서 연상 가능한 test를 이용한 오답.

(B) 질문과 상관없는 오답. 주문 시점을 묻는 질문에 우체국 근처라는 위치를 언급한 응답이므로 오답.

(C) 정답. 실험실용 장갑의 추가 주문 시점을 묻는 질문에 캐비닛에 여분이 있다며 우회적으로 응답하고 있으므로 정답.

20

W-Br　Doesn't this movie theater seat 500 people?

M-Au　(A) Tickets are fifteen dollars.
　　　　(B) Not quite that many, no.
　　　　(C) We should be finished soon.

이 영화관은 500명을 수용할 수 있지 않나요?
(A) 표는 15달러입니다.
(B) 그렇게 많지는 않아요.
(C) 우린 곧 끝납니다.

어휘 seat (극장 등이) 좌석이 ~이다, 수용하다

해설 사실 여부를 확인하는 부정 의문문

(A) 연상 단어 오답. 질문의 movie theater에서 연상 가능한 tickets를 이용한 오답.

(B) 정답. 영화관에서 500명을 수용하는지를 확인하는 질문에 그렇게 많지는 않다며 응답하고 있으므로 정답.

(C) 연상 단어 오답. 질문의 movie에서 연상 가능한 곧 끝나는(finished soon) 상황을 이용한 오답.

21

W-Am　Would you like to make an appointment with the nutritionist?

W-Br　(A) A client luncheon.
　　　　(B) I'm scheduled for the fourteenth.
　　　　(C) The fruit is on the table.

영양사와 약속을 잡으시겠어요?
(A) 고객 오찬이요.
(B) 전 14일로 예정되어 있어요.
(C) 과일은 테이블 위에 있어요.

어휘 make an appointment 만날 약속을 하다　scheduled 예정된

해설 제안을 나타내는 의문문

(A) 연상 단어 오답. 질문의 appointment에서 연상 가능한 client luncheon을 이용한 오답.

(B) 정답. 영양사와 약속을 잡을지를 제안하는 질문에 14일로 예정되어 있다며 이미 약속을 잡았음을 우회적으로 나타내고 있으므로 정답.

(C) 질문과 상관없는 오답. Where 의문문에 대한 응답이므로 오답.

22

M-Au　Did you know that the Vienna Orchestra's giving a concert here soon?

M-Cn　(A) No—where will it be?
　　　　(B) Classical literature.
　　　　(C) The opening piece was great.

빈 오케스트라가 곧 여기서 콘서트 여는 것 아니었어요?
(A) 아니요—어디서 하죠?
(B) 고전문학이요.
(C) 개막작이 굉장했어요.

어휘 classical 고전적인　literature 문학

해설 콘서트 개최 사실을 아는지 묻는 간접 의문문

(A) 정답. 빈 오케스트라의 콘서트 개최 사실을 아는지 묻는 질문에 No라고 대답한 후에 콘서트 장소에 대한 추가 정보를 묻고 있으므로 정답.

(B) 연상 단어 오답. 질문의 orchestra에서 연상 가능한 classical을 이용한 오답.

(C) 연상 단어 오답. 질문의 concert에서 연상 가능한 opening piece를 이용한 오답.

23

W-Am　What's the marketing department working on?

M-Au　(A) I'm on the accounting team.
　　　　(B) That was a good commercial.
　　　　(C) To the second floor.

마케팅부는 무슨 작업을 하고 있나요?
(A) 전 회계팀이에요.
(B) 훌륭한 광고였어요.
(C) 2층으로요.

어휘 accounting 회계　commercial 광고

해설 마케팅부가 하는 작업을 묻는 What 의문문

(A) 정답. 마케팅부가 하는 작업이 무엇인지를 묻는 질문에 자신은 회계팀
    이라며 마케팅부가 하는 작업이 무엇인지 모른다는 사실을 우회적으
    로 나타내고 있으므로 정답.

(B) 연상 단어 오답. 질문의 marketing에서 연상 가능한 commercial을
    이용한 오답.

(C) 질문과 상관없는 오답. Where 의문문에 대한 응답이므로 오답.

24

M-Cn Isn't it hot in here?

W-Br (A) A hat and scarf.
      (B) For a quick phone call.
      (C) The air conditioner's behind me.

여기 덥지 않나요?
(A) 모자와 스카프요.
(B) 잠깐 통화 좀 하려고요.
(C) 제 뒤에 에어컨이 있어요.

해설 덥지 않은지를 확인하는 부정 의문문

(A) 유사 발음 오답. 질문의 hot과 발음이 유사한 hat을 이용한 오답.

(B) 질문과 상관없는 오답. 질문에 어울리지 않는 응답을 하고 있으므로
    오답.

(C) 정답. 여기가 덥지 않은지를 확인하는 질문에 뒤에 에어컨이 있다며
    자신은 덥지 않음을 우회적으로 나타내고 있으므로 정답.

25

M-Cn Do you want to drive to the convention
      center, or would you like me to?

W-Am (A) That's all we needed.
      (B) The first entrance on the left.
      (C) I can drive since you did last time.

컨벤션 센터에 운전해서 가시겠어요, 아니면 제가 운전할까요?
(A) 그게 우리에게 필요한 전부예요.
(B) 왼쪽에 있는 첫 번째 입구요.
(C) 지난번에 당신이 운전했으니까 제가 운전하죠.

어휘 entrance 입구

해설 누가 운전하는 게 좋을지 묻는 선택 의문문

(A) 질문과 상관없는 오답. 컨벤션 센터로 가는 방법을 묻는 선택 의문문
    에 That's all we needed라고 답할 수 없으므로 오답.

(B) 연상 단어 오답. 질문의 convention center에서 연상 가능한
    entrance를 이용한 오답.

(C) 정답. 누가 운전하는 게 좋을지 묻는 선택 의문문에 자신이 운전하겠
    다며 선택 사항 중 하나를 택해 구체적으로 응답하였으므로 정답.

26

M-Au Could you pick up some more paper for the
      printer?

W-Br (A) Alan said that he would.
      (B) No, I haven't seen it.
      (C) A technician.

프린터 용지를 좀 더 갖다 주시겠어요?
(A) 앨런이 하겠다고 했어요.
(B) 아니요, 못 봤어요.
(C) 기술자요.

어휘 technician 기술자

해설 도움을 요청하는 조동사(Could) 의문문

(A) 정답. 프린터 용지를 갖다 줄 수 있는지 묻는 질문에 앨런이 할 것이라
    며 우회적으로 응답했으므로 정답.

(B) 질문과 상관없는 오답. 도움을 요청하는 질문에 본 적이 없다는 응답
    을 하고 있으므로 오답.

(C) 연상 단어 오답. 질문의 printer에서 연상 가능한 technician를 이용
    한 오답.

27

M-Cn I'm about to order lunch now if you're
      hungry.

W-Am (A) Next to the telephone.
      (B) Bus number five.
      (C) Can I see the menu?

배가 고프시면 지금 점심을 주문하려고 해요.
(A) 전화기 옆이요.
(B) 5번 버스요.
(C) 메뉴 좀 볼 수 있을까요?

해설 제안을 나타내는 평서문

(A) 연상 단어 오답. 질문의 order lunch에서 연상 가능한 주문 수단
    (telephone)을 이용한 오답.

(B) 질문과 상관없는 오답. 점심을 주문하겠다는 제안에 5번 버스라는 말
    은 상황에 적합하지 않은 응답이므로 오답.

(C) 정답. 배가 고프면 지금 점심을 주문하겠다고 제안하는 의도의 평서문
    에 메뉴를 볼 수 있을지 되물으며 우회적으로 제안을 수락하고 있으므
    로 정답.

28

M-Cn Where's the camera on this computer?

M-Au (A) No, I don't think so.
      (B) E-mail it by tomorrow, please.
      (C) On the top edge of the monitor.

이 컴퓨터는 카메라가 어디 있나요?
(A) 아니요, 아닐 거예요.
(B) 내일까지 이메일로 보내 주세요.
(C) 모니터 상단 가장자리요.

어휘 edge 가장자리

해설 카메라가 장착된 위치를 묻는 Where 의문문

(A) Yes/No 불가 오답. Where 의문문에는 Yes/No 응답이 불가능하므
    로 오답.

(B) 연상 단어 오답. 질문의 computer에서 연상 가능한 작업인 이메일을
    보내는(E-mail it by tomorrow) 상황을 이용한 오답.

(C) 정답. 컴퓨터에 카메라가 장착된 위치를 묻는 질문에 모니터 상단 가
    장자리라는 구체적인 위치로 응답했으므로 정답.

29

W-Am The conference is in Helsinki this year, isn't it?

W-Br (A) Here's the itinerary.

(B) About 5,000 participants.

(C) I was supposed to call him.

올해 회의는 헬싱키에서 열리죠, 그렇죠?

(A) 일정표 여기 있어요.

(B) 참가자 약 5,000명이요.

(C) 제가 그에게 전화하기로 했어요.

어휘 itinerary 일정 be supposed to ~하기로 되어 있다

해설 회의가 헬싱키에서 열리는지 확인하는 부가 의문문

(A) 정답. 올해 회의가 헬싱키에서 열리는지 확인하는 질문에 일정표가 여기 있다며 확인처를 제공하고 있으므로 정답.

(B) 연상 단어 오답. 질문의 conference에서 연상 가능한 participants를 이용한 오답.

(C) 질문과 상관없는 오답. 질문의 내용에 어울리지 않는 응답일뿐더러 회의(conference)에 대해 묻는 질문에 I로 응답하고 있으므로 오답.

30

W-Am Should I schedule the inspection for Monday or Wednesday?

M-Cn (A) Yes, I'll have a few.

(B) Mondays are less busy.

(C) Please inspect these boxes.

검사 일정을 월요일로 잡을까요, 수요일로 잡을까요?

(A) 예, 몇 개 할게요.

(B) 월요일이 덜 바빠요.

(C) 이 상자들 검사해 주세요.

해설 검사 일정을 언제로 잡을지 묻는 선택 의문문

(A) Yes/No 불가 오답. 선택 의문문에는 Yes/No 응답이 불가능하므로 오답.

(B) 정답. 검사 일정을 월요일로 잡을지 혹은 수요일로 잡을지를 묻는 질문에 월요일이 덜 바쁘다며 월요일로 잡자는 대답을 우회적으로 표현했으므로 정답.

(C) 파생어 오답. 질문의 inspection과 파생어 관계인 inspect를 이용한 오답.

31

W-Br Let's talk about how the business trip went.

M-Au (A) We have a client meeting right now.

(B) The travel agency.

(C) I saw it last week.

출장이 어땠는지 이야기 좀 해 봅시다.

(A) 지금 고객 면담이 있어요.

(B) 여행사요.

(C) 전 지난주에 봤어요.

어휘 travel agency 여행사

해설 제안을 나타내는 평서문

(A) 정답. 출장이 어땠는지 이야기하자고 제안하는 평서문에 지금 고객 면담이 있다며 우회적으로 거절하고 있으므로 정답.

(B) 연상 단어 오답. 질문의 trip에서 연상 가능한 travel agency를 이용한 오답.

(C) 연상 단어 오답. 질문의 business trip에서 연상 가능한 출장 시기(last week)를 이용한 오답.

PART 3

32-34

M-Au I just got a call from ³²**Mr. Benson, the owner at 488 Oak Street, where we're doing that big interior renovation.** He was a little upset. ³³**He says the wrong-color countertop has been installed in his kitchen.**

W-Am That's strange. I placed the order for that countertop myself. It was white marble, if I remember correctly. ³⁴**I'd better order a replacement immediately.**

M-Au OK. I'll call Mr. Benson back and let him know we're ordering him a new one right away.

남 방금 **오크 가 488번지 주인 벤슨 씨로부터 전화가 왔어요. 우리가 대대적으로 내부를 개조하고 있는 곳이죠.** 그 사람 약간 화났던데요. **주방에 엉뚱한 색깔의 조리대가 설치되었다고 하더군요.**

여 이상하네요. 제가 직접 조리대를 주문했어요. 제 기억이 맞다면 하얀 대리석이었어요. **즉시 교체품을 주문해야겠어요.**

남 그래요. 벤슨 씨에게 다시 전화해서 우리가 당장 새것을 주문할 거라고 알릴게요.

어휘 renovation 개조 upset 화난 install 설치하다 replacement 교체(품) immediately 즉시

32

Who is Mr. Benson?

(A) An assistant

(B) A client

(C) A project manager

(D) A shipping coordinator

벤슨 씨는 누구인가?

(A) 조수

(B) 고객

(C) 프로젝트 관리자

(D) 배송 담당자

해설 세부사항 관련 – 벤슨 씨의 신분

대화 초반부에 남자가 벤슨 씨를 자신들이 대대적 내부 개조를 하는 곳인 오크 가 488번지 주인(Mr. Benson, the owner at 488 Oak Street, where we're doing that big interior renovation)이라고 밝혔으므로 정답은 (B)이다.

33

Why did Mr. Benson call?

(A) To request an earlier delivery
(B) To inquire about a bill
(C) To report a mistake
(D) To complain about some noise

벤슨 씨가 전화한 이유는 무엇인가?

(A) 더 일찍 배송해 달라고 요청하려고
(B) 청구서에 관해 문의하려고
(C) 실수를 알리려고
(D) 소음 때문에 불만을 제기하려고

어휘 delivery 배송

해설 세부사항 관련 - 벤슨 씨가 전화한 이유

남자가 첫 번째 대사에서 벤슨 씨의 주방에 엉뚱한 색깔의 조리대가 설치되었다(He says the wrong-color countertop has been installed in his kitchen)고 했으므로 벤슨 씨가 실수를 알리기 위해 전화했음을 알 수 있다. 따라서 정답은 (C)이다.

34

What does the woman say she will do?

(A) Place an order
(B) Change suppliers
(C) Collect some tools
(D) Review some blueprints

여자는 무엇을 하겠다고 말하는가?

(A) 주문하기
(B) 납품업자 변경하기
(C) 연장 수거하기
(D) 청사진 검토하기

어휘 supplier 납품업자 blueprint 청사진

해설 세부사항 관련 - 여자가 할 행동

대화 후반부에서 여자가 즉시 교체품을 주문하겠다(I'd better order a replacement immediately)고 했으므로 정답은 (A)이다.

> ▸▸ Paraphrasing 대화의 order a replacement
> → 정답의 Place an order

35-37

M-Cn Hi, Lucia. **³⁵I think we're almost ready for the cooking class tomorrow.** We have a lot of people signed up, even though it's the first one we've held here at the store.

W-Br I know. **³⁶I really hope this will help boost our sales.** The chef teaching the class will be using a lot of the equipment we sell here in the store, so hopefully the students will buy it to use at home.

M-Cn Yes, you're right. Oh, that reminds me. **³⁷We got a shipment of new cookware this morning. I'll go put everything on the shelves now.**

남 안녕하세요, 루시아. **내일 요리 강좌 준비가 거의 다 된 것 같네요.** 이곳 매장에서 처음 여는 강좌인데도 많은 사람이 등록했어요.

여 알아요. **정말이지 이게 매출을 높이는 데 도움이 됐으면 좋겠어요.** 수업을 가르치는 요리사가 여기 매장에서 파는 기구를 많이 쓰니까 수강생들이 집에서 쓸 용도로 기구를 샀으면 좋겠어요.

남 예, 그렇죠. 오, 그러니까 생각나네요. **오늘 아침에 새 조리기구가 배송되었어요. 제가 지금 전부 진열대에 올려놓을게요.**

어휘 sign up (강좌에) 등록하다 boost 증가하다, 북돋다 equipment 기구, 장비 cookware 조리기구

35

What is taking place tomorrow?

(A) A cooking class
(B) A grand opening
(C) A company dinner
(D) A music festival

내일 무슨 일이 있는가?

(A) 요리 강좌
(B) 개업
(C) 회식
(D) 음악제

해설 세부사항 관련 - 내일 있을 일

대화 초반부에 남자가 내일 요리 강좌 준비가 거의 됐다(I think we're almost ready for the cooking class tomorrow)고 했으므로 정답은 (A)이다.

36

What does the woman hope will happen?

(A) A job will become available.
(B) An event will begin on time.
(C) Store sales will increase.
(D) Tourism to an area will improve.

여자는 무슨 일이 일어나길 바라는가?

(A) 일자리가 난다.
(B) 행사가 제시간에 시작한다.
(C) 매장 매출이 증가한다.
(D) 지역 관광업이 개선된다.

해설 세부사항 관련 - 여자가 바라는 일

여자가 대화 중반부에서 요리 강좌가 매출을 높이는 데 도움이 됐으면 좋겠다(I really hope this will help boost our sales)고 했으므로 정답은 (C)이다.

37

What does the man say he will do next?

(A) Print out some coupons

(B) Design a flyer

(C) Decorate a room

(D) Stock some shelves

남자는 다음에 무엇을 하겠다고 말하는가?

(A) 쿠폰 출력하기

(B) 전단 디자인하기

(C) 방 장식하기

(D) 진열대 채우기

어휘 flyer 전단   stock 채우다, 갖추다

해설 세부사항 관련 – 남자가 다음에 할 행동

남자가 마지막 대사에서 아침에 새 조리기구가 배송되었다(We got a shipment of new cookware this morning)며 지금 전부 진열하겠다 (I'll go put everything on the shelves now)고 했으므로 정답은 (D) 이다.

▸▸ Paraphrasing	대화의 put everything on the shelves → 정답의 Stock some shelves

38-40

W-Am	Dave, ³⁹have you had a chance to meet Yanmei Li, the new head of marketing, yet?
M-Cn	No, I haven't had time. ³⁸,³⁹I was busy with the launch of our new smartphone last week. Have you met her?
W-Am	Yeah, she seems very approachable. Her last job was with a computer manufacturer, so I think she's a really good fit for the company. So, how did the new product launch go?
M-Cn	Really well. We started in Europe and ⁴⁰we'll expand to North America. I'm actually going there next week.
여	데이브, **신임 마케팅 책임자인 안메이 리 씨와 만날 기회가 있었나요?**
남	아니요, 못 만났어요. **지난주에 신형 스마트폰 출시로 바빴어요.** 그녀를 만나 보셨나요?
여	예, 아주 친해지기 쉬운 사람 같아요. 요전 직장이 컴퓨터 제조업체라서 이 회사에 정말 적합한 사람이라고 생각해요. 그런데 신제품 출시는 어떻게 됐나요?
남	아주 잘됐어요. 유럽에서 시작했고 **북미로 확장할 거예요.** 실은 **다음 주에 거기 가요.**

어휘 launch 출시   approachable 친해지기 쉬운   manufacturer 제조업체   fit 적합한 것[사람]   expand 확장하다

38

According to the speakers, what happened last week?

(A) A new product was launched.

(B) A software package was purchased.

(C) A technical issue was resolved.

(D) A regional office was closed.

화자들에 따르면, 지난주에 무슨 일이 있었는가?

(A) 신제품이 출시되었다.

(B) 소프트웨어 패키지를 구입했다.

(C) 기술 문제가 해결되었다.

(D) 지역 사무소가 문을 닫았다.

어휘 purchase 구입하다   issue 문제   resolve 해결하다   regional 지역의

해설 세부사항 관련 – 지난주에 있었던 일

남자가 첫 번째 대사에서 지난주에 신형 스마트폰 출시로 바빴다(I was busy with the launch of our new smartphone last week)고 했으므로 정답은 (A)이다.

▸▸ Paraphrasing	대화의 the launch of our new smartphone → 정답의 A new product was launched

39

What industry do the speakers work in?

(A) Health care

(B) Finance

(C) Technology

(D) Education

화자들은 어떤 업계에서 일하는가?

(A) 의료

(B) 금융

(C) 기술

(D) 교육

해설 전체 내용 관련 – 화자들이 종사하는 업계

여자가 첫 번째 대사에서 신임 마케팅 책임자를 만났는지(have you had a chance to meet Yanmei Li, the new head of marketing, yet?)를 물었고, 남자가 지난주에 신형 스마트폰 출시로 바빴다(I was busy with the launch of our new smartphone last week)며 만나지 못한 이유 를 댔으므로 화자들은 기술 업계에서 종사하고 있음을 알 수 있다. 따라서 정답은 (C)이다.

40

What will the man do next week?

(A) Attend a training

(B) Travel for business

(C) Prepare a slideshow

(D) Revise a contract

남자는 다음 주에 무엇을 할 것인가?

(A) 교육에 참석하기

(B) 출장 가기

(C) 슬라이드쇼 준비하기

(D) 계약서 수정하기

어휘 revise 수정하다 contract 계약(서)

해설 세부사항 관련 – 남자가 다음 주에 할 일

남자가 마지막 대사에서 북미로 확장할 것(we'll expand to North America)이라면서, 다음 주에 거기에 간다(I'm actually going there next week)고 하는 것으로 보아 남자가 다음 주에 출장을 갈 것임을 알 수 있다. 따라서 정답은 (B)이다.

41-43

W-Br	Hi, Jin-Sung. Oh, I was wondering… **41have you noticed how cold it's been here in the coffee shop lately?**
M-Cn	**41Actually, yes. I wonder if it's because the side door hasn't been closing properly**—that door should close automatically. Maybe a hinge is broken or needs to be adjusted.
W-Br	Well, **42I'm really concerned about the temperature. Our customers don't want to sit in a cold coffee shop!** **43I'll try to get a repair person to come and fix it today.**
M-Cn	**43Actually… you don't need to call. I used to work at a hardware store.**
여	안녕하세요, 진성. 아, 궁금했는데… 요즘 여기 커피숍 안이 얼마나 추운지 알아챘나요?
남	실은 알고 있어요. 옆문이 제대로 닫히지 않아서 그런지—그 문은 자동으로 닫혀야 하는데요. 경첩이 부러졌거나 조정이 필요할 수도 있어요.
여	전 정말 온도때문에 걱정이 돼요. 고객들은 추운 커피숍에 앉고 싶지 않을 거예요! 오늘 수리하는 사람을 불러서 고치도록 할게요.
남	실은… 부를 필요 없어요. 제가 예전에 철물점에서 일했거든요.

어휘	properly 제대로 hinge 경첩 adjust 조정하다 temperature 온도 repair 수리 fix 고치다 hardware store 철물점

41

Where do the speakers work?

(A) At a bank

(B) At a coffee shop

(C) At a bookstore

(D) At a medical clinic

화자들은 어디에서 일하는가?

(A) 은행

(B) 커피숍

(C) 서점

(D) 병원

해설 전체 내용 관련 – 화자들의 근무지

대화 초반부에 여자가 남자에게 요즘 여기 커피숍 안이 추운 것을 알아챘는지(have you noticed how cold it's been here in the coffee shop lately?) 물었고 뒤이어 남자도 알고 있고 제대로 닫히지 않는 옆문 때문인 것 같다(Actually, yes. I wonder if it's because the side door hasn't been closing properly)며 대화를 이어가는 것으로 보아 화자들이 근무하는 곳은 커피숍임을 알 수 있다. 따라서 정답은 (B)이다.

42

Why is the woman concerned?

(A) Her inventory is low.

(B) She lost some contact information.

(C) A seating area is too cold.

(D) Road construction is disruptive.

여자가 걱정하는 이유는 무엇인가?

(A) 재고가 부족하다.

(B) 연락 정보를 분실했다.

(C) 좌석 구역이 너무 춥다.

(D) 도로 공사가 지장을 준다.

어휘 inventory 재고 disruptive 지장을 주는

해설 세부사항 관련 – 여자의 우려 사항

여자가 두 번째 대사에서 온도때문에 걱정이 된다(I'm really concerned about the temperature)면서, 고객들은 추운 커피숍에 앉고 싶지 않을 것(Our customers don't want to sit in a cold coffee shop)이라고 했으므로 정답은 (C)이다.

> ▸▸ Paraphrasing 대화의 sit in a cold coffee shop
> → 정답의 A seating area is too cold

43

What does the man imply when he says, "I used to work at a hardware store"?

(A) He can fix a problem.

(B) He has experience in customer service.

(C) He is not interested in an offer.

(D) He is excited about teaching a new course.

남자가 "제가 예전에 철물점에서 일했거든요"라고 말하는 의도는 무엇인가?

(A) 문제를 해결할 수 있다.
(B) 고객 서비스에 경험이 있다.
(C) 제안에 관심이 없다.
(D) 새 강좌를 가르치게 되어 설렌다.

해설 화자의 의도 파악 – 예전에 철물점에서 일했거든요라고 말한 의도
여자가 두 번째 대사에서 수리하는 사람을 불러서 고치도록 하겠다(I'll try to get a repair person to come and fix it today)고 하자 부를 필요 없다(Actually... you don't need to call)고 한 후 이어서 한 말이므로 자신이 문을 고칠 수 있음을 알리기 위한 것으로 볼 수 있다. 따라서 정답은 (A)이다.

44-46 3인 대화

W-Br	Hi. **⁴⁴I saw an advertisement for the Pic-easy camera in today's newspaper, but ⁴⁵the price shown on the display here in your store is different than what was listed in the ad.**
M-Au	Oh... OK. **⁴⁶My manager here can help you. Mr. Jensen?**
M-Cn	Sure. Sorry about the confusion. **⁴⁴That camera just went on sale today, and we haven't changed the price on our display yet.**
W-Br	Oh, that's good to hear. I'd like to buy it then.
M-Cn	Great. **⁴⁶And that camera comes with a two-year warranty, but for another 25 dollars, you can extend it to five years. Would you like to do that?**

여	안녕하세요. **오늘 신문에서 픽-이지 카메라 광고를 봤는데, 여기 매장에 진열된 가격은 광고에 기재된 가격과 다르네요.**
남1	오… 알겠습니다. **여기 매니저가 도와 드릴 겁니다. 젠슨 씨?**
남2	그럼요. 혼란스럽게 해서 죄송해요. **저 카메라는 오늘 막 할인에 들어갔는데, 아직 진열 가격을 바꾸지 못했어요.**
여	오, 잘됐네요. 그렇다면 사고 싶어요.
남2	좋아요. 그리고 그 카메라는 보증기간이 2년이지만, 25달러만 더 내면 5년으로 연장할 수 있어요. 그렇게 하시겠어요?

어휘	advertisement 광고 confusion 혼란 warranty 보증(서) extend 연장하다

44

What product are the speakers discussing?

(A) A camera
(B) A printer
(C) A television
(D) A mobile phone

화자들은 어떤 제품에 대해 논의하고 있는가?

(A) 카메라
(B) 프린터
(C) 텔레비전
(D) 휴대폰

해설 전체 내용 관련 – 화자들이 논의하고 있는 제품
여자가 첫 번째 대사에서 신문에서 픽-이지 카메라 광고를 봤는데, 매장에 진열된 가격은 광고와 다르다(I saw an advertisement for the Pic-easy camera in today's newspaper, but the price shown on the display here in your store is different than what was listed in the ad)고 했고, 남자2가 할인에 들어간 카메라의 진열 가격을 바꾸지 못했다(That camera just went on sale today, and we haven't changed the price on our display yet)며 카메라에 대해 대화를 이어가고 있다. 따라서 정답은 (A)이다.

45

What problem does the woman mention?

(A) An item is damaged.
(B) An item is out of stock.
(C) A display price is incorrect.
(D) A delivery was not received.

여자가 언급하는 문제는 무엇인가?
(A) 물품이 파손되었다.
(B) 물품이 품절되었다.
(C) 진열 가격이 정확하지 않다.
(D) 배송품을 받지 못했다.

어휘 out of stock 품절인

해설 세부사항 관련 – 여자가 언급하는 문제
여자가 첫 번째 대사에서 매장에 진열된 가격이 광고와 다르다(the price shown on the display here in your store is different than what was listed in the ad)고 했으므로 정답은 (C)이다.

> ▶▶ Paraphrasing 대화의 **the price shown on the display here in your store is different**
> → 정답의 **A display price is incorrect**

46

What does the manager offer the woman?

(A) A refund
(B) An extended warranty
(C) Free membership
(D) Express shipping

매니저가 여자에게 제안한 것은 무엇인가?
(A) 환불
(B) 보증기간 연장
(C) 무료 회원권
(D) 빠른 배송

해설 세부사항 관련 – 매니저의 제안 사항
남자1의 첫 번째 대사에서 남자2가 매니저임을 알 수 있다. 남자2가 마지막 대사에서 카메라의 보증기간은 2년이지만, 25달러를 추가로 내면 5년으로 연장할 수 있다(And that camera comes with a two-year warranty, but for another 25 dollars, you can extend it to five

years)며 그렇게 하겠는지(Would you like to do that?)를 묻고 있으므로 정답은 (B)이다.

47-49

M-Cn	OK, [47]**I've finished examining your teeth. Everything looks healthy. Do you have any concerns?**
W-Br	Yes, actually. It's nothing serious, but sometimes my teeth hurt a little when I brush them.
M-Cn	Maybe you're brushing too hard or you're using the wrong type of toothbrush. [48]**I have a pamphlet about that... uh, here you go.** This has some useful recommendations.
W-Br	Thanks, I'll read it. And by the way, I recently moved, so I need to update my patient file.
M-Cn	OK, [49]**please give your new address to our receptionist on your way out.**
남	좋습니다. **치아 검사를 끝냈어요. 전부 건강해 보이네요. 걱정거리가 있으신가요?**
여	실은 있어요. 심각한 건 아니지만 가끔 양치질을 할 때 이가 살짝 아플 때가 있어요.
남	너무 세게 문지르거나 잘못된 유형의 칫솔을 사용해서 그럴 수도 있어요. **그에 관한 팸플릿이 있는데… 어, 여기 있어요.** 여기에 몇 가지 유용한 권고사항이 있어요.
여	고마워요, 읽어 볼게요. 그런데 제가 최근에 이사해서 환자 파일을 수정해야 해요.
남	알겠습니다. **나가는 길에 접수원에게 새 주소를 주세요.**

어휘	recommendation 권고 (사항) recently 최근 patient 환자 receptionist 접수원

47

Where does the conversation most likely take place?

(A) At a drug store
(B) At a fitness center
(C) At a research laboratory
(D) At a dentist's office

대화는 어디에서 이루어지겠는가?

(A) 약국
(B) 헬스장
(C) 연구소
(D) **치과**

해설 전체 내용 관련 – 대화 장소

대화 초반부에 남자가 치아 검사를 끝냈고 전부 건강해 보인다며 걱정거리가 있는지(I've finished examining your teeth. Everything looks healthy. Do you have any concerns?) 묻는 것으로 보아 화자들이 있는 장소가 치과임을 알 수 있다. 따라서 정답은 (D)이다.

48

What does the man give to the woman?

(A) A toothbrush
(B) **A pamphlet**
(C) A water bottle
(D) A receipt

남자가 여자에게 주는 것은 무엇인가?

(A) 칫솔
(B) **팸플릿**
(C) 물병
(D) 영수증

해설 세부사항 관련 – 남자가 주는 것

남자가 두 번째 대사에서 칫솔질 문제에 관한 팸플릿이 여기 있다(I have a pamphlet about that... uh, here you go)며 여자에게 건네 주고 있으므로 정답은 (B)이다.

49

What does the man ask the woman to do?

(A) Pay a fee
(B) Sign a form
(C) **Provide an address**
(D) Make an appointment

남자가 여자에게 요청한 일은 무엇인가?

(A) 요금 내기
(B) 양식에 서명하기
(C) **주소 제공하기**
(D) 예약하기

어휘 make an appointment 예약하다

해설 세부사항 관련 – 남자의 요청 사항

남자는 마지막 대사에서 나가는 길에 접수원에게 새 주소를 주라(please give your new address to our receptionist on your way out)고 했으므로 정답은 (C)이다.

> ▸▸ Paraphrasing   대화의 give your new address
> → 정답의 **Provide an address**

50-52

W-Am	Hi, Charlie. [50]**This is Cora from Thomasville Marketing.** We're impressed with your qualifications, and [51]**we'd like to offer you the position at our Chicago office.**
M-Au	Thank you. That's exciting news. Moving to Chicago would be a big decision for me, though, so [51]**I'll need to think about it.**
W-Am	Well, we'd really like to fill the position this week.
M-Au	OK, I understand.

W-Am If you accept the position, we'd like you to come to Chicago soon to meet the team you'd be working with. And, of course, [52]**Thomasville Marketing always pays for business-related air travel and taxi expenses.**

여 안녕하세요, 찰리. **토마스빌 마케팅의 코라예요.** 당신의 자질이 무척 인상 깊어서 **시카고 사무소에 있는 자리를 제안하고 싶어요.**

남 감사합니다. 신나는 소식이네요. 하지만 시카고로 이사하는 게 저로선 중대한 결정이어서 **생각을 좀 해야 해요.**

여 음, 이번 주에는 정말 그 자리를 채우고 싶어요.

남 그렇군요, 이해합니다.

여 그 자리를 수락하신다면, 곧 시카고로 와서 함께 일할 팀을 만나셨으면 합니다. 물론 **토마스빌 마케팅은 항상 업무와 관련된 항공비와 택시비를 지불합니다.**

어휘 impressed 깊은 인상을 받은 qualification 자질 decision 결정 accept 수락하다 related 관련된 expense 비용

50

What type of business does the woman work for?

(A) A grocery store
(B) A publishing company
(C) A marketing firm
(D) A travel agency

여자는 어떤 업계에서 일하는가?
(A) 식료품점
(B) 출판사
(C) 마케팅 회사
(D) 여행사

해설 전체 내용 관련 – 여자가 종사하는 업계

대화 초반부에 여자가 토마스빌 마케팅의 코라(This is Cora from Thomasville Marketing)라고 자신을 소개하고 있으므로 정답은 (C)이다.

51

What does the woman mean when she says, "we'd really like to fill the position this week"?

(A) A candidate should decide quickly.
(B) An alternative plan needs to be approved.
(C) Additional funding will be required.
(D) A manager will change a timeline.

여자가 "이번 주에는 정말 그 자리를 채우고 싶어요"라고 말하는 의도는 무엇인가?
(A) 지원자가 빨리 결정해야 한다.
(B) 대안은 승인이 필요하다.
(C) 추가 재원이 필요할 것이다.
(D) 매니저가 일정을 바꿀 것이다.

어휘 candidate 지원자 alternative 대체의 approve 승인하다 additional 추가의

해설 화자의 의도 파악 – 이번 주에는 정말 그 자리를 채우고 싶다고 말한 의도

여자가 첫 번째 대사에서 시카고 사무소의 자리를 제안하고 싶다(we'd like to offer you the position at our Chicago office)고 했는데, 남자가 생각을 좀 해야 한다(I'll need to think about it)며 망설이자 한 말로, 남자에게 생각할 시간이 많지 않음을 알리기 위한 것으로 볼 수 있다. 따라서 정답은 (A)이다.

52

According to the woman, what does the company always pay for?

(A) Housing
(B) Equipment
(C) Clothing
(D) Transportation

여자에 의하면, 회사에서 항상 지불하는 것은 무엇인가?
(A) 주거
(B) 장비
(C) 의류
(D) 교통

어휘 transportation 교통

해설 세부사항 관련 – 회사에서 항상 지불하는 것

여자가 마지막 대사에서 토마스빌 마케팅은 항상 업무와 관련된 항공비와 택시비를 지불한다(Thomasville Marketing always pays for business-related air travel and taxi expenses)고 말했으므로 정답은 (D)이다.

▸▸ Paraphrasing 대화의 **air travel and taxi**
→ 정답의 **Transportation**

53-55 3인 대화

W-Br Kumiko, [53]**what are you posting on the notice board?**

W-Am Hi, [54]**Amelia.** [53]**I'm organizing a company team for a charity event next weekend.** It's a ten-kilometer run through the city. The money raised will be used for a neighborhood playground.

W-Br Sounds good! By the way, [54]**I usually run with some of our colleagues during lunch. I'll talk to them tomorrow about joining the team.**

W-Am Great, thanks Amelia! We need ten people to make a full team.

W-Br Hey, there's Martin. He likes running too. Martin, want to join our team? We're participating in a ten-kilometer run for charity. It's next weekend.

M-Cn Next weekend? I wish I could! But [55]**I'll be in Washington for a conference then.**

여1	쿠미코, 게시판에 올리는 게 뭐예요?
여2	안녕하세요, **아멜리아**. 다음 주말 자선 행사를 위해 회사 팀을 조직하고 있어요. 시를 통과해 10킬로미터를 달리는 거예요. 모금된 돈은 동네 놀이터에 쓰일 거예요.
여1	좋은데요! 그런데 **제가 점심시간에 보통 동료 몇 사람과 함께 달리거든요. 내일 그들에게 팀에 합류하는 것에 대해 이야기해 볼게요.**
여2	좋아요, 고마워요, 아멜리아! 온전하게 한 팀을 꾸리려면 열 명이 필요해요.
여1	저기, 마틴이 있네요. 그도 달리기를 좋아해요. 마틴, 우리 팀에 합류할래요? 자선 활동으로 10킬로미터 달리기 대회에 참가할 거예요. 다음 주말이에요.
남	다음 주말이요? 할 수 있으면 좋으련만! 하지만 **그땐 회의 때문에 워싱턴에 가요.**

어휘	organize 조직하다 charity 자선 (활동) raise (자금을) 모으다 colleague 동료 participate 참가하다

53

What are the speakers mainly talking about?

(A) A holiday parade
(B) A charity event
(C) A health seminar
(D) A company picnic

화자들이 주로 이야기하는 것은 무엇인가?

(A) 휴일 퍼레이드
(B) 자선 행사
(C) 건강 세미나
(D) 회사 야유회

해설 전체 내용 관련 – 대화 주제

대화 초반부에서 여자 1이 쿠미코에게 게시판에 올리는 게 무엇인지(what are you posting on the notice board?)를 물었고, 여자2인 쿠미코가 자선 행사를 위해 회사 팀을 조직하고 있다(I'm organizing a company team for a charity event next weekend)며 자선 행사 관련 내용으로 대화를 이어가고 있다. 따라서 정답은 (B)이다.

54

What does Amelia offer to do tomorrow?

(A) Speak with some colleagues
(B) Pick up some supplies
(C) Finalize a travel itinerary
(D) Contact a news reporter

아멜리아는 내일 무엇을 하겠다고 제안하는가?

(A) 동료들에게 이야기하기
(B) 비품 찾아오기
(C) 여행 일정 마무리하기
(D) 뉴스 기자에게 연락하기

어휘 finalize 마무리하다 itinerary 일정

해설 세부사항 관련 – 아멜리아의 제안 사항

여자2의 첫 번째 대사에서 아멜리아가 여자1임을 알 수 있다. 여자1이 두 번째 대사에서 점심시간에 동료 몇 사람과 함께 달린다(I usually run with some of our colleagues during lunch)면서, 그들에게 팀에 합류하는 것에 대해 이야기하겠다(I'll talk to them tomorrow about joining the team)고 했으므로 정답은 (A)이다.

> ▶▶ Paraphrasing 대화의 **talk to them**
> → 정답의 **Speak with some colleagues**

55

Why will the man be in Washington?

(A) To inspect a building
(B) To accept an award
(C) To attend a conference
(D) To interview for a job

남자가 워싱턴으로 가는 이유는 무엇인가?

(A) 건물 점검하기
(B) 상 받기
(C) 회의 참석하기
(D) 취업 면접 보기

해설 세부사항 관련 – 남자가 워싱턴으로 가는 이유

마지막 대사에서 남자가 회의 때문에 워싱턴에 간다(I'll be in Washington for a conference then)고 밝혔으므로 정답은 (C)이다.

56-58

W-Am	John, **[56]a customer is looking for this winter boot in a size ten. Could you find that for me, please?**
M-Au	Actually, **[57]I'm just finishing my shift now.**
W-Am	I'd really appreciate it if you could get this one last thing before you go.
M-Au	OK, sure. Oh… Last time I was in the stockroom, I noticed that **[58]we've sold out of a lot of sizes in this style.** I'll go look, but it might be a good idea to ask the customer if she'd be interested in a different style.
여	존, 손님이 이 겨울 부츠를 10사이즈로 찾고 있어요. 좀 찾아 주시겠어요?
남	실은 **지금 교대근무가 끝나요.**
여	가기 전에 마지막으로 이거 하나만 구해 주면 정말 고맙겠어요.
남	좋아요, 그러죠. 아… 저번에 창고에 가니 **이 스타일의 많은 사이즈가 다 팔렸던데요.** 가서 보겠지만, 고객에게 다른 스타일에 관심 있는지 물어보는 게 좋을 것 같아요.

어휘	shift 교대근무 appreciate 감사하다 stockroom 창고

56

Where do the speakers most likely work?

(A) At a shoe store
(B) At a furniture store
(C) At an auto repair shop
(D) At a kitchen appliance store

화자들은 어디에서 일하겠는가?

(A) 신발 매장
(B) 가구점
(C) 자동차 정비소
(D) 주방가전 매장

어휘 appliance 가전제품

해설 전체 내용 관련 – 화자들의 근무지

대화 초반부에서 여자가 손님이 10사이즈 겨울 부츠를 찾고 있다(a customer is looking for this winter boot in a size ten)면서, 남자에게 찾아 달라(Could you find that for me, please?)고 요청했으므로 화자들이 신발 가게에서 일하고 있음을 알 수 있다. 따라서 정답은 (A)이다.

57

Why does the man decline the woman's request at first?

(A) He is on a short break.
(B) He is preparing a display.
(C) He is about to leave work.
(D) He is assisting another client.

남자가 처음에 여자의 제안을 거절한 이유는 무엇인가?

(A) 잠깐 쉬고 있다.
(B) 진열을 준비하고 있다.
(C) 막 퇴근하려던 참이다.
(D) 다른 고객을 돕고 있다.

해설 세부사항 관련 – 남자가 처음에 여자의 제안을 거절한 이유

남자가 첫 번째 대사에서 지금 교대근무가 끝난다(I'm just finishing my shift now)며 여자의 요청을 우회적으로 거절하고 있으므로 정답은 (C)이다.

> ▸▸ Paraphrasing 대화의 **I'm just finishing my shift now**
> → 정답의 **He is about to leave work**

58

What does the man say about an item?

(A) It is broken.
(B) It is discounted.
(C) It is easy to operate.
(D) It is probably unavailable.

남자가 물품에 관해 말한 것은 무엇인가?

(A) 고장 났다.
(B) 할인된다.
(C) 작동하기 쉽다.
(D) 아마 구할 수 없을 것이다.

어휘 operate 작동하다 unavailable 구할 수 없는, 이용할 수 없는

해설 세부사항 관련 – 남자가 물품에 관해 말한 것

남자가 마지막 대사에서 이 스타일의 많은 사이즈가 다 팔렸다(we've sold out of a lot of sizes in this style)고 했으므로 고객이 찾는 사이즈가 없을 수도 있음을 언급한 것임을 알 수 있다. 따라서 정답은 (D)이다.

> ▸▸ Paraphrasing 대화의 **sold out** → 정답의 **unavailable**

59-61

M-Cn	Ms. Sorensen. It's Tony Reed calling from e-Energy Insight. **59I appreciate having the opportunity to tell you about our energy management software.**
W-Br	Sure. As the manager of a large bank, I know that our energy bills are quite substantial. **60We're always looking for ways to cut energy costs.**
M-Cn	Well, our software automatically controls the lighting, heating, and cooling of multiple rooms, as well as the energy needed for operating machines. It redirects the energy where it's needed, so that there's no waste.
W-Br	Interesting. **61Would it be possible for you to give us a demonstration of how it all works?**
남	소렌슨 씨. e-에너지 인사이트의 토니 리드입니다. **저희 에너지 관리 소프트웨어에 대해 이야기할 기회를 주셔서 감사합니다.**
여	별말씀을요. 대형 은행 지점장으로서 저희 에너지 요금이 상당하다는 걸 알고 있습니다. **저희는 항상 에너지 비용을 줄일 방법을 찾고 있어요.**
남	음, 저희 소프트웨어는 여러 방의 조명과 난방, 냉방을 자동으로 조절할 뿐만 아니라 기계 작동에 필요한 에너지도 조절합니다. 에너지를 필요한 곳에 다시 돌려 낭비가 없도록 하죠.
여	흥미롭네요. **전부 어떻게 작동하는지 한번 시연해 주실 수 있나요?**

어휘 appreciate 감사하다 opportunity 기회 substantial 상당한 cut 줄이다 operate 작동하다 redirect 다시 돌리다 demonstration 시연

59

Why is the man calling?

(A) To conduct a survey
(B) To inquire about a convention
(C) To provide some feedback
(D) To promote a product

남자가 전화하는 이유는 무엇인가?

(A) 설문조사를 하려고
(B) 대회에 관해 문의하려고
(C) 의견을 주려고
(D) 제품을 홍보하려고

어휘 survey 설문조사   convention 대회   promote 홍보하다

해설 전체 내용 관련 – 남자가 전화하는 이유

대화 초반부에 남자가 자신의 회사 에너지 관리 소프트웨어에 대해 이야기
할 기회를 주어 감사하다(I appreciate having the opportunity to tell
you about our energy management software)고 했으므로 정답은
(D)이다.

> ▸▸ Paraphrasing 대화의 **tell you about our energy**
> **management software**
> → 정답의 **promote a product**

60

What does the woman say she is interested in?

(A) Making online payments
(B) Buying a membership
(C) Reducing energy costs
(D) Funding a research project

여자가 관심있다고 말한 것은 무엇인가?

(A) 온라인 결제
(B) 회원권 구매
(C) 에너지 비용 절감
(D) 연구 프로젝트 자금 조달

어휘 reduce 줄이다

해설 세부사항 관련 – 여자가 관심있다고 한 것

여자가 첫 번째 대사에서 항상 에너지 비용을 줄일 방법을 찾고 있다
(We're always looking for ways to cut energy costs)고 했으므로
정답은 (C)이다.

61

What does the woman request?

(A) A demonstration
(B) A site visit
(C) A registration form
(D) A financing plan

여자가 요청하는 것은 무엇인가?

(A) 시연
(B) 현장 방문
(C) 등록 양식
(D) 자금 조달 계획

어휘 site 현장   registration 등록

해설 세부사항 관련 – 여자의 요청 사항

여자가 마지막 대사에서 작동법 시연이 가능한지(Would it be possible
for you to give us a demonstration of how it all works?) 물었으므
로 정답은 (A)이다.

62-64 대화 + 평면도

W-Am Thanks for calling the Forester Hotel. How can I help you?

M-Cn Hi, **62I'm arranging the annual awards banquet for my company.** I checked your Web site... Can I reserve the Rose Hall for May fifteenth?

W-Am Let me check the schedule... I'm afraid the Rose Hall's unavailable that day. The Sunflower Hall is available. It's 50 dollars more expensive than the Rose Hall, but it's larger.

M-Cn Hmm, that's OK. **63The Sunflower Hall should be fine.** I also had a question about food for the dinner. **64Can you recommend a good caterer?**

W-Am Oh, **64I'd recommend Sammy's Catering. It's popular because of the variety of vegetarian options they offer.**

여 포레스터 호텔에 전화 주셔서 감사합니다. 무엇을 도와 드릴까요?

남 안녕하세요, **우리 회사 연례 시상식 연회를 준비하고 있어요.** 호텔 웹사이트를 확인했어요… 5월 15일에 로즈홀을 예약할 수 있을까요?

여 일정을 확인할게요… 그날은 로즈홀을 이용할 수 없을 것 같아요. 선플라워홀은 이용할 수 있어요. 로즈홀보다 50달러 비싸지만 더 커요.

남 음, 좋아요. **선플라워홀이면 괜찮겠네요.** 저녁 식사로 나올 음식도 궁금한데요. 괜찮은 출장요리 업체를 추천해 주시겠어요?

여 아, 새미즈 케이터링을 추천할게요. **채식주의자를 위한 다양한 요리를 제공해서 인기가 있어요.**

어휘 arrange 준비하다   annual 연례의   awards banquet 시상식 연회   unavailable 이용할 수 없는   expensive 비싼   caterer 출장요리 업체   variety 다양함   vegetarian 채식주의자

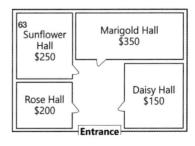

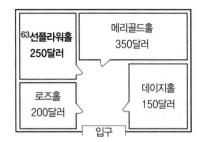

메리골드홀 350달러

63선플라워홀 250달러

로즈홀 200달러

데이지홀 150달러

입구

62

What event is the man calling about?

(A) A trade show

(B) A training workshop

(C) An awards dinner

(D) A retirement celebration

남자는 어떤 행사와 관련해 전화하는가?

(A) 무역박람회

(B) 연수 워크숍

(C) **시상식 만찬**

(D) 은퇴 축하 행사

어휘 retirement 은퇴 celebration 축하 (행사)

해설 세부사항 관련 – 남자가 전화 문의하는 행사

남자가 첫 번째 대사에서 자신의 회사 연례 시상식 연회를 준비하고 있다 (I'm arranging the annual awards banquet for my company)고 했으므로 정답은 (C)이다.

> ▸▸ Paraphrasing　대화의 **the annual awards banquet**
> → 정답의 **An awards dinner**

63

Look at the graphic. How much will the man's reservation cost?

(A) $200

(B) $250

(C) $350

(D) $150

시각 정보에 의하면, 남자의 예약 비용은 얼마인가?

(A) 200달러

(B) **250달러**

(C) 350달러

(D) 150달러

해설 시각 정보 연계 – 남자의 예약 비용

남자가 두 번째 대사에서 선플라워홀이면 괜찮겠다(The Sunflower Hall should be fine)고 했다. 시각 정보를 보면 선플라워홀은 250달러이므로 정답은 (B)이다.

64

According to the woman, why is a catering business popular?

(A) It offers vegetarian dishes.

(B) It uses local ingredients.

(C) The prices are reasonable.

(D) The chef is famous.

여자에 의하면, 출장요리 업체가 인기 있는 이유는 무엇인가?

(A) **채식 요리를 제공한다.**

(B) 현지 재료를 사용한다.

(C) 가격이 저렴하다.

(D) 요리사가 유명하다.

어휘 ingredient 재료 reasonable 저렴한

해설 세부사항 관련 – 출장요리 업체가 인기 있는 이유

남자가 두 번째 대사에서 출장요리 업체 추천(Can you recommend a good caterer?)을 요청했고, 여자가 새미즈 케이터링을 추천한다며 다양한 채식 요리 제공으로 인기가 있다(I'd recommend Sammy's Catering. It's popular because of the variety of vegetarian options they offer)고 했다. 따라서 정답은 (A)이다.

> ▸▸ Paraphrasing　대화의 **vegetarian options**
> → 정답의 **vegetarian dishes**

65-67 대화 + 막대 그래프

M-Au　Michelle, 65**thanks for agreeing to lead this afternoon's meeting with me.** One topic I think we should discuss with the staff is factory productivity. We haven't met our quotas for lightbulbs for a few months.

W-Br　I know. Productivity hasn't been stable recently. 66**We had a month of strong production, but the next month was the lowest we've had in a year!**

M-Au　Right... 66**So at today's meeting, let's focus on the month when productivity was very low.**

W-Br　I know that 67**our bulb manufacturing machines broke down several times that month. We should probably have all of them inspected.**

M-Au　I agree. What else should we discuss at the staff meeting?

남　**미셸, 오늘 오후에 있을 회의를 저와 함께 진행하기로 동의해 줘서 고마워요.** 직원들과 논의해야 한다고 생각하는 한 가지 주제는 공장 생산성이에요. 몇 달 동안 전구 할당량을 맞추지 못했어요.

여　알아요. 최근 생산성이 안정적이지 않았어요. **한 달 동안 생산량이 많았지만, 그 다음 달은 1년 만에 최저였어요!**

남　**맞아요… 그럼 오늘 회의에서는 생산성이 매우 낮았던 달을 중심으로 하죠.**

| 여 | 제가 알기로 그 달에 전구 제조 기계가 몇 번이나 고장났어요. 아마 전수조사를 해야 할 거예요. |
| 남 | 찬성해요. 직원회의에서 또 어떤 점을 논의해야 할까요? |

| 어휘 | productivity 생산성 quota 할당량 stable 안정적인 recently 최근 manufacturing 제조 inspect 조사하다 |

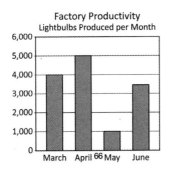

Factory Productivity
Lightbulbs Produced per Month

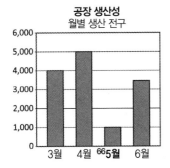

공장 생산성
월별 생산 전구

65

What will the speakers do this afternoon?

(A) Order replacement parts
(B) Lead a staff meeting
(C) Host a client lunch
(D) Conduct a facility tour

화자들은 오늘 오후에 무엇을 할 것인가?

(A) 교체 부품 주문하기
(B) 직원회의 진행하기
(C) 고객 오찬 주최하기
(D) 시설 견학 안내하기

어휘 replacement 교체

해설 세부사항 관련 – 화자들이 오후에 할 일

대화 초반부에 남자가 여자에게 오늘 오후에 회의 진행을 함께해 주기로 해서 고맙다(thanks for agreeing to lead this afternoon's meeting with me)고 했으므로 정답은 (B)이다.

66

Look at the graphic. Which month do the speakers agree to discuss?

(A) March
(B) April
(C) May
(D) June

시각 정보에 의하면, 화자들이 논의하기로 동의한 달은 언제인가?

(A) 3월
(B) 4월
(C) 5월
(D) 6월

해설 시각 정보 연계 – 화자들이 논의하기로 동의한 달

여자가 첫 번째 대사에서 한 달간 생산량이 높았고, 그 다음 달은 1년 중 최저였다(We had a month of strong production, but the next month was the lowest we've had in a year!)고 하자 뒤이어 남자가 그럼 오늘 회의는 생산성이 매우 낮았던 달에 초점을 맞추자(So at today's meeting, let's focus on the month when productivity was very low)고 했으므로 정답은 (C)이다.

67

What does the woman suggest doing?

(A) Improving security
(B) Hiring qualified employees
(C) Building another warehouse
(D) Inspecting some machines

여자가 제안하는 일은 무엇인가?

(A) 안전 개선
(B) 자격을 갖춘 직원 채용
(C) 다른 창고 건설
(D) 기계 점검

어휘 qualified 자격을 갖춘

해설 세부사항 관련 – 여자의 제안 사항

여자가 두 번째 대사에서 그 달 전구 제조 기계가 수차례 고장났다(our bulb manufacturing machines broke down several times that month)며 전수조사를 해야 할 것(We should probably have all of them inspected)이라고 했다. 여기서 them은 our bulb manufacturing machines를 지칭하므로 정답은 (D)이다.

68-70 대화 + 목록

W-Am Hi, Corey. I wanted to talk to you about the way we currently conduct hiring for the firm. I was thinking that [68]**we could reduce our workload in the human resources department by reducing the number of steps in the hiring process.**

M-Au	Well, we have to be sure we hire the right people. We can't eliminate the phone call... That's the best way to decide who we should bring in for interviews. But [69]**we could stop doing a group interview.**
W-Am	[69]**I agree.** Honestly, those haven't provided much information about job candidates in the past.
M-Au	Good point.
W-Am	OK, [70]**let's work on a presentation to show Mr. Kobayashi our idea.**
M-Au	All right.
여	안녕하세요, 코리. 현재 우리가 회사를 위해 채용하는 방식에 대해 이야기하고 싶었어요. **채용 과정의 단계수를 줄이면 인사과 업무량을 줄일 수 있다**고 생각했어요.
남	적합한 사람을 고용하고 있는지 확실히 해야 해요. 통화 단계를 없앨 수는 없어요… 누구를 면접에 불러야 할지를 결정하는 가장 좋은 방법이니까요. 하지만 **집단 면접은 그만할 수 있겠네요.**
여	**동의해요.** 솔직히 예전에 그걸로는 구직자에 대한 정보를 많이 얻지 못했어요.
남	좋은 지적이에요.
여	좋아요, **코바야시 씨에게 우리 아이디어를 보여 줄 발표를 준비합시다.**
남	그러죠.

어휘	currently 현재 reduce 줄이다 workload 업무량 eliminate 제거하다 job candidate 구직자

Interview Process

Step 1	Computer-skills test
Step 2	Phone conversation
[69]Step 3	Group interview
Step 4	On-site interview

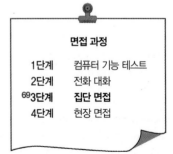

면접 과정

1단계	컴퓨터 기능 테스트
2단계	전화 대화
[69]3단계	집단 면접
4단계	현장 면접

68

According to the woman, what is the benefit of changing a process?

(A) It will decrease the workload.
(B) It will make the company more competitive.
(C) It will help prevent mistakes.
(D) It will save money.

여자에 의하면, 과정 변경의 장점은 무엇인가?

(A) 업무량을 줄일 것이다.
(B) 회사의 경쟁력이 높아질 것이다.
(C) 실수를 방지하는 데 도움이 될 것이다.
(D) 돈을 아낄 것이다.

어휘 decrease 줄이다 competitive 경쟁력 있는 prevent 방지하다

해설 세부사항 관련 – 과정 변경의 장점

대화 초반부에 여자가 채용 과정의 단계수를 줄이면 인사과 업무량을 줄일 수 있다(we could reduce our workload in the human resources department by reducing the number of steps in the hiring process)고 했으므로 정답은 (A)이다.

> ▸▸ Paraphrasing 대화의 **reduce our workload** → 정답의 **decrease the workload**

69

Look at the graphic. Which step do the speakers agree should be removed?

(A) Step 1
(B) Step 2
(C) Step 3
(D) Step 4

시각 정보에 의하면, 화자들이 없애는 데 동의한 단계는 무엇인가?

(A) 1단계
(B) 2단계
(C) 3단계
(D) 4단계

해설 시각 정보 연계 – 화자들이 없애는 데 동의한 단계

남자가 첫 번째 대사에서 집단 면접은 그만할 수 있겠다(we could stop doing a group interview)고 하자, 여자가 동의한다(I agree)고 했다. 시각 정보를 보면 집단 면접은 3단계이므로 정답은 (C)이다.

70

What will the speakers do next?

(A) Review a budget
(B) Prepare a presentation
(C) Print out some résumés
(D) Hire a consultant

화자들은 다음에 무엇을 할 것인가?

(A) 예산안 검토하기
(B) 발표 준비하기
(C) 이력서 출력하기
(D) 컨설턴트 고용하기

어휘 budget 예산(안) résumé 이력서

해설 세부사항 관련 – 화자들이 다음에 할 행동

여자가 세 번째 대사에서 코바야시 씨에게 아이디어를 보여 줄 발표를 준비하자(let's work on a presentation to show Mr. Kobayashi our idea)고 했으므로 정답은 (B)이다.

>> Paraphrasing 대화의 **work on** → 정답의 **Prepare**

PART 4

71-73 방송

M-Cn In local news, **71residents have long awaited the grand opening of the River City Zoo this Saturday.** For this special grand-opening event, hours will be extended until eight P.M. And, the zoo will also be having a photo contest during the event. **72Be sure to take photos while you walk through the exhibits to submit for the contest.** **73To read the contest rules and regulations, visit the zoo's Web site.**

지역 뉴스를 알려 드립니다. **주민들은 이번 주 토요일에 있을 리버 시티 동물원의 개장을 오랫동안 기다려 왔습니다.** 이 특별한 개막 행사를 위해 오후 8시까지 운영 시간이 연장될 예정입니다. 그리고 동물원에서는 이번 행사 기간에 사진 대회를 엽니다. **전시관을 둘러보는 동안 꼭 사진을 찍어 공모전에 응모하세요.** 대회 규칙 및 규정을 읽으시려면 동물원 **웹사이트를 방문하세요.**

어휘 local 지역의 extend 연장하다 exhibit 전시(물) submit 제출하다 regulation 규정

71

What event is the speaker mainly talking about?

(A) A sports competition
(B) A grand opening
(C) A nutrition workshop
(D) A community festival

화자가 주로 이야기하는 행사는 무엇인가?

(A) 스포츠 경기
(B) 개장
(C) 식생활 워크숍
(D) 지역 축제

어휘 competition 경기 nutrition 식생활

해설 전체 내용 관련 – 화자가 주로 이야기하는 행사

지문 초반부에서 화자가 주민들은 리버 시티 동물원의 개장을 오랫동안 기다렸다(residents have long awaited the grand opening of the River City Zoo this Saturday)고 했고 이어지는 방송 내용도 동물원 개장에 관한 것이므로 정답은 (B)이다.

72

What are the listeners encouraged to do during the event?

(A) Sample different foods
(B) Watch a demonstration
(C) Purchase souvenirs
(D) Take pictures

청자들이 행사 도중 권유 받은 일은 무엇인가?

(A) 다양한 음식 시식
(B) 시연 관람
(C) 기념품 구입
(D) 사진 촬영

어휘 sample 시식[시음]하다 demonstration 시연 purchase 구입하다 souvenir 기념품

해설 세부사항 관련 – 행사 도중 권유 받은 일

지문 중반부에서 전시관을 둘러보는 동안 사진을 찍어 공모전에 응모하라(Be sure to take photos while you walk through the exhibits to submit for the contest)고 했으므로 정답은 (D)이다.

>> Paraphrasing 담화의 **take photos** → 정답의 **Take pictures**

73

What can the listeners find on a Web site?

(A) A list of sponsors
(B) Information about parking
(C) Some contest guidelines
(D) Some membership options

청자들이 웹사이트에서 찾을 수 있는 것은 무엇인가?

(A) 후원자 명단
(B) 주차 정보
(C) 대회 지침
(D) 회원권 옵션

해설 세부사항 관련 – 웹사이트에서 찾을 수 있는 것

지문 후반부에서 대회 규칙 및 규정을 보려면 동물원 웹사이트를 방문하라(To read the contest rules and regulations, visit the zoo's Web site)고 했으므로 정답은 (C)이다.

>> Paraphrasing 담화의 **the contest rules and regulations** → 정답의 **Some contest guidelines**

74-76 안내 방송

W-Br **74Attention, passengers flying to Dublin.** Since this flight is fully booked and luggage space will be limited, **75you may check extra bags for free.** If you'd like to check your luggage to your final destination at no extra charge, you can speak to an airline representative at the gate desk. We'll begin boarding soon, so **76please check your ticket for your seat assignment.** Thank you for flying with us.

더블린행 항공편 승객 여러분 주목해 주십시오. 이 항공편은 예약이 다 차서 기내 수하물 공간이 부족할 것이니 **추가 수하물은 무료로 부치셔도 됩니다.** 추가 비용 없이 최종 목적지까지 짐을 부치고 싶다면 탑승구 데스크에서 항공사 직원에게 이야기하십시오. 곧 탑승이 시작되니 **좌석 배정을 위해 표를 확인해 주십시오.** 저희와 함께 비행해 주셔서 감사합니다.

어휘 luggage 짐, 수하물 limited 한정된, 부족한 destination 목적지 representative 직원 assignment 배정

74

Where most likely does this announcement take place?

(A) At a ferry terminal
(B) At an airport
(C) At a train station
(D) At a travel agency

이 안내 방송은 어디에서 나오겠는가?

(A) 여객선 터미널
(B) 공항
(C) 기차역
(D) 여행사

해설 전체 내용 관련 - 안내 방송 장소

지문 초반부에서 더블린행 항공편 승객은 주목해 달라(Attention, passengers flying to Dublin)고 했으므로 안내 방송이 공항에서 나오고 있음을 알 수 있다. 따라서 정답은 (B)이다.

75

According to the speaker, what can the listeners do for free?

(A) Check extra luggage
(B) Change a seat assignment
(C) Order a meal
(D) Take a map

화자에 의하면, 청자들이 무료로 할 수 있는 것은 무엇인가?

(A) 추가 수하물 부치기
(B) 좌석 배정 변경하기
(C) 식사 주문하기
(D) 지도 받기

해설 세부사항 관련 - 무료로 할 수 있는 것

지문 초반부에서 추가 수하물은 무료로 부쳐도 된다(you may check extra bags for free)고 했으므로 정답은 (A)이다.

> ▸▸ Paraphrasing 담화의 **check extra bags**
> → 정답의 **Check extra luggage**

76

What does the speaker ask the listeners to do?

(A) Look at a ticket
(B) Change a reservation
(C) Stand in a line
(D) Provide some identification

화자가 청자들에게 요청한 일은 무엇인가?

(A) 표 보기
(B) 예약 변경하기
(C) 줄 서기
(D) 신분증 제시하기

어휘 identification 신분증

해설 세부사항 관련 - 청자들에 대한 요청 사항

지문 후반부에서 좌석 배정을 위해 표를 확인해 달라(please check your ticket for your seat assignment)고 했으므로 정답은 (A)이다.

> ▸▸ Paraphrasing 담화의 **check your ticket**
> → 정답의 **Look at a ticket**

77-79 담화

M-Au **77Glad to see everyone's back on the bus. I hope you've enjoyed today's tour of Rosedale so far.** City Hall is one of my favorite stops. You may not have heard me say it, but **78our city hall is notable as the biggest government building in the nation.** In a few minutes, we'll arrive at Carpton Market. It has some of the city's best local food. **79You'll have time to explore the market on your own**—but the bus leaves at three P.M. I'll be walking around too, so join me if you'd like to hear more about the market.

모두 버스로 돌아오신 것을 보니 기쁘네요. 오늘의 로즈데일 투어를 즐기고 계셨으면 합니다. 시청은 제가 가장 좋아하는 방문지 중 하나예요. 제가 말씀드렸는지 모르겠지만, **시청은 전국에서 가장 큰 정부청사로 유명합니다.** 잠시 후, 카펜턴 시장에 도착합니다. 이곳에는 시에서 가장 좋은 지역 음식들이 있습니다. **각자 시장을 둘러볼 시간을 갖겠습니다**—하지만 버스는 오후 3시에 떠납니다. 저도 돌아 다닐 테니까 시장에 대해 더 듣고 싶으시면 저와 같이 가시죠.

어휘 notable 유명한 explore 둘러보다, 탐색하다

77

Who most likely is the speaker?

(A) A tour guide
(B) A chef
(C) A taxi driver
(D) A politician

화자는 누구이겠는가?

(A) 여행 가이드
(B) 요리사
(C) 택시 운전사
(D) 정치가

어휘 politician 정치가

해설 전체 내용 관련 - 화자의 신분

지문 초반부에서 화자가 모두 버스로 돌아온 것을 보니 기쁘다(Glad to see everyone's back on the bus)고 했고, 오늘의 로즈데일 투어를 즐기고 있으면 한다(I hope you've enjoyed today's tour of Rosedale so far)고 한 것으로 보아 화자는 여행 가이드임을 알 수 있다. 따라서 정답은 (A)이다.

78

According to the speaker, what is special about Rosedale's city hall?

(A) Its age
(B) Its location
(C) Its architecture
(D) Its size

화자에 의하면, 로즈데일 시청의 특별한 점은 무엇인가?

(A) 연식
(B) 위치
(C) 건축
(D) 규모

해설 세부사항 관련 - 로즈데일 시청의 특별한 점

지문 초반부에서 로즈데일을 관광하고 있다는 것을 알 수 있다. 중반부에서 시청은 전국에서 가장 큰 정부청사(our city hall is notable as the biggest government building in the nation)라고 했으므로 로즈데일 시청의 특별한 점은 크기라고 할 수 있다. 따라서 정답은 (D)이다.

79

Why does the speaker say, "the bus leaves at 3:00 P.M."?

(A) He is unhappy with an itinerary.
(B) He cannot accept an invitation.
(C) He wants the listeners to be on time.
(D) He thinks the listeners should use other transportation.

화자가 "버스는 오후 3시에 떠납니다"라고 말하는 이유는 무엇인가?

(A) 일정에 불만이 있다.
(B) 초대를 수락할 수 없다.
(C) 청자들이 제시간에 오기 바란다.
(D) 청자들이 다른 교통편을 이용해야 한다고 생각한다.

어휘 itinerary 일정 transportation 교통(편)

해설 화자의 의도 파악 - 버스는 오후 3시에 떠난다라고 말한 이유

인용문 앞에서 각자 시장을 둘러볼 시간을 갖겠다(You'll have time to explore the market on your own)면서, '하지만 버스는 오후 3시에 떠난다'고 한 것으로 보아 오후 3시까지 버스로 돌아오라는 뜻으로 이해할 수 있다. 따라서 늦지 말라는 의도로 한 말이므로 정답은 (C)이다.

M-Cn **80Recently we conducted a market survey about our new phone application called Minimarket.** Well, we found that people of all ages like the idea of using their mobile phones to order groceries. However, **81there has been one consistent complaint about the app. According to users, the process for ordering groceries with this app is too complicated.** So, **82we invited Lupe Gonzalez here to present some ideas.** She's a technology consultant who has designed similar apps before.

최근 우리는 미니마켓이라는 새 휴대폰 애플리케이션에 대해 시장조사를 했어요. 음, 알아보니 모든 연령대의 사람들이 휴대폰을 사용해 식료품을 주문한다는 발상을 좋아했어요. 하지만 이 앱에 대해 한 가지 불만이 일관되게 제기되었어요. 이용자들에 따르면 이 앱으로 식료품을 주문하는 과정이 너무 복잡하다고 해요. 그래서 루페 곤잘레스를 이곳에 초대해 몇 가지 방안을 듣겠습니다. 그녀는 기술 컨설턴트로, 이전에 비슷한 앱을 기획한 적이 있습니다.

어휘 recently 최근 grocery 식료품 consistent 일관된 complaint 불만 complicated 복잡한 similar 비슷한

80

What is the purpose of the meeting?

(A) To delegate projects
(B) To introduce a client
(C) To organize a seminar
(D) To present survey results

회의의 목적은 무엇인가?

(A) 프로젝트 위임
(B) 고객 소개
(C) 세미나 준비
(D) 설문조사 결과 발표

어휘 delegate 위임하다 organize 준비하다

해설 전체 내용 관련 - 회의 목적

지문 초반부에서 최근 미니마켓이라는 새 전화 애플리케이션의 시장조사를 했다(Recently we conducted a market survey about our new phone application called Minimarket)고 했으므로 회의의 목적은 이 조사의 결과를 알리기 위한 것임을 알 수 있다. 따라서 정답은 (D)이다.

81

What is the main complaint about a phone application?

(A) It is slow.
(B) It is unattractive.
(C) It is hard to use.
(D) It has high fees.

휴대폰 애플리케이션에 대한 주된 불만은 무엇인가?

(A) 느리다.
(B) 품절이 없다.
(C) 사용하기 어렵다.
(D) 요금이 비싸다.

해설 세부사항 관련 – 애플리케이션에 대한 주된 불만

지문 중반부에서 앱에 대해 불만이 제기되었다(there has been one consistent complaint about the app)며 이용자들에 따르면 앱으로 식료품 주문하는 과정이 너무 복잡하다(According to users, the process for ordering groceries with this app is too complicated)고 했으므로 정답은 (C)이다.

> ▸ Paraphrasing   담화의 **too complicated** → 정답의 **hard to use**

82

What will happen next?

(A) Lunch will be delivered.
(B) A schedule will be finalized.
(C) A consultant will make a presentation.
(D) Team members will test a new product.

다음에 있을 일은 무엇인가?

(A) 점심이 배달될 것이다.
(B) 일정이 마무리될 것이다.
(C) 컨설턴트가 발표할 것이다.
(D) 팀원이 신제품을 테스트할 것이다.

해설 세부사항 관련 – 다음에 있을 일

지문 후반부에서 루페 곤잘레스를 초대해 몇 가지 방안을 듣겠다(we invited Lupe Gonzalez here to present some ideas)고 했고, 그녀가 기술 컨설턴트로 전에 비슷한 앱을 기획했다(She's a technology consultant who has designed similar apps before)고 전했다. 따라서 정답은 (C)이다.

> ▸ Paraphrasing   담화의 **present some ideas**
> → 정답의 **make a presentation**

83-85 공지

W-Br Before you start this evening's shift, I'd like to make a quick announcement. As you know, [83]**we've had a very successful two months since our restaurant opened.** But, of course, that means you've all been working some very long days and serving many customers at once. Now, [84]**we'd originally planned to have only six waiters on our staff,** but our business is increasing. We'll be working to remedy the situation. In the meantime, to thank you for your hard work, [85]**we've arranged to get you all some complimentary tickets to the upcoming music festival.** Enjoy the event!

오늘 저녁 교대근무를 시작하기 전에, 잠깐 발표할 게 있어요. 알다시피, **식당을 연 이래 두 달동안 큰 성공을 거두었어요.** 하지만 물론 이로 인해 여러분 모두 아주 힘들게 일했고 많은 고객을 한꺼번에 접대했었죠. **당초 웨이터를 6명만 둘 계획이었지만** 이제 우리 일이 늘고 있어요. 이 상황을 바로잡기 위해 노력할게요. 그동안 수고에 감사하는 의미로 **여러분 모두를 위해 다가오는 음악제 무료 티켓을 마련했어요.** 행사에서 즐거운 시간 보내세요!

어휘 originally 당초   remedy 바로잡다   complimentary 무료의

83

Where do the listeners work?

(A) At a bank
(B) At a restaurant
(C) At a sports arena
(D) At a construction company

청자들은 어디에서 일하는가?

(A) 은행
(B) 식당
(C) 경기장
(D) 건설사

해설 전체 내용 관련 – 청자들의 근무 장소

지문 초반부에서 식당을 연 이래 두 달동안 큰 성공을 거두었다(we've had a very successful two months since our restaurant opened)고 했으므로 정답은 (B)이다.

84

What does the speaker imply when she says, "our business is increasing"?

(A) A marketing campaign has been successful.
(B) The local population has grown.
(C) An additional branch will be opened.
(D) More employees will be hired.

화자가 "우리 일이 늘고 있어요"라고 말하는 의도는 무엇인가?

(A) 마케팅 캠페인이 성공적이었다.
(B) 지역 인구가 증가했다.
(C) 추가 지점이 문을 열 것이다.
(D) 직원이 더 채용될 것이다.

어휘 population 인구   additional 추가의

해설 화자의 의도 파악 – 일이 늘고 있다라고 말한 의도

인용문의 앞 문장에서 당초 웨이터를 6명만 둘 계획이었다(we'd originally planned to have only six waiters on our staff)고 한 후 '그러나 우리 일이 늘고 있다'고 했다. 따라서 웨이터가 6명보다 더 필요하다는 의도로 한 말이므로 정답은 (D)이다.

85

What does the speaker offer the listeners?

(A) A higher salary
(B) Reserved parking spaces
(C) Free festival tickets
(D) Discount meal coupons

화자가 청자들에게 제안한 것은 무엇인가?

(A) 더 많은 급여
(B) 예약 주차 공간
(C) **무료 축제 티켓**
(D) 할인 식권

해설 세부사항 관련 – 청자들에게 제공되는 것

지문 후반부에서 청자들을 위해 음악제 무료 티켓을 마련했다(we've arranged to get you all some complimentary tickets to the upcoming music festival)고 했으므로 정답은 (C)이다.

> ▸▸ Paraphrasing 담화의 complimentary tickets to the upcoming music festival
> → 정답의 Free festival tickets

86-88 회의 발췌

> **W-Am** As you all know, when sales at Henry's Home Furnishings dropped again last year, the executive board decided it was time to reevaluate our brand. [86]**Our research revealed that we were missing out on a large market—young adults— who saw our products, especially our living room furniture, as "out-of-date" and "unimaginative".** [87]**So we're now launching an updated product line based on the latest trends,** called Urban Henry. Some of the furniture will even feature wireless charging for mobile devices. Now, before the official launch in May, [88]**I'd like you, our public relations team, to prepare a press release to send to the usual business news outlets.**
>
> 모두 알다시피, 지난해 헨리스 홈 퍼니싱의 매출이 다시 떨어졌을 때, 이사회는 우리 브랜드를 재평가할 때가 되었다고 판단했죠. **조사에 따르면 우리는 큰 시장, 즉 젊은 성인들을 놓치고 있었어요. 이들은 우리 제품, 특히 거실 가구를 "시대에 뒤떨어지고" "상상력이 부족하다"고 봤어요. 따라서 최신 트렌드를 바탕으로 한 어번 헨리라는 최신 제품군을 출시할 예정입니다.** 일부 가구에는 모바일 기기 무선충전 기능까지 탑재됩니다. 자, 이제 5월 공식 출시에 앞서, **홍보팀 여러분들은 늘 이용하는 비즈니스 뉴스 매체에 보낼 보도자료를 준비해 주세요.**
>
> 어휘 reevaluate 재평가하다 out-of-date 시대에 뒤떨어진 unimaginative 상상력이 부족한 public relations 홍보 press release 보도자료

86

What does the speaker's company mainly sell?

(A) Gardening equipment
(B) Computer accessories
(C) Stationery supplies
(D) Home furniture

화자의 회사가 주로 판매하는 것은 무엇인가?

(A) 원예 장비
(B) 컴퓨터 액세서리
(C) 문구용품
(D) **가정용 가구**

어휘 stationery 문구

해설 전체 내용 관련 – 회사가 주로 판매하는 제품

지문 초반부에서 조사에 따르면 젊은 성인들이 화자의 회사가 판매하는 제품, 특히 거실 가구를 시대에 뒤떨어지고 상상력이 부족하다고 본다(Our research revealed that we were missing out on a large market—young adults—who saw our products, especially our living room furniture, as "out-of-date" and "unimaginative")고 했으므로 회사가 주로 판매하는 제품은 가정용 가구임을 알 수 있다. 따라서 정답은 (D)이다.

> ▸▸ Paraphrasing 담화의 living room furniture
> → 정답의 Home furniture

87

How has the company addressed a problem?

(A) By opening more stores
(B) By lowering prices
(C) By updating a product line
(D) By merging with another company

회사는 문제를 어떻게 처리했는가?

(A) 더 많은 매장을 열어서
(B) 가격을 낮춰서
(C) **제품군을 개선해서**
(D) 다른 회사와 합병해서

어휘 merge 합병하다

해설 세부사항 관련 – 문제 처리 방법

지문 중반부에서 최신 트렌드를 바탕으로 한 최신 제품군을 출시할 예정(So we're now launching an updated product line based on the latest trends)이라고 했으므로 정답은 (C)이다.

> ▸▸ Paraphrasing 담화의 launching an updated product line
> → 정답의 updating a product line

88

What does the speaker ask the listeners to do?

(A) Prepare a press release
(B) Revise some designs
(C) Review a financial forecast
(D) Speak to customers

화자가 청자들에게 부탁한 일은 무엇인가?

(A) 보도자료 준비
(B) 디자인 수정
(C) 재정 전망 검토
(D) 고객과 대화

어휘 revise 수정하다 forecast 전망

해설 세부사항 관련 – 청자들에 대한 요청 사항
지문 후반부에서 청자인 홍보팀에게 비즈니스 뉴스 매체에 보낼 보도자료를 준비해 달라(I'd like you, our public relations team, to prepare a press release to send to the usual business news outlets)고 요청했으므로 정답은 (A)이다.

89-91 전화 메시지

> **M-Cn** Hello, this is Tom Pollard from Human Resources calling for Wilma. We're so happy you'll be joining our team at Moorestown Engineering. **89Could you come in next Monday morning for your orientation? After, you'll be able to meet some coworkers and have a tour of the facility.** **90Just to warn you, getting to our office is a little tricky right now. The street we're on is closed to traffic because of construction.** I recommend parking a couple of blocks away and walking. Also, **91I'd like to invite you to join me for lunch the day you come. That way, you can ask any questions you might have.** Anyway, give me a call back to confirm.
>
> 안녕하세요, 저는 인사부 톰 폴라드로, 윌마에게 전화드립니다. 무어스타운 엔지니어링에 있는 저희 팀에 합류하신다니 정말 기뻐요. **다음 주 월요일 아침에 오리엔테이션에 오시겠어요? 그 후에는 동료들을 만나고 시설을 둘러보실 수 있을 거예요.** **미리 알려 드리는데 지금은 사무실로 가기가 좀 까다로워요. 우리가 있는 거리가 공사 때문에 교통이 통제되어 있어요.** 두어 블록 떨어진 곳에 주차하고 걸어오실 것을 권합니다. **또 오시는 날 저와 함께 점심을 하셨으면 해요. 그렇게 하시면 궁금한 점을 물어보실 수 있잖아요.** 어쨌든 다시 전화해서 확답 주세요.
>
> 어휘 coworker 동료 facility 시설 tricky 까다로운

89

What is the main purpose of the message?

(A) To give feedback on some work
(B) To file a complaint
(C) To schedule an orientation
(D) To propose an idea for a new product

메시지의 주 목적은 무엇인가?
(A) 작업에 대한 의견 내기
(B) 불만 제기하기
(C) 오리엔테이션 일정 잡기
(D) 신제품 아이디어 제안하기

해설 전체 내용 관련 – 메시지의 주 목적
지문 초반부에서 청자에게 다음 주 월요일 아침에 오리엔테이션에 올 것인지(Could you come in next Monday morning for your orientation?) 물었고, 그 후에는 동료들을 만나고 시설을 둘러볼 것(After, you'll be able to meet some coworkers and have a tour of the facility)이라고 한 후, 관련 내용으로 메시지를 이어가고 있다. 따라서 오리엔테이션의 일정을 잡는 것이 메시지의 주 목적임을 알 수 있으므로 정답은 (C)이다.

90

What problem does the speaker mention?

(A) A deadline has passed.
(B) A road is closed.
(C) A machine is out of order.
(D) A report is missing.

화자가 언급한 문제는 무엇인가?
(A) 마감이 지났다.
(B) 도로가 폐쇄되었다.
(C) 기계가 고장났다.
(D) 보고서가 없어졌다.

어휘 out of order 고장 난

해설 세부사항 관련 – 화자가 언급한 문제점
지문 중반부에서 사무실로 가기가 까다롭다(Just to warn you, getting to our office is a little tricky right now)고 미리 알리면서, 사무실이 있는 거리가 공사 때문에 교통이 통제되었다(The street we're on is closed to traffic because of construction)고 했으므로 정답은 (B)이다.

> ▸▸ **Paraphrasing** 담화의 **The street we're on** → 정답의 **A road**

91

What does the speaker say the listener can do during lunch?

(A) Ask questions
(B) Make a telephone call
(C) Sign some paperwork
(D) Pick up a photo ID

화자는 청자가 점심 때 무엇을 할 수 있다고 말하는가?
(A) 질문하기
(B) 전화하기
(C) 서류에 서명하기
(D) 사진이 있는 신분증 찾아오기

해설 세부사항 관련 – 청자가 점심 때 할 수 있는 일
지문 후반부에서 화자는 청자에게 함께 점심을 하자(I'd like to invite you to join me for lunch the day you come)고 한 후, 그렇게 하면 궁금한 점을 물어볼 수 있다(That way, you can ask any questions you might have)고 했으므로 정답은 (A)이다.

92-94 회의 발췌

W-Am Good afternoon, everyone. **92I want to compliment you all for your excellent work on the Peterson ad campaign.** Their company has already seen a jump in sales from the advertisements we created! Next on the agenda, I want to let you know about a great professional development opportunity. **93We've decided to start offering reimbursement, covering tuition and other fees, for all employees who take classes at the local business school. 94And there are lots of great options to choose from. There's an interesting evening course called Creative Advertising** and it has earned many awards. If you have any questions, let me know.

여러분, 안녕하세요. **피터슨 광고 캠페인 작업을 훌륭하게 해낸 여러분 모두를 칭찬하고 싶습니다.** 그 회사는 우리가 만든 광고로 벌써 매출이 급증했어요! 다음 안건으로, 여러분에게 전문성을 기를 아주 좋은 기회에 대해 알려주고 싶어요. **지역 경영대학원에서 수업을 받는 모든 직원들에게 수업료 등을 포함한 비용을 환급하기로 결정했어요. 게다가 선택할 수 있는 옵션이 아주 많습니다. '창의적 광고'라는 흥미로운 저녁 강좌가 있는데** 상을 많이 받았어요. 궁금한 점 있으면 알려 주세요.

어휘 compliment 칭찬하다 agenda 안건 reimbursement 환급 tuition 수업 earn 받다

92

Where do the listeners most likely work?

(A) At an art gallery
(B) At a fitness center
(C) At a department store
(D) At an advertising agency

청자들은 어디에서 일하겠는가?

(A) 미술관
(B) 헬스장
(C) 백화점
(D) 광고 대행사

해설 전체 내용 관련 – 청자들의 근무지

지문 초반부에서 '피터슨 광고 캠페인 작업을 훌륭하게 해 낸 여러분 모두를 칭찬하고 싶다(I want to compliment you all for your excellent work on the Peterson ad campaign)'라고 했으므로 청자들이 근무하는 곳이 광고 대행사임을 알 수 있다. 따라서 정답은 (D)이다.

93

What will the company do?

(A) Require some training
(B) Invest in a system upgrade
(C) Pay for some classes
(D) Add some vacation days

회사는 무엇을 할 것인가?

(A) 교육을 요청한다.
(B) 시스템 개선에 투자한다.
(C) **수업료를 지불한다.**
(D) 휴가 일수를 늘린다.

해설 세부사항 관련 – 회사가 할 일

지문 중반부에서 지역 경영대학원에서 수업을 받는 모든 직원들에게 수업료 등의 비용을 환급하겠다(We've decided to start offering reimbursement, covering tuition and other fees, for all employees who take classes at the local business school)고 했으므로 정답은 (C)이다.

▸▸ Paraphrasing   담화의 offering reimbursement, covering tuition and other fees
→ 정답의 Pay for some classes

94

Why does the speaker say, "it has earned many awards"?

(A) To explain a policy
(B) **To make a recommendation**
(C) To offer congratulations
(D) To correct a mistake

화자가 "상을 많이 받았어요"라고 말하는 이유는 무엇인가?

(A) 정책을 설명하기 위해
(B) **추천하기 위해**
(C) 축하하기 위해
(D) 실수를 바로잡기 위해

해설 화자의 의도 파악 – 상을 많이 받았다라고 말한 이유

앞에서 대학원 수업 중 선택할 수 있는 옵션이 많고, '창의적 광고'라는 흥미로운 저녁 강좌가 있다(And there are lots of great options to choose from. There's an interesting evening course called Creative Advertising)고 소개한 뒤 한 말이므로, 해당 강좌를 추천하려는 의도가 있음을 알 수 있다. 따라서 정답은 (B)이다.

95-97 전화 메시지 + 일정표

M-Au Hello, **95I'm calling because I can't find my sunglasses. I think I may have left them in one of your theaters yesterday.** The sunglasses should be in a blue case—the case could have fallen under the seat. Anyway, **96I was at the four-thirty showing of _Long Distance Run_** and was sitting toward the back of the theater with some friends. **97If the sunglasses are there, could you call me back to let me know?** You can call me at any time. My number's 555-0129. Thanks.

안녕하세요, **선글라스를 잃어버려서 전화했어요. 제가 어제 상영관 중 한 곳에 두고 온 것 같아요.** 선글라스는 파란 케이스에 있을 거예요—케이스가 의자 밑에 떨어졌을 수도 있어요. 어쨌든 **저는 〈장거리 달리기〉 4시 30분 상영 회차를 봤고** 친구 몇 명과 함께 극장 뒤쪽에 앉아 있었어

요. **선글라스가 거기 있으면 다시 전화해서 알려 주실래요?** 언제든 전화하셔도 됩니다. 제 전화번호는 555-0129입니다. 감사합니다.

어휘 showing 상영, 전시

```
★ ★ ★ ★ ★ ★ ★ ★ ★ ★
         Palden Movie Palace
```

Stars on Mars	4:00	Theater 1
96 Long Distance Run	4:30	Theater 2
Manchester Tea Room	5:30	Theater 3
The Successful Apprentice	6:00	Theater 4

```
★ ★ ★ ★ ★ ★ ★ ★ ★ ★
         팰던 무비 팰리스
```

화성의 별들	4:00	1관
96 장거리 달리기	4:30	2관
맨체스터 찻집	5:30	3관
성공한 견습생	6:00	4관

95

Why is the speaker calling?

(A) To ask about a lost item
(B) To confirm a schedule
(C) To complain about a service
(D) To cancel a reservation

화자가 전화하는 이유는 무엇인가?

(A) 분실물 문의
(B) 일정 확정
(C) 서비스에 대한 불만 제기
(D) 예약 취소

해설 전체 내용 관련 – 전화하는 이유
지문 초반부에서 화자가 선글라스를 잃어버려서 전화했다(I'm calling because I can't find my sunglasses)며 어제 상영관에 두고 온 것 같다(I think I may have left them in one of your theaters yesterday)고 했으므로 정답은 (A)이다.

▸▸ Paraphrasing   담화의 **my sunglasses** → 정답의 **a lost item**

96

Look at the graphic. Which theater was the speaker in yesterday?

(A) Theater 1
(B) Theater 2
(C) Theater 3
(D) Theater 4

시각 정보에 의하면, 화자는 어제 어느 관에 있었는가?

(A) 1관
(B) 2관
(C) 3관
(D) 4관

해설 시각 정보 연계 – 어제 화자가 있었던 상영관
지문 중반부에서 화자가 〈장거리 달리기〉 4시 30분 상영 회차를 봤다(I was at the four-thirty showing of Long Distance Run)고 했는데, 일정표를 보면 해당 영화는 2관에서 상영되었으므로 정답은 (B)이다.

97

What does the speaker request?

(A) A phone call
(B) A seat change
(C) A printed receipt
(D) A cash refund

화자가 요청한 것은 무엇인가?

(A) 전화
(B) 좌석 변경
(C) 출력 영수증
(D) 현금 환불

해설 세부사항 관련 – 화자의 요청 사항
지문 후반부에서 화자가 선글라스가 상연관에 있으면 전화해서 알려 달라(If the sunglasses are there, could you call me back to let me know?)고 했으므로 정답은 (A)이다.

98-100 설명 + 지도

W-Br Good morning. **98We're happy you've joined our team at BG Gardening Service. I'd like to tell you about some of the landscaping you'll be responsible for.** Our gardening company maintains the outdoor areas at the Delville Shopping Complex, and you'll be doing your first job over there today. Look at this map of the shopping complex. **99In the lower left, where Elm Road and Main Street meet, there's a small building. You'll be responsible for the gardens around that building. 100I'll explain more at the site. Let's head over there now so I can show you in person.**

안녕하세요. 여러분이 BG 원예 서비스 팀에 합류하게 되어 기쁩니다. 여러분이 책임질 조경에 대해 이야기하려고 합니다. 우리 원예 회사는 델빌 쇼핑 단지의 야외 구역을 관리하고 있는데, 여러분은 오늘 저기서 첫 번째 작업을 하게 될 겁니다. 이 쇼핑 단지 지도를 보세요. 엘름 가와 메인 가가 만나는 왼쪽 하단에 작은 건물이 있습니다. 여러분은 이 건물 주변의 정원을 책임지게 됩니다. 현장에서 좀 더 설명할게요. 지금 그리로 가서 제가 직접 보여 드리죠.

어휘 responsible for ~을 책임지는 maintain 관리하다 site 현장 head 향하다

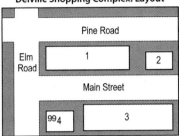

Delville Shopping Complex: Layout

Pine Road

Elm Road

1

2

Main Street

99 4

3

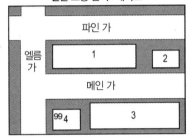

델빌 쇼핑 단지: 배치도

파인 가

엘름 가

1

2

메인 가

99 4

3

98

Who most likely are the listeners?

(A) Gardeners
(B) Security guards
(C) Sales clerks
(D) Postal workers

청자들은 누구이겠는가?

(A) 원예사
(B) 경비원
(C) 영업사원
(D) 우체부

해설 전체 내용 관련 - 청자들의 신분

지문 초반부에서 화자가 청자들에게 BG 원예 서비스 팀에 합류하게 되어 기쁘다(We're happy you've joined our team at BG Gardening Service)며 청자들이 책임질 조경에 대해 이야기하겠다(I'd like to tell you about some of the landscaping you'll be responsible for)고 했으므로 정답은 (A)이다.

99

Look at the graphic. Which building does the speaker talk about?

(A) Building 1
(B) Building 2
(C) Building 3
(D) Building 4

시각 정보에 의하면, 화자가 말하는 건물은 어디인가?

(A) 1동
(B) 2동
(C) 3동
(D) 4동

해설 시각 정보 연계 - 화자가 말하는 건물

지문 중반부에서 화자가 엘름 가와 메인 가가 만나는 왼쪽 하단에 작은 건물이 있고 청자들이 이 건물 주변의 정원을 책임지게 된다(In the lower left, where Elm Road and Main Street meet, there's a small building. You'll be responsible for the gardens around that building)고 했으므로 정답은 (D)이다.

100

What will the listeners most likely do next?

(A) Complete some paperwork
(B) Try on some uniforms
(C) Visit a work site
(D) Take a lunch break

청자들은 다음에 무엇을 하겠는가?

(A) 서류 작성하기
(B) 유니폼 입어 보기
(C) 작업 현장 방문하기
(D) 점심 먹기

해설 세부사항 관련 - 청자들이 다음에 할 행동

지문 후반부에서 화자가 현장에서 좀 더 설명하겠다(I'll explain more at the site)며 지금 그리로 가서 직접 보여 주겠다(Let's head over there now so I can show you in person)고 했으므로 정답은 (C)이다.

▸▸ Paraphrasing 담화의 **head over there**
→ 정답의 **Visit a work site**

기출 TEST 3

1 (C)	2 (D)	3 (A)	4 (D)	5 (C)
6 (B)	7 (A)	8 (C)	9 (B)	10 (B)
11 (C)	12 (A)	13 (B)	14 (B)	15 (A)
16 (C)	17 (C)	18 (A)	19 (B)	20 (B)
21 (C)	22 (A)	23 (A)	24 (C)	25 (C)
26 (B)	27 (A)	28 (B)	29 (B)	30 (A)
31 (C)	32 (D)	33 (C)	34 (B)	35 (A)
36 (C)	37 (B)	38 (B)	39 (B)	40 (D)
41 (D)	42 (C)	43 (A)	44 (B)	45 (A)
46 (D)	47 (A)	48 (C)	49 (B)	50 (C)
51 (B)	52 (C)	53 (B)	54 (D)	55 (C)
56 (A)	57 (D)	58 (A)	59 (D)	60 (A)
61 (B)	62 (C)	63 (B)	64 (D)	65 (D)
66 (C)	67 (B)	68 (C)	69 (A)	70 (A)
71 (D)	72 (A)	73 (B)	74 (D)	75 (C)
76 (B)	77 (B)	78 (C)	79 (B)	80 (B)
81 (C)	82 (A)	83 (A)	84 (C)	85 (D)
86 (B)	87 (A)	88 (D)	89 (A)	90 (D)
91 (A)	92 (A)	93 (D)	94 (B)	95 (B)
96 (C)	97 (D)	98 (A)	99 (C)	100 (B)

PART 1

1 W-Br

(A) He's fishing from a pier.
(B) He's boarding a boat.
(C) He's reading a book.
(D) He's picking up a backpack.

(A) 남자가 부두에서 낚시하고 있다.
(B) 남자가 배에 타고 있다.
(C) 남자가 책을 읽고 있다.
(D) 남자가 배낭을 집어 들고 있다.

어휘 pier 부두 board (자동차, 배 등에) 타다

해설 1인 등장 사진 – 사람의 동작/상태 묘사
(A) 동사 오답. 남자가 부두에서 낚시하고 있는(fishing from a pier) 모습이 아니므로 오답.
(B) 사진에 없는 명사를 이용한 오답. 사진에 배(boat)가 보이지 않으므로 오답.
(C) 정답. 남자가 책을 읽고 있는(reading a book) 모습을 잘 묘사했으므로 정답.
(D) 동사 오답. 남자가 배낭을 집어 들고 있는(picking up a backpack) 모습이 아니므로 오답.

2 M-Cn

(A) She's looking through a purse.
(B) She's holding a suitcase.
(C) She's hanging a poster.
(D) She's putting an umbrella into a basket.

(A) 여자가 지갑을 들여다보고 있다.
(B) 여자가 여행가방을 들고 있다.
(C) 여자가 포스터를 걸고 있다.
(D) 여자가 바구니에 우산을 넣고 있다.

어휘 purse 지갑 suitcase 여행가방

해설 1인 등장 사진 – 사람의 동작/상태 묘사
(A) 동사 오답. 여자가 지갑을 들여다보고 있는(looking through a purse) 모습이 아니므로 오답.
(B) 동사 오답. 여자가 여행가방을 들고 있는(holding a suitcase) 모습이 아니라 가방을 메고 있는(carrying a bag) 모습이므로 오답.
(C) 동사 오답. 여자가 포스터를 걸고 있는(hanging a poster) 모습이 아니므로 오답.
(D) 정답. 여자가 바구니에 우산을 넣고 있는(putting an umbrella into a basket) 모습이므로 정답.

3 M-Au

(A) A rug is being rolled up.
(B) A door is being installed.
(C) A floor is being mopped.
(D) A wall is being torn down.

(A) 깔개를 말고 있다.
(B) 문을 설치하고 있다.
(C) 마루를 훔치고 있다.
(D) 벽을 허물고 있다.

어휘 install 설치하다 mop (걸레 등으로) 훔치다 tear down 허물다, 해체하다

해설 2인 이상 등장 사진 – 사람 또는 사물 중심 묘사
(A) 정답. 깔개(rug)가 여자들에 의해 말려지고 있는(is being rolled up) 모습이므로 정답.
(B) 동사 오답. 문(door)을 설치하고 있는(is being installed) 모습이 아니므로 오답.

(C) 동사 오답. 마루(floor)를 훔치고 있는(is being mopped) 모습이 아니므로 오답.

(D) 동사 오답. 벽(wall)을 허물고 있는(is being torn down) 모습이 아니므로 오답.

---

4 W-Am

(A) Some flowers are being planted.
(B) Some leaves have been raked into a pile.
(C) Some stairs are being repaired.
(D) Some fruit has been stacked in a bin.

(A) 꽃들을 심고 있다.
(B) 긁어 모은 나뭇잎이 쌓여 있다.
(C) 계단을 수리하고 있다.
(D) 큰 통에 과일이 쌓여 있다.

어휘 plant 심다 rake 긁어 모으다 repair 수리하다 stack 쌓다
stairs 계단 bin 큰 통

해설 사물/배경 사진 – 실외 사물의 상태 묘사

(A) 사진에 없는 명사를 이용한 오답. 사진에 꽃들(flowers)이 보이지 않으므로 오답.

(B) 동사 오답. 긁어 모아 쌓여 있는(raked into a pile) 나뭇잎(leaves)이 보이지 않으므로 오답.

(C) 동사 오답. 계단(stairs)을 수리하고 있는(are being repaired) 사람의 모습이 보이지 않으므로 오답.

(D) 정답. 과일(fruit)이 큰 통에 쌓여 있는(stacked in a bin) 상태이므로 정답.

---

5 M-Cn

(A) A woman is typing on a keyboard.
(B) A woman is plugging a cord into a machine.
(C) A man is standing in front of a desk.
(D) A man is reaching for a coffee mug.

(A) 여자가 키보드를 치고 있다.
(B) 여자가 기계에 코드를 꽂고 있다.
(C) 남자가 책상 앞에 서 있다.
(D) 남자가 커피 잔을 향해 손을 뻗고 있다.

어휘 plug 꽂다 reach (손을) 뻗다

해설 2인 이상 등장 사진 – 사람의 동작/상태 묘사

(A) 동사 오답. 여자가 키보드를 치고 있는(typing on a keyboard) 모습이 아니라 두 손을 모으고 있는(putting her hands together) 모습이므로 오답.

(B) 동사 오답. 여자가 기계에 코드를 꽂고 있는(plugging a cord into a machine) 모습이 아니므로 오답.

(C) 정답. 남자가 책상 앞에 서 있는(standing in front of a desk) 모습이므로 정답.

(D) 동사 오답. 남자가 커피 잔을 향해 손을 뻗고 있는(reaching for a coffee mug) 모습이 아니라 핸드폰을 들고 있는(holding a cell phone) 모습이므로 오답.

---

6 W-Br

(A) One of the men is climbing a ladder.
(B) One of the men is lifting a wooden plank.
(C) One of the men is sweeping a walkway.
(D) One of the men is tying rope to a pole.

(A) 남자들 중 한 명이 사다리를 오르고 있다.
(B) 남자들 중 한 명이 나무 판자를 들어 올리고 있다.
(C) 남자들 중 한 명이 통로를 쓸고 있다.
(D) 남자들 중 한 명이 기둥에 밧줄을 묶고 있다.

어휘 climb 오르다 ladder 사다리 plank 판자 sweep 쓸다
walkway 통로 pole 기둥

해설 2인 이상 등장 사진 – 사람의 동작/상태 묘사

(A) 사진에 없는 명사를 이용한 오답. 사진에 사다리(ladder)가 보이지 않으므로 오답.

(B) 정답. 남자들 중 한 명이 나무 판자를 들어 올리고 있는(lifting a wooden plank) 모습을 잘 묘사했으므로 정답.

(C) 동사 오답. 남자들 중 한 명이 통로를 쓸고 있는(sweeping a walkway) 모습이 아니므로 오답.

(D) 동사 오답. 남자들 중 한 명이 기둥에 밧줄을 묶고 있는(tying rope to a pole) 모습이 아니므로 오답.

PART 2

7

M-Cn Do you think it'll rain tomorrow?
W-Am **(A) Yes, probably.**
　　　(B) Let me show you how.
　　　(C) No, he can't.

내일 비가 올까요?
(A) 예, 아마도요.
(B) 제가 방법을 보여 드릴게요.
(C) 아니요, 그는 못해요.

해설 비가 올지를 묻는 간접 의문문

(A) 정답. 비가 올지를 묻는 질문에 아마 그럴 것이라고 응답했으므로 정답.

(B) 질문과 상관없는 오답.

(C) 질문과 상관없는 오답.

8

W-Br　When will the new building be finished?

M-Au　(A) Across from the pharmacy.

　　　(B) For the new meeting room.

　　　(C) By the end of the month.

새 건물은 언제 완성될까요?

(A) 약국 건너편이요.

(B) 새 회의실용이에요.

(C) 월말에요.

어휘　pharmacy 약국

해설　건물의 완성 시점을 묻는 When 의문문

(A) 질문과 상관없는 오답. 장소를 묻는 Where 의문문에 대한 응답이므로 오답.

(B) 단어 반복 오답. 질문의 new를 반복 이용한 오답.

(C) 정답. 건물의 완성 시점을 묻는 질문에 월말이라며 구체적인 시점으로 응답하고 있으므로 정답.

9

W-Am　How was the fund-raising event yesterday?

M-Cn　(A) Yes, at eight o'clock.

　　　(B) It was very successful.

　　　(C) The Wilson Hotel.

어제 모금 행사 어땠어요?

(A) 예, 8시에요.

(B) 아주 성황이었어요.

(C) 윌슨 호텔이요.

어휘　fund-raising 모금

해설　모금 행사에 대한 의견을 묻는 How 의문문

(A) Yes/No 불가 오답. How 의문문에는 Yes/No 응답이 불가능하므로 오답.

(B) 정답. 모금 행사에 대한 의견을 묻는 질문에 아주 성황이었다며 긍정적인 의견을 제시하고 있으므로 정답.

(C) 연상 단어 오답. 질문의 fund-raising event에서 연상 가능한 장소 (Wilson Hotel)를 이용한 오답.

10

M-Au　Where is a good place for a quick lunch?

W-Br　(A) Yes, I won the race.

　　　(B) The sandwich shop next door.

　　　(C) About four dollars.

점심 간단히 먹기 좋은 곳이 어디죠?

(A) 예, 제가 경주에서 우승했어요.

(B) 옆의 샌드위치 가게요.

(C) 약 4달러요.

해설　점심을 먹을 장소를 묻는 Where 의문문

(A) Yes/No 불가 오답. Where 의문문에는 Yes/No 응답이 불가능하므로 오답.

(B) 정답. 점심을 먹을 장소를 묻는 질문에 샌드위치 가게라는 구체적인 장소로 응답했으므로 정답.

(C) 연상 단어 오답. 질문의 lunch에서 연상 가능한 점심 값(four dollars)을 이용한 오답.

11

M-Cn　Don't you work upstairs?

W-Am　(A) She prefers to take the stairs.

　　　(B) I don't use it very well.

　　　(C) No, my office is on this floor.

위층에서 일하시지 않나요?

(A) 그녀는 계단으로 가는 걸 더 좋아해요.

(B) 저는 잘 쓰지 못해요.

(C) 아니요, 제 사무실은 이 층에 있어요.

어휘　upstairs 위층　prefer 선호하다

해설　위층에서 일하지 않는지 확인하는 부정 의문문

(A) 유사 발음 오답. 질문의 upstairs와 부분적으로 발음이 유사한 stairs를 이용한 오답.

(B) 단어 반복 오답. 질문의 don't를 반복 이용한 오답.

(C) 정답. 위층에서 근무하는지를 확인하는 질문에 No라고 대답한 후에 근무하는 층을 알려 주었으므로 정답.

12

W-Br　You submitted the travel request, didn't you?

M-Cn　**(A) Yes, this morning.**

　　　(B) Fifteenth and Greene Street.

　　　(C) That would be OK.

출장 요청서를 제출하셨죠, 그렇죠?

(A) 예, 오늘 아침에요.

(B) 15번 가와 그린 가요.

(C) 괜찮을 것 같아요.

어휘　submit 제출하다

해설　출장 요청서 제출 여부를 묻는 부가 의문문

(A) 정답. 출장 요청서를 제출했는지를 묻는 질문에 Yes라고 대답한 후에 오늘 아침이라고 추가 정보를 덧붙였으므로 정답.

(B) 질문과 상관없는 오답. 장소를 묻는 Where 의문문에 대한 응답이므로 오답.

(C) 질문과 상관없는 오답.

13

W-Am　Who's going to take notes at Thursday's meeting?

M-Au　(A) Several pages.

　　　(B) I'll be on vacation then.

　　　(C) The charger is broken.

목요일 회의에서 누가 기록하나요?

(A) 몇 페이지요.

(B) 전 그때 휴가예요.

(C) 충전기가 고장났어요.

어휘 take notes 기록하다 charger 충전기

해설 회의 기록자를 묻는 Who 의문문

(A) 연상 단어 오답. 질문의 notes에서 연상 가능한 pages를 이용한 오답.

(B) 정답. 회의 기록자가 누구인지를 묻는 질문에 나는 그때 휴가이므로 회의에서 기록할 사람이 아님을 우회적으로 응답했으므로 정답.

(C) 질문과 상관없는 오답.

14

M-Cn Why can't we replace the computers?

W-Am (A) The copies are in black and white.

(B) Because the budget's not big enough.

(C) On the table is fine.

왜 컴퓨터를 교체할 수 없나요?

(A) 복사본은 흑백이에요.

(B) 예산이 많지 않아서요.

(C) 탁자 위는 괜찮아요.

어휘 replace 교체하다 budget 예산

해설 컴퓨터를 교체할 수 없는 이유를 묻는 Why 의문문

(A) 질문과 상관없는 오답.

(B) 정답. 컴퓨터를 교체할 수 없는 이유를 묻는 질문에 예산이 많지 않아서라며 적절한 이유를 댔으므로 정답.

(C) 연상 단어 오답. 질문의 computers에서 연상 가능한 놓이는 위치 (on the table)를 이용한 오답.

15

M-Au Shouldn't we update our company logo?

W-Br **(A) No, we'll have to get approval first.**

(B) That date is convenient.

(C) I go there often.

회사 로고를 수정해야 하지 않을까요?

(A) 아니요, 먼저 승인부터 받아야 해요.

(B) 그 날짜는 편리해요.

(C) 전 거기 자주 가요.

어휘 approval 승인 convenient 편리한

해설 회사 로고를 수정해야 하지 않는지 묻는 부정 의문문

(A) 정답. 회사 로고를 수정해야 하지 않느냐고 제안하는 질문에 No라고 대답한 후에 승인부터 받아야 한다며 이유를 덧붙였으므로 정답.

(B) 유사 발음 오답. 질문의 update와 발음이 일부 유사한 date를 이용한 오답.

(C) 유사 발음 오답. 질문의 logo와 부분적으로 발음이 유사한 go를 이용한 오답.

16

W-Am When are they going to hire someone to fill the open position?

M-Au (A) Would you like coffee or tea?

(B) I think I left my office door open.

(C) There are three people left to interview.

공석에 충원할 사람을 언제 채용할까요?

(A) 커피나 차 드시겠어요?

(B) 사무실 문을 열어 둔 채 나온 것 같아요.

(C) 면접할 사람이 3명 남았어요.

어휘 open position 공석

해설 채용 시점을 묻는 When 의문문

(A) 질문과 상관없는 오답.

(B) 단어 반복 오답. 질문의 open을 반복 이용한 오답.

(C) 정답. 충원할 사람의 채용 시점을 묻는 질문에 면접할 사람이 3명 남았다며 우회적으로 응답했으므로 정답.

17

M-Cn I heard Fatima is presenting her proposal today.

W-Br (A) Sure, I will.

(B) We bought them each a present.

(C) Oh, I thought that was tomorrow.

파티마가 오늘 제안서를 발표한다고 들었어요.

(A) 물론이죠, 그럴게요.

(B) 우리는 그들 각자에게 선물을 사 줬어요.

(C) 어, 전 내일인 줄 알았어요.

어휘 present 발표하다 proposal 제안(서) present 선물

해설 제안서 발표 시점을 전달하는 평서문

(A) 평서문과 상관없는 오답.

(B) 유사 발음 오답. 질문의 presenting과 부분적으로 발음이 유사한 present를 이용한 오답.

(C) 정답. 파티마가 오늘 제안서를 발표한다는 정보를 전달하는 평서문에 내일인 줄 알았다고 응답하고 있으므로 정답.

18

W-Am Why don't we invite Ms. Li to the business dinner?

M-Cn **(A) I do have her e-mail address.**

(B) A bowl of vegetable soup.

(C) I'm sorry, I thought I returned it.

리 씨를 업무 만찬에 초대하는 게 어떨까요?

(A) 제게 그녀의 이메일 주소가 있어요.

(B) 채소 수프 한 그릇이요.

(C) 죄송해요, 반납한 줄 알았어요.

어휘 bowl 그릇

해설 리 씨를 만찬에 초대하자고 제안하는 의문문

(A) 정답. 리 씨를 업무 만찬에 초대하자고 제안하는 질문에 자신에게 그
녀의 이메일 주소가 있다고 우회적으로 동의했으므로 정답.

(B) 연상 단어 오답. 질문의 dinner에서 연상 가능한 vegetable soup를
이용한 오답.

(C) 질문과 상관없는 오답.

19

M-Au What repair work needs to be done on this car?

W-Br (A) Yes, that's right.

(B) I haven't finished checking it.

(C) No thanks, I can walk.

이 차에는 어떤 정비 작업이 필요한가요?
(A) 예, 맞아요.
(B) 아직 점검을 마치지 못했어요.
(C) 아니요, 감사하지만 걸을 수 있어요.

어휘 repair 정비

해설 필요한 정비 작업이 무엇인지 묻는 What 의문문

(A) Yes/No 불가 오답. What 의문문에는 Yes/No 응답이 불가능하므로
오답.

(B) 정답. 필요한 정비 작업이 무엇인지 묻는 질문에 아직 점검을 마치지
못했다며 우회적으로 응답하고 있으므로 정답.

(C) 유사 발음 오답. 질문의 work와 발음이 유사한 walk를 이용한 오답.

20

M-Cn Who should I call to set up my printer?

W-Am (A) At twelve o'clock.

(B) The phone number's on your desk.

(C) The weather forecast.

프린터를 설치하려면 누구에게 전화해야 하나요?
(A) 12시예요.
(B) 당신 책상 위에 전화번호가 있어요.
(C) 일기예보요.

어휘 set up 설치하다 forecast 예보

해설 전화할 대상을 묻는 Who 의문문

(A) 질문과 상관없는 오답. When 의문문에 대한 응답이므로 오답.

(B) 정답. 프린터를 설치하려면 누구에게 전화해야 하는지를 묻는 질문에
전화번호가 있는 장소를 알려 주며 우회적으로 응답하고 있으므로 정답.

(C) 질문과 상관없는 오답.

21

W-Br Have you ordered more whiteboards for the office yet?

M-Au (A) Yes, the board of directors.

(B) A receipt for the uniforms.

(C) Cathy's in charge of supplies.

사무실 화이트보드를 더 주문했나요?
(A) 예, 이사회예요.
(B) 유니폼 영수증이요.
(C) 캐시가 비품 담당이에요.

어휘 board of directors 이사회 receipt 영수증 in charge of ~을
담당하는 supplies 비품

해설 화이트보드의 추가 주문 여부를 묻는 조동사(Have) 의문문

(A) 유사 발음 오답. 질문의 whiteboards와 부분적으로 발음이 유사한
board를 이용한 오답.

(B) 연상 단어 오답. 질문의 ordered에서 연상 가능한 receipt를 이용한
오답.

(C) 정답. 화이트보드의 추가 주문 여부를 묻는 질문에 캐시가 비품 담당
이라며 우회적으로 응답하고 있으므로 정답.

22

M-Au There's a special exhibition at the art gallery.

W-Br (A) Yes, I read an article about it.

(B) She has a high salary.

(C) At the next stoplight.

미술관에서 특별 전시회가 있어요.
(A) 예, 관련 기사 읽었어요.
(B) 그녀는 급여를 많이 받아요.
(C) 다음 정지신호에서요.

어휘 exhibition 전시(회) article 기사

해설 특별 전시회가 있다는 정보를 전달하는 평서문

(A) 정답. 특별 전시회가 있다며 정보를 전달하는 평서문에 Yes라고 대답
한 후에 정보의 출처를 덧붙였으므로 정답.

(B) 유사 발음 오답. 평서문의 gallery와 발음이 일부 유사한 salary를
이용한 오답.

(C) 평서문과 상관없는 오답.

23

W-Am Can I start the videoconference now?

M-Cn (A) No, let's wait a few minutes.

(B) It was very popular.

(C) That candidate won.

지금 화상회의를 시작해도 될까요?
(A) 아니요, 몇 분 기다려 주세요.
(B) 아주 인기가 많았어요.
(C) 저 후보자가 이겼어요.

어휘 videoconference 화상회의 candidate 후보자, 지원자

해설 지금 화상회의를 시작해도 되는지 허락을 구하는 의문문

(A) 정답. 지금 화상회의를 시작해도 되는지를 묻는 질문에 No라고 대답
한 후에 몇 분 기다려 달라며 시작 시점을 제시하고 있으므로 정답.

(B) 질문과 상관없는 오답.

(C) 질문과 상관없는 오답.

24

W-Br Who authorized that purchase?

W-Am (A) Within an hour or so.

(B) Yes, about the budget.

(C) Someone in the accounting department.

누가 구매를 허가했나요?

(A) 한 시간 정도 안에요.

(B) 예, 예산에 관한 거예요.

(C) 경리부에 있는 사람이요.

어휘 authorize 허가하다 purchase 구매(품) budget 예산
accounting 경리, 회계

해설 허가한 주체를 묻는 Who 의문문

(A) 질문과 상관없는 오답. 시점을 묻는 When 의문문에 대한 응답이므로 오답.

(B) Yes/No 불가 오답. Who 의문문에는 Yes/No 응답이 불가능하므로 오답.

(C) 정답. 구매를 허가한 주체를 묻는 질문에 경리부에 있는 사람이라는 구체적인 부서의 구성원으로 응답했으므로 정답.

25

M-Cn Why is the library so busy today?

M-Au (A) Sure, I have some time.

(B) He got a job at a news magazine.

(C) Have you seen today's event schedule?

오늘 도서관이 왜 이렇게 붐비죠?

(A) 그럼요, 시간 있어요.

(B) 그는 뉴스 잡지사에 취직했어요.

(C) 오늘 행사 일정표 보셨어요?

해설 도서관이 붐비는 이유를 묻는 Why 의문문

(A) Yes/No 불가 오답. Why 의문문에는 Yes와 비슷한 Sure 같은 응답은 불가능하므로 오답.

(B) 연상 단어 오답. 질문의 library에서 연상 가능한 읽을거리(magazine)를 이용한 오답.

(C) 정답. 오늘 도서관이 붐비는 이유를 묻는 질문에 오늘 행사 일정표를 봤는지 되물으며 이유를 알 수 있는 출처를 제시하고 있으므로 정답.

26

W-Br We should really buy a new coffee maker.

M-Cn (A) Cream and sugar, please.

(B) That's a good idea.

(C) No, put it on my desk.

우리 정말 커피메이커 새로 사야겠어요.

(A) 크림과 설탕 주세요.

(B) 좋은 생각이에요.

(C) 아니요, 제 책상 위에 놓으세요.

해설 커피메이커를 사야겠다고 제안하는 평서문

(A) 연상 단어 오답. 평서문의 coffee에서 연상 가능한 Cream and sugar를 이용한 오답.

(B) 정답. 커피메이커를 사야 한다고 제안하는 평서문에 좋은 생각이라며 찬성했으므로 정답.

(C) 평서문과 상관없는 오답.

27

W-Br I'm afraid I won't be able to lead the tour this afternoon.

M-Au (A) OK, thanks for letting me know.

(B) I left it for you by the elevator.

(C) No, maybe just a quick update.

오늘 오후 투어를 진행하지 못할 것 같아요.

(A) 알겠어요, 알려 줘서 고마워요.

(B) 당신을 위해 엘리베이터 옆에 두고 왔어요.

(C) 아니요, 그냥 간단한 업데이트일 거예요.

어휘 quick 간단한

해설 오후 투어를 진행하지 못한다는 정보를 전달하는 평서문

(A) 정답. 오후 투어를 진행하지 못할 것이라며 정보를 전달하는 평서문에 OK라고 대답한 후에 알려 줘서 고맙다며 그에 호응하는 답변을 덧붙였으므로 정답.

(B) 연상 단어 오답. 질문의 tour에서 연상 가능한 left를 이용한 오답. left의 현재형인 leave는 '떠나다(출발하다)'라는 뜻도 있지만 이 문장에서는 '남기다'라는 뜻으로 쓰였다.

(C) 평서문과 상관없는 오답.

28

M-Au We still need to sign our contract with the advertising agency, don't we?

W-Br (A) My travel agent found me a great hotel.

(B) Yes, by next Friday.

(C) I saw that commercial as well.

광고 대행사와 아직 계약을 체결하지 않았죠, 그렇죠?

(A) 여행사 직원이 제게 멋진 호텔을 찾아 주었어요.

(B) 예, 다음 금요일까지요.

(C) 저도 그 광고 봤어요.

어휘 sign a contract 계약을 체결하다 advertising agency 광고 대행사 commercial 광고

해설 계약을 체결해야 하는지 여부를 묻는 부가 의문문

(A) 유사 발음 오답. 질문의 agency와 부분적으로 발음이 유사한 agent를 이용한 오답.

(B) 정답. 계약을 체결해야 하는지 여부를 묻는 질문에 Yes라고 대답한 후에 구체적인 계약 체결 기한을 알려 주었으므로 정답.

(C) 연상 단어 오답. 질문의 advertising에서 연상 가능한 commercial을 이용한 오답.

29

W-Am Should I bring some photography samples to the job interview?

M-Cn (A) Please sign your name here.

(B) I've seen them online.

(C) What a nice view!

취업 면접에 사진 샘플을 가져가야 할까요?

(A) 여기 서명하세요.

(B) 온라인에서 봤어요.

(C) 경치 멋지네요!

해설 사진 샘플을 가져가야 하는지를 묻는 조동사(Should) 의문문

(A) 질문과 상관없는 오답.

(B) 정답. 면접에 사진 샘플을 가져가야 하는지를 묻는 질문에 온라인에서 봤다며 우회적으로 응답하고 있으므로 정답.

(C) 연상 단어 오답. 질문의 photography에서 연상 가능한 view를 이용한 오답.

30

M-Au Is there a room in the store where I can try this shirt on?

W-Br **(A) You can follow me.**

(B) We'll try harder next time.

(C) She's not here right now.

매장에 이 셔츠를 입어 볼 수 있는 방이 있나요?

(A) 따라오세요.

(B) 우리는 다음에 더 열심히 노력할 겁니다.

(C) 그녀는 지금 여기 없어요.

해설 셔츠를 입어 볼 수 있는 방이 있는지를 묻는 Be동사 의문문

(A) 정답. 셔츠를 입어 볼 수 있는 방이 있는지를 묻는 질문에 따라오라며 우회적으로 방으로 직접 안내할 것을 제안하고 있으므로 정답.

(B) 단어 반복 오답. 질문의 try를 반복 이용한 오답.

(C) 질문과 상관없는 오답.

31

M-Cn Would you like to meet on Tuesday or Wednesday?

W-Am (A) Actually, he did like it.

(B) The staffing policy.

(C) I don't have my appointment book with me.

화요일이나 수요일에 만나실래요?

(A) 실은 그가 정말 좋아했어요.

(B) 직원 채용 정책이요.

(C) 지금 저한테 다이어리가 없어요.

어휘 appointment book 다이어리, (일정표가 있는) 작은 수첩

해설 만날 요일을 묻는 선택 의문문

(A) 단어 반복 오답. 질문의 like를 반복 이용한 오답.

(B) 질문과 상관없는 오답.

(C) 정답. 화요일에 만날지 혹은 수요일에 만날지를 묻는 질문에 지금 다이어리가 없다며 일정을 확인해야 함을 우회적으로 응답하고 있으므로 정답.

PART 3

32-34

W-Br	Good morning, and ³²**thank you for calling the Bridge City Hotel.** How may I help you?
M-Au	Hello. ³³**I just saw an advertisement for a receptionist position at your hotel. If the job's still available, I'd like to apply for it.**
W-Br	³⁴**Let me go and ask Elena Smith. She's our hiring manager,** so she'd know if the position has been filled yet.
여	안녕하세요, 브리지 시티 호텔에 전화 주셔서 감사합니다. 무엇을 도와 드릴까요?
남	안녕하세요. 방금 호텔 접수 담당자 구인 광고를 봤어요. 그 자리가 아직 비었다면 지원하고 싶습니다.
여	제가 가서 엘리나 스미스에게 물어보겠습니다. 그녀가 저희 채용 관리자라서 그 자리가 충원이 되었는지 아닌지 알고 있을 거예요.

어휘 advertisement 광고 receptionist 접수 담당자 available 비어 있는

32

Where does the woman work?

(A) At an electronics store

(B) At a newspaper publisher

(C) At a bank

(D) At a hotel

여자는 어디에서 일하는가?

(A) 전자제품 매장

(B) 신문사

(C) 은행

(D) 호텔

어휘 publisher 발행인

해설 전체 내용 관련 - 여자가 근무하는 장소

대화 초반부에 여자가 브리지 시티 호텔에 전화 주어 감사하다(thank you for calling the Bridge City Hotel)고 했으므로 정답은 (D)이다.

33

Why is the man calling?

(A) To update a mailing address

(B) To complain about a billing error

(C) To inquire about a job opening

(D) To request a price estimate

남자가 전화하는 이유는 무엇인가?

(A) 우편 주소 수정

(B) 청구 오류 불만 제기

(C) 일자리 문의

(D) 가격 견적 요청

어휘 estimate 견적

해설 세부사항 관련 – 남자가 전화하는 이유

남자는 첫 번째 대사에서 호텔 접수 담당자 구인 광고를 봤다(I just saw an advertisement for a receptionist position at your hotel)면서, 그 자리가 아직 비었다면 지원하고 싶다(If the job's still available, I'd like to apply for it)고 했으므로 정답은 (C)이다.

▸▸ Paraphrasing 대화의 the job's still available
→ 정답의 a job opening

34

What does the woman say she will do next?

(A) Schedule an appointment
(B) Talk to a coworker
(C) Process a refund
(D) Send some samples

여자는 다음에 무엇을 하겠다고 말하는가?

(A) 예약 잡기
(B) 동료에게 말하기
(C) 환불 처리하기
(D) 견본 보내기

어휘 appointment 예약 process 처리하다

해설 세부사항 관련 – 여자가 다음에 할 행동

여자가 마지막 대사에서 엘리나 스미스에게 물어보겠다(Let me go and ask Elena Smith)며 그녀가 채용 관리자(She's our hiring manager)라고 했다. 엘리나가 여자의 동료임을 알 수 있으므로 정답은 (B)이다.

▸▸ Paraphrasing 대화의 ask Elena Smith
→ 정답의 Talk to a coworker

35-37

W-Am Robert, ³⁵is everything ready for this morning's training on the new accounting software? We should get started soon.

M-Cn Actually, ³⁶I just noticed a mistake in the training handout. Some of the information is out of order.

W-Am Yes, you're right. Sorry I didn't mention it earlier. That's already been fixed, and there's a new version. I'll go down the hall and print out some new copies. While I do that, ³⁷can you set up the projector in the training room?

M-Cn Yeah, I'll go make sure all the equipment is ready.

여 로버트, 오늘 오전 새 회계 소프트웨어 교육은 만반의 준비가 되었나요? 곧 시작해야 해요.

남 실은 방금 교육 자료에서 실수를 발견했어요. 일부 정보의 순서가 뒤바뀌었어요.

여 예, 맞아요. 아까 얘기 못해서 미안해요. 그건 이미 고쳐서 새로운 버전이 있어요. 제가 복도를 따라가서 새 사본을 몇 부 출력할게요. 제가 출력하는 동안 **교육실에 프로젝터를 설치해 주시겠어요?**

남 예, 가서 모든 장비가 확실히 준비되도록 할게요.

어휘 accounting 회계 notice 발견하다 handout 자료, 유인물 out of order 순서가 뒤바뀐 set up 설치하다 equipment 장비

35

What are the speakers preparing for?

(A) A training session
(B) A marketing presentation
(C) An employee celebration
(D) A board meeting

화자들은 무엇을 준비하고 있는가?

(A) 교육 세션
(B) 마케팅 발표
(C) 직원 축하행사
(D) 이사회 회의

어휘 celebration 축하(행사)

해설 전체 내용 관련 – 화자들이 준비하는 것

대화 초반부에서 여자가 새 회계 소프트웨어 교육은 준비가 되었는지 (is everything ready for this morning's training on the new accounting software?) 물었고 그에 대한 응답으로 대화가 이어지고 있으므로 정답은 (A)이다.

▸▸ Paraphrasing 대화의 training on the new accounting software → 정답의 training session

36

What problem does the man mention?

(A) A computer is not working.
(B) A staff member is unavailable.
(C) A document is incorrect.
(D) A door is locked.

남자가 언급하는 문제는 무엇인가?

(A) 컴퓨터가 작동하지 않는다.
(B) 직원을 만날 수 없다.
(C) 문서가 정확하지 않다.
(D) 문이 잠겼다.

어휘 unavailable (사람을) 만날 수 없는, 부재인

해설 세부사항 관련 – 남자가 언급한 문제

남자가 첫 번째 대사에서 교육 자료에서 실수를 발견했다(I just noticed a mistake in the training handout)면서, 일부 정보의 순서가 뒤바뀌었다(Some of the information is out of order)고 문제를 지적했으므로 정답은 (C)이다.

▸▸ Paraphrasing 대화의 Some of the information is out of order → 정답의 A document is incorrect

37

What does the woman ask the man to do?

(A) Create name tags

(B) Set up some equipment

(C) Clean a conference room

(D) Confirm a supply order

여자가 남자에게 부탁한 일은 무엇인가?

(A) 이름표 만들기

(B) 장비 설치하기

(C) 회의실 청소하기

(D) 비품 주문 확인하기

해설 세부사항 관련 – 여자의 요청 사항

여자가 두 번째 대사에서 남자에게 교육실에 프로젝터를 설치해 줄 수 있는지(can you set up the projector in the training room?) 묻고 있으므로 정답은 (B)이다.

> ▸▸ Paraphrasing   대화의 projector → 정답의 some equipment

38-40

M-Au	Hi, ³⁸I'm calling from Brookshire Theater for Ms. Ito.
W-Br	This is she.
M-Au	I understand you have tickets to tonight's dance performance. ³⁹I'm sorry, but we've had to cancel tonight's show.
W-Br	That's too bad. Tonight was the only night I could make it.
M-Au	I'm sorry about that. I can offer you a refund for the ticket.
W-Br	Oh, I'll take the refund. Thanks.
M-Au	Sure. And ⁴⁰I'll also e-mail you a promotional code that'll give you a discount on your next ticket purchase.
남	여보세요, 브룩셔 극장인데 이토 씨 계신가요?
여	전데요.
남	오늘 밤 무용 공연 티켓을 갖고 계시죠. 죄송하지만, 오늘 밤 공연을 취소해야 했습니다.
여	곤란한데요. 갈 수 있는 시간이 오늘 밤밖에 없었어요.
남	죄송합니다. 표를 환불해 드릴 수 있습니다.
여	아, 환불 받을게요. 감사합니다.
남	뭘요. 그리고 다음 티켓 구매 시 할인되는 판촉 코드도 이메일로 보내 드리겠습니다.

어휘	performance 공연 cancel 취소하다 promotional 판촉의 purchase 구매(품)

38

Where does the man work?

(A) At a travel agency

(B) At a theater

(C) At a museum

(D) At a fitness center

남자는 어디에서 일하는가?

(A) 여행사

(B) 극장

(C) 박물관

(D) 헬스장

해설 전체 내용 관련 – 남자의 근무지

대화 초반부에 남자가 브룩셔 극장(I'm calling from Brookshire Theater)이라고 밝혔으므로 정답은 (B)이다.

39

What is the reason for the call?

(A) A payment is late.

(B) An event has been canceled.

(C) A reservation is incomplete.

(D) An offer will expire.

전화 통화를 한 이유는 무엇인가?

(A) 지급이 늦었다.

(B) 행사가 취소되었다.

(C) 예약이 불완전하다.

(D) 할인이 끝날 것이다.

어휘 offer 할인 expire 끝나다

해설 전체 내용 관련 – 전화 통화 이유

남자가 두 번째 대사에서 미안하지만, 오늘 밤 공연을 취소해야 했다(I'm sorry, but we've had to cancel tonight's show)고 했으므로 정답은 (B)이다.

> ▸▸ Paraphrasing   대화의 cancel tonight's show
> → 정답의 An event has been canceled

40

What does the man say he will e-mail to the woman?

(A) A brochure

(B) A survey

(C) A sales receipt

(D) A discount code

남자는 여자에게 이메일로 무엇을 보내겠다고 말하는가?

(A) 소책자

(B) 설문지

(C) 판매 영수증

(D) 할인 코드

어휘 receipt 영수증

해설 세부사항 관련 – 남자가 이메일로 발송할 것

남자가 마지막 대사에서 다음 티켓 구매 시 할인되는 판촉 코드도 이메일로 보내겠다(I'll also e-mail you a promotional code that'll give you a discount on your next ticket purchase)고 했으므로 정답은 (D)이다.

▸▸ Paraphrasing   대화의 a promotional code
              → 정답의 A discount code

41-43

W-Am	Hi, Ricardo. Thanks for meeting with me. Since [41]**we're in charge of planning this year's summer outing for the staff**, we'd better get started. It's only a few months away!
M-Cn	Right. But [42]**we could just follow the plans from previous years. Everyone had a lot of fun on those hikes in the mountains.**
W-Am	That's true, but, we've done that for three years in a row.
M-Cn	I see what you mean. So what were you thinking?
W-Am	Well, [43]**we could all take a cooking class together at the culinary school.**
M-Cn	Hmm, I like that idea. [43]**But aren't those classes expensive?** Our budget isn't very big.
여	안녕하세요, 리카르도. 만나 주셔서 감사합니다. **우리가 올 여름 직원 야유회 기획 담당이니**, 기획을 시작해야겠어요. 몇 달밖에 안 남았어요!
남	맞아요. 하지만 **그냥 지난 몇 년 동안의 기획을 따를 수도 있어요. 모두들 등산하면서 아주 즐거워했잖아요.**
여	그렇긴 하지만 그건 3년 연속으로 했어요.
남	무슨 말인지 알겠어요. 생각하고 있는 게 뭐죠?
여	음, **요리 학교에서 모두 요리 수업을 받는 거예요.**
남	흠, 그 아이디어 마음에 들어요. **그런데 그런 수업은 비싸지 않나요?** 예산이 그리 많지는 않아요.
어휘	in charge of ~을 담당하다 outing 야유회 previous 이전의 in a row 연달아 culinary 요리의

41
What are the speakers planning?

(A) A client visit
(B) A health fair
(C) A fund-raising dinner
(D) A company outing

화자들이 계획하고 있는 것은 무엇인가?
(A) 고객 방문
(B) 건강 박람회
(C) 자선 모금 만찬
(D) 회사 야유회

해설 전체 내용 관련 – 화자들이 기획하는 것

여자가 대화 초반부에서 우리가 올 여름 직원 야유회 기획 담당(we're in charge of planning this year's summer outing for the staff)이라고 말했으므로 정답은 (D)이다.

▸▸ Paraphrasing   대화의 summer outing for the staff
              → 정답의 company outing

42
What does the woman mean when she says, "we've done that for three years in a row"?

(A) She does not have much experience with a task.
(B) She thinks an activity has been popular.
(C) She does not want to repeat an activity.
(D) She does not need directions to a location.

여자가 "그건 3년 연속으로 했어요"라고 말하는 의도는 무엇인가?
(A) 그녀는 업무에 대한 경험이 많지 않다.
(B) 그녀는 활동이 인기가 있다고 생각한다.
(C) 그녀는 활동을 되풀이하고 싶지 않다.
(D) 그녀는 장소에 대한 길 안내가 필요 없다.

해설 화자의 의도 파악 – 그건 3년 연속으로 했다고 말한 이유

남자가 첫 번째 대사에서 지난 몇 년 동안의 기획을 따를 수도 있다(we could just follow the plans from previous years)며 모두 등산을 즐겼다(Everyone had a lot of fun on those hikes in the mountains)고 한 말에 그건 3년 연속으로 했다고 말한 의도는 등산을 되풀이하고 싶지 않음을 알리려는 것으로 볼 수 있다. 따라서 정답은 (C)이다.

43
What does the man say he is concerned about?

(A) The price of a class
(B) The distance to a venue
(C) Road closures
(D) Scheduling conflicts

남자는 무엇이 걱정이라고 말하는가?
(A) 강좌 가격
(B) 장소까지 거리
(C) 도로 폐쇄
(D) 겹치는 일정

어휘 conflict (일정) 겹침

해설 세부사항 관련 – 남자가 걱정하는 것

여자가 세 번째 대사에서 모두 요리 수업을 받을 것(we could all take a cooking class together at the culinary school)을 제안하자 남자가 그런 수업은 비싸지 않느냐(But aren't those classes expensive?)고 묻는 것으로 보아 남자가 걱정하는 것은 강좌 가격임을 알 수 있다. 따라서 정답은 (A)이다.

44-46 3인 대화

W-Br	Thanks for being flexible in meeting with us. **44Things have been so hectic with recording the songs for our new album and preparing for our tour.**
M-Au	Not a problem. I understand completely.
W-Am	Great! OK, so we love the imagery you've created for other bands, and **44, 45we'd like to have a new T-shirt design to sell during our concerts.**
M-Au	Thanks! I appreciate the business, and I'm looking forward to this.
W-Br	Oh—and **45can you make sure the design would fit on stickers and tote bags, too?**
M-Au	Definitely. Now, before designing anything, **46I have new clients complete a questionnaire to give me a sense of their style. After I get your questionnaire, I can start drawing.**

여1 일정을 비워 저희를 만나 주셔서 감사합니다. **새 앨범에 들어갈 노래를 녹음하고 투어를 준비하느라 정신 없이 바빴어요.**

남 문제 없어요. 전적으로 이해합니다.

여2 좋아요! 당신이 다른 밴드들을 위해 만든 이미지가 마음에 들어요. **우리 콘서트 기간 동안 팔 새로운 티셔츠 디자인이 있었으면 해요.**

남 감사합니다! 거래해 주셔서 감사해요. 기대되는데요.

여1 아—**디자인이 스티커와 토트백에도 맞도록 해 주시겠어요?**

남 **물론이죠. 저는 디자인하기 전에 새로운 고객의 스타일을 알기 위해 설문지를 작성하시도록 합니다. 설문지를 받고 나면 도안을 시작할 수 있습니다.**

어휘 flexible 융통성이 있는 hectic 정신 없이 바쁜 imagery 이미지, 표상 appreciate 감사하다 look forward to ~을 기대하다 questionnaire 설문지 drawing 도안

44

Who most likely are the women?

(A) Athletes
(B) Musicians
(C) Radio announcers
(D) Clothing manufacturers

여자들은 누구이겠는가?

(A) 운동선수
(B) 음악가
(C) 라디오 아나운서
(D) 의류 제조업자

어휘 athlete 운동선수 manufacturer 제조업자

해설 전체 내용 관련 – 여자들의 신분

여자 1이 첫 번째 대사에서 새 앨범의 노래 녹음과 투어 준비로 바빴다 (Things have been so hectic with recording the songs for our new album and preparing for our tour)고 했고, 여자2가 우리 콘서트 기간 동안 팔 티셔츠 디자인을 원한다(we'd like to have a new T-shirt design to sell during our concerts)고 했으므로 여자들이 음악가임을 알 수 있다. 따라서 정답은 (B)이다.

45

What do the women want to hire the man to do?

(A) Design some merchandise
(B) Repair some equipment
(C) Plan some events
(D) Move some furniture

여자들은 무슨 일로 남자를 고용하는가?

(A) 상품 디자인
(B) 장비 수리
(C) 행사 기획
(D) 가구 이동

어휘 merchandise 물품 equipment 장비

해설 세부사항 관련 – 남자를 고용한 분야

여자 2가 첫 번째 대사에서 새로운 티셔츠 디자인(a new T-shirt design)을 원한다고 했고, 여자 1이 두 번째 대사에서 남자에게 스티커와 토트백에도 맞도록 디자인해 줄 수 있는지(can you make sure the design would fit on stickers and tote bags, too?) 묻고 있으므로 정답은 (A)이다.

46

What does the man request from the women?

(A) A reimbursement
(B) An official certificate
(C) A contract signature
(D) A completed questionnaire

남자가 여자들에게 요청한 것은 무엇인가?

(A) 상환
(B) 공식 증명서
(C) 계약서 서명
(D) 작성 완료된 설문지

어휘 reimbursement 상환 certificate 증명서 contract 계약(서) signature 서명

해설 세부사항 관련 – 남자의 요청 사항

마지막 대사에서 남자가 고객의 스타일을 알기 위해 설문지를 작성하게 한다(I have new clients complete a questionnaire to give me a sense of their style)면서, 설문지를 받고 나면 도안을 시작하겠다 (After I get your questionnaire, I can start drawing)고 했으므로 정답은 (D)이다.

47-49

M-Cn Hi, this is Hitoshi at the Shower Barn. How can I help you?

W-Am **47I'm calling because I saw an online ad about your company's new showerheads.** I own an apartment complex, and the showers have really old fixtures.

M-Cn Yes, of course. As the advertisement points out, **48our new model controls water flow much more efficiently. It decreases water usage by an average of twenty percent.**

W-Am That sounds great. **49Could I get a price estimate for the installation of 30 of those showerheads?**

M-Cn Absolutely. Please hold for a moment.

남 안녕하세요, 샤워 반의 히토시입니다. 무엇을 도와 드릴까요?

여 온라인에서 귀사의 새 샤워꼭지 광고를 보고 전화했어요. 제가 아파트 단지를 소유하고 있는데 샤워실 설비가 정말 낡았거든요.

남 예, 그러시군요. 광고에서 설명하듯, 새 모델은 물의 흐름을 훨씬 더 효율적으로 조절합니다. 물 사용량을 평균 20퍼센트 줄여주죠.

여 광장하네요. 샤워꼭지 30개를 설치할 때 비용이 얼마인지 견적을 받을 수 있을까요?

남 물론이죠. 잠시만 기다리세요.

어휘 ad(= advertisement) 광고 fixture (변기, 욕조 등 붙박이) 설비 efficiently 효율적으로 decrease 줄이다 usage 사용(량) estimate 견적 installation 설치

47

How did the woman learn about a company's products?

(A) She saw an advertisement.
(B) She heard about them from a neighbor.
(C) She is a regular customer.
(D) She lives near the store.

여자가 회사 제품에 대해 어떻게 알게 되었는가?

(A) 광고를 봤다.
(B) 이웃에게 들었다.
(C) 단골이다.
(D) 매장 근처에 산다.

어휘 regular customer 단골

해설 세부사항 관련 – 제품에 대해 알게 된 경로

여자가 첫 번째 대사에서 온라인에서 귀사의 새 샤워꼭지 광고를 보고 전화했다(I'm calling because I saw an online ad about your company's new showerheads)고 했으므로 정답은 (A)이다.

▸▸ Paraphrasing 대화의 online ad → 정답의 advertisement

48

What does the man mention about the product?

(A) It is inexpensive.
(B) It is easy to install.
(C) It decreases water use.
(D) It is available in many colors.

남자가 제품에 관해 언급한 것은 무엇인가?

(A) 저렴하다.
(B) 설치하기 쉽다.
(C) 물 사용을 줄여준다.
(D) 여러 가지 색깔이 있다.

어휘 inexpensive 저렴한

해설 세부사항 관련 – 남자가 제품에 관해 언급한 사항

남자가 두 번째 대사에서 새 모델은 물의 흐름을 더 효율적으로 조절한다 (our new model controls water flow much more efficiently)면서, 물 사용량을 평균 20퍼센트 줄여준다(It decreases water usage by an average of twenty percent)고 언급했으므로 정답은 (C)이다.

▸▸ Paraphrasing 대화의 water usage → 정답의 water use

49

What does the woman ask the man to do?

(A) E-mail more information
(B) Provide a cost estimate
(C) Schedule a delivery
(D) Call back later

여자가 남자에게 요청한 일은 무엇인가?

(A) 더 많은 정보 이메일로 보내기
(B) 비용 견적 제공하기
(C) 배송 일정 잡기
(D) 나중에 다시 전화하기

어휘 delivery 배송

해설 세부사항 관련 – 여자의 요청 사항

여자가 두 번째 대사에서 샤워꼭지 30개의 설치 비용에 대한 견적을 받을 수 있을지(Could I get a price estimate for the installation of 30 of those showerheads?) 묻고 있으므로 정답은 (B)이다.

▸▸ Paraphrasing 대화의 a price estimate
              → 정답의 a cost estimate

50-52

M-Au **50I'm Dan Cooper with Summitville TV, your local news station,** broadcasting from the brand new Summitville Public Library. After two long years of construction, local residents are excited about the library's opening. Let's speak with someone now. Excuse me, ma'am, do you live in the neighborhood?

W-Br Hi! Yes, and [51]I'm just so glad to have a library right down the block. It was inconvenient having to take the bus across town to visit the old one. Now I can check out books any time I want.

M-Au Yes, and it'll be especially easy for members, since I understand [52]the library has started a digital books initiative which allows members to borrow electronic books online.

남 저는 여러분의 지역 뉴스 방송국인 서밋빌 TV의 댄 쿠퍼입니다. 새로운 서밋빌 공공 도서관에서 방송하고 있습니다. 장장 2년의 공사 끝에 도서관이 개관하자 지역 주민들은 들떠 있습니다. 이제 누군가와 이야기해 보겠습니다. 실례합니다, 부인, 이 근처에 사시나요?

여 안녕하세요! 그래요, **바로 한 블록 아래에 도서관이 생겨서 정말 기뻐요. 예전 도서관은 버스를 타고 시내를 가로질러 가야 해서 불편했죠. 이제는 원하면 언제든지 책을 대출할 수 있어요.**

남 그렇습니다. 그리고 그것이 회원들에게는 더 수월해질 예정인데요. **도서관에서 회원이 온라인으로 전자책을 대여할 수 있도록 디지털 도서 계획을 시작했기 때문입니다.**

어휘 construction 공사 resident 주민 neighborhood 근처 inconvenient 불편한 initiative 계획

50

Who most likely is the man?

(A) A librarian
(B) A teacher
(C) A news reporter
(D) A local politician

남자는 누구이겠는가?
(A) 사서
(B) 교사
(C) 뉴스 리포터
(D) 지역 정치인

어휘 librarian 사서 politician 정치인

해설 전체 내용 관련 – 남자의 신분
대화 초반부에 남자가 지역 뉴스 방송국인 서밋빌 TV의 댄 쿠퍼(I'm Dan Cooper with Summitville TV, your local news station)라고 자신을 소개한 후 새 도서관 소식을 전하고 있으므로 남자가 뉴스 리포터임을 알 수 있다. 따라서 정답은 (C)이다.

51

What does the woman like best about the new library building?

(A) Its modern appearance
(B) Its convenient location
(C) Its operating hours
(D) Its large book collection

여자가 새 도서관 건물에서 가장 좋아하는 것은 무엇인가?

(A) 현대적인 외관
(B) 편리한 위치
(C) 운영 시간
(D) 대규모 장서

어휘 appearance 외관

해설 세부사항 관련 – 여자가 새 도서관에서 가장 좋아하는 점
대화 중반부에 여자가 바로 한 블록 아래에 도서관이 생겨 정말 기쁘다(I'm just so glad to have a library right down the block)고 한 후, 예전 도서관은 버스를 타고 시내를 가로질러 가야 해서 불편했다(It was inconvenient ~ to visit the old one)며 이제 언제든지 책을 대출할 수 있다(Now I can check out books any time I want)고 했다. 따라서 새 도서관에서 가장 좋아하는 점은 편리한 위치임을 알 수 있으므로, 정답은 (B)이다.

52

What benefit will library members have?

(A) Free parking
(B) Discounts on special classes
(C) Access to electronic books
(D) Tickets to local museums

도서관 회원이 받을 혜택은 무엇인가?
(A) 무료 주차
(B) 특별 강좌 할인
(C) 전자책 이용
(D) 지역 박물관 티켓

어휘 access 이용, 접근

해설 세부사항 관련 – 도서관 회원의 혜택
남자가 마지막 대사에서 회원들이 온라인으로 전자책을 빌릴 수 있도록 도서관이 디지털 도서 계획을 시작했다(the library has started a digital books initiative which allows members to borrow electronic books online)고 했으므로 정답은 (C)이다.

> ▶▶ Paraphrasing 대화의 **borrow electronic books online** → 정답의 **Access to electronic books**

53-55 3인 대화

M-Cn [53]I'd like to return this phone charging cable, but I can't find my receipt.

W-Am May I ask why you're returning it?

M-Cn It doesn't work—it won't charge my mobile phone.

W-Am [54]I'm a new salesperson, and I haven't learned yet how to refund an item without a receipt... Oh, but [55]here comes my manager—she'll be able to do it.

W-Br Hi, Tina. Is there something you need help with?

W-Am   Yes, this customer wants to return a defective product, but he doesn't have his receipt.

W-Br   OK, ⁵⁵**I can process the return, sir. I just need to see the original credit card you used to purchase the item.**

M-Cn   Thanks. Here it is.

남   이 전화 충전 케이블을 반품하고 싶은데 영수증을 못 찾겠어요.

여1   반품하려는 이유를 여쭤 봐도 될까요?

남   작동이 안 돼요—휴대폰 충전이 안 됩니다.

여1   **전 새로 온 판매원이라 영수증 없이 물품 환불하는 방법을 아직 배우지 못했어요… 아, 그런데 저기 제 매니저가 오시네요—저분은 할 수 있을 거예요.**

여2   안녕하세요, 티나. 도움이 필요한 일이라도 있나요?

여1   예, 이 고객님이 불량품을 반품하고 싶다고 하시는데 영수증이 없으시네요.

여2   알겠어요, **제가 반품 처리해 드리죠. 물건을 구입할 때 사용하신 원래 신용카드만 보면 됩니다.**

남   감사합니다. 여기 있어요.

어휘   receipt 영수증   refund 환불하다   defective 결함 있는

53

Why did the man go to the store?

(A) To meet a friend
(B) **To return a purchase**
(C) To pick up an order
(D) To join a rewards program

남자가 매장에 간 이유는 무엇인가?

(A) 친구를 만나기 위해
(B) **구매품을 반품하기 위해**
(C) 주문품을 받기 위해
(D) 포인트 적립 프로그램에 가입하기 위해

어휘   purchase 구매(품)   rewards program 포인트 적립 프로그램

해설   전체 내용 관련 – 남자가 매장에 간 이유

대화 초반부에 남자가 전화 충전 케이블을 반품하고 싶다(I'd like to return this phone charging cable)고 했으므로 정답은 (B)이다.

54

What problem does the salesperson have?

(A) She forgot her computer password.
(B) She needs to leave work early.
(C) She lost her identification badge.
(D) **She is not familiar with a procedure.**

판매원의 문제는 무엇인가?

(A) 컴퓨터 비밀번호를 잊어버렸다.
(B) 일찍 퇴근해야 한다.
(C) 신분증을 잃어버렸다.
(D) **절차에 익숙하지 않다.**

어휘   identification 신분   procedure 절차

해설   세부사항 관련 – 판매원의 문제점

여자 1이 두 번째 대사에서 새로 온 판매원이라 영수증 없이 물건 환불하는 방법을 배우지 못했다(I'm a new salesperson, and I haven't learned yet how to refund an item without a receipt…)고 했으므로 정답은 (D)이다.

> ▸▸ Paraphrasing   대화의 **haven't learned yet how to refund an item without a receipt**
> → 정답의 **is not familiar with a procedure**

55

What does the manager ask the man for?

(A) A telephone number
(B) A receipt
(C) **A credit card**
(D) A shipping address

매니저가 남자에게 요청한 것은 무엇인가?

(A) 전화번호
(B) 영수증
(C) **신용카드**
(D) 배송 주소

해설   세부사항 관련 – 매니저의 요청 사항

여자 1의 두 번째 대사에서 매니저가 여자 2인 것을 알 수 있다. 매니저가 두 번째 대사에서 반품 처리를 해준다(I can process the return, sir)고 하면서, 물건 구입에 사용한 신용카드만 보면 된다(I just need to see the original credit card you used to purchase the item)고 했으므로 정답은 (C)이다.

56-58

W-Br   Hi, Dean. ⁵⁶**I just reviewed the updates you made to the company Web site.** The new layout looks great.

M-Cn   That's good to hear. Do you think it's ready to launch then?

W-Br   Almost. I noticed that ⁵⁷**some of the photographs of our colleagues are a little outdated. Could you replace them with more current ones?**

M-Cn   Sure, that's not a problem. ⁵⁸**I'll e-mail all of the employees to ask them for more recent photos that I can use.**

여   안녕하세요, 딘. **당신이 회사 웹사이트에 수정한 내용을 방금 검토했어요.** 새 레이아웃이 아주 좋아 보이네요.

남   반가운 소리네요. 그럼 개설할 준비가 된 것 같나요?

여   거의요. 제가 보니 **동료들 사진 몇 장이 좀 오래된 것 같아요. 좀 더 최근 사진으로 교체해 주시겠어요?**

남   물론이죠, 문제 없어요. **직원 모두에게 이메일을 보내서 제가 쓸 수 있도록 최근 사진을 더 달라고 부탁할게요.**

56

What project is the man working on?

(A) Updating a Web site
(B) Editing a catalog
(C) Organizing a company banquet
(D) Writing a magazine article

남자가 작업하는 프로젝트는 무엇인가?

(A) 웹사이트 수정
(B) 카탈로그 편집
(C) 회사 연회 준비
(D) 잡지 기사 작성

어휘   edit 편집하다   organize 준비하다   banquet 연회

해설   전체 내용 관련 – 남자가 작업하는 프로젝트

여자가 대화 초반부에 남자가 회사 웹사이트에 수정한 내용을 검토했다(I just reviewed the updates you made to the company Web site)고 했으므로 정답은 (A)이다.

> ▶▶ Paraphrasing   대화의 the updates you made to the
>   company Web site
>   → 정답의 Updating a Web site

57

What does the woman suggest changing?

(A) A company logo
(B) A project deadline
(C) Some prices
(D) Some photographs

여자는 무엇을 바꾸자고 제안하는가?

(A) 회사 로고
(B) 프로젝트 기한
(C) 가격
(D) 사진

해설   세부사항 관련 – 여자의 제안 사항

여자가 대화 중반부에 동료들 사진이 오래된 것 같다(some of the photographs of our colleagues are a little outdated)며 최근 사진으로 교체해 줄 수 있는지(Could you replace them with more current ones?) 묻고 있으므로 정답은 (D)이다.

58

What does the man say he will do?

(A) Contact some colleagues
(B) Review an inventory report
(C) Borrow some equipment
(D) Check a company handbook

남자는 무엇을 하겠다고 말하는가?

(A) 동료들에게 연락하기
(B) 재고조사 보고서 검토하기
(C) 장비 대여하기
(D) 회사 편람 점검하기

어휘   inventory report 재고조사 보고서   handbook 편람, 안내서

해설   세부사항 관련 – 남자가 할 행동

남자가 마지막 대사에서 직원 모두에게 최근 사진을 달라고 이메일을 보내겠다(I'll e-mail all of the employees to ask them for more recent photos that I can use)고 했으므로 정답은 (A)이다.

> ▶▶ Paraphrasing   대화의 e-mail all of the employees
>   → 정답의 Contact some colleagues

59-61

W-Am	Hi, Fernando, **⁵⁹I'm so frustrated with this project.** Do you have time to talk?
M-Au	Sure, Inès. **⁵⁹What's wrong?**
W-Am	Well, I've been working on the Marius Cosmetics account. **⁵⁹Whenever I send them an advertisement that they've approved, they want to revise it again.** It's happened several times this week. You wouldn't believe it.
M-Au	Actually, Marius Cosmetics was my first account here. **⁶⁰And it doesn't sound like they've changed much.**
W-Am	Really? I'm relieved to hear that.
M-Au	Some clients have trouble sticking with a decision.... Here's my suggestion. **⁶¹Ask your manager to give them a call.** That could help with the problem.

여	안녕하세요, 페르난도, **이 프로젝트 때문에 너무 짜증나요.** 이야기할 시간 있어요?
남	그럼요, 이네스. **무슨 일이죠?**
여	음, 마리우스 코스메틱스 고객이 맡긴 작업을 하고 있는데요. **그쪽에서 승인한 광고를 보낼 때마다, 그들은 다시 수정하고 싶어하네요.** 이번 주에만 몇 번이나 그랬어요. 믿을 수 없겠지만.
남	사실 마리우스 코스메틱스는 여기서 제 첫 번째 고객이었어요. **그런데 그 회사는 별로 변한 게 없는 것 같네요.**
여	정말요? 그 말을 들으니 좀 안심이 되네요.
남	결정대로 고수하는 데 어려움을 겪는 고객들이 있어요…. 이렇게 해 보세요. **부장에게 전화해 달라고 하세요.** 문제 해결에 도움이 될 거예요.

어휘   frustrated 짜증난, 좌절한   account 고객   approve
        승인하다   relieved 안도하는   stick with ~을 고수하다
        decision 결정

59

Where do the speakers most likely work?

(A) At a department store

(B) At an accounting firm

(C) At a law firm

(D) At an advertising agency

화자들은 어디에서 일하겠는가?

(A) 백화점

(B) 회계법인

(C) 법무법인

(D) 광고 대행사

해설 전체 내용 관련 – 화자들의 근무지

여자가 첫 번째 대사에서 프로젝트 때문에 짜증 난다(I'm so frustrated with this project)고 했고, 남자가 무슨 일인지(What's wrong?) 물어본 말에 그쪽에서 승인한 광고를 보낼 때마다 다시 수정하고 싶어한다(Whenever I send them an advertisement that they've approved, they want to revise it again)고 대화를 이어가고 있으므로 화자들이 광고 대행사에서 근무함을 알 수 있다. 따라서 정답은 (D)이다.

60

Why does the man say, "Marius Cosmetics was my first account here"?

(A) To show that he understands a problem

(B) To explain that he no longer works with a client

(C) To complain about a coworker's mistake

(D) To request a promotion

남자가 "마리우스 코스메틱스는 여기서 제 첫 번째 고객이었어요"라고 말하는 이유는 무엇인가?

(A) 문제를 이해한다는 것을 보여 주려고

(B) 이제는 고객과 일하지 않는다는 것을 설명하려고

(C) 동료의 실수에 불만을 제기하려고

(D) 승진을 요청하려고

어휘 coworker 동료   promotion 승진

해설 화자의 의도 파악 – 마리우스 코스메틱스는 여기서 제 첫 번째 고객이었다고 말한 이유

남자가 두 번째 대사에서 마리우스 코스메틱스는 여기서 제 첫 번째 고객이었다고 한 후, 별로 변한 게 없는 것 같다(And it doesn't sound like they've changed much)고 했으므로 이런 일이 처음 겪는 일이 아니어서 상황을 파악하고 있음을 알리기 위해 한 말임을 알 수 있다. 따라서 정답은 (A)이다.

61

What does the man suggest doing?

(A) Rejecting a proposal

(B) Getting help from a manager

(C) Preparing some samples

(D) Revising a budget

남자는 무엇을 하라고 제안하는가?

(A) 제안 거절하기

(B) 부장에게 도움 받기

(C) 견본 준비하기

(D) 예산안 수정하기

어휘 reject 거절하다   revise 수정하다

해설 세부사항 관련 – 남자의 제안 사항

남자가 마지막 대사에서 부장에게 전화해 달라고 하라(Ask your manager to give them a call)고 제안했으므로 정답은 (B)이다.

> ►► Paraphrasing   대화의 Ask your manager to give them a
> call → 정답의 Getting help from a manager

62-64 대화 + 안내서

M-Cn	[62]**Today's medical seminar has been really good so far.** I'm looking forward to the rest of it.
W-Br	Me too. [62,63]**This afternoon's workshop on ethics in medicine should be very interesting.** A colleague of mine is leading it.
M-Cn	The workshop starts in an hour, so we'd better get lunch now if we want to get back in time.
W-Br	Well, I found some dining options for the area in this guidebook. Korean food is my favorite, but I think Main Street is a bit far from here.
M-Cn	Hmm... we're on Lord Street now.
W-Br	Oh, [64]**the guidebook lists a restaurant on Lord Street**. It should be on this block. [64]**Let's eat there.**
M-Cn	OK.
남	오늘 의학 세미나는 지금까지 정말 좋았어요. 나머지가 기대되요.
여	저도요. 오늘 오후 의학 윤리에 관한 워크숍은 아주 흥미로울 거예요. 제 동료가 진행해요.
남	워크숍은 한 시간 후에 시작하니까, 제시간에 돌아오려면 지금 점심을 먹는 게 좋겠어요.
여	음, 이 안내서에서 식사할 만한 지역 식당을 몇 군데 찾았어요. 한국 음식은 제가 제일 좋아하는 음식인데, 메인 가는 여기서 좀 머네요.
남	흠… 지금 우리가 있는 곳은 로드 가죠.
여	오, 안내서에 로드 가에 있는 식당이 있네요. 이 블록에 있을 거예요. 거기서 먹어요.
남	좋아요.

어휘   rest 나머지   ethics 윤리   colleague 동료

Nearby Restaurants

* Nico's Italian Trattoria
  31 Orwell Blvd.
* Kim's Korean Grill
  22 Main St.
* Ana's Steakhouse
  76 Rose Ave.
64* Aruna's Indian Buffet
  48 Lord St.

인근 식당

*니코즈 이탈리아 트라토리아
오웰 대로 31번지
*킴즈 한국 그릴
메인 가 22번지
*애나즈 스테이크하우스
로즈 가 76번지
64*아루나즈 인도 뷔페
로드 가 48번지

62

What field do the speakers most likely work in?

(A) Technology
(B) Journalism
(C) Medicine
(D) Agriculture

화자들은 어떤 분야에서 일하겠는가?
(A) 기술
(B) 언론
(C) 의료
(D) 농업

어휘 agriculture 농업

해설 전체 내용 관련 – 화자들이 근무하는 분야
대화 초반부에 남자가 오늘 의학 세미나는 지금까지 좋다(Today's medical seminar has been really good so far)고 했고 뒤이어 여자가 오늘 오후 의학 윤리에 관한 워크숍은 흥미로울 것(This afternoon's workshop on ethics in medicine should be very interesting)이라고 했다. 화자들이 의료 분야에 종사함을 알 수 있으므로 정답은 (C)이다.

63

What will take place in the afternoon?

(A) An interview
(B) A workshop
(C) A job fair
(D) A trade show

오후에 무엇이 있겠는가?
(A) 면접
(B) 워크숍
(C) 취업 박람회
(D) 무역 박람회

해설 세부사항 관련 – 오후에 있을 일
여자가 첫 번째 대사에서 오늘 오후 의학 윤리에 관한 워크숍은 흥미로울 것(This afternoon's workshop on ethics in medicine should be very interesting)이라고 했으므로 정답은 (B)이다.

64

Look at the graphic. Where will the speakers probably have lunch?

(A) At Nico's Italian Trattoria
(B) At Kim's Korean Grill
(C) At Ana's Steakhouse
(D) At Aruna's Indian Buffet

시각 정보에 의하면, 화자들은 어디에서 점심을 먹겠는가?
(A) 니코즈 이탈리아 트라토리아
(B) 킴즈 한국 그릴
(C) 애나즈 스테이크하우스
(D) 아루나즈 인도 뷔페

해설 시각 정보 연계 – 화자들이 점심을 먹을 장소
여자가 마지막 대사에서 안내서에 로드 가에 있는 식당이 있다(the guidebook lists a restaurant on Lord Street)고 한 후, 거기서 먹자(Let's eat there)고 했다. 시각 정보를 보면 로드 가에 위치한 식당은 아루나즈 인도 뷔페이므로 정답은 (D)이다.

65-67 대화 + 좌석 배치도

M-Au Ms. Parker, [65]would you still like me to book a flight for you to Hawaii?

W-Am Yes, I would. [65]The new branch office there is finally opening, and I want to be there for the first week to make sure everything goes smoothly.

M-Au OK. When do you want to leave?

W-Am [66]Are there any flights on June fifteenth?

M-Au Let me check online now. Hmm, [66]all flights on that day are sold out. But there's one flight with availability on June fourteenth.

W-Am [66]That date will work for me. [67]I'd prefer a window seat, if there is one.

M-Au There's just one seat available by a window. I'll book that for you now.

남 파커 씨, 하와이행 비행기를 예약해 드릴까요?

여 예. 거기 새 지점이 드디어 문을 여는데, 모든 일이 순조롭게 진행되도록 첫 주 동안 그곳에 있고 싶어요.

남 알겠어요. 언제 떠나고 싶으세요?

여 6월 15일 비행기가 있나요?

남 지금 온라인으로 확인해 볼게요. 흠, 그날 비행기는 모두 매진이네요. 하지만 6월 14일 비행기 한 편은 좌석이 있어요.

여	전 그날 괜찮아요. 있다면 창가 자리가 좋겠어요.
남	창가 좌석이 딱 하나 있네요. 지금 예약할게요.

어휘	book 예약하다 smoothly 순조롭게 availability
	이용할 수 있음

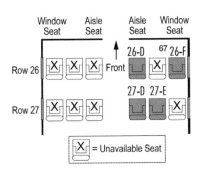

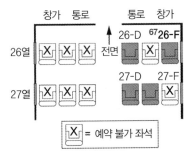

65

What is the purpose of the woman's trip?

(A) To attend a conference

(B) To take a vacation

(C) To meet with some potential clients

(D) To assist with a branch opening

여자의 출장 목적은 무엇인가?

(A) 회의 참석

(B) 휴가

(C) 잠재 고객 면담

(D) 지점 개설 지원

어휘 potential 잠재적인

해설 전체 내용 관련 – 여자의 출장 목적

대화 초반부에서 남자가 여전히 하와이행 비행기를 예약해 주길 원하는지 (would you still like me to book a flight for you to Hawaii?) 묻자 여자가 새 지점이 문을 열어, 일이 순조롭게 진행되도록 첫 주 동안 그곳에 있고 싶다(The new branch office there is finally opening, and I want to be there for the first week to make sure everything goes smoothly)고 대답했으므로 정답은 (D)이다.

66

What does the woman agree to do?

(A) Give a presentation

(B) Pay an additional fee

(C) Travel on a different day

(D) Make a dinner reservation

여자가 동의하는 일은 무엇인가?

(A) 발표하기

(B) 추가 비용 납부하기

(C) 다른 날 여행하기

(D) 만찬 예약하기

어휘 additional 추가의

해설 세부사항 관련 – 여자가 동의하는 일

대화 중반부에서 여자가 6월 15일 비행기가 있는지(Are there any flights on June fifteenth?) 묻자 남자가 그날 비행기는 모두 매진이지만 6월 14일 비행기는 좌석이 있다(all flights on that day are sold out. But there's one flight with availability on June fourteenth)고 한 말에 여자가 그날 괜찮다(That date will work for me)고 했으므로 정답은 (C)이다.

67

Look at the graphic. Which seat does the woman request?

(A) 26D

(B) 26F

(C) 27D

(D) 27E

시각 정보에 의하면, 여자는 어떤 좌석을 요청하는가?

(A) 26D

(B) 26F

(C) 27D

(D) 27E

해설 시각 정보 연계 – 여자가 요청하는 좌석

여자가 세 번째 대사에서 창가 자리가 좋겠다(I'd prefer a window seat)고 했으므로 정답은 (B)이다.

68-70 대화 + 일정표

W-Br	Hi, this is Emiko from ShipHub International. I received your application to be one of our specialty drivers. You have a lot of experience.
M-Cn	Yes, [68]I drove a delivery truck for several years.
W-Br	Great. I'd like to set up an interview this week. I see that you indicated you're free on Friday morning, but there are no open interview times that morning. [69]Could you come in tomorrow at nine A.M.?
M-Cn	[69]Sure, I can meet you tomorrow at nine.
W-Br	OK. Now, I already have your application, but [70]please bring the names of references you'd like to use—maybe a few of your previous managers and their phone numbers.
M-Cn	OK, I'll bring a list tomorrow. Thanks.

여	안녕하세요, 저는 쉽허브 인터내셔널의 에미코입니다. 전문 운전사에 지원하신 지원서를 받았습니다. 경력이 많으시네요.
남	예, **여러 해 동안 배송 트럭을 운전했습니다.**
여	좋습니다. 이번 주에 면접 일정을 잡고 싶은데요. 금요일 오전에 시간이 되신다고 적으셨네요. 하지만 그날 아침에는 비는 면접 시간이 없어요. **내일 오전 9시에 오실 수 있나요?**
남	**물론이죠,** 내일 9시에 만날 수 있습니다.
여	좋아요. 지원서는 이미 가지고 있지만, **사용하고 싶은 추천인 이름을 가져오세요**—이전 관리자 몇 사람 이름과 전화번호면 될 거예요.
남	알겠습니다. 내일 목록을 가져갈게요. 감사합니다.

| 어휘 | application 지원(서) delivery 배송 reference 추천인, 추천서 |

Open interview times:

69 Tuesday	9 A.M.
Wednesday	Noon
Thursday	4 P.M.
Friday	2 P.M.

비어 있는 면접 시간:

69 화요일	오전 9시
수요일	정오
목요일	오후 4시
금요일	오후 2시

68

What kind of experience does the man say he has?

(A) Advertising

(B) Customer service

(C) Delivery driving

(D) Marketing

남자는 어떤 경력이 있다고 말하는가?

(A) 광고

(B) 고객 서비스

(C) 배송 운전

(D) 마케팅

해설 세부사항 관련 – 남자의 경력

남자가 첫 번째 대사에서 여러 해 동안 배송 트럭을 운전했다(I drove a delivery truck for several years)고 했으므로 정답은 (C)이다.

| ▸▸ Paraphrasing | 대화의 **drove a delivery truck** → 정답의 **Delivery driving** |

69

Look at the graphic. Which day will the man be interviewed?

(A) On Tuesday

(B) On Wednesday

(C) On Thursday

(D) On Friday

시각 정보에 의하면, 남자는 무슨 요일에 면접을 보겠는가?

(A) 화요일

(B) 수요일

(C) 목요일

(D) 금요일

해설 시각 정보 연계 – 남자가 면접 볼 요일

여자가 두 번째 대사에서 내일 오전 9시에 올 수 있는지(Could you come in tomorrow at nine A.M.?) 묻자 남자가 물론(Sure)이라고 답했다. 시각 정보를 보면 오전 9시 인터뷰 일정은 화요일이므로 정답은 (A)이다.

70

According to the woman, what should the man bring to the interview?

(A) A list of references

(B) A professional certificate

(C) A photo ID

(D) A printed application

여자에 의하면, 남자가 면접에 가지고 와야 하는 것은 무엇인가?

(A) 추천인 목록

(B) 전문 자격증

(C) 사진이 있는 신분증

(D) 출력한 지원서

어휘 certificate 자격증

해설 세부사항 관련 – 남자가 면접에 지참할 것

여자가 세 번째 대사에서 추천인 이름을 가져오라(please bring the names of references you'd like to use)고 했으므로 정답은 (A)이다.

| ▸▸ Paraphrasing | 대화의 **the names of references** → 정답의 **A list of references** |

PART 4

71-73 회의 발췌

M-Au **71 The next item on our agenda is the upcoming visit to our company by colleagues from our branch office in Germany. They're coming to get trained on the new software we recently purchased. They'll be participating in this training with all of our staff here. While they're here, 72 they're also interested in touring the city. We're**

<... >
looking for volunteers to show them around. 73If you're interested in helping with this, please send me an e-mail after today's meeting. Be sure to include your availability so that we can schedule the tours.

다음 안건은 곧 있을 독일 지사 동료들의 회사 방문입니다. 그들은 우리가 최근 구입한 새 소프트웨어 관련 교육을 받으러 옵니다. 이곳 우리 직원 전부와 함께 이 교육에 참석할 겁니다. 그들은 여기 있는 동안 **이 도시를 관광하는 데도 관심이 있어요. 그들을 안내해 줄 지원자를 찾고 있습니다. 이 일을 돕고 싶으시면 오늘 회의 끝나고 제게 이메일을 보내 주세요. 관광 일정을 잡을 수 있게 언제 시간이 되는지를 꼭 포함해 주세요.**

어휘 agenda 안건 recently 최근 purchase 구매하다
participate in ~에 참석하다 availability (사람이) 시간이 있음

71
Why are some colleagues visiting the company?
(A) To inspect a facility
(B) To celebrate an anniversary
(C) To make a presentation
(D) To participate in a training

동료들이 회사를 방문하는 이유는 무엇인가?
(A) 시설 점검
(B) 기념일 축하
(C) 발표
(D) 교육 참석

어휘 inspect 점검하다 facility 시설 celebrate 축하하다
anniversary 기념일

해설 세부사항 관련 – 동료들의 회사 방문 이유
지문 초반부에서 독일 지사 동료들이 회사를 방문한다고 했고, 우리가 최근 구입한 새 소프트웨어 관련 교육을 받으러 온다(The next item on our agenda is the upcoming visit to our company by colleagues from our branch office in Germany. They're coming to get trained on the new software we recently purchased)고 했으므로 정답은 (D)이다.

> ▸▸ Paraphrasing 담화의 **get trained**
> → 정답의 **participate in a training**

72
What are the listeners asked to volunteer to do?
(A) Give a city tour
(B) Arrange transportation
(C) Prepare some documents
(D) Contact a catering service

청자들이 자원하도록 요청 받은 일은 무엇인가?
(A) 도시 관광 진행
(B) 교통편 준비
(C) 서류 준비
(D) 출장요리 업체 연락

어휘 catering service 출장요리 업체

해설 세부사항 관련 – 청자들이 자원하도록 요청 받은 일
지문 중반부에서 그들이 도시를 관광하는 데도 관심이 있다(they're also interested in touring the city)면서, 그들을 안내해 줄 지원자를 찾고 있다(We're looking for volunteers to show them around)고 밝혔으므로 정답은 (A)이다.

> ▸▸ Paraphrasing 담화의 **show them around**
> → 정답의 **Give a city tour**

73
What are volunteers asked to send in an e-mail?
(A) Their qualifications
(B) Their availability
(C) Contact information
(D) A list of supplies

자원자들이 이메일로 보내도록 요청 받은 것은 무엇인가?
(A) 자격
(B) 비는 시간
(C) 연락 정보
(D) 비품 목록

해설 세부사항 관련 – 자원자들이 이메일로 보내야 하는 것
지문 후반부에서 돕고 싶으면 자신에게 이메일을 보내라면서, 관광 일정을 잡을 수 있게 언제 시간이 되는지를 포함해 달라(If you're interested in helping with this, please send me an e-mail after today's meeting. Be sure to include your availability so that we can schedule the tours)고 요청했으므로 정답은 (B)이다.

74-76 안내 방송

W-Am Ladies and gentlemen, may I please have your attention? **74This is an announcement for passengers of flight seven-ten to Tokyo. 75Your aircraft will now be departing from gate A2, rather than from gate A7.** We apologize for the inconvenience of this last-minute change. **76When we start boarding, please have your photo identification card out and ready to be checked.** Thank you.

신사 숙녀 여러분, 주목해 주시겠습니까? 도쿄행 710편 승객을 위한 안내방송입니다. 여러분이 타실 비행기는 A7 게이트가 아닌 A2 게이트에서 이제 출발할 예정입니다. 막바지 변경으로 불편을 끼쳐 드려 죄송합니다. 탑승이 시작되면 사진이 있는 신분증을 꺼내 확인 받을 준비를 하십시오. 감사합니다.

어휘 passenger 승객 depart 출발하다 apologize for ~에 대해 사과하다 inconvenience 불편함 last-minute 마지막 순간의 identification card 신분증

74

Where does the announcement most likely take place?

(A) At a train station
(B) At a taxi stand
(C) At a ferry terminal
(D) At an airport

안내방송은 어디에서 나오겠는가?

(A) 기차역
(B) 택시 승강장
(C) 여객선 터미널
(D) 공항

해설 전체 내용 관련 – 안내방송 장소

지문 초반부에서 도쿄행 710편 승객을 위한 안내방송(This is an announcement for passengers of flight seven-ten to Tokyo)이라고 전하고 있으므로 정답은 (D)이다.

75

According to the speaker, what has been changed?

(A) A boarding time
(B) A refund policy
(C) A departure gate
(D) A trip route

화자에 의하면 바뀐 것은 무엇인가?

(A) 탑승 시간
(B) 환불 정책
(C) 출발 게이트
(D) 여행 노선

해설 세부사항 관련 – 바뀐 사항

지문 중반부에서 비행기는 A7 게이트가 아닌 A2 게이트에서 출발한다(Your aircraft will now be departing from gate A2, rather than from gate A7)고 했으므로 정답은 (C)이다.

76

What does the speaker say the listeners must show?

(A) Proof of payment
(B) Photo identification
(C) A credit card
(D) An itinerary

화자가 청자들에게 보여 달라고 말한 것은 무엇인가?

(A) 지불 증명서
(B) 사진이 있는 신분증
(C) 신용카드
(D) 여행 일정

어휘 proof 증명(서) itinerary 여행 일정

해설 세부사항 관련 – 청자들이 보여 주어야 하는 것

지문 후반부에서 탑승이 시작되면 사진이 있는 신분증을 꺼내 확인 받을 준비를 하라(When we start boarding, please have your photo identification card out and ready to be checked)고 했으므로 정답은 (B)이다.

77-79 뉴스 보도

W-Br [77]**And now for the hourly traffic report.** Highway 95 is currently experiencing heavy traffic because of the concert that's taking place at the convention center this evening. [78]**To find alternate routes, we recommend taking a look at the interactive map on our Web site.** Also, [79]**remember that construction will begin in the downtown area early next week,** and sections of Market Street will likely be closed. We'll be sure to let you know as soon as the construction project is complete. Thanks for listening, and enjoy your drive.

이제 매 시간 교통 정보입니다. 95번 고속도로는 오늘 저녁 컨벤션 센터에서 열리는 콘서트 때문에 현재 교통 체증이 심합니다. **대체 경로를 찾으시려면 저희 웹사이트에서 쌍방향 지도를 보실 것을 권합니다.** 또 다음 주 초 도심에서 공사가 시작돼 마켓 가 구간이 폐쇄될 가능성이 높다는 점에 유념하세요. 공사가 끝나는 대로 반드시 알려 드리겠습니다. 청취해 주셔서 감사드리며 즐거운 운전 되십시오.

어휘 hourly 매시간의 experience 겪다 alternate 대체의 interactive 쌍방향의

77

What is the main topic of the report?

(A) Community activities
(B) Traffic updates
(C) Business tips
(D) Entertainment news

보도의 주제는 무엇인가?

(A) 지역 활동
(B) 교통 속보
(C) 사업 비결
(D) 연예 뉴스

해설 전체 내용 관련 – 보도의 주제

지문 초반부에서 이제 매 시간 교통 정보(And now for the hourly traffic report)라고 했으므로 정답은 (B)이다.

▸▸ Paraphrasing 담화의 hourly traffic report
→ 정답의 Traffic updates

78

What does the speaker recommend that the listeners do?

(A) Fill out a survey
(B) Attend a town meeting
(C) Check a map
(D) Drive slowly

화자가 청자들에게 권하는 행동은 무엇인가?

(A) 설문지 작성
(B) 시 주민회의 참석
(C) 지도 확인
(D) 서행 운전

해설 세부사항 관련 – 청자들에게 권하는 행동

지문 중반부에서 대체 경로를 찾으려면 웹사이트에서 쌍방향 지도를 보라(To find alternate routes, we recommend taking a look at the interactive map on our Web site)고 권했으므로 정답은 (C)이다.

> **▸▸ Paraphrasing** 담화의 **taking a look at the interactive map**
> → 정답의 **Check a map**

79

What does the speaker say will happen next week?

(A) A prize will be given.
(B) A construction project will start.
(C) A company office will open.
(D) A government official will be interviewed.

화자는 다음 주에 무슨 일이 있다고 말하는가?

(A) 상을 준다.
(B) 공사가 시작된다.
(C) 회사 사무실이 문을 연다.
(D) 정부 관리가 인터뷰를 한다.

해설 세부사항 관련 – 다음 주에 있을 일

지문 후반부에서 다음 주 초 도심에서 공사가 시작된다는 점을 기억하라(remember that construction will begin in the downtown area early next week)고 했으므로 정답은 (B)이다.

> **▸▸ Paraphrasing** 담화의 **construction will begin**
> → 정답의 **A construction project will start**

80-82 여행 정보

> **M-Cn** **80Welcome aboard and thanks again for joining our lake tour.** It's going to be a beautiful day on the water. On this trip, **81you'll learn about the people who lived on Harmon Island many years ago, and you'll view their historic homes.** Seeing these structures will give you an idea of how different life was back then... Now, I'm sure you all brought your cameras. **82The first time we pass by the island we'll be facing the sun, so you won't have any luck taking photos. That's OK, though.** We'll be coming back the opposite way on the return trip. All right, let's get going!
>
> 저희 배에 탑승을 환영합니다. 호수 투어에 함께해 주셔서 다시 한 번 감사드립니다. 물 위에서 멋진 하루를 보내실 겁니다. 이번 여행에서, 여러분은 오래 전에 하몬 섬에 살았던 사람들에 대해 배우고, 유서 깊은 집들을 보시게 됩니다. 이런 구조물을 보면 당시에는 생활이 얼마나 달랐

지 알게 되실 겁니다…. 자, 모두 카메라를 갖고 오셨죠. 섬을 처음 지나갈 때는 태양을 마주보게 되므로 사진을 찍는 데 운이 좋지 못할 겁니다. 그래도 괜찮습니다. 돌아오는 길에는 반대 방향으로 돌아오니까요. 좋아요, 갑시다!

> 어휘 aboard (배, 비행기 등에) 탄 lake 호수 historic 유서 깊은, 역사적으로 중요한 structure 구조물 opposite 반대의

80

Where most likely are the listeners?

(A) On a bus
(B) On a boat
(C) At a museum
(D) At a library

청자들은 어디에 있겠는가?

(A) 버스
(B) 배
(C) 박물관
(D) 도서관

해설 전체 내용 관련 – 담화 장소

지문 초반부에서 화자가 청자들에게 탑승을 환영하고 호수 투어에 와주어 고맙다(Welcome aboard and thanks again for joining our lake tour)고 했으므로 청자들이 있는 장소는 배임을 알 수 있다. 따라서 정답은 (B)이다.

81

According to the speaker, what will the listeners be able to see?

(A) Local markets
(B) Unusual wildlife
(C) Historic buildings
(D) Famous artwork

화자에 의하면, 청자들이 볼 수 있는 것은 무엇인가?

(A) 지역 시장
(B) 특이한 야생동물
(C) 역사적인 건물
(D) 유명한 미술품

어휘 unusual 특이한 wildlife 야생동물

해설 세부사항 관련 – 청자들이 볼 수 있는 것

지문 중반부에서 청자들은 오래 전에 하몬 섬에 살았던 사람들에 대해 배우고, 유서 깊은 집들을 보게 될 것(you'll learn about the people who lived on Harmon Island many years ago, and you'll view their historic homes)이라고 했으므로 정답은 (C)이다.

> **▸▸ Paraphrasing** 담화의 **historic homes**
> → 정답의 **Historic buildings**

82

What does the speaker imply when he says, "We'll be coming back the opposite way on the return trip"?

(A) The listeners will be able to take pictures.
(B) There was an error in a travel itinerary.
(C) The listeners can use some lockers.
(D) The listeners should buy souvenirs.

화자가 "돌아오는 길에는 반대 방향으로 돌아오니까요"라고 말하는 의도는 무엇인가?

(A) 청자들은 사진을 찍을 수 있을 것이다.
(B) 여행 일정에 오류가 있었다.
(C) 청자들은 개인 물품 보관함을 이용할 수 있다.
(D) 청자들은 기념품을 사야 한다.

해설 화자의 의도 파악 – 반대 방향으로 돌아온다고 말한 의도

인용문의 앞 문장들에서 섬을 처음 지나갈 때는 태양을 마주보게 되므로 사진을 찍는 데 운이 좋지 못할 것(The first time we pass by the island we'll be facing the sun, so you won't have any luck taking photos)이라고 했고, 뒤이어 그래도 괜찮다(That's OK, though)면서 "돌아오는 길에는 반대 방향으로 돌아온다"라고 한 것으로 보아 돌아오는 길에는 태양을 마주보게 되지 않는다는 뜻으로 이해할 수 있다. 따라서 인용문은 사진을 찍을 수 있다는 의도로 한 말이므로 정답은 (A)이다.

83-85 회의 발췌

M-Au To start our meeting off, [83]**I'd like to share some good news with you all—we just renewed our contract with Springfield Publishing.** [84]**We'll continue printing all the books they publish for the next two years.** I know we're all happy to hear that. Moving on, [85]**several of you have complained that some of the blades in the cutting machines are becoming dull and it's taking longer to cut through thicker books.** I just want you to know, I've already called the manufacturer. And now James will introduce the next item on the agenda.

회의를 시작하면서 여러분 모두와 좋은 소식을 나누고 싶습니다—방금 스프링필드 출판사와 계약을 갱신했어요. 앞으로 2년 동안 그들이 출판하는 모든 책을 우리가 계속 인쇄할 겁니다. 모두 이 소식을 듣고 기쁘리라 믿습니다. 다음으로 넘어가서, 여러분 중 몇 명이 절단기 날 일부가 무뎌지고 있어 두꺼운 책을 절단하는 데 시간이 더 걸린다고 불만을 제기했습니다. 제가 제조업체에 이미 전화했다는 점 알려 드립니다. 이제 제임스가 다음 안건 항목을 소개하겠습니다.

어휘 renew 갱신하다 contract 계약 publish 출판하다 complain 불만을 제기하다 blade 날 dull (날이) 무딘 manufacturer 제조업체 agenda 안건

83

What good news does the speaker share?

(A) A contract was renewed.
(B) A deadline was extended.
(C) A new employee was hired.
(D) A larger building was purchased.

화자가 공유하는 좋은 소식은 무엇인가?

(A) 계약을 갱신했다.
(B) 마감 기한이 연장되었다.
(C) 신입사원을 채용했다.
(D) 더 큰 건물을 매입했다.

해설 세부사항 관련 – 좋은 소식

지문 초반부에서 화자가 좋은 소식을 나누고 싶다며 스프링필드 출판사와 계약을 갱신했다(I'd like to share some good news with you all—we just renewed our contract with Springfield Publishing)고 했으므로 정답은 (A)이다.

84

What kind of business does the speaker work for?

(A) An automobile factory
(B) A landscape service
(C) A book printing company
(D) A dry cleaning service

화자는 어떤 업계에서 일하는가?

(A) 자동차 공장
(B) 조경 서비스
(C) 책 인쇄소
(D) 드라이클리닝 서비스

해설 전체 내용 관련 – 화자가 종사하는 업계

지문 중반부에서 앞으로 2년 동안 그들이 출판하는 모든 책을 우리가 계속 인쇄할 것(We'll continue printing all the books they publish for the next two years)이라고 밝혔으므로 정답은 (C)이다.

85

What does the speaker mean when he says, "I've already called the manufacturer"?

(A) He expects sales to increase.
(B) He has extra time to help.
(C) He has reassigned a task.
(D) He is addressing a complaint.

화자가 "제가 제조업체에 이미 전화했다"고 말한 의도는 무엇인가?

(A) 매출이 오르리라 기대한다.
(B) 도와줄 여분의 시간이 있다.
(C) 업무를 재배정했다.
(D) 불만 사항을 해결하고 있다.

어휘 reassign 재배정하다 address 해결하다 complaint 불만 사항

해설 화자의 의도 파악 – 제가 제조업체에 이미 전화했다는 말의 의도
인용문의 앞 문장들에서 몇 명이 절단기 날 일부가 무뎌지고 있어 두꺼운 책을 절단하는 데 시간이 더 걸린다고 불만을 제기했다(several of you have complained that some of the blades in the cutting machines are becoming dull and it's taking longer to cut through thicker books)고 한 뒤 언급한 말이므로 인용문은 화자가 불만 사항을 해결하고 있음을 알리려는 의도로 한 말임을 알 수 있다. 따라서 정답은 (D)이다.

86-88 전화 메시지

W-Am Hi, Sung-Wook. Sorry to call so late in the day, but I need your help. **86Mohammad just called to tell me that a big agricultural producer in Brazil is interested in learning more about our farm equipment. 87They're looking to buy some of our tractors and harvesting machines. Anyway, they're sending a representative here next Friday,** and I'll be leading that meeting. But the thing is, they told us the rep doesn't speak much English, and I don't speak any Portuguese. So **88we'll need someone who can interpret. Can you look into hiring someone who can help us with that for the day?**

안녕하세요, 성욱. 이렇게 늦게 전화해서 미안하지만, 도움이 필요해요. **모하마드가 방금 전화했는데 브라질의 대규모 농업 생산자가 우리 농기구에 대해 더 알고 싶어 한다고 해요. 그들은 우리 트랙터와 수확기를 몇 대 사려고 한대요. 어쨌든 그들이 다음 주 금요일에 여기로 직원을 보내는데,** 제가 그 회의를 진행할 거예요. 그런데 문제는, 그 직원이 영어를 잘 못한다고 하네요. 게다가 전 포르투갈어를 전혀 못해요. 그러니 **통역할 수 있는 사람이 필요해요. 그날 우리를 도와줄 사람을 고용하도록 알아봐 주시겠어요?**

어휘 agricultural 농업의 equipment 장비 harvesting 수확 representative 직원 interpret 통역하다

86

What does the speaker's company sell?

(A) Packaged foods
(B) Agricultural equipment
(C) Home electronics
(D) Travel insurance

화자의 회사가 판매하는 것은 무엇인가?

(A) 포장 식품
(B) 농업 장비
(C) 가전제품
(D) 여행 보험

어휘 insurance 보험

해설 전체 내용 관련 – 판매 제품
지문 초반부에서 모하마드가 방금 전화했는데 브라질의 대규모 농업 생산자가 우리 농기구에 대해 관심이 있다(Mohammad just called to tell me that a big agricultural producer in Brazil is interested in learning more about our farm equipment)고 했으므로 정답은 (B)이다.

▸▸ Paraphrasing　담화의 farm equipment
　　　　　　　　→ 정답의 Agricultural equipment

87

According to the speaker, what will happen next Friday?

(A) A potential client will visit.
(B) A language course will begin.
(C) A computer system will be installed.
(D) Some construction will be completed.

화자에 의하면, 다음 주 금요일에 무슨 일이 있겠는가?

(A) 잠재 고객이 방문한다.
(B) 어학 강좌가 시작된다.
(C) 컴퓨터 시스템이 설치된다.
(D) 공사가 완료된다.

해설 세부사항 관련 – 다음 주 금요일에 있을 일
지문 중반부에서 그들은 우리 트랙터와 수확기를 사려고 한다(They're looking to buy some of our tractors and harvesting machines)고 했고, 다음 주 금요일에 여기로 직원을 보낸다(Anyway, they're sending a representative here next Friday)고 했으므로 정답은 (A)이다.

▸▸ Paraphrasing　담화의 a representative
　　　　　　　　→ 정답의 A potential client

88

What does the speaker ask the listener to do?

(A) Reserve a table
(B) Notify a supervisor
(C) Pick up a vehicle
(D) Hire an interpreter

화자가 청자에게 부탁한 일은 무엇인가?

(A) 테이블 예약
(B) 상사에게 통지
(C) 차량 가져오기
(D) 통역사 고용

해설 세부사항 관련 – 청자에 대한 요청 사항
지문 후반부에서 통역할 사람이 필요하다(we'll need someone who can interpret)면서, 그날 우리를 도와줄 사람을 알아봐 줄 수 있는지 (Can you look into hiring someone who can help us with that for the day?) 물었으므로 정답은 (D)이다.

89-91 소개

M-Cn Good afternoon! **89We're so glad to see such a large turnout at this year's corporate leadership conference.** I'd like to take this opportunity to introduce our keynote speaker, Professor Rosa Jimenez. **90Dr. Jimenez will be presenting her research on the relationship between personality traits and career success.** Since all of you have leadership roles in your organizations, I think you'll find this information very useful. Before I hand the microphone over to Dr. Jimenez, **91I'd like to encourage you to visit our Web site to preregister for next year's leadership conference—if you do so before the end of the month, you'll receive a discounted registration rate.**

안녕하세요! 올해 기업 리더십 회의에 이렇게 많이 참석해 주셔서 정말 기쁩니다. 이번 기회에 기조연설자인 로사 히메네스 교수님을 소개하고자 합니다. 히메네스 박사님은 성격 특성과 직업 성공 사이의 관계에 관한 연구 결과를 발표하시겠습니다. 여러분 모두 조직에서 리더 역할을 하고 있으므로, 이 정보가 매우 유용하리라 생각합니다. 히메네스 박사님께 마이크를 넘기기 전에, 여러분께 웹사이트를 방문해 내년 리더십 회의에 사전 등록하시기를 권합니다—이번 달이 끝나기 전에 사전 등록하면 등록비를 할인 받으실 수 있습니다.

어휘 turnout 참석자 수 opportunity 기회 keynote speaker 기조연설자 personality 성격 trait 특성 organization 조직 encourage 권장하다 preregister 사전 등록하다 registration rate 등록비

89

Where most likely are the listeners?

(A) At a professional conference
(B) At a career fair
(C) At a board meeting
(D) At a community festival

청자들은 어디에 있겠는가?

(A) 전문가 회의
(B) 취업 박람회
(C) 이사회 회의
(D) 지역 축제

해설 전체 내용 관련 – 담화 장소

지문 초반부에서 화자가 올해 기업 리더십 회의에 많이 참석해 주어 기쁘다(We're so glad to see such a large turnout at this year's corporate leadership conference)고 밝혔으므로 정답은 (A)이다.

▸▸ Paraphrasing 담화의 corporate leadership conference
→ 정답의 professional conference

90

What will Dr. Jimenez talk about?

(A) Workplace safety
(B) Corporate investments
(C) Productivity and time management
(D) Personality traits and success

히메네스 박사는 무엇에 관해 말할 것인가?

(A) 직장 안전
(B) 기업 투자
(C) 생산성과 시간 관리
(D) 성격 특성과 성공

어휘 productivity 생산성

해설 세부사항 관련 – 히메네스 박사가 말할 내용

지문 중반부에서 히메네스 박사는 성격 특성과 직업 성공 사이의 관계에 관한 연구를 발표하겠다(Dr. Jimenez will be presenting her research on the relationship between personality traits and career success)고 했으므로 정답은 (D)이다.

91

According to the speaker, what should the listeners do by the end of the month?

(A) Register for an event
(B) Submit a time sheet
(C) Sign a card
(D) Read a publication

화자에 의하면, 청자들이 이번 달 말까지 하면 좋은 일은 무엇인가?

(A) 행사 등록
(B) 출퇴근 시간 기록지 제출
(C) 카드 서명
(D) 출판물 읽기

어휘 time sheet 출퇴근 시간 기록지 publication 출판물

해설 세부사항 관련 – 청자들이 이번 달 말까지 하면 좋은 일

지문 후반부에서 웹사이트를 방문해 내년 리더십 회의에 사전 등록을 권하며 이번 달 말 전에 등록하면 등록비를 할인 받는다(I'd like to encourage you to visit our Web site to preregister for next year's leadership conference—if you do so before the end of the month, you'll receive a discounted registration rate)고 했으므로 정답은 (A)이다.

▸▸ Paraphrasing 담화의 next year's leadership conference
→ 정답의 an event

92-94 소개

M-Au Good evening. **92I'm Alex Talera, the head ranger at Anders National Park.** I'm sure many of you have visited the park for hiking or fishing. But, tonight, we're happy to be hosting our first annual astronomy lecture, giving you the opportunity to sit under the stars and learn about constellations.

93 When we first discussed this idea, we weren't sure the community would be interested in this lecture. However, as I look out, I see the seating area is almost full! Now, we're quite a distance from the city lights, which will help us spot multiple constellations. **94** Before we begin, please switch off your mobile phones, as that type of light can also interfere with visibility.

안녕하세요. 저는 앤더스 국립공원 관리소장 알렉스 탈레라입니다. 등산 이나 낚시를 하러 공원을 찾았던 분은 많으실 겁니다. 하지만 오늘밤 처음으로 연례 천문학 강연을 개최하여 별 아래 앉아 별자리에 대해 배울 수 있는 기회를 드리게 되어 기쁩니다. 이 아이디어를 처음 거론했을 때는 지역사회가 이 강연에 관심을 가질지 확신하지 못했습니다. 하지만 밖을 내다보니 좌석 구역이 거의 꽉 찼네요! 도시의 불빛과 꽤 거리가 멀어 별자리를 여러 개 찾는 데 도움이 될 겁니다. 시작하기 전에 휴대폰의 전원을 꺼 주세요. 이런 종류의 빛은 시야에 방해가 될 수 있기 때문입니다.

> 어휘 ranger 공원 관리원 annual 연례의 astronomy 천문학 opportunity 기회 constellation 별자리 community 지역사회 distance 거리 interfere with ~에 방해가 되다 visibility 시야, 가시성

92

Where does the speaker work?
(A) At a national park
(B) At a science museum
(C) At a university
(D) At a public library

화자는 어디에서 일하는가?
(A) 국립공원
(B) 과학 박물관
(C) 대학교
(D) 공공 도서관

해설 전체 내용 관련 – 화자가 근무하는 장소
지문 초반부에서 화자가 자신을 앤더스 국립공원 관리소장 알렉스 탈레라 (I'm Alex Talera, the head ranger at Anders National Park)라고 소개했으므로 정답은 (A)이다.

93

What does the speaker imply when he says, "the seating area is almost full"?
(A) More chairs are needed.
(B) Some people cannot attend an event.
(C) A fund-raising goal was reached.
(D) A lecture is popular.

화자가 "좌석 구역이 거의 꽉 찼네요"라고 말하는 의도는 무엇인가?
(A) 의자가 더 필요하다.
(B) 일부 사람들은 행사에 참석할 수 없다.
(C) 모금 목표를 달성했다.
(D) 강연이 인기 있다.

> 어휘 fund-raising 모금 reach 달성하다

해설 화자의 의도 파악 – 좌석 구역이 거의 꽉 찼다고 말한 의도
인용문 앞에서 이 아이디어를 처음 거론했을 때는 지역사회가 이 강연에 관심을 가질지 확신하지 못했다(When we first discussed this idea, we weren't sure the community would be interested in this lecture)고 했고, 뒤이어 하지만 밖을 내다보니(However, as I look out) '좌석 구역이 거의 꽉 찼다'고 했다. 따라서 인용문은 강연이 사람들의 관심을 끌어서 많이들 강연을 보러 왔다는 의도로 한 말이므로 정답은 (D)이다.

94

What does the speaker ask the listeners to do?
(A) Raise their hand to ask questions
(B) Turn off their mobile phones
(C) Stay in a designated area
(D) Refer to a map

화자가 청자들에게 요청한 일은 무엇인가?
(A) 손을 들어 질문하기
(B) 휴대폰 전원 끄기
(C) 지정된 구역에 머물기
(D) 지도 참고하기

> 어휘 designated 지정된 refer to ~을 참고하다

해설 세부사항 관련 – 청자들에 대한 요청사항
지문 후반부에서 시작하기 전에 휴대폰의 전원을 꺼 달라(Before we begin, please switch off your mobile phones)고 요청했으므로 정답은 (B)이다.

> ▸▸ **Paraphrasing** 담화의 **switch off** → 정답의 **Turn off**

95-97 전화 메시지 + 평면도

W-Br Hi, Carol? It's Susan. **95** I was just told I'll be leading the team that's developing our newest microwave oven. I'm preparing a draft budget for the development of the new model and have been looking over the expenses from previous projects. **96** Since you worked on a similar project two years ago, would you have time to come by my office? I have a couple of questions that I'd like to ask you. If you can, stop by whenever you have time today. Oh, and don't forget! **97** I moved to the office directly across from the kitchen. See you soon.

안녕하세요, 캐롤? 수잔이에요. 방금 제가 최신 전자레인지 개발팀을 이끌게 된다는 말을 들었어요. 신모델 개발을 위한 예산 초안을 준비하면서 이전 프로젝트에서 지출한 비용을 검토하고 있어요. 2년 전에 비슷한 프로젝트를 하셨으니 제 사무실에 들러 주실 시간이 될까요? 묻고 싶은 게 두어 가지 있어요. 가능하면 오늘 시간 날 때 언제든지 들르세요. 아, 그리고 잊지 마세요! 제가 주방 바로 맞은편에 있는 사무실로 옮겼어요. 이따 봐요.

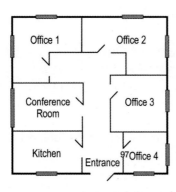

95

Which department does the speaker most likely work in?

(A) Customer service

(B) Product development

(C) Maintenance

(D) Shipping

화자는 어느 부서에서 일하겠는가?

(A) 고객 서비스

(B) 제품 개발

(C) 시설 관리

(D) 배송

어휘 maintenance (건물 등의) 시설 관리, 유지 보수

해설 전체 내용 관련 - 화자가 근무하는 부서

지문 초반부에서 화자가 자신이 전자레인지 개발팀을 이끌 것이라는 말을 들었다(I was just told I'll be leading the team that's developing our newest microwave oven)고 했다. 따라서 화자는 제품 개발 부서에서 일한다는 것을 알 수 있으므로 정답은 (B)이다.

> ▸▸ Paraphrasing   담화의 developing our newest microwave oven → 정답의 Product development

96

Why does the speaker want to meet with the listener?

(A) To make an introduction

(B) To handle a complaint

(C) To discuss a project

(D) To sign a contract

화자가 청자를 만나려는 이유는 무엇인가?

(A) 소개

(B) 불만사항 처리

(C) 프로젝트 논의

(D) 계약 체결

어휘 handle 처리하다, 다루다

해설 세부사항 관련 - 화자가 청자를 만나려는 이유

지문 중반부에서 청자가 2년 전에 비슷한 프로젝트를 했으니 자신의 사무실에 들를 시간이 되는지(Since you worked on a similar project two years ago, would you have time to come by my office?)를 물으며 두어 가지 질문이 있다(I have a couple of questions that I'd like to ask you)고 했으므로 정답은 (C)이다.

97

Look at the graphic. Which is the speaker's office?

(A) Office 1

(B) Office 2

(C) Office 3

(D) Office 4

시각 정보에 의하면, 화자의 사무실은 어디인가?

(A) 사무실 1

(B) 사무실 2

(C) 사무실 3

(D) 사무실 4

해설 시각 정보 연계 - 화자의 사무실

지문 후반부에서 주방 바로 맞은편에 있는 사무실로 옮겼다(I moved to the office directly across from the kitchen)고 했으므로 정답은 (D)이다.

98-100 회의 발췌 + 메뉴

W-Am **98I'm glad to see all of our cooks here for this early morning meeting.** I have something to tell you about this weekend's menu. **99One of our suppliers had a problem with his trucks, so we didn't receive our delivery from them. This won't affect anything on our menu except for Saturday's dinner special.** What I'd like you all to do is think about another dish you can cook for Saturday evening. There's still time to reprint the menu. **100E-mail me any ideas you have by four P.M. today.**

이렇게 이른 아침 회의에서 우리의 모든 요리사분들을 보게 되어 기쁘네요. 이번 주말 메뉴에 대해 드릴 말씀이 있습니다. 우리 공급업자 중 한 명의 트럭에 문제가 있어서 배송품을 받지 못했어요. 이번 일은 토요일 저녁 특별 메뉴를 제외하면 어떤 메뉴에도 영향을 미치지 않을 겁니다. 여러분 모두 토요일 저녁에 할 수 있는 다른 요리를 생각해 주세요. 아직 메뉴를 다시 인쇄할 시간은 있어요. 아이디어가 있으면 오늘 오후 4시까지 이메일로 보내 주세요.

어휘 supplier 공급업자 delivery 배송(품) affect 영향을 미치다 except for ~을 제외하고는

Gino's Restaurant

Weekend Specials Menu

Friday dinner:	Pizza with fresh tomatoes
Saturday lunch:	Pasta with red sauce
99Saturday dinner:	Broiled fish with vegetables
Sunday lunch:	Grilled chicken with salad

지노즈 레스토랑

주말 특별 메뉴

금요일 저녁:	신선한 토마토로 만든 피자
토요일 점심:	토마토 소스 파스타
99토요일 저녁:	채소를 곁들인 생선 구이
일요일 점심:	샐러드를 곁들인 닭고기 구이

98

Who are the listeners?

(A) Cooks
(B) Managers
(C) Food distributors
(D) Safety inspectors

청자들은 누구인가?

(A) 요리사
(B) 매니저
(C) 식품 유통업자
(D) 안전 진단가

어휘 distributor 유통업자 inspector 진단가, 검사원

해설 전체 내용 관련 – 청자들의 신분

지문 초반부에서 화자가 이른 아침 회의에서 요리사 전원을 보게 되어 기쁘다(I'm glad to see all of our cooks here for this early morning meeting)고 했으므로 정답은 (A)이다.

99

Look at the graphic. What menu item will need to be replaced?

(A) Pizza
(B) Pasta
(C) Broiled fish
(D) Grilled chicken

시각 정보에 의하면, 어떤 메뉴가 교체되어야 하는가?

(A) 피자
(B) 파스타
(C) 생선 구이
(D) 닭고기 구이

해설 시각 정보 연계 – 교체될 메뉴

지문 중반부에서 한 공급업자의 트럭에 문제가 있어서 배송품을 받지 못했다며 토요일 저녁 특별 메뉴를 제외하면 어떤 메뉴에도 영향을 미치지 않을 것(One of our suppliers had a problem with his trucks, so we didn't receive our delivery from them. This won't affect anything on our menu except for Saturday's dinner special)이라고 했는데, 시각 정보를 보면 토요일 메뉴가 생선 구이인 것을 알 수 있다. 따라서 정답은 (C)이다.

100

What does the speaker want the listeners to do by 4:00 P.M. today?

(A) Prepare for an inspection
(B) E-mail some suggestions
(C) Arrange a delivery
(D) Print a new menu

화자는 청자들이 오늘 오후 4시까지 무엇을 하길 원하는가?

(A) 점검 준비
(B) 이메일로 의견 보내기
(C) 배송 준비하기
(D) 새 메뉴 인쇄하기

해설 세부사항 관련 – 청자들이 오늘 오후 4시까지 할 것

지문 마지막 부분에 아이디어가 있으면 오늘 오후 4시까지 이메일로 보내 달라(E-mail me any ideas you have by four P.M. today)고 했으므로 정답은 (B)이다.

▶▶ Paraphrasing 담화의 **any ideas**
　　　　　　　→ 정답의 **some suggestions**

기출 TEST 4

1 (C)	2 (A)	3 (D)	4 (B)	5 (C)
6 (B)	7 (A)	8 (B)	9 (A)	10 (A)
11 (A)	12 (C)	13 (B)	14 (C)	15 (A)
16 (C)	17 (A)	18 (C)	19 (A)	20 (C)
21 (B)	22 (B)	23 (B)	24 (C)	25 (A)
26 (C)	27 (B)	28 (A)	29 (C)	30 (C)
31 (B)	32 (D)	33 (A)	34 (A)	35 (A)
36 (D)	37 (C)	38 (C)	39 (B)	40 (D)
41 (C)	42 (D)	43 (A)	44 (A)	45 (C)
46 (D)	47 (A)	48 (C)	49 (B)	50 (D)
51 (A)	52 (B)	53 (C)	54 (A)	55 (D)
56 (D)	57 (A)	58 (B)	59 (A)	60 (C)
61 (B)	62 (B)	63 (B)	64 (D)	65 (B)
66 (A)	67 (D)	68 (A)	69 (C)	70 (D)
71 (C)	72 (B)	73 (C)	74 (C)	75 (A)
76 (D)	77 (C)	78 (A)	79 (D)	80 (B)
81 (A)	82 (D)	83 (B)	84 (A)	85 (A)
86 (D)	87 (C)	88 (B)	89 (D)	90 (C)
91 (B)	92 (C)	93 (A)	94 (D)	95 (B)
96 (C)	97 (D)	98 (B)	99 (C)	100 (A)

PART 1

1 M-Au

(A) They're putting on safety glasses.
(B) They're writing on a blackboard.
(C) They're looking at a book.
(D) They're opening a box.

(A) 사람들이 보안경을 착용하는 중이다.
(B) 사람들이 칠판에 적고 있다.
(C) 사람들이 책을 보고 있다.
(D) 사람들이 상자를 열고 있다.

어휘 safety glasses 보안경   blackboard 칠판

해설 2인 이상 등장 사진 – 사람의 동작/상태 묘사

(A) 동사 오답. 여자가 보안경 또는 안경을 착용하고 있는 동작(putting on)이 아니라 이미 착용한 상태(wearing)이므로 오답.
(B) 동사 오답. 사람들이 칠판에 적고 있는(writing on a blackboard) 모습이 아니므로 오답.
(C) 정답. 사람들이 책을 보고 있는(looking at a book) 모습이므로 정답.
(D) 동사 오답. 사람들이 상자를 열고 있는(opening a box) 모습이 아니므로 오답.

2 M-Cn

(A) There's some bread on a counter.
(B) There are some cups stacked on a tray.
(C) He's washing a knife in a sink.
(D) He's stirring a pot on a stove.

(A) 조리대 위에 빵이 있다.
(B) 쟁반 위에 컵 몇 개가 쌓여 있다.
(C) 남자가 싱크대에서 칼을 씻고 있다.
(D) 남자가 가스레인지 위에 있는 냄비를 젓고 있다.

어휘 counter 조리대, 계산대   stack 쌓다   stir 젓다   stove 가스레인지

해설 1인 등장 사진 – 사람 또는 사물 중심 묘사

(A) 정답. 빵(bread)이 조리대 위에 있는(on a counter) 모습이므로 정답.
(B) 사진에 없는 명사를 이용한 오답. 사진에 쟁반(tray)이나 컵들(cups)이 보이지 않으므로 오답.
(C) 동사 오답. 남자가 칼을 씻고 있는(washing a knife) 모습이 아니라 칼을 들고 있는(holding a knife) 모습이므로 오답.
(D) 사진에 없는 명사를 이용한 오답. 사진에 가스레인지(stove)나 냄비(pot)가 보이지 않으므로 오답.

3 W-Br

(A) One of the women is seated at a table.
(B) One of the women is closing a door.
(C) The women are paying for some umbrellas.
(D) The women are standing near some chairs.

(A) 여자들 중 한 명이 탁자에 앉아 있다.
(B) 여자들 중 한 명이 문을 닫고 있다.
(C) 여자들이 우산 값을 지불하고 있다.
(D) 여자들이 의자들 주변에 서 있다.

어휘 pay for 값을 지불하다

해설 2인 이상 등장 사진 – 사람의 동작/상태 묘사

(A) 동사 오답. 탁자에 앉아 있는(seated at a table) 여자가 보이지 않으므로 오답.
(B) 동사 오답. 문을 닫고 있는(closing a door) 여자가 보이지 않으므로 오답.
(C) 동사 오답. 여자들이 돈을 지불하고 있는(paying) 모습이 아니므로 오답.
(D) 정답. 여자들이 의자들 주변에 서 있는(standing near some chairs) 모습이므로 정답.

4 M-Cn

(A) Some posters are scattered on the floor.
(B) Some papers are posted on a bulletin board.
(C) Some magazine racks are being emptied.
(D) Some containers are being carried to a corner.

(A) 바닥에 포스터들이 흩어져 있다.
(B) 게시판에 종이들이 붙어 있다.
(C) 잡지 거치대를 비우고 있다.
(D) 용기들을 구석으로 옮기고 있다.

어휘 scatter 흩뜨리다 bulletin board 게시판 rack 거치대, 선반
    empty 비우다

해설 사물/배경 사진 – 실내 사물의 상태 묘사
(A) 동사 오답. 포스터들(posters)이 바닥에 흩어져 있는(scattered on the floor) 상태가 아니므로 오답.
(B) 정답. 종이들(papers)이 게시판에 붙어 있는(posted on a bulletin board) 상태이므로 정답.
(C) 동사 오답. 잡지 거치대(magazine racks)를 비우고 있는(are being emptied) 사람의 모습이 보이지 않으므로 오답.
(D) 사진에 없는 명사를 이용한 오답. 사진에 용기들(containers)이 보이지 않으므로 오답.

5 M-Au

(A) One of the women is removing an item from a shelf.
(B) One of the women is making a phone call.
(C) The women are across the desk from each other.
(D) The women are shaking hands.

(A) 여자들 중 한 명이 선반에서 물건을 치우고 있다.
(B) 여자들 중 한 명이 전화를 걸고 있다.
(C) 여자들이 책상을 가운데 두고 마주보고 있다.
(D) 여자들이 악수하고 있다.

어휘 remove 치우다 across from each other 서로 마주보다

해설 2인 이상 등장 사진 – 사람의 동작/상태 묘사
(A) 동사 오답. 선반에서 물건을 치우고 있는(removing an item from a shelf) 여자가 보이지 않으므로 오답.
(B) 동사 오답. 전화를 걸고 있는(making a phone call) 여자가 보이지 않으므로 오답.

(C) 정답. 여자들이 책상을 가운데 두고 마주보고 있는(across the desk from each other) 상태이므로 정답.
(D) 동사 오답. 여자들이 악수하고 있는(shaking hands) 모습이 아니라 같은 책을 잡고 있는(holding the same book) 모습이므로 오답.

6 W-Am

(A) Some trucks are driving on a street.
(B) Some trees are lining a walkway.
(C) Some vehicles are stuck in traffic.
(D) Some benches are being installed in a park.

(A) 트럭 몇 대가 도로를 달리고 있다.
(B) 나무 몇 그루가 보행로에 줄지어 서 있다.
(C) 차량 몇 대가 교통 체증에 갇혀 있다.
(D) 벤치 몇 개가 공원에 설치되고 있다.

어휘 walkway 보행로 vehicle 차량 stuck 꼼짝 못하는 install
    설치하다

해설 사물/배경 사진 – 실외 사물의 상태 묘사
(A) 사진에 없는 명사를 이용한 오답. 사진에 트럭 몇 대(trucks)가 보이지 않으므로 오답.
(B) 정답. 나무 몇 그루(trees)가 보행로에 줄지어 서 있는(lining a walkway) 모습이므로 정답.
(C) 동사 오답. 교통 체증에 갇혀 있는(stuck in traffic) 차량이 보이지 않으므로 오답.
(D) 동사 오답. 벤치 몇 개(benches)를 공원에 설치하고 있는(are being installed in a park) 사람의 모습이 보이지 않으므로 오답.

PART 2

7

M-Cn Who brought the extra office supplies?
W-Br (A) Ms. Park did.
    (B) You can use the printer.
    (C) No, I have enough.

여분의 사무용품을 누가 가져왔나요?
(A) 박 씨가요.
(B) 프린터 쓰셔도 돼요.
(C) 아니요, 전 충분해요.

어휘 office supplies 사무용품

해설 사무용품을 가져온 사람을 묻는 Who 의문문

(A) 정답. 사무용품을 가져온 사람이 누구인지를 묻는 질문에 박 씨라는 구체적인 인물로 응답했으므로 정답.

(B) 연상 단어 오답. 질문의 office supplies에서 연상 가능한 printer를 이용한 오답.

(C) Yes/No 불가 오답. Who 의문문에는 Yes/No 응답이 불가능하므로 오답.

8

M-Au Do you have a warranty on this laptop?

W-Am (A) A desktop computer.

(B) Yes, for one year.

(C) They're on the top shelf.

이 노트북 보증서 있으신가요?

(A) 데스크톱 컴퓨터예요.

(B) 예, 1년짜리예요.

(C) 맨 위 선반에 있어요.

어휘 warranty 보증서 shelf 선반

해설 보증서 소유 여부를 묻는 조동사(Do) Yes/No 의문문

(A) 연상 단어 오답. 질문의 warranty와 laptop에서 연상 가능한 desktop computer를 이용한 오답.

(B) 정답. 보증서가 있는지 묻는 질문에 Yes라고 대답한 후에 1년짜리라며 그에 호응하는 추가 정보를 덧붙였으므로 정답.

(C) 유사 발음 오답. 질문의 laptop과 발음이 일부 유사한 top을 이용한 오답. 또한 내용만 보면 의미가 통할 것 같지만, 주어가 they이기 때문에 질문의 a warranty를 받을 수 없어서 답이 될 수 없다.

9

W-Br Why is the cafeteria closed?

M-Cn (A) Because it's being cleaned.

(B) Thanks, but I already ate.

(C) No, it's not too far.

구내식당이 왜 문을 닫았죠?

(A) 청소 중이라서요.

(B) 감사하지만 전 이미 먹었어요.

(C) 아니요, 그다지 멀지 않아요.

어휘 far 먼

해설 구내식당이 문을 닫은 이유를 묻는 Why 의문문

(A) 정답. 구내식당이 문을 닫은 이유를 묻는 질문에 청소 중이라는 적절한 이유를 말했으므로 정답.

(B) 연상 단어 오답. 질문의 cafeteria에서 연상 가능한 행위인 ate를 이용한 오답.

(C) Yes/No 불가 오답. Why 의문문에는 Yes/No 응답이 불가능하므로 오답.

10

M-Au Where do I board the train to Paris?

W-Am (A) On platform four.

(B) To see a client.

(C) Six passengers.

파리행 기차는 어디서 타나요?

(A) 4번 플랫폼입니다.

(B) 고객을 만나려요.

(C) 승객 6명이요.

어휘 board (배, 기차 등에) 타다 passenger 승객

해설 기차 승강장을 묻는 Where 의문문

(A) 정답. 파리행 기차의 승차 장소를 묻는 질문에 4번 플랫폼이라는 구체적인 장소로 응답했으므로 정답.

(B) 질문과 상관없는 오답. Why 의문문에 대한 응답이므로 오답.

(C) 연상 단어 오답. 질문의 train에서 연상 가능한 passengers를 이용한 오답.

11

W-Br How can we improve our bicycle sales?

M-Au (A) By advertising more.

(B) He always wears a helmet.

(C) They were gone for an hour.

어떻게 하면 자전거 매출을 늘릴 수 있을까요?

(A) 광고를 더 많이 해서요.

(B) 그는 항상 헬멧을 써요.

(C) 그들은 한 시간 동안 자리를 비웠어요.

어휘 improve 늘리다, 개선하다 advertise 광고하다

해설 매출 증진 방법을 묻는 How 의문문

(A) 정답. 자전거 매출을 늘릴 방법을 묻는 질문에 광고를 더 많이 해서라는 구체적인 방법으로 응답했으므로 정답.

(B) 연상 단어 오답. 질문의 bicycle에서 연상 가능한 helmet을 이용한 오답.

(C) 질문과 상관없는 오답.

12

M-Cn When is the budget request form due?

W-Am (A) Yes, in my binder.

(B) From the break room.

(C) You should ask Kate.

예산 요청서는 언제까지인가요?

(A) 예, 제 바인더 안에요.

(B) 휴게실에서요.

(C) 케이트에게 물어보세요.

어휘 budget 예산 request 요청 due ~하기로 되어 있는 break room 휴게실

해설 요청서 마감 시점을 묻는 When 의문문

(A) Yes/No 불가 오답. When 의문문에는 Yes/No 응답이 불가능하므로 오답.

(B) 질문과 상관없는 오답. Where 의문문에 대한 응답이므로 오답.

(C) 정답. 요청서 마감 시점을 묻는 질문에 케이트에게 물어보라며 우회적으로 응답하고 있으므로 정답.

13

W-Br　What did you think of the training video?

M-Au　(A) No, it wasn't raining.

　　　　(B) I thought it was very helpful.

　　　　(C) In the manager's office.

　　　　교육 영상은 어떻게 보셨나요?
　　　　(A) 아니요, 비는 안 왔어요.
　　　　(B) 아주 유익했어요.
　　　　(C) 매니저 사무실에서요.

어휘　helpful 유익한

해설　영상에 대한 의견을 묻는 What 의문문

(A) 유사 발음 오답. 질문의 training과 발음이 일부 유사한 raining을 이용한 오답.

(B) 정답. 교육 영상을 어떻게 보았는지 묻는 질문에 유익했다며 긍정적인 의견으로 응답하고 있으므로 정답.

(C) 질문과 상관없는 오답. 장소를 묻는 Where 의문문에 대한 응답이므로 오답.

14

M-Cn　Do you have a pen I can borrow?

W-Am　(A) When was that?

　　　　(B) A receipt, please.

　　　　(C) I lent it to John.

　　　　펜 좀 빌릴 수 있을까요?
　　　　(A) 그게 언제였죠?
　　　　(B) 영수증 주세요.
　　　　(C) 존에게 빌려줬어요.

어휘　borrow 빌리다　receipt 영수증　lend 빌려주다

해설　펜을 빌릴 수 있는지 여부를 묻는 조동사(Do) Yes/No 의문문

(A) 질문과 상관없는 오답.

(B) 연상 단어 오답. 질문의 pen에서 연상 가능한 receipt를 이용한 오답.

(C) 정답. 펜을 빌려 달라는 질문에 존에게 빌려줬다며 빌려 줄 수 없음을 우회적으로 응답하고 있으므로 정답.

15

M-Au　Did the Human Resources meeting get canceled?

W-Am　(A) No, it's still scheduled for ten o'clock.

　　　　(B) Networking strategies.

　　　　(C) Thirty of the representatives.

　　　　인사부 회의가 취소되었나요?
　　　　(A) 아니요, 그대로 10시 예정입니다.
　　　　(B) 인맥 구축 전략이요.
　　　　(C) 직원 30명이요.

어휘　cancel 취소하다　scheduled for ~로 예정된　strategy 전략　representative 직원

해설　회의 취소 여부를 묻는 조동사(Do) Yes/No 의문문

(A) 정답. 회의 취소 여부를 묻는 질문에 No라고 대답한 후에 구체적인 회의 시간을 확인해 주었으므로 정답.

(B) 연상 단어 오답. 질문의 meeting에서 회의 주제를 연상하게 하여 Networking strategies라는 주제를 이용한 오답.

(C) 연상 단어 오답. 질문의 Human Resources에서 연상 가능한 representatives를 이용한 오답.

16

W-Br　That position's been open a long time.

M-Cn　(A) Yes, the door is closed.

　　　　(B) They won't be participating.

　　　　(C) I hope they hire someone soon.

　　　　그 자리는 오랫동안 비어 있었어요.
　　　　(A) 예, 문이 잠겼어요.
　　　　(B) 그들은 참석하지 않습니다.
　　　　(C) 곧 누군가 채용했으면 해요.

어휘　participate 참석하다　hire 채용하다

해설　자리가 오래 비어 있었다는 사실을 전달하는 평서문

(A) 연상 단어 오답. 질문의 open에서 연상 가능한 closed를 이용한 오답.

(B) 평서문과 상관없는 오답.

(C) 정답. 오랫동안 공석이라는 사실을 전달하는 평서문에 곧 채용했으면 한다는 바람으로 응답하고 있으므로 정답.

17

W-Am　Would you like to try a free bread sample?

W-Br　(A) Thanks, it looks delicious.

　　　　(B) I'm sorry to hear that.

　　　　(C) I'll check on the delivery status.

　　　　무료 시식용 빵을 드셔 보시겠습니까?
　　　　(A) 고마워요, 맛있어 보이네요.
　　　　(B) 유감입니다.
　　　　(C) 배송 상태를 확인해 볼게요.

어휘　delivery 배송　status 상태

해설　빵을 드시겠냐고 제안하는 의문문

(A) 정답. 시식용 빵을 권유하는 질문에 맛있겠다며 우회적으로 수락하고 있으므로 정답.

(B) 질문과 상관없는 오답.

(C) 연상 단어 오답. 질문의 free에서 연상 가능한 delivery를 이용한 오답.

18

M-Cn　When will the car be fixed?

M-Au　(A) Oh, did she?

　　　　(B) About 50 dollars, I think.

　　　　(C) I'll call the shop to find out.

차 수리는 언제 될까요?
(A) 아, 그녀가 그랬어요?
(B) 50달러쯤 될 겁니다.
(C) 제가 가게에 전화해서 알아볼게요.

어휘 fix 수리하다   find out 알아보다

해설 수리 시점을 묻는 When 의문문
(A) 질문과 상관없는 오답.
(B) 연상 단어 오답. 질문의 fixed에서 수리 비용을 연상하게 하여 50 dollars라는 금액을 이용한 오답.
(C) 정답. 수리 시점을 묻는 질문에 가게에 전화해서 알아보겠다며 우회적으로 응답하고 있으므로 정답.

19

W-Br This painter's work was featured at the Holtz Gallery, right?
M-Au (A) No, at the other gallery in town.
(B) Some retail space.
(C) Several hats.

이 화가의 작품이 홀츠 갤러리에 전시되었죠, 그렇죠?
(A) 아니요, 시내 다른 갤러리예요.
(B) 일부 소매 공간이요.
(C) 모자 몇 개요.

어휘 feature (특징으로) 선보이다   retail 소매, 소매의

해설 전시 여부를 묻는 부가 의문문
(A) 정답. 화가의 작품이 홀츠 갤러리에 전시되었는지 묻는 질문에 No라고 대답한 후에 시내 다른 갤러리라는 정보를 제공하고 있으므로 정답.
(B) 질문과 상관없는 오답.
(C) 유사 발음 오답. 질문의 Holtz와 부분적으로 발음이 유사한 hats를 이용한 오답.

20

M-Cn Could you attend the technology trade show?
M-Au (A) A new computer model.
(B) It was a wonderful performance.
(C) I have a deadline coming up.

기술 무역 박람회에 참석해 주시겠어요?
(A) 새 컴퓨터 모델입니다.
(B) 멋진 공연이었어요.
(C) 마감일이 다가오고 있어요.

어휘 performance 공연

해설 박람회 참석을 요청하는 의문문
(A) 연상 단어 오답. 질문의 technology에서 연상 가능한 computer를 이용한 오답.
(B) 연상 단어 오답. 질문의 show에서 연상 가능한 performance를 이용한 오답.
(C) 정답. 박람회에 참석해 달라는 요청에 마감일이 다가오고 있다며 우회적으로 거절하고 있으므로 정답.

21

W-Am When can we get together to start planning the awards banquet?
W-Br (A) Be sure to stop at the bank this afternoon.
(B) Let's meet tomorrow morning.
(C) No, that wasn't the original plan.

언제쯤 모여서 시상식 연회 계획을 세울 수 있을까요?
(A) 오늘 오후에 꼭 은행에 들르세요.
(B) 내일 아침에 만나요.
(C) 아니요, 당초 계획은 그게 아니었어요.

어휘 awards banquet 시상식 연회   original 원래의, 당초의

해설 회의 시점을 묻는 When 의문문
(A) 유사 발음 오답. 질문의 banquet과 부분적으로 발음이 유사한 bank를 이용한 오답.
(B) 정답. 회의 시점을 묻는 질문에 내일 아침이라는 구체적인 시점으로 응답하고 있으므로 정답.
(C) Yes/No 불가 오답. When 의문문에는 Yes/No 응답이 불가능하므로 오답.

22

W-Am There are a lot of customers here at the store today, aren't there?
M-Cn (A) Maybe a dishwasher.
(B) Saturdays are always busy.
(C) Here's my receipt.

오늘 여기 가게에 손님이 많네요, 그렇죠?
(A) 아마 식기세척기요.
(B) 토요일은 항상 바빠요.
(C) 여기 제 영수증이요.

어휘 dishwasher 식기세척기

해설 손님이 많은지 여부를 확인하는 부가 의문문
(A) 연상 단어 오답. 질문의 store에서 판매 품목을 연상하게 하여 dishwasher라는 제품을 이용한 오답.
(B) 정답. 오늘 가게에 손님이 많은지를 묻는 질문에 Yes를 생략한 채 토요일은 항상 바쁘다는 이유로 응답하고 있으므로 정답.
(C) 단어 반복 오답. 질문의 here를 반복 이용한 오답.

23

M-Au Will the musicians be set up by five o'clock, or are they arriving later?
M-Cn (A) He's a football player.
(B) They'll be here at seven thirty.
(C) Brazilian folk music.

음악가들은 5시까지 준비가 되나요, 아니면 나중에 도착하나요?
(A) 그는 축구 선수예요.
(B) 그들은 7시 30분에 도착합니다.
(C) 브라질 민속음악이에요.

어휘 folk music 민속음악

해설 음악가들이 언제 오는지 묻는 선택 의문문

(A) 질문과 상관없는 오답.

(B) 정답. 5시까지 준비가 될지 혹은 나중에 도착할지를 묻는 선택 의문문에 그들은 7시 30분에 도착한다며 나중에 도착한다는 대답을 우회적으로 표현했으므로 정답.

(C) 유사 발음 오답. 질문의 musicians와 부분적으로 발음이 유사한 music을 이용한 오답.

24

W-Br What do we need to bring to the workplace-safety orientation?

M-Au (A) I saved my work.

(B) Yes, her application is impressive.

(C) Didn't you receive an e-mail?

작업장 안전 오리엔테이션에 무엇을 가져가야 하나요?

(A) 일을 하지 않아도 되었죠.

(B) 예, 그녀의 지원서는 인상 깊었어요.

(C) 이메일 못 받으셨어요?

어휘 workplace 작업장, 일터 safety 안전 application 지원(서) impressive 인상 깊은 receive 받다

해설 오리엔테이션에 무엇을 가져가야 할지를 묻는 What 의문문

(A) 유사 발음 오답. 질문의 workplace 및 safety와 발음이 일부 유사한 work와 saved를 이용한 오답.

(B) Yes/No 불가 오답. What 의문문에는 Yes/No 응답이 불가능하므로 오답.

(C) 정답. 오리엔테이션에 무엇을 가져가야 할지를 묻는 질문에 이메일을 못 받는지를 물으며 우회적으로 응답하고 있으므로 정답.

25

W-Am How did you like last week's seminar?

W-Br (A) I was out on holiday.

(B) Yes, certainly.

(C) A financial planner.

지난주 세미나는 어땠어요?

(A) 전 휴가였어요.

(B) 예, 물론이죠.

(C) 재무설계사예요.

해설 세미나가 어땠는지를 묻는 How 의문문

(A) 정답. 세미나가 어땠는지를 묻는 질문에 휴가였다며 상황을 알지 못함을 우회적으로 응답하고 있으므로 정답.

(B) Yes/No 불가 오답. How 의문문에는 Yes/No 응답이 불가능하므로 오답.

(C) 연상 단어 오답. 질문의 seminar에서 참석자를 연상하게 하여 financial planner를 이용한 오답.

26

M-Cn Didn't Mr. Jacobs ask us to call him before the staff meeting starts?

W-Br (A) Cut the paper in half.

(B) We have talented employees.

(C) Yes—we should call him right now.

제이콥스 씨가 직원 회의 시작 전에 전화하라고 부탁하지 않았나요?

(A) 종이를 반으로 자르세요.

(B) 우리에겐 유능한 직원들이 있습니다.

(C) 예—지금 바로 그에게 전화해야 해요.

어휘 in half 절반으로 talented 유능한

해설 전화 부탁을 하지 않았는지 묻는 부정 의문문

(A) 유사 발음 오답. 질문의 staff와 발음이 일부 유사한 half를 이용한 오답.

(B) 연상 단어 오답. 질문의 staff에서 연상 가능한 employees를 이용한 오답.

(C) 정답. 제이콥스 씨의 전화 부탁 여부를 확인하는 질문에 Yes라고 대답한 후에 지금 전화해야 한다며 추가 정보를 덧붙였으므로 정답.

27

M-Au Which brands of computers do you sell at your shop?

M-Cn (A) At the shopping mall.

(B) I only do repairs.

(C) Thanks, it's a new one.

매장에서 어떤 브랜드의 컴퓨터를 파시나요?

(A) 쇼핑몰에서요.

(B) 저는 수리만 합니다.

(C) 고마워요, 새것이네요.

어휘 repair 수리

해설 판매하는 컴퓨터의 브랜드를 묻는 Which 의문문

(A) 유사 발음 오답. 질문의 shop과 발음이 일부 유사한 shopping을 이용한 오답.

(B) 정답. 판매하는 컴퓨터의 브랜드를 묻는 질문에 자신은 수리만 한다며 판매는 하지 않음을 우회적으로 응답하고 있으므로 정답.

(C) 질문과 상관없는 오답.

28

W-Am Why don't you print out the slides so we can review them?

M-Au (A) They're already on my desk.

(B) It was working fine earlier.

(C) A few of us will be late.

슬라이드를 출력해서 검토해 보는 게 어때요?

(A) 벌써 책상 위에 있어요.

(B) 아까는 잘 작동했어요.

(C) 우리 중 몇 사람은 늦을 겁니다.

어휘 review 검토하다

해설 슬라이드를 검토해 보자고 제안하는 의문문

(A) 정답. 출력해서 검토하자고 제안하는 질문에 벌써 책상 위에 있다며 우회적으로 동의했으므로 정답.

(B) 연상 단어 오답. 질문의 print out에서 프린터기를 연상하게 하여 It was working fine earlier라는 표현을 이용한 오답.

(C) 질문과 상관없는 오답. 출력해 검토하는 것을 권하는 질문에 우리 중 몇 사람은 늦을 것이라는 말은 상황에 적합하지 않은 응답이므로 오답.

29

M-Cn   Do you want to hold the reception in the conference center?

W-Br   (A) No, the twenty-third of October.
　　　　(B) My client and his manager.
　　　　(C) Do they have any dates available?

회의장에서 환영회를 여시겠습니까?
(A) 아니요, 10월 23일입니다.
(B) 제 고객과 매니저요.
(C) 이용할 수 있는 날짜가 있나요?

어휘   available 이용할 수 있는

해설 회의장에서 환영회를 개최할지 묻는 조동사(Do) Yes/No 의문문

(A) 연상 단어 오답. 질문의 hold the reception에서 연상 가능한 날짜 표현을 이용한 오답.

(B) 연상 단어 오답. 질문의 reception에서 연상 가능한 My client and his manager를 이용한 오답.

(C) 정답. 회의장에서 환영회를 개최할지 묻는 질문에 조건이 맞는지 알아 보려는 의도로 이용 가능한 날짜가 있는지 되묻고 있으므로 정답.

30

M-Au   I don't think we've budgeted enough for the construction project.

W-Br   (A) No, it's a right turn.
　　　　(B) The glass and steel suppliers.
　　　　(C) Let's check the accounts again.

저는 우리가 건설 프로젝트에 충분한 예산을 할당하지 않았다고 생각합니다.
(A) 아니요, 우회전이에요.
(B) 유리와 강철 납품업체입니다.
(C) 회계를 다시 검토해 봅시다.

어휘   budget 예산을 할당하다   construction 건설   supplier 납품업체   accounts 회계

해설 충분한 예산을 할당하지 않았다고 의견을 전달하는 평서문

(A) 평서문과 상관없는 오답.

(B) 연상 단어 오답. 질문의 construction에서 연상 가능한 glass and steel suppliers를 이용한 오답.

(C) 정답. 프로젝트에 충분한 예산을 할당하지 않았다는 의견의 평서문에 회계를 다시 검토하자며 우회적으로 응답하고 있으므로 정답.

31

M-Cn   If the parking area's full, where can I leave my car?

W-Am   (A) Forty-five minutes ago.
　　　　(B) Our supervisor should know.
　　　　(C) More than a hundred cars.

주차장이 꽉 차면 제 차를 어디에 두면 되나요?
(A) 45분 전이요.
(B) 관리자가 알고 있을 거예요.
(C) 차 100대가 넘습니다.

어휘   supervisor 관리자, 상사

해설 주차 장소를 묻는 Where 의문문

(A) 질문과 상관없는 오답.

(B) 정답. 주차 장소를 묻는 질문에 관리자가 알고 있을 거라며 우회적으로 응답했으므로 정답.

(C) 유사 발음 오답. 질문의 car와 발음이 유사한 cars를 이용한 오답.

PART 3

32-34

W-Br   Hello. I'm staying in room 509. **32,33I wanted to use the hotel's indoor swimming pool around seven this morning, but my room key wouldn't open the door to the pool.**

M-Au   I'm sorry, but the pool's only open between the hours of eight A.M. and eight P.M. If you go between those times, your key should work.

W-Br   Hmm, I'm here on business, so I can only exercise early in the morning.

M-Au   Well, **34you're welcome to use our fitness center. It's on the second floor and it's open 24 hours.**

W-Br   **34Great—that will allow me to exercise before work.**

여   안녕하세요. 저는 509호에 머물고 있어요. **아침 7시쯤 호텔 실내 수영장을 이용하려고 했는데 방 열쇠로 수영장 문이 열리지 않네요.**

남   죄송하지만 수영장은 오전 8시부터 오후 8시 사이에만 개방합니다. 그 시간에 가시면 열쇠가 작동됩니다.

여   흠, 여기 업무차 온 거라 아침 일찍만 운동할 수 있어요.

남   **헬스장을 이용하세요. 2층에 있고 24시간 영업합니다.**

여   **잘됐네요—일하기 전에 운동할 수 있겠어요.**

어휘   exercise 운동하다

32

Where most likely are the speakers?

(A) At an airport
(B) At an office building
(C) At a shopping center
(D) At a hotel

화자들은 어디에 있겠는가?

(A) 공항
(B) 업무용 빌딩
(C) 쇼핑센터
(D) 호텔

해설 전체 내용 관련 – 대화 장소
대화 초반부에 여자가 아침 7시쯤 호텔 실내 수영장을 이용하려고 했는데 방 열쇠로 수영장 문이 안 열린다(I wanted to use the hotel's indoor swimming pool around seven this morning, but my room key wouldn't open the door to the pool)고 하는 것으로 보아 화자들이 있는 장소는 호텔임을 알 수 있다. 따라서 정답은 (D)이다.

33

What was the woman unable to do this morning?

(A) Open a door
(B) Make photocopies
(C) Find a taxi
(D) Process a payment

여자가 아침에 할 수 없었던 일은 무엇인가?

(A) 문 열기
(B) 복사하기
(C) 택시 찾기
(D) 결제 처리하기

어휘 process 처리하다 payment 결제, 지불

해설 세부사항 관련 – 여자의 문제
대화 초반부에 여자가 아침 7시쯤 호텔 실내 수영장을 이용하려고 했는데 방 열쇠로 수영장 문이 안 열렸다(I wanted to use the hotel's indoor swimming pool around seven this morning, but my room key wouldn't open the door to the pool)고 했으므로 정답은 (A)이다.

34

What does the woman like about the man's suggestion?

(A) It accommodates her schedule.
(B) It is affordable.
(C) It will help increase sales.
(D) It will reduce commuting time.

여자가 남자의 제안에 대해 마음에 들어 한 것은 무엇인가?

(A) 일정에 맞는다.
(B) 가격이 적당하다.
(C) 매출을 올리는 데 도움이 될 것이다.
(D) 통근 시간이 줄어들 것이다.

어휘 accommodate 맞추다, 순응하다 affordable (가격이) 적당한 commute 통근하다

해설 세부사항 관련 – 여자가 마음에 들어 한 제안 사항
남자가 두 번째 대사에서 헬스장을 이용하라(you're welcome to use our fitness center)고 권하면서 헬스장이 2층에 있고 24시간 영업한다(It's on the second floor and it's open 24 hours)고 한 말에 여자가 일하기 전에 운동할 수 있어 잘됐다(Great—that will allow me to exercise before work)고 했으므로 정답은 (A)이다.

35-37

W-Br	Thanks for meeting with me, Kenji. **35I wanted to check to see if our supermarket is ready for the upcoming holiday season.** Any updates?
M-Cn	Well, we always have a lot of calls from customers with questions about preparing their holiday meal. **36This year we'll be introducing something new—customers will be transferred automatically to a holiday hotline to have their questions answered.**
W-Br	That's a great idea. Who'll be answering those calls?
M-Cn	**37I was thinking of assigning it to Peter and Maria,** since they have a lot of experience. **37I'll go talk to them now.**
여	켄지 씨, 만나 주셔서 감사합니다. **우리 슈퍼마켓이 다가오는 명절에 대비가 되었는지 확인하고 싶었어요.** 새로운 소식이 있나요?
남	명절 식사 준비에 대해 묻는 고객 전화를 항상 많이 받습니다. **올해는 새로운 걸 도입할 예정이에요—고객이 전화를 하면 자동으로 명절 핫라인으로 연결돼 답을 듣게 됩니다.**
여	좋은 생각이네요. 그 전화는 누가 받나요?
남	**피터와 마리아에게 업무를 배정할까 생각하고 있어요.** 경험이 많으니까요. **지금 가서 이야기하죠.**

어휘 upcoming 다가오는 prepare 준비하다 transfer (전화를) 연결하다 assign (업무를) 배정하다

35

What are the speakers getting ready for?

(A) A holiday season
(B) A corporate visit
(C) A renovation project
(D) A company picnic

화자들은 무엇에 대비하고 있는가?

(A) 명절
(B) 기업 방문
(C) 개보수 공사
(D) 회사 야유회

어휘 corporate 기업의 renovation 개보수

해설 전체 내용 관련 – 화자들이 대비하는 것

대화 초반부에서 여자가 남자에게 우리 슈퍼마켓이 다가오는 명절에 대비가 되었는지 확인하고 싶었다(I wanted to check to see if our supermarket is ready for the upcoming holiday season)고 했으므로 정답은 (A)이다.

36

What new feature will the supermarket introduce?

(A) A cooking class
(B) A gift-wrapping station
(C) A delivery service
(D) A special phone line

슈퍼마켓이 도입할 새로운 기능은 무엇인가?

(A) 요리 교실
(B) 선물포장 코너
(C) 배송 서비스
(D) 특별한 전화선

어휘 gift-wrapping 선물포장 delivery 배송

해설 세부사항 관련 – 슈퍼마켓이 도입할 새로운 기능

남자가 대화 중반부에서 올해는 새로운 걸 도입할 예정(This year we'll be introducing something new)이라며 고객이 전화를 하면 자동으로 명절 핫라인으로 연결돼 답을 듣게 된다(customers will be transferred automatically to a holiday hotline to have their questions answered)고 했으므로 정답은 (D)이다.

> ▸▸ Paraphrasing 대화의 **holiday hotline**
> → 정답의 **special phone line**

37

What will the man most likely do next?

(A) Pay some bills
(B) Create a calendar
(C) Talk to some colleagues
(D) Reply to an e-mail

남자는 다음으로 무엇을 하겠는가?

(A) 계산하기
(B) 일정 짜기
(C) 동료에게 이야기하기
(D) 이메일 답장하기

어휘 calendar 일정 colleague 동료 reply to ~에 응답하다

해설 세부사항 관련 – 남자가 다음에 할 행동

남자는 마지막 대사에서 피터와 마리아에게 업무를 배정할까 생각 중(I was thinking of assigning it to Peter and Maria)이라면서 지금 가서 이야기하겠다(I'll go talk to them now)고 했으므로 정답은 (C)이다.

38-40

W-Am Hi. I'm renovating a room in my house. [38]**The wooden flooring's scratched in places and I'd like to repair it.** Do you have a product that I can use for that?

M-Au We have several stains to repair scratched flooring, but [39]**for durability, I'd recommend the Kilgore brand.** Applied properly, Kilgore products last a long time.

W-Am OK. Thanks! And how can I be sure the stain will match the floor color?

M-Au Well, it comes in all the standard wood colors. [40]**I can give you some color samples to take home**, so you can check before you make a purchase.

여 안녕하세요. 제 집의 방 하나를 개보수할 예정입니다. **나무바닥이 군데군데 긁혀서 수리하고 싶어요.** 수리에 쓸 수 있는 제품이 있을까요?

남 긁힌 바닥을 고치는 착색용 염료가 몇 가지 있지만 **내구성을 위해서는 킬고어 브랜드를 추천합니다.** 제대로 바르면 킬고어 제품은 오래 갑니다.

여 그렇군요. 감사합니다! 착색용 염료가 바닥 색깔과 일치할지 어떻게 확인할 수 있을까요?

남 음, 표준 나무 색깔 전부 나옵니다. **집에 가져 가실 수 있는 색 샘플을 드릴 수 있으니**, 구입하기 전에 확인해 보세요.

어휘 renovate 개보수하다 scratch 긁다 stain 착색, 착색용 염료 repair 수리하다 durability 내구성 recommend 추천하다 apply 바르다 make a purchase 구매하다

38

What does the woman want to do?

(A) Replace an appliance
(B) Plant a garden
(C) Repair a floor
(D) Paint a wall

여자는 무엇을 하기 원하는가?

(A) 가전제품 교체하기
(B) 정원에 나무 심기
(C) 마루 수리하기
(D) 벽 칠하기

어휘 replace 교체하다 appliance 가전제품

해설 세부사항 관련 – 여자가 원하는 것

대화 초반부에서 여자는 나무바닥이 긁혀서 수리하고 싶다(The wooden flooring's scratched in places and I'd like to repair it)고 했으므로 정답은 (C)이다.

39

Why does the man recommend Kilgore products?

(A) They are easy to use.
(B) They are long lasting.
(C) They come with a warranty.
(D) They are safe for the environment.

남자가 킬고어 제품을 추천하는 이유는 무엇인가?

(A) 사용하기 쉽다.
(B) **오래 간다.**
(C) 보증서가 딸려 있다.
(D) 환경에 안전하다.

어휘 warranty 보증서 environment 환경

해설 세부사항 관련 - 남자가 킬고어 제품을 추천하는 이유

남자가 첫 번째 대사에서 내구성을 위해서는 킬고어 브랜드를 추천한다 (for durability, I'd recommend the Kilgore brand)고 했으므로 정답은 (B)이다.

> ▸▸ Paraphrasing 대화의 **durability** → 정답의 **long lasting**

40

What does the man offer to do?

(A) Demonstrate a product
(B) Contact a manufacturer
(C) Look for a contractor
(D) Provide some color samples

남자는 무엇을 하겠다고 제안하는가?

(A) 제품 시연
(B) 제조업체 연락
(C) 도급업체 물색
(D) **색 샘플 제공**

어휘 demonstrate 시연하다 manufacturer 제조업체 contractor 도급업체

해설 세부사항 관련 - 남자의 제안 사항

남자가 마지막 대사에서 집에 가져갈 색 샘플을 줄 수 있다(I can give you some color samples to take home)고 제안했으므로 정답은 (D)이다.

> ▸▸ Paraphrasing 대화의 **give you some color samples**
> → 정답의 **Provide some color samples**

41-43

M-Cn Hello, ⁴¹**I'm interested in the legal services your firm offers.** I own some cafés, and ⁴²**one of my competitors just put his coffee shop up for sale. I'm planning to buy it, but I want to avoid any mistakes in the contract.**

W-Am Of course. We have several qualified contract attorneys on staff. Let me set up a time for you to come into the office this week to talk with one of our lawyers.

M-Cn Great. But ⁴³**would it be possible to have the meeting online? I'll be away in San Diego the next few days for a relative's wedding.**

남 안녕하세요. **귀사에서 제공하는 법률 서비스에 관심이 있습니다.** 저는 카페를 몇 개 소유하고 있는데 **경쟁업체 하나가 커피숍을 팔려고 막 내놓았어요. 매입할 생각이지만 계약상의 실수는 피하고 싶습니다.**

여 그럼요. 직원 중에 유능한 계약 전문 변호사들이 여럿 있어요. 이번 주에 저희 사무실에 들러 변호사 한 명과 면담하도록 시간을 정해 드릴게요.

남 좋습니다. 그런데 **온라인 회의가 가능할까요? 친척 결혼식 때문에 며칠 동안 샌디에이고로 가거든요.**

어휘 legal 법률의 competitor 경쟁업체 contract 계약(서) qualified 유능한 attorney 변호사 relative 친척

41

Why did the man call?

(A) To discuss an advertising strategy
(B) To inquire about a loan
(C) To request legal assistance
(D) To update contact information

남자가 전화한 이유는 무엇인가?

(A) 광고 전략을 논의하려고
(B) 대출을 문의하려고
(C) **법률적 도움을 요청하려고**
(D) 연락처 정보를 수정하려고

어휘 strategy 전략 loan 대출

해설 전체 내용 관련 - 남자가 전화한 이유

대화 초반부에서 남자가 회사에서 제공하는 법률 서비스에 관심이 있다 (I'm interested in the legal services your firm offers)고 했으므로 정답은 (C)이다.

> ▸▸ Paraphrasing 대화의 **legal services**
> → 정답의 **legal assistance**

42

What type of company is the man planning to purchase?

(A) An accounting firm
(B) A bookstore
(C) A travel agency
(D) A coffee shop

남자가 매수하려고 생각하는 회사 유형은 무엇인가?

(A) 회계법인
(B) 서점
(C) 여행사
(D) 커피숍

해설 세부사항 관련 - 남자가 매수하려는 회사의 유형

남자가 첫 번째 대사에서 경쟁업체 하나가 커피숍을 팔려고 내놓았다(one of my competitors just put his coffee shop up for sale)며, 매입할 생각이지만 계약상의 실수는 피하고 싶다(I'm planning to buy it, but I want to avoid any mistakes in the contract)고 했으므로 정답은 (D)이다.

43

Why does the man ask for an online meeting?

(A) He will be out of town.
(B) His car is not working.
(C) Business hours are inconvenient.
(D) A location is difficult to find.

남자가 온라인 회의를 요청한 이유는 무엇인가?

(A) 이 지역에 없을 것이다.
(B) 차가 고장이다.
(C) 영업시간이 불편하다.
(D) 위치를 찾기 어렵다.

어휘 inconvenient 불편한   location 위치, 장소

해설 세부사항 관련 - 남자가 온라인 회의를 요청한 이유

남자가 마지막 대사에서 온라인 회의가 가능할지 물으며, 친척 결혼식 때문에 며칠 동안 샌디에이고로 간다(I'll be away in San Diego the next few days for a relative's wedding)고 온라인 회의 요청 이유를 댔으므로 정답은 (A)이다.

> ▶ **Paraphrasing**   대화의 **away in San Diego**
> → 정답의 **out of town**

44-46 3인 대화

M-Au ⁴⁴**Mariko, Kenichi—welcome to your first day of work at Willow Hospital.** We're glad to have experienced nursing assistants like you join our staff. Today we'll go over hospital policies and procedures. Any questions before we start?

M-Cn I have one. After today, will we need identification badges to get into the building?

M-Au Yes. ⁴⁵**We'll be heading to the security center later today to get them.**

W-Br ⁴⁶**And is there a designated parking area for staff?**

M-Au Yes. Employees should use the West Parking Area only.

W-Br OK, thanks.

남1 **마리코, 켄이치—윌로우 병원에 첫 출근하신 것을 환영합니다.** 여러분 같은 숙련된 간호조무사를 직원으로 모시게 되어 기쁘네요. 오늘은 병원 방침과 절차를 살펴보겠습니다. 시작하기 전에 궁금한 것 있으세요?

남2 있습니다. 오늘 이후로 건물에 들어가려면 신분증이 필요하나요?

남1 예. **신분증 받으러 오늘 이따가 보안 센터에 갈 겁니다.**

여 **그리고 직원 지정 주차구역이 있나요?**

남1 예. 직원은 서쪽 주차구역만 사용해야 합니다.

여 그렇군요, 감사합니다.

어휘   experienced 숙련된, 노련한   nursing assistant 간호조무사   policy 방침, 정책   procedure 절차   identification 신분   head to ~로 가다   designated 지정된   employee 직원

44

Where are the speakers?

(A) At a hospital
(B) At a restaurant
(C) At a factory
(D) At a grocery store

화자들은 어디에 있는가?

(A) 병원
(B) 식당
(C) 공장
(D) 식료품점

해설 전체 내용 관련 - 대화 장소

대화 초반부에 남자가 마리코와 켄이치를 호명하며 병원으로 첫 출근을 환영한다(Mariko, Kenichi—welcome to your first day of work at Willow Hospital)고 말하는 것으로 보아 화자들이 있는 장소는 병원임을 알 수 있다. 따라서 정답은 (A)이다.

45

Where will the speakers go later that day?

(A) To a conference room
(B) To a warehouse
(C) To a security office
(D) To a fitness center

화자들은 이 날 나중에 어디로 갈 것인가?

(A) 회의실
(B) 물류 창고
(C) 경비실
(D) 헬스장

어휘 conference 회의   warehouse 창고

해설 세부사항 관련 - 화자들이 나중에 갈 장소

남자 1이 대화 중반부에서 오늘 이따 보안 센터에 갈 것(We'll be heading to the security center later today to get them)이라고 했으므로 정답은 (C)이다.

46

What does the woman ask about?

(A) What the safety procedures are
(B) When a work schedule will be posted
(C) How to operate a machine
(D) Where to park a vehicle

여자가 질문한 것은 무엇인가?

(A) 보안 절차
(B) 근무일정이 게시되는 시기
(C) 기계 작동법
(D) 주차 장소

어휘   vehicle 차량

해설   세부사항 관련 – 여자의 질문 사항

여자가 첫 번째 대사에서 직원 지정 주차구역이 있는지(And is there a designated parking area for staff?) 물었으므로 정답은 (D)이다.

47-49

W-Am	Juan, sorry to interrupt you, ^{47,49}**but there's something wrong with the electronic locks for Eun-Hee's office and the meeting room next to it.** Whenever you lock one of the rooms, the other one gets locked too.
M-Cn	Really? ⁴⁷**It should already be fixed.** ⁴⁹Eun-Hee told me about it last week, so ⁴⁸**I had one of my maintenance crew change the wiring over the weekend.**
W-Am	I was there this morning. Would you mind going to the meeting room now and taking a look?
여	후안, 방해해서 미안하지만 **은희 사무실과 옆 회의실의 전자식 잠금장치에 문제가 있어요.** 한 방을 잠글 때마다 다른 방도 잠기네요.
남	정말이요? **벌써 수리되었어야 하는데.** 은희가 지난주에 그 이야기를 해서 주말에 저희 관리부 직원 한 명에게 배선을 바꾸라고 했거든요.
여	제가 오늘 아침 거기 갔었어요. 지금 회의실에 가서 좀 봐 주실래요?
어휘	interrupt 방해하다 electronic lock 전자식 잠금장치 lock 잠그다 fix 수리하다 crew (함께 일하는) 팀, 조

47

What are the speakers discussing?

(A) Some broken locks
(B) Some missing equipment
(C) A department purchase
(D) A floor plan

화자들은 무엇에 관해 이야기하는가?

(A) 고장난 잠금장치
(B) 분실 장비
(C) 부서 구매품
(D) 평면도

어휘   equipment 장비   purchase 구매(품)   floor plan 평면도

해설   전체 내용 관련 – 대화의 주제

여자가 대화 초반부에서 회의실의 전자식 잠금장치에 문제가 있다 (but there's something wrong with the electronic locks for Eun-Hee's office and the meeting room next to it)고 한 말에 남자가 벌써 수리되었어야 한다(It should already be fixed)며 대화를 이어 나가고 있으므로 정답은 (A)이다.

48

Which department does the man most likely work in?

(A) Human Resources
(B) Legal
(C) Maintenance
(D) Sales

남자는 어느 부서에서 근무하겠는가?

(A) 인사부
(B) 법률부
(C) 관리부
(D) 영업부

해설   세부사항 관련 – 남자가 근무하는 부서

남자가 자신의 관리부 직원에게 배선을 바꾸라고 시켰다(I had one of my maintenance crew change the wiring over the weekend)고 했으므로 정답은 (C)이다.

49

What does the woman imply when she says, "I was there this morning"?

(A) A schedule will be revised.
(B) A problem was not resolved.
(C) An explanation is not necessary.
(D) An appointment ended early.

여자가 "제가 오늘 아침 거기 갔었어요"라고 말하는 의도는 무엇인가?

(A) 일정이 변경될 것이다.
(B) 문제가 해결되지 않았다.
(C) 설명이 필요 없다.
(D) 약속은 일찍 끝났다.

어휘 revise 변경하다 resolve 해결하다 explanation 설명
appointment 약속

해설 화자의 의도 파악 – 오늘 아침 거기 갔었다는 말의 의도

여자가 첫 번째 대사에서 회의실 잠금장치에 문제가 있다(there's something wrong with the electronic locks for Eun-Hee's office and the meeting room next to it)고 하자, 남자가 은희가 그 이야기를 해서 주말에 자신의 관리팀 직원에게 배선을 바꾸게 시켰다(Eun-Hee told me about it last week, so I had one of my maintenance crew change the wiring over the weekend)고 한 말에 대한 응답이므로 여전히 잠금장치에 문제가 있음을 알리기 위해 한 말임을 알 수 있다. 따라서 정답은 (B)이다.

50-52 3인 대화

W-Br	Hi, Laura. Did you hear the news? ⁵⁰**Our company ordered adjustable desks for all of the employees here.** This way we can work either standing or sitting.
W-Am	I'm happy to hear that. ⁵¹**I just read an article about adjustable desks. It said that standing at work is good for people's health.**
W-Br	That's right. ⁵¹**Standing more often is definitely good for your back.** I wonder when the new desks will be delivered.
W-Am	Let's ask Min-Soo. He's in Purchasing and he might know.
W-Br	Min-Soo—⁵²**Laura and I were wondering when the new standing desks will arrive?**
M-Cn	I was just looking at the delivery order. They should be here next week.

여1 안녕하세요, 로라. 소식 들으셨어요? **회사에서 여기 전 직원을 위해 높이조절 책상을 주문했어요.** 그러면 서서 근무할 수도 있고 앉아서 근무할 수도 있어요.

여2 반가운 소식이네요. **높이조절 책상에 관한 기사를 방금 읽었어요. 서서 일하면 건강에 좋다는 군요.**

여1 맞아요. **자주 일어서면 확실히 허리에 좋아요.** 새 책상이 언제 배송될지 궁금하네요.

여 2 민수에게 물어봐요. 구매부니까 알고 있을 거예요.

여 1 민수—**로라와 전 새 스탠딩 책상이 언제 도착할지 궁금해요.**

남 방금 배송 주문을 보고 있었어요. 다음 주면 도착할 겁니다.

어휘 adjustable 조절할 수 있는 article 기사 definitely 확실히 deliver 배송하다

50
What did a company recently do?
(A) It hired a new executive.
(B) It renewed a contract.
(C) It expanded its cafeteria menu.
(D) It ordered new furniture.

회사가 최근 한 일은 무엇인가?
(A) 새 임원을 채용했다.
(B) 계약을 갱신했다.
(C) 구내식당 메뉴를 늘렸다.
(D) 새 가구를 주문했다.

어휘 executive 임원, 경영자 renew 갱신하다 expand 늘리다

해설 세부사항 관련 – 회사가 최근 한 일

여자 1이 첫 번째 대사에서 회사에서 높이조절 책상을 주문했다(Our company ordered adjustable desks for all of the employees here)고 했으므로 정답은 (D)이다.

> ▸▸ Paraphrasing 대화의 **adjustable desks**
> → 정답의 **new furniture**

51
According to the women, what is the benefit of a change?
(A) It will be good for employee health.
(B) It will lead to staff promotions.
(C) It will lower production costs.
(D) It will enlarge some office space.

여자들에 의하면, 변화의 장점은 무엇인가?
(A) 직원 건강에 좋을 것이다.
(B) 직원 승진으로 이어질 것이다.
(C) 생산비가 낮아질 것이다.
(D) 사무 공간이 확장될 것이다.

어휘 promotion 승진 enlarge 확장하다

해설 세부사항 관련 – 변화의 장점

여자 1의 대사에서 높이조절 책상을 사용하면 서서 근무할 수도 있는 환경으로 변화할 것임을 알 수 있다. 여자 2가 서서 일하면 건강에 좋다는 기사를 읽었다(I just read an article ～ It said that standing at work is good for people's health)고 했고 여자 1이 자주 일어서면 허리에 좋다(Standing more often is definitely good for your back)며 동의했다. 따라서 변화가 직원 건강에 좋을 것임을 알 수 있으므로 정답은 (A)이다.

52
What do the women ask the man about?
(A) A budget
(B) A delivery date
(C) A seminar
(D) An upcoming holiday

여자들이 남자에게 물어본 것은 무엇인가?
(A) 예산
(B) 배송일
(C) 세미나
(D) 다가오는 휴일

어휘 upcoming 다가오는, 곧 있을

해설 세부사항 관련 – 여자들이 남자에게 물어본 것

여자 1이 세 번째 대사에서 남자에게 로라와 자신은 책상이 언제 도착할지 궁금하다(Laura and I were wondering when the new standing desks will arrive?)고 했으므로 정답은 (B)이다.

> ➤➤ **Paraphrasing** 대화의 when the new standing desks will arrive → 정답의 delivery date

53-55

W-Am	Jian, 53**I was on a conference call and missed the meeting earlier today. Could you tell me what I missed?**
M-Cn	Sure. 54**There was an announcement about an upcoming software update. The software that we use to track orders from packaging to shipping will change considerably after next month.**
W-Am	That's soon! I wish I had been there to hear the information.
M-Cn	55**I have a copy of the presentation slides they showed at the meeting. I'll e-mail them to you.**
여	지안, 전화 회의 하느라 아까 오늘 회의에 빠졌어요. 제가 놓친 게 뭔지 알려 주실래요?
남	그럼요. 곧 있을 소프트웨어 업데이트에 관해 발표했어요. 포장에서 배송까지 주문을 추적할 때 쓰는 소프트웨어가 다음 달 이후에 많이 바뀐대요.
여	얼마 안 남았네요! 참석해서 정보를 들었더라면 좋았을 텐데.
남	회의에서 보여 준 발표 슬라이드가 제게 있어요. 이메일로 보내 드릴게요.

어휘	announcement 발표 track 추적하다 considerably 현저하게

53

What information does the woman ask the man for?
(A) Who is scheduled to work
(B) Why a job candidate was not hired
(C) What topic was discussed at a meeting
(D) When a shipment will arrive

여자가 남자에게 요청한 정보는 무엇인가?
(A) 근무 예정자
(B) 구직자가 채용되지 않은 이유
(C) **회의에서 논의된 주제**
(D) 배송품이 도착하는 시기

어휘 job candidate 구직자

해설 세부사항 관련 – 여자가 요청한 정보
대화 초반부에 여자가 전화 회의 때문에 오늘 회의에 빠졌다(I was on a conference call and missed the meeting earlier today)며 남자에게 자신이 놓친 것을 알려 줄 수 있는지(Could you tell me what I missed?)를 물었으므로 정답은 (C)이다.

54

What will happen next month?
(A) A software update will be released.
(B) A newsletter will be published.
(C) Salary increases will take effect.
(D) Some construction will begin.

다음 달에 있을 일은 무엇인가?
(A) **소프트웨어 업데이트가 공개된다.**
(B) 소식지가 발행된다.
(C) 임금 인상이 시행된다.
(D) 공사가 시작된다.

어휘 release 공개하다 publish 발행하다 take effect 시행되다

해설 세부사항 관련 – 다음 달에 있을 일
남자가 첫 번째 대사에서 곧 있을 소프트웨어 업데이트에 관해 발표했다(There was an announcement about an upcoming software update)며 주문 추적에 사용되는 소프트웨어가 다음 달 이후에 많이 바뀐다(The software that we use to track orders ~ change considerably after next month)고 했으므로 정답은 (A)이다.

55

What will the man e-mail to the woman?
(A) A spreadsheet of pay scales
(B) A signed contract
(C) Some designs for a brochure
(D) Some slides from a presentation

남자가 여자에게 이메일로 보낼 것은 무엇인가?
(A) 급여표 스프레드시트
(B) 체결된 계약서
(C) 소책자 디자인
(D) **발표 슬라이드**

어휘 brochure 소책자, 브로슈어

해설 세부사항 관련 – 남자가 이메일로 보낼 것
남자가 마지막 대사에서 회의에서 보여 준 발표 슬라이드가 있다(I have a copy of the presentation slides they showed at the meeting)며 이메일로 보내 주겠다(I'll e-mail them to you)고 했으므로 정답은 (D)이다.

> ➤➤ **Paraphrasing** 대화의 presentation slides
> → 정답의 Some slides from a presentation

56-58

M-Au	Indira, 56**do you have the sales figures from all our stores? Our meeting with Lian is in half an hour.**
W-Am	It's not on Thursday?
M-Au	Lian sent a new meeting request late last night. She had to change our meeting because she's going out of town.

W-Am Oh no! I don't have our sales information ready yet. 57**I've been having problems with my computer all morning, so technical support is looking at it now. I can't access the data.**

M-Au Hmm—well, 58**I'll ask Lian if we can meet when she comes back.**

남 인디라, 전체 매장의 판매 수치를 갖고 있나요? 30분 후에 리안과 회의를 해요.

여 목요일이 아니잖아요?

남 어젯밤 늦게 리안이 새로 회의 요청을 보냈어요. 그녀가 출장을 가기 때문에 우리 회의를 변경해야 했어요.

여 저런! 아직 매출 정보를 준비 못했는데. 오전 내내 컴퓨터가 말썽을 부려서 기술지원팀이 지금 컴퓨터를 살펴보고 있어요. 자료에 접근할 수가 없어요.

남 흠—리안이 출장에서 돌아왔을 때 만나는 것이 어떤지 물어볼게요.

어휘 sales figure 판매 수치 access 접근하다

56

Why does the woman say, "It's not on Thursday"?

(A) To indicate relief
(B) To request an extension
(C) To confirm availability
(D) To express surprise

여자가 "목요일이 아니잖아요?"라고 말하는 이유는 무엇인가?

(A) 안도감을 드러내려고
(B) 연장을 요청하려고
(C) 시간이 있는지 확인하려고
(D) 놀라움을 표현하려고

어휘 relief 안도, 안심 extension 연장, 확대 availability 시간이 있음

해설 화자의 의도 파악 – 목요일이 아니지 않냐고 물은 이유

남자가 첫 번째 대사에서 여자에게 판매 수치를 갖고 있는지(do you have the sales figures from all our stores?) 물으며 리안과 회의가 30분 후(Our meeting with Lian is in half an hour)라고 한 말에 목요일이 아니지 않냐고 물은 의도는 목요일로 알고 있었던 회의가 30분 후라는 말에 놀라움을 표현하기 위한 것으로 볼 수 있다. 따라서 정답은 (D)이다.

57

What problem does the woman mention?

(A) She cannot access some data.
(B) She did not receive a travel reimbursement.
(C) A client is unavailable.
(D) Transportation is unreliable.

여자가 언급하는 문제점은 무엇인가?

(A) 자료에 접근할 수 없다.
(B) 출장비를 환급 받지 못했다.
(C) 고객이 시간이 없다.
(D) 교통 수단을 신뢰할 수 없다.

어휘 reimbursement 환급 unavailable (사람이) 시간이 없는 unreliable 신뢰할 수 없는

해설 세부사항 관련 – 여자가 언급하는 문제점

여자가 두 번째 대사에서 컴퓨터가 말썽을 부려서 기술지원팀이 살펴보고 있다(I've been having problems with my computer all morning, so technical support is looking at it now)면서, 자료에 접근할 수 없다(I can't access the data)고 했으므로 정답은 (A)이다.

58

What does the man say he will do?

(A) Check a reservation
(B) Contact a coworker
(C) Print out a form
(D) Review a document

남자는 무엇을 하겠다고 말하는가?

(A) 예약 점검
(B) 동료에게 연락
(C) 양식 출력
(D) 서류 검토

어휘 reservation 예약 coworker 동료

해설 세부사항 관련 – 남자의 제안 사항

마지막 대사에서 남자가 리안이 출장에서 돌아왔을 때 만나는 것이 어떤지 물어보겠다(I'll ask Lian if we can meet when she comes back)고 했으므로 정답은 (B)이다.

> ➤ Paraphrasing 대화의 I'll ask Lian
> → 정답의 Contact a coworker

59-61

M-Cn Congratulations on your new position as video director! I was surprised to hear about that position. 59**Since we're an art supply store, I didn't realize we needed a video director.**

W-Br Thanks. I know; it's a bit of an unusual position, isn't it? But with Internet shopping becoming more popular, stores really need to have a large Internet presence. 60**I'll be in charge of creating how-to videos that'll be posted online.**

M-Cn That makes sense. And it sounds very interesting! What's your current project?

W-Br Well, we've just filmed the first video on how to make your own beaded necklace. It's on our Web site. Actually... 61**could you tell me what you think of it?**

남 영상 책임자로 부임하신 거 축하해요! 저는 그 자리에 대해 듣고 놀랐어요. **여긴 미술용품 매장인데 영상 책임자가 필요한지는 몰랐어요.**

여 고마워요. 알아요, 좀 특이한 자리긴 하죠? 하지만 인터넷 쇼핑이 점점 대중화되면서 인터넷에서 매장의 영향력이 커야 해요. **저는 온라인에 올릴 사용법 영상 제작을 맡게 됩니다.**

남 일리 있어요. 게다가 아주 흥미롭네요! 지금 하시는 프로젝트는 뭔가요?

여 나만의 구슬 목걸이 만드는 법 첫 번째 영상을 막 촬영했어요. 우리 웹사이트에 있어요. 실은… **어떤지 이야기해 주시겠어요?**

어휘	unusual 특이한 presence 영향력, 존재감 in charge of ~을 맡는 current 현재의 beaded 구슬로 만든 necklace 목걸이

59

Where do the speakers work?

(A) At an art supply store

(B) At a movie theater

(C) At a technology company

(D) At a jewelry store

화자들은 어디에서 일하는가?

(A) 미술용품점

(B) 영화관

(C) 기술 회사

(D) 귀금속 매장

해설 전체 내용 관련 – 화자들의 근무지

대화 초반부에 남자가 여긴 미술용품 매장인데 영상 책임자가 필요한지는 몰랐다(Since we're an art supply store, I didn't realize we needed a video director)고 했으므로 정답은 (A)이다.

60

What is the woman's main responsibility?

(A) Creating inventory lists

(B) Recruiting temporary help

(C) Making online videos

(D) Installing equipment

여자의 주된 임무는 무엇인가?

(A) 재고목록 작성

(B) 임시직 채용

(C) 온라인 영상 제작

(D) 장비 설치

어휘 responsibility 임무, 책무 inventory 재고 recruit 모집하다 temporary 임시의 install 설치하다

해설 세부사항 관련 – 여자의 주된 임무

여자가 첫 번째 대사에서 자신은 온라인에 올릴 사용법 영상 제작을 맡게 된다(I'll be in charge of creating how-to videos that'll be posted online)고 했으므로 정답은 (C)이다.

> ⇢ Paraphrasing 대화의 **creating how-to videos that'll be posted online**
> → 정답의 **Making online videos**

61

What does the woman ask the man to do?

(A) Edit a report

(B) Give some feedback

(C) Upload some pictures

(D) Open an account

여자가 남자에게 요청한 일은 무엇인가?

(A) 보고서 편집하기

(B) 의견 주기

(C) 사진 올리기

(D) 계정 개설하기

해설 세부사항 관련 – 여자의 요청 사항

여자가 마지막 대사에서 구슬 목걸이 만드는 법 영상을 촬영했다며 어떤지 이야기해 달라(could you tell me what you think of it?)고 요청했으므로 정답은 (B)이다.

> ⇢ Paraphrasing 대화의 **tell me what you think of it**
> → 정답의 **Give some feedback**

62-64 대화 + 지도

W-Am	Excuse me. Do you work here at the mall?
M-Cn	Yes, I'm a security guard here. How can I help you?
W-Am	Well, **62I'm looking for the shoe store. I need to return a pair of shoes I bought online.**
M-Cn	Sure. Let's look at the mall directory. OK, **63we're here, next to The Blue Hut. Just go straight past the fountain. The shoe store is right across from the food court.**
W-Am	OK. Thank you.
M-Cn	Also, **64the mall is closing in about twenty minutes, so just be mindful of the time.**
W-Am	I will. Thanks for the reminder.

여 실례합니다. 여기 몰에서 일하시나요?

남 예, 여기 경비원입니다. 무엇을 도와 드릴까요?

여 **신발 매장을 찾고 있어요. 온라인으로 산 신발을 반품해야 해요.**

남 좋습니다. 몰 안내판을 봅시다. 아, **우리가 있는 곳이 여기, 블루 헛 옆입니다. 쭉 가다가 분수를 지나세요. 푸드코트 바로 건너편이 신발 매장입니다.**

여 그렇군요. 감사합니다.

남 그리고 **약 20분 후면 몰이 문을 닫으니 시간에 유념하세요.**

여 그렇게요. 일러 주셔서 감사해요.

어휘	security guard 경비원 directory 안내판 fountain 분수 mindful 유념하는 reminder 환기 시키는 것

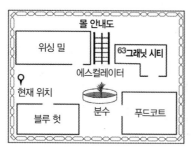

shoe store is right across from the food court)이라고 여자가 갈 장소 안내를 하고 있다. 시각 정보를 보면 분수를 지나 푸드코트 바로 건너편은 그래닛 시티이므로 정답은 (B)이다.

62

What does the woman want to do?

(A) Have an item repaired

(B) Return a product

(C) Eat a meal

(D) Apply for a job

여자가 하려는 일은 무엇인가?

(A) 물품 수리 받기

(B) 제품 반품하기

(C) 식사하기

(D) 일자리에 지원하기

해설 세부내용 관련 – 여자의 계획

여자가 두 번째 대사에서 신발 매장을 찾고 있다(I'm looking for the shoe store)며 온라인으로 산 신발을 반품해야 한다(I need to return a pair of shoes I bought online)고 했으므로 정답은 (B)이다.

> ▸▸ Paraphrasing　대화의 a pair of shoes → 정답의 a product

63

Look at the graphic. Where will the woman most likely go next?

(A) The Wishing Mill

(B) Granite City

(C) Food Court

(D) The Blue Hut

시각 정보에 의하면, 여자는 다음에 어디로 가겠는가?

(A) 위싱 밀

(B) 그래닛 시티

(C) 푸드코트

(D) 블루 헛

해설 시각 정보 연계 – 여자가 다음에 갈 장소

대화 중반부에서 남자가 자신들이 있는 곳이 여기 블루 헛 옆(we're here, next to The Blue Hut)이라면서 쭉 가다가, 분수를 지나 푸드코트 바로 건너편이 신발 매장(Just go straight past the fountain. The

64

What does the man remind the woman about?

(A) A discount has ended.

(B) An escalator is not working.

(C) A restaurant has limited seating.

(D) A mall is closing soon.

남자는 여자에게 무엇을 환기시키는가?

(A) 할인이 끝났다.

(B) 에스컬레이터가 작동하지 않는다.

(C) 식당에 자리가 부족하다.

(D) 몰이 곧 문을 닫는다.

해설 세부사항 관련 – 남자가 환기시키는 것

남자가 세 번째 대사에서 약 20분 후에 문을 닫으니 시간에 유념하라(the mall is closing in about twenty minutes, so just be mindful of the time)고 했으므로 정답은 (D)이다.

> ▸▸ Paraphrasing　대화의 in about twenty minutes
> → 정답의 soon

65-67 대화 + 안내판

M-Au	Good morning, **65welcome to the Grafton Art Museum.** How can I help you?
W-Br	I'll take one regular ticket, please. I'm here in the city on a business trip. I thought **66I'd stop by before my meetings to see your portrait collection.**
M-Au	OK—**66that'll be five dollars.**
W-Br	Hmm... I thought it would be more... Oh, I see.
M-Au	Right. And if you're interested, **67we have a guest speaker talking about art restoration in the auditorium.** It's just about to start.
W-Br	Great, **67I'll go there now.** Where's the auditorium?
M-Au	It's just at the end of this hallway.
남	안녕하세요, **그래프턴 미술관에 오신 것을 환영합니다.** 무엇을 도와 드릴까요?
여	일반 표 한 장 주세요. 저는 출장차 이 도시에 왔는데요. **회의 전에 들러서 초상화 전시회를 봤으면 했어요.**
남	알겠습니다—**5달러입니다.**
여	흠… 더 비싼 줄 알았는데… 아, 알겠어요.
남	맞아요. 그리고 관심 있으시면 **강당에서 초청연사가 미술품 복원에 대해 이야기합니다.** 금방 시작해요.

여　좋아요, **지금 거기로 갈게요.** 강당이 어디죠?

남　바로 이 복도 끝입니다.

어휘　portrait 초상화　collection 전시회, 소장품
restoration 복원　auditorium 강당

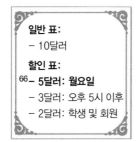

65

Where does the conversation take place?

(A) At a concert hall

(B) At a museum

(C) At a sports stadium

(D) At a movie theater

대화는 어디에서 이루어지는가?

(A) 콘서트장

(B) 미술관

(C) 스포츠 경기장

(D) 영화관

해설　전체 내용 관련 – 대화 장소

대화 초반부에서 남자가 그래프턴 미술관에 온 것을 환영한다(welcome to the Grafton Art Museum)고 했으므로 정답은 (B)이다.

66

Look at the graphic. Why is the woman's ticket discounted?

(A) It is a Monday.

(B) It is after 5 P.M.

(C) She is a student.

(D) She is a member.

시각 정보에 의하면, 여자의 표가 할인된 이유는 무엇인가?

(A) 월요일이다.

(B) 5시 이후다.

(C) 여자가 학생이다.

(D) 여자가 회원이다.

해설　시각 정보 연계 – 여자의 표가 할인된 이유

여자가 첫 번째 대사에서 회의 전에 초상화 전시회를 봤으면 한다(I'd stop by before my meetings to see your portrait collection)고 한 말에 남자가 5달러(that'll be five dollars)라고 전시회 입장료를 알려 주고 있다. 시각 정보를 보면 5달러 할인 표는 월요일에 구매할 수 있으므로 정답은 (A)이다.

67

What will the woman most likely do next?

(A) Select a meeting time

(B) Eat at a café

(C) Go on a tour

(D) Attend a lecture

여자는 다음에 무엇을 하겠는가?

(A) 회의 시간 선정

(B) 카페에서 식사하기

(C) 여행 가기

(D) 강연 듣기

해설　세부사항 관련 – 여자가 다음에 할 행동

남자가 세 번째 대사에서 강당에서 초청연사가 미술품 복원에 대해 이야기한다(we have a guest speaker talking about art restoration in the auditorium)고 했고 뒤이어 여자가 지금 거기로 가겠다(I'll go there now)고 했으므로 여자가 강연을 들으러 갈 것임을 예상할 수 있다. 따라서 정답은 (D)이다.

▸▸ Paraphrasing　대화의 **go there** → 정답의 **Attend a lecture**

68-70　대화 + 업무 흐름도

M-Cn　Lena, do you have a minute? **⁶⁸Remember how we discussed creating an e-learning course for the new real estate software?**

W-Br　Yes, **⁶⁸that way our real estate agents will learn how to use it quickly.**

M-Cn　So, I found a company that can actually design the course for us—here's their design process.

W-Br　OK, but how can we be sure it'll be exactly what we're looking for?

M-Cn　**⁶⁹They won't charge us any money until we've approved the prototype version.** I can show you more if you have time.

W-Br　I'd like that. But not now. **⁷⁰I have to finalize the sale of that commercial property on Pine Street in ten minutes.**

남　리나, 잠깐 시간 되세요? **신규 부동산 소프트웨어를 위한 전자학습 강의를 어떻게 만들지 논의한 것 기억하시죠?**

여　예, 그러면 부동산 중개인들이 소프트웨어 사용법을 빨리 익히겠죠.

남　그래서 제가 실제로 우리를 위해 강의를 설계해 줄 회사를 찾았어요—이건 설계 과정이에요.

여　좋아요, 그런데 정확히 우리가 찾는 것일지 어떻게 확신하죠?

남　**우리가 시제품 버전을 승인하기 전에는 어떤 비용도 청구하지 않을 겁니다.** 시간 있으시면 더 보여 드릴게요.

여　보고 싶지만 지금은 곤란해요. **10분 안에 파인 가에 있는 상업용 부동산 매매를 마무리해야 해요.**

어휘 real estate 부동산 charge 청구하다 approve 승인하다 prototype 시제품 finalize 마무리하다 commercial 상업의 property 부동, 재산

Design Process

```
Step 1:          →   Step 2:
Analyze              Create a
Customer Needs       Prototype
                         │
                         ↓
⁶⁹ Step 3:       →   Step 4:
Obtain Client        Deliver Materials
Approval             to Client
```

설계 과정

```
1단계:           →   2단계:
고객 요구 분석         시제품 제작
                         │
                         ↓
⁶⁹3단계:         →   4단계:
고객 승인 받기         고객에 자료 배송
```

68

What is the main topic of the conversation?

(A) Training materials
(B) Banking hours
(C) Job descriptions
(D) Customer complaints

대화의 주제는 무엇인가?

(A) 교육 자료
(B) 은행 영업 시간
(C) 직무 기술서
(D) 고객 불만

어휘 description 기술, 설명

해설 전체 내용 관련 – 대화의 주제

대화 초반부에 남자가 신규 부동산 소프트웨어를 위한 전자학습 강의를 어떻게 만들지 논의한 것을 기억하는지(Remember how we discussed creating an e-learning course for the new real estate software?) 물었고, 뒤이어 여자도 그러면 부동산 중개인들이 소프트웨어 사용법을 빨리 익힐 것이다(that way our real estate agents will learn how to use it quickly)라며 부동산 중개인들을 위한 소프트웨어에 대해 대화를 이어가고 있으므로 정답은 (A)이다.

›› Paraphrasing 대화의 e-learning course
→ 정답의 Training materials

69

Look at the graphic. When will the speakers need to make a payment?

(A) After Step 1
(B) After Step 2
(C) After Step 3
(D) After Step 4

시각 정보에 의하면, 화자들은 언제 대금을 지불해야 하는가?

(A) 1단계 후
(B) 2단계 후
(C) 3단계 후
(D) 4단계 후

해설 시각 정보 연계 – 화자들이 대금을 지불하는 시기

남자가 세 번째 대사에서 시제품 버전을 승인하기 전에는 어떤 비용도 청구하지 않을 것(They won't charge us any money until we've approved the prototype version)이라고 했는데, 시각 정보를 보면 고객 승인을 받는 것은 3단계이다. 따라서 정답은 (C)이다.

70

What does the woman say she has been busy doing?

(A) Interviewing candidates
(B) Moving her office
(C) Renovating a house
(D) Finalizing a sale

여자는 무엇 때문에 바쁘다고 말하는가?

(A) 지원자 면접
(B) 사무실 이전
(C) 집 수리
(D) 매매 마무리

해설 세부사항 관련 – 여자가 바쁜 이유

여자가 마지막 대사에서 10분 안에 파인 가에 있는 상업용 부동산 매매를 마무리해야 한다(I have to finalize the sale of that commercial property on Pine Street in ten minutes)며 바쁜 이유를 설명하고 있으므로 정답은 (D)이다.

PART 4

71-73 공지

M-Au Hi, everyone. **⁷¹I'm Stephen Anderson, the head of maintenance here at Kelson Pharmaceuticals.** Yesterday evening, a pipe in the lobby broke, causing some flooding and water damage to the floor. **⁷²Starting today, we'll have some workers here fixing the pipes and replacing the flooring.** They may need to turn off the water during the repairs— but only for a few minutes at a time. **⁷³We have bottled water on hand for**

anyone who needs it. The bottles will be available near the water fountains.

모두 안녕하세요. **저는 이곳 켈슨 제약 관리부장 스티븐 앤더슨입니다.** 어제 저녁 로비 파이프가 파손돼 물이 넘치고 바닥이 수해를 입었습니다. **오늘부터 여기 작업자 몇 사람이 파이프를 수리하고 마루를 교체할 예정입니다.** 수리하는 동안 수도를 잠가야 할 수도 있습니다—하지만 한 번에 몇 분만입니다. **필요하신 분을 위해 생수를 가까이에 두었습니다.** 생수는 분수식 식수대 근처에서 이용하실 수 있습니다.

어휘	maintenance 정비 flooding 홍수 fix 수리하다
	replace 교체하다 repair 수리 on hand 가까이에
	available 이용할 수 있는 water fountain 분수식
	식수대

71

Which department does the speaker work in?

(A) Sales
(B) Human Resources
(C) Maintenance
(D) Technical Support

화자는 어느 부서에서 일하는가?
(A) 영업부
(B) 인사부
(C) 관리부
(D) 기술지원부

해설 전체 내용 관련 – 화자가 근무하는 부서

지문 초반부에서 화자가 본인이 이곳 켈슨 제약 관리부장 스티븐 앤더슨(I'm Stephen Anderson, the head of maintenance here at Kelson Pharmaceuticals)이라고 밝혔으므로 정답은 (C)이다.

72

According to the speaker, what will begin today?

(A) Some salary increases
(B) Some building repairs
(C) A landscaping improvement
(D) A departmental audit

화자에 의하면, 오늘 시작되는 것은 무엇인가?
(A) 급여 인상
(B) 건물 수리
(C) 조경 개선
(D) 부서 회계 감사

어휘 audit 회계 감사

해설 세부사항 관련 – 오늘 시작되는 것

지문 중반부에서 화자가 오늘부터 작업자가 여기 파이프를 수리하고 마루를 교체할 예정(Starting today, we'll have some workers here fixing the pipes and replacing the flooring)이라고 했으므로 정답은 (B)이다.

▸▸ Paraphrasing	담화의 fixing the pipes and replacing the flooring → 정답의 Some building repairs

---

73

What does the speaker say will be available to employees?

(A) A shuttle ride
(B) Some meal vouchers
(C) Bottled water
(D) A mentoring program

화자가 직원들이 이용할 수 있다고 말한 것은 무엇인가?
(A) 셔틀 타기
(B) 식권
(C) 생수
(D) 멘토링 프로그램

어휘 voucher 쿠폰

해설 세부사항 관련 – 직원들이 이용할 수 있는 것

지문 후반부에서 필요한 사람들을 위해 생수를 가까이에 두었다(We have bottled water on hand for anyone who needs it)고 전하고 있으므로 정답은 (C)이다.

74-76 소개

W-Am **74Welcome to Green Speed Flight School.** My name is Judy Overby, and I'll be leading you on today's tour for prospective students. To begin, thank you for considering enrolling in our program. **75We're proud to be one of the oldest flight schools in the country.** Throughout our many years in business, our school has maintained a reputation of producing top pilots. Now, **76let's go to the auditorium, where you'll see a brief informational video.** The film includes interviews with some of our current instructors and students, so I'm sure you'll find it helpful.

그린 스피드 비행 학교에 오신 것을 환영합니다. 제 이름은 주디 오버비입니다. 오늘 여러분을 모시고 예비 학생들을 위한 견학을 인도하겠습니다. 우선, 저희 프로그램에 등록을 고려해 주셔서 감사합니다. **저희는 전국에서 가장 오래된 비행 학교로 손꼽히는 것에 자부심을 가지고 있습니다.** 우리 학교는 오랫동안 최고의 파일럿을 배출한다는 명성을 유지해 왔습니다. 자, 이제 **강당으로 가서 간략한 정보 영상을 보시겠습니다.** 이 영상에는 현재 강사들 및 학생들의 인터뷰가 포함되어 있어, 분명 도움이 될 것입니다.

어휘 prospective 예비의, 장래의 enroll 등록하다 maintain 유지하다 reputation 명성 auditorium 강당 instructor 강사 helpful 도움이 되는

74

Where is the talk taking place?

(A) At a talent agency
(B) At a history museum
(C) At a flight school
(D) At a movie theater

담화는 어디에서 이루어지고 있는가?
(A) 연예기획사
(B) 역사 박물관
(C) 비행 학교
(D) 영화관

해설 전체 내용 관련 – 담화 장소
지문 초반부에서 그린 스피드 비행 학교에 온 것을 환영한다(Welcome to Green Speed Flight School)고 했으므로 정답은 (C)이다.

75

What does the speaker emphasize about a business?

(A) It has a long history.
(B) It is easy to find.
(C) It is reasonably priced.
(D) It has extended hours.

화자가 업체에 관해 강조한 것은 무엇인가?
(A) 오랜 역사를 갖고 있다.
(B) 찾기 쉽다.
(C) 가격이 적당하다.
(D) 연장 시간이 있다.

어휘 reasonably 적당하게   extended 늘어난

해설 세부사항 관련 – 화자가 업체에 관해 강조한 것
지문 중반부에서 가장 오래된 비행 학교인 점에 자부심을 가지고 있다(We're proud to be one of the oldest flight schools in the country)고 했으므로 정답은 (A)이다.

76

What will the listeners do next?

(A) Get on an airplane
(B) Have some refreshments
(C) Purchase a ticket
(D) Watch a film

청자들은 다음에 무엇을 할 것인가?
(A) 비행기에 탄다.
(B) 다과를 먹는다.
(C) 표를 구입한다.
(D) 영상을 본다.

해설 세부사항 관련 – 청자들이 다음에 할 행동
지문 후반부에서 강당으로 가서 간략한 정보 영상을 보겠다(let's go to the auditorium, where you'll see a brief informational video)고 했으므로 정답은 (D)이다.

▸▸ Paraphrasing 담화의 **see a brief informational video**
→ 정답의 **Watch a film**

77-79 면접 발췌

M-Cn Good morning, Ms. Rowe. **77Thank you for coming in for this interview to be an assistant chef at our restaurant.** In reviewing your résumé, I noticed that you were a chef at The Lamplight Restaurant for two years. That restaurant has always gotten great reviews. **78I'm interested in hearing about your role in developing the menu there.** I know their menu focused on using local, organic ingredients, which we'd like to do here. And, **79after the interview, I'll show you around the kitchen and dining area.**

안녕하세요, 로우 씨. **우리 식당의 보조 요리사가 되기 위한 면접에 응해 주셔서 감사합니다.** 이력서를 검토해 보니 2년 동안 램프라이트 레스토랑에서 요리사로 일하셨네요. 그 식당은 항상 좋은 평가를 받고 있죠. **그곳에서 메뉴 개발에 어떤 역할을 하셨는지 듣고 싶습니다.** 그곳 메뉴는 지역 유기농 재료를 사용하는 데 주력한다고 하는데 우리도 여기서 그렇게 하고 싶거든요. 그리고 **면접이 끝나면 주방과 식당을 보여 드릴게요.**

어휘 local 지역의   organic ingredient 유기농 재료[성분]

77

What position is the listener interviewing for?

(A) A travel agent
(B) A journalist
(C) A restaurant chef
(D) A farm manager

청자는 어떤 직위를 위해 면접을 보고 있는가?
(A) 여행사 직원
(B) 기자
(C) 식당 요리사
(D) 농장 관리자

해설 전체 내용 관련 – 청자가 면접을 보는 직위
지문 초반부에서 청자에게 우리 식당의 보조 요리사가 되기 위한 면접에 응해 주어서 감사하다(Thank you for coming in for this interview to be an assistant chef at our restaurant)고 했으므로 정답은 (C)이다.

78

What does the speaker say he wants to hear about?

(A) A menu selection
(B) A reservation system
(C) A gardening technique
(D) An advertising plan

화자는 무엇에 대해 듣고 싶다고 말하는가?
(A) 메뉴 선정
(B) 예약 시스템
(C) 원예 기법
(D) 광고 기획

해설 세부사항 관련 - 화자가 듣고 싶어 하는 것

지문 중반부에서 화자가 메뉴 개발에 청자가 어떤 역할을 했는지 듣고 싶다(I'm interested in hearing about your role in developing the menu there)고 했으므로 정답은 (A)이다.

79

What does the speaker say he will do after the interview?

(A) Introduce a colleague
(B) Contact a reference
(C) Sample some products
(D) Give a tour

화자는 면접 후 무엇을 하겠다고 말하는가?
(A) 동료 소개
(B) 추천인에게 연락
(C) 일부 제품 시식
(D) 견학 제공

어휘 reference 추천인, 신원보증인 sample 시식[시음]하다

해설 세부사항 관련 - 화자의 면접 후 계획

지문 끝에 면접이 끝나면, 주방과 식당을 보여 주겠다(after the interview, I'll show you around the kitchen and dining area)고 했으므로 정답은 (D)이다.

> ▸▸ Paraphrasing 담화의 **show you around the kitchen and dining area** → 정답의 **Give a tour**

80-82 뉴스 보도

W-Br **80Today's top local news story is the annual holiday festival in the Pennington city center area from one to four P.M. this afternoon.** There will be arts and crafts vendors, food stalls, musical performances, and many more fun activities. **81For detailed information about the schedule of events, including musical performances, please visit the city's Web site at www.penningtoncity.org.** **82We expect a lot of visitors today, so car traffic in town will be congested. If you're traveling to the city center,** there are several bus lines.

오늘 지역 톱뉴스는 오늘 오후 1시부터 4시까지 페닝턴 도심 일대에서 열리는 연례 명절 축제입니다. 미술 공예품 판매상, 음식 가판대, 음악 공연, 그리고 더 많은 재미있는 활동들이 펼쳐집니다. 음악 공연을 포함한 행사 일정에 대한 자세한 정보를 원하시면 시 웹사이트 www.penningtoncity.org를 방문하세요. 오늘은 방문객이 많을 것으로 예상되므로, 시내 교통이 막힐 것입니다. 도심으로 가신다면 버스 노선이 다수 있습니다.

어휘 annual 연례의 craft 공예품 stall 가판대 congested 혼잡한, 밀집한

80

What is the report mainly about?

(A) A local election
(B) A city festival
(C) A construction project
(D) A sports competition

보도의 주제는 무엇인가?
(A) 지역 선거
(B) 시 축제
(C) 건설 공사
(D) 스포츠 대회

어휘 election 선거 competition 대회, 시합

해설 전체 내용 관련 - 보도의 주제

지문 초반부에서 오늘 지역 톱뉴스는 오후 1시부터 4시까지 페닝턴 도심 일대에서 열리는 연례 명절 축제(Today's top local news story is the annual holiday festival in the Pennington city center area from one to four P.M. this afternoon)라고 했으므로 정답은 (B)이다.

> ▸▸ Paraphrasing 담화의 **festival in the Pennington city center area** → 정답의 **city festival**

81

According to the speaker, what can the listeners find on a Web site?

(A) A schedule of events
(B) An updated road map
(C) Tourist attractions
(D) Voting locations

화자에 의하면, 청자들이 웹사이트에서 볼 수 있는 것은 무엇인가?
(A) 행사 일정
(B) 최신 도로 지도
(C) 관광 명소
(D) 투표 장소

해설 세부사항 관련 - 웹사이트에서 볼 수 있는 것

지문 중반부에서 음악 공연을 포함한 행사 일정 관련 상세 정보를 원하면 시 웹사이트를 방문하라(For detailed information about the schedule of events, including musical performances, please visit the city's Web site at www.penningtoncity.org)고 했으므로 정답은 (A)이다.

82

What does the speaker mean when she says, "there are several bus lines"?

(A) She rides the bus to work every day.
(B) The bus service is very confusing.
(C) The city buses have caused some traffic problems.
(D) People should take the bus to an event.

화자가 "버스 노선이 다수 있습니다"라고 말하는 의도는 무엇인가?

(A) 화자는 매일 버스를 타고 출근한다.
(B) 버스 운행이 매우 혼란스럽다.
(C) 시내 버스가 교통 문제를 일으켰다.
(D) 사람들이 버스를 타고 행사에 가는 것이 좋겠다.

어휘 confusing 혼란스러운

해설 화자의 의도 파악 - 버스 노선이 다수라고 말한 의도

인용문 앞에서 오늘은 방문객이 많을 것으로 예상돼 시내 교통이 막힐 것(We expect a lot of visitors today, so car traffic in town will be congested)이라고 했고, 뒤이어 도심으로 가신다면(If you're traveling to the city center)이라는 조건을 제시하면서 "버스 노선이 다수 있다"라고 한 것으로 보아 교통 혼잡 때문에 사람들에게 버스를 타고 행사에 가도록 제안하려는 의도로 한 말임을 알 수 있다. 따라서 정답은 (D)이다.

83-85 소개

> M-Au Welcome, everyone. **83In today's seminar, I'll be talking about how to use e-mail marketing to build customer relationships.** We'll cover how an effective e-mail strategy can make customers more aware of your business. After the session is over, **84I recommend that you visit my Web site, where you can download an electronic version of the book I just published on successful marketing campaigns.** So, since we have a small group today, **85I'd like to begin by having everyone introduce themselves.** Please tell us your name and what you're hoping to take away from today's session.
>
> 모두 잘 오셨습니다. 오늘 세미나에서는 이메일 마케팅을 활용해 고객 관계를 구축하는 방법에 대해 설명하겠습니다. 효과적인 이메일 전략을 통해 어떻게 고객에게 업체를 더 잘 알릴 수 있는지 다룰게요. 세션이 끝난 후에, 제 웹사이트를 방문하시길 권합니다. 제가 얼마 전에 성공적인 마케팅 캠페인에 관한 책을 출판했는데 웹사이트에서 이 책의 전자 버전을 다운로드할 수 있어요. 오늘 저희는 소규모 그룹이므로 먼저 전원 자기소개부터 시작할게요. 이름과 오늘 세션에서 무엇을 얻고 싶은지 이야기해 주세요.
>
> 어휘 customer relationship 고객 관계 effective 효과적인 strategy 전략 electronic 전자의

83

What is the topic of the seminar?

(A) Finance basics
(B) Marketing strategies
(C) Manufacturing processes
(D) Hiring procedures

세미나 주제는 무엇인가?

(A) 기초 재무
(B) 마케팅 전략
(C) 제조 과정
(D) 채용 절차

어휘 basics 기초, 기본 procedure 절차

해설 전체 내용 관련 - 세미나 주제

지문 초반부에 세미나에서 이메일 마케팅을 활용한 고객 관계 구축 방법을 설명하겠다(In today's seminar, I'll be talking about how to use e-mail marketing to build customer relationships)고 했으므로 정답은 (B)이다.

> ▸▸ Paraphrasing 담화의 how to use e-mail marketing
> → 정답의 Marketing strategies

84

What does the speaker say is available on a Web site?

(A) An electronic book
(B) Different payment options
(C) Free legal advice
(D) Printable certificates

화자는 웹사이트에서 무엇을 이용할 수 있다고 말하는가?

(A) 전자책
(B) 다양한 결제 방법
(C) 무료 법률 상담
(D) 출력 가능한 증명서

어휘 certificate 증명서

해설 세부사항 관련 - 웹사이트에서 이용할 수 있는 것

지문 중반부에서 웹사이트를 방문하여 최근에 출판된 성공적인 마케팅 캠페인에 관한 책의 전자 버전을 다운로드할 것(I recommend that you visit my Web site, where you can download an electronic version of the book I just published on successful marketing campaigns)을 권했으므로 정답은 (A)이다.

> ▸▸ Paraphrasing 담화의 an electronic version of the book
> → 정답의 An electronic book

85

What does the speaker ask the listeners to do next?

(A) Introduce themselves
(B) Hand in some paperwork
(C) Read a short paragraph
(D) Listen to some examples

화자가 청자들에게 다음에 하라고 요청한 것은 무엇인가?

(A) 자기 소개
(B) 서류 제출
(C) 짧은 문단 읽기
(D) 예시 듣기

해설 세부사항 관련 - 화자의 요구 사항

지문 후반부에서 전원 자기소개로 시작하겠다(I'd like to begin by having everyone introduce themselves)고 했으므로 정답은 (A)이다.

86-88 전화 메시지

W-Br Good afternoon. **86This message is for the owner of Fresh and Healthy Market.** My name is Kerry Yamada, and I visited your shop for the first time last week. **87I own an orchard—we grow mainly apples and pears.** We're located nearby, on State Route 25. Anyway, **87when I was at your shop, you didn't have a large supply of apples. So I was wondering...** do you carry local fruit? If you're interested, **88I can drop off a few samples of different varieties for you to taste. I'm coming back into town tomorrow.** My number is 555-0132.

안녕하세요. **프레시 앤 헬시 마켓 사장님께 드리는 메시지입니다.** 제 이름은 케리 야마다로, 지난주에 처음 사장님 가게를 방문했어요. **저는 과수원을 소유하고 있는데—주로 사과와 배를 재배합니다.** 위치는 25번 국도 인근이고요. 어쨌든, **사장님 가게에서 보니, 사과 비축량이 많지 않더군요. 그래서 궁금한데요…** 지역 과일도 취급하시나요? 만약 관심 있으시면, **맛보시도록 다양한 품종 샘플을 몇 개 갖다 드릴게요. 제가 내일 다시 시내에 가거든요.** 제 번호는 555-0132입니다.

어휘 orchard 과수원 mainly 주로 supply 비축량 variety (식물 등의) 품종 taste 맛보다

86

Who is the telephone message for?

(A) A dietician
(B) A caterer
(C) A truck driver
(D) A store owner

누구를 위한 전화 메시지인가?

(A) 영양사
(B) 요식업자
(C) 트럭 운전사
(D) 가게 주인

어휘 dietician 영양사 caterer 요식업자

해설 전체 내용 관련 – 청자의 신분

지문 초반부에서 프레시 앤 헬시 마켓 사장님께 드리는 메시지(This message is for the owner of Fresh and Healthy Market)라고 했으므로 정답은 (D)이다.

> ▸▸ Paraphrasing 담화의 owner of Fresh and Healthy Market
> → 정답의 store owner

87

What does the speaker mean when she says, "do you carry local fruit"?

(A) She cannot find the products she is looking for.
(B) She wants the listener to give her some advice.
(C) She wants the listener to sell her products.
(D) She is worried about a shipment.

여자가 "지역 과일도 취급하시나요?"라고 말하는 의도는 무엇인가?

(A) 자신이 찾는 제품이 없다.
(B) 청자가 자신에게 조언을 주었으면 한다.
(C) 청자가 자신의 제품을 팔았으면 한다.
(D) 배송이 걱정된다.

해설 화자의 의도 파악 – 지역 과일도 취급하는지 물은 의도

인용문의 앞 문장들에서 자신이 주로 사과와 배를 재배하는 과수원을 소유하고 있다(I own an orchard—we grow mainly apples and pears)고 했고, 청자의 가게에 사과 비축량이 많지 않아서 궁금하다(when I was at your shop, you didn't have a large supply of apples. So I was wondering)고 했다. 따라서 이 인용문은 청자가 자신의 과일을 판매 상품으로 선택해 주길 바라는 의도로 한 말이므로 정답은 (C)이다.

88

What does the speaker say she can do tomorrow?

(A) Make a phone call
(B) Provide samples
(C) Send an invoice
(D) Visit a clinic

화자는 내일 무엇을 할 수 있다고 말하는가?

(A) 전화
(B) 샘플 공급
(C) 송장 발송
(D) 병원 방문

해설 세부사항 관련 – 화자의 제안 사항

지문 후반부에서 화자가 샘플을 좀 갖다 줄 수 있다(I can drop off a few samples of different varieties for you to taste)면서 내일 시내에 다시 간다(I'm coming back into town tomorrow)고 했다. 내일 시내로 가는 길에 샘플을 주겠다는 것임을 알 수 있으므로 정답은 (B)이다.

> ▸▸ Paraphrasing 담화의 drop off a few samples
> → 정답의 Provide samples

89-91 워크숍 발췌

W-Am Good morning, and **89welcome to today's workshop for hotel staff.** **90Today I'm going to demonstrate a new product we purchased here at the hotel for training employees. It's a video game,** and it was developed especially to practice the best ways for handling hotel guests' requests and complaints. You might wonder why we're using a video game for this instead of our usual role-playing techniques. Well, studies have shown that **91one of the major benefits of using these games is significant improvement in customer service.**

안녕하세요. **오늘 호텔 직원 워크숍에 오신 것을 환영합니다.** 오늘 저는 **여기 호텔에서 직원 교육을 위해 구매한 신제품을 시연하겠습니다. 비디오 게임으로,** 특히 호텔 투숙객의 요청과 불만을 처리하는 최선의 방법을 연습하기 위해 개발되었습니다. 늘 하던 역할 연기 기법 대신에 비디

오 게임을 사용하는 이유가 궁금하실 겁니다. 자, 연구에 따르면 **이 게임을 활용하는 주요 이점들 중 하나는 고객 서비스가 상당히 개선된다는 점입니다.**

> 어휘 demonstrate 시연하다 purchase 구매하다 complaint 불만 role-playing 역할 연기 technique 기법 benefit 이점 significant 상당한 improvement 개선, 향상

89

Where do the listeners most likely work?

(A) At an event planning company

(B) At an appliance store

(C) At a fitness center

(D) At a hotel

청자들은 어디에서 일하겠는가?

(A) 이벤트 기획사

(B) 가전제품 매장

(C) 헬스장

(D) **호텔**

어휘 appliance 가전제품

해설 전체 내용 관련 – 청자들의 근무지

지문 초반부에서 오늘 호텔 직원 워크숍에 온 것을 환영한다(welcome to today's workshop for hotel staff)고 했으므로 정답은 (D)이다.

90

What will the listeners learn to use?

(A) Reservation software

(B) A voice-controlled speaker

(C) A video game

(D) A security system

청자들은 어떤 활용법을 배울 것인가?

(A) 예약 소프트웨어

(B) 음성 제어 스피커

(C) **비디오 게임**

(D) 보안 시스템

해설 세부사항 관련 – 청자들이 배울 활용법

지문 초반부에서 청자들의 교육을 위해 구매한 신제품을 시연하겠다 (Today I'm going to demonstrate a new product we purchased here at the hotel for training employees)면서, 그 제품은 비디오 게임(It's a video game)이라고 했다. 청자들이 비디오 게임 활용법을 배울 것임을 알 수 있으므로 정답은 (C)이다.

91

What benefit of the product does the speaker mention?

(A) Lower operating costs

(B) Improved customer service

(C) Easier maintenance

(D) Increased employee satisfaction

화자가 언급한 제품의 이점은 무엇인가?

(A) 저렴한 운영비

(B) **고객 서비스 개선**

(C) 더 쉬운 유지보수

(D) 직원 만족도 상승

해설 세부사항 관련 – 제품의 이점

지문 끝에 게임의 주요 이점은 고객 서비스의 상당한 개선(one of the major benefits of using these games is significant improvement in customer service)이라고 했으므로 정답은 (B)이다.

> ▸▸ Paraphrasing 담화의 **significant improvement in customer service**
> → 정답의 **Improved customer service**

92-94 회의 발췌

> **M-Au** To start this department meeting, **92I want to discuss a change on the information technology team. Ines, who's been helping us for the past year, has been promoted.** She's taking on a leadership position within IT. **93I have a card to congratulate her, and I'd like for all of us to sign it after the meeting.** We'll certainly miss Ines. She's the specialist who developed most of the software we all use currently. **94The new specialist will be Tony. He hasn't worked with our department before,** but he does have fourteen years of experience.
>
> 이번 부서 회의를 시작하면서 **정보기술팀의 변화에 대해 이야기하고 싶습니다. 지난 1년 동안 우리를 도와 준 이니스가 승진했어요.** 그녀는 IT팀에서 책임자 자리를 맡게 됩니다. **제게 축하 카드가 있는데, 모두 회의가 끝난 후에 서명해 주세요.** 정말 이니스가 그리울 거예요. 그녀는 지금 우리 모두가 사용하는 소프트웨어 대부분을 개발한 전문가죠. **새로 올 전문가는 토니입니다. 전에 우리 부서와 같이 일한 적은 없지만,** 14년의 경력이 있어요.

> 어휘 promote 승진시키다 congratulate 축하하다 specialist 전문가 currently 지금 experience 경력, 경험

92

What is the speaker mainly discussing?

(A) A department merger

(B) A project plan

(C) A staffing change

(D) A trade show presentation

화자가 주로 이야기하는 것은 무엇인가?

(A) 부서 통합

(B) 프로젝트 기획

(C) **인력 변화**

(D) 무역 박람회 발표

어휘 merger 통합, 합병

해설 전체 내용 관련 - 담화 주제

지문 초반부에 정보기술팀의 변화를 이야기하겠다(I want to discuss a change on the information technology team)며, 1년간 우리를 도와준 이니스가 승진했다(Ines, who's been helping us for the past year, has been promoted)고 한 후, 관련 내용으로 담화를 이어 나가고 있으므로 정답은 (C)이다.

▸▸ Paraphrasing 담화의 change on the information technology team → 정답의 staffing change

93

What are the listeners asked to sign?

(A) A greeting card
(B) A participant list
(C) A group photograph
(D) A registration form

청자들이 서명을 요청 받은 것은 무엇인가?

(A) 축하 카드
(B) 참석자 명단
(C) 단체 사진
(D) 등록 양식

어휘 participant 참석자 registration 등록

해설 세부사항 관련 - 서명하도록 요청 받은 것

대화 중반부에 화자가 자신에게 축하 카드가 있으니 청자들에게 서명해 달라(I have a card to congratulate her, and I'd like for all of us to sign it after the meeting)고 요청했으므로 정답은 (A)이다.

▸▸ Paraphrasing 담화의 card to congratulate → 정답의 greeting card

94

Why does the speaker say, "he does have fourteen years of experience"?

(A) To express surprise
(B) To disagree with a suggestion
(C) To correct a misunderstanding
(D) To offer reassurance

화자가 "14년의 경력이 있어요"라고 말하는 이유는 무엇인가?

(A) 놀라움을 표하려고
(B) 제안에 반대하려고
(C) 오해를 바로잡으려고
(D) 안심시키려고

어휘 disagree with ~에 반대하다 reassurance 안심 시키기

해설 화자의 의도 파악 - 14년의 경력이 있다고 말한 이유

인용문의 앞 문장들에서 새로 올 전문가는 토니(The new specialist will be Tony)라고 했고, 전에 우리 부서와 같이 일한 적은 없다(He hasn't worked with our department before)고 밝힌 뒤 언급한 말이므로 인용문은 같이 일한 적이 없음에 대한 걱정을 덜게 하려는 의도로 한 말임을 알 수 있다. 따라서 정답은 (D)이다.

95-97 안내방송 + 안내판

W-Am Attention all customers. If you're looking for a quick meal solution, stop by our prepared-food section for an easy, nutritious take-out dinner. ⁹⁵We're celebrating international week at our grocery store. ⁹⁶Yesterday's Italian pasta was a big hit, and if you enjoy spicy food, you'll definitely want to see what our chefs have prepared for you today. You can try a sample at the counter in aisle nine. The dishes are available in single, double, and family-size portions, for your convenience. ⁹⁷When you pick up a meal, you'll also find some recipe cards included in the package.

고객 여러분께 알립니다. 빠른 식사 해결책을 찾고 있다면, 저희가 준비한 조리식품 코너에 들러 쉽고 영양가 있는 테이크아웃 요리를 찾아 보세요. 저희 식료품점은 국제 주간을 축하하고 있습니다. 어제 이탈리아 파스타가 큰 인기를 끌었는데 매운 음식을 즐기신다면 오늘 저희 요리사들이 준비한 걸 꼭 보셔야 합니다. 9번 통로에 있는 카운터에서 시식하실 수 있습니다. 요리들은 고객님의 편의를 위해 1인분, 2인분, 가족 단위로 이용하실 수 있습니다. 요리를 고르면, 패키지 안에 포함된 조리법 카드도 발견하실 수 있습니다.

어휘 solution 해결책 prepared-food 조리식품 nutritious 영양가 있는 celebrate 축하하다, 기념하다 definitely 꼭, 반드시 aisle 통로 available 이용할 수 있는 convenience 편의 recipe 조리법 include 포함시키다

International Week Specials

| Monday |
| Korean Barbecue |
| Tuesday |
| Italian Pasta |
| Wednesday |
| ⁹⁶Indian Curry |
| Thursday |
| Mexican Tacos |

국제 주간 특별 상품

| 월요일 |
| 한국 바비큐 |
| 화요일 |
| 이탈리아 파스타 |
| 수요일 |
| ⁹⁶인도 카레 |
| 목요일 |
| 멕시코 타코 |

95

Where is the announcement most likely being made?

(A) In an amusement park

(B) In a supermarket

(C) In a restaurant

(D) In an airport lounge

안내방송은 어디에서 나오겠는가?

(A) 놀이공원

(B) 슈퍼마켓

(C) 식당

(D) 공항 라운지

해설 전체 내용 관련 – 안내방송 장소

지문 초반부에 저희 식료품점은 국제 주간을 축하하고 있다(We're celebrating international week at our grocery store)고 했으므로 정답은 (B)이다.

> ▸▸ **Paraphrasing** 담화의 **grocery store** → 정답의 **supermarket**

96

Look at the graphic. What is offered today?

(A) Barbecue

(B) Pasta

(C) Curry

(D) Tacos

시각 정보에 의하면, 오늘 제공되는 것은 무엇인가?

(A) 바비큐

(B) 파스타

(C) 카레

(D) 타코

해설 시각 정보 연계 – 오늘 제공되는 것

지문 중반부에서 어제 이탈리아 파스타가 큰 인기를 끌었는데 매운 음식을 즐긴다면 오늘 요리사들이 준비한 걸 꼭 봐야 한다(Yesterday's Italian pasta was a big hit, and if you enjoy spicy food, you'll definitely want to see what our chefs have prepared for you today)고 했다. 시각 정보를 보면 이탈리아 파스타가 화요일의 특별 상품이었으므로 수요일인 오늘의 특별 상품은 인도 카레이다. 따라서 정답은 (C)이다.

97

What is provided with a purchase?

(A) Beverages

(B) Serving utensils

(C) Discount coupons

(D) Recipes

구매품과 함께 제공되는 것은 무엇인가?

(A) 음료

(B) 식기

(C) 할인 쿠폰

(D) 조리법

어휘 utensil 식기, 기구

해설 세부사항 관련 – 구매품과 함께 제공되는 것

지문 후반부에서 요리를 고르면, 패키지 안에 포함된 조리법 카드도 발견할 수 있다(When you pick up a meal, you'll also find some recipe cards included in the package)고 했으므로 정답은 (D)이다.

98-100 설명 + 일정

W-Br Welcome to the annual Midwest Landscapers Showcase. This is an opportunity for the region's landscaping professionals to network and explore the latest innovations in our industry. If you haven't done so already, [98]**don't forget to take a conference packet from the registration desk.** It has all the information you're going to need. Now, there's one change to the schedule of today's events. [99]**Our original ten o'clock speaker had to cancel.** Instead, Holmdale Systems will be discussing irrigation technology at ten o'clock. Before we get started with the first presentation, [100]**I'd like to introduce Rajesh Patel from our conference organizing committee.** He'll talk about how to become a presenter for next year's conference.

연례 중서부 조경사 쇼케이스에 오신 것을 환영합니다. 이는 지역 조경 전문가들이 인맥을 쌓고 업계의 최신 혁신을 탐구할 수 있는 기회입니다. 아직 하지 않으셨다면, **잊지 말고 접수처에서 회의 자료집을 받으세요.** 자료집에는 앞으로 필요한 정보가 모두 있습니다. 자, 오늘 행사 일정에서 한 가지가 바뀌었습니다. **원래 10시 강연자는 취소해야 했습니다.** 대신, 홈데일 시스템즈가 10시에 관개 기술에 대해 논의할 예정입니다. 첫 번째 발표를 시작하기 전에 **회의 조직위원회의 라제시 파텔을 소개하고 싶습니다.** 그가 내년 회의의 발표자가 되는 방법에 대해 이야기하겠습니다.

어휘 annual 연례의 landscaper 조경사 opportunity 기회 region 지역 explore 탐구하다 innovation 혁신 registration desk 접수처 irrigation 관개 organizing committee 조직위원회

Landscapers Showcase Schedule ▲▲

Presentation	Time
Dealing with Extreme Weather	8:00 A.M.
How to Create a Vertical Garden	9:00 A.M.
[99]New Methods of Pest Control	10:00 A.M.
Urban Landscapes	11:00 A.M.

조경사 쇼케이스 일정 ▲▲	
발표	**시간**
기상이변에 대처하기	오전 8시
수직 정원 만드는 법	오전 9시
⁹⁹해충을 통제하는 새로운 방법	**오전 10시**
도시 조경	오전 11시

98

What does the speaker remind the listeners to do?

(A) Pay a registration fee

(B) Pick up conference materials

(C) Visit a vendor's booth

(D) Make a lunch selection

화자가 청자들에게 하라고 일러 준 일은 무엇인가?

(A) 등록비 납부

(B) 회의 자료 입수

(C) 업체 부스 방문

(D) 점심 메뉴 선택

해설 세부사항 관련 – 청자들에게 상기시킨 사항

지문 초반부에서 잊지 말고 접수처에서 회의 자료집을 받으라(don't forget to take a conference packet from the registration desk)고 했으므로 정답은 (B)이다.

> ▶▶ Paraphrasing 담화의 **take a conference packet**
> → 정답의 **Pick up conference materials**

99

Look at the graphic. Which presentation has been canceled?

(A) Dealing with Extreme Weather

(B) How to Create a Vertical Garden

(C) New Methods of Pest Control

(D) Urban Landscapes

시각 정보에 의하면, 취소된 발표는 무엇인가?

(A) 기상이변에 대처하기

(B) 수직 정원 만드는 법

(C) 해충을 통제하는 새로운 방법

(D) 도시 조경

해설 시각 정보 연계 – 취소된 발표

지문 중반부에서 원래 10시 강연자는 취소해야 했다(Our original ten o'clock speaker had to cancel)고 했으므로, 시각 정보에서 10시 발표 주제를 확인해 보면 된다. 따라서 정답은 (C)이다.

100

Who is Rajesh Patel?

(A) A conference organizer

(B) A corporate sponsor

(C) A local caterer

(D) A building inspector

라제시 파텔은 누구인가?

(A) 회의 주최자

(B) 기업 후원자

(C) 지역 요식업자

(D) 건축물 준공 검사원

해설 세부사항 관련 – 라제시 파텔의 신분

지문 후반부에서 회의 조직위원회의 라제시 파텔을 소개하고 싶다(I'd like to introduce Rajesh Patel from our conference organizing committee)고 했으므로 정답은 (A)이다.

> ▶▶ Paraphrasing 담화의 **Rajesh Patel from our conference organizing committee**
> → 정답의 **A conference organizer**

기출 TEST 5

1 (D)	2 (C)	3 (A)	4 (A)	5 (C)
6 (D)	7 (B)	8 (C)	9 (B)	10 (B)
11 (A)	12 (C)	13 (C)	14 (B)	15 (B)
16 (A)	17 (C)	18 (C)	19 (A)	20 (B)
21 (C)	22 (C)	23 (B)	24 (A)	25 (A)
26 (C)	27 (C)	28 (B)	29 (A)	30 (A)
31 (A)	32 (A)	33 (B)	34 (D)	35 (B)
36 (D)	37 (C)	38 (A)	39 (C)	40 (D)
41 (D)	42 (A)	43 (B)	44 (A)	45 (C)
46 (B)	47 (D)	48 (C)	49 (D)	50 (D)
51 (C)	52 (C)	53 (B)	54 (C)	55 (D)
56 (D)	57 (A)	58 (C)	59 (B)	60 (A)
61 (D)	62 (C)	63 (D)	64 (B)	65 (A)
66 (B)	67 (B)	68 (B)	69 (D)	70 (A)
71 (C)	72 (C)	73 (B)	74 (A)	75 (D)
76 (C)	77 (C)	78 (D)	79 (B)	80 (C)
81 (B)	82 (D)	83 (D)	84 (B)	85 (D)
86 (C)	87 (A)	88 (D)	89 (B)	90 (D)
91 (D)	92 (D)	93 (A)	94 (C)	95 (C)
96 (A)	97 (B)	98 (C)	99 (A)	100 (B)

PART 1

1 W-Br

(A) She's polishing a window.
(B) She's making a phone call.
(C) She's examining a tire.
(D) She's getting into an automobile.

(A) 여자가 유리창을 닦고 있다.
(B) 여자가 전화를 하고 있다.
(C) 여자가 타이어를 점검하고 있다.
(D) 여자가 자동차에 타고 있다.

어휘 polish 닦다

해설 1인 등장 사진 – 사람의 동작/상태 묘사

(A) 동사 오답. 여자가 유리창을 닦고 있는(polishing a window) 모습이 아니므로 오답.

(B) 동사 오답. 여자가 전화를 하고 있는(making a phone call) 모습이 아니므로 오답.

(C) 동사 오답. 여자가 타이어를 점검하고 있는(examining a tire) 모습이 아니므로 오답.

(D) 정답. 여자가 자동차에 타고 있는(getting into an automobile) 모습을 잘 묘사했으므로 정답.

2 W-Am

(A) They're fixing a truck door.
(B) They're boarding a bus.
(C) They're handling a package.
(D) They're paving a driveway.

(A) 사람들이 트럭 문을 수리하고 있다.
(B) 사람들이 버스에 탑승하고 있다.
(C) 사람들이 상자를 옮기고 있다.
(D) 사람들이 차도를 포장하고 있다.

어휘 handle 잡다, 옮기다 pave 포장하다

해설 2인 이상 등장 사진 – 사람의 동작/상태 묘사

(A) 동사 오답. 사람들이 트럭 문을 수리하고 있는(fixing a truck door) 모습이 아니므로 오답.

(B) 사진에 없는 명사를 이용한 오답. 사진에 버스(bus)가 보이지 않으므로 오답.

(C) 정답. 사람들이 상자를 옮기고 있는(handling a package) 모습이므로 정답.

(D) 동사 오답. 사람들이 차도를 포장하고 있는(paving a driveway) 모습이 아니므로 오답.

3 M-Au

(A) Some people are playing instruments.
(B) Some people are carrying bags.
(C) Some people are watching a performance.
(D) Some people are watering some trees.

(A) 사람들 몇 명이 악기를 연주하고 있다.
(B) 사람들 몇 명이 가방을 들고 있다.
(C) 사람들 몇 명이 공연을 관람하고 있다.
(D) 사람들 몇 명이 나무들에 물을 주고 있다.

어휘 instrument 악기 performance 공연

해설 2인 이상 등장 사진 – 사람의 동작/상태 묘사

(A) 정답. 사람들이 악기를 연주하고 있는(playing instruments) 모습이므로 정답.

(B) 동사 오답. 사람들이 가방을 들고 있는(carrying bags) 모습이 아니므로 오답.

(C) 동사 오답. 사람들이 공연을 관람하고 있는(watching a performance) 모습이 아니라 공연을 하고 있는(performing) 모습이므로 오답.

(D) 동사 오답. 사람들이 나무에 물을 주고 있는(watering some trees) 모습이 아니므로 오답.

4 M-Cn

(A) A man is handing a woman a brochure.

(B) A man is hanging clothes in a closet.

(C) A woman is wiping down a countertop.

(D) A woman is taking some safety equipment off the wall.

(A) **남자가 여자에게 안내 책자를 건네고 있다.**

(B) 남자가 옷장에 옷을 걸고 있다.

(C) 여자가 조리대를 닦아내고 있다.

(D) 여자가 벽에서 안전 장비를 떼고 있다.

어휘 countertop 조리대

해설 2인 이상 등장 사진 – 사람의 동작/상태 묘사

(A) 정답. 남자가 여자에게 안내 책자를 건네고 있는(handing a woman a brochure) 모습을 잘 묘사했으므로 정답.

(B) 동사 오답. 남자가 옷장에 옷을 걸고 있는(hanging clothes in a closet) 모습이 아니므로 오답.

(C) 동사 오답. 여자가 조리대를 닦아내고 있는(wiping down a countertop) 모습이 아니므로 오답

(D) 동사 오답. 여자가 벽에서 안전 장비를 떼고 있는(taking some safety equipment off the wall) 모습이 아니므로 오답.

5 W-Br

(A) A man is washing the floor.

(B) A man is painting a wall.

(C) Some boxes are stacked on a cart.

(D) Some carts are being pushed outdoors.

(A) 남자가 바닥을 씻어내고 있다.

(B) 남자가 벽을 칠하고 있다.

(C) **상자 몇 개가 카트에 쌓여 있다.**

(D) 카트 몇 개가 밖으로 밀려나고 있다.

어휘 stack 쌓다, 포개다

해설 1인 등장 사진 – 사람 또는 사물 중심 묘사

(A) 동사 오답. 남자가 바닥을 씻어내고 있는(washing the floor) 모습이 아니므로 오답.

(B) 동사 오답. 남자가 벽을 칠하고 있는(painting a wall) 모습이 아니므로 오답.

(C) 정답. 상자(boxes)가 카트에 쌓여 있는(stacked on a cart) 상태이므로 정답.

(D) 동사 오답. 카트(carts)가 밖으로 밀려나고 있는(are being pushed) 모습이 아니므로 오답.

6 M-Au

(A) A tile is being replaced.

(B) A stairway railing is being fixed.

(C) Some cabinet doors have been left open.

(D) Some plants have been placed near a desk.

(A) 타일이 교체되고 있다.

(B) 층계 난간이 수리되고 있다.

(C) 캐비닛 문들이 열려 있다.

(D) **나무들이 책상 근처에 놓여 있다.**

어휘 replace 교체하다 railing 난간

해설 사물/배경 사진 – 실내 사물의 상태 묘사

(A) 동사 오답. 타일(tile)을 교체하고 있는(is being replaced) 사람의 모습이 보이지 않으므로 오답.

(B) 동사 오답. 층계 난간(stairway railing)을 수리하고 있는(is being fixed) 사람의 모습이 보이지 않으므로 오답.

(C) 사진에 없는 명사를 이용한 오답. 사진에 캐비닛(cabinet)이 보이지 않으므로 오답.

(D) 정답. 나무(plants)가 책상 근처에 놓여 있는(placed near a desk) 상태를 잘 묘사했으므로 정답.

PART 2

7

W-Am Which shoes are on sale this weekend?

M-Au (A) That's a good choice.

(B) The ones on this table.

(C) I checked her résumé.

이번 주말에 어떤 신발이 할인됩니까?

(A) 좋은 선택이군요.

(B) **이 탁자에 있는 것들이요.**

(C) 그녀의 이력서를 확인했어요.

해설 할인되는 신발을 묻는 Which 의문문

(A) 연상 단어 오답. 질문의 shoes에서 연상 가능한, 구입하기로 선택한 상황(That's a good choice)을 이용한 오답.

(B) 정답. 이번 주말에 할인되는 신발을 묻는 질문에 이 탁자에 있는 것들이라며 알려주고 있으므로 정답.

(C) 질문과 상관없는 오답. 질문에 어울리지 않게 이력서를 언급하고 있으므로 오답.

8

M-Cn Would you like to pay for the cake now or when it's delivered?

W-Br (A) Chocolate, please.
(B) Actually, none of them were.
(C) I'll pay now.

케이크 값을 지금 지불하시겠습니까, 아니면 배송됐을 때 지불하시겠습니까?
(A) 초콜릿 주세요.
(B) 사실 그것들은 다 아니었어요.
(C) 지금 지불하겠습니다.

어휘 deliver 배송하다

해설 지불 시점을 묻는 선택 의문문
(A) 연상 단어 오답. 질문의 cake에서 연상 가능한 chocolate을 이용한 오답.
(B) 질문과 상관없는 오답. 질문에 상응하지 않는 대명사 및 시제를 사용한 오답.
(C) 정답. 케이크 값을 지금 지불할지 혹은 배송됐을 때 지불할지를 묻는 선택 의문문에 지금 지불하겠다며 선택 사항 중 하나를 택해 구체적으로 응답하였으므로 정답.

9

M-Au Doesn't Thomas usually work the evening shift?

W-Am (A) It was working fine earlier.
(B) Someone from the day shift is out sick today.
(C) Let's clean the warehouse.

토마스는 보통 저녁 근무를 하지 않나요?
(A) 아까는 잘 작동했어요.
(B) 오늘 주간 교대 근무자가 아파서 결근했어요.
(C) 창고를 치웁시다.

어휘 warehouse 창고

해설 사실 여부를 확인하는 부정 의문문
(A) 유사 발음 오답. 질문의 work와 부분적으로 발음이 유사한 working을 이용한 오답.
(B) 정답. 토마스가 보통 저녁 근무를 하지 않나 확인하는 질문에 오늘 주간 교대 근무자가 아파서 결근했다며 우회적으로 주간에 근무하는 이유를 대고 있으므로 정답.
(C) 연상 단어 오답. 질문의 work the evening shift에서 연상 가능한 작업 장소(warehouse)를 이용한 오답.

10

W-Br Who came up with the idea for the new commercial?

M-Au (A) Just a few.
(B) One of our marketing assistants.
(C) Probably next month.

새 광고에 관한 아이디어는 누가 냈나요?
(A) 몇 개만요.
(B) 마케팅 보조 직원 중 한 명요.
(C) 다음 달일 거예요.

어휘 commercial 광고

해설 아이디어의 제안자를 묻는 Who 의문문
(A) 질문과 상관없는 오답. 개수를 묻는 How many 의문문에 대한 응답이므로 오답.
(B) 정답. 아이디어 제안자가 누구인지를 묻는 질문에 마케팅 보조 직원이라는 구체적인 직위로 응답했으므로 정답.
(C) 질문과 상관없는 오답. When 의문문에 대한 응답이므로 오답.

11

W-Am Could we start the orientation meeting a bit later?

M-Au **(A) Sure, at what time?**
(B) About ten employees.
(C) Thanks, I learned a lot.

오리엔테이션 회의를 좀 늦게 시작해도 될까요?
(A) 물론이죠. 몇 시에 할까요?
(B) 직원 10명 정도요.
(C) 감사합니다. 많이 배웠어요.

해설 제안을 하는 조동사(Could) 의문문
(A) 정답. 오리엔테이션 회의를 좀 늦게 시작하자고 제안하는 질문에 물론이라고 찬성한 후에 시작 시간에 대한 추가 정보를 묻고 있으므로 정답.
(B) 연상 단어 오답. 질문의 orientation meeting에서 연상 가능한 참석 인원(ten employees)을 이용한 오답.
(C) 질문과 상관없는 오답. 회의를 늦게 시작하자고 제안하는 질문에 Thanks, I learned a lot이라고 답할 수 없으므로 오답.

12

M-Au When are we getting our paychecks?

W-Am (A) Because the bank is closed.
(B) No, did you?
(C) This Friday.

우리는 언제 급여를 받나요?
(A) 은행이 문을 닫아서요.
(B) 아니요, 그러셨어요?
(C) 이번 주 금요일예요.

어휘 paycheck 급료

해설 급여의 수령 시점을 묻는 When 의문문
(A) 연상 단어 오답. 질문의 paychecks에서 연상 가능한 bank를 이용한 오답.
(B) Yes/No 불가 오답. When 의문문에는 Yes/No 응답이 불가능하므로 오답.
(C) 정답. 급여의 수령 시점을 묻는 질문에 이번 주 금요일이라며 구체적인 시점으로 응답하고 있으므로 정답.

13

W-Am Did we decide on the large catering order or the small one?

M-Au (A) This meal is delicious.
(B) In alphabetical order.
(C) We're expecting a big group of people.

음식 주문을 대량으로 할지, 소량으로 할지 결정했었나요?
(A) 이 음식은 맛있어요.
(B) 알파벳 순으로요.
(C) 대규모 인원을 예상하고 있어요.

어휘 catering 음식 공급 alphabetical 알파벳순의

해설 주문량을 묻는 선택 의문문
(A) 연상 단어 오답. 질문의 catering에서 연상 가능한 meal과 delicious를 이용한 오답.
(B) 단어 반복 오답. 질문의 order를 반복 이용한 오답.
(C) 정답. 음식 주문을 대량으로 할지 혹은 소량으로 할지를 묻는 질문에 대규모 인원을 예상하고 있다며 대량으로 주문할 것임을 우회적으로 표현했으므로 정답.

14

M-Cn How do I sign up for the ten-kilometer race?

W-Br (A) Walking or running is OK.
(B) You fill out a form online.
(C) Through the park.

10킬로미터 경주는 어떻게 신청하나요?
(A) 걸어도 되고 달려도 됩니다.
(B) 온라인으로 양식을 작성하세요.
(C) 공원을 통과해서요.

어휘 sign up for ~를 신청하다 fill out a form 서식을 작성하다

해설 경주 신청 방법을 묻는 How 의문문
(A) 연상 단어 오답. 질문의 race에서 연상 가능한 running을 이용한 오답.
(B) 정답. 경주 신청 방법을 묻는 질문에 온라인으로 양식을 작성하라며 구체적인 방법으로 응답하였으므로 정답.
(C) 연상 단어 오답. 질문의 ten-kilometer race에서 연상 가능한 경주의 통과 지점(through the park)을 이용한 오답.

15

W-Br Didn't I submit my references online?

M-Cn (A) The Web site was very interesting.
(B) You did, last week.
(C) More than five hundred dollars.

제가 온라인으로 추천서를 제출하지 않았나요?
(A) 웹사이트가 매우 흥미로웠어요.
(B) 하셨어요, 지난주예요.
(C) 500달러 이상요.

어휘 submit 제출하다 reference 추천서

해설 추천서 제출 여부를 확인하는 부정 의문문
(A) 연상 단어 오답. 질문의 online에서 연상 가능한 Web site를 이용한 오답.
(B) 정답. 온라인으로 추천서를 제출했는지를 확인하는 질문에 그렇다고 한 후 지난주에 제출했다며 구체적인 시점을 덧붙여 주고 있으므로 정답.
(C) 질문과 상관없는 오답. 가격을 묻는 How much 의문문에 대한 응답이므로 오답.

16

W-Am What will the keynote speaker talk about at the conference?

M-Au (A) That information's in the event program.
(B) Could you turn the volume down?
(C) About two weeks ago, I think.

기조 연설자는 회의에서 무엇에 대해 이야기할까요?
(A) 정보가 행사 프로그램에 실려 있어요.
(B) 소리를 낮춰 주실 수 있나요?
(C) 약 2주 전인 것 같아요.

어휘 keynote speaker 기조 연설자

해설 기조 연설의 주제를 묻는 What 의문문
(A) 정답. 기조 연설의 주제를 묻는 질문에 해당 정보가 행사 프로그램에 실려 있다며 우회적으로 응답하고 있으므로 정답.
(B) 연상 단어 오답. 질문의 speaker에서 연상 가능한 volume을 이용한 오답.
(C) 질문과 상관없는 오답. When 의문문에 대한 응답이므로 오답.

17

M-Au Where is the closest pharmacy?

M-Cn (A) Her brother is a farmer.
(B) On the weekend.
(C) There's one by the bus station.

가장 가까운 약국이 어디죠?
(A) 그녀의 오빠는 농부입니다.
(B) 주말예요.
(C) 버스정류장 옆에 하나 있어요.

어휘 pharmacy 약국 farmer 농부

해설 약국의 위치를 묻는 Where 의문문
(A) 유사 발음 오답. 질문의 pharmacy와 발음이 일부 유사한 farmer를 이용한 오답.
(B) 질문과 상관없는 오답. 시점을 묻는 When 의문문에 대한 응답이므로 오답.
(C) 정답. 가장 가까운 약국의 위치를 묻는 질문에 버스정류장 옆에 하나 있다며 구체적으로 응답했으므로 정답.

18

W-Br Why are your travel expenses so high?

M-Au (A) They were all sold out.
(B) I'll tell her you said hi.
(C) Maria approved the budget.

출장비 지출이 왜 이렇게 많죠?
(A) 그것들은 모두 매진됐어요.
(B) 그녀에게 당신이 안부를 전했다고 말할게요.
(C) 마리아가 예산을 승인했어요.

어휘 travel expense 출장비 budget 예산

해설 출장비 지출이 많은 이유를 묻는 Why 의문문

(A) 유사 발음 오답. 질문의 so와 부분적으로 발음이 유사한 sold를 이용한 오답.

(B) 유사 발음 오답. 질문의 high와 발음이 동일한 hi를 이용한 오답.

(C) 정답. 출장비 지출이 많은 이유를 묻는 질문이지만, 큰 지출을 못마땅하게 여기는 것으로 들릴 수도 있다. 이에 마리아가 예산을 승인했다는 말로 허락을 받고 사용한 것임을 우회적으로 나타냈으므로 정답.

19

M-Cn Have you looked at the designs for the book cover?
W-Br **(A) I've been in meetings all morning.**
(B) Sure, I'll cover the furniture.
(C) Your appointment's booked.

책 표지 디자인을 보셨나요?
(A) 오전 내내 회의에 참석했어요.
(B) 물론입니다. 제가 가구에 덮개를 씌울게요.
(C) 예약이 되셨습니다.

어휘 appointment 약속

해설 책 표지 디자인을 보았는지를 묻는 조동사(Have) 의문문

(A) 정답. 책 표지 디자인을 보는지를 묻는 질문에 오전 내내 회의에 참석했다며 디자인을 보지 못했음을 우회적으로 표현하고 있으므로 정답.

(B) 단어 반복 오답. 질문의 cover를 반복 이용한 오답.

(C) 유사 발음 오답. 질문의 book과 부분적으로 발음이 유사한 booked를 이용한 오답.

20

W-Am When are the new employees starting?
M-Cn (A) Three years of experience.
(B) They'll be here tomorrow afternoon.
(C) The same salary as before.

신입사원들은 언제 근무를 시작합니까?
(A) 3년의 경력요.
(B) 그들은 내일 오후에 이곳으로 올 겁니다.
(C) 예전과 급여가 같아요.

어휘 experience 경험 salary 급여

해설 신입사원들의 근무 시작 시점을 묻는 When 의문문

(A) 연상 단어 오답. 질문의 employees에서 연상 가능한 경력(three years of experience)을 이용한 오답.

(B) 정답. 신입사원들의 근무 시작 시점을 묻는 질문에 내일 오후에 이곳으로 올 것이라며 구체적인 시점으로 응답하고 있으므로 정답.

(C) 연상 단어 오답. 질문의 employees에서 연상 가능한 salary를 이용한 오답.

21

M-Cn Should I go on the morning flight or wait until the afternoon?
W-Br (A) Seven hours.
(B) OK, that should be fine.
(C) Take the morning flight.

제가 오전 비행기를 타야 할까요, 아니면 오후까지 기다려야 할까요?
(A) 일곱 시간요.
(B) 네, 좋습니다.
(C) 오전 비행기를 타세요.

어휘 flight 비행(편)

해설 언제 비행기를 타야할지 묻는 선택 의문문

(A) 연상 단어 오답. 질문의 flight에서 연상 가능한 비행 시간(seven hours)을 이용한 오답.

(B) 단어 반복 오답. 질문의 should를 반복 이용한 오답.

(C) 정답. 언제 비행기를 타야할지 묻는 선택 의문문에 오전 비행기를 타라며 선택 사항 중 하나를 택해 구체적으로 응답하였으므로 정답.

22

W-Am I saw a stain on the carpet in room 29.
M-Au (A) An overnight stay.
(B) Your reservation's confirmed.
(C) It's time to replace it anyway.

29호실 카펫에서 얼룩을 봤어요.
(A) 일박입니다.
(B) 귀하의 예약이 확정됐습니다.
(C) 교체할 때가 되긴 했어요.

어휘 reservation 예약 replace 교체하다

해설 사실/정보 전달의 평서문

(A) 연상 단어 오답. 평서문의 room 29에서 연상 가능한 overnight stay를 이용한 오답.

(B) 연상 단어 오답. 평서문의 room 29에서 연상 가능한 reservation을 이용한 오답.

(C) 정답. 카펫에서 얼룩을 봤다며 정보를 전달하는 평서문에 교체할 때가 되긴 했다고 우회적으로 해결책을 제시하였으므로 정답.

23

M-Au Why don't we meet at the fitness center around seven thirty?
M-Cn (A) It's already there.
(B) Sounds good to me.
(C) Because it fits you well.

7시 30분쯤 피트니스 센터에서 만나면 어떨까요?
(A) 그건 이미 그곳에 있어요.
(B) 저는 좋습니다.
(C) 당신에게 잘 어울려서요.

어휘 fit 맞다, 어울리다

해설 제안/권유의 의문문

(A) 질문과 상관없는 오답. 피트니스 센터에서 만나자고 제안하는 질문에 그건 이미 그곳에 있다는 말은 적합하지 않은 응답이므로 오답.

(B) 정답. 특정 시간에 피트니스 센터에서 만나자고 제안하는 질문에 좋다며 찬성했으므로 정답.

(C) 유사 발음 오답. 질문의 fitness와 부분적으로 발음이 유사한 fits를 이용한 오답.

24

M-Cn Could you find me a hammer and some nails?

W-Am (A) I'll call maintenance.
(B) You can send it by e-mail.
(C) The beauty salon on the corner.

망치와 못 몇 개를 찾아 주실 수 있나요?
(A) 유지보수팀에 전화해 볼게요.
(B) 이메일로 보내시면 됩니다.
(C) 모퉁이에 있는 미용실요.

어휘 maintenance 유지

해설 부탁/요청의 조동사(Could) 의문문

(A) 정답. 망치와 못을 찾아 주겠냐는 요청에 유지보수팀에 전화하겠다며 우회적으로 응답하고 있으므로 정답.

(B) 유사 발음 오답. 질문의 nails와 발음이 일부 유사한 e-mail을 이용한 오답.

(C) 연상 단어 오답. 질문의 nails에서 연상 가능한 beauty salon을 이용한 오답. nail은 '손톱'이라는 뜻도 있다.

25

W-Br Who was in the break room last?

M-Au (A) I noticed that it was messy, too.
(B) Sure, I could use a break.
(C) How did you make this dessert?

누가 휴게실에 마지막으로 있었죠?
(A) 저도 휴게실이 어질러진 걸 봤어요.
(B) 물론이죠. 저도 잠시 쉴 수 있어요.
(C) 이 디저트는 어떻게 만드셨나요?

어휘 break room 휴게실   notice 알아차리다   messy 지저분한, 엉망인

해설 휴게실에 마지막으로 있었던 사람을 묻는 Who 의문문

(A) 정답. 휴게실에 마지막으로 있었던 사람이 누구인지를 묻는 질문에 나도 휴게실이 어질러진 걸 봤다는 말로 누가 마지막에 있었는지 모른다는 것을 우회적으로 나타내고 있으므로 정답.

(B) 단어 반복 오답. 질문의 break를 반복 이용한 오답.

(C) 질문과 상관없는 오답. 질문과 전혀 어울리지 않는 질문을 하고 있으므로 오답.

26

M-Cn There's a sale on electronics tomorrow.

M-Au (A) Yes, the electricity bill was really low.
(B) The shirt on the sales rack.
(C) I have had this computer for a long time.

내일 가전제품 할인 판매가 있어요.
(A) 네, 전기요금이 정말 조금 나왔어요.
(B) 진열대에 있는 셔츠요.
(C) 저는 이 컴퓨터를 정말 오래 썼어요.

어휘 electricity bill 전기요금   sales rack 진열대

해설 사실/정보 전달의 평서문

(A) 유사 발음 오답. 질문의 electronics와 부분적으로 발음이 유사한 electricity를 이용한 오답.

(B) 유사 발음 오답. 질문의 sale과 부분적으로 발음이 유사한 sales를 이용한 오답.

(C) 정답. 내일 가전제품 할인 판매가 있다고 정보를 전달하는 평서문에 자신이 이 컴퓨터를 오래 썼다며 구입 의지를 우회적으로 전달하고 있으므로 정답.

27

M-Au Why hasn't production started yet?

W-Am (A) Several eight-hour shifts.
(B) A shipment to Toronto.
(C) Because a machine is broken.

왜 아직 생산이 시작되지 않았죠?
(A) 8시간 교대조 여럿요.
(B) 토론토로 가는 수송품요.
(C) 기계가 고장나서요.

어휘 shipment 수송품

해설 생산이 시작되지 않은 이유를 묻는 Why 의문문

(A) 질문과 상관없는 오답. How many 의문문에 대한 응답이므로 오답.

(B) 연상 단어 오답. 질문의 production에서 연상 가능한 shipment를 이용한 오답.

(C) 정답. 생산이 시작되지 않은 이유를 묻는 질문에 기계가 고장나서라며 적절한 이유를 댔으므로 정답.

28

W-Am How do you want me to display the new products?

M-Au (A) We shop there too.
(B) Please arrange them according to color.
(C) Production is going well.

제가 신상품을 어떻게 진열했으면 하세요?
(A) 저희는 거기에서도 물건을 사요.
(B) 색깔별로 정리해 주세요.
(C) 생산이 순조롭게 진행되고 있어요.

어휘 arrange 정리하다, 배열하다   according to ~에 따라

해설 신상품 진열 방법을 묻는 How 의문문

(A) 연상 단어 오답. 질문의 display와 products에서 연상 가능한 shop을 이용한 오답.

(B) 정답. 신상품 진열 방법을 묻는 질문에 색깔별로 정리해 달라며 구체적인 방식을 제시하고 있으므로 정답.

(C) 유사 발음 오답. 질문의 products와 발음이 일부 유사한 production을 이용한 오답.

29

M-Cn Where's the instruction manual for the videoconferencing software?

W-Br (A) In the file cabinet.
(B) On Saturday.
(C) The marketing conference.

화상회의 소프트웨어 사용설명서가 어디에 있죠?

(A) 문서 보관함예요.
(B) 토요일예요.
(C) 마케팅 회의요.

어휘 videoconferencing 화상회의

해설 물건이 있는 장소를 묻는 Where 의문문

(A) 정답. 물건이 있는 장소를 묻는 질문에 문서 보관함이라는 구체적인 장소로 응답했으므로 정답.

(B) 질문과 상관없는 오답. When 의문문에 대한 응답이므로 오답.

(C) 유사 발음 오답. 질문의 videoconferencing과 부분적으로 발음이 유사한 conference를 이용한 오답.

30

M-Au This mirror would look good in the corner, don't you think?

W-Am (A) You're a better decorator than I am.
(B) I don't think I have any.
(C) A brand new vacuum cleaner.

이 거울은 구석에 두면 잘 어울릴 것 같아요, 그렇지 않나요?

(A) 저보다는 장식을 더 잘 하시네요.
(B) 제게 없는 것 같아요.
(C) 새 진공청소기요.

어휘 brand-new 아주 새로운

해설 동의를 구하는 부가 의문문

(A) 정답. 거울을 구석에 두면 잘 어울릴 것 같지 않냐고 묻는 질문에 자신보다 장식을 더 잘 한다며 우회적으로 동의하고 있으므로 정답.

(B) 단어 반복 오답. 질문의 don't와 think를 반복 이용한 오답.

(C) 유사 발음 오답. 질문의 corner와 부분적으로 발음이 유사한 cleaner를 이용한 오답.

31

W-Br You're creating a schedule for the Madrid convention, right?

M-Cn (A) Yes, here's the spreadsheet.
(B) The beginning of October.
(C) About twelve.

마드리드 협의회 일정을 짜고 계시죠, 그렇죠?

(A) 네, 여기 스프레드 시트가 있습니다.
(B) 10월 초순요.
(C) 12개 정도요.

어휘 create 만들다   spreadsheet 스프레드시트

해설 협의회 일정을 짜고 있는지 확인하는 부가 의문문

(A) 정답. 마드리드 협의회 일정을 짜고 있는지를 묻는 질문에 Yes라고 대답한 후에 표를 제시했으므로 정답.

(B) 연상 단어 오답. 질문의 schedule에서 연상 가능한 시점(beginning of October)을 이용한 오답.

(C) 질문과 상관없는 오답. 개수를 묻는 How many 의문문에 대한 응답이므로 오답.

PART 3

32-34

W-Am Hi, [32]**if you're ready to check out, I can help you at register two.**

M-Cn Thanks. By the way, [33]**I saw a sign in front of the grocery store about a new delivery service?**

W-Am Oh, right. We're offering a service where you can have your groceries delivered to your home.

M-Cn That sounds really convenient, but [33]**does it cost a lot?**

W-Am It's actually not that expensive. [34]**Let me see if I can find a flyer with the rates.**

여 안녕하세요. **계산할 준비가 되셨으면 2번 계산대에서 도와 드리겠습니다.**

남 감사합니다. 그런데 **식료품점 앞에서 새로운 배송 서비스에 대한 안내판을 봤는데요.**

여 네, 맞습니다. 식료품을 댁까지 배송해 드리는 서비스를 제공하고 있어요.

남 정말 편리하겠네요. 그런데 **비용이 많이 드나요?**

여 사실 그다지 많이 들지 않습니다. **요금이 표시된 전단지가 있는지 확인해 볼게요.**

어휘 check out 계산하다   register 계산대, 금전 등록기
delivery 배달   flyer (광고용) 전단(지)

32

Who most likely is the woman?

(A) A store cashier
(B) A tour guide
(C) A restaurant server
(D) A truck driver

여자는 누구이겠는가?

(A) 매장 계산원
(B) 여행 가이드
(C) 음식점 직원
(D) 트럭 기사

해설 전체 내용 관련 – 여자의 신분

대화 초반부에 여자가 남자에게 계산할 준비가 되었으면 2번 계산대에서 도와주겠다(if you're ready to check out, I can help you at register two)고 했으므로 여자는 매장 계산원임을 알 수 있다. 따라서 정답은 (A)이다.

33

What does the man ask the woman about?

(A) Membership rewards
(B) A delivery service
(C) An online payment system
(D) New business hours

남자는 여자에게 무엇에 대해 물어보는가?

(A) 회원 보상 제도
(B) 배송 서비스
(C) 온라인 결제 시스템
(D) 새로운 영업시간

어휘 reward 보상

해설 세부사항 관련 – 남자의 문의 사항

남자가 첫 번째 대사에서 식료품점 앞에서 배송 서비스의 안내판을 보았다(I saw a sign in front of the grocery store about a new delivery service)고 했고 두 번째 대사에서 비용이 많이 드는지(does it cost a lot?)를 물었으므로 정답은 (B)이다.

34

What will the woman do next?

(A) Call a supervisor
(B) Process a refund
(C) Give some directions
(D) Look for a price list

여자가 다음으로 할 일이 무엇인가?

(A) 관리자에게 전화하기
(B) 환불 처리하기
(C) 지시하기
(D) 가격표 찾기

어휘 refund 환불 give directions 지시하다

해설 세부사항 관련 – 여자가 다음에 할 행동

여자가 마지막 대사에서 요금이 표시된 전단지를 찾아보겠다(Let me see if I can find a flyer with the rates)고 했으므로 정답은 (D)이다.

> ▶ Paraphrasing 대화의 **find a flyer with the rates**
> → 정답의 **Look for a price list**

35-37

W-Br	Excuse me. [35]**This is my first visit to the Chesterville Art Museum. Are there any guided tours?**
M-Cn	There aren't any guided tours available today, unfortunately. But, [36]**we do have a museum app for your mobile phone. If you download it, you can read facts about each of the items in our galleries.**
W-Br	OK, great. I'll do that. Oh, and [37]**are there any maps?**
M-Cn	Sure, [37]**here you go.** It's recently been updated to include the exhibits in our newly opened east wing.

여	실례합니다. 체스터빌 미술관에는 처음 왔어요. 가이드 투어가 있나요?
남	아쉽게도 오늘은 가이드 투어가 없습니다. 하지만 **휴대전화용 박물관 앱이 있어요. 다운로드하시면 전시장에 있는 전시품 각각에 대한 설명을 읽으실 수 있습니다.**
여	그거 좋겠네요. 그렇게 할게요. **지도는 있을까요?**
남	물론입니다. **여기 있어요.** 최신 변경사항이 반영되어 새로 문을 연 동쪽 별관의 전시장도 나와 있습니다.

어휘	available 이용할 수 있는 exhibit 전시회(장), 전시품

35

Where are the speakers?

(A) At a park
(B) At a museum
(C) At a bus station
(D) At a concert hall

화자들은 어디에 있겠는가?

(A) 공원
(B) 박물관
(C) 버스정류장
(D) 연주회장

해설 전체 내용 관련 – 대화 장소

대화 초반부에서 여자가 체스터빌 미술관은 첫 방문(This is my first visit to the Chesterville Art Museum)이라면서 가이드 투어가 있는지(Are there any guided tours?) 묻는 것으로 보아 화자들이 있는 장소는 박물관임을 알 수 있다. 따라서 정답은 (B)이다.

36

What does the man suggest that the woman do?

(A) Buy a souvenir
(B) Wait outside
(C) Make a reservation
(D) Download a mobile app

남자는 여자에게 무엇을 하라고 제안하는가?

(A) 기념품 구입하기
(B) 바깥에서 기다리기
(C) 예약하기
(D) 모바일 앱 다운로드하기

어휘 souvenir 기념품   make a reservation 예약하다

해설 세부사항 관련 – 남자의 제안 사항

남자가 첫 번째 대사에서 휴대전화용 앱이 있다(we do have a museum app for your mobile phone)면서 다운로드하면 전시장에 있는 전시품에 대한 설명을 읽을 수 있다(If you download it, you can read facts about each of the items in our galleries)고 했다. 여기서 it은 a museum app을 지칭하므로 정답은 (D)이다.

37

What does the man give to the woman?

(A) A receipt
(B) A coupon
(C) A map
(D) A postcard

남자는 여자에게 무엇을 주었는가?

(A) 영수증
(B) 쿠폰
(C) 지도
(D) 엽서

해설 세부사항 관련 – 남자가 제공한 것

여자가 두 번째 대사에서 지도가 있는지(are there any maps?)를 묻자, 남자가 여기 있다(here you go)며 지도를 건네 주었으므로 정답은 (C)이다.

38-40 3인 대화

W-Br	Mr. Baxter? ³⁸**I'm Nadia Alaoui—I manage this radio station. And this is Karen Wilson, the host of our morning broadcast. Please sit down.**
M-Cn	Nice to meet you both. ³⁹**Thank you for considering me for a job as a news writer.**
W-Br	It's our pleasure. The writing samples you submitted were impressive... especially since many of them were about world events.

W-Am	Right. If you get the job, you'd be covering international issues, which means ⁴⁰**you'd have to travel a lot. Would that be a problem for you?**
M-Cn	Not at all. In my previous position as a magazine journalist, I went to a different country almost every month, so ⁴⁰**I'm very comfortable with working overseas.**
여1	박스터 씨인가요? **저는 나디아 알라위라고 해요. 이 라디오 방송국 운영자입니다.** 이 분은 저희 아침 방송 진행자인 카렌 윌슨입니다. 앉으세요.
남	두 분 모두 반갑습니다. **뉴스 작가 직책에 저를 고려해 주셔서 감사합니다.**
여1	저희도 기쁩니다. 제출하신 작문 견본이 인상적이었습니다... 많은 원고가 세계 뉴스였다는 점에서 더더욱요.
여2	맞아요. 이 일을 맡으시면 국제 소식을 취재하실 텐데요. **출장이 많을 거라는 이야기입니다. 그 점이 문제가 될까요?**
남	전혀 아닙니다. 예전에 잡지 기자로 일할 때 거의 매달 각국을 다녔어요. 그래서 **해외 근무는 제게 전혀 문제가 되지 않습니다.**

어휘	broadcast 방송 impressive 인상적인 cover 취재하다, 보도하다 previous 이전의 comfortable 수월하게 생각하는

38

Where is the conversation taking place?

(A) At a radio station
(B) At a public library
(C) At a publishing company
(D) At an import-export firm

대화는 어디에서 이루어지겠는가?

(A) 라디오 방송국
(B) 공공 도서관
(C) 출판사
(D) 수출입 업체

어휘 publishing 출판

해설 전체 내용 관련 – 대화 장소

대화 초반부에 여자 1이 자신을 이 라디오 방송국 운영자인 나디아 알라위(I'm Nadia Alaoui—I manage this radio station)라고 소개한 후, 아침 방송 진행자인 카렌 윌슨도 소개(And this is Karen Wilson, the host of our morning broadcast)하면서 남자에게 앉으라(Please sit down)고 했다. 따라서 대화는 라디오 방송국에서 이루어짐을 알 수 있으므로 정답은 (A)이다.

39

What is the purpose of the man's visit?

(A) To propose an advertising plan
(B) To make a repair
(C) To interview for a job
(D) To lead a training session

남자가 방문한 목적은 무엇인가?

(A) 광고 계획을 제안하려고

(B) 수리하려고

(C) 구직 면접을 보려고

(D) 교육을 진행하려고

어휘 advertising 광고, 홍보   repair 수리

해설 전체 내용 관련 – 남자의 방문 목적

남자가 첫 번째 대사에서 뉴스 작가 직책에 자신을 고려해 주어 고맙다 (Thank you for considering me for a job as a news writer)고 했으므로 정답은 (C)이다.

40

What does the man say he is willing to do?

(A) Lower a fee

(B) Upgrade some software

(C) Rush an order

(D) Travel internationally

남자는 무엇을 할 수 있다고 말하는가?

(A) 급여 낮추기

(B) 소프트웨어 업그레이드하기

(C) 긴급 주문하기

(D) 해외 출장 가기

어휘 lower 낮추다   rush 서두르다   internationally 국제적으로

해설 세부사항 관련 – 남자가 할 수 있는 일

여자2가 출장이 많은데 문제가 될지(you'd have to travel a lot. Would that be a problem for you?)를 물었고, 남자가 자신에게 해외 근무는 전혀 문제가 되지 않는다(I'm very comfortable with working overseas)고 대답했으므로 정답은 (D)이다.

> ▸▸ Paraphrasing   대화의 **working overseas**
> → 정답의 **Travel internationally**

41-43

> W-Am   ⁴¹**John, there're some hotel guests arriving at the airport tomorrow, around eleven thirty. Can you take the hotel van and pick them up then?**
>
> M-Au   Of course. Are they arriving at the domestic or international terminal?
>
> W-Am   Both—three are coming in on local flights, two on international. ⁴²**Here's a list of the guests' names and their arrival information.**
>
> M-Au   OK, great. By the way, I sent you an e-mail about the upcoming holiday. ⁴³**I was hoping to take a few days off...**
>
> W-Am   I did see your e-mail. We have enough people to cover your shifts.

> 여   존, 내일 11시 30분쯤 공항에 도착하는 호텔 투숙객들이 있습니다. 호텔 밴을 가지고 그 때 데리러 가줄 수 있어요?
>
> 남   물론이죠. 국내선 터미널에 도착하나요, 아니면 국제선 터미널인가요?
>
> 여   둘 다예요. 세 분은 국내선으로 오시고 두 분은 국제선으로 오십니다. 여기 투숙객 명단과 도착 정보가 있어요.
>
> 남   아, 좋습니다. 그건 그렇고, 다가오는 휴가에 관해 이메일을 보냈는데요. 며칠 휴가를 내고 싶습니다만….
>
> 여   봤습니다. 당신 대신 근무할 직원이 충분히 있어요.

어휘   domestic 국내의   upcoming 앞으로 있을, 다가오는

41

Where do the speakers most likely work?

(A) At an employment agency

(B) At a rental car office

(C) At a hospital

(D) At a hotel

화자들은 어디에서 일하겠는가?

(A) 직업소개소

(B) 렌터카 업체

(C) 병원

(D) 호텔

해설 전체 내용 관련 – 화자들의 근무지

여자가 첫 번째 대사에서 남자에게 내일 공항에 도착하는 호텔 투숙객들이 있다(John, there're some hotel guests arriving at the airport tomorrow, around eleven thirty)면서, 호텔 밴을 가지고 데리러 갈 수 있는지(Can you take the hotel van and pick them up then?) 묻는 것으로 보아 화자들의 근무지는 호텔임을 알 수 있다. 따라서 정답은 (D)이다.

42

What does the woman give the man?

(A) Some flight information

(B) Some meal vouchers

(C) A map of local attractions

(D) A parking permit

여자는 남자에게 무엇을 주는가?

(A) 항공편 정보

(B) 식사 쿠폰

(C) 지역 명소 지도

(D) 주차증

어휘 attraction 명소

해설 세부사항 관련 – 여자가 제공하는 것

여자가 두 번째 대사에서 여기 투숙객 명단과 도착 정보가 있다(Here's a list of the guests' names and their arrival information)며 남자에게 건네주고 있으므로 정답은 (A)이다.

> ▸▸ Paraphrasing   대화의 **arrival information**
> → 정답의 **flight information**

43

Why does the woman say, "We have enough people to cover your shifts"?

(A) To refuse an offer
(B) To approve a request
(C) To emphasize the importance of an assignment
(D) To complain that an employee is late

여자가 "당신 대신 근무할 직원이 충분히 있어요"라고 말하는 이유는 무엇인가?

(A) 제안을 거절하려고
(B) 요청을 승인하려고
(C) 임무의 중요성을 강조하려고
(D) 직원의 지각에 대해 항의하려고

어휘 refuse 거절하다 emphasize 강조하다 assignment 임무

해설 화자의 의도 파악 – 대신 근무할 직원이 충분히 있다는 말의 의미
남자가 두 번째 대사에서 며칠 휴가를 내고 싶다(I was hoping to take a few days off...)고 한 말에 대신 근무할 직원이 충분히 있다고 말한 의도는 남자가 휴가를 가도 문제가 없음을 알리기 위한 것으로 볼 수 있다. 따라서 정답은 (B)이다.

44-46

M-Au Heather, **[44]have you bought the plane tickets for our trip to the trade show in Mexico City?**

W-Am I haven't yet—**[45]tickets are expensive right now, so I figured I'd wait to buy them to see if the prices go down.**

M-Au Did you try Baseline Airways? It's usually about 25 percent cheaper than other airlines.

W-Am Wow—how can they offer such low prices?

M-Au Well, they charge a lot for additional services. For instance, taking a large suitcase costs 50 dollars. But we usually travel light, so it could be a good option for us.

W-Am [46]**In that case, I'll check out their Web site.** Thanks for the advice!

남 헤더, **멕시코시티 무역박람회 출장을 위해 비행기 표를 샀나요?**

여 아직요. **지금은 표가 비싸서 가격이 내려가는지 보고 기다렸다가 사야겠다고 생각했어요.**

남 베이스라인 항공은 보셨나요? 보통 다른 항공사보다 25퍼센트 정도 저렴해요.

여 와, 어떻게 그렇게 낮은 가격을 제시할 수 있죠?

남 추가 서비스에 대한 비용을 많이 청구해요. 예를 들어 대형 여행가방을 지참하면 50달러가 들어요. 하지만 우리는 보통 짐을 가볍게 들고 가니까 우리에게 적합한 방법이 될 수 있죠.

여 **그렇다면 웹사이트를 확인해 볼게요.** 조언해 주셔서 감사합니다!

어휘 trade show 무역박람회 figure 생각하다 charge 부과하다, 청구하다 additional 추가의, 부가의

44

What event are the speakers preparing for?

(A) A trade show
(B) A factory visit
(C) A grand opening
(D) A product launch

화자들은 어떤 행사에 가려고 준비하는가?

(A) 무역박람회
(B) 공장 견학
(C) 개점 기념식
(D) 제품 출시

해설 세부사항 관련 – 화자들이 참석할 행사
대화 초반부에 남자가 여자에게 멕시코시티 무역박람회 출장을 위해 비행기 표를 샀는지(have you bought the plane tickets for our trip to the trade show in Mexico City?) 물었으므로 정답은 (A)이다.

45

Why has the woman delayed a task?

(A) There was a data-entry mistake.
(B) A registration form was missing.
(C) Ticket prices are expensive.
(D) Attendance rates are too low.

여자가 일을 미룬 이유는 무엇인가?

(A) 데이터 입력 오류가 발생했다.
(B) 신청서가 없어졌다.
(C) 표 가격이 비싸다.
(D) 참석률이 너무 낮다.

어휘 registration form 신청서 attendance rate 참석률

해설 세부사항 관련 – 여자가 일을 미룬 이유
여자가 첫 번째 대사에서 지금은 표가 비싸서 가격이 내려가는지 보고 기다렸다가 사야겠다(tickets are expensive right now, so I figured I'd wait to buy them to see if the prices go down)며 비행기 표 구입을 미룬 이유를 설명했으므로 정답은 (C)이다.

46

What does the woman say she will do?

(A) Review a presentation
(B) Look at a Web site
(C) Print an itinerary
(D) Pick up a client

여자는 무엇을 하겠다고 말하는가?

(A) 발표 검토하기
(B) 웹사이트 살펴보기
(C) 일정 출력하기
(D) 고객 데리러 가기

어휘 itinerary 일정

해설 세부사항 관련 – 여자가 할 행동

여자가 마지막 대사에서 '그렇다면 웹사이트를 확인해 볼게요(In that case, I'll check out their Web site)'라고 했으므로 정답은 (B)이다.

> ▸▸ Paraphrasing　대화의 check out their Web site
> → 정답의 Look at a Web site

47-49

M-Cn	Hi, my name is Riccardo Messina. **⁴⁷I have an appointment with Dr. Schmidt today, and I was told to come fifteen minutes early to fill out medical forms.**
W-Am	Yes, they're here on this clipboard. The form on the top gives us permission to ask for a copy of your medical records from your previous doctor.
M-Cn	OK, **⁴⁸but my previous doctor moved to another town.** I don't know where she's working now.
W-Am	Oh, that's not a problem. The clinic where she practiced in town will have the records we need. Now let's see... **⁴⁹you're here today about your ankle, is that right?**
M-Cn	**⁴⁹Yeah, I seem to have hurt it while I was running last week.**

남	안녕하세요, 저는 리카르도 메시나입니다. **오늘 슈미트 박사님께 예약이 되어 있어요. 의료 서류 기입을 위해 15분 일찍 오라고 들었어요.**
여	네, 여기 서류판에 있어요. 맨 위 양식은 저희가 예전 담당의에게 의료 기록 사본을 요청해도 된다고 허가해 주시는 겁니다.
남	네, 하지만 **예전 담당의는 다른 시로 가셨어요.** 지금 어디에서 근무하시는지 모르는데요.
여	아, 괜찮습니다. 담당의가 일했던 병원에 필요한 기록이 있을 거예요. 한 번 볼까요… **오늘 발목 때문에 오신 거죠, 그렇죠?**
남	**네. 지난주에 달리기를 하다가 다친 것 같아요.**

어휘	fill out a form 서식을 작성하다, 양식을 기입하다 permission 허가　practice (의사·변호사 등이) 근무하다, 영업하다

47

Why was the man told to arrive early to the appointment?

(A) To make a payment
(B) To get an X-ray
(C) To pick up a prescription
(D) To complete some paperwork

남자에게 예약 시간보다 일찍 도착하라고 한 이유는 무엇인가?

(A) 결제하기 위해
(B) 엑스레이를 촬영하기 위해
(C) 처방전을 받기 위해
(D) 서류 작성을 하기 위해

어휘 prescription 처방전

해설 세부사항 관련 – 남자가 예약 시간보다 일찍 간 이유

대화 초반부에 남자가 슈미트 박사님께 예약되어 있는데 의료 서류 기입을 위해 15분 일찍 오라고 들었다(I have an appointment with Dr. Schmidt today, and I was told to come fifteen minutes early to fill out medical forms)고 했으므로 정답은 (D)이다.

> ▸▸ Paraphrasing　대화의 fill out medical forms
> → 정답의 complete some paperwork

48

What does the man say about his previous doctor?

(A) She recently retired.
(B) She is highly rated by patients.
(C) She has moved out of the area.
(D) She specialized in sports medicine.

남자가 예전 담당의에 대해 말한 것은 무엇인가?

(A) 최근 퇴직했다.
(B) 환자들에게 높이 평가되고 있다.
(C) 다른 지역으로 옮겼다.
(D) 스포츠 의학을 전공했다.

어휘 be highly rated 높이 평가받다

해설 세부사항 관련 – 남자가 예전 담당의에 대해 하는 말

지문 중반부에 남자가 예전 담당의는 다른 시로 갔다(but my previous doctor moved to another town)고 했으므로 정답은 (C)이다.

> ▸▸ Paraphrasing　대화의 moved to another town
> → 정답의 moved out of the area

49

What is the reason for the appointment?

(A) Allergies
(B) Headaches
(C) A cough
(D) An injury

예약을 한 이유는 무엇인가?

(A) 알레르기
(B) 두통
(C) 기침
(D) 부상

해설 세부사항 관련 – 예약 이유

여자가 두 번째 대사에서 발목 때문에 왔는지(you're here today about your ankle, is that right?) 묻는 말에 남자가 지난주에 달리기를 하다가 다쳤다(Yeah, I seem to have hurt it while I was running last week)고 대답했으므로 정답은 (D)이다.

50-52

M-Au	Hi, Ms. Lee. My crew just finished installing the windows on your house. If things go according to plan, **50we might complete construction before the deadline in the contract.**
W-Am	Thanks for letting me know, John. I'm very impressed with your team's work. By the way, **51has the shipment of wood for the flooring arrived yet?**
M-Au	**51,52Yes, the wood arrived this morning—it's stacked over there.**
W-Am	Great! Well, **52it's supposed to rain later today.** You have the key to the storage unit, right?
남	안녕하세요, 리 씨. 저희 직원이 자택의 창문 설치를 막 끝마쳤습니다. 계획대로 되면 **계약상의 기한보다 앞서 공사를 완료할 것 같습니다.**
여	알려 주셔서 감사합니다, 존. 당신 팀에서 해 주신 작업이 매우 인상적이었어요. 그런데 **바닥용 목재 배송품은 도착했나요?**
남	**네, 오늘 아침에 도착했습니다. 저쪽에 쌓여 있어요.**
여	좋습니다! 자, **오늘 이따가 비가 온다고 해요. 창고 열쇠 갖고 계시죠, 그렇죠?**
어휘	go according to plan 계획대로 되다 contract 계약 impressed 감명을 받은 shipment 수송, 수송품 flooring 바닥재 stack 쌓다, 포개다

50

Which field does the man most likely work in?

(A) Engineering
(B) Transportation
(C) Manufacturing
(D) Construction

남자는 어떤 분야에서 일하겠는가?

(A) 공학
(B) 운송
(C) 제조
(D) 건설

해설 전체 내용 관련 – 남자가 종사하는 분야

남자가 첫 번째 대사에서 계약상의 기한보다 앞서 공사를 완료할 것 (we might complete construction before the deadline in the contract)이라고 말했으므로 남자는 건설업에 종사함을 알 수 있다. 따라서 정답은 (D)이다.

51

What does the man say has arrived?

(A) A design sketch
(B) A contract
(C) A shipment
(D) Some cleaning products

남자는 무엇이 도착했다고 말하는가?

(A) 초안도
(B) 계약서
(C) 배송품
(D) 청소용품

해설 세부사항 관련 – 도착한 것

여자가 첫 번째 대사에서 바닥용 목재 배송품이 도착했는지(has the shipment of wood for the flooring arrived yet?)를 물었고, 남자가 오늘 아침에 도착했다(Yes, the wood arrived this morning)고 대답했으므로 정답은 (C)이다.

52

What does the woman mean when she says, "You have the key to the storage unit, right"?

(A) She wants a door to remain locked.
(B) She wants to inspect a facility.
(C) She wants the man to put some supplies away.
(D) She wants to confirm that only one key exists.

여자가 "창고 열쇠 갖고 계시죠, 그렇죠?"라고 말하는 의도는 무엇인가?

(A) 문을 잠가 두기를 바란다.
(B) 시설을 점검하고 싶다.
(C) 남자가 자재를 치워 두기를 바란다.
(D) 열쇠가 하나만 있는지 확인하고 싶다.

어휘 inspect 점검하다, 사찰하다

해설 화자의 의도 파악 – 창고 열쇠를 갖고 있는지 묻는 의도

남자가 두 번째 대사에서 목재가 오늘 아침에 도착했고 저쪽에 쌓여 있다(Yes, the wood arrived this morning—it's stacked over there)고 한 말에 여자가 오늘 이따가 비가 올 것(it's supposed to rain later today)이라며 한 말이므로 남자가 목재를 창고로 옮겨 주기를 바라는 마음에 한 말임을 알 수 있다. 따라서 정답은 (C)이다.

53-55

M-Cn	Hi, Ms. Watanabe. It's Hassan. I'm returning your call. **53You asked if I could update the mobile application that I created for your clothing store?**
W-Am	Yes, that's right. **54Customers using our app have increased by over 500 percent this year.**
M-Cn	That's great!

W-Am Yes, ⁵⁴**but now the application runs very slow when too many people use it at the same time.** I'd like you to update it to support more users.

M-Cn I'm sure I could change the app's code to handle more users, but it'll take some time. ⁵⁵**Let me look into it, and by the end of the day I'll let you know how long it'll take.**

남 안녕하세요, 와타나베 씨. 핫산입니다. 전화 주셨길래 연락드립니다. 당신의 의류 매장을 위해 만든 모바일 앱을 업데이트해 줄 수 있는지 물어보셨죠?

여 네, 맞아요. 저희 앱을 쓰는 고객들이 올해 500퍼센트 이상 증가했어요.

남 훌륭하네요!

여 네, 하지만 이제 너무 많은 사람들이 동시에 앱을 사용하면 굉장히 느려져요. 더 많은 사용자들을 지원하도록 업데이트해 주셨으면 합니다.

남 더 많은 사용자를 수용하기 위해 앱 코드를 변경할 수 있습니다. 하지만 시간이 좀 걸릴 겁니다. 제가 한 번 볼게요. 얼마나 걸릴지 오늘까지 알려 드리겠습니다.

어휘 run 작동하다, 기능하다 look into 조사하다

53

Who most likely is the man?

(A) A fashion designer
(B) A software developer
(C) A marketing consultant
(D) A personnel manager

남자는 누구이겠는가?
(A) 패션 디자이너
(B) 소프트웨어 개발자
(C) 마케팅 자문위원
(D) 인사관리자

어휘 personnel 인사과

해설 전체 내용 관련 – 남자의 직업

대화 초반부에서 남자가 여자에게 의류 매장을 위해 만든 모바일 앱 업데이트를 요청했는지(You asked if I could update the mobile application that I created for your clothing store?) 확인하는 것으로 보아 남자는 앱 개발자임을 알 수 있다. 따라서 정답은 (B)이다.

54

According to the woman, what has caused a problem?

(A) A missed deadline
(B) A shortage of staff members
(C) An increase in customers
(D) A mistake in some promotional materials

여자에 따르면, 문제가 발생한 이유는 무엇인가?
(A) 기한을 놓쳐서
(B) 직원이 부족해서
(C) 고객이 증가해서
(D) 홍보 자료에 실수가 있어서

어휘 shortage 부족 promotional 홍보의, 판촉의

해설 세부사항 관련 – 문제가 발생한 이유

여자가 첫 번째 대사에서 자신들의 앱 사용 고객이 500퍼센트 이상 증가(Customers using our app have increased by over 500 percent this year)했고, 너무 많은 사람들이 동시에 앱을 사용하면 굉장히 느려진다(but now the application runs very slow when too many people use it at the same time)고 했으므로 정답은 (C)이다.

> ▸▸ Paraphrasing 대화의 Customers using our app have increased
> → 정답의 An increase in customers

55

What does the man say he will do by the end of the day?

(A) Send a department memo
(B) Review some job applications
(C) Research some competitors
(D) Provide a time estimate

남자는 오늘까지 무엇을 하겠다고 말하는가?
(A) 부서에 메모 보내기
(B) 입사지원서 검토하기
(C) 경쟁업체 조사하기
(D) 예상 시간 알려 주기

어휘 job application 입사지원서 estimate 추정

해설 세부사항 관련 – 남자가 오늘까지 할 일

남자가 마지막 대사에서 앱을 살펴보고 업데이트하는 데 시간이 얼마나 걸릴지 오늘까지 알려주겠다(Let me look into it, and by the end of the day I'll let you know how long it'll take)고 했으므로 정답은 (D)이다.

> ▸▸ Paraphrasing 대화의 let you know how long it'll take
> → 정답의 Provide a time estimate

56-58

W-Am Hi Miguel. ⁵⁶**Did you see that a new fitness center opened down the road from the office?**

M-Au ⁵⁶**Yes! I saw it while I was driving here yesterday.** ⁵⁷**It's great to have a place to go and work out so close by.**

W-Am ⁵⁷**Exactly.** And I heard that ⁵⁸**if you join this month, you'll get a twenty percent discount on any exercise gear you purchase.**

M-Au Really? I've been thinking about starting an exercise routine. Maybe I should go check it out this week.

여 안녕하세요, 미구엘. **사무실에서 길 아래쪽으로 피트니스 센터가 새로 문을 연 걸 보셨나요?**

남 네! 어제 운전하면서 오다가 봤어요. 그렇게 가까이에 가서 운동할 장소가 생겨서 좋아요.

여 그래요. 이번 달에 가입하면 구입하는 운동 장비 모두 20퍼센트 할인을 받을 거라고 들었어요.

남 정말요? 정기적인 운동을 시작하려고 생각하고 있었어요. 이번 주에 가서 확인해 봐야겠네요.

어휘 gear 장비 purchase 구입하다 routine 정해진 순서[과정], 일과

56

What type of business are the speakers discussing?

(A) A café
(B) A clothing store
(C) A medical clinic
(D) A fitness center

화자들은 어떤 종류의 업체에 대해 이야기하는가?

(A) 카페
(B) 의류 매장
(C) 병원
(D) 피트니스 센터

해설 전체 내용 관련 – 화자들이 이야기하는 업체

대화 초반부에 여자가 사무실에서 길 아래쪽으로 새로 문을 연 피트니스 센터를 보았는지(Did you see that a new fitness center opened down the road from the office?) 물었고 뒤이어 남자도 어제 운전하면서 오다가 보았다(Yes! I saw it while I was driving here yesterday)고 대답했으므로 정답은 (D)이다.

57

What do the speakers like about the business?

(A) It is located near their workplace.
(B) It has a customer loyalty program.
(C) It has friendly staff members.
(D) It is open every day.

화자들은 업체의 어떤 점을 마음에 들어 하는가?

(A) 사무실 가까이에 있다.
(B) 고객 로열티 프로그램이 있다.
(C) 직원들이 친절하다.
(D) 매일 문을 연다.

어휘 loyalty 충성도

해설 세부사항 관련 – 화자들이 업체에 대해 좋아하는 점

남자가 첫 번째 대사에서 가까이에 운동할 장소가 있어 좋다(It's great to have a place to go and work out so close by)고 한 말에 여자도 그렇다(Exactly)고 동의했으므로 정답은 (A)이다.

▸▸ Paraphrasing 대화의 **work out so close by** → 정답의 **located near their workplace**

58

What is the business offering this month?

(A) Expedited shipping
(B) Parking validation
(C) Discounted merchandise
(D) Online consultations

업체는 이번 달에 무엇을 제공하는가?

(A) 긴급 배송
(B) 주차 확인
(C) 할인 상품
(D) 온라인 상담

어휘 expedite 더 신속히 처리하다 validation 확인 consultation 상담

해설 세부사항 관련 – 업체가 이번 달에 제공하는 것

여자가 두 번째 대사에서 이번 달에 가입하면 운동 장비 모두 20퍼센트 할인을 받을 것(if you join this month, you'll get a twenty percent discount on any exercise gear you purchase)이라고 했으므로 정답은 (C)이다.

▸▸ Paraphrasing 대화의 **a twenty percent discount on any exercise gear** → 정답의 **Discounted merchandise**

59-61 3인 대화

W-Br Thanks for coming out to our factory in such bad weather!

M-Cn No problem. [59]**We're used to working in all kinds of weather.**

M-Au We sure are! So… [60]**my notes say that you've noticed some damage on some of the pipes outside building two.** Is that right?

W-Br Yes. I noticed some rust spots. I'll show you exactly where.

M-Au OK—[60]**we'll take a look** and let you know how extensive the damage is.

M-Cn It's possible it's just surface-level rust. But… [61]**you should know that if repairs are needed, operations in building two will have to be shut down for a couple of days while we do the work.**

여 이렇게 궂은 날씨에 저희 공장을 찾아 주셔서 감사합니다!

남1 아닙니다. **어떤 날씨에서든 작업하는 데 익숙해요.**

남2 정말 그렇습니다! 자… 제 메모에는 2번 건물 외부의 파이프 일부에 손상이 간 것을 발견하셨다고 적혀 있는데요. 맞습니까?

여　네. 녹슨 자국들을 발견했어요. 정확히 어딘지 보여 드리겠습니다.

남2　네. **저희가 한 번 보고** 손상이 얼마나 큰지 알려 드릴게요.

남1　표면에만 녹이 슬었을 가능성이 있습니다. 하지만… **수리를 해야 한다면, 저희가 작업을 하는 이틀 동안 2번 건물의 운영을 중지해야 합니다.**

어휘　rust spot 녹이 슬어 생긴 얼룩　extensive 아주 넓은 surface 표면　operation 작업, 운영

59

What does one of the men say they are accustomed to?

(A) Preparing estimates
(B) Working in various weather conditions
(C) Last-minute schedule changes
(D) Long commutes to job sites

남자 중 한 명은 그들이 무엇에 익숙하다고 말하는가?

(A) 견적서 준비하기
(B) 다양한 날씨 상황에서 작업하기
(C) 막바지에 일정 변경하기
(D) 일터로 멀리 통근하기

어휘　estimate 견적서　commute 통근

해설　세부사항 관련 – 그들에게 익숙한 것
남자가 첫 번째 대사에서 어떤 날씨에서든 작업하는 데 익숙하다(We're used to working in all kinds of weather)고 말했으므로 정답은 (B)이다.

▸▸ **Paraphrasing**　대화의 **all kinds of weather**
→ 정답의 **various weather conditions**

60

Why are the men visiting the factory?

(A) To inspect some pipes
(B) To sign a business agreement
(C) To measure energy usage
(D) To install some machinery

남자들이 공장을 방문한 이유는 무엇인가?

(A) 파이프를 점검하기 위해
(B) 업무협약서에 서명하기 위해
(C) 에너지 사용량을 측정하기 위해
(D) 기계를 설치하기 위해

어휘　sign an agreement 협약서에 서명하다　measure 측정하다

해설　전체 내용 관련 – 남자들이 공장을 방문한 이유
남자2가 첫 번째 대사에서 자신의 메모에 2번 건물의 파이프에 손상이 있다고 적혀 있다(my notes say that you've noticed some damage on some of the pipes outside building two)고 한 후, 두 번째 대사에서 한 번 보겠다(we'll take a look)고 했으므로 정답은 (A)이다.

▸▸ **Paraphrasing**　대화의 **take a look** → 정답의 **inspect**

61

What does one of the men warn the woman about?

(A) Some materials may not be available.
(B) Some prices may increase.
(C) A business may relocate.
(D) A building may have to be closed temporarily.

남자들 중 한 명은 여자에게 무엇에 대해 주의를 주는가?

(A) 일부 자재를 구하지 못할 수 있다.
(B) 가격이 오를 수 있다.
(C) 업체가 이전할 수 있다.
(D) 건물을 임시로 폐쇄해야 할 수 있다.

어휘　relocate 이전하다　temporarily 일시적으로, 임시로

해설　세부사항 관련 – 남자들 중 한 명이 주는 주의
남자1이 마지막 대사에서 수리를 한다면 작업하는 이틀 동안 2번 건물의 운영을 중지해야 할 것(you should know that if repairs are needed, operations in building two will have to be shut down for a couple of days while we do the work)이라고 여자에게 말했으므로 정답은 (D)이다.

▸▸ **Paraphrasing**　대화의 **shut down for a couple of days**
→ 정답의 **closed temporarily**

62-64　대화 + 표지판

M-Au　[62]**My movie's about to start, but I'm so hungry! Do you have any specials today?**

W-Am　Yes, they're on this sign. [63]**Depending on what food item you buy, you receive a free soft drink.** For example, if you buy candy, you get a free small drink. If you buy…

M-Au　Oh, I see. Well, [63]**I'll go with popcorn.**

W-Am　That'll be seven dollars.

M-Au　Also, [64]**I have a gift certificate here. Can I pay with it?**

W-Am　[64]**Yes.** It's OK to use your certificate for the specials.

남　영화가 곧 시작되는데 배가 너무 고파요! 오늘 특가 상품이 있나요?

여　네, 이 표지판에 쓰여 있어요. **어떤 음식을 구입하는지에 따라 무료 탄산음료를 받으실 수 있습니다.** 예를 들어 사탕을 사시면 스몰 사이즈의 무료 음료가 제공됩니다. 만약…

남　아, 알겠습니다. 음, 저는 **팝콘으로 할게요.**

여　7달러입니다.

남　**여기 상품권도 있어요. 쓸 수 있나요?**

여　**네. 특가 상품에도 상품권을 이용하실 수 있습니다.**

어휘　gift certificate 상품권

Today's Specials

Food		Price	Free Soft Drink
Candy		$3.00	Small
Chips		$4.00	Medium
Hot dog		$5.50	Large
63Popcorn		$7.00	Super

오늘의 특가

음식		가격	무료 탄산음료
사탕		3달러	스몰
칩스		4달러	미디엄
핫도그		5.5달러	라지
63팝콘		7달러	슈퍼

62

Where are the speakers?

(A) At a sports arena
(B) At a restaurant
(C) At a movie theater
(D) At a community picnic

화자들은 어디에 있는가?

(A) 운동 경기장
(B) 음식점
(C) 영화관
(D) 주민 야유회

해설 전체 내용 관련 – 대화 장소

대화 초반에 남자가 영화가 곧 시작되는데 배가 고프다(My movie's about to start, but I'm so hungry)면서, 특가 상품이 있는지(Do you have any specials today?) 묻는 것으로 보아 화자들은 영화관 매점에 있음을 알 수 있다. 따라서 정답은 (C)이다.

63

Look at the graphic. What size drink will the man receive?

(A) Small
(B) Medium
(C) Large
(D) Super

시각 정보에 의하면, 남자는 어떤 사이즈의 음료를 받을 것인가?

(A) 스몰
(B) 미디움
(C) 라지
(D) 슈퍼

해설 시각 정보 연계 – 남자가 받을 음료의 사이즈

여자가 첫 번째 대사에서 구입하는 음식에 따라 무료 탄산음료를 받는다 (Depending on what food item you buy, you receive a free soft drink)고 했고 뒤이어 남자가 팝콘으로 하겠다(I'll go with popcorn)고

했다. 표를 보면 팝콘에는 슈퍼 사이즈의 음료가 제공되므로 정답은 (D)이다.

64

How will the man pay?

(A) With a credit card
(B) With a gift certificate
(C) With a coupon
(D) With cash

남자는 어떤 방식으로 결제할 것인가?

(A) 신용카드
(B) 상품권
(C) 쿠폰
(D) 현금

해설 세부사항 관련 – 남자의 결제 방법

남자가 세 번째 대사에서 상품권이 있다(I have a gift certificate here)며 쓸 수 있는지(Can I pay with it?)를 물었고 뒤이어 여자가 Yes라고 대답했으므로 정답은 (B)이다.

65-67 대화 + 여행 일정표

M-Au	Excuse me, Bridget?
W-Br	Yes?
M-Au	65I just received an e-mail from a senior executive at Destra Incorporated. It's about their visit to our headquarters next month. They have a special request for the itinerary.
W-Br	I'm almost done with it, but 65I guess I can shift some plans around. 66What did the client ask for?
M-Au	66They want to go on a hike nearby. They've heard how beautiful it is here during this time of the year.
W-Br	I know a good hiking spot. But 67I'll have to cancel one of the other activities in order to fit it in. Maybe the visit to the art museum?
M-Au	Good idea. The basketball game is usually more popular than the museum.
남	저, 브리짓?
여	네?
남	데스트라 주식회사의 임원으로부터 방금 이메일을 받았는데요. 다음 달에 우리 본사를 방문하는 건에 관해서요. 일정 관련 특별 요청이 있네요.
여	일정표가 거의 다 완성되긴 했지만, 일부 계획을 바꿀 수 있을 것 같아요. 고객이 무엇을 요청하셨나요?
남	근처로 하이킹을 가고 싶어 합니다. 이곳이 연중 이맘때 얼마나 아름다운지 들었다고 해요.

여 적당한 하이킹 장소를 알고 있어요. **하지만 하이킹을 넣기 위해선 다른 활동 중 하나를 취소해야 할 겁니다. 미술관 방문을 뺄까요?**

남 좋아요. 보통 농구 경기가 미술관보다 인기가 있죠.

어휘 headquarters 본사 itinerary 일정(표)

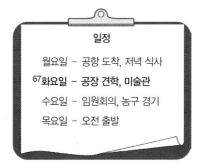

65

Why are the speakers changing the itinerary?

(A) A client has made a request.
(B) A venue is too small.
(C) A ticket price is too high.
(D) A presenter has been delayed.

화자들은 왜 일정을 바꾸는가?

(A) **고객이 요청했다.**
(B) 장소가 너무 좁다.
(C) 표 가격이 너무 비싸다.
(D) 발표자가 늦어졌다.

어휘 make a request 요청하다 venue 장소

해설 세부사항 관련 – 화자들이 일정을 바꾸는 이유

대화 초반부에 남자가 데스트라 주식회사 임원이 이메일로 다음 달 본사 방문 일정과 관련하여 특별 요청을 했다(I just received an e-mail from a senior executive at Destra Incorporated. It's about their visit to our headquarters next month. They have a special request for the itinerary)고 한 말에 여자가 일부 계획을 바꿀 수 있을 것(I guess I can shift some plans around)이라고 했으므로 정답은 (A)이다.

> ▸▸ **Paraphrasing** 대화의 **have a special request**
> → 정답의 **made a request**

66

What activity will the speakers add to the itinerary?

(A) A theater performance
(B) A hiking trip
(C) A shopping trip
(D) A garden show

화자들은 일정에 어떤 활동을 추가할 것인가?

(A) 연극 공연
(B) **하이킹 여행**
(C) 쇼핑
(D) 가든 쇼

해설 세부사항 관련 – 화자들이 일정에 추가할 활동

여자가 두 번째 대사에서 고객이 무엇을 요청했는지(What did the client ask for?)를 묻자, 남자가 하이킹을 가고 싶어 한다(They want to go on a hike nearby)고 대답했으므로 추가할 활동은 하이킹임을 알 수 있다. 따라서 정답은 (B)이다.

> ▸▸ **Paraphrasing** 대화의 **a hike** → 정답의 **A hiking trip**

67

Look at the graphic. On which day will an activity be replaced?

(A) Monday
(B) Tuesday
(C) Wednesday
(D) Thursday

시각 정보에 의하면, 어떤 요일에 활동이 교체될 것인가?

(A) 월요일
(B) **화요일**
(C) 수요일
(D) 목요일

어휘 replace 교체하다

해설 시각 정보 연계 – 활동이 교체될 요일

여자가 세 번째 대사에서 하이킹을 넣기 위해선 다른 활동 하나를 취소해야 할 것(I'll have to cancel one of the other activities in order to fit it in)이라며 미술관 방문을 빼면 어떠냐(Maybe the visit to the art museum?)고 했고, 이에 남자가 동의했다. 시각 정보를 보면 미술관 일정은 화요일 활동이므로 정답은 (B)이다.

68-70 대화 + 평면도

W-Br Hi, Brian, and welcome! I'm Cindy Stapleton, and I'll be your manager. **68I assume you remember the general floor layout from when you interviewed here?** We have a few available offices on this floor that you can choose from.

M-Au Thanks! I'd like to have a quiet work space, if possible. Any recommendations?

W-Br	Hm. Office One is taken... and it's probably noisy by the kitchen or near the conference room. ⁶⁹**How about the office right here, next to the front door?**
M-Au	Great! Thanks. Now—⁷⁰**how do I log into the computer network?**
W-Br	Oh, ⁷⁰**we'll do that later.** Once you've settled in, come by my desk. Then I'll show you how to log in.
여	안녕하세요, 브라이언! 환영합니다! 저는 신디 스테이플턴이고, 당신의 매니저가 될 거예요. **여기서 면접을 치를 때 보았던 일반 배치도를 기억할 겁니다.** 이 층에서 당신이 선택할 수 있는 사무실이 몇 개 있어요.
남	감사합니다! 가능하다면 조용한 작업 공간을 원해요. 추천해 주실 곳이 있나요?
여	음… 1호 사무실은 나갔는데, 아마 주방 옆이나 회의실 근처라 시끄러울 겁니다. **정문 옆에 있는 이 사무실은 어떠세요?**
남	좋습니다! 감사합니다. **컴퓨터 네트워크에 어떻게 로그인하죠?**
여	아, **그건 나중에 할 겁니다.** 적응이 되면 제 책상으로 오세요. 그때 로그인 방법을 보여 줄게요.

어휘	assume 짐작하다, 가정하다 layout 배치도 recommendation 추천 settle in 적응하다

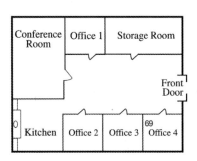

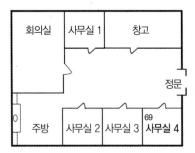

68

Why is the man familiar with the office?

(A) He used to work there.

(B) He was there for an interview.

(C) He was e-mailed a floor plan.

(D) He was given a tour by a friend.

남자가 사무실을 잘 알고 있는 이유는 무엇인가?

(A) 그 사무실에서 일했다.

(B) 면접을 보러 그 사무실에 갔다.

(C) 평면도를 이메일로 받았다.

(D) 친구가 구경시켜 줬다.

어휘 floor plan 평면도

해설 세부사항 관련 – 남자가 사무실을 잘 아는 이유

여자가 첫 번째 대사에서 남자에게 '여기서 면접을 치를 때 보았던 일반 배치도를 기억할 겁니다(I assume you remember the general floor layout from when you interviewed here?)'라고 했으므로 정답은 (B)이다.

> ▶▶ Paraphrasing   대화의 **you interviewed here**
> → 정답의 **He was there for an interview**

69

Look at the graphic. Which office does the woman recommend?

(A) Office 1

(B) Office 2

(C) Office 3

(D) Office 4

시각 정보에 의하면, 여자는 어떤 사무실을 추천하는가?

(A) 사무실 1

(B) 사무실 2

(C) 사무실 3

(D) **사무실 4**

해설 시각 정보 연계 – 여자가 추천하는 사무실

여자가 두 번째 대사에서 남자에게 정문 옆에 있는 사무실은 어떤지(How about the office right here, next to the front door?) 물었으므로 정답은 (D)이다.

70

What will the woman explain later?

(A) How to access a network

(B) How to request a printer

(C) How to file some documents

(D) How to obtain a parking pass

여자는 나중에 무엇을 설명할 것인가?

(A) **네트워크 접속하는 방법**

(B) 프린터 요청하는 방법

(C) 문서 철하는 방법

(D) 주차권 얻는 방법

해설 세부사항 관련 – 여자가 나중에 설명할 것

남자가 두 번째 대사에서 컴퓨터 네트워크에 어떻게 로그인하는지(how do I log into the computer network?) 물었고 뒤이어 여자가 그건 나중에 할 것(we'll do that later)이라고 대답했으므로 정답은 (A)이다.

> ▶▶ Paraphrasing   대화의 **log into the computer network**
> → 정답의 **access a network**

PART 4

71-73 담화

> M-Au **71Welcome to Vandermark Farms!** We're happy you can work for us this summer. Each of you will be assigned to a team responsible for different tasks on our farm. Like last summer, you may be assigned to be in the fields or to care for the animals. **72We do have a new task this year— a food cart. We'll need people to run it and sell our fresh products around town.** Although these are seasonal positions, we always have openings for year-round work. If you're interested, **73just e-mail Anya, and she'll give you a listing of all our available twelve-month positions.**
>
> 밴더마크 농장에 오신 것을 환영합니다! 올 여름 저희를 위해 일해 주실 수 있다니 기쁩니다. 여러분은 저희 농장의 다양한 업무를 맡은 팀에 각각 배정될 것입니다. 작년 여름과 마찬가지로 밭일이나 동물 돌보는 일에 배정될 수 있습니다. **올해는 새로운 업무가 있는데요. 바로 식품 카트입니다. 카트를 끌고 마을을 돌며 저희 신선한 상품을 판매할 분들이 필요합니다.** 특정 시기에만 있는 자리이긴 하지만 일년 내내 있는 작업도 항상 자리가 있습니다. 관심이 있으시면 **애냐에게 이메일을 보내 주세요. 연중 내내 있는 일자리 목록을 드릴 것입니다.**
>
> 어휘 assign 배정하다, 배치하다 seasonal 어느 계절[시기]에 한정된

71

Where does the talk take place?

(A) At a supermarket
(B) At a bakery
(C) At a farm
(D) At a restaurant

담화는 어디에서 이루어지는가?
(A) 슈퍼마켓
(B) 제과점
(C) 농장
(D) 음식점

해설 전체 내용 관련 – 담화 장소
지문 초반부에서 화자가 밴더마크 농장에 온 것을 환영한다(Welcome to Vandermark Farms)고 했으므로 정답은 (C)이다.

72

According to the speaker, what is a new task this summer?

(A) Organizing a festival
(B) Coordinating with a charity
(C) Managing a food cart
(D) Leading cooking classes

화자에 따르면, 올 여름 새로 생긴 일은 무엇인가?
(A) 축제 준비하기
(B) 자선 단체와 협력하기
(C) 식품 카트 운영하기
(D) 요리 강좌 진행하기

어휘 coordinate with ~와 조정하다, 협력하다 charity 자선 단체

해설 세부사항 관련 – 올 여름 새로 생긴 일
지문 중반부에서 올해는 새 업무인 식품 카트가 있다(We do have a new task this year—a food cart)며 카트를 끌고 마을을 돌며 신선 상품을 판매할 것(We'll need people to run it and sell our fresh products around town)이라고 설명했으므로 정답은 (C)이다.

73

What can the listeners receive from Anya?

(A) A map of the facility
(B) A list of open positions
(C) A reimbursement form
(D) A letter of recommendation

청자들은 애냐로부터 무엇을 받을 수 있는가?
(A) 시설 지도
(B) 채용 일자리 목록
(C) 상환 요청서
(D) 추천서

어휘 reimbursement 상환

해설 세부사항 관련 – 청자들이 애냐로부터 받을 것
지문 후반부에서 애냐에게 이메일을 보내면 연중 내내 있는 일자리 목록을 보내줄 것(just e-mail Anya, and she'll give you a listing of all our available twelve-month positions)이라고 했으므로 정답은 (B)이다.

> ▸▸ Paraphrasing 담화의 **listing of all our available twelve-month positions**
> → 정답의 **list of open positions**

74-76 워크숍 발췌

> W-Br Welcome to Maple Library. **74During tonight's community workshop, I'll show you how to use the library's databases.** Before we get started, **75you'll need your library card to log on to our network.** **76Now, on the computer in front of you, enter your card number to log in.** Next, I'll show you how to enter search terms. It's OK if you can't remember each step. Keep in mind, I'm at the information desk every evening.
>
> 메이플 도서관에 오신 것을 환영합니다. **오늘밤 지역 워크숍에서 여러분께 도서관 데이터베이스 사용법을 알려 드리려고 합니다.** 시작하기에 앞서, **여러분의 도서관 카드로 저희 네트워크에 로그인해야 합니다.** 자, 앞에 놓인 **컴퓨터에서 카드 번호를 입력하고 로그인하세요.** 다음으로 검색어 입력 방법을 알려 드리겠습니다. 각 단계를 외우지 않아도 괜찮습니다. 제가 매일 저녁 안내데스크에 있다는 걸 기억해 주세요.

74

What is the workshop about?

(A) Searching a database
(B) Improving writing skills
(C) Editing digital photographs
(D) Creating a Web page

워크숍은 무엇에 관한 것인가?

(A) 데이터베이스 검색
(B) 작문 실력 향상
(C) 디지털 사진 편집
(D) 웹페이지 구축

어휘 improve 향상시키다 edit 편집하다 create 만들다

해설 세부사항 관련 – 워크숍에서 다룰 사항

지문 초반부를 보면 워크숍에서 도서관 데이터베이스 사용법을 알려줄 것(During tonight's community workshop, I'll show you how to use the library's databases)이라고 했으므로 정답은 (A)이다.

▶▶ Paraphrasing 담화의 use the library's databases
→ 정답의 Searching a database

75

According to the speaker, what do the listeners need to access a computer?

(A) A driver's license
(B) A receipt
(C) A credit card
(D) A library card

화자에 따르면, 청자들은 컴퓨터에 접속하기 위해 무엇을 필요로 하는가?

(A) 운전면허증
(B) 영수증
(C) 신용카드
(D) 도서관 카드

해설 세부사항 관련 – 컴퓨터 접속을 위해 필요한 것

지문 중반부에서 청자들의 도서관 카드로 네트워크에 로그인해야 한다(you'll need your library card to log on to our network)고 했으므로 정답은 (D)이다.

76

Why does the speaker say, "I'm at the information desk every evening"?

(A) To provide a correction
(B) To reject an invitation
(C) To offer assistance
(D) To request a change

화자가 "제가 매일 저녁 안내데스크에 있다는 걸 기억해 주세요"라고 말하는 이유는 무엇인가?

(A) 정정해 주기 위해
(B) 초대를 거절하기 위해
(C) 도움을 주기 위해
(D) 변경을 신청하기 위해

어휘 correction 정정, 수정

해설 화자의 의도 파악 – 제가 매일 저녁 안내데스크에 있다는 걸 기억해 주세요라고 말한 의도

인용문의 앞 문장에서 각 단계를 외우지 않아도 괜찮다(It's OK if you can't remember each step)면서 '제가 매일 저녁 안내데스크에 있다는 걸 기억해 주세요'라고 한 것으로 보아 기억나지 않으면 자신에게 물어보라는 뜻으로 이해할 수 있다. 따라서 도움을 주려는 의도로 한 말이므로 정답은 (C)이다.

77-79 전화 메시지

W-Am Hello. **77I'm calling about an electric toothbrush I ordered from your company. I'm having a problem with it, and I hope you can help me.** When I push the power button, the toothbrush won't start. I don't know why it isn't working, because the battery is fully charged. **78I'm leaving next week on a long trip,** and I really don't want to go away without this toothbrush. **79Please call me back at 555-0137.** Thanks.

안녕하세요. **귀사에서 주문한 전동 칫솔 건으로 전화했습니다. 문제가 생겨서 도와 주셨으면 해요.** 전원 버튼을 눌렀을 때 칫솔이 작동을 시작하지 않아요. 왜 그런지 이유를 모르겠어요. 배터리는 완전히 충전되어 있거든요. **다음 주에 긴 여행을 떠날 예정인데** 이 칫솔 없이 가고 싶지 않아요. **555-0137로 전화해 주세요.** 감사합니다.

어휘 be fully charged 완전히 충전되다

77

Why is the speaker calling?

(A) To ask how to fill out an application
(B) To inquire about a delivery date
(C) To report a problem with a product
(D) To revise a billing address

화자가 전화를 건 목적은 무엇인가?

(A) 신청서 작성법을 물어보려고
(B) 배송일자를 문의하려고
(C) 제품의 문제를 알리려고
(D) 청구서 발송지를 수정하려고

어휘 application 신청서, 지원서 revise 수정하다 billing address 청구서 주소지

해설 전체 내용 관련 – 화자가 전화를 건 목적

지문 초반부에서 화자가 자신이 주문한 전동 칫솔 건으로 전화했다(I'm calling about an electric toothbrush I ordered from your company)면서, 문제가 생겼으니 도와 달라(I'm having a problem with it, and I hope you can help me)고 말하고 있으므로 정답은 (C)이다.

78

What does the speaker say she is going to do next week?

(A) Start a new job
(B) Present at a conference
(C) Have a dental examination
(D) Take a trip

화자는 다음 주에 무엇을 할 예정이라고 말하는가?

(A) 새로운 일 시작
(B) 회의에서 발표
(C) 치과 검진
(D) 여행

어휘 dental examination 치과 검진

해설 세부사항 관련 – 화자의 다음 주 계획

지문 중반부에서 다음 주에 자신이 긴 여행을 떠날 것(I'm leaving next week on a long trip)이라고 밝혔으므로 정답은 (D)이다.

> ▸▸ Paraphrasing 담화의 **leaving next week on a long trip**
> → 정답의 **Take a trip**

79

What does the speaker want the listener to do?

(A) Provide an extended warranty
(B) Return a phone call
(C) Send a new catalog
(D) Deliver a free sample

화자는 청자가 무엇을 하기를 바라는가?

(A) 품질 보증서 연장해 주기
(B) 답신 전화하기
(C) 새 카탈로그 발송하기
(D) 무료 견본 배송해 주기

어휘 extend 연장하다 warranty 품질 보증서

해설 세부사항 관련 – 청자에 대한 요청 사항

지문 후반부에서 화자는 청자에게 다시 전화해 달라(Please call me back at 555-0137)고 요청했으므로 정답은 (B)이다.

> ▸▸ Paraphrasing 담화의 **call me back**
> → 정답의 **Return a phone call**

80-82 전화 메시지

M-Au Hi, Lucy. **80Congratulations on the real estate contract you finalized yesterday!** It's great that our clients' properties have been selling so quickly. The advertisement we recently ran must've worked. **81After placing that ad in the paper, we**

got lots of telephone calls from businesses looking to purchase new office spaces! The thing is... **82while we specialize in selling office buildings in the city**... you know, many companies are moving to suburban areas just outside the city. Can we talk about this after the meeting this afternoon?

안녕하세요, 루시. 어제 부동산 계약을 체결한 것을 축하합니다! 우리 고객의 건물이 이렇게 빨리 팔리다니 정말 좋네요. 최근에 낸 광고가 효과를 본 게 분명합니다. 신문에 광고를 게시한 후 새 사무실을 매입하려는 업체들로부터 전화가 많이 걸려 왔어요. 문제는 … 우리가 도심 사무실 건물 판매에 특화되어 있는 반면… 많은 회사들이 시 바로 외곽의 교외 지역으로 이사하고 있어요. 오늘 오후 회의가 끝나고 이에 대해 이야기 나눌 수 있을까요?

어휘 real estate 부동산 finalize 마무리짓다 suburban 교외의

80

Why does the speaker congratulate the listener?

(A) She started a business.
(B) She won an award.
(C) She finalized a contract.
(D) She gave a presentation.

화자가 청자에게 축하를 한 이유는 무엇인가?

(A) 사업을 시작했다.
(B) 상을 받았다.
(C) 계약을 마무리했다.
(D) 발표를 했다.

어휘 win an award 상을 받다

해설 세부사항 관련 – 화자가 축하를 한 이유

지문 초반부에서 화자가 청자에게 부동산 계약 체결을 축하한다 (Congratulations on the real estate contract you finalized yesterday)고 했으므로 정답은 (C)이다.

> ▸▸ Paraphrasing 담화의 **the real estate contract you finalized** → 정답의 **finalized a contract**

81

What does the speaker say about a newspaper advertisement?

(A) It will be finished shortly.
(B) It has increased business.
(C) It needs to be modified.
(D) It is well under budget.

화자는 신문 광고에 대해 뭐라고 말하는가?

(A) 곧 종료될 예정이다.
(B) 사업 건수를 늘렸다.
(C) 수정이 필요하다.
(D) 예산보다 비용이 적게 들었다.

어휘 shortly 얼마 안 되어, 곧 modify 수정하다

해설 세부사항 관련 - 신문 광고에 대한 언급

지문 중반부에서 신문 광고 후 새 사무실을 매입하려는 업체들로부터 전화가 많았다(After placing that ad in the paper, we got lots of telephone calls from businesses looking to purchase new office spaces)고 했으므로 정답은 (B)이다.

82

What does the speaker mean when he says, "many companies are moving to suburban areas just outside the city"?

(A) He will be moving to another city.

(B) He is worried about a new policy.

(C) Pollution in surrounding areas will probably increase.

(D) A different sales strategy should be considered.

화자가 "많은 회사들이 시 바로 외곽의 교외 지역으로 이사하고 있어요"라고 말하는 의도는 무엇인가?

(A) 그는 다른 시로 이사할 예정이다.

(B) 그는 새로운 정책에 대해 우려하고 있다.

(C) 주변 지역의 오염도가 증가할 것 같다.

(D) 다른 영업 전략을 고려해야 한다.

어휘 pollution 오염 surrounding 인근의, 주위의 strategy 전략

해설 화자의 의도 파악 - 많은 회사들이 시 바로 외곽의 교외 지역으로 이사하고 있다라고 말한 의도

인용문 앞에서 화자의 회사가 도심 사무실 건물 판매에 특화되어 있다(while we specialize in selling office buildings in the city...)고 했다. 따라서 '많은 회사들이 교외 지역으로 이사하고 있다'라는 말은 교외 지역으로 영업을 넓혀야 한다는 의도로 한 말이므로 정답은 (D)이다.

83-85 회의 발췌

> W-Am **83As you all know, our restaurant's dishwasher has been leaking water for the past couple weeks.** And we've had to hand wash dishes and utensils to serve our customers. So, I've decided to upgrade—**84a new dishwasher's coming tomorrow.** The new model works much quicker than the old one, so we'll be able to wash dishes in half the time! One last thing, **85there are some extra shifts open at the end of the month. If you'd like to take any of them, please use the sign-up sheet posted on the refrigerator.**
>
> 모두 아시겠지만 지난 2주간 우리 식당의 식기세척기에서 누수가 발생했어요. 고객에게 제공하는 그릇과 식기들을 손으로 씻어야 했죠. 그래서 **내일 새 식기세척기를 들이기로** 결정했습니다. 새로운 모델은 예전 것보다 훨씬 빨리 작동하니 절반밖에 안 되는 시간에 설거지를 할 수 있을 겁니다. 마지막으로 **이번 달 말에 근무 가능한 추가 시간이 있습니다. 추가 근무를 원하시면 냉장고에 붙여진 신청서를 이용하세요.**

어휘 utensil 식기 sign-up sheet 신청서

83

Where do the listeners most likely work?

(A) At a delivery company

(B) At a repair shop

(C) At an appliance store

(D) At a restaurant

청자들은 어디에서 일하겠는가?

(A) 배송업체

(B) 수리점

(C) 가전제품 매장

(D) 식당

어휘 appliance 가전제품

해설 전체 내용 관련 - 청자들의 근무지

지문 초반부에서 '모두 알겠지만 지난 2주간 우리 식당의 식기세척기에서 누수가 발생했어요(As you all know, our restaurant's dishwasher has been leaking water for the past couple weeks)'라고 했으므로 청자들의 근무지는 식당임을 알 수 있다. 따라서 정답은 (D)이다.

84

What does the speaker say will happen tomorrow?

(A) The hours of operation will be extended.

(B) Some new equipment will be installed.

(C) An anniversary party will be held.

(D) A building inspection will take place.

화자는 내일 어떤 일이 있을 것이라고 말하는가?

(A) 영업시간이 연장될 것이다.

(B) 새로운 장비가 설치될 것이다.

(C) 기념일 파티가 열릴 것이다.

(D) 건물 점검이 시행될 것이다.

어휘 inspection 점검

해설 세부사항 관련 - 내일 있을 일

지문 중반부에서 내일 새 식기세척기를 들일 것(a new dishwasher's coming tomorrow)이라고 했으므로 정답은 (B)이다.

> ▸▸ Paraphrasing 담화의 **a new dishwasher's coming**
> → 정답의 **Some new equipment will be installed**

85

What are the listeners asked to do?

(A) Study an updated menu

(B) Wear a specific uniform

(C) Read a set of instructions

(D) Sign up for extra work shifts

청자들은 무엇을 하라고 요청받았는가?
(A) 새로 변경된 메뉴 숙지하기
(B) 특정 유니폼 착용하기
(C) 설명서 읽기
(D) 추가 근무 신청하기

어휘 specific 특정한, 구체적인   instruction 지시사항   sign up for
　～을 신청하다   work shift 근무 교대

해설 세부사항 관련 – 청자들에 대한 요청 사항
지문 후반부에서 이번 달 말에 근무 가능한 추가 시간이 있다(there are
some extra shifts open at the end of the month)면서, 추가 근무를
원하면 신청서를 이용하라(If you'd like to take any of them, please
use the sign-up sheet posted on the refrigerator)고 했으므로 정
답은 (D)이다.

86-88 담화

> W-Br Welcome to today's information session
> about studying automotive technology at Madox
> Technical Institute. At Madox Technical, **86you'll
> receive the best car and truck repair training in
> the industry.** We provide hands-on experience in
> real auto repair shops, which is a major advantage
> when applying for jobs. You can even apply by
> filling out the application form on your mobile
> phone. Before we start, **87I see most of you have
> a printout of last year's course description. The
> upcoming session will only last three months, not
> six,** so you can complete the course in less time for
> the same price. **88Now, let's discuss the enrollment
> details you'll need in order to register.**
>
> 오늘 매독스 기술학교의 자동차 기술 교육 설명회에 오신 것을 환영합
> 니다. 여러분은 매독스 기술학교에서 **업계 최고의 자동차 및 트럭 수리
> 교육을 받게 됩니다.** 저희는 실제 자동차 수리 매장에서 실습 경험을 제
> 공하는데요. 이것은 일자리에 지원할 때 큰 이점이 됩니다. 휴대전화로
> 신청서를 작성해서 신청하실 수도 있습니다. 시작하기 전에, **여러분 대
> 다수가 작년 과정 설명 인쇄물을 갖고 계신 것이 보이는데요. 앞으로 있
> 을 교육 과정은 6개월이 아닌 3개월 동안만 진행됩니다.** 따라서 같은 가
> 격으로 더 짧은 시간 내에 과정을 완료할 수 있습니다. **자, 여러분의 등
> 록에 필요한 등록 세부사항을 이야기해 보죠.**
>
> 어휘 hands-on experience 실제 경험   fill out the
> application form 신청서를 작성하다   enrollment 등록
> register 등록하다

86

What is the main topic of the course?

(A) Computer programming
(B) Factory management
(C) Automotive repair
(D) Mobile phone sales

교육 과정의 주제는 무엇인가?
(A) 컴퓨터 프로그래밍
(B) 공장 관리
(C) 자동차 수리
(D) 휴대전화 판매

어휘 automotive 자동차의   mobile phone 휴대전화

해설 전체 내용 관련 – 교육 과정의 주제
지문 초반부에서 청자들에게 자동차 및 트럭 수리 교육을 받을 것(you'll
receive the best car and truck repair training in the industry)이
라고 했다. 교육 과정의 주제는 자동차 수리임을 알 수 있으므로 정답은
(C)이다.

> ▸▸ Paraphrasing　담화의 car and truck repair
> 　　　　　　　　　→ 정답의 Automotive repair

87

According to the speaker, how is this year's course
different from last year's?

(A) It will be shorter.
(B) It will be more expensive.
(C) It will be offered in the evening.
(D) It will be taught by a new instructor.

화자에 따르면, 올해 과정은 작년과 어떻게 다른가?
(A) 더 짧다.
(B) 더 비싸다.
(C) 저녁에 진행된다.
(D) 새로운 강사가 가르친다.

어휘 instructor 강사

해설 세부사항 관련 – 올해 과정이 작년과 다른 점
지문 중반부에서 청자 대다수가 작년 과정 인쇄물을 갖고 있는 것으로
보인다(I see most of you have a printout of last year's course
description)며 앞으로 있을 교육 과정은 6개월이 아닌 3개월(The
upcoming session will only last three months, not six)이라고 했
다. 따라서 올해 과정은 작년에 비해 짧다는 것을 알 수 있으므로, 정답은
(A)이다.

88

What will the speaker do next?

(A) Distribute a course catalog
(B) Process admissions payments
(C) Assign student ID numbers
(D) Discuss the enrollment process

화자는 다음으로 무엇을 할 것인가?
(A) 과정 안내책자 배부하기
(B) 입학금 결제 처리하기
(C) 학생증 번호 배정하기
(D) 등록 절차 이야기하기

어휘 distribute 배부하다, 나눠 주다   admission 입학

해설 세부사항 관련 – 화자가 다음에 할 행동

지문 후반부에서 이제 청자들의 등록에 필요한 등록 세부사항을 이야기하자(Now, let's discuss the enrollment details you'll need in order to register)고 했으므로 정답은 (D)이다.

> ▸▸ **Paraphrasing** 담화의 **enrollment details**
> → 정답의 **enrollment process**

89-91 워크숍 발췌

> **M-Cn** OK, everyone. ⁸⁹**Thank you for coming to today's workshop. It's eight o'clock** and we have a lot of material to cover today. I'm Sanjay, the executive director of Human Resources, and ⁹⁰**today we'll be talking about selecting job applicants.** As managers, it can be quite overwhelming for us to go through a large number of job applications to figure out who to interview. So to start off, ⁹¹**I'd like you to turn to the person sitting next to you and take about five minutes to list both positive and negative aspects of a résumé and cover letter**—what stands out to you as a potential candidate to contact.
>
> 자, 여러분. **오늘 워크숍에 와 주셔서 감사합니다. 현재 8시 정각인데요.** 오늘 다뤄야 할 자료가 많습니다. 저는 인사부 책임자 산제이라고 합니다. **오늘 구직자 선별에 관한 이야기를 할 텐데요.** 관리자로서 다수의 지원서를 살펴보고 누구를 면접해야 할지 판단하는 것은 엄청난 일이죠. 이제 시작해 봅시다. **여러분의 옆에 앉은 사람과 5분을 할애해서 이력서와 커버레터의 긍정적인 면과 부정적인 면을 모두 열거해 보세요.** 연락을 취할 유력한 지원자로서 어떤 점이 두드러지는지 말이죠.
>
> 어휘 job applicant 구직자 overwhelming 압도적인, 너무나 강력한 figure out 생각해 내다 stand out 두드러지다 potential candidate 유력한 후보

89

What does the speaker mean when he says, "we have a lot of material to cover today"?

(A) He is upset about an assignment.
(B) He wants to begin immediately.
(C) He is too busy to attend a meeting.
(D) He needs assistance with a presentation.

화자가 "오늘 다뤄야 할 자료가 많습니다"라고 말하는 의도는 무엇인가?
(A) 임무 때문에 마음이 상했다.
(B) 바로 시작하고 싶어 한다.
(C) 너무 바빠서 회의에 참석할 수 없다.
(D) 발표에 도움이 필요하다.

어휘 assignment 과제, 임무

해설 화자의 의도 파악 – 오늘 다뤄야 할 자료가 많다라고 말한 의도

인용문의 앞 문장들에서 청자들에게 오늘 워크숍에 와 주어 고맙다(Thank you for coming to today's workshop)고 한 후, 현재 8시 정각(It's eight o'clock)이라고 시간을 상기시킨 뒤 한 말이므로 워크숍을 바로 시작하려는 의도가 있음을 알 수 있다. 따라서 정답은 (B)이다.

90

What is the topic of the workshop?

(A) Effective communication skills
(B) Managing department finances
(C) Improving productivity
(D) Choosing job applicants

워크숍의 주제는 무엇인가?
(A) 효과적인 의사소통 기술
(B) 부서 자금 관리하기
(C) 생산성 향상시키기
(D) 구직자 선발

어휘 productivity 생산성

해설 전체 내용 관련 – 워크숍 주제

지문 초반부에서 오늘 구직자 선별에 대해 이야기할(today we'll be talking about selecting job applicants)이라고 했으므로 정답은 (D)이다.

> ▸▸ **Paraphrasing** 담화의 **selecting job applicants**
> → 정답의 **Choosing job applicants**

91

What are the listeners instructed to do?

(A) Submit a résumé
(B) Log in to a database
(C) Show identification
(D) Work with a partner

청자들은 무엇을 하라고 지시받았는가?
(A) 이력서 제출하기
(B) 데이터베이스에 로그인하기
(C) 신분증 제시하기
(D) 파트너와 협력하기

어휘 identification 신원 증명, 신분증

해설 세부사항 관련 – 청자들이 받은 지시 사항

지문 후반부에서 청자들에게 옆 사람과 5분 동안 이력서와 커버레터의 긍정적인 면과 부정적인 면을 모두 열거해 보라(I'd like you to turn to the person sitting next to you and take about five minutes to list both positive and negative aspects of a résumé and cover letter)고 했다. 따라서 옆 사람들과 협력하라는 지시임을 알 수 있으므로 정답은 (D)이다.

> ▸▸ **Paraphrasing** 담화의 **the person sitting next to you**
> → 정답의 **a partner**

92-94 전화 메시지

M-Au Hello, Ms. Morris, **⁹²I'm calling about the estimate you requested. It looks like the renovations you want me to do for your kitchen will cost at least 10,000 dollars. ⁹³I know that's a little more than you were planning to spend.** Now— **⁹⁴one way we could cut down on the immediate cost is to break the renovation up into different stages.** It'll take longer but it'll cost less up front, and you can decide after each stage if you want to continue. Either way, call me back and let me know what you think.

안녕하세요, 모리스 씨, 요청하신 견적 건에 관해 전화드렸습니다. 저에게 요청하신 주방 개조 건은 최소 10,000달러가 들 것 같습니다. 지출하기로 계획하신 것보다 조금 높은 가격이긴 합니다. 자, 비용을 절감할 수 있는 한 가지 방법은 개조를 여러 단계로 나누는 것입니다. 시간은 더 오래 걸리지만 선불로 주시는 비용은 덜 들 것입니다. 각 단계가 끝난 후 계속 진행할 건지를 결정하실 수 있습니다. 어느 쪽이든 다시 전화 주셔서 의견을 말씀해 주십시오.

어휘 estimate 견적 renovation 개조, 보수 up front 선불로

92

Who most likely is the speaker?

(A) An accountant
(B) An attorney
(C) A real estate agent
(D) A building contractor

화자는 누구이겠는가?
(A) 회계사
(B) 변호사
(C) 부동산업자
(D) 건설업자

어휘 building contractor 건설업자

해설 전체 내용 관련 – 화자의 직업

지문 초반부에서 청자가 요청한 견적 건으로 전화한다(I'm calling about the estimate you requested)며 요청한 주방 개조는 최소 10,000달러가 들 것(It looks like the renovations you want me to do for your kitchen will cost at least 10,000 dollars)이라고 했으므로 화자는 건설업자임을 알 수 있다. 따라서 정답은 (D)이다.

93

According to the speaker, what is the problem?

(A) An estimate is higher than expected.
(B) Some work is behind schedule.
(C) A staff member is away.
(D) Some materials are unavailable.

화자에 따르면, 어떤 문제가 있는가?
(A) 견적이 예상보다 높다.
(B) 일부 작업이 일정보다 늦어졌다.
(C) 직원이 부재 중이다.
(D) 일부 자재를 구할 수 없다.

어휘 behind schedule 일정보다 늦은

해설 세부사항 관련 – 언급된 문제점

지문 중반부에서 견적이 청자가 지출하기로 계획했던 것보다 높은 가격이라(I know that's a little more than you were planning to spend)고 밝혔으므로 정답은 (A)이다.

▸▸ Paraphrasing 담화의 **that's a little more than you were planning to spend** → 정답의 An estimate is higher than expected

94

What solution does the speaker suggest?

(A) Hiring a smaller team
(B) Paying with a credit card
(C) Completing a project in stages
(D) Buying a different property

화자는 어떤 해결책을 제안하는가?
(A) 규모가 더 작은 팀 채용하기
(B) 신용카드로 지불하기
(C) 프로젝트를 단계적으로 완료하기
(D) 다른 건물 구입하기

어휘 in stages 단계적으로 property 부동산, 건물

해설 세부사항 관련 – 화자가 제안하는 해결책

지문 중반부에서 비용 절감을 위해 개조를 여러 단계로 나눌 것(one way we could cut down on the immediate cost is to break the renovation up into different stages)을 제안했으므로 정답은 (C)이다.

▸▸ Paraphrasing 담화의 **break the renovation up into different stages** → 정답의 Completing a project in stages

95-97 녹음 메시지 + 전화번호부

W-Am **⁹⁵Thank you for calling Abrams Health Center.** Our office is open Monday through Friday, eight A.M. to five P.M. If you'd like to make an appointment with one of our doctors, or if you'd like to reschedule an appointment, please stay on the line. **⁹⁶If you have a question about billing or payments, please dial extension 35 to speak to our billing specialist.** Lastly, we are reminding all patients that we've recently updated our cancellation policy. **⁹⁷For details on our new policy, visit www.abramshealthcenter.com.** Have a good day!

에이브람스 병원에 전화해 주셔서 감사합니다. 저희는 월요일부터 금요일, 오전 8시부터 오후 5시까지 운영합니다. 저희 의사 중 한 분께 예약을 원하시거나, 예약을 변경하시려면 계속 기다려 주십시오. **청구 및 결제 관련 문의사항이 있으시면 내선번호 35번을 눌러 청구 전담원에게 말씀하세요.** 마지막으로 모든 환자께 저희 취소 규정이 최근 변경되었음을 안내해 드립니다. 새로운 규정에 관한 자세한 내용을 보시려면 **www.abrams-healthcenter.com을 방문하세요.** 감사합니다!

어휘 extension 내선번호 cancellation 취소

Telephone Directory

Extension	Employee
96 35	Robert Sanchez
78	Regina Dover
14	Jim Strickland
90	Lucy Cho

전화번호부

내선번호	직원
96 **35**	**로버트 산체즈**
78	레지나 도버
14	짐 스트릭랜드
90	루시 조

95

Where does the speaker most likely work?

(A) At a bank

(B) At a fitness center

(C) At a medical office

(D) At an electronics store

화자는 어디에서 일하겠는가?

(A) 은행

(B) 피트니스 센터

(C) **병원**

(D) 전자제품 매장

해설 전체 내용 관련 – 화자의 근무 장소

지문 초반부에서 에이브람스 병원에 전화해 주어 감사하다(Thank you for calling Abrams Health Center)고 했으므로 정답은 (C)이다.

96

Look at the graphic. Who can answer questions about billing?

(A) Robert Sanchez

(B) Regina Dover

(C) Jim Strickland

(D) Lucy Cho

시각 정보에 의하면, 청구에 관한 질문에 답할 수 있는 사람은 누구인가?

(A) **로버트 산체즈**

(B) 레지나 도버

(C) 짐 스트릭랜드

(D) 루시 조

해설 시각 정보 연계 – 청구에 관한 질문에 답할 사람

지문 중반부에 청구 및 결제 관련 문의는 내선번호 35번의 직원에게 말하라(If you have a question about billing or payments, please dial extension 35 to speak to our billing specialist)고 했으므로 정답은 (A)이다.

97

What are the listeners asked to do on a Web site?

(A) Fill out a membership form

(B) Learn about an updated policy

(C) Read some nutrition tips

(D) Submit employee biographies

청자들은 웹사이트에서 무엇을 하라고 요청받는가?

(A) 회원 양식 작성하기

(B) **변경된 정책 알아보기**

(C) 영양 관련 조언 읽기

(D) 직원 인적사항 제출하기

어휘 nutrition 영양 biography 전기

해설 세부사항 관련 – 웹사이트에서 할 수 있는 것

지문 후반부에서 새 규정의 자세한 사항을 보려면 웹페이지를 방문하라(For details on our new policy, visit www.abramshealthcenter.com)고 했으므로 정답은 (B)이다.

▸▸ Paraphrasing   담화의 our new policy
                      → 정답의 an updated policy

98-100 회의 발췌 + 지도

M-Cn OK, so let's start our board of directors' meeting. Based on our company-wide survey, **98employees disliked our initial proposal of building another office building on our campus. They thought the walk to the new building would be too far for meetings.** So, instead, we're planning on adding a new wing to an existing building. Here's our current site map. **99The architect recommends that we connect the new wing to the hall on the north side of the map, next to the pond.** The new wing will have a patio area near the pond for employees to eat lunch. **100I'd like to go over the budget for this project**—it's less expensive than the previous plan.

자, 이사회를 시작합시다. 회사 전체를 대상으로 한 설문조사를 보면, **직원들은 구내에 또 다른 사무실 건물을 짓자는 우리의 처음 제안에 찬성하지 않았습니다. 회의 하러 새 건물로 걸어가는 길이 너무 멀다고 생각했답니다.** 그래서 대신 현재 건물에 새 부속 건물을 추가할 계획입니다. 여기 현재 안내도가 있습니다. **건축가는 신관을 연못 옆, 안내도 북쪽의 홀과 연결할 것을 권장합니다.** 신관 부속 건물은 연못 근처에 직원들이 점심 식사를 할 수 있는 테라스 구역을 갖출 것입니다. **이 프로젝트 예산을 검토하고자 합니다.** 이전 계획보다 비용이 덜 듭니다.

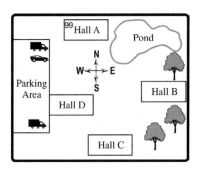

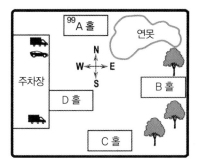

98

Why did employees dislike a proposal?

(A) Construction noise would be disruptive.

(B) A parking fee would increase.

(C) A location would be inconvenient.

(D) Outdoor seating space would be limited.

직원들이 제안에 찬성하지 않은 이유는 무엇인가?

(A) 공사 소음이 지장을 줄 것이다.

(B) 주차요금이 인상될 것이다.

(C) 위치가 불편하다.

(D) 실외 좌석 공간이 제한되어 있다.

어휘 disruptive 지장을 주는 limited 제한된, 한정된

해설 세부사항 관련 – 직원들이 제안에 반대하는 이유

지문 초반부에서 직원들이 구내에 또 다른 사무실 건물을 짓자는 제안에 찬
성하지 않았다(employees disliked our initial proposal of building
another office building on our campus)면서, 회의 하러 새 건물로
가는 길이 너무 멀다고 생각해서(They thought the walk to the new
building would be too far for meetings)라고 했으므로 정답은 (C)
이다.

99

Look at the graphic. Which hall will have a new
wing added?

(A) Hall A

(B) Hall B

(C) Hall C

(D) Hall D

시각 정보에 의하면, 신관 부속 건물은 어떤 홀에 연결될 것인가?

(A) A 홀

(B) B 홀

(C) C 홀

(D) D 홀

해설 시각 정보 연계 – 신관 부속 건물이 연결될 홀

지문 중반부에서 건축가가 신관을 연못 옆, 안내도 북쪽의 홀과 연결할 것
을 권한다(The architect recommends that we connect the new
wing to the hall on the north side of the map, next to the pond)
고 했으므로 정답은 (A)이다.

100

What will the speaker discuss next?

(A) A timeline

(B) A budget

(C) An upcoming celebration

(D) A volunteer project

화자는 다음으로 무슨 이야기를 할 것인가?

(A) 일정표

(B) 예산

(C) 다가오는 축하 행사

(D) 자원 봉사 프로젝트

해설 세부사항 관련 – 화자가 다음에 할 이야기

지문 후반부에서 프로젝트 예산을 검토하자(I'd like to go over the
budget for this project)고 했으므로 정답은 (B)이다.

기출 TEST 6

1 (C)	**2** (D)	**3** (C)	**4** (A)	**5** (C)
6 (D)	**7** (B)	**8** (C)	**9** (B)	**10** (A)
11 (C)	**12** (B)	**13** (B)	**14** (A)	**15** (C)
16 (C)	**17** (A)	**18** (C)	**19** (C)	**20** (B)
21 (B)	**22** (B)	**23** (A)	**24** (A)	**25** (A)
26 (C)	**27** (B)	**28** (C)	**29** (A)	**30** (B)
31 (C)	**32** (D)	**33** (B)	**34** (A)	**35** (C)
36 (B)	**37** (B)	**38** (C)	**39** (A)	**40** (B)
41 (A)	**42** (C)	**43** (D)	**44** (D)	**45** (C)
46 (A)	**47** (D)	**48** (B)	**49** (C)	**50** (A)
51 (D)	**52** (C)	**53** (B)	**54** (D)	**55** (C)
56 (C)	**57** (A)	**58** (D)	**59** (C)	**60** (B)
61 (D)	**62** (B)	**63** (A)	**64** (D)	**65** (D)
66 (C)	**67** (D)	**68** (B)	**69** (D)	**70** (D)
71 (C)	**72** (C)	**73** (A)	**74** (A)	**75** (B)
76 (D)	**77** (D)	**78** (C)	**79** (C)	**80** (B)
81 (D)	**82** (A)	**83** (D)	**84** (C)	**85** (A)
86 (A)	**87** (C)	**88** (C)	**89** (B)	**90** (D)
91 (C)	**92** (A)	**93** (B)	**94** (A)	**95** (C)
96 (B)	**97** (A)	**98** (D)	**99** (C)	**100** (B)

PART 1

1   M-Cn

(A) He's planting some grass.
(B) He's painting a fence.
(C) He's working on a machine.
(D) He's moving a container.

(A) 남자가 잔디를 심고 있다.
(B) 남자가 울타리에 페인트칠을 하고 있다.
(C) 남자가 기계를 손보고 있다.
(D) 남자가 용기를 옮기고 있다.

어휘 plant 심다 work on (해결하려고) 애쓰다 container (보관용) 용기, 상자

해설 1인 등장 사진 - 사람의 동작/상태 묘사
(A) 동사 오답. 남자가 잔디를 심고 있는(planting some grass) 모습이 아니므로 오답.
(B) 동사 오답. 남자가 울타리에 페인트칠을 하고 있는(painting a fence) 모습이 아니므로 오답.
(C) 정답. 남자가 기계를 손보고 있는(working on a machine) 모습이므로 정답.

(D) 동사 오답. 남자가 용기를 옮기고 있는(moving a container) 모습이 아니므로 오답.

2   W-Am

(A) She's pushing a shopping cart.
(B) She's removing her glasses.
(C) She's putting some bags on a shelf.
(D) She's looking at some packages.

(A) 여자가 쇼핑 카트를 밀고 있다.
(B) 여자가 안경을 벗고 있다.
(C) 여자가 선반에 가방들을 놓고 있다.
(D) 여자가 포장지를 살펴보고 있다.

어휘 remove (옷 등을) 벗다, 제거하다 shelf 선반 package 포장지, (포장한) 상품

해설 1인 등장 사진 - 사람의 동작/상태 묘사
(A) 동사 오답. 여자가 쇼핑 카트를 밀고 있는(pushing a shopping cart) 모습이 아니므로 오답.
(B) 동사 오답. 여자가 안경을 벗고 있는(removing her glasses) 모습이 아니므로 오답.
(C) 동사 오답. 여자가 선반에 가방들을 놓고 있는(putting some bags on a shelf) 모습이 아니므로 오답.
(D) 정답. 여자가 포장지를 살펴보고 있는(looking at some packages) 모습을 잘 묘사했으므로 정답.

3   M-Au

(A) The woman is carrying some food.
(B) The woman is wiping off a table.
(C) The man is talking to a server.
(D) The man is picking up some silverware.

(A) 여자가 음식을 나르고 있다.
(B) 여자가 식탁을 닦고 있다.
(C) 남자가 종업원에게 이야기하고 있다.
(D) 남자가 수저류를 집어 들고 있다.

어휘 wipe 닦다 silverware (나이프, 포크 등) 수저류, 은식기류

해설 2인 이상 등장 사진 - 사람의 동작/상태 묘사
(A) 동사 오답. 여자가 음식을 나르고 있는(carrying some food) 모습이 아니므로 오답.
(B) 동사 오답. 여자가 식탁을 닦고 있는(wiping off a table) 모습이 아니라 식탁 근처에 서 있는(standing near a table) 모습이므로 오답.

142

(C) 정답. 남자가 종업원에게 이야기하고 있는(talking to a server) 모습이므로 정답.

(D) 동사 오답. 남자가 수저류를 집어 들고 있는(picking up some silverware) 모습이 아니므로 오답.

---

4 W-Am

(A) She's holding on to a handrail.
(B) She's bending down to tie her shoe.
(C) The entryway is blocked off.
(D) The stairs are being fixed.

(A) 여자가 난간을 꼭 잡고 있다.
(B) 여자가 신발끈을 매려고 몸을 굽히고 있다.
(C) 출입구가 막혀 있다.
(D) 계단이 수리되고 있다.

어휘 hold on to ~을 꼭 잡다 handrail 난간 bend 굽히다, 구부리다 tie 묶다 block off 막다, 차단하다 stair 계단

해설 1인 등장 사진 – 사람 또는 사물 중심 묘사
(A) 정답. 여자가 난간을 잡고 있는(holding on to a handrail) 모습이므로 정답.
(B) 동사 오답. 여자가 몸을 굽히고 있는(bending down) 모습이 아니라 계단을 오르고 있는(going up the stairs) 모습이므로 오답.
(C) 동사 오답. 출입구(entryway)가 막혀 있는(blocked off) 상태가 아니므로 오답.
(D) 동사 오답. 계단(stairs)이 수리되고 있는(are being fixed) 모습이 아니므로 오답.

---

5 M-Cn

(A) The curtain has been closed.
(B) Some photos are displayed on a desk.
(C) A travel bag has been set on a chair.
(D) A light is hanging from the ceiling.

(A) 커튼이 쳐져 있다.
(B) 사진들이 책상 위에 진열되어 있다.
(C) 여행가방이 의자 위에 놓여 있다.
(D) 조명이 천장에 매달려 있다.

어휘 set (특정한 위치에) 놓다 hang 걸다, 매달다 ceiling 천장

해설 사물/배경 사진 – 실내 사물의 상태 묘사
(A) 동사 오답. 커튼(curtain)이 쳐져 있는(closed) 상태가 아니라 묶여 있는 상태이므로 오답.
(B) 전치사구 오답. 사진들(photos)이 책상 위에 있는(on a desk) 상태가 아니므로 오답.
(C) 정답. 여행가방(travel bag)이 의자 위에 놓여 있는(set on a chair) 상태이므로 정답.
(D) 동사 오답. 조명(light)이 천장에 매달려 있는(hanging from the ceiling) 모습이 아니므로 오답.

---

6 W-Br

(A) A man is walking along a path.
(B) An outdoor area is crowded with people.
(C) A man is removing his jacket and hat.
(D) A walkway is lined with benches.

(A) 남자가 길을 따라 걷고 있다.
(B) 야외 공간이 사람들로 붐빈다.
(C) 남자가 재킷과 모자를 벗고 있다.
(D) 보도에 벤치들이 줄지어 있다.

어휘 path 길 be crowded with ~로 붐비다 walkway 보도, 통로

해설 1인 등장 사진 – 사람 또는 사물 중심 묘사
(A) 동사 오답. 남자가 걷고 있는(walking) 모습이 아니라 앉아 있는(sitting) 모습이므로 오답.
(B) 동사 오답. 야외 공간(outdoor area)이 사람들로 붐비는(crowded with people) 모습이 아니므로 오답.
(C) 동사 오답. 남자가 재킷과 모자를 벗고 있는(removing his jacket and hat) 모습이 아니므로 오답.
(D) 정답. 보도(walkway)에 벤치들이 줄지어 있는(lined with benches) 상태를 잘 묘사했으므로 정답.

PART 2

7

M-Cn Why were you late for work today?
W-Am (A) It's on my desk.
(B) Because I got stuck in traffic.
(C) Later this afternoon.

오늘 회사에 왜 늦었나요?
(A) 제 책상 위에 있어요.
(B) 차가 막혀서요.
(C) 이따가 오후에요.

어휘 late for work 직장에 늦은 get stuck in traffic 차가 막히다, 교통체증에 걸리다

해설 출근이 늦은 이유를 묻는 Why 의문문

(A) 연상 단어 오답. 질문의 work에서 연상 가능한 desk를 이용한 오답.

(B) 정답. 출근이 늦은 이유를 묻는 질문에 차가 막혔다며 적절한 이유를 댔으므로 정답.

(C) 파생어 오답. 질문의 late와 파생어 관계인 later를 이용한 오답.

8

M-Au Where's your apartment building located?

M-Cn (A) Not very often.

(B) Twenty floors.

(C) On Fifth Avenue.

당신의 아파트 건물은 어디에 있어요?

(A) 그리 자주는 아닙니다.

(B) 20개 층이요.

(C) 5번가예요.

어휘 be located 위치하다 avenue (도시의) 거리, ~가

해설 아파트의 위치를 묻는 Where 의문문

(A) 질문과 상관없는 오답. 위치를 묻는 질문에 빈도에 대한 응답을 하고 있으므로 오답.

(B) 연상 단어 오답. 질문의 building에서 연상 가능한 twenty floors를 이용한 오답.

(C) 정답. 살고 있는 아파트의 위치를 묻는 질문에 5번가라는 구체적인 장소로 응답했으므로 정답.

9

W-Br Which flavor ice cream would you like?

M-Au (A) Yes, in a bowl.

(B) I'll take chocolate, please.

(C) The booth over there.

어떤 맛 아이스크림이 좋으세요?

(A) 네, 그릇에요.

(B) 저는 초콜릿 맛으로 할게요.

(C) 저쪽 부스요.

어휘 flavor 맛, 향미 bowl 주발, 그릇 booth 부스, (칸막이한) 공간

해설 선택할 아이스크림 맛을 묻는 Which 의문문

(A) Yes/No 불가 오답. Which 의문문에는 Yes/No 응답이 불가능하므로 오답.

(B) 정답. 선택할 아이스크림 맛을 묻는 질문에 초콜릿 맛이라며 구체적으로 응답하고 있으므로 정답.

(C) 질문과 상관없는 오답. Where 의문문에 대한 응답이므로 오답.

10

M-Cn Who's going to pick up Pablo from the airport?

W-Am **(A) A driver will pick him up at twelve.**

(B) They're my favorite airline.

(C) At the baggage claim.

누가 파블로를 공항에서 태워 올 건가요?

(A) 운전사가 12시에 태우러 갈 거예요.

(B) 제가 가장 좋아하는 항공사예요.

(C) 수하물 찾는 곳에서요.

어휘 pick up (차로) 태우러 가다 baggage claim 수하물 찾는 곳

해설 마중 나갈 사람을 묻는 Who 의문문

(A) 정답. 공항으로 마중 나갈 사람이 누구인지를 묻는 질문에 운전사라는 구체적인 인물로 응답했으므로 정답.

(B) 연상 단어 오답. 질문의 airport에서 연상 가능한 airline을 이용한 오답.

(C) 연상 단어 오답. 질문의 airport에서 연상 가능한 baggage claim을 이용한 오답.

11

M-Au Where's the train station?

M-Cn (A) I always listen to that radio station.

(B) An informative training session.

(C) Right next to the university.

기차역이 어디에 있죠?

(A) 저는 항상 그 라디오 방송국을 청취해요.

(B) 유익한 교육 시간이에요.

(C) 대학교 바로 옆이에요.

어휘 informative 유익한 training session 교육(과정, 활동) right next to 바로 옆에

해설 기차역의 위치를 묻는 Where 의문문

(A) 단어 반복 오답. 질문의 station을 반복 이용한 오답.

(B) 유사 발음 오답. 질문의 train과 부분적으로 발음이 유사한 training을 이용한 오답.

(C) 정답. 기차역의 위치를 묻는 질문에 대학교 옆이라는 구체적인 장소로 응답했으므로 정답.

12

W-Br When will the cleaning products be delivered?

M-Au (A) By truck.

(B) In two days.

(C) A manufacturing plant.

청소용품들은 언제 배송되나요?

(A) 트럭으로요.

(B) 이틀 후에요.

(C) 제조 공장요.

어휘 manufacturing plant 제조 공장

해설 배송 시점을 묻는 When 의문문

(A) 질문과 상관없는 오답. 방법을 묻는 How 의문문에 어울리는 응답이므로 오답.

(B) 정답. 청소용품들의 배달 시점을 묻는 질문에 이틀 후라며 구체적인 시점으로 응답했으므로 정답.

(C) 연상 단어 오답. 질문의 products에서 연상 가능한 manufacturing plant를 이용한 오답.

13

M-Cn We haven't received the electric bill yet, have we?

W-Br (A) Sure, I'll turn it on.

(B) No, not yet.

(C) A credit card.

아직 전기요금 고지서를 받지 못했죠, 그렇죠?

(A) 그럼요, 제가 켤게요.

(B) 아니요, 아직요.

(C) 신용카드요.

어휘 electric bill 전기요금 고지서   turn on 켜다

해설 고지서 수신 여부를 확인하는 부가 의문문

(A) 연상 단어 오답. 질문의 electric에서 연상 가능한 turn it on을 이용한 오답.

(B) 정답. 전기요금 고지서의 수신 여부를 묻는 질문에 No라고 대답한 후에 아직 안 왔다고 했으므로 정답.

(C) 연상 단어 오답. 질문의 bill에서 연상 가능한 credit card를 이용한 오답.

14

W-Am How did you enjoy your stay?

W-Br (A) I had a great time.

(B) About seven thirty.

(C) He left it at work.

머무시는 동안 즐거우셨습니까?

(A) 정말 좋은 시간을 보냈어요.

(B) 7시 30분쯤요.

(C) 그가 직장에 두고 왔어요.

어휘 at work 직장[일터]에

해설 머무는 동안 즐거웠는지를 묻는 How 의문문

(A) 정답. 머무는 동안 즐거웠는지를 묻는 질문에 정말 좋았다고 응답했으므로 정답.

(B) 질문과 상관없는 오답. When 의문문에 어울리는 응답이므로 오답.

(C) 연상 단어 오답. 질문의 stay에서 연상 가능한 left를 이용한 오답. leave는 '떠나다'라는 뜻도 있지만 이 문장에서는 '남기다'라는 뜻으로 쓰였다.

15

M-Au Who won the Employee of the Month award?

W-Am (A) My dinner was delicious, thanks.

(B) Just a few minutes after three o'clock.

(C) It still hasn't been announced.

누가 이달의 우수사원으로 뽑혔어요?

(A) 저녁 식사가 맛있었어요. 감사합니다.

(B) 3시 조금 지나서요.

(C) 아직 발표되지 않았어요.

어휘 the Employee of the Month 이달의 우수사원   award 상 announce 발표하다

해설 우수사원 수상자를 묻는 Who 의문문

(A) 질문과 상관없는 오답. 누가 뽑혔는지 묻는 질문에 식사가 맛있었다는 응답을 하고 있으므로 오답.

(B) 질문과 상관없는 오답. When 의문문에 어울리는 응답이므로 오답.

(C) 정답. 이달의 우수사원 수상자가 누구였는지를 묻는 질문에 아직 발표가 안 났다며 우회적으로 응답하고 있으므로 정답.

16

W-Br Do you want me to reserve a ticket for you?

M-Cn (A) I can't say that I have.

(B) A higher ticket price.

(C) Yes, I'd appreciate that.

제가 티켓을 대신 예약해 드릴까요?

(A) 제가 가지고 있다고 할 순 없죠.

(B) 표 가격이 더 비싸요.

(C) 네, 그렇게 해주시면 감사하죠.

어휘 reserve 예약하다   appreciate 고마워하다

해설 제안을 나타내는 의문문

(A) 질문과 상관없는 오답. 티켓을 대신 예약해 주길 원하는지 묻는 질문에 어울리지 않는 응답을 하고 있으므로 오답.

(B) 단어 반복 오답. 질문의 ticket을 반복 이용한 오답.

(C) 정답. 티켓을 대신 예약해 줄지를 제안하는 질문에 Yes라고 대답한 후에 그렇게 해주면 감사하다며 덧붙이고 있으므로 정답.

17

M-Au Does your bus stop by the construction site?

W-Am (A) Oh, I'm going by car.

(B) A new building company.

(C) Did you go on Tuesday or Thursday?

당신이 타는 버스가 공사 현장까지 가나요?

(A) 아, 저는 승용차로 갈 거예요.

(B) 신생 건설업체요.

(C) 화요일에 가셨나요, 아니면 목요일에 가셨나요?

어휘 stop by 들르다   construction site 공사[건설] 현장

해설 버스가 공사 현장까지 가는지 여부를 묻는 조동사(Does) Yes/No 의문문

(A) 정답. 버스가 공사 현장까지 가는지를 묻는 질문에 자신은 승용차로 간다며 우회적으로 응답하고 있으므로 정답.

(B) 연상 단어 오답. 질문의 construction site에서 연상 가능한 building company를 이용한 오답.

(C) 연상 단어 오답. 질문의 stop에서 연상 가능한 go를 이용한 오답.

18

M-Au There's a discount on this stove, right?

W-Br (A) No, I sell kitchen appliances.

(B) He's an excellent cook.

(C) Yes, it's twenty-five percent off.

이 스토브 할인되죠, 맞죠?
(A) 아니요, 저는 주방용 가전제품을 판매해요.
(B) 그는 대단한 요리사예요.
(C) 네, 25퍼센트 할인됩니다.

어휘 stove 스토브, 난로 appliances 가전제품 cook 요리사

해설 할인 여부를 확인하는 부가 의문문
(A) 연상 단어 오답. 질문의 stove에서 연상 가능한 kitchen appliances
를 이용한 오답.
(B) 연상 단어 오답. 질문의 stove에서 연상 가능한 cook을 이용한 오답.
(C) 정답. 스토브가 할인되는지 여부를 묻는 질문에 Yes라고 대답한 후에
25퍼센트 할인이라며 추가 정보를 덧붙였으므로 정답.

19
W-Am Could you show me where the electronics
department is?
W-Br (A) The show starts at eight P.M.
(B) Replace the batteries.
(C) Sure, follow me.

전자공학부가 어디에 있는지 알려 주시겠어요?
(A) 공연은 저녁 8시에 시작합니다.
(B) 배터리를 교체하세요.
(C) 그럼요, 절 따라오세요.

어휘 electronics 전자공학, 전자기기 replace 교체하다 follow
뒤따르다

해설 도움을 요청하는 의문문
(A) 단어 반복 오답. 질문의 show를 반복 이용한 오답.
(B) 연상 단어 오답. 질문의 electronics에서 연상 가능한 batteries를
이용한 오답.
(C) 정답. 전자공학부의 위치를 알려 달라는 요청에 Sure라고 한 후 따라
오라고 했으므로 정답.

20
W-Br What's this shirt made of?
M-Cn (A) In Spain, I believe.
(B) Let me check the label.
(C) It also comes in blue.

이 셔츠는 무엇으로 만들어졌나요?
(A) 제가 알기로는, 스페인에서요.
(B) 라벨을 확인해 볼게요.
(C) 파란색도 나옵니다.

어휘 label 라벨

해설 셔츠의 재질을 묻는 What 의문문
(A) 연상 단어 오답. 질문의 made에서 연상 가능한 in Spain을 이용한
오답.
(B) 정답. 셔츠의 재질이 무엇인지를 묻는 질문에 라벨을 확인해 보겠며
우회적으로 응답하고 있으므로 정답.
(C) 연상 단어 오답. 질문의 shirt에서 연상 가능한 blue를 이용한 오답.

21
W-Am Will the social media workshop end before
six P.M.?
M-Cn (A) No, the late shift.
(B) The schedule's online.
(C) I only read newspapers.

소셜 미디어 워크샵이 오후 6시 전에 끝나나요?
(A) 아니요, 야간 근무조요.
(B) 일정은 인터넷에 나와 있어요.
(C) 저는 신문만 읽습니다.

어휘 social media 소셜 미디어 late shift 야간 근무(조)

해설 워크샵이 6시 전에 끝나는지를 묻는 조동사(Will) 의문문
(A) 연상 단어 오답. 질문의 six P.M.에서 연상 가능한 late shift를 이용한
오답.
(B) 정답. 워크샵이 오후 6시 전에 끝나는지를 묻는 질문에 일정은 인터넷
에 있다며 우회적으로 응답하고 있으므로 정답.
(C) 연상 단어 오답. 질문의 media에서 연상 가능한 newspapers를 이
용한 오답.

22
M-Au Which suitcase do you like better, the yellow
one or the red one?
W-Br (A) It's an annual conference.
(B) The yellow one is a good size.
(C) I should book my flight soon.

어떤 여행가방이 더 마음에 들어요? 노란색인가요, 아니면 빨간색인
가요?
(A) 연례 학회입니다.
(B) 노란색 가방이 크기가 적당하네요.
(C) 곧 항공편을 예약해야 해요.

어휘 suitcase 여행가방 conference 학회, 회의 book 예약하다

해설 단어를 연결한 선택 의문문
(A) 질문과 상관없는 오답. 어떤 색의 여행가방이 더 좋은지 묻는 질문에
연례 학회라는 응답은 어울리지 않으므로 오답.
(B) 정답. 질문에서 선택 사항으로 언급된 노란색 가방과 빨간색 가방 중
노란색 가방이 크기가 적당하다며 구체적으로 응답하였으므로 정답.
(C) 연상 단어 오답. 질문의 suitcase에서 연상 가능한 flight를 이용한
오답.

23
M-Cn The parking area in front of the warehouse's
been closed.
M-Au (A) There're more spaces in the back.
(B) Here's an extra uniform.
(C) No, just open the boxes.

창고 앞 주차장이 폐쇄되었어요.
(A) 뒤쪽에 더 넓은 공간이 있어요.
(B) 여기 여벌 유니폼이요.
(C) 아니요, 그냥 상자를 여세요.

어휘 parking area 주차장 warehouse 창고 extra 여분의

해설 사실/정보 전달의 평서문

(A) 정답. 창고 앞 주차장이 폐쇄되었다는 정보를 전달하는 평서문에 뒤쪽에 더 넓은 공간이 있다고 대안을 제시하고 있으므로 정답.

(B) 질문과 상관없는 오답. 주차장이 폐쇄되었다는 평서문에 여별 유니폼 제시는 상황에 적합하지 않은 응답이므로 오답.

(C) 연상 단어 오답. 평서문의 warehouse에서 연상 가능한 boxes를 이용한 오답.

24

W-Br These shoes look nice, don't they?

W-Am **(A) I think you should try this pair instead.**
(B) The clothing store near my house.
(C) Yes, it was nice to meet her.

이 신발 근사하죠, 그렇지 않나요?
(A) 그보다는 이걸 신어 보시는 게 좋겠어요.
(B) 저희 집 근처의 의류 매장이요.
(C) 네, 그녀를 만나서 반가웠어요.

어휘 try (시험 삼아) 해 보다 pair 한 쌍 clothing 옷

해설 신발이 근사한지를 확인하는 부가 의문문

(A) 정답. 현재 신은 신발이 근사한지 묻는 질문에 No를 생략한 채 다른 신발을 신어 보라며 신발이 근사하지 않음을 우회적으로 나타내고 있으므로 정답.

(B) 연상 단어 오답. 질문의 shoes에서 연상 가능한 clothing store를 이용한 오답.

(C) 단어 반복 오답. 질문의 nice를 반복 이용한 오답.

25

W-Am Let's leave early for our lunch with the clients.

M-Cn **(A) I still have a lot to do.**
(B) A different menu item.
(C) No, I haven't met him.

고객들과의 점심 식사를 위해 일찍 떠납시다.
(A) 전 아직 할 일이 많이 남았어요.
(B) 다른 메뉴 항목이요.
(C) 아니요, 그분은 뵌 적이 없습니다.

어휘 client 고객

해설 제안/권유의 평서문

(A) 정답. 고객들과 점심 먹으러 일찍 나가자고 제안했는데 아직 할 일이 남았다며 우회적으로 거절하고 있으므로 정답.

(B) 연상 단어 오답. 질문의 lunch에서 연상 가능한 menu를 이용한 오답.

(C) 질문과 상관없는 오답. 일찍 나가자는 제안에 어울리지 않는 응답이므로 오답.

26

W-Br When will you sell your property?

M-Au (A) There's a sale at the supermarket.
(B) Yes, we liked it.
(C) We don't have a real estate agent yet.

부동산을 언제 처분하실 거예요?
(A) 슈퍼마켓에서 할인을 해요.
(B) 네, 우리 마음에 들었습니다.
(C) 아직 부동산 중개인을 구하지 못했어요.

어휘 property 부동산, 건물 real estate agent 부동산 중개인

해설 부동산 처분 시점을 묻는 When 의문문

(A) 연상 단어 오답. 질문의 sell에서 연상 가능한 sale을 이용한 오답.

(B) Yes/No 불가 오답. When 의문문에는 Yes/No 응답이 불가능하므로 오답.

(C) 정답. 부동산 처분 시점을 묻는 질문에 아직 부동산 중개인을 구하지 못했다며 우회적으로 응답했으므로 정답.

27

M-Cn These business cards are attractive.

W-Br (A) Offices open at nine A.M.
(B) Yes, the design is professional.
(C) No, the keys are the same.

이 명함들 멋지네요.
(A) 사무실은 오전 9시에 열어요.
(B) 네, 전문가의 솜씨가 느껴지는 디자인이죠.
(C) 아니요, 열쇠들은 동일해요.

어휘 business card 명함 attractive 멋진, 매력적인 professional 전문적인, 전문가의 솜씨가 보이는

해설 의견 제시의 평서문

(A) 연상 단어 오답. 평서문의 business cards에서 연상 가능한 offices를 이용한 오답.

(B) 정답. 명함들이 멋지다는 말에 Yes라고 대답한 후에 구체적인 이유를 말하고 있으므로 정답.

(C) 연상 단어 오답. 평서문의 cards에서 연상 가능한 keys를 이용한 오답.

28

W-Am How long does it take to become a plumber?

M-Au (A) It happened last week.
(B) A price estimate for metal pipes.
(C) Are you interested in training for that job?

배관공이 되는 데 시간이 얼마나 걸릴까요?
(A) 지난주에 그 일이 일어났어요.
(B) 금속관 가격 견적서요.
(C) 그 직업 교육에 관심이 있으세요?

어휘 plumber 배관공 price estimate 가격 견적(서)

해설 배관공이 되는 데 걸리는 시간을 묻는 How long 의문문

(A) 질문과 상관없는 오답. When 의문문에 어울리는 응답이므로 오답.

(B) 연상 단어 오답. 질문의 plumber에서 연상 가능한 metal pipes를 이용한 오답.

(C) 정답. 배관공이 되는 데 걸리는 시간을 묻는 질문에 그 직업 교육에 관심이 있는지 상대에게 되묻고 있으므로 정답.

29

M-Cn Don't we have an extra table in the supply closet?

W-Am (A) We're using it for the holiday party.
(B) Yes, you can close it.
(C) Maria just ordered more paper.

비품 창고에 여분의 탁자가 있지 않나요?
(A) 그건 명절 파티 때 쓰려고요.
(B) 네, 닫으셔도 돼요.
(C) 마리아가 방금 용지를 더 주문했어요.

어휘 extra 여분의, 추가의 supply closet 비품 창고

해설 사실 여부를 확인하는 부정 의문문

(A) 정답. 비품 창고에 여분의 탁자가 있는지를 확인하는 질문에 명절 파티 때 쓰려고 한다며 여분의 테이블이 더 이상 없음을 우회적으로 응답하고 있으므로 정답.

(B) 유사 발음 오답. 질문의 closet과 부분적으로 발음이 유사한 close를 이용한 오답.

(C) 연상 단어 오답. 질문의 supply closet에서 연상 가능한 paper를 이용한 오답.

30

W-Br Where should I go when I visit New York?

W-Am (A) Every month.
(B) To the Botanical Gardens.
(C) Twenty dollars.

뉴욕을 방문하면 어디에 가봐야 할까요?
(A) 매월요.
(B) 보태니컬 가든에요.
(C) 20달러입니다.

어휘 botanical garden 식물원

해설 뉴욕에서 가봐야 할 장소를 묻는 Where 의문문

(A) 질문과 상관없는 오답. 빈도를 묻는 How often 의문문에 어울리는 응답이므로 오답.

(B) 정답. 뉴욕에서 가봐야 할 장소를 묻는 질문에 보태니컬 가든이라는 구체적인 장소로 응답했으므로 정답.

(C) 질문과 상관없는 오답. 가격을 묻는 How much 의문문에 어울리는 응답이므로 오답.

31

W-Am Has someone booked a room for today's budget meeting?

M-Au (A) I really enjoyed the book.
(B) Did you turn off the equipment?
(C) The meeting is tomorrow.

누군가 오늘 예산 회의를 할 회의실을 예약했나요?
(A) 저는 그 책을 정말 재미있게 읽었어요.
(B) 장비를 끄셨나요?
(C) 그 회의는 내일입니다.

어휘 book 예약하다 budget 예산 equipment 장비, 설비

해설 회의실 예약자가 있는지를 묻는 조동사(Has) 의문문

(A) 유사 발음 오답. 질문의 booked와 부분적으로 발음이 유사한 book을 이용한 오답.

(B) 연상 단어 오답. 질문의 room에서 연상 가능한 turn off를 이용한 오답.

(C) 정답. 오늘 예산 회의를 할 회의실을 예약한 사람이 있는지를 묻는 질문에 회의는 내일이라고 정정하고 있으므로 정답.

PART 3

32-34

W-Am Hello. ³²I have a reservation for a rental truck and I'm here to pick it up.

M-Cn Certainly. Thanks for choosing Canton Rentals. Before you can take the vehicle, you'll just have to fill out a few more things for your rental agreement on this computer.

W-Am OK, great. Hmm, ³³I see here you need my confirmation number, but I'm afraid I didn't bring it.

M-Cn That's not a problem. ³⁴I'll look it up in our database right now. First, could you tell me your last name?

여 안녕하세요. 트럭을 빌리기로 예약해서 찾으러 왔습니다.

남 그러시군요. 캔톤 렌탈즈를 선택해 주셔서 감사합니다. 차량을 인수하시기 전에, 이 컴퓨터에서 대여 계약서에 몇 가지만 더 작성해 주시면 됩니다.

여 네, 알겠어요. 음, 여기 확인 번호를 입력하라고 뜨는데, 안 가져왔어요.

남 문제 없습니다. 제가 지금 바로 기록을 조회해 보죠. 우선, 성을 말씀해 주시겠어요?

어휘 reservation 예약 fill out 서식에 기입하다 rental agreement 대여 계약(서) confirmation number 확인 번호 look up (컴퓨터 등에서 정보를) 찾아보다 database 데이터베이스

32

What is the woman trying to do?

(A) Buy a computer
(B) Reserve a flight
(C) Mail a package
(D) Pick up a vehicle

여자는 무엇을 하려고 하는가?

(A) 컴퓨터 구입
(B) 항공편 예약
(C) 소포 발송
(D) **차량 인수**

해설 세부사항 관련 – 여자가 하려는 일

대화 초반부에 여자가 트럭을 빌리기로 예약해서 찾으러 왔다(I have a reservation for a rental truck and I'm here to pick it up)고 했으므로 정답은 (D)이다.

33

What did the woman forget to bring?

(A) A credit card
(B) A confirmation number
(C) Some coupons
(D) Some identification

여자는 무엇을 가져오는 것을 잊어버렸는가?

(A) 신용카드
(B) **확인 번호**
(C) 쿠폰
(D) 신분증

어휘 identification 신분 증명서

해설 세부사항 관련 – 여자가 가져오지 않은 것

여자가 두 번째 대사에서 확인 번호를 입력하라고 뜨는데, 안 가져왔다(I see here you need my confirmation number, but I'm afraid I didn't bring it)고 했으므로 정답은 (B)이다.

34

What does the man say he will do?

(A) Search a database
(B) Explain a contract
(C) Talk to a manager
(D) Prepare a shipment

남자는 무엇을 하겠다고 말하는가?

(A) **데이터베이스 조회**
(B) 계약 안내
(C) 책임자에게 보고
(D) 배송 준비

어휘 shipment 배송

해설 세부사항 관련 – 남자가 할 행동

남자가 마지막 대사에서 지금 바로 기록을 조회해 보겠다(I'll look it up in our database right now)고 했으므로 정답은 (A)이다.

→ Paraphrasing   대화의 **look it up** → 정답의 **search**

35-37

M-Au	Excuse me, Ying? [35]**Amy's office door is closed, and she asked me to submit a request for some new computer monitors by the end of the day.** I have the form here. Can I leave it with you?
W-Br	I can make sure she gets it. [36]**She's in the middle of a phone call with a client,** and I'm not sure how long she'll be.
M-Au	That'd be great—thanks! [37]**I have to go now to lead a training session.**
남	실례하지만, 잉? 에이미의 사무실 문이 닫혀 있는데, 제게 새 컴퓨터 모니터 신청서를 오늘 안으로 제출하라고 하셨어요. 그 신청서는 여기 있습니다. 당신께 맡겨도 될까요?
여	제가 꼭 전달할게요. 지금은 고객과 통화 중이신데, 얼마나 오래 통화하실지는 모르겠어요.
남	그렇게 해 주시면 좋죠, 감사합니다! 전 교육 과정을 주관하러 지금 가봐야겠습니다.

어휘   submit 제출하다   request 신청(서)   form 서식
make sure 반드시 ~하다

35

Why did the man go to Amy's office?

(A) To request some time off
(B) To demonstrate a product
(C) To drop off some paperwork
(D) To schedule an appointment

남자가 에이미의 사무실을 찾아간 이유는 무엇인가?

(A) 휴가를 요청하려고
(B) 제품을 시연하려고
(C) **서류를 갖다 주려고**
(D) 약속을 잡으려고

어휘 drop off ~를 갖다 주다, 배달하다

해설 전체 내용 관련 – 남자가 에이미의 사무실을 찾아간 이유

대화 초반부에 남자가 에이미의 사무실 문이 닫혀 있는데, 새 컴퓨터 모니터 신청서를 오늘 안으로 제출하라고 했다(Amy's office door is closed ~ by the end of the day)고 했으므로 정답은 (C)이다.

→ Paraphrasing   대화의 **submit a request**
→ 정답의 **drop off some paperwork**

36

Why is Amy unavailable?

(A) She is preparing to travel.

(B) She is speaking with a client.

(C) She is attending a seminar.

(D) She is working on a report.

에이미를 만날 수 없는 이유는 무엇인가?

(A) 여행 준비를 하고 있다.

(B) **고객과 통화하고 있다.**

(C) 세미나에 참석하고 있다.

(D) 보고서를 작성하고 있다.

어휘 prepare 준비하다 attend 참가하다

해설 세부사항 관련 – 에이미를 만날 수 없는 이유

여자가 대화 중반부에서 지금은 고객과 통화 중(She's in the middle of a phone call with a client)이라고 했으므로 정답은 (B)이다.

> ▸▸ **Paraphrasing** 대화의 **in the middle of a phone call**
> → 정답의 **speaking**

37

What will the man most likely do next?

(A) Meet a colleague for lunch

(B) Conduct a training session

(C) Clean a meeting room

(D) Print some instructions

남자는 다음에 무엇을 하겠는가?

(A) 동료를 만나 점심 식사하기

(B) **교육 실시하기**

(C) 회의실 청소하기

(D) 설명서 출력하기

어휘 colleague 동료 instruction 설명, 지시

해설 세부사항 관련 – 남자가 다음에 할 일

남자가 마지막 대사에서 교육 과정을 주관하러 지금 가봐야겠다(I have to go now to lead a training session)고 했으므로 정답은 (B)이다.

> ▸▸ **Paraphrasing** 대화의 **lead** → 정답의 **Conduct**

38-40

M-Cn	Thank you for calling Margo Publications. How may I help?
W-Am	Hi, ³⁸**I currently subscribe to *Business Reporters' Weekly*—and I'd like to renew it.** I saw that you're currently offering 50 percent off an annual subscription?
M-Cn	Oh, ³⁹**I'm very sorry... but that discount only applies to new subscriptions.** You could order a different magazine and receive the discount. Would you like to do that?

W-Am	Hmm... uh, you know, I already get too many magazines. So I'll just renew at the regular rate.
M-Cn	OK. ⁴⁰**I can still mail you a list of all of our publications.** If you change your mind, you can apply the discount to one of those.
남	마고 퍼블리케이션즈에 전화 주셔서 감사합니다. 어떻게 도와드릴까요?
여	안녕하세요, **저는 현재 〈비즈니스 리포터즈 위클리〉를 구독하고 있는데요, 구독 연장을 하고 싶어요.** 연간 구독 시 50퍼센트를 할인해 주는 행사 중이더라고요?
남	오, **정말 죄송합니다만… 그 할인 행사는 신규 구독 건에 한해 적용됩니다.** 다른 잡지를 구독하시면 할인을 받으실 수 있으신데, 그렇게 하시겠습니까?
여	음… 어, 이미 너무 많은 잡지를 보고 있어서요. 그렇다면 그냥 정상 가격으로 갱신할게요.
남	알겠습니다. **그래도 저희 간행물 전체 목록을 우편으로 보내드리겠습니다.** 혹시 마음이 바뀌시면 그 중 하나를 신청하시고 할인 혜택을 받으시기 바랍니다.

어휘 publication 출판(물) subscribe 구독하다 renew 갱신[연장]하다 annual subscription 1년[연간] 구독 apply 적용하다 rate 가격

38

Why is the woman calling?

(A) To update an address

(B) To make a complaint

(C) To renew a subscription

(D) To inquire about employment

여자가 전화를 한 이유는 무엇인가?

(A) 주소를 갱신하려고

(B) 불만 사항을 말하려고

(C) **구독 갱신을 하려고**

(D) 취업 문의를 하려고

어휘 renew 갱신하다 subscription 구독 inquire 묻다

해설 전체 내용 관련 – 여자가 전화한 이유

대화 초반부에 여자는 현재 〈비즈니스 리포터즈 위클리〉를 구독하고 있는데, 구독 연장을 하고 싶다(I currently subscribe to *Business Reporters' Weekly*—and I'd like to renew it)고 했으므로 정답은 (C)이다.

39

Why does the man apologize?

(A) A discount does not apply.

(B) A service agreement has ended.

(C) A business has closed.

(D) A security procedure has changed.

남자가 사과하는 이유는 무엇인가?

(A) 할인이 적용되지 않는다.
(B) 서비스 계약이 종료되었다.
(C) 업체가 문을 닫았다.
(D) 보안 절차가 변경되었다.

해설 세부사항 관련 - 남자가 사과한 이유

남자가 두 번째 대사에서 죄송하지만 그 할인 행사는 신규 구독 건에 한해 적용된다(I'm very sorry... but that discount only applies to new subscriptions)고 했으므로 정답은 (A)이다.

40

What does the man say he will do?

(A) Change a delivery time
(B) Send a document
(C) Speak with a supervisor
(D) Provide a phone number

남자는 무엇을 하겠다고 말하는가?

(A) 배달 시간 변경하기
(B) 서류 발송하기
(C) 관리자와 이야기하기
(D) 전화번호 제공하기

해설 세부사항 관련 - 남자가 할 행동

남자는 마지막 대사에서 간행물 전체 목록을 우편으로 보내겠다(I can still mail you a list of all of our publications)고 했으므로 정답은 (B)이다.

▸▸ Paraphrasing   대화의 **mail you a list**
→ 정답의 **Send a document**

41-43 3인 대화

W-Br	Hi, Joon and Raj. **41I received your message about a problem with one of the machines on the assembly line. What's happening?**
M-Au	Well, **42the bottle cleaning unit is running very slowly.** Raj reported the problem to a technician.
M-Cn	Right, I did. The technician noticed that not all the nozzles are working. **42So the cleaning cycle is taking much longer to complete.**
W-Br	That is a problem. **43Let's schedule a time when we can shut down the line for the repair.**
여	준, 라지, 안녕하세요. **조립 라인 기계들 중 한 대에 문제가 생겼다는 메시지를 받았어요. 무슨 일이 생겼나요?**
남1	음, **병 세척 장치의 작동 속도가 너무 느립니다.** 라지가 그 문제를 기술자에게 알렸어요.
남2	맞아요. 그렇게 했어요. 기술자가 점검한 바로는 노즐 일부가 작동하지 않는다고 합니다. **그래서 세척이 완료되는 데 시간이 훨씬 오래 걸립니다.**
여	그게 문제군요. **수리를 위해 공정을 멈출 수 있도록 일정을 잡아보기로 하죠.**

어휘   assembly line 조립 라인 bottle 병 run (기계 등이) 작동하다 report 알리다, 통보하다 technician 기술자 notice 알아차리다 nozzle 노즐, 분사구 shut down (기계를) 정지시키다

41

Where do the speakers most likely work?

(A) At a manufacturing company
(B) At a grocery store
(C) At an employment agency
(D) At a shipping service

화자들은 어디에서 일할 것 같은가?

(A) 제조 회사
(B) 식료품점
(C) 직업 소개소
(D) 배송 업체

어휘 manufacturing 제조(업) grocery 식료품 employment agency 직업 소개소 ship 수송하다

해설 전체 내용 관련 - 화자들의 근무지

대화 초반부에 여자는 조립 라인 기계들 중 한 대에 문제가 생겼다는 메시지를 받았다(I received your message about a problem with one of the machines on the assembly line)며 무슨 일이 생겼는지(What's happening?) 물었고 그에 대한 응답으로 대화가 이어지고 있어 화자들이 제조 공장에서 일하고 있음을 알 수 있다. 따라서 정답은 (A)이다.

42

According to the men, what is causing a problem?

(A) Some workers have called in sick.
(B) A vehicle has broken down.
(C) A machine is operating slowly.
(D) The boxes are the wrong size.

남자들에 따르면, 문제의 원인이 무엇인가?

(A) 일부 직원들이 아파서 출근을 못한다고 전화를 했다.
(B) 차량이 고장 났다.
(C) 기계가 느리게 작동하고 있다.
(D) 상자들의 크기가 맞지 않는다.

해설 세부사항 관련 - 문제의 원인

남자1이 병 세척 장치의 작동 속도가 너무 느리다(the bottle cleaning unit is running very slowly)고 했고 남자2가 그래서 세척이 완료되는 데 시간이 훨씬 오래 걸린다(So the cleaning cycle is taking much longer to complete)고 했으므로 정답은 (C)이다.

▸▸ Paraphrasing   대화의 **running very slowly, taking much longer** → 정답의 **operating slowly**

43

What does the woman suggest?

(A) Checking a warranty
(B) Postponing an inspection
(C) Purchasing a different product
(D) Scheduling a repair

여자가 제안하는 것은 무엇인가?

(A) 보증서 확인하기
(B) 점검 작업 연기하기
(C) 다른 제품 구입하기
(D) 수리 일정 잡기

해설 세부사항 관련 – 여자의 제안 사항

여자는 마지막 대사에서 수리를 위해 공정을 멈출 수 있도록 일정을 잡아보자(Let's schedule a time when we can shut down the line for the repair)고 했으므로 정답은 (D)이다.

44-46

M-Cn Ms. Yamada, **[44]I've analyzed the data from the employee survey. The results show most staff aren't happy with the new open-office design.**

W-Br **[44]That's surprising.** I've read that letting staff work in an open space instead of in individual cubicles promotes collaboration and creativity.

M-Cn Well, **[45]the survey results show that the main problem is noise.** Employees say they're distracted by people having work conversations in open spaces.

W-Br **[46]Maybe we should send out a memo reminding people about our policy to use meeting rooms for work-related discussions.**

M-Cn Good idea—I'll do that right away.

남 야마다 씨, **직원 설문조사에서 나온 데이터를 분석했는데요. 대부분의 직원들이 새로 조성한 개방형 사무실 배치에 불편함을 느낀다는 결과가 나왔네요.**

여 **그거 놀라운 일이네요.** 개인별 칸막이를 치우고 개방형 사무공간을 조성하면 직원들의 협동심과 창의력이 증진된다는 글을 읽었는데요.

남 글쎄요, **조사 결과를 보면 가장 큰 문제는 소음입니다.** 직원들의 말에 따르면, 개방된 공간에서 사람들이 업무 협의를 하는 바람에 집중력이 흐트러진다고 합니다.

여 **업무 관련 논의를 할 때는 회의실을 이용해야 하는 정책에 대해 다시 한번 일깨워 주는 회람을 보내야 할까 봐요.**

남 좋은 생각이에요. 당장 그렇게 조치하겠습니다.

어휘 analyze 분석하다 survey 설문조사 result 결과 individual cubicle 개인별 칸막이 구획 promote 촉진하다 collaboration 협력, 공조 creativity 창의성 distract 집중을 방해하다, 주의를 분산시키다 remind 상기시키다 policy 정책, 방침

44

What are the speakers discussing?

(A) A new product
(B) A company merger
(C) Cost estimates
(D) Survey results

화자들은 무엇에 대해 이야기하고 있는가?

(A) 신제품
(B) 회사 합병
(C) 비용 견적
(D) 설문조사 결과

어휘 merger 합병 estimate 추정치, 추산 survey 설문조사

해설 전체 내용 관련 – 대화 주제

남자가 첫 번째 대사에서 직원 설문조사에서 나온 데이터를 분석했다(I've analyzed the data from the employee survey)면서, 대부분의 직원들이 새로 조성한 개방형 사무실 배치에 불편함을 느낀다는 결과가 나왔다(The results show most staff aren't happy with the new open-office design)고 했고 그에 대한 반응으로 대화가 이어지고 있으므로 정답은 (D)이다.

45

According to the man, what is the main problem?

(A) His team is unable to complete a project on time.
(B) Some employees did not receive a salary increase.
(C) There is too much noise in the office.
(D) There are not enough parking spaces.

남자에 따르면, 가장 큰 문제는 무엇인가?

(A) 팀이 기한 내에 프로젝트를 완료할 수 없다.
(B) 일부 직원들의 임금이 인상되지 않았다.
(C) 사무실이 너무 시끄럽다.
(D) 주차 공간이 충분하지 않다.

해설 세부사항 관련 – 가장 큰 문제

남자가 두 번째 대사에서 조사 결과를 보면 가장 큰 문제는 소음(the survey results show that the main problem is noise)이라고 했으므로 정답은 (C)이다.

46

What does the woman suggest doing?

(A) Reminding people about a company policy
(B) Hiring some temporary staff
(C) Moving to a different building
(D) Speaking to the management team

여자는 무엇을 하자고 제안하는가?

(A) 사람들에게 회사 정책을 상기시키기
(B) 임시 직원들을 채용하기
(C) 다른 건물로 이전하기
(D) 관리팀에 이야기하기

어휘 remind 상기시키다 policy 정책, 방침 temporary 임시의

해설 세부사항 관련 - 여자의 제안 사항

여자가 두 번째 대사에서 업무 관련 논의를 할 때는 회의실을 이용해야 하는 정책에 대해 다시 한번 일깨워 주는 회람을 보내야겠다(Maybe we should send out a memo ~ for work-related discussions)고 했으므로 정답은 (A)이다.

47-49

W-Am	Mr. Allawi, this is Rose Costa. ⁴⁷**I'm calling about your order of organic strawberries from our farm. Unfortunately, we can only provide twenty pounds for your restaurant this week.**
M-Cn	Oh, that's too bad. I really needed more than that. We're hosting a large event on Saturday, and I'm serving strawberry tarts for dessert.
W-Am	I understand. Unfortunately, we just don't have that many strawberries this week. But ⁴⁸**blueberries are coming into season. Could you use those instead?**
M-Cn	Well, the request came directly from the client.
W-Am	I'll tell you what then… ⁴⁹**let me make a few phone calls to the farms around here and see if I can get you some more.**
M-Cn	That would be great. I can pay extra if necessary.

여	알라위 씨, 로즈 코스타입니다. **저희 농장 유기농 딸기를 주문하신 건에 관해 전화드립니다. 유감스럽게도, 이번 주에는 귀하의 레스토랑에 20파운드만 공급해 드릴 수 있어서요.**
남	어, 그거 정말 문제군요. 그보다 더 많이 필요한데요. 토요일에 큰 행사를 주최하는데, 디저트로 딸기 타르트를 낼 거라서요.
여	그러시군요. 안타깝게도, 이번 주에는 딸기가 그렇게 많지 않아요. 하지만 **블루베리가 제철에 접어들고 있어요. 대신 쓰실 수는 없을까요?**
남	글쎄요. 고객께서 직접 요청하신 사항이라서요.
여	그렇다면 이건 어떨까요… **여기 근처 농장들에 전화를 좀 걸어서 물량을 더 확보할 수 있을지 알아보겠습니다.**
남	그렇게 해주시면 좋겠네요. 필요하시다면 추가 비용을 제가 부담하죠.

어휘	organic 유기농의 unfortunately 유감스럽게도 host (행사, 파티 등을) 주최하다 tart 타르트(속에 과일 등을 넣고 위에 반죽을 씌우지 않고 구운 파이) come into season 제철이 되다 request 요청, 요구 necessary 필요한

47

What is the woman calling about?

(A) Processing a payment
(B) Printing invitations
(C) Hiring extra help
(D) Filling an order

여자는 무슨 일로 전화했는가?

(A) 대금 결제 처리
(B) 초청장 인쇄
(C) 추가 인력 고용
(D) 주문 이행

해설 전체 내용 관련 - 여자가 전화한 이유

여자가 첫 번째 대사에서 유기농 딸기 주문 건에 관해 전화한다며 유감스럽게도 이번 주에는 20파운드만 공급해 줄 수 있다(I'm calling about your order of organic strawberries ~ for your restaurant this week)고 했으므로 정답은 (D)이다.

48

What does the man imply when he says, "the request came directly from the client"?

(A) Some contact information is incorrect.
(B) A change is not possible.
(C) A worker is highly qualified.
(D) A fee has been discussed.

남자가 "고객께서 직접 요청하신 사항이라서요."라고 말한 의도는 무엇인가?

(A) 연락처 정보 일부가 부정확하다.
(B) 변경할 수 없다.
(C) 작업자가 자격이 충분하다.
(D) 보수가 협의되었다.

어휘 contact information 연락처 highly 매우 qualified 자격을 갖춘

해설 화자의 의도 파악 - 고객께서 직접 요청하신 사항이라는 말의 의미

여자가 두 번째 대사에서 블루베리가 제철에 접어들고 있다며 대신 쓸 수 없는지(blueberries are coming ~ use those instead?) 묻는 말에 남자가 고객께서 직접 요청하신 사항이라고 말한 의도는 주문을 변경할 수 없음을 나타낸 것으로 볼 수 있다. 따라서 정답은 (B)이다.

49

What does the woman say she will do?

(A) Revise a bill
(B) Set up a meeting
(C) Contact some businesses
(D) Pack some merchandise

여자는 무엇을 하겠다고 말하는가?

(A) 청구서 수정하기
(B) 회의 잡기
(C) 다른 업체들에게 연락하기
(D) 상품 포장하기

어휘 revise 변경하다 merchandise 상품

해설 세부사항 관련 – 여자가 할 행동

여자가 세 번째 대사에서 여자네 주변 농장들에게 전화해서 물량을 더 확보할 수 있을지 알아보겠다(let me make a few phone calls to the farms around here and see if I can get you some more)고 했으므로 정답은 (C)이다.

> Paraphrasing   대화의 make a few phone calls to the farms
>   → 정답의 Contact some businesses

50-52

M-Au	How was last night's employee award ceremony, Mina?
W-Br	It was nice. 50**I won a prize for selling the most products this year.**
M-Au	Congratulations! But I'm not surprised— you always have impressive sales numbers. What was the prize?
W-Br	Tickets to the professional tennis tournament on Sunday.
M-Au	That's wonderful!
W-Br	I know. But 51**I'm leaving for vacation this weekend,** so I won't be able to go.
M-Au	Too bad. What are you going to do with the tickets?
W-Br	52**I was thinking that I would give them away. Would you be interested in going?**
남	미나, 어젯밤 직원 시상식은 어땠어요?
여	근사했어요. **제가 올해의 최다 판매상을 받았어요.**
남	축하해요! 하지만 놀랄 일은 아니에요, 당신의 영업 실적이야 언제나 대단했으니까요. 부상은 뭐였어요?
여	일요일에 열리는 프로 테니스 토너먼트 티켓이오.
남	진짜 멋진데요!
여	그렇죠. 하지만 **이번 주말에 휴가를 떠날 거라서** 보러 가지는 못할 것 같아요.
남	안됐네요. 그러면 그 티켓을 어떻게 하실 생각이세요?
여	**양도할까 생각 중이었어요. 혹시 가실 생각 있으세요?**

어휘	award ceremony 시상식 impressive 인상적인, 훌륭한 sales numbers 영업 실적 tournament 토너먼트 give away 양도하다, 남에게 주다 be interested in ~에 관심이 있다

50

What did the woman win a prize for?

(A) Having the highest sales numbers
(B) Providing excellent customer service
(C) Working at the company for ten years
(D) Reducing costs on a project

여자는 무슨 일로 상을 받았는가?

(A) **최고 영업 실적 보유**
(B) 뛰어난 고객 서비스 제공
(C) 십 년간 근속
(D) 프로젝트 비용 절감

해설 세부사항 관련 – 여자의 수상 이유

대화 초반부에 여자가 올해의 최다 판매상을 받았다(I won a prize for selling the most products this year)고 했으므로 정답은 (A)이다.

> Paraphrasing   대화의 selling the most products
>   → 정답의 Having the highest sales numbers

51

What will the woman do this weekend?

(A) Visit a branch office
(B) Attend a conference
(C) Join a fitness club
(D) Go on a vacation

여자는 이번 주말에 무엇을 할 것인가?

(A) 지점 방문
(B) 학회 참석
(C) 헬스 클럽 등록
(D) **휴가 여행**

해설 세부사항 관련 – 여자가 이번 주말에 할 일

여자가 세 번째 대사에서 이번 주말에 휴가를 떠날 것(I'm leaving for vacation this weekend)이라고 했으므로 정답은 (D)이다.

> Paraphrasing   대화의 leaving for → 정답의 Go on

52

What does the woman say she will do with the prize?

(A) Display it in her office
(B) Exchange it at the store
(C) Offer it to someone else
(D) Use it at a later date

여자가 부상으로 무엇을 하겠다고 말하는가?

(A) 사무실에 진열하기
(B) 매장에서 교환하기
(C) **다른 사람에게 양도하기**
(D) 나중에 다른 날 사용하기

해설 세부사항 관련 – 여자가 부상으로 할 일

여자가 마지막 대사에서 양도할까 생각 중이었다(I was thinking that I would give them away)며 남자에게 혹시 갈 생각이 있는지(Would you be interested in going?) 물어보고 있으므로 정답은 (C)이다.

> Paraphrasing   대화의 give them away
>   → 정답의 Offer it to someone else

53-55

W-Br	**53Here's your room key. It's 417.** Just to the right after you get off the elevator. I hope you have a nice stay in Centerville.
M-Au	Thanks. **54I'm in town for a conference, but I have a little free time.** This is my first visit here.
W-Br	In that case, I'd highly recommend visiting the Centerville Art Museum. It's famous for its collection of twentieth-century paintings.
M-Au	Good idea—I really enjoy modern art.
W-Br	**55I suggest buying your ticket online—that way you'll get a fifteen-percent discount.**
M-Au	That's good to know. Thank you.
여	**여기 방 열쇠입니다. 417호실이고요.** 엘리베이터에서 내리셔서 바로 오른쪽입니다. 센터빌에서 편안하게 머무르시기 바랍니다.
남	감사합니다. **저는 학회 때문에 이곳에 왔는데, 여가 시간이 좀 있어요.** 이곳은 처음 와봤고요.
여	그러시다면, 센터빌 미술관에 가보시길 강력히 추천합니다. 20세기 그림 소장품으로 이름난 곳이죠.
남	좋은 생각이네요. 현대 미술을 정말 좋아하거든요.
여	**입장권은 온라인으로 구입하시는 걸 권해 드립니다. 그러시면 15퍼센트 할인을 받으실 수 있어요.**
남	좋은 정보군요. 감사합니다.
어휘	get off ~에서 내리다 in that case 그런 경우에 recommend 추천하다 be famous for ~로 유명하다

53

Where does the conversation most likely take place?

(A) In a train station
(B) In a hotel
(C) In a theater
(D) In a computer store

대화는 어디에서 일어날 것 같은가?

(A) 기차역
(B) 호텔
(C) 극장
(D) 컴퓨터 매장

해설 전체 내용 관련 – 대화 장소

대화 초반부에 여자가 남자에게 여기 방 열쇠라면서 417호실이라고(Here's your room key. It's 417.) 말해 주고 있으므로 정답은(B)이다.

54

Why does the man say, "This is my first visit here"?

(A) To explain his concern
(B) To provide an excuse
(C) To ask for permission
(D) To request a recommendation

남자가 "이곳에 처음 와봤고요"라고 말하는 이유는 무엇인가?

(A) 걱정거리에 대해 설명하려고
(B) 핑계를 대려고
(C) 허락을 구하려고
(D) 추천을 받으려고

어휘 concern 걱정   permission 허락, 허가   request 요청하다 recommendation 추천

해설 화자의 의도 파악 – 이곳에 처음 와봤다고 말한 이유

남자가 첫 번째 대사에서 학회 때문에 이곳에 왔는데, 여가 시간이 좀 있다(I'm in town for a conference, but I have a little free time)고 한 후 이곳에 처음 와봤다고 말하고 있어 여가 시간에 할 수 있는 일을 추천 받으려고 한 말임을 알 수 있다. 따라서 정답은 (D)이다.

55

Why does the woman recommend making a purchase on the Internet?

(A) More products are available.
(B) It is not necessary to wait in line.
(C) The price is reduced.
(D) Shipping is free.

여자가 인터넷으로 구매할 것을 추천한 이유는 무엇인가?

(A) 상품이 더 다양하다.
(B) 줄을 서서 기다릴 필요가 없다.
(C) 가격이 할인되었다.
(D) 배송비가 무료이다.

해설 세부사항 관련 – 여자가 인터넷 구매를 추천한 이유

여자가 세 번째 대사에서 입장권을 온라인으로 구입하면 15퍼센트 할인을 받을 수 있다(I suggest buying your ticket online—that way you'll get a fifteen-percent discount)고 추천했으므로 정답은 (C)이다.

> ▸▸ Paraphrasing   대화의 **get a fifteen-percent discount** → 정답의 **The price is reduced**

56-58

M-Cn	Polina—great news! **56Remember the Web site we created for the Lee Dental Office?** They were so impressed with our work that they referred us to several potential clients.
W-Am	That is great news. Our business has been going really well lately. We finished five Web site projects last month alone.

M-Cn You know, ⁵⁷**since our business is growing faster than we expected, we should find an accountant who can handle our bookkeeping.**

W-Am Hmm. ⁵⁸**I've heard the Olson Accounting Firm's good. I'll set up an appointment with them.** Are you free on Thursday?

M-Cn In the afternoon, yes.

남 폴리나, 좋은 소식이 있어요! **우리가 리 치과의 웹사이트를 구축했던 거 기억나요?** 우리가 작업한 게 정말 인상 깊었던지, 몇몇 잠재 고객들에게 우리를 소개해 주셨어요.

여 반가운 소식이네요. 최근 들어 우리 사업이 승승장구하고 있어요. 지난달에만 다섯 건의 웹사이트 프로젝트를 해냈잖아요.

남 음, 우리 사업이 예상보다 더 빨리 성장하고 있으니, **부기 처리를 맡아줄 회계사를 구해야겠어요.**

여 음, 올슨 회계사무소가 괜찮다는 이야기를 들었어요. 제가 약속을 잡아볼게요. 목요일 괜찮으세요?

남 오후라면 괜찮아요.

어휘 dental office 치과 be impressed with ~에 깊은 인상을 받다 refer A to B A를 B에게 보내다 potential client 잠재 고객 accountant 회계사 bookkeeping 부기 set up an appointment 약속을 잡다

56

Which industry do the speakers most likely work in?

(A) Home construction
(B) Finance
(C) Web design
(D) Health care

화자들은 어떤 업계에서 근무할 것 같은가?

(A) 주택 건설
(B) 금융
(C) 웹 디자인
(D) 의료

해설 전체 내용 관련 – 화자들이 종사하고 있는 업계

대화 초반부에 남자가 여자에게 그들이 리 치과의 웹사이트를 구축했던 것이 기억나는지(Remember the Web site we created for the Lee Dental Office?) 물어보고 있으므로 정답은 (C)이다.

57

What does the man recommend?

(A) Hiring an accountant
(B) Changing operating hours
(C) Purchasing office supplies
(D) Revising a timeline

남자가 추천하는 것은 무엇인가?

(A) 회계사 고용하기
(B) 영업 시간 조정하기
(C) 사무용품 구입하기
(D) 시간표 수정하기

해설 세부사항 관련 – 남자의 추천 사항

남자가 두 번째 대사에서 사업이 예상보다 더 빨리 성장하고 있으니, 부기 처리를 맡아줄 회계사를 구해야겠다(since our business is growing faster ~ handle our bookkeeping)고 했으므로 정답은 (A)이다.

▶▶ Paraphrasing 대화의 find an accountant
→ 정답의 Hiring an accountant

58

What does the woman say she will do?

(A) Pick up an application
(B) Submit an invoice
(C) Schedule a workshop
(D) Make an appointment

여자는 무엇을 하겠다고 말하는가?

(A) 지원서 받기
(B) 청구서 송부하기
(C) 워크샵 일정 짜기
(D) 약속 잡기

해설 세부사항 관련 – 여자가 할 행동

여자가 두 번째 대사에서 올슨 회계사무소가 괜찮다는 이야기를 들었다(I've heard the Olson Accounting Firm's good)며 약속을 잡아보겠다(I'll set up an appointment with them)고 했으므로 정답은 (D)이다.

▶▶ Paraphrasing 대화의 set up an appointment
→ 정답의 Make an appointment

59-61 3인 대화

M-Au Hi, Carrie, ⁵⁹**my name's James Fitch, the personnel director at Regal Advertising.** This is my colleague Sanjay Patel.

M-Cn Nice to meet you, Carrie. ⁵⁹**Please tell us a little bit about your work background.**

W-Am Well, I've worked extensively in graphic design. Here's my portfolio.

M-Au Wow, your portfolio is impressive. What would you describe as your specialty?

W-Am ⁶⁰**Some of my best work has been on large billboards in cities around the world.**

M-Cn You were productive at your last job; why leave?

W-Am The work was exciting, but it was only short-term contract work. I've heard that Regal offers full-time positions. **⁶¹That shows me that Regal really values their employees. I appreciate that.**

남1 안녕하세요, 캐리. **제 이름은 제임스 피치이고, 리걸 애드버타이징에서 인사부장을 맡고 있습니다.** 이쪽은 제 동료인 산제이 파텔입니다.

남2 만나서 반갑습니다, 캐리. **본인의 경력에 대해서 좀 말씀해 주시죠.**

여 어, 저는 그래픽 디자인 분야에서 폭넓게 일을 해왔습니다. 이게 제 포트폴리오예요.

남1 와, 포트폴리오가 인상적이네요. 본인의 전문 분야를 뭐라고 이야기하시겠어요?

여 **제 작품들 중 가장 괜찮은 것들 몇 개는 전 세계 여러 도시들의 대형 광고판에 게시됐어요.**

남2 마지막 직장에서도 실적이 괜찮으셨던 것 같은데, 왜 그만두시죠?

여 일은 재미있었지만, 단기로만 계약했던 업무였습니다. 리걸사에서는 정규직을 제시한다고 들었습니다. **리걸사가 직원들을 제대로 대우한다는 것을 보여주죠. 그 점을 높이 평가합니다.**

어휘 personnel director 인사부장 colleague 동료 work background 경력 extensively 폭넓게, 광범위하게 portfolio (구직 때 제출하는) 작품집, 포트폴리오 specialty 전문, 특성 billboard 옥외 광고판 productive 생산적인 short-term contract 단기 계약 full-time position 정규직 value 소중하게 생각하다, 높이 평가하다 appreciate 진가를 알다, 높이 평가하다

59

Why is the woman at Regal Advertising?

(A) For a photography session
(B) For a client consultation
(C) For a job interview
(D) For a building opening

여자가 리걸 애드버타이징에 온 이유는 무엇인가?

(A) 사진 촬영을 위해
(B) 고객 상담을 위해
(C) 취업 면접을 위해
(D) 건물 개관식을 위해

해설 전체 내용 관련 - 여자가 리걸 애드버타이징에 온 이유

대화 초반부에 남자1이 여자에게 인사하며 리걸 애드버타이징에서 인사부장을 맡고 있다(my name's James Fitch, the personnel director at Regal Advertising)고 소개했고 이어 남자2가 여자에게 본인의 경력에 대해서 말해 달라(Please tell us a little bit about your work background)고 요청하는 것으로 보아 여자가 취업 면접을 보려고 온 것임을 알 수 있다. 따라서 정답은 (C)이다.

60

What does the woman say is her specialty?

(A) Researching international laws
(B) Creating designs for billboards
(C) Building a strong customer base
(D) Finding cost-efficient business solutions

여자가 본인의 전문 분야로 소개한 것은 무엇인가?

(A) 국제법 연구
(B) 광고 게시판 디자인
(C) 탄탄한 고객 기반 구축
(D) 비용 효율적인 업무 해결책 모색

해설 세부사항 관련 - 여자의 전문 분야

여자가 두 번째 대사에서 여자의 작품들 중 가장 괜찮은 것들 몇 개는 전 세계 여러 도시들의 대형 광고판에 게시되었다(Some of my best work has been on large billboards in cities around the world)고 했으므로 정답은 (B)이다.

> ▸▸ Paraphrasing 대화의 **Some of my best work**
> → 정답의 **designs**

61

What does the woman say she appreciates about Regal?

(A) The company creates unique designs.
(B) The company has offices overseas.
(C) The company is dedicated to research.
(D) The company values its employees.

여자는 리갈사의 어떤 점을 좋게 본다고 말하는가?

(A) 독특한 디자인을 만드는 회사이다.
(B) 해외 지점을 갖추고 있는 회사이다.
(C) 연구 부문에 큰 힘을 쏟는 회사이다.
(D) 직원들을 제대로 대우하는 회사이다.

어휘 unique 독특한 overseas 해외의 dedicate 헌신하다 value 소중하게 생각하다

해설 세부사항 관련 - 여자가 리갈사에 대해 좋게 보는 점

여자가 마지막 대사에서 리걸사가 직원들을 제대로 대우한다(That shows me that Regal really values their employees)며 그 점을 높이 평가한다(I appreciate that)고 했으므로 정답은 (D)이다.

62-64 대화 + 스케줄

W-Am Hi, José. It's Lea. **⁶²Are you at the airport yet? I'm still about fifteen minutes away.** The traffic is terrible. I'm worried that I'll miss the flight—and the next one's not until tomorrow.

M-Cn Don't worry. I just got here and saw that **⁶³our flight's been delayed an hour.** I'm sure you'll make it.

W-Am Oh, that's a relief. But, [64]**can you call the conference organizers?** We should let them know that we'll be late for the conference reception tonight.

여 안녕하세요, 호세. 레아예요. **벌써 공항에 도착했나요? 전 15분쯤 더 걸릴 것 같아요.** 차가 정말 많이 막히네요. 비행기를 놓칠까 봐 걱정이에요. 다음 항공편은 내일까지 기다려야 하거든요.

남 걱정 마세요. 저도 방금 도착했는데, **우리 항공편이 한 시간 지연됐다**는 걸 봤어요. 분명히 도착할 수 있을 거예요.

여 아, 다행이네요. 그런데, **학회 주최측에 전화 좀 해 주실래요?** 오늘밤 학회 리셉션에 늦을 거라는 소식을 전해야 해요.

어휘 away (시간적으로) 떨어져 not until ~가 되어서야 (비로소) delay 지연시키다 make it 시간 맞춰 가다 relief 안도, 안심 organizer 주최자 reception 리셉션, 축하 연회

✈		
Destination	**Departure Time**	**Status**
[63]Los Angeles	10:00	Delayed– one hour
San Antonio	10:30	On time
San Jose	11:00	On time
Las Vegas	11:30	Delayed– 30 minutes

✈		
목적지	**출발 시각**	**현황**
[63]로스앤젤레스	10:00	1시간 지연
샌 안토니오	10:30	정상 출발
산 호세	11:00	정상 출발
라스베이거스	11:30	30분 지연

62

What problem does the woman report?

(A) She forgot to bring a laptop.

(B) She is running late.

(C) A flight was overbooked.

(D) A guest speaker canceled.

여자가 전하는 문제점은 무엇인가?

(A) 노트북을 가져오는 걸 잊어버렸다.

(B) 늦을 것이다.

(C) 비행편이 초과 예약되었다.

(D) 초청 연사가 약속을 취소했다.

어휘 forget to ~하는 것을 잊다 run late 늦다 overbook 정원 초과 예약을 받다

해설 세부사항 관련 – 여자의 문제

여자가 첫 번째 대사에서 남자에게 벌써 공항에 도착했는지(Are you at the airport yet?) 물어보며 자신은 15분쯤 더 걸릴 것 같다(I'm still about fifteen minutes away)고 했으므로 정답은 (B)이다.

63

Look at the graphic. Where are the speakers going?

(A) To Los Angeles

(B) To San Antonio

(C) To San Jose

(D) To Las Vegas

시각 정보에 의하면 화자들은 어디로 가는 중인가?

(A) 로스앤젤레스로

(B) 샌 안토니오로

(C) 산 호세로

(D) 라스베이거스로

해설 시각 정보 연계 – 화자들의 목적지

남자는 첫 번째 대사에서 항공편이 한 시간 지연됐다(our flight's been delayed an hour)고 했다. 시각 정보를 보면 1시간이 지연되는 비행편의 목적지는 로스앤젤레스이므로 정답은 (A)이다

64

What does the woman ask the man to do?

(A) Postpone an event

(B) Borrow some equipment

(C) File a complaint

(D) Make a phone call

여자는 남자에게 무엇을 하라고 요청하는가?

(A) 행사 연기

(B) 장비 대여

(C) 불만 제기

(D) 전화 연락

어휘 postpone 연기하다 equipment 장비 file a complaint 불만을 제기하다

해설 세부사항 관련 – 여자의 요청 사항

여자가 마지막 대사에서 남자에게 학회 주최측에 전화를 해줄 수 있는지 (can you call the conference organizers?) 물었으므로 정답은 (D)이다.

> ▸▸ Paraphrasing 대화의 **call the conference organizers**
> → 정답의 **Make a phone call**

65-67 대화 + 선반

W-Br Alex, look at this storage room. [65]**I'm expecting a shipment of our winter clothing line today, so we'll need to make some more room in here.**

M-Au Sure, ⁶⁶I can do it after I put these sweaters away. Actually, these three boxes of sweaters are almost empty. What if I just put them together in one box... so that we can make space for the delivery?

W-Br Good suggestion. And when you're done with that, ⁶⁷please get the extra display table and take it to the front of the store.

여 알렉스, 여기 창고 좀 보세요. 오늘 겨울 의류들이 배송될 거라서 여기에 공간을 좀 더 마련해야 할 거예요.

남 알겠습니다. 이 스웨터들을 치우고 나면 공간을 만들 수 있어요. 사실, 이 스웨터 상자 세 개는 거의 비어 있어요. 이걸 합쳐서 박스 하나에 몰아 넣고… 배송품을 놓을 공간을 마련하면 어떨까요?

여 좋은 생각이네요. 그리고 그걸 마친 다음에는, 여분의 진열대를 가게 앞에다 좀 내다 놔 주세요.

어휘 storage 보관, 저장 shipment 수송(품) room 공간 put away 치우다 empty 비어 있는 what if ~라면 어떨지 so that ~할 수 있도록

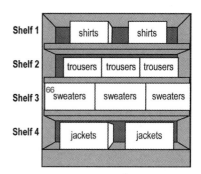

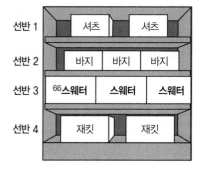

65
What problem does the woman mention?
(A) Some labels are incorrect.
(B) An item is unpopular.
(C) A shipment is delayed.
(D) More storage space is needed.

여자가 언급한 문제점은 무엇인가?
(A) 일부 라벨들이 잘못되어 있다.
(B) 물품이 인기가 없다.
(C) 배송이 지연되고 있다.
(D) 보관 공간이 더 필요하다.

해설 세부사항 관련 – 여자가 언급한 문제점
대화 초반부에 여자가 오늘 겨울 의류들이 배송될 거라서 여기에 공간을 좀 더 마련해야 할 것(I'm expecting a shipment ~ some more room in here)이라고 했으므로 정답은 (D)이다.

▸▸ Paraphrasing 대화의 some more room
→ 정답의 more storage space

66
Look at the graphic. Which shelf will the man work on today?
(A) Shelf 1
(B) Shelf 2
(C) Shelf 3
(D) Shelf 4

시각 정보에 의하면, 남자가 오늘 작업할 선반은 무엇인가?
(A) 선반 1
(B) 선반 2
(C) 선반 3
(D) 선반 4

해설 시각 정보 연계 – 남자가 오늘 작업할 선반
남자가 대화 중반부에서 스웨터들을 치우고 나면 공간을 만들 수 있다면서 거의 비어 있는 세 개의 박스를 합쳐서 하나에 몰아 넣고 배송품을 놓을 공간을 만들면 어떨지(I can do it after I put ~ we can make space for delivery?) 묻고 있으므로 정답은 (C)이다.

67
What does the woman tell the man to do?
(A) Sign for a delivery
(B) Put price tags on some items
(C) Contact a different supplier
(D) Move a display table

여자는 남자에게 무엇을 하라고 말하는가?
(A) 배달 수령 서명하기
(B) 일부 품목에 가격표 붙이기
(C) 다른 공급업체에 연락하기
(D) 진열대 옮기기

어휘 sign for ~을 수령하였다고 서명하다 price tag 가격표 supplier 공급자, 공급업체 display table 진열대

해설 세부사항 관련 – 여자의 요구 사항
여자가 마지막 대사에서 여분의 진열대를 가게 앞에다 좀 내다 놔 달라(please get the extra display table and take it to the front of the store)고 했으므로 정답은 (D)이다.

▸▸ Paraphrasing 대화의 take it to the front of the store
→ 정답의 Move a display table

W-Am OK. I reviewed your business plan and I think you're off to a great start. **68You have an interesting concept for your new restaurant.** I especially like how much thought you put into the customers you expect to dine there.

M-Au Yeah. **69That's something I learned from my last business venture. I tried to appeal to everyone, which I now know was a mistake. This time I have a much better idea of who I want to attract.**

W-Am Perfect. Now... since you're hoping to use this plan to apply for a loan, **70I suggest revisiting your projected budget.** In particular, you should allocate more of the expenses to staffing. About 35 percent is standard in the restaurant industry.

여 자. 귀하의 사업 계획서를 검토해 봤는데, 출발이 좋은 것 같습니다. **새로 개업할 레스토랑에 대해 흥미로운 컨셉을 갖고 계시네요.** 특히 레스토랑에 식사를 하러 오실 손님들에 대해서 많은 생각을 했다는 점이 마음에 듭니다.

남 네. **지난번 사업 시도에서 배운 교훈이라고 할 수 있죠. 모든 사람을 만족시키려고 했는데, 그게 실수였다는 걸 이제는 알겠습니다. 이번에는 제가 목표로 하는 고객층에 대해 훨씬 명확한 생각을 가지고 있습니다.**

여 훌륭합니다. 자… 이 계획서로 대출을 신청하려고 하시니, **추정하고 계신 예산에 대해 다시 논의해 보기로 하죠.** 특히, 직원 채용에 있어 더 많은 비용을 책정하셔야 할 겁니다. 요식업계에서는 35퍼센트 정도가 표준입니다.

어휘 be off to ~로 떠나다 business venture 사업상의 시도 appeal to ~의 관심[흥미]를 끌다 apply for ~을 신청하다 revisit 다시 논의하다 projected budget 추정 예산 allocate 할당하다 expense 비용 staffing 직원 채용 standard 표준, 수준 industry 업계 overview 개요 analysis 분석

Business Plan

Part 1 ......Company Overview
Part 2 ......Services
Part 3 ......Industry Analysis
Part 4 ......Advertising
70
Part 5 ......Budget

사업 계획서

1장 ....회사 개요
2장 ....사업 부문
3장 ....업계 분석
4장 ....광고
705장 ....예산

68

What kind of business does the man want to start?

(A) A shop
(B) A restaurant
(C) A bank
(D) A farm

남자가 개업하려고 하는 업종은 무엇인가?

(A) 상점
(B) 레스토랑
(C) 은행
(D) 농장

해설 전체 내용 관련 – 남자가 개업하려는 업종

여자가 대화 초반부에 남자가 새로 개업할 레스토랑이 흥미로운 컨셉을 갖고 있다(You have an interesting concept for your new restaurant)고 했으므로 정답은 (B)이다.

69

What does the man say he learned from his previous business?

(A) How to apply for an operating permit
(B) How to negotiate a vendor contract
(C) How to make attractive advertisements
(D) How to identify potential customers

남자가 이전 사업을 통해 배웠다고 말하는 것은 무엇인가?

(A) 영업 허가 신청 방법
(B) 공급업체 계약 협상 방법
(C) 눈에 띄는 광고를 만드는 방법
(D) 잠재 고객을 파악하는 방법

어휘 operating permit 영업 허가 negotiate 협상하다 vendor 판매 업체 attractive 마음을 끄는 identify 알아보다 potential customer 잠재 고객

해설 세부사항 관련 – 남자가 이전 사업을 통해 배운 점

남자가 대화 중반부에서 지난번 사업 시도에서 배운 교훈(That's something I learned from my last business venture)을 언급하며 모든 사람을 만족시키려고 했는데, 그게 실수였다는 걸 지금은 알고 있다(I tried to appeal to everyone, which I now know was a mistake)고 밝히고, 이번에는 자신이 목표로 하는 고객층에 대해 훨씬 명확한 생각을 가지고 있다(This time I have ~ who I want to attract)고 했으므로 정답은 (D)이다.

▸▸ Paraphrasing 대화의 who I want to attract
→ 정답의 potential customers

70

Look at the graphic. Which part of the business plan does the woman suggest revising?

(A) Part 2
(B) Part 3
(C) Part 4
(D) Part 5

시각 정보에 의하면, 여자가 수정을 제안하는 사업 계획서 부분은 어디인가?

(A) 2장
(B) 3장
(C) 4장
(D) 5장

해설 시각 정보 연계 – 여자가 수정을 제안하는 사업 계획서 부분

여자는 마지막 대사에서 남자가 추정한 예산에 대해 다시 논의해 보기로 하자(I suggest revisiting your projected budget)고 했으므로 정답은 (D)이다.

PART 4

71-73 회의 발췌

> **M-Au** The next item on the agenda is an update on our advertising contracts. ⁷¹**We were planning on starting work on the video game console advertisement,** but ⁷²**the client called and said that the game console won't be ready in time. So it looks like we won't be able to start on the advertising campaign as originally planned.** They won't be running the ads until next year. Since this will affect our schedule for the coming months, ⁷³**here's a revised timeline. Take a moment and check the dates for any potential conflicts with your new assignments.**
>
> 다음 안건은 우리 광고 계약에 관한 업데이트입니다. **비디오 게임기 광고 작업에 착수할 계획이었는데, 고객이 전화로 말하길 게임기가 제때에 준비되지 못할 거라고 합니다. 그래서 광고 캠페인을 원래 예정대로 시작하기는 힘들 것 같습니다.** 내년에나 광고를 할 거랍니다. 이로 인해 앞으로 몇 달간 일정에 차질이 빚어지게 되었고, **이것이 수정된 일정입니다. 잠시 살펴보시고, 여러분의 신규 업무와 관련해서 문제가 될 부분이 있는지 일정을 확인해 주시기 바랍니다.**
>
> 어휘 agenda 의제, 안건 console 조정 장치 in time 제때에 not until ~이 되어서야 (비로소) affect 영향을 미치다 revised 수정된 timeline 일정, 시간표 potential 가능성이 있는 conflict 상충, 부조화 assignment 임무, 할당된 업무

71

What industry does the speaker most likely work in?

(A) Information Technology
(B) Shipping and Receiving
(C) Advertising
(D) Manufacturing

화자는 어떤 업계에서 일하겠는가?

(A) 정보 통신 기술
(B) 발송 및 접수
(C) 광고
(D) 제조

해설 전체 내용 관련 – 화자가 종사하는 업계

지문 초반부에서 화자가 비디오 게임기 광고에 착수할 계획이었다(We were planning on starting work on the video game console advertisement)고 했으므로 정답은 (C)이다.

72

What is the speaker mainly talking about?

(A) A budget proposal
(B) Product designs
(C) A project delay
(D) Sample photos

화자는 주로 무엇에 관해 이야기하는가?

(A) 예산안
(B) 제품 디자인
(C) 프로젝트 지연
(D) 견본 사진

어휘 budget 예산 delay 지연, 연기

해설 전체 내용 관련 – 담화의 주제

지문 초반부에서 고객이 전화로 말하길 게임기가 제때에 준비되지 못할 거라고 했다(the client called and said that the game console won't be ready in time)면서, 뒤이어 광고 캠페인을 원래 예정대로 시작하기는 힘들 것 같다(So it looks like we won't be able to start on the advertising campaign as originally planned)며 담화를 이어 나가고 있으므로 정답은 (C)이다.

73

What are the listeners asked to do?

(A) Review a schedule
(B) Work overtime
(C) Suggest some ideas
(D) Prepare a presentation

청자들은 무엇을 하라고 요청받는가?

(A) 일정 검토
(B) 초과 근무
(C) 의견 제안
(D) 발표 준비

어휘 review 검토하다 overtime 초과 근무

해설 세부사항 관련 – 청자들이 요청 받은 사항

지문 후반부에서 화자가 이것이 수정된 일정(here's a revised timeline)이라며, 잠시 살펴보고 청자들의 신규 업무와 관련해서 문제가 될 부분이 있는지 일정을 확인해 달라(Take a moment ~ with your new assignments)고 요청하고 있으므로 정답은 (A)이다.

> ▸▸ Paraphrasing 담화의 check the dates
> → 정답의 Review a schedule

M-Cn Hello, this is Conrad. I rent apartment 306. ⁷⁴**I'm calling to complain about the people in the apartment next to me. For a while now, they've been parking in my parking space.** ⁷⁵**Yesterday I tried talking to them, but they were uncooperative.** I sometimes come home late at night, and I need to know my space is available. This problem has to be fixed, and I'd like to discuss this in person. So ⁷⁶**I'll come to your office after I finish work tomorrow.** Thank you.

안녕하세요, 306호 세입자인 콘래드입니다. 제 옆집에 살고 있는 사람들에 대해 불만이 있어 전화했습니다. 요새 한동안 그 사람들이 제 주차 자리에 차를 대고 있습니다. 어제는 이야기를 좀 해보려 했는데, 비협조적으로 나오더군요. 가끔 밤 늦게 집에 오기 때문에, 주차할 자리가 있는지 알 필요가 있죠. 문제가 시정되어야 하니 직접 뵙고 말씀드리고 싶습니다. **내일 퇴근 후 사무실로 가겠습니다.** 감사합니다.

> 어휘 rent 임대하다, 임차하다; 집세 for a while 한동안 uncooperative 비협조적인 discuss 논의하다 in person 직접, 몸소

74

What is the main purpose of the message?
(A) To complain about parking
(B) To confirm a move-in date
(C) To discuss a rent increase
(D) To report a broken appliance

메시지의 주된 목적은 무엇인가?
(A) 주차 관련 불만을 제기하려고
(B) 이사 일자를 확정하려고
(C) 집세 인상 문제를 상의하려고
(D) 기기 고장을 알리려고

어휘 complain about ~에 대해 불평하다 confirm 확인하다 appliance 기기

해설 전체 내용 관련 – 메시지의 목적
지문 초반부에서 화자가 옆집에 살고 있는 사람들에 대해 불만이 있어 전화했다(I'm calling to complain about the people in the apartment next to me)고 했고, 요새 한동안 그 사람들이 화자의 주차 자리에 차를 대고 있다(For a while now, they've been parking in my parking space)며 메시지를 이어 나가고 있으므로 정답은 (A)이다.

75

What does the speaker say he did yesterday?
(A) He started a new job.
(B) He talked to his neighbors.
(C) He helped a friend move.
(D) He went to a party

화자는 어제 무엇을 했다고 말하는가?
(A) 새 직장에 나가기 시작했다.
(B) 옆집 사람들에게 이야기했다.
(C) 친구의 이사를 도왔다.
(D) 파티에 갔다.

해설 세부사항 관련 – 화자가 어제 한 행동
지문 중반부에서 화자가 어제는 이야기를 좀 해보려 했는데 비협조적으로 나왔다(Yesterday I tried talking to them, but they were uncooperative)고 했으므로 정답은 (B)이다.

76

What does the speaker plan to do tomorrow?
(A) Attend a music concert
(B) Borrow a vehicle
(C) Pay a late bill
(D) Stop by an office

화자는 내일 무엇을 할 계획인가?
(A) 음악회 참석
(B) 차량 대여
(C) 연체된 요금 납부
(D) 사무실 방문

어휘 attend 참석하다 borrow 빌리다 vehicle 차량 pay a bill 비용을 지불하다 stop by ~에 들르다

해설 세부사항 관련 – 화자의 내일 계획
지문 후반부에서 화자가 내일 퇴근 후 사무실로 가겠다(I'll come to your office after I finish work tomorrow)고 했으므로 정답은 (D)이다.

> ▸▸ Paraphrasing 담화의 **come to your office**
> → 정답의 **Stop by an office**

W-Br Good morning, everyone! As always, ⁷⁷**there are a lot of shipments to pack up and send out today, so I'll try not to take up too much of your time. Before you head out onto the warehouse floor,** I'd like to introduce you to our new system for addressing employee complaints and suggestions. ⁷⁸**We really value feedback from our employees, but we've had some trouble collecting it. We know, in the past, not everyone felt comfortable identifying themselves by speaking directly to management.** Now, there's a box in the staff room. And ⁷⁹**every Friday afternoon, I'll write up a summary of the comments left in that box for the management team to review.**

좋은 아침이에요, 여러분. 늘 그랬듯이, **오늘도 포장해서 발송할 배송품이 많으니, 여러분의 시간을 많이 뺏지는 않겠습니다.** 여러분이 창고 작

업장으로 가시기 전에, 직원들의 불만 및 제안 사항들을 관리하기 위한 새로운 시스템을 소개하겠습니다. 우리 회사는 직원들의 의견을 정말로 소중하게 생각하지만, 그것들을 모으는 데는 어려움이 좀 있었죠. 알다시피, 예전에는 경영진에게 직접 말해서 본인을 드러내는 상황에 대해 모두가 편하게 여겼던 건 아니었으니까요. 이제는 직원 휴게실에 의견 수집함이 있습니다. 그리고 매주 금요일 오후, 상자에 모인 의견들을 요약해서 경영진이 검토할 수 있도록 하겠습니다.

어휘 as always 늘 그렇듯 take up (시간 등을) 차지하다, 쓰다
head out ~로 향하다, 출발하다 warehouse 창고 floor
작업장 address (문제 등을) 다루다 value 소중히 여기다
comfortable 편안한 identify (신원 등을) 알아보게 하다
directly 직접 summary 요약

77

Where do the listeners probably work?

(A) At an accounting firm
(B) At a software company
(C) At a travel agency
(D) At a shipping warehouse

청자들은 어디에서 근무하겠는가?

(A) 회계 법인
(B) 소프트웨어 개발업체
(C) 여행사
(D) 배송 창고

어휘 accounting 회계 firm 회사 travel agency 여행사
warehouse 창고

해설 전체 내용 관련 – 청자들의 근무지

지문 초반부에서 화자가 오늘도 포장해서 발송할 배송품이 많으니, 청자들의 시간을 많이 뺏지는 않겠다(there are a lot of shipments ~ too much of your time)고 했고, 청자들이 창고 작업장으로 나가기 전에 (Before you head out onto the warehouse floor)라며 담화를 이어가고 있으므로 정답은 (D)이다.

78

What does the speaker imply when she says, "Now, there's a box in the staff room"?

(A) Some materials have been relocated.
(B) A shipment is urgent.
(C) A problem has been solved.
(D) A task was not completed.

화자가 "이제는 직원 휴게실에 의견 수집함이 있습니다"라고 말할 때 암시하는 것은 무엇인가?

(A) 일부 자재들을 이동시켰다.
(B) 배송이 시급하다.
(C) 문제가 해결되었다.
(D) 업무가 완료되지 않았다.

어휘 material 자재 relocate 이전하다 urgent 긴급한 solve
해결하다 task 일, 업무 complete 완료하다

해설 화자의 의도 파악 – 이제는 직원 휴게실에 의견 수집함이 있다고 말한 의도

인용문의 앞 문장들에서 우리 회사는 직원들의 의견을 정말로 소중하게 생각하지만, 그것들을 모으는 데는 어려움이 좀 있었다(We really value feedback ~ some trouble collecting it)고 했고, 뒤이어 예전에는 경영진에게 직접 말해서 본인을 드러내는 상황에 대해 모두가 편하게 여겼던 건 아니었다(We know, in the past, not everyone felt ~ directly to management)고 했다. 따라서 인용문은 이제는 경영진에게 직접 의견을 말하지 않아도 되어 의견 수집이 어려웠던 문제가 해결되었다는 의도로 한 말이므로 정답은 (C)이다.

79

What will the speaker do on Fridays?

(A) Meet with clients
(B) Make deliveries
(C) Summarize feedback
(D) Inspect facilities

화자는 금요일마다 무엇을 할 것인가?

(A) 고객들 만나기
(B) 배송하기
(C) 의견 요약하기
(D) 시설 점검하기

어휘 make a delivery 배달하다 summarize 요약하다 inspect
점검하다 facility 시설

해설 세부사항 관련 – 화자가 금요일마다 할 일

지문 끝에 화자는 매주 금요일 오후, 상자에 모인 의견들을 요약해서 경영진이 검토할 수 있도록 하겠다(every Friday afternoon, I'll write ~ for the management team to review)고 했으므로 정답은 (C)이다.

▸▸ Paraphrasing 담화의 write up a summary of the
comments → 정답의 Summarize feedback

80-82 자동 응답 메시지

W-Am Hello, and **80thank you for calling the office of Pineville Legal Associates.** Our office is currently closed. **81We are undergoing renovations from June twelfth to June nineteenth.** We apologize for any possible inconvenience this closure may cause. **82If you require legal assistance, please send an e-mail to our office administrator, Jordan Smith, at jsmith@pinevillelegal.com.** He will redirect your inquiry to the most appropriate lawyer on our team. Have a nice day.

안녕하세요, 파인빌 리걸 어소시에이츠에 전화 주셔서 감사합니다. 저희 사무소는 현재 영업을 하지 않고 있습니다. 6월 12일부터 6월 19일까지 보수 공사를 하고 있습니다. 이로 인해 불편을 끼쳐 드려 죄송합니다. 만약 법률 상담을 원하신다면, 저희 사무장 조던 스미스에게 jsmith@ pinevillelegal.com으로 이메일을 보내주시기 바랍니다. 그가 고객님의 문의사항을 가장 잘 처리할 변호사에게 전달하겠습니다. 즐거운 하루 보내시기 바랍니다.

80

What type of business recorded the message?

(A) A construction company

(B) A law firm

(C) An electronics manufacturer

(D) An insurance agency

어떤 종류의 사업체가 녹음한 메시지인가?

(A) 건설 회사

(B) 법률 사무소

(C) 전자제품 제조업체

(D) 보험 회사

어휘 construction 건설 electronics 전자제품 insurance
agency 보험 회사

해설 전체 내용 관련 – 메시지를 녹음한 업체

지문 초반부에서 파인빌 리걸 어소시에이츠에 전화 주셔서 감사하다
(thank you for calling the office of Pineville Legal Associates)고
했으므로 정답은 (B)이다.

> ▸▸ Paraphrasing   담화의 office of Pineville Legal Associates
> → 정답의 law firm

81

What does the speaker say about the office?

(A) It has moved to a different location.

(B) Its business hours have changed.

(C) It is closed for a holiday.

(D) It is being renovated.

화자가 사무소에 대해 이야기한 것은 무엇인가?

(A) 다른 장소로 이전했다.

(B) 영업 시간이 바뀌었다.

(C) 휴일이라 영업을 하지 않는다.

(D) 보수 공사 중이다.

어휘 location 장소 business hours 영업 시간 renovate 개조하다,
보수하다

해설 세부사항 관련 – 화자가 사무소에 대해 언급한 점

지문 중반부에서 6월 12일부터 6월 19일까지 보수 공사를 하고 있다
(We are undergoing renovations from June twelfth to June
nineteenth)고 했으므로 정답은 (D)이다.

> ▸▸ Paraphrasing   담화의 undergoing renovations
> → 정답의 being renovated

82

What are the listeners instructed to do?

(A) Send an e-mail

(B) Visit a Web site

(C) Call at a later time

(D) Fill out a form

청자들은 무엇을 하라고 지시받는가?

(A) 이메일 발송하기

(B) 웹사이트 방문하기

(C) 나중에 전화하기

(D) 신청서 작성하기

어휘 fill out ~을 작성하다 form 서식, 양식

해설 세부사항 관련 – 청자들이 지시 받은 사항

지문 후반부에서 만약 법률 상담을 원하신다면, 사무장 조던 스미스에
게 jsmith@pinevillelegal.com으로 이메일을 보내기 바란다(If you
require legal assistance ~ at jsmith@pinevillelegal.com)고 했으
므로 정답은 (A)이다.

83-85 방송

W-Br And now for our local business news. **83On
Thursday, Broadchurch Fashions announced that
its flagship store will move from Cummings Street
to a larger location on River Street.** The relocation
has become necessary because of the store's
increasing popularity since **84Sharon Rockford
took over as president.** Under Ms. Rockford's
business leadership, **85Broadchurch Fashions,
which is known for its simple designs and basic
colors for men, will be launching a similar line of
women's clothing next spring.** And the new, larger
store will have plenty of space for the expanded
inventory!

그리고 이번에는 우리 지역 경제 뉴스를 전해 드리겠습니다. **목요일에
브로드처치 패션즈가 플래그십 스토어를 커밍스 가에서 리버 가로 확장
이전한다고 발표했습니다.** 사론 록포드가 회장으로 취임한 이후 매장의
인기가 높아지면서 점포 이전을 해야 했는데요. 록포드 씨의 사업 지휘
아래, 단순한 디자인과 기본 색상으로 유명한 남성복 업체 브로드처치
패션즈는 내년 봄에 유사 계열의 여성복을 출시할 예정입니다. 그리고
확장된 신규 매장은 확장된 제품군을 위한 공간이 충분할 것입니다!

어휘 local 지역의 flagship store 플래그십 스토어(브랜드의
성격과 이미지를 극대화한 매장) relocation 이전 popularity
인기 take over 떠맡다 be known for ~로 유명하다
launch 출시하다 similar 비슷한 expanded 확대된, 확장된
inventory 물품 목록

83

What is the broadcast mainly about?

(A) Projected employment figures
(B) An international fashion conference
(C) An advertising campaign
(D) The relocation of a business

방송은 주로 무엇에 관한 것인가?

(A) 예상 취업자 수
(B) 국제 패션 학회
(C) 광고 캠페인
(D) 사업체 이전

어휘 project 예상하다 employment 고용, 취업 figure 수치
conference 회의, 학회

해설 전체 내용 관련 – 방송의 주제

지문 초반부에서 목요일에 브로드처치 패션즈가 플래그십 스토어를 커밍스 가에서 리버 가로 확장 이전한다고 발표했다(On Thursday, Broadchurch Fashions ~ to a larger location on River Street)고 했으므로 정답은 (D)이다.

> ▸▸ Paraphrasing   담화의 **move** → 정답의 **relocation**

84

According to the speaker, who is Sharon Rockford?

(A) An architect
(B) A fashion designer
(C) A company president
(D) A magazine editor

화자에 따르면, 샤론 록포드는 누구인가?

(A) 건축가
(B) 패션 디자이너
(C) 기업 회장
(D) 잡지 편집자

해설 세부사항 관련 – 샤론 록포드의 신분

지문 중반부에서 샤론 록포드가 회장으로 취임했다(Sharon Rockford took over as president)고 했으므로 정답은 (C)이다.

85

What is Broadchurch Fashions planning to do next spring?

(A) Introduce a woman's clothing line
(B) Hire a celebrity spokesperson
(C) Start an online business
(D) Sponsor a charitable event

브로드처치 패션즈는 내년 봄에 무엇을 할 계획인가?

(A) 여성복 라인 출시
(B) 유명 인사 대변인 고용
(C) 온라인 사업 개시
(D) 자선 행사 후원

어휘 introduce 내놓다, 출시하다 celebrity 유명 인사
spokesperson 대변인 charitable 자선의

해설 세부사항 관련 – 브로드처치 패션즈의 내년 봄 계획

지문 후반부에서 단순한 디자인과 기본 색상으로 유명한 남성복 업체 브로드처치 패션즈는 내년 봄부터 유사 계열의 여성복을 출시할 예정(Broadchurch Fashions, which is known ~ of women's clothing next spring)이라고 언급했으므로 정답은 (A)이다.

> ▸▸ Paraphrasing   담화의 **be launching a similar line of women's clothing**
> → 정답의 **Introduce a woman's clothing line**

86-88 공지

> M-Au Hello, everyone. **86I just wanted to brief you all on the printers that have just been set up in our department.** I know many of you hoped we would be getting new computers, but that won't happen until next year. Now—**87the new printers have an additional level of security.** They should be simple to use, though. Before you get your printouts, all you'll have to do is type in your password at the machine. **88If you have a problem, we do have technicians,** but they're generally very busy. Let me know if you haven't been able to reach them after two business days.
>
> 안녕하세요, 여러분. **우리 부서에 프린터가 방금 설치되었다는 소식을 여러분 모두에게 알리고 싶었습니다.** 많은 분들이 새 컴퓨터를 바란다는 걸 알지만, 내년에나 가능할 것 같습니다. 자, **새로 설치된 프린터들은 보안이 한층 강화되었습니다.** 그렇지만, 사용하기에는 편하실 겁니다. 출력물을 받으시려면, 프린터에 본인의 패스워드를 입력하기만 하면 됩니다. **만약 문제가 있으면, 기술자를 부르면 되겠지만** 그들은 원래 정신 없이 바쁜 게 예사죠. 만약 평일 기준으로 이틀 넘게 연락이 안 된다면 저에게 알려 주시기 바랍니다.

> 어휘 brief 간단히 알리다 department 부서 additional 추가적인 security 보안 printout 인쇄물 technician 기술자 generally 일반적으로, 통상 reach 연락하다 business day 영업일, 평일

86

What kind of equipment has just been installed?

(A) Shredders
(B) Projectors
(C) Computers
(D) Printers

방금 설치된 기기는 무엇인가?

(A) 문서 파쇄기
(B) 영사기
(C) 컴퓨터
(D) 프린터

해설 전체 내용 관련 - 설치된 기기

지문 초반부에서 우리 부서에 프린터가 방금 설치되었다는 소식을 여러분 모두에게 알리고 싶었다(I just wanted to brief ~ set up in our department)고 했으므로 정답은 (D)이다.

87

What product feature does the speaker emphasize?

(A) It is energy efficient.
(B) It is durable.
(C) It is secure.
(D) It is inexpensive.

화자가 강조하는 제품의 특징은 무엇인가?
(A) 에너지 효율적이다.
(B) 내구성이 있다.
(C) 보안이 철저하다.
(D) 저렴하다.

어휘 efficient 효율적인 durable 내구성이 있는, 오래가는 secure (보안이) 안전한, 철저한

해설 세부사항 관련 - 제품의 특징
지문 중반부에서 새로 설치된 프린터는 보안이 한층 강화되었다(the new printers have an additional level of security)고 했으므로 정답은 (C)이다.

> ▸▸ Paraphrasing 담화의 an additional level of security
> → 정답의 secure

88

Why does the speaker say, "but they're generally very busy"?

(A) To complain about a difficult work schedule
(B) To offer to repair some equipment
(C) To encourage the listeners to be patient
(D) To suggest hiring more staff

화자가 "하지만 그들은 원래 정신 없이 바쁜 게 예사죠" 라고 말한 이유는 무엇인가?
(A) 힘든 업무 일정에 대해 불평을 하려고
(B) 기기를 수리해 주려고
(C) 청자들에게 좀 참아 달라는 당부를 하려고
(D) 직원을 더 채용하자는 제의를 하려고

어휘 repair 수리하다 equipment 장비 encourage 권장하다, 장려하다 patient 참을성 있는

해설 화자의 의도 파악 - 하지만 그들은 원래 정신 없이 바쁜 게 예사라고 말한 이유
인용문의 앞 문장에서 만약 문제가 있으면, 기술자를 부르면 된다(If you have a problem, we do have technicians)면서, '하지만 그들은 원래 정신 없이 바쁜 게 예사다'라고 한 것으로 보아 기술자들을 부르더라도 그들이 바빠서 시간이 걸릴 수 있으니 청자들에게 좀 참아 달라는 당부를 하려는 의도로 한 말이므로 정답은 (C)이다.

89-91 공지

M-Cn **89Our next agenda item is about the surveys we mailed to everyone who purchased a vehicle from our dealership last year.** As you'll recall, **90we designed the surveys to find out how satisfied our customers were with the service they received from us.** The surveys were sent out a month ago, and I'm happy to report that 60 percent of them have already been completed and returned to us! Now, this is an incredibly high number—**91I'm sure this is because we promised to wash their car for free if they turned in a completed survey.** So let's keep this incentive in mind next time we need to collect customer feedback.

다음 안건은 작년 우리 대리점에서 차량을 구입하신 모든 분께 송부했던 설문조사에 관한 것입니다. 기억하시겠지만, 설문조사는 우리 고객들이 받았던 서비스에 대해 얼마나 만족했는지를 알아보기 위해 만들어졌죠. 설문지를 발송한 것은 한 달 전이었는데, 기쁘게도 벌써 그 중 60퍼센트가 작성이 완료되어 돌아왔습니다! 자, 이건 정말 믿기 어려울 정도로 높은 회수율입니다. 설문지를 작성해서 제출하면 무료 세차 서비스를 제공하겠다고 약속했기 때문이라 확신합니다. 그러므로, 다음 번에 고객 의견을 수렴할 필요가 있게 되면, 이러한 인센티브 정책을 염두에 두는 게 좋겠습니다.

어휘 purchase 구매하다 vehicle 차량 dealership 자동차 판매 대리점 recall 기억해 내다, 상기하다 satisfied 만족한 complete 완료하다, 작성하다 incredibly 믿기 힘들 정도로 turn in 반납하다, 제출하다 keep in mind 명심[유념]하다 incentive 장려책, 보상

89

Where does the speaker most likely work?

(A) At a driving school
(B) At an automobile dealership
(C) At a manufacturing plant
(D) At a delivery service

화자는 어디에서 근무할 것 같은가?
(A) 운전 교습소
(B) 자동차 판매 대리점
(C) 제조 공장
(D) 배송 업체

해설 전체 내용 관련 - 화자의 근무지
지문 초반부에서 화자가 다음 안건은 작년 우리 대리점에서 차량을 구입하신 모든 분께 송부했던 설문조사에 관한 것(Our next agenda item is about the surveys ~ from our dealership last year)이라고 했으므로 정답은 (B)이다.

90

What did the survey gather information about?

(A) Safety practices
(B) Employee engagement
(C) Interest in new merchandise
(D) Customer satisfaction

설문조사는 무엇에 관한 정보를 수집했는가?

(A) 안전 관행
(B) 직원 참여도
(C) 신상품에 대한 관심
(D) 고객 만족도

어휘 practice 관행 engagement 참여 merchandise 상품
satisfaction 만족

해설 세부사항 관련 – 설문 조사의 주제
지문 중반부에서 설문조사는 우리 고객들이 받았던 서비스에 대해 얼마나 만족했는지를 알아보기 위해 만들어졌다(we designed the surveys to find out ~ the service they received from us)고 전하고 있으므로 정답은 (D)이다.

> ▸▸ Paraphrasing   담화의 **how satisfied our customers were**
> → 정답의 **Customer satisfaction**

91

What incentive did the company provide for returning the survey?

(A) A promotional T-shirt
(B) A product upgrade
(C) A free car wash
(D) A gift card

설문지 회수를 위해 회사는 어떤 인센티브를 제공했는가?

(A) 홍보용 티셔츠
(B) 제품 업그레이드
(C) 무료 세차
(D) 상품권

어휘 promotional 홍보의, 판촉의 gift card 상품권

해설 세부사항 관련 – 제공된 인센티브
지문 후반부에서 설문지를 작성해서 제출하면 무료 세차 서비스를 제공하겠다고 약속했기 때문이라 확신한다(I'm sure this is because we promised to wash their car for free if they turned in a completed survey)고 했으므로 정답은 (C)이다.

> ▸▸ Paraphrasing   담화의 **wash their car for free**
> → 정답의 **free car wash**

92-94 회의 발췌

W-Am Alright. Now that you've learned how to provide a cost estimate for solar panel installation, **⁹²let's discuss how best to communicate with potential customers.** When speaking about solar energy, remember this—most people have a limited understanding of the topic. In particular, **⁹³they want to know how solar energy is harnessed by the solar panels we want to install.** You'll find a chart in your folders; you'll find it useful when explaining the process to customers. **⁹⁴Just keep in mind that you have a sales quota of fifteen units per month—that's your goal.**

좋아요. 이제 태양열 전지판 설치에 소요되는 예상 비용을 산출하는 방법을 배웠으니, **잠재 고객들과 소통하는 최선의 방법에 대해 알아보기로 하죠.** 태양열 에너지에 관해 이야기를 할 때는 이를 명심하세요. 대부분의 사람들은 이 주제에 관해 약간만 알고 있다는 것이죠. 특히, 우리가 설치하려는 태양열 전지판이 어떻게 태양 에너지를 동력원으로 이용하는지 궁금해합니다. 여러분 폴더에 있는 차트를 보시면, 고객들에게 작동 원리를 설명하는 데 유용할 거예요. 여러분의 판매 할당량은 한 달에 15건으로, 그것이 여러분의 목표임을 꼭 명심하세요.

어휘 now that ~이므로 cost estimate 비용 견적, 예상 비용
solar panel 태양(열) 전지판 installation 설치 potential customer 잠재 고객 limited 제한된, 별로 많지 않은 in particular 특히 harness (동력원 등으로) 이용하다 sales quota 판매 할당(량, 액)

92

Who most likely are the listeners?

(A) Sales representatives
(B) Property managers
(C) Electrical engineers
(D) Maintenance workers

청자들은 누구이겠는가?

(A) 영업 사원
(B) 부동산 관리인
(C) 전기 기술자
(D) 정비 기사

해설 전체 내용 관련 – 청자들의 신분
지문 초반부에서 잠재 고객들과 소통하는 최선의 방법에 대해 알아보기로 하자(let's discuss how best to communicate with potential customers)고 했으므로 청자들은 고객을 유치해야 하는 영업 사원임을 알 수 있다. 따라서 정답은 (A)이다.

93

What does the speaker imply when she says, "most people have a limited understanding of the topic"?

(A) A product must be redesigned.
(B) A topic should be explained clearly.
(C) A mistake could not be avoided.
(D) A task can only be done by professionals.

화자가 "대부분의 사람들은 이 주제에 관해 약간만 알고 있다는 것이죠"라고 말할 때 암시하는 것은 무엇인가?

(A) 제품의 디자인을 다시 해야 한다.
(B) 이 주제에 대해 명확히 설명해야 한다.
(C) 실수를 하지 않을 수는 없다.
(D) 전문가만이 해결할 수 있는 일이다.

어휘 explain 설명하다 clearly 명확히, 분명히 avoid 방지하다, 피하다

해설 화자의 의도 파악 – 대부분의 사람들은 이 주제에 관해 약간만 알고 있다는 말이 암시하는 것

인용문의 뒤 문장에서 고객들은 우리가 설치하려는 태양열 전지판이 어떻게 태양 에너지를 동력원으로 이용하는지 궁금해한다(they want to know how solar energy is harnessed by the solar panels we want to install)고 언급했으므로 인용문은 주제에 대해 명확히 설명해야 한다는 의도로 한 말임을 알 수 있다. 따라서 정답은 (B)이다.

94

According to the woman, what is the listeners' goal?

(A) To meet a quota
(B) To lower expenses
(C) To recruit more employees
(D) To collaborate more effectively

여자에 의하면, 청자들의 목표는 무엇인가?

(A) 할당량 달성하기
(B) 비용 절감하기
(C) 더 많은 직원 모집하기
(D) 보다 효과적으로 협업하기

어휘 quota 할당량 expense 비용 recruit 모집하다, 뽑다 collaborate 협력하다, 협업하다 effectively 효과적으로

해설 세부사항 관련 – 청자들의 목표

지문 후반부에서 청자들의 판매 할당량은 한 달에 15건으로, 그것이 청자들의 목표임을 꼭 명심하라(Just keep in mind that you have a sales quota of fifteen units per month—that's your goal)고 했으므로 정답은 (A)이다.

95-97 전화 메시지 + 평면도

W-Br This is Insook Park calling. **95I'm one of the organizers for the technology conference.** I just sent you an updated floor plan of the exhibit space. As before, we've provided you with a display case... so **96your newest mobile phones will be**

on display right in the center. We've also made the change you requested. **97We've added an area in the back separated by a partition for meeting privately with clients.** We hope this works for you and wish you a productive event!

저는 박인숙이라고 합니다. 테크놀로지 컨퍼런스의 조직 위원이고요. 방금 전시장 최신 평면도를 송부했습니다. 이전처럼, 진열장을 배정해 드렸으니… 귀사의 최신 휴대폰이 정중앙에 전시될 것입니다. 또한 귀사가 요청하신 변경 작업도 완료하였습니다. 뒤쪽에 칸막이로 구획을 나누어 고객들과 따로 미팅을 할 수 있는 공간을 추가하였습니다. 귀사에 도움이 되었기를 바라며, 유익한 행사가 되기를 기원합니다!

어휘 floor plan 평면도 exhibit 전시 on display 전시[진열]된 separate 가르다, 분리하다 partition 칸막이 privately 개인적으로 productive 결실이 있는, 생산적인

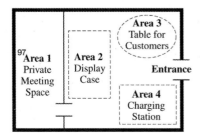

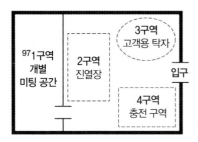

95

Who most likely is the speaker?

(A) An architect
(B) A store supervisor
(C) An event organizer
(D) An electrician

화자는 누구이겠는가?

(A) 건축가
(B) 매장 지배인
(C) 행사 조직 위원
(D) 전기 기사

해설 전체 내용 관련 – 화자의 신분

지문 초반부에서 화자가 자신이 테크놀로지 컨퍼런스의 조직 위원(I'm one of the organizers for the technology conference)이라고 밝혔으므로 정답은 (C)이다.

▸▸ Paraphrasing 담화의 one of the organizers for the technology conference
→ 정답의 event organizer

96

What does the speaker say about mobile phones?

(A) They have been discounted recently.

(B) They will be centrally located.

(C) They can be updated quickly.

(D) They must be turned off now.

화자가 휴대폰에 대해 언급한 것은 무엇인가?

(A) 최근에 가격이 할인되었다.

(B) 중앙에 놓일 것이다.

(C) 빠르게 업데이트할 수 있다.

(D) 지금 전원을 꺼야 한다.

어휘 recently 최근에 locate 두다, 설치하다 turn off 끄다

해설 세부사항 관련 – 휴대폰에 대해 언급된 사항

지문 중반부에서 귀사의 최신 휴대폰이 정중앙에 전시될 것(your newest mobile phones will be on display right in the center)이라고 했으므로 정답은 (B)이다.

> ▸▸ Paraphrasing 담화의 on display right in the center
> → 정답의 centrally located

97

Look at the graphic. Which area was added?

(A) Area 1

(B) Area 2

(C) Area 3

(D) Area 4

시각 정보에 의하면, 어느 구역이 추가되었는가?

(A) 1구역

(B) 2구역

(C) 3구역

(D) 4구역

해설 시각 정보 연계 – 추가된 구역

지문 후반부에서 화자는 뒤쪽에 칸막이로 구획을 나누어 고객들과 따로 미팅을 할 수 있는 공간을 추가하였다(We've added an area in the back separated by a partition for meeting privately with clients)고 했으므로 정답은 (A)이다.

98-100 회의 발췌 + 양식

M-Au Hi, everyone. **98I'm Bo Chen, membership coordinator here at City Arts Museum. 99We really appreciate staff from all of our departments putting in the time next week to assist with our membership drive.** Over half of our museum's operating budget comes from membership fees, so next week's big push is crucial to our work. For the most part, you'll be greeting people as they come in the door and asking them if they'd like to purchase a membership. If they do, they'll fill out

this form. As you can see, we have four membership categories. For anyone who did this task last year, **100note that this year the fee for an individual membership has increased.**

안녕하세요, 여러분. **저는 이곳 시립 미술관의 멤버쉽 코디네이터 보 첸입니다. 저희 회원 모집 운동을 돕기 위해 다음 주에 수고해주실 각 부서 직원분들께 진심으로 감사드리는 바입니다.** 우리 미술관은 운영 예산의 절반 이상을 회비에 의지하므로, 다음 주의 적극적인 활동이 우리 일에 아주 중요합니다. 여러분이 하실 일은 대부분, 입장하는 손님들을 맞이하면서 회원권 구입 의사를 타진하는 일이 될 겁니다. 만약 회원이 되시겠다고 한다면, 여기 이 양식을 작성하시도록 하세요. 보시다시피, 회원권에는 네 가지 유형이 있습니다. 작년에 이 일을 하셨던 분이 있으시다면, **올해에는 개인 회원 회비가 인상되었다는 점에 유의하시기 바랍니다.**

어휘 membership 회원(권) appreciate 감사히 여기다 put in (시간, 노력 등을) 쏟다[들이다] assist 돕다 membership drive 회원 모집 운동 operating budget 운영 예산 membership fee 회비 crucial 중대한, 필수적인 greet 맞이하다, 환영하다 fill out 서식에 기입하다 task 일, 과업 note 주목하다, 유의하다 individual 개인의; 개인 expiration 만료

MEMBERSHIP FORM	
$40 Student ____	$150 Family ____
100$80 Individual ____	$500 Business ____
Name: _____	
Credit Card Number: _____	
Expiration Date: _____/_____	

회원 가입 양식	
40달러 학생 ____	150달러 가족 ____
10080달러 개인 ____	500달러 기업 ____
성명: _____	
신용카드 번호: _____	
유효기간: _____ / _____	

98

Where does the speaker most likely work?

(A) At a library

(B) At a fitness center

(C) At a zoo

(D) At a museum

화자가 일하는 곳은 어디겠는가?

(A) 도서관

(B) 헬스장

(C) 동물원

(D) 미술관

해설 전체 내용 관련 – 화자의 근무지

지문 초반부에서 화자가 자신이 이곳 시립 미술관의 멤버쉽 코디네이터 보 첸(I'm Bo Chen, membership coordinator here at City Arts Museum)이라고 밝혔으므로 정답은 (D)이다.

99

What does the speaker thank the listeners for?

(A) Signing up for membership
(B) Leading group tours
(C) Agreeing to help with a project
(D) Registering for a newsletter

화자가 청자들에게 감사를 전하는 이유는 무엇인가?

(A) 회원 등록을 해서
(B) 단체 여행 인솔을 해서
(C) 프로젝트를 도와주기로 해서
(D) 회보를 신청해서

어휘 sign up for ~에 등록하다   lead 안내하다, 이끌다   register for
~을 신청하다, 등록하다

해설 세부사항 관련 - 화자가 감사를 전하는 이유

지문 초반부에서 화자가 회원 모집 운동을 돕기 위해 다음 주에 수고해주
실 각 부서 직원분들께 진심으로 감사하다(We really appreciate staff
from all of our departments putting in the time next week to
assist with our membership drive)고 했으므로 정답은 (C)이다.

> ▸▸ Paraphrasing   담화의 **assist with our membership drive**
> → 정답의 **help with a project**

100

Look at the graphic. Which amount has changed this
year?

(A) $40
(B) $80
(C) $150
(D) $500

시각 정보에 의하면. 올해 변경된 금액은 어떤 것인가?

(A) 40달러
(B) 80달러
(C) 150달러
(D) 500달러

해설 시각 정보 연계 - 올해 변경된 금액

지문 끝에 올해에는 개인 회원 회비가 인상되었다는 점에 유의하기 바란
다(note that this year the fee for an individual membership has
increased)고 했다. 시각 정보를 보면 개인 회원 회비는 80달러이므로 정
답은 (B)이다.

기출 TEST 7

1 (A)	**2** (C)	**3** (C)	**4** (B)	**5** (D)
6 (A)	**7** (C)	**8** (A)	**9** (C)	**10** (B)
11 (C)	**12** (B)	**13** (C)	**14** (C)	**15** (A)
16 (B)	**17** (B)	**18** (C)	**19** (C)	**20** (B)
21 (C)	**22** (C)	**23** (A)	**24** (C)	**25** (A)
26 (B)	**27** (A)	**28** (B)	**29** (A)	**30** (B)
31 (A)	**32** (B)	**33** (A)	**34** (C)	**35** (B)
36 (A)	**37** (A)	**38** (C)	**39** (D)	**40** (B)
41 (B)	**42** (A)	**43** (A)	**44** (C)	**45** (A)
46 (D)	**47** (C)	**48** (D)	**49** (B)	**50** (C)
51 (A)	**52** (C)	**53** (B)	**54** (A)	**55** (C)
56 (A)	**57** (B)	**58** (D)	**59** (B)	**60** (D)
61 (A)	**62** (B)	**63** (D)	**64** (A)	**65** (D)
66 (C)	**67** (A)	**68** (A)	**69** (B)	**70** (B)
71 (D)	**72** (A)	**73** (C)	**74** (B)	**75** (B)
76 (D)	**77** (A)	**78** (B)	**79** (C)	**80** (B)
81 (A)	**82** (B)	**83** (C)	**84** (B)	**85** (A)
86 (C)	**87** (D)	**88** (A)	**89** (A)	**90** (A)
91 (B)	**92** (C)	**93** (A)	**94** (D)	**95** (B)
96 (A)	**97** (C)	**98** (C)	**99** (D)	**100** (D)

PART 1

1 M-Au

(A) He's carrying some packages.
(B) He's putting on a hat.
(C) He's pushing a cart.
(D) He's washing some windows.

(A) 남자가 소포를 나르고 있다.
(B) 남자가 모자를 쓰고 있다.
(C) 남자가 수레를 밀고 있다.
(D) 남자가 창문을 세척하고 있다.

어휘 package 소포, 꾸러미   put on ~을 입다

해설 1인 등장 사진 – 사람의 동작/상태 묘사

(A) 정답. 남자가 소포를 나르고 있는(carrying some packages) 모습이므로 정답.
(B) 동사 오답. 남자가 모자를 쓰고 있는(putting on a hat) 모습이 아니라 모자를 착용하고 있는(wearing a hat) 상태이므로 오답. 참고로 putting on은 무언가를 착용하는 동작을 가리키는 말로 이미 착용 중인 상태를 나타내는 wearing과 혼동하지 않도록 주의한다.
(C) 동사 오답. 남자가 수레를 밀고 있는(pushing a cart) 모습이 아니므로 오답.

(D) 동사 오답. 남자가 창문을 세척하고 있는(washing some windows) 모습이 아니므로 오답.

---

2 W-Br

(A) She's hanging up a sign.
(B) She's painting a wall.
(C) She's using some office equipment.
(D) She's emptying a recycling bin.

(A) 여자가 안내판을 걸고 있다.
(B) 여자가 벽을 칠하고 있다.
(C) 여자가 사무기기를 사용하고 있다.
(D) 여자가 재활용 쓰레기통을 비우고 있다.

어휘 hang up 걸다   equipment 장비   recycling 재활용   bin 쓰레기통

해설 1인 등장 사진 – 사람의 동작/상태 묘사

(A) 동사 오답. 여자가 안내판을 걸고 있는(hanging up a sign) 모습이 아니므로 오답.
(B) 동사 오답. 여자가 벽을 칠하고 있는(painting a wall) 모습이 아니므로 오답.
(C) 정답. 여자가 사무기기를 사용하고 있는(using some office equipment) 모습이므로 정답.
(D) 사진에 없는 명사를 이용한 오답. 사진에 재활용 쓰레기통(recycling bin)이 보이지 않으므로 오답.

---

3 M-Cn

(A) A customer is placing a tray in a sink.
(B) A customer is handing money to a cashier.
(C) A cashier is holding an item.
(D) A cashier is stacking some cups.

(A) 고객이 싱크대 안에 쟁반을 놓고 있다.
(B) 고객이 계산원에게 돈을 건네고 있다.
(C) 계산원이 물품을 쥐고 있다.
(D) 계산원이 컵을 쌓고 있다.

어휘 tray 쟁반   hand 건네다   stack 쌓다

해설 2인 이상 등장 사진 – 사람의 동작/상태 묘사

(A) 동사 오답. 고객(customer)이 싱크대 안에 쟁반을 놓고 있는(placing a tray in a sink) 모습이 아니므로 오답.

(B) 동사 오답. 고객(customer)이 계산원에게 돈을 건네고 있는 (handing money to a cashier) 모습이 아니므로 오답.

(C) 정답. 계산원(cashier)이 물품을 쥐고 있는(holding an item) 모습을 잘 묘사했으므로 정답.

(D) 동사 오답. 계산원(cashier)이 컵을 쌓고 있는(stacking some cups) 모습이 아니므로 오답.

---

4 W-Am

(A) A railing is being repaired.
(B) A boat is moving toward a bridge.
(C) One of the men is unloading a truck.
(D) One of the men is opening a door.

(A) 난간이 수리되고 있다.
(B) 배가 다리 쪽으로 움직이고 있다.
(C) 남자들 중 한 명이 트럭에서 짐을 내리고 있다.
(D) 남자들 중 한 명이 문을 열고 있다.

어휘 railing 난간 repair 수리하다 unload (짐을) 내리다

해설 2인 이상 등장 사진 – 사람 또는 사물 중심 묘사

(A) 동사 오답. 난간(railing)이 수리되고 있는(is being repaired) 모습이 아니므로 오답.

(B) 정답. 배(boat)가 다리 쪽으로 움직이고 있는(moving toward a bridge) 모습이므로 정답.

(C) 사진에 없는 명사를 이용한 오답. 사진에 트럭(truck)이 보이지 않으므로 오답.

(D) 동사 오답. 남자들 중 한 명이 문을 열고 있는(opening a door) 모습이 아니므로 오답.

---

5 W-Br

(A) A passenger is exiting a vehicle.
(B) A tree branch is lying on the ground.
(C) Some traffic lights are being installed.
(D) Some bicycles are parked near a road.

(A) 승객이 차에서 내리고 있다.
(B) 나뭇가지가 바닥에 놓여 있다.
(C) 신호등들이 설치되고 있다.
(D) 자전거들이 도로변에 주차되어 있다.

어휘 passenger 승객 exit 나가다 vehicle 차량 branch 가지 lie 놓여 있다 traffic light 신호등 install 설치하다

해설 사물/배경 사진 – 실외 사물의 상태 묘사

(A) 사진에 없는 명사를 이용한 오답. 사진에 승객(passenger)이 보이지 않으므로 오답.

(B) 동사 오답. 나뭇가지(tree branch)가 바닥에 놓여 있는(lying on the ground) 모습이 아니므로 오답.

(C) 동사 오답. 신호등(traffic lights)이 설치되고 있는(are being installed) 모습이 아니므로 오답.

(D) 정답. 자전거(bicycles)가 도로변에 주차되어 있는(parked near a road) 상태이므로 정답.

---

6 M-Au

(A) A beverage is being poured into a glass.
(B) Some flowers are being arranged in a vase.
(C) A woman is folding a napkin.
(D) A woman is wiping off a table.

(A) 음료가 잔에 부어지고 있다.
(B) 꽃들이 꽃병에 꽃꽂이되고 있다.
(C) 여자가 냅킨을 접고 있다.
(D) 여자가 테이블을 닦고 있다.

어휘 beverage 음료 arrange 배치하다 vase 꽃병 pour 붓다, 따르다 fold 접다 wipe off 닦다

해설 2인 이상 등장 사진 – 사람 또는 사물 중심 묘사

(A) 정답. 음료(beverage)가 잔에 부어지고 있는(is being poured into a glass) 모습을 잘 묘사했으므로 정답.

(B) 동사 오답. 꽃들(flowers)이 꽃병에 꽃꽂이되고 있는(are being arranged in a vase) 모습이 아니므로 오답.

(C) 동사 오답. 여자가 냅킨을 접고 있는(folding a napkin) 모습이 아니므로 오답.

(D) 동사 오답. 여자가 테이블을 닦고 있는(wiping off a table) 모습이 아니므로 오답.

PART 2

7

W-Am Could I borrow your pen?
M-Cn (A) No, I've never been there.
　　　(B) Some folders.
　　　(C) Of course.

펜 좀 빌려도 될까요?
(A) 아니요, 저는 거기 가 본 적 없어요.
(B) 폴더 몇 개요.
(C) 그럼요.

어휘 borrow 빌리다

해설 부탁/요청의 의문문

(A) 질문과 상관없는 오답. 펜을 빌려도 되는지를 묻는 질문에 거기 가 본 적 없다는 말은 상황에 적합하지 않은 응답이므로 오답.

(B) 연상 단어 오답. 질문의 pen에서 연상 가능한 사무용품 folders를 이용한 오답.

(C) 정답. 펜을 빌려도 되는지를 묻는 질문에 긍정적인 응답으로 부탁을 들어주고 있으므로 정답.

8

W-Br　What's the price of this item?

W-Am　(A) Five euros.
　　　　(B) At around eight P.M.
　　　　(C) Yes, it does.

이 물건은 얼마인가요?
(A) 5유로입니다.
(B) 오후 8시쯤이요.
(C) 예, 그렇습니다.

해설 가격을 묻는 What 의문문

(A) 정답. 물건이 얼마인지를 묻는 질문에 5유로라는 구체적인 가격으로 응답했으므로 정답.

(B) 질문과 상관없는 오답. 시점을 묻는 When이나 What time 의문문에 어울리는 응답이므로 오답.

(C) Yes/No 불가 오답. What 의문문에는 Yes/No 응답이 불가능하므로 오답.

9

W-Br　When do you usually take your lunch break?

M-Au　(A) With someone from my department.
　　　　(B) Just a sandwich.
　　　　(C) Sometime after eleven thirty.

보통 언제 점심시간을 갖나요?
(A) 제 부서 누군가와 함께요.
(B) 그냥 샌드위치요.
(C) 11시 30분 지나서요.

어휘 department 부서

해설 점심 먹는 시점을 묻는 When 의문문

(A) 질문과 상관없는 오답. Who 의문문에 대한 응답이므로 오답.

(B) 연상 단어 오답. 질문의 lunch에서 연상 가능한 sandwich를 이용한 오답.

(C) 정답. 점심 먹는 시점을 묻는 질문에 11시 30분 지나서라며 구체적인 시점으로 응답하고 있으므로 정답.

10

W-Am　You got the concert tickets for Saturday, right?

M-Cn　(A) It was a local band.
　　　　(B) No, they're actually for Sunday.
　　　　(C) I'll write it this afternoon.

토요일 콘서트 티켓 받으셨죠, 그렇죠?
(A) 지역 밴드였어요.
(B) 아니요, 실은 일요일 티켓이에요.
(C) 오늘 오후에 그걸 쓸게요.

어휘 local 지역의

해설 토요일 티켓을 받았는지 여부를 확인하는 부가 의문문

(A) 연상 단어 오답. 질문의 concert와 tickets에서 연상 가능한 band를 이용한 오답.

(B) 정답. 토요일 티켓을 받았는지 여부를 묻는 질문에 No라고 대답한 후에 일요일 티켓이라며 추가 정보를 덧붙였으므로 정답.

(C) 유사 발음 오답. 질문의 right와 발음이 동일한 write를 이용한 오답.

11

W-Br　How did you hear about our zoo tour?

W-Am　(A) That's what I heard, too.
　　　　(B) A variety of wild animals.
　　　　(C) A friend recommended it.

저희 동물원 관광은 어떻게 아셨어요?
(A) 저도 그렇게 들었어요.
(B) 다양한 야생동물이요.
(C) 친구가 추천했어요.

어휘 zoo 동물원　a variety of 다양한　recommend 추천하다

해설 동물원 관광을 알게 된 경로를 묻는 How 의문문

(A) 파생어 오답. 질문의 hear와 파생어 관계인 heard를 이용한 오답.

(B) 연상 단어 오답. 질문의 zoo에서 연상 가능한 animals를 이용한 오답.

(C) 정답. 동물원 관광을 알게 된 경위를 묻는 질문에 친구가 추천했다며 구체적인 경로로 응답했으므로 정답.

12

W-Am　What is required to get a store refund?

M-Cn　(A) I saw them last week.
　　　　(B) You just need your receipt.
　　　　(C) The orientation event was fun.

매장에서 환불 받으려면 뭐가 필요한가요?
(A) 지난주에 봤어요.
(B) 영수증만 있으면 돼요.
(C) 오리엔테이션 행사는 즐거웠어요.

어휘 required 필요한　refund 환불　receipt 영수증

해설 환불 시 필요한 것을 묻는 What 의문문

(A) 질문과 상관없는 오답. 환불 시 필요한 것을 묻는 질문에 지난주에 봤다는 말은 상황에 적합하지 않은 응답이므로 오답.

(B) 정답. 환불 시 필요한 것을 묻는 질문에 영수증만 있으면 된다며 구체적인 사항으로 응답하고 있으므로 정답.

(C) 유사 발음 오답. 질문의 refund와 발음이 일부 유사한 fun을 이용한 오답.

13

M-Au　Why is construction on the new apartments delayed?

W-Br　(A) Yes, I would.
　　　(B) No, I don't have the instructions.
　　　(C) Because of the bad weather.

새 아파트 공사는 왜 지연되고 있죠?
(A) 예, 그럴게요.
(B) 아니요, 저는 사용 설명서가 없어요.
(C) 날씨가 안 좋아서요.

어휘 construction 공사 delay 지연시키다 instructions (제품) 사용 설명서

해설 공사가 지연되는 이유를 묻는 Why 의문문

(A) Yes/No 불가 오답. Why 의문문에는 Yes/No 응답이 불가능하므로 오답.
(B) 유사 발음 오답. 질문의 construction과 부분적으로 발음이 유사한 instructions를 이용한 오답.
(C) 정답. 아파트 공사가 지연되는 이유를 묻는 질문에 날씨가 안 좋아서라며 구체적인 이유를 제시하고 있으므로 정답.

14

M-Cn　How do I open a new account?

M-Au　(A) They're hiring more accountants.
　　　(B) Yes, the bank is open.
　　　(C) Let me get you the paperwork.

신규 계좌는 어떻게 개설하나요?
(A) 그들은 회계사를 더 뽑고 있어요.
(B) 예, 은행이 문을 열었어요.
(C) 서류를 가져다 드릴게요.

어휘 account 계좌 accountant 회계사 paperwork 서류 (작업)

해설 신규 계좌의 개설 방법을 묻는 How 의문문

(A) 유사 발음 오답. 질문의 account와 발음이 일부 유사한 accountants를 이용한 오답.
(B) 단어 반복 오답. 질문의 open을 반복 이용한 오답.
(C) 정답. 신규 계좌의 개설 방법을 묻는 질문에 서류를 가져다 주겠다며 우회적으로 응답하고 있으므로 정답.

15

M-Cn　Have you installed the new computer software yet?

W-Br　(A) I did that this morning.
　　　(B) It's a monthly payment plan.
　　　(C) Some new keyboards.

새 컴퓨터 소프트웨어를 벌써 설치하셨나요?
(A) 오늘 아침에 했어요.
(B) 월납제입니다.
(C) 새 키보드들이에요.

어휘 install 설치하다 monthly payment plan 월납제

해설 소프트웨어를 설치했는지를 묻는 조동사(Have) 의문문

(A) 정답. 소프트웨어를 설치했는지를 묻는 질문에 Yes를 생략하고 오늘 아침에 했다며 추가 정보를 제시했으므로 정답.
(B) 연상 단어 오답. 질문의 computer software에서 연상 가능한 소프트웨어 이용 요금 납부 방법 monthly payment plan을 이용한 오답.
(C) 연상 단어 오답. 질문의 computer에서 연상 가능한 keyboards를 이용한 오답.

16

W-Am　You haven't seen my scarf, have you?

M-Cn　(A) I met him yesterday.
　　　(B) Alicia might know where it is.
　　　(C) I loved that film.

제 스카프 못 보셨죠, 그렇죠?
(A) 전 어제 그 사람을 만났어요.
(B) 알리샤가 어디 있는지 알 걸요.
(C) 저는 그 영화 좋았어요.

해설 스카프를 보았는지 여부를 확인하는 부가 의문문

(A) 연상 단어 오답. 질문의 seen에서 연상 가능한 met을 이용한 오답.
(B) 정답. 스카프를 보았는지를 묻는 질문에 알리샤가 어디 있는지 알 것이라며 우회적으로 응답하고 있으므로 정답.
(C) 질문과 상관없는 오답. 스카프를 보았는지를 묻는 질문에 그 영화 좋았다는 말은 상황에 적합하지 않은 응답이므로 오답.

17

W-Am　Who was the spokesperson at the press conference today?

W-Br　(A) It was an interesting article.
　　　(B) The company president.
　　　(C) About a new product.

오늘 기자회견에 나온 대변인은 누구였나요?
(A) 흥미로운 기사였어요.
(B) 회사 회장이에요.
(C) 신제품에 관해서요.

어휘 spokesperson 대변인 press conference 기자회견

해설 대변인이 누구였는지 묻는 Who 의문문

(A) 연상 단어 오답. 질문의 press conference에서 연상 가능한 article을 이용한 오답.
(B) 정답. 대변인이 누구였는지를 묻는 질문에 회사 회장이라며 구체적인 인물로 응답했으므로 정답.
(C) 질문과 상관없는 오답. What 의문문에 어울리는 응답이므로 오답.

18

M-Au　How much do you think the banquet tables will cost?

W-Am　(A) Yes, that sounds right.
　　　(B) Over by the chairs.
　　　(C) I'll check with the supplier.

연회 테이블 비용이 얼마나 들 것 같아요?
(A) 예, 그런 것 같아요.
(B) 저쪽 의자 옆이요.
(C) 납품업체에 확인해 볼게요.

어휘 banquet 연회 supplier 납품업체

해설 연회 테이블 비용을 묻는 How much 의문문
(A) Yes/No 불가 오답. How much 의문문에는 Yes/No 응답이 불가능하므로 오답.
(B) 연상 단어 오답. 질문의 tables에서 연상 가능한 chairs를 이용한 오답.
(C) 정답. 연회 테이블 비용이 얼마일지를 묻는 질문에 납품업체에 확인해 보겠다며 우회적으로 응답했으므로 정답.

19

M-Cn Where can I find the corporate handbook?
W-Br (A) They found a parking spot near us.
(B) We shook hands at the reception.
(C) You can download it from our Web site.

회사 편람은 어디에 있죠?
(A) 그들은 우리 근처에 주차할 곳을 발견했어요.
(B) 우리는 환영회에서 악수했어요.
(C) 우리 웹사이트에서 다운로드할 수 있어요.

어휘 corporate 회사의 handbook 편람

해설 물건이 있는 장소를 묻는 Where 의문문
(A) 파생어 오답. 질문의 find와 파생어 관계인 found를 이용한 오답.
(B) 유사 발음 오답. 질문의 handbook과 부분적으로 발음이 유사한 hands를 이용한 오답.
(C) 정답. 물건이 있는 장소를 묻는 질문에 구체적인 장소 대신 웹사이트에서 다운로드할 수 있다며 물건을 얻을 수 있는 방법으로 응답했으므로 정답.

20

W-Am Would you like to pay in cash or with a credit card?
W-Br (A) Four hundred.
(B) Which credit cards do you accept?
(C) I thought so, too.

현금으로 지불하시겠어요, 아니면 신용카드로 지불하시겠어요?
(A) 400이요.
(B) 어떤 신용카드를 받으시나요?
(C) 저도 그렇게 생각했어요.

어휘 accept 받다

해설 지불 방법을 묻는 선택 의문문
(A) 연상 단어 오답. 질문의 cash에서 연상 가능한 금액 Four hundred를 이용한 오답.
(B) 정답. 현금으로 지불할지 혹은 신용카드로 지불할지를 묻는 질문에 어떤 신용카드를 받느냐고 되물으며 신용카드로 지불하겠다는 대답을 우회적으로 표현했으므로 정답.

(C) 질문과 상관없는 오답. 지불 방법을 묻는 질문에 그렇게 생각한다며 동조하는 응답은 상황에 적합하지 않으므로 오답.

21

W-Br When will the prototype be ready for production?
M-Au (A) No, he wrote it down.
(B) Our Singapore factory.
(C) Later this month.

시제품은 언제 생산 준비가 될까요?
(A) 아니요, 그가 적었어요.
(B) 우리 싱가포르 공장이요.
(C) 이번 달 중으로요.

어휘 prototype 시제품 production 생산

해설 생산 준비 시점을 묻는 When 의문문
(A) Yes/No 불가 오답. When 의문문에는 Yes/No 응답이 불가능하므로 오답.
(B) 연상 단어 오답. 질문의 production에서 연상 가능한 factory를 이용한 오답.
(C) 정답. 시제품의 생산 준비 시점을 묻는 질문에 이번 달 중으로 준비가 된다며 구체적인 시점으로 응답하고 있으므로 정답.

22

M-Cn It looks like the restaurant didn't deliver my salad.
W-Am (A) Those were delicious.
(B) There are napkins in the kitchen.
(C) I'll call the restaurant manager.

식당에서 제 샐러드를 배달 안 한 것 같아요.
(A) 맛있었어요.
(B) 주방에 냅킨이 있어요.
(C) 제가 식당 매니저에게 전화할게요.

어휘 deliver 배달하다

해설 사실/정보 전달의 평서문
(A) 연상 단어 오답. 질문의 restaurant과 salad에서 연상 가능한 delicious를 이용한 오답.
(B) 연상 단어 오답. 질문의 restaurant과 salad에서 연상 가능한 napkins와 kitchen을 이용한 오답.
(C) 정답. 식당에서 샐러드를 배달 안 한 것 같다는 평서문에 식당 매니저에게 전화하겠다며 해결책을 제시하고 있으므로 정답.

23

W-Br Why don't we have a quick meeting at four?
M-Au (A) My client arrives at three forty-five.
(B) It didn't last very long.
(C) To launch a new product.

4시에 짧게 회의를 하는 게 어때요?

(A) 제 고객이 3시 45분에 도착해요.
(B) 그다지 길지 않았어요.
(C) 신제품을 출시하려고요.

어휘 last 지속되다 launch 출시하다

해설 제안/권유의 의문문

(A) 정답. 4시에 짧게 회의를 하자고 제안하는 질문에 고객이 3시 45분에 도착한다며 우회적으로 거절하고 있으므로 정답.
(B) 연상 단어 오답. 질문의 quick에서 연상 가능한 long을 이용한 오답.
(C) 연상 단어 오답. 질문의 meeting에서 연상 가능한 회의 목적 To launch a new product를 이용한 오답.

24

M-Cn Do you think we could modify the project timeline?

M-Au (A) At the entrance to the building.
(B) The flight departs from terminal six.
(C) We'll need approval from the director.

프로젝트 일정을 수정할 수 있을까요?
(A) 건물 입구에서요.
(B) 비행기는 6번 터미널에서 출발합니다.
(C) 이사님 승인이 필요할 거예요.

어휘 modify 수정하다 entrance 입구 depart 출발하다 approval 승인

해설 일정을 수정할 수 있을지를 묻는 간접 의문문

(A) 연상 단어 오답. 질문의 project에서 연상 가능한 구체적인 작업 (building)을 이용한 오답.
(B) 질문과 상관없는 오답. 질문에 어울리지 않는 응답을 하고 있으므로 오답.
(C) 정답. 프로젝트 일정을 수정할 수 있을지를 묻는 질문에 이사님 승인이 필요하다며 우회적으로 응답하고 있으므로 정답.

25

M-Au Can I leave a message for Mr. Oyama?

W-Br **(A) He should be back in his office soon.**
(B) The main conference room.
(C) There's a vegetarian option.

오야마 씨께 메시지를 남겨도 될까요?
(A) 곧 사무실로 돌아오실 겁니다.
(B) 주 회의실이요.
(C) 채식주의자를 위한 옵션이 있습니다.

어휘 vegetarian 채식주의자를 위한

해설 부탁/요청의 의문문

(A) 정답. 오야마 씨께 메시지를 남겨도 될지 묻는 질문에 곧 사무실로 돌아올 것이라며 우회적으로 응답하고 있으므로 정답.
(B) 질문과 상관없는 오답. What 또는 Where 의문문에 어울리는 응답이므로 오답.
(C) 질문과 상관없는 오답. 메시지를 남겨도 될지 묻는 질문에 채식주의자를 위한 옵션이 있다는 말은 상황에 적합하지 않은 응답이므로 오답.

26

M-Cn Doesn't this elevator go to the twentieth floor?

M-Au (A) The carpet cleaner.
(B) No, it stops at the tenth.
(C) There are some more in the closet.

이 엘리베이터 20층으로 가지 않나요?
(A) 카펫 청소기요.
(B) 아니요, 10층에 서요.
(C) 벽장에 좀 더 있어요.

해설 사실 여부를 확인하는 부정 의문문

(A) 연상 단어 오답. 질문의 floor에서 연상 가능한 carpet을 이용한 오답.
(B) 정답. 엘리베이터가 20층으로 가는지를 확인하는 질문에 No라고 대답한 후에 10층에 선다며 그에 호응하는 추가 정보를 덧붙였으므로 정답.
(C) 질문과 상관없는 오답. 엘리베이터가 20층으로 가는지를 확인하는 질문에 벽장에 좀 더 있다는 말은 상황에 적합하지 않은 응답이므로 오답.

27

W-Br Who wants to lead the accounting workshop next week?

M-Cn (A) I'll be on vacation.
(B) Some training manuals.
(C) They'll be eating soon.

다음 주 회계 워크숍은 누가 진행하시겠어요?
(A) 전 휴가예요.
(B) 교육 설명서요.
(C) 그들은 곧 식사할 겁니다.

해설 워크숍 진행자를 묻는 Who 의문문

(A) 정답. 워크숍 진행을 누가 할지를 묻는 질문에 휴가라며 워크숍 진행을 할 수 없다고 우회적으로 응답했으므로 정답.
(B) 연상 단어 오답. 질문의 workshop에서 연상 가능한 training을 이용한 오답.
(C) 연상 단어 오답. 질문의 next week에서 연상 가능한 soon을 이용한 오답.

28

M-Au Where will this year's trade show take place?

W-Br (A) Yes, I can't wait.
(B) Here's the brochure.
(C) Is tomorrow all right?

올해 무역 박람회는 어디서 열리죠?
(A) 예, 너무 기다려지네요.
(B) 여기 소책자예요.
(C) 내일 괜찮아요?

어휘 take place 열리다

해설 무역 박람회 개최 장소를 묻는 Where 의문문

(A) Yes/No 불가 오답. Where 의문문에는 Yes/No 응답이 불가능하므로 오답.

(B) 정답. 올해 무역 박람회 개최 장소를 묻는 질문에 여기 소책자라며 개최 장소를 알아낼 수 있는 방법을 우회적으로 제시했으므로 정답.

(C) 질문과 상관없는 오답. 장소를 묻는 질문에 내일 괜찮은지 되묻는 것은 상황에 적합하지 않은 응답이므로 오답.

29

W-Br Shouldn't I have received shipping confirmation from your company by now?

M-Au (A) Our system's down.
    (B) No thanks, I'm fine.
    (C) He has his certification.

지금쯤 제가 당신 회사에서 배송 확인을 받았어야 하는 것 아닌가요?

(A) 저희 시스템이 작동을 멈추었어요.
(B) 아니요, 전 괜찮아요.
(C) 그는 자격증이 있어요.

어휘 shipping 배송 confirmation 확인 certification 자격증

해설 사실 여부를 확인하는 부정 의문문

(A) 정답. 당신 회사의 배송 확인 시간이 이미 지나지 않았냐고 확인하는 질문에 자사 시스템이 작동을 멈추었다며 배송 확인을 해 주지 못한 이유를 제시하고 있으므로 정답.

(B) 질문과 상관없는 오답. 배송 확인을 받았어야 하는 게 아닌지를 확인하는 질문에 괜찮다며 사양하는 응답은 상황에 적합하지 않으므로 오답.

(C) 연상 단어 오답. 질문의 received에서 연상 가능한 certification을 이용한 오답.

30

M-Cn I have a complaint about yesterday's catering service.

M-Au (A) Appetizers and desserts.
    (B) I'm sorry—what went wrong?
    (C) On the next flight.

어제 출장요리 서비스에 불만이 있어요.

(A) 전채와 디저트요.
(B) 죄송합니다. 뭐가 문제였나요?
(C) 다음 비행기로요.

어휘 complaint 불만 catering service 출장요리 서비스

해설 의견 전달의 평서문

(A) 연상 단어 오답. 질문의 catering에서 연상 가능한 appetizers와 desserts를 이용한 오답.

(B) 정답. 출장요리 서비스에 불만이 있다는 평서문에 구체적인 불만 사항이 무엇인지 묻고 있으므로 정답.

(C) 질문과 상관없는 오답. 출장요리 서비스에 불만이 있다는 평서문에 어울리지 않는 응답을 하고 있으므로 오답.

31

M-Au Why were our car sales so low this month?

W-Am (A) We're still looking into that.
    (B) A 50 percent discount.
    (C) I don't need a new car.

이번 달 자동차 매출이 왜 그렇게 부진했죠?

(A) 아직 조사 중이에요.
(B) 50퍼센트 할인이요.
(C) 전 새 차 필요 없어요.

해설 매출이 부진한 이유를 묻는 Why 의문문

(A) 정답. 자동차 매출이 부진한 이유를 묻는 질문에 아직 조사 중이라며 이유를 모른다고 우회적으로 응답했으므로 정답.

(B) 연상 단어 오답. 질문의 sales에서 연상 가능한 discount를 이용한 오답.

(C) 단어 반복 오답. 질문의 car를 반복 이용한 오답.

PART 3

32-34

W-Br Excuse me. ³²**Is this the museum's lost and found room?**

M-Au ³²**Yes, it is.** What can I do for you?

W-Br ³³**I was in the dinosaur exhibit this morning and I must have dropped my gloves. Did anyone turn them in?** They're black leather.

M-Au No, no one brought in any gloves today. But ³⁴**if you show me the receipt from your visit this morning, I can let you in so you can go and check.** They may still be there.

W-Br That would be great. Thank you so much!

여 실례합니다. **여기가 박물관 분실물 보관소인가요?**

남 **예, 그렇습니다.** 무엇을 도와 드릴까요?

여 **오늘 아침 공룡 전시회에 갔는데 장갑을 떨어뜨린 것 같아요. 누가 가져오지 않았나요?** 검정 가죽이에요.

남 아니요, 오늘 장갑을 갖고 온 사람은 없었어요. 하지만 **오늘 아침 방문 영수증을 보여 주시면 들여 보내 드릴 테니 가서 확인하세요.** 아직 거기 있을 수도 있어요.

여 잘됐네요. 정말 감사합니다!

어휘 lost and found 분실물 보관소 dinosaur 공룡 exhibit 전시회 receipt 영수증

32

Where are the speakers?

(A) At a hotel

(B) At a museum

(C) At a clothing store

(D) At a movie theater

화자들은 어디에 있는가?

(A) 호텔

(B) 박물관

(C) 옷 가게

(D) 영화관

해설 전체 내용 관련 – 대화 장소

대화 초반부에 여자가 여기가 박물관 분실물 보관소인지(Is this the museum's lost and found room?) 물었고 남자가 그렇다(Yes, it is)고 대답했으므로 정답은 (B)이다.

33

What problem does the woman have?

(A) She lost her gloves.

(B) She cannot find her tour group.

(C) She forgot her wallet.

(D) She needs directions

여자의 문제는 무엇인가?

(A) 장갑을 잃어버렸다.

(B) 관광 단체를 찾을 수 없다.

(C) 깜박하고 지갑을 두고 왔다.

(D) 길 안내가 필요하다.

해설 세부사항 관련 – 여자의 문제

여자가 두 번째 대사에서 오늘 아침 공룡 전시회에 갔는데 장갑을 떨어뜨린 것 같다(I was in the dinosaur exhibit this morning and I must have dropped my gloves)며 누가 가져오지 않았는지(Did anyone turn them in?) 묻고 있으므로 정답은 (A)이다.

> ▸▸ Paraphrasing 대화의 **dropped my gloves**
> → 정답의 **lost her gloves**

34

What does the man ask for?

(A) A phone number

(B) A photo ID card

(C) A receipt

(D) A confirmation code

남자가 요구한 것은 무엇인가?

(A) 전화번호

(B) 사진이 있는 신분증

(C) 영수증

(D) 확인 코드

해설 세부사항 관련 – 남자의 요구 사항

남자가 두 번째 대사에서 방문 영수증을 보여 주면 들여 보내 줄 테니 가서 확인하라(if you show me the receipt from your visit this morning, I can let you in so you can go and check)고 했으므로 정답은 (C)이다.

35-37 3인 대화

M-Au	Good morning, ³⁵**Julia. Allow me to welcome you on your first day at Southridge National Park! We hope you enjoy working here as much as we all do.**
W-Am	Thanks! I'm excited to get started.
M-Au	Great. ³⁶**I'd like you to meet Molly; she'll be training you today.** She's been giving tours of the park for over twenty years. ³⁶**Molly, meet Julia.**
W-Br	Hi, Julia! So nice to meet you. ³⁷**Our next tour starts in fifteen minutes. We'll be leading a hike to the waterfall**—it'll take about two hours.
남	안녕하세요, 줄리아. 사우스리지 국립공원으로 첫 출근하신 것을 환영해요! 저희 모두처럼 여기서 즐겁게 일하셨으면 합니다.
여 1	감사합니다! 시작하려니 설레네요.
남	좋아요. **몰리를 소개해 드릴게요. 오늘 몰리가 교육을 진행할 겁니다.** 몰리는 20년 넘게 공원 관광을 이끌고 있어요. **몰리, 줄리아예요.**
여 2	안녕하세요, 줄리아! 만나서 정말 반가워요. **다음 관광이 15분 뒤에 시작해요. 폭포까지 등반을 인도하는데,** 두 시간 정도 걸릴 거예요.

어휘	allow A to do A가 ~하는 것을 허락하다 hike 하이킹, 도보 여행 waterfall 폭포

35

Where do the speakers work?

(A) At a restaurant

(B) At a national park

(C) At an outdoor market

(D) At a grocery store

화자들은 어디에서 일하는가?

(A) 식당

(B) 국립공원

(C) 노천 시장

(D) 식료품점

해설 전체 내용 관련 – 화자들의 근무지

남자가 첫 번째 대사에서 줄리아를 호명하며 사우스리지 국립공원으로의 첫 출근을 환영한다(Julia. Allow me to welcome you on your first day at Southridge National Park)며 모두처럼 여기서 즐겁게 일하길 바란다(We hope you enjoy working here as much as we all do)고 한 것으로 보아 화자들의 근무지는 국립공원임을 알 수 있다. 따라서 정답은 (B)이다.

36

Who is Julia?

(A) A trainee
(B) An investor
(C) A customer
(D) A supervisor

줄리아는 누구인가?

(A) 수습 직원
(B) 투자자
(C) 고객
(D) 관리자

해설 세부사항 관련 - 줄리아의 신분

남자의 두 번째 대사에서 몰리를 소개하며 몰리가 교육을 진행할 것(I'd like you to meet Molly; she'll be training you today)이라면서, 몰리에게도 줄리아를 소개(Molly, meet Julia)했으므로 몰리와 줄리아의 관계는 교육자와 수습 직원임을 알 수 있다. 따라서 정답은 (A)이다.

37

What will Julia most likely do next?

(A) Go on a hike
(B) Receive a payment
(C) Revise an itinerary
(D) Get a uniform

줄리아는 다음에 무엇을 하겠는가?

(A) 등반
(B) 대금 수령
(C) 여행 일정 변경
(D) 유니폼 받기

어휘 itinerary 여행 일정

해설 세부사항 관련 - 줄리아가 다음에 할 행동

여자2가 줄리아를 호명한 후 다음 관광이 15분 뒤에 시작한다(Our next tour starts in fifteen minutes)면서, 폭포까지 등반을 인도할 것(We'll be leading a hike to the waterfall)이라고 말했으므로 정답은 (A)이다.

> ▶ Paraphrasing 대화의 leading a hike
> → 정답의 Go on a hike

38-40

W-Br	Thanks for calling Gino's Restaurant. How can I help you?
M-Cn	Hello. I was wondering if your restaurant holds private events. **38I'm planning a party for a colleague who's retiring next month,** and I'd like to have the party at Gino's, if possible.
W-Br	**39Our general manager is the person who coordinates private parties, but she's not here right now. I can talk with her when she arrives,** and she'll give you a call this afternoon.
M-Cn	OK, but I'm on my way to the airport. I'll be out of the country for the next week and won't be available to speak by phone. **40Let me give you my e-mail address—** your manager can contact me that way.
여	지노 식당에 전화 주셔서 감사합니다. 무엇을 도와 드릴까요?
남	안녕하세요. 식당에서 개인적인 행사도 여는지 궁금해서요. **다음 달에 은퇴하는 동료를 위해 파티를 계획하고 있는데** 가능하면 지노에서 파티를 열고 싶어요.
여	**총지배인이 개인 파티를 조정하는데 지금 안 계세요. 도착하면 제가 총지배인에게 이야기하겠습니다.** 그녀가 오늘 오후 전화 드릴 겁니다.
남	알겠습니다. 그런데 제가 지금 공항에 가는 길이에요. 다음 주에는 국내에 없어서 전화로 이야기할 수가 없습니다. **제 이메일 주소를 드릴게요.** 지배인이 그쪽으로 연락주시면 돼요.

어휘 colleague 동료 retire 은퇴하다 coordinate 조정하다 on one's way to ~로 가는 중에

38

What is the man planning for next month?

(A) A birthday dinner
(B) An awards banquet
(C) A retirement party
(D) An office relocation

남자가 다음 달에 계획하고 있는 것은 무엇인가?

(A) 생일 만찬
(B) 시상식 연회
(C) 은퇴 파티
(D) 사무실 이전

어휘 relocation 이전

해설 전체 내용 관련 - 남자가 다음 달에 계획하는 것

남자가 첫 번째 대사에서 다음 달에 동료의 은퇴 파티를 계획하고 있다(I'm planning a party for a colleague who's retiring next month)고 했으므로 정답은 (C)이다.

> ▶ Paraphrasing 대화의 a party for a colleague who's
> retiring → 정답의 A retirement party

39

What does the woman say she will do?

(A) Send a sample menu
(B) Prepare a contract
(C) Change a reservation
(D) Speak to a manager

여자는 무엇을 하겠다고 말하는가?
(A) 샘플 메뉴 보내기
(B) 계약서 준비하기
(C) 예약 변경하기
(D) **지배인에게 말하기**

어휘 contract 계약(서) reservation 예약

해설 세부사항 관련 – 여자의 제안 사항

여자가 두 번째 대사에서 총지배인이 개인 파티를 조정하는데 지금 부재
중(Our general manager is the person ~ she's not here right
now)이라면서, 도착하면 총지배인에게 이야기하겠다(I can talk with
her when she arrives)고 제안했으므로 정답은 (D)이다.

> ▶▶ Paraphrasing 대화의 **talk with her**
> → 정답의 **Speak to a manager**

40

What will the man give to the woman?

(A) A guest list
(B) **An e-mail address**
(C) A credit card number
(D) An itinerary

남자는 여자에게 무엇을 줄 것인가?
(A) 손님 목록
(B) **이메일 주소**
(C) 신용카드 번호
(D) 여행 일정

해설 세부사항 관련 – 남자가 여자에게 줄 것

남자가 마지막 대사에서 자신의 이메일 주소를 주겠다(Let me give you
my e-mail address)고 했으므로 정답은 (B)이다.

41-43 3인 대화

> M-Cn ⁴¹**Welcome to Pruitt Pharmacy.**
>
> W-Am Hi. I'm here to pick up my medication. My name's Maria Soto.
>
> M-Cn Sure, Ms. Soto.
>
> W-Am And actually... My doctor said I should be able to get two months' worth of the medication today. He wrote that into the prescription. ⁴²**I'll be away on vacation next month so I won't be able to come in again until I get back.**
>
> M-Cn I don't know if we're allowed to do that. Let me ask the head pharmacist. ⁴³**Mr. Pruitt, what's our policy on giving customers two months' worth of medication if they're going on vacation?**
>
> M-Au ⁴³**That's fine, Jason**—we're authorized to give two months' worth of medication if the doctor OK's it.

남 1 **어서 오세요, 프루이트 약국입니다.**

여 안녕하세요. 약을 찾으러 왔어요. 제 이름은 마리아 소토예요.

남 1 네, 소토 씨.

여 그리고 실은… 의사가 오늘 두 달치 약을 받을 수 있다고
했어요. 처방전에 그렇게 적었어요. **다음 달에 휴가라서
돌아와야 다시 올 수 있거든요.**

남 1 그렇게 해도 되는지 모르겠어요. 수석 약사님께 여쭤 볼게요.
**프루이트 씨, 고객이 휴가를 가게 되면 두 달치 약을 주는 것에
대한 방침은 어떤가요?**

남 2 **괜찮아요, 제이슨.** 의사가 허락하면 두 달치 약을 줄 권한이
있어요.

어휘 pharmacy 약국 medication 약 prescription
처방전 authorized 권한을 부여 받은 OK 허락하다

41

Where does the conversation take place?

(A) At a fitness center
(B) **At a pharmacy**
(C) At a travel agency
(D) At a bank

대화는 어디에서 이루어지는가?
(A) 헬스장
(B) **약국**
(C) 여행사
(D) 은행

해설 전체 내용 관련 – 대화 장소

대화 초반부에서 남자가 어서 오세요, 프루이트 약국입니다(Welcome to
Pruitt Pharmacy)라고 말하는 것으로 보아 화자들이 있는 장소는 약국
임을 알 수 있다. 따라서 정답은 (B)이다.

42

What does the woman say she will do next month?

(A) Take a vacation
(B) Start a new job
(C) See a different doctor
(D) Move to a new city

여자는 다음 달에 무엇을 한다고 말하는가?
(A) **휴가 가기**
(B) 새 일을 시작하기
(C) 다른 의사에게 진료받기
(D) 새 도시로 이사하기

해설 세부사항 관련 – 여자가 다음 달에 할 일

여자가 두 번째 대사에서 다음 달 휴가에서 돌아와야 다시 올 수 있다(I'll
be away on vacation next month so I won't be able to come in
again until I get back)고 했으므로 정답은 (A)이다.

> ▶▶ Paraphrasing 대화의 **be away on vacation**
> → 정답의 **Take a vacation**

43

Why does Jason talk to Mr. Pruitt?

(A) To ask about a policy
(B) To notify him of a scheduling change
(C) To introduce him to a friend
(D) To request that a machine be repaired

제이슨이 프루이트 씨에게 이야기한 이유는 무엇인가?

(A) 방침에 대해 문의하려고
(B) 일정 변경을 통보하려고
(C) 친구에서 소개하려고
(D) 기계 수리를 요청하려고

해설 세부사항 관련 - 제이슨이 프루이트 씨에게 말하는 이유
남자1이 세 번째 대사에서 프루이트 씨를 호명하며 두 달치 약 조제 방침이 어떤지(Mr. Pruitt, what's our policy on giving customers ∼ if they're going on vacation?) 물었고 이에 남자2인 프루이트 씨가 괜찮아요, 제이슨(That's fine, Jason)이라고 대답했으므로 정답은 (A)이다.

44-46

W-Am	**44Schmidt Computers, this is Lashonda. How can I help you?**
M-Au	Hi. **44I'm calling about a notebook computer I ordered from your online store. 45The Web site said the package would arrive in three days, but it's nearly been a week.**
W-Am	I'm so sorry, but there was a heavy snowstorm last week. We're still trying to catch up on orders.
M-Au	OK. But **46I'm going to start a new job from my home, and I really need the computer as quickly as possible.**
W-Am	I'm sorry, sir. I'll look into it and let you know as soon as I can.
여	슈미트 컴퓨터의 라숀다입니다. 무엇을 도와 드릴까요?
남	안녕하세요. 온라인 매장에서 주문했던 노트북 컴퓨터 때문에 전화드렸어요. 웹사이트에서는 사흘 후에 소포가 도착한다고 했는데 거의 일주일이 다 되어 가요.
여	정말 죄송하지만 지난주에는 눈보라가 심했어요. 아직도 밀린 주문을 처리하려고 애쓰고 있어요.
남	알겠습니다. 하지만 제가 집에서 새 일을 시작할 예정이라 정말 가능한 한 빨리 컴퓨터가 필요해요.
여	죄송합니다. 제가 살펴보고 최대한 빨리 알려 드릴게요.
어휘	snowstorm 눈보라 catch up on 밀린 일을 처리하다

44

Who most likely is the woman?

(A) A computer engineer
(B) A maintenance worker
(C) A customer service representative
(D) A television journalist

여자는 누구이겠는가?

(A) 컴퓨터 공학자
(B) 정비 직원
(C) 고객 서비스 직원
(D) 텔레비전 기자

어휘 maintenance 정비 representative 직원

해설 전체 내용 관련 - 여자의 신분
대화 초반부에 여자가 슈미트 컴퓨터의 라숀다라며 무엇을 도와야 할지(Schmidt Computers, this is Lashonda. How can I help you?) 묻자 남자가 온라인으로 주문했던 컴퓨터 때문에 전화한다(I'm calling about a notebook computer I ordered from your online store)고 했으므로 여자와 남자의 관계는 고객 서비스 직원과 고객의 관계임을 알 수 있다. 따라서 정답은 (C)이다.

45

Why does the woman say, "there was a heavy snowstorm last week"?

(A) To explain why a delivery was delayed
(B) To report on a recent power failure
(C) To approve some employee absences
(D) To explain why some property is damaged

여자가 "지난주에는 눈보라가 심했어요"라고 말한 이유는 무엇인가?

(A) 배송이 지연된 이유를 설명하려고
(B) 최근 정전에 대해 보고하려고
(C) 직원 결근을 승인하려고
(D) 일부 건물이 파손된 이유를 설명하려고

어휘 recent 최근의 power failure 정전 absence 결근
property 건물, 부동산

해설 화자의 의도 파악 - 지난주에는 눈보라가 심했다고 말한 이유
남자가 첫 번째 대사에서 웹사이트에서는 사흘 후에 소포가 도착한다고 했는데 거의 일주일이 다 되어 간다(The Web site said the package would arrive in three days, but it's nearly been a week)고 한 말에, 사과하며 지난주에는 눈보라가 심했다고 말한 의도는 소포가 늦어지는 이유를 설명하기 위한 것으로 볼 수 있다. 따라서 정답은 (A)이다.

46

What does the man say he will do soon?

(A) Travel to another city
(B) Choose a mobile phone provider
(C) Post a job announcement
(D) Begin working from home

남자는 곧 무엇을 한다고 말하는가?
(A) 다른 도시로 여행
(B) 휴대폰 공급업체 선택
(C) 구인공고 게시
(D) 재택근무 시작

어휘 provider 공급업체 job announcement 구인공고

해설 세부사항 관련 – 남자가 곧 할 일

남자가 두 번째 대사에서 집에서 새 일을 시작할 예정이라 빨리 컴퓨터가 필요하다(I'm going to start a new job from my home, and I really need the computer as quickly as possible)고 말했으므로 정답은 (D)이다.

> ▸▸ Paraphrasing 대화의 start a new job from my home
> → 정답의 Begin working from home

47-49

M-Cn	Ji-Su, ⁴⁷**we've only been in business a year, but our appliance manufacturing business is doing well.** ⁴⁸**So far, we've been shipping only to local retail stores. But, maybe we should expand our sales area.**
W-Br	Good idea. You know, ⁴⁹**there's a retail chain—Maximum Appliances—that has stores all along the East Coast. I can get in touch with them and see if they're interested.**
M-Cn	Great. If they are interested, we'd like to get our merchandise out in their stores by the beginning of summer.
W-Br	OK. ⁴⁹**I'll get in touch with them right away.**
남	지수, 사업을 시작한 지 1년밖에 안 됐는데, 가전 제조 사업이 잘되고 있어요. 지금까지는 지역 소매점에만 출하해 왔어요. 하지만 판매 지역을 확장해야 할지도 모르겠어요.
여	좋은 생각이에요. 아시다시피, 맥시멈 가전이라는 소매 체인이 있는데, 동부 해안 전역에 매장이 있어요. 제가 그쪽에 연락해서 관심이 있는지 알아볼게요.
남	좋아요. 그쪽에서 관심이 있으면 여름이 시작될 무렵 우리 상품을 그쪽 매장에 내놓고 싶어요.
여	알겠어요. **당장 연락할게요.**
어휘	appliance 가전 manufacturing 제조 local 지역의 retail 소매의 expand 확장하다 coast 해안 merchandise 상품

47
Which industry do the speakers work in?
(A) Internet technology
(B) Real estate
(C) Manufacturing
(D) Banking

화자들은 어떤 업계에서 일하는가?
(A) 인터넷 기술
(B) 부동산
(C) 제조
(D) 은행

해설 전체 내용 관련 – 화자들이 종사하는 업계

대화 초반부에서 남자가 우리가 사업을 시작한 지 1년밖에 안 됐는데, 가전 제조 사업이 잘되고 있다(we've only been in business a year, but our appliance manufacturing business is doing well)고 한 것으로 보아 화자들이 종사하는 업계는 제조업임을 알 수 있다. 따라서 정답은 (C)이다.

48
What change is the man proposing?
(A) Taking out a loan
(B) Finding a different supplier
(C) Building another factory
(D) Expanding a sales area

남자가 제안하는 변화는 무엇인가?
(A) 대출 받기
(B) 다른 공급업체 찾기
(C) 다른 공장 짓기
(D) 판매 지역 확장하기

해설 세부사항 관련 – 남자의 제안 사항

남자가 지금까지는 지역 소매점에만 출하해 왔는데 판매 지역을 확장해야 할 것 같다(So far, we've been shipping only to local ~ we should expand our sales area)고 했으므로 정답은 (D)이다

49
What does the woman offer to do?
(A) Make a pricing decision
(B) Contact a retail chain
(C) Record a promotional video
(D) Revise a database

여자가 하겠다고 제안한 일은 무엇인가?
(A) 가격 결정
(B) 소매 체인에 연락
(C) 홍보 영상 녹화
(D) 데이터베이스 수정

해설 세부사항 관련 – 여자의 제안 사항

여자가 첫 번째 대사에서 맥시멈 가전 소매 체인이 동부 해안 전역에 매장이 있다(there's a retail chain—Maximum Appliances—that has stores all along the East Coast)며 그쪽에 연락해서 관심이 있는지 알아보겠다(I can get in touch with them and see if they're interested)고 말했고, 대화 마지막에 당장 연락하겠다(I'll get in touch with them right away)고 했으므로 정답은 (B)이다.

> ▸▸ Paraphrasing   대화의 **get in touch with them**
> → 정답의 **Contact a retail chain**

50-52

M-Au	Good morning. This is Greenville Document Disposal. How can I help you?
W-Am	Hi. ⁵⁰**Our office generates a lot of confidential paperwork, and we're looking for a secure way to get rid of it.** Your company handles that kind of thing, right?
M-Au	We do. And we send trucks to pick up the documents.
W-Am	Oh, yes… I've seen your trucks. But ⁵¹**I'm concerned… are the bins you provide really secure?**
M-Au	Absolutely. All of our 60-gallon bins are fitted with a security seal and an extra lock.
W-Am	And how often do you pick up the bins?
M-Au	⁵²**We can pick them up daily, weekly, monthly**… as often as you'd like.
W-Am	⁵²**Once a month would be enough for us.**

남	안녕하세요. 그린빌 문서 폐기소입니다. 무엇을 도와 드릴까요?
여	안녕하세요. **저희 사무실에서 기밀 서류를 많이 생성하고 있어서 안전하게 버릴 수 있는 방법을 찾고 있어요.** 거기 회사가 그런 일을 처리하시죠?
남	맞아요. 게다가 트럭을 보내서 문서를 수거해 옵니다.
여	아, 그래요… 트럭을 본 적 있어요. 하지만 **걱정이 있는데… 거기서 제공하는 통이 정말 안전한가요?**
남	확실합니다. 60갤론 통 모두 보안 봉인과 추가 자물쇠가 장착되어 있어요.
여	통은 얼마나 자주 수거하시나요?
남	원하시는 바에 따라 **매일, 매주, 매월 수거해 드립니다.**
여	**저희는 한 달에 한 번이면 충분할 거예요.**

어휘   disposal 폐기 generate 생성하다 confidential 기밀의 get rid of ~을 버리다 fitted 장비가 갖추어진 seal 봉인 lock 자물쇠

50
What does the woman want to do?
(A) Verify a contract
(B) Rent a storage unit
(C) Dispose of some documents
(D) Install some machines

여자가 원하는 일은 무엇인가?
(A) 계약 확인
(B) 보관 용기 대여
(C) **문서 폐기**
(D) 기계 설치

어휘 verify 확인하다 dispose of ~을 폐기하다

해설 전체 내용 관련 – 여자가 원하는 일
대화 초반부에 여자가 사무실에 기밀 서류가 많이 생겨서 안전한 처리 방법을 찾고 있다(Our office generates a lot of confidential paperwork, and we're looking for a secure way to get rid of it)고 했으므로 정답은 (C)이다.

> ▸▸ Paraphrasing   대화의 **get rid of it**
> → 정답의 **Dispose of some documents**

51
What is the woman concerned about?
(A) Whether some containers are secure
(B) Whether some clients have arrived
(C) Whether a truck is locked
(D) Whether a space is available

여자가 걱정하는 것은 무엇인가?
(A) **통이 안전한지 여부**
(B) 고객이 도착했는지 여부
(C) 트럭이 잠겼는지 여부
(D) 공간이 있는지 여부

해설 세부사항 관련 – 여자의 걱정
여자가 대화 중반부에서 걱정이 있다며 거기서 제공하는 통이 정말 안전한지(I'm concerned… are the bins you provide really secure?) 물었으므로 정답은 (A)이다.

> ▸▸ Paraphrasing   대화의 **the bins you provide**
> → 정답의 **some containers**

52
How often does the woman want a service?
(A) Daily
(B) Weekly
(C) Monthly
(D) Yearly

여자는 얼마나 자주 서비스를 원하는가?
(A) 매일
(B) 매주
(C) **매월**
(D) 매년

해설 세부사항 관련 – 여자가 원하는 서비스 빈도
남자가 대화 후반부에서 매일, 매주, 매월 수거한다(We can pick them up daily, weekly, monthly)고 한 말에 여자가 한 달에 한 번이면 충분할 것(Once a month would be enough for us)이라고 했으므로 정답은 (C)이다.

53-55

> **W-Am** Hi, I'm calling from Gradler Industries. Your company finished painting our office conference room last night. ⁵³**The paint job looks fine, but your employee didn't clean up properly.**
>
> **M-Cn** Oh. Roger, the head painter on that job, told me he had to leave early last night. ⁵⁴**He said he'd be back at your office this morning to take care of it.**
>
> **W-Am** Well, I do have clients coming in at eleven o'clock.
>
> **M-Cn** ⁵⁵**I'll call Roger now and tell him to go to your office right away.**
>
> ---
>
> 여   안녕하세요, 그래들러 인더스트리즈입니다. 그쪽 회사에서 어젯밤 저희 회사 회의실 페인트칠을 끝냈어요. **칠 작업은 괜찮아 보이는데, 직원이 청소를 제대로 하지 않으셨더라고요.**
>
> 남   아. 그 일을 맡은 수석 도장공인 로저가 지난밤에 일찍 퇴근해야 한다고 제게 말했어요. **오늘 아침에 고객님 사무실로 돌아가서 처리한다고 했어요.**
>
> 여   음, 11시에 고객이 와요.
>
> 남   지금 로저에게 전화해서 당장 고객님 회사로 가라고 할게요.
>
> ---
>
> 어휘   employee 직원   properly 제대로   take care of ~을 처리하다

53

What is the woman calling about?

(A) A missing reservation

(B) A messy room

(C) Broken equipment

(D) Transportation delays

여자가 전화하는 용건은 무엇인가?

(A) 누락된 예약

(B) 지저분한 방

(C) 고장 난 장비

(D) 교통 지연

어휘   messy 지저분한

해설   전체 내용 관련 – 전화 목적

대화 초반부에 여자가 칠 작업은 괜찮아 보이는데, 직원이 청소를 제대로 안 했다(The paint job looks fine, but your employee didn't clean up properly)고 문제점을 언급했으므로 정답은 (B)이다.

> ▸▸ **Paraphrasing**   대화의 **didn't clean up properly**
> → 정답의 **A messy room**

54

What does the woman imply when she says, "I do have clients coming in at eleven o'clock"?

(A) She needs a task to be completed quickly.

(B) She is agreeing to postpone a conference.

(C) She realizes her calendar is incorrect.

(D) She is pleased about a business deal.

여자가 "11시에 고객이 와요"라고 말한 의도는 무엇인가?

(A) 빨리 일이 마무리되어야 한다.

(B) 회의를 연기하는 데 동의한다.

(C) 일정표가 틀렸다는 것을 깨달았다.

(D) 사업 거래에 만족한다.

어휘   postpone 연기하다   incorrect 틀린

해설   화자의 의도 파악 – 11시에 고객이 온다고 말한 의도

대화 중반부에 담당자가 오늘 아침에 고객 사무실로 돌아가서 처리할 것 (He said he'd be back at your office this morning to take care of it)이라는 남자의 해결책에 대해 한 말이므로 고객이 오기 전에 일이 처리되어야 함을 알리기 위해 한 말임을 알 수 있다. 따라서 정답은 (A)이다.

55

What does the man say he will do?

(A) Provide a refund

(B) Prepare a receipt

(C) Call an employee

(D) Review a project timeline

남자는 무엇을 하겠다고 말하는가?

(A) 환불 제공

(B) 영수증 준비

(C) 직원에게 전화

(D) 프로젝트 일정 검토

해설   세부사항 관련 – 남자가 할 일

남자가 마지막 대사에서 당장 고객의 회사로 가라고 로저에게 전화하겠다 (I'll call Roger now and tell him to go to your office right away)고 했으므로 정답은 (C)이다.

> ▸▸ **Paraphrasing**   대화의 **call Roger** → 정답의 **Call an employee**

56-58

> **M-Cn** Hi, Jessica. ⁵⁶**I'm really looking forward to the annual attorneys' seminar next weekend.**
>
> **W-Br** ⁵⁶**Me too.** It looks like there will be a lot of well-known attorneys presenting. By the way, how are you getting there?
>
> **M-Cn** I'm taking the train, and actually, I have a question. I'd like to get reimbursed for my train ride to the seminar. ⁵⁷**How does the travel reimbursement process work?**

W-Br **58There's a short video on the Human Resources Web site that you should watch. It gives step-by-step instructions on how to submit a reimbursement request.**

남 안녕하세요, 제시카. **다음 주말에 열리는 연례 변호사 세미나가 정말 기대돼요.**

여 **저도요.** 유명한 변호사들이 많이 참석할 것 같아요. 그건 그렇고, 거기 어떻게 가세요?

남 전 기차를 탈 건데, 실은 궁금한 게 있어요. 세미나까지 타고 간 기차 비용을 환급 받고 싶어요. **출장비 환급 절차가 어떻게 되나요?**

여 인사부 웹사이트에 짧은 영상이 있으니 보세요. 환급 요청서 제출 방법에 관한 단계별 지침이 있어요.

어휘 attorney 변호사 present 참석하다 reimburse 환급하다 instructions 지침 submit 제출하다

56
What type of event will the speakers attend?
(A) A professional seminar
(B) A board meeting
(C) A safety training
(D) An awards ceremony

화자들이 참석할 행사는 무엇인가?
(A) 전문직 세미나
(B) 이사회
(C) 안전 교육
(D) 시상식

해설 전체 내용 관련 – 화자들이 참석할 행사
대화 초반부에 남자가 다음 주말에 열리는 연례 변호사 세미나가 정말 기대된다(I'm really looking forward to the annual attorneys' seminar next weekend)고 하자 여자가 저도요(Me too)라고 대답했으므로 정답은 (A)이다.

▸▸ Paraphrasing 대화의 the annual attorneys' seminar
→ 정답의 A professional seminar

57
What does the man ask about?
(A) A certification requirement
(B) A reimbursement process
(C) A presentation schedule
(D) A building location

남자가 질문한 것은 무엇인가?
(A) 인증 요건
(B) 환급 절차
(C) 발표회 일정
(D) 건물 위치

어휘 certification 인증 requirement 요건

해설 세부사항 관련 – 남자의 문의 사항
남자가 두 번째 대사에서 출장비 환급 절차가 어떻게 되는지(How does the travel reimbursement process work?)를 묻고 있으므로 정답은 (B)이다.

58
What does the woman recommend the man do?
(A) Speak with his supervisor
(B) Update his résumé
(C) E-mail an event planner
(D) Watch a video tutorial

여자가 남자에게 권고한 일은 무엇인가?
(A) 상사에게 이야기하기
(B) 이력서 업데이트하기
(C) 행사 기획자에게 이메일 보내기
(D) 영상 지침 시청하기

어휘 tutorial (사용) 지침

해설 세부사항 관련 – 여자의 권고 사항
여자가 마지막 대사에서 인사부 웹사이트에 환급 요청서 제출 방법에 관한 단계별 지침이 있는 짧은 영상이 있으니 보라(There's a short video on the Human Resources Web site ~ how to submit a reimbursement request)고 했으므로 정답은 (D)이다.

59-61

M-Au Jackie, have you seen the newspaper? **59,60The article about our new bicycle program for city residents is on the front page!**

W-Am That's great! You know, Alex, **59working on this project has been the most rewarding thing I've done since I started working for the city government.**

M-Au I agree. And the article explains the program well—it says that **60the bicycles are free for residents to use as long as they are returned within two hours.** There's even a map of pickup and drop-off locations.

W-Am I'm so proud of our team. **61We should celebrate after the city council meeting later today.** I'll buy a cake during my lunch break.

남 재키, 신문 보셨어요? **시 주민을 위한 우리 새 자전거 프로그램에 관한 기사가 1면에 실렸어요!**

여 굉장하네요! 알렉스, 제가 시 정부 일을 시작한 후로 이 **프로젝트 작업이 가장 보람 있었어요.**

남	동감이에요. 그리고 기사에서 프로그램을 잘 설명하고 있어요. **자전거를 2시간 이내에 반납만 하면 주민들이 무료로 이용할 수 있다고 나와 있네요.** 자전거를 가져가는 장소와 돌려 주는 장소의 지도까지 있어요.
여	우리 팀이 정말 자랑스러워요. **오늘 이따가 시의회 회의가 끝난 뒤에 축하해야겠어요.** 제가 점심시간에 케이크를 사올게요.

어휘	article 기사 resident 거주자 rewarding 보람 있는 drop-off 돌려 놓기 be proud of ~을 자랑스러워하다 celebrate 축하하다 city council 시의회

59

Where do the speakers work?

(A) At a newspaper company
(B) At a city government office
(C) At a train station
(D) At a construction firm

화자들은 어디에서 일하는가?

(A) 신문사
(B) 시 정부 관청
(C) 기차역
(D) 건설사

해설 전체 내용 관련 – 화자들의 근무 장소

대화 초반부에 남자가 시 주민을 위한 우리의 새 자전거 프로그램 기사가 1면에 실렸다(The article about our new bicycle program for city residents is on the front page!)고 하자, 여자가 시 정부 일을 시작한 후로 이 프로젝트 작업이 가장 보람 있었다(working on this project has been the most rewarding thing I've done since I started working for the city government)고 한 것으로 보아 화자들은 시 정부에서 일하고 있음을 알 수 있다. 따라서 정답은 (B)이다.

60

What are the speakers mainly discussing?

(A) A bicycle sale
(B) A bicycle race
(C) A bicycle-safety class
(D) A bicycle-sharing program

화자들이 주로 논의하는 것은 무엇인가?

(A) 자전거 할인
(B) 자전거 경주
(C) 자전거 안전 강좌
(D) 자전거 공유 프로그램

해설 전체 내용 관련 – 논의 주제

남자가 첫 번째 대사에서 시 주민을 위한 우리의 새 자전거 프로그램 기사가 1면에 실렸다(The article about our new bicycle program for city residents is on the front page!)고 했고, 두 번째 대사에서 자전거를 2시간 이내에 반납하면 주민들이 무료로 이용 가능하다(the bicycles are free for residents to use as long as they are returned within two hours)며 자전거 공유 프로그램에 대한 대화가 이어지고 있으므로 정답은 (D)이다.

61

What does the woman suggest doing later today?

(A) Celebrating an accomplishment
(B) Negotiating a business deal
(C) Interviewing some participants
(D) Holding a press conference

여자가 오늘 이따가 하자고 제안한 것은 무엇인가?

(A) 성과 축하하기
(B) 사업 거래 협상하기
(C) 참가자들 인터뷰하기
(D) 기자회견 열기

어휘 accomplishment 성과 negotiate 협상하다 participant 참가자 press conference 기자회견

해설 세부사항 관련 – 여자의 제안 사항

여자가 마지막 대사에서 오늘 이따가 시의회 회의가 끝난 뒤에 축하해야겠다(We should celebrate after the city council meeting later today)고 했으므로 정답은 (A)이다.

62-64 대화 + 차트

W-Am	Hi, Idris. Did you go to the game on Saturday night?
M-Cn	I did, actually. I can't believe our city's soccer team is going to make it to the final playoffs!
W-Am	I know! [62]**We're not number one in the league, but second place isn't too bad!** And at least we're ahead of Dover.
M-Cn	Hey, maybe [63]**we could get a group together from the office to go to the game next weekend. I could drive so we don't have to take public transportation.** The buses will be packed.
W-Am	That would be great. And [64]**remember, they offer a discount when you buy four tickets or more.**
M-Cn	Oh, that's right!
여	안녕하세요, 이드리스. 토요일 밤에 경기 보러 가셨나요?
남	갔죠. 우리 시 축구팀이 최종 플레이오프에 진출한다니 믿기지 않아요!
여	그러게요! 우리가 리그 1위는 아니지만 2위도 나쁘지 않아요! 그리고 적어도 도버는 앞질렀잖아요.
남	잠깐, **사무실에서 같이 그룹을 짜서 다음 주말에 경기를 보러 가도 되겠어요. 제가 운전하면 대중교통을 이용하지 않아도 돼요.** 버스가 혼잡할 거예요.
여	그럼 좋겠네요. 그리고 **표를 4장 이상 사면 할인된다는 점, 기억하세요.**
남	아, 맞아요!

Minor League Soccer
Regular Season Results

Team	Games Won
Gold Town	10
62Lakeview	9
Dover	8
Santa Rosa	6

마이너 리그 축구
정규 시즌 결과

팀	승리한 경기
골드 타운	10
62레이크뷰	**9**
도버	8
산타 로사	6

62

Look at the graphic. Which team do the speakers support?

(A) Gold Town

(B) Lakeview

(C) Dover

(D) Santa Rosa

시각 정보에 의하면, 화자들이 응원하는 팀은 어디인가?

(A) 골드 타운

(B) 레이크뷰

(C) 도버

(D) 산타 로사

해설   시각 정보 연계 – 화자들이 응원하는 팀

여자가 두 번째 대사에서 우리가 리그 1위는 아니지만 2위도 나쁘지 않다(We're not number one in the league, but second place isn't too bad!)고 했다. 시각 정보를 보면 2위는 레이크뷰이므로 정답은 (B)이다.

63

What does the man offer to do?

(A) Join a sports team

(B) Record a sporting event

(C) Print some bus maps

(D) Give some colleagues a ride

남자가 하겠다고 제안한 일은 무엇인가?

(A) 스포츠 팀 합류

(B) 스포츠 행사 녹화

(C) 버스 지도 출력

(D) 동료 태워 주기

해설   세부사항 관련 – 남자의 제안 사항

남자가 두 번째 대사에서 사무실에서 그룹을 짜서 다음 주말에 경기를 보러 가도 되겠다(we could get a group together from the office to go to the game next weekend)며 자신이 운전하면 대중교통을 이용하지 않아도 된다(I could drive so we don't have to take public transportation)고 제안했으므로 정답은 (D)이다.

▸▸ Paraphrasing   대화의 **I could drive so we don't have to take public transportation**
→ 정답의 **Give some colleagues a ride**

64

What does the woman remind the man about?

(A) A group discount

(B) Extended bus service

(C) An approaching work deadline

(D) The opening of a new sports facility

여자가 남자에게 상기시키는 것은 무엇인가?

(A) 단체 할인

(B) 연장된 버스 서비스

(C) 다가오는 작업 마감기한

(D) 새로운 스포츠 시설 개장

해설   세부사항 관련 – 여자가 상기시키는 사항

여자가 세 번째 대사에서 표를 4장 이상 사면 할인된다는 점을 기억하라(remember, they offer a discount when you buy four tickets or more)고 했으므로 정답은 (A)이다.

▸▸ Paraphrasing   대화의 **a discount when you buy four tickets or more** → 정답의 **A group discount**

65-67   대화 + 평면도

W-Am   Hi. 65**I need to move to Watertown at the beginning of next month. My company will be relocating here,** and they suggested we use your real estate agency. I'd like to rent a two-bedroom apartment.

M-Au   Sure. Here are some of the apartments that are available.

W-Am   OK. Oh, and I see you have a three-bedroom available?

M-Au   Yes, that one's far from the city center, but it's spacious and quite nice.

W-Am   Hmm... Well, 66**I don't really want to spend more than 650 dollars per month.**

M-Au   OK. 66**Here's a two-bedroom apartment for 600 dollars**—well within your price range.

W-Am   66**I'd like to look at it.** 67**Could we visit it sometime this week?**

M-Au   67**I'll check my calendar.**

여	안녕하세요. **저는 다음 달 초에 워터타운으로 이사를 가야 해요. 회사가 여기로 이전할 예정인데,** 회사에서 그쪽 부동산 중개소를 이용하라고 제안했어요. 침실 두 개짜리 아파트를 임차하고 싶어요.
남	네. 비어 있는 아파트들이 여기 있습니다.
여	그렇군요. 오, 침실 3개짜리도 있네요?
남	예, 도심에서는 멀지만 넓고 아주 좋아요.
여	흠… 정말이지 한 달에 650달러 이상은 쓰고 싶지 않아요.
남	알겠습니다. 이건 600달러로 침실 두 개짜리 아파트예요. 가격대가 넉넉하게 맞죠.
여	보고 싶네요. 이번 주 중에 방문할 수 있을까요?
남	**일정표를 확인해 볼게요.**

어휘 relocate 이전하다 real estate agency 부동산 중개소
spacious 넓은

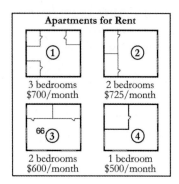

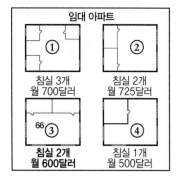

65

Why does the woman say she is moving to Watertown?

(A) She wants a shorter commute.
(B) She is starting her own business.
(C) Her family lives in the area.
(D) Her company is relocating.

여자는 워터타운으로 이사하는 이유가 무엇이라고 말하는가?

(A) 통근 거리가 짧아졌으면 한다.
(B) 자기 사업을 시작할 예정이다.
(C) 그 지역에 가족이 살고 있다.
(D) 회사가 이전할 예정이다.

어휘 commute 통근 (거리)

해설 세부사항 관련 – 여자가 이사하는 이유

대화 초반부에 여자가 다음 달 초에 워터타운으로 이사를 가야 한다(I need to move to Watertown at the beginning of next month)며 회사가 여기로 이전 예정(My company will be relocating here)이라고 이유를 밝히고 있으므로 정답은 (D)이다.

66

Look at the graphic. Which apartment is the woman most interested in?

(A) Apartment 1
(B) Apartment 2
(C) Apartment 3
(D) Apartment 4

시각 정보에 의하면, 여자가 가장 관심 있는 아파트는 무엇인가?

(A) 아파트 1
(B) 아파트 2
(C) 아파트 3
(D) 아파트 4

해설 시각 정보 연계 – 여자가 가장 관심 있는 아파트

여자가 세 번째 대사에서 한 달에 650달러 이상은 쓰고 싶지 않다(I don't really want to spend more than 650 dollars per month)고 한 말에 남자가 600달러로 침실 두 개짜리 아파트가 있다(Here's a two-bedroom apartment for 600 dollars)고 했고 뒤이어 여자가 보고 싶다(I'd like to look at it)고 말했으므로 정답은 (C)이다.

67

What will the speakers most likely do next?

(A) Schedule a visit
(B) Finish some designs
(C) Review a lease agreement
(D) Look at some furniture

화자들은 다음에 무엇을 하겠는가?

(A) 방문 일정 잡기
(B) 디자인 마무리하기
(C) 임대 계약서 검토하기
(D) 가구 보기

어휘 lease agreement 임대 계약서

해설 세부사항 관련 – 화자들이 다음에 할 행동

여자가 네 번째 대사에서 이번 주 중에 방문할 수 있을지(Could we visit it sometime this week?)를 묻자 남자가 일정표를 확인해 보겠다(I'll check my calendar)고 대답했으므로 정답은 (A)이다.

> ▶▶ Paraphrasing 대화의 **check my calendar**
> → 정답의 **Schedule a visit**

W-Br	Hi, it's Minako calling. I'm on the bus headed to the restaurant for the client dinner, but [68]**I'm running late. My meeting was longer than I expected.**
M-Cn	Oh right—the sales meeting. So do you know how to get to the restaurant?
W-Br	Well, I just know it's near Cloverfield Park, but [69]**I'm not sure how to get to the restaurant from the bus stop. Could you meet me there so I can walk over with you?**
M-Cn	Sure. How soon?
W-Br	I don't know, but [70]**right now we're passing the Wilbur Monument.**
M-Cn	Oh, so it'll be about ten minutes. I'll see you soon.
여	안녕하세요, 미나코예요. 고객과의 저녁 식사가 잡혀 있는 식당으로 가는 버스에 타고 있는데, **늦어지고 있네요. 회의가 예상보다 길었어요.**
남	아, 맞아요. 영업 회의가 있었죠. 그런데 식당으로 가는 길은 아세요?
여	음, 클로버필드 공원 근처에 있다는 것만 알아요. 그런데 **버스 정류장에서 식당까지 가는 길을 모르겠어요. 거기서 만나서 저랑 같이 걸어가시겠어요?**
남	물론이죠. 언제쯤이요?
여	모르겠어요. 그런데 **지금 막 윌버 기념비를 지나고 있어요.**
남	아, 그럼 10분 정도 되겠네요. 곧 만나요.

어휘 head 향하다 expect 예상하다 monument 기념비

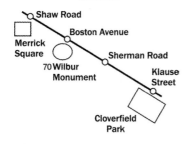

ROUTE 11

Shaw Road
Merrick Square
Boston Avenue
[70]Wilbur Monument
Sherman Road
Klause Street
Cloverfield Park

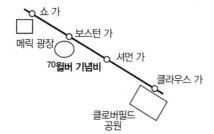

노선 11

쇼 가
메릭 광장
보스턴 가
[70]월버 기념비
셔먼 가
클라우스 가
클로버필드 공원

68

Why does the woman say she is late?

(A) She had a long meeting.
(B) She was having car trouble.
(C) There was a lot of traffic.
(D) A client arrived unexpectedly.

여자는 무엇 때문에 늦는다고 말하는가?

(A) **회의가 길었다.**
(B) 자동차가 말썽이었다.
(C) 교통이 혼잡했다.
(D) 예기치 못하게 고객이 도착했다.

어휘 unexpectedly 예기치 못하게

해설 세부사항 관련 – 여자가 늦은 이유

대화 초반부에서 여자가 늦어지고 있다(I'm running late)며 회의가 예상보다 길었다(My meeting was longer than I expected)고 했으므로 정답은 (A)이다.

▸▸ Paraphrasing 대화의 **My meeting was longer than I expected** → 정답의 **She had a long meeting**

69

What does the woman ask the man to do?

(A) Give her a ride to the office
(B) Meet her at a bus stop
(C) Call an important client
(D) Pick up a bus ticket

여자가 남자에게 요청한 일은 무엇인가?

(A) 사무실까지 태워 주기
(B) **버스 정류장에서 만나기**
(C) 중요한 고객에게 전화하기
(D) 버스 표 갖고 오기

해설 세부사항 관련 – 여자의 요청 사항

여자가 두 번째 대사에서 버스 정류장에서 식당까지 가는 길을 모르겠다(I'm not sure how to get to the restaurant from the bus stop)며 거기서 만나서 같이 걸어갈 수 있는지(Could you meet me there so I can walk over with you?)를 묻고 있으므로 정답은 (B)이다.

70

Look at the graphic. Which bus stop is the woman close to now?

(A) Shaw Road
(B) Boston Avenue
(C) Sherman Road
(D) Klause Street

시각 정보에 의하면, 여자는 지금 어느 버스 정류장 근처에 있는가?

(A) 쇼 가
(B) **보스턴 가**
(C) 셔먼 가
(D) 클라우스 가

TEST 7

여자가 세 번째 대사에서 지금 막 월버 기념비를 지나고 있다(right now we're passing the Wilbur Monument)고 했으므로 정답은 (B)이다.

PART 4

71-73 안내 방송

> **W-Am** ⁷¹**Good afternoon, Baldwin's Supermarket shoppers!** We're pleased to announce a brand new service we'll begin offering our customers next month! We know that no matter how busy life gets, you still want to have good food at home. ⁷²**That's why we're introducing online ordering for all your grocery needs.** Just go to our Web site to place your order for vegetables, dairy products, or any items we carry here at Baldwin's, and we'll have your selections ready for you to pick up the same day. ⁷³**Come by the customer service desk for a brochure with all the details.**
>
> 안녕하세요, 볼드윈 슈퍼마켓 쇼핑객 여러분! 다음 달부터 고객님들께 제공할 새로운 서비스를 알려 드리게 되어 기쁩니다! 사는 게 아무리 바빠도 집에서 좋은 음식을 먹고 싶어 하신다는 것을 저희는 압니다. **그래서 저희는 고객님께 필요한 모든 식료품에 대해 온라인 주문을 도입하고자 합니다.** 저희 웹사이트로 가서 채소, 유제품, 또는 저희가 여기 볼드윈에서 취급하는 어떤 제품이든 주문하시면, 선택하신 제품을 당일 가져가실 수 있도록 준비해 놓겠습니다. **자세한 내용은 고객 서비스 데스크에 오셔서 소책자를 받아 가세요.**
>
> ---
>
> 어휘 place an order 주문하다 dairy product 유제품 carry (매장에서 제품을) 취급하다 come by 들르다

71

Where is the announcement being made?

(A) At an electronics store
(B) At a clothing shop
(C) At a hardware store
(D) At a supermarket

어디에서 나오는 안내 방송인가?
(A) 전자제품 매장
(B) 옷 가게
(C) 철물점
(D) **슈퍼마켓**

해설 전체 내용 관련 – 안내방송 장소
지문 초반부에서 안녕하세요, 볼드윈 슈퍼마켓 쇼핑객 여러분(Good afternoon, Baldwin's Supermarket shoppers!)이라고 말했으므로 정답은 (D)이다.

72

What service is going to be offered?

(A) Online ordering
(B) Gift wrapping
(C) Rentals
(D) Repairs

앞으로 제공될 서비스는 무엇인가?
(A) **온라인 주문**
(B) 선물 포장
(C) 대여
(D) 수리

해설 세부사항 관련 – 제공될 서비스
지문 중반부에서 고객에게 필요한 모든 식품에 대해 온라인 주문을 도입할 것(That's why we're introducing online ordering for all your grocery needs)이라고 밝혔으므로 정답은 (A)이다.

73

Why should the listeners go to the customer service desk?

(A) To fill out a survey
(B) To register for discounts
(C) To pick up a brochure
(D) To get free samples

청자들이 고객 서비스 데스크로 가야 하는 이유는 무엇인가?
(A) 설문지 작성을 위해
(B) 할인 신청을 위해
(C) **소책자를 받기 위해**
(D) 무료 샘플을 얻기 위해

어휘 fill out 작성하다 survey 설문(지) register for ~에 등록하다

해설 세부사항 관련 – 고객 서비스 데스크로 가야 하는 이유
지문 마지막에 고객 서비스 데스크에 와서 소책자를 받아 가라(Come by the customer service desk for a brochure with all the details)고 했으므로 정답은 (C)이다.

> ▸▸ Paraphrasing 담화의 Come by the customer service desk for a brochure → 정답의 pick up a brochure

74-76 전화 메시지

> **M-Au** Ms. Farsad, ⁷⁴**I'm calling from the Everett Inn in response to your inquiry about hotel reservations.** ⁷⁵**We appreciate your interest in staying here during your vacation next month,** but a film festival is taking place here that week. ⁷⁶**We do have another location on Pollard Avenue,** though. It's further away from some of the main tourist sites, but close to public transportation. ⁷⁶**I spoke with the manager there, and she confirmed that they can accommodate you.** But I suggest you make reservations soon, since there are only a few rooms left.

파사드 씨, 호텔 예약 문의에 대한 회신으로 에버렛 인에서 전화드립니다. 다음 달 휴가 때 이곳에 머무는 데 관심이 있으시다니 감사하지만, 그 주에 이곳에서 영화제가 열립니다. 하지만 폴라드 가에 다른 지점이 있습니다. 일부 주요 관광지에서 멀지만 대중교통이 가까이 있습니다. 거기 매니저와 이야기했는데, 고객님께 숙소를 제공할 수 있다고 확인해 주었습니다. 하지만 남은 객실이 얼마 없으므로 빨리 예약하실 것을 권합니다.

어휘 inquiry 문의 reservation 예약 tourist site 관광지 confirm 확인하다 accommodate 숙소를 제공하다

74

What is the listener trying to do?

(A) Meet a film director
(B) Make a reservation
(C) Enter a contest
(D) Apply for a job

청자는 무엇을 하려고 하는가?
(A) 영화 감독 면담
(B) 예약
(C) 대회 참가
(D) 일자리 지원

해설 전체 내용 관련 – 청자가 하려는 것
지문 초반부에서 청자에게 호텔 예약 문의에 대한 회신으로 에버렛 인에서 전화한다(I'm calling from the Everett Inn in response to your inquiry about hotel reservations)고 했으므로 정답은 (B)이다.

75

What does the speaker imply when he says, "a film festival is taking place here that week"?

(A) He recommends going to an event.
(B) He cannot fulfill a request.
(C) A city is becoming more popular.
(D) There will be a lot of traffic.

화자가 "그 주에 이곳에서 영화제가 열립니다"라고 말한 의도는 무엇인가?
(A) 행사에 가기를 권유한다.
(B) 요청을 들어 줄 수 없다.
(C) 도시가 점점 인기를 얻고 있다.
(D) 교통이 혼잡할 것이다.

어휘 fulfill (요청을) 들어 주다, 충족하다

해설 화자의 의도 파악 – 그 주에 이곳에서 영화제가 열린다고 말한 의도
인용문의 앞에서 다음 달 휴가 때 이곳에 머무는 데 관심이 있다니 감사하다(We appreciate your interest in staying here during your vacation next month)고 한 후에 '하지만 그 주에 이곳에서 영화제가 열린다'라고 한 것으로 보아 머무를 곳을 찾는 사람이 많다는 뜻으로 이해할 수 있다. 따라서 인용문은 방 예약을 할 수 없다는 의도로 한 말이므로 정답은 (B)이다.

76

What did the speaker do for the listener?

(A) He reviewed an employment application.
(B) He purchased some event tickets.
(C) He confirmed a flight itinerary.
(D) He contacted another branch location.

화자가 청자를 위해 한 일은 무엇인가?
(A) 취업 지원서를 검토했다.
(B) 행사 티켓을 구매했다.
(C) 비행기 일정을 확인했다.
(D) 다른 지점에 연락했다.

어휘 application 지원(서) purchase 구매하다 itinerary 일정

해설 세부사항 관련 – 청자를 위해 한 일
지문 중반부에서 폴라드 가에 다른 지점이 있다(We do have another location on Pollard Avenue)며 거기 매니저와 이야기했고 고객님께 숙소를 제공할 수 있음을 확인했다(I spoke with the manager there, and she confirmed that they can accommodate you)고 했으므로 정답은 (D)이다.

▸▸ Paraphrasing 담화의 spoke with the manager there
→ 정답의 contacted another branch location

77-79 회의 발췌

M-Cn 77Before we open our doors today, I'd like to have a quick staff meeting. Business in our store has been great—we've been selling a lot of shoes. 78So I want to remind everyone to keep the boxes in the storage room organized. Be sure to put them back onto the right shelves. Now, I've also got some exciting news to report. For our upcoming sale, the regional manager will be offering bonuses for the top-selling store. 79If our shoe sales are higher than other store branches, we'll all receive cash rewards. So, let's get to work.

오늘 문을 열기 전에, 간단히 직원회의를 하고 싶습니다. 우리 매장의 영업은 아주 좋았고 신발을 많이 팔고 있어요. 그래서 창고에 있는 상자를 정리하도록 모두에게 다시 일깨우고 싶습니다. 상자를 본래 있던 선반에 다시 놓으세요. 자, 전해 드릴 신나는 소식도 있습니다. 다가오는 할인을 위해, 지역 매니저가 가장 많이 판매한 매장에 보너스를 제공한다고 합니다. 만약 우리 신발 매출이 다른 매장들보다 높다면, 모두 현금으로 보상 받게 됩니다. 자, 일하러 갑시다.

어휘 remind 상기시키다 organize 정리하다 shelf 선반 regional 지역의 reward 보상

77

Who most likely are the listeners?

(A) Sales assistants
(B) Factory workers
(C) Hiring managers
(D) Delivery drivers

청자들은 누구이겠는가?

(A) 판매 보조원
(B) 공장 직원
(C) 채용 담당 매니저
(D) 배송 기사

해설 전체 내용 관련 - 청자들의 신분

지문 초반부에서 문을 열기 전에, 간단히 직원회의를 하고 싶다(Before we open our doors today, I'd like to have a quick staff meeting)면서, 우리 매장의 영업이 좋았고 신발을 많이 팔고 있다(Business in our store has been great—we've been selling a lot of shoes)고 한 것으로 보아 청자들은 신발 매장의 판매원임을 알 수 있다. 따라서 정답은 (A)이다.

78

What does the speaker remind the listeners about?

(A) Referring to a handbook
(B) Organizing merchandise
(C) Filling out a time sheet
(D) Greeting customers

화자가 청자들에게 일깨우는 것은 무엇인가?

(A) 편람 참조하기
(B) 제품 정리하기
(C) 근무시간 기록표 작성하기
(D) 고객에게 인사하기

어휘 fill out 작성하다   time sheet 근무시간 기록표

해설 세부사항 관련 - 청자들에게 상기시키는 것

지문 중반부에서 창고의 상자 정리를 일깨우고 싶다(So I want to remind everyone to keep the boxes in the storage room organized)고 전하고 있으므로 정답은 (B)이다.

> ▸▸ Paraphrasing   담화의 **keep the boxes in the storage room organized**
> → 정답의 **Organizing merchandise**

79

According to the speaker, what might the listeners receive?

(A) Free products
(B) Extra vacation days
(C) A cash bonus
(D) A gift certificate

화자에 의하면, 청자들이 받을 수도 있는 것은 무엇인가?

(A) 무료 제품
(B) 추가 휴가 일수
(C) 현금 보너스
(D) 상품권

해설 세부사항 관련 - 청자들이 받을 수도 있는 것

지문 후반부에서 신발 매출이 다른 매장들보다 높다면, 현금으로 보상을 받을 것(If our shoe sales are higher than other store branches, we'll all receive cash rewards)이라고 했으므로 정답은 (C)이다.

> ▸▸ Paraphrasing   담화의 **cash rewards** → 정답의 **cash bonus**

80-82 전화 메시지

> W-Br Hello, William. **80This is Sarah, from Dr. Cho's office. 81I'm calling to confirm your upcoming yearly exam with Dr. Cho next Monday at four P.M.** And… since you haven't been here in quite some time, **82you may not be aware that we've just moved offices last month. We're still in the same building, but we're now on the fourth floor.** After entering the building, you should walk to the back of the lobby and take the elevator to the fourth floor. See you on Monday.
>
> 안녕하세요, 윌리엄. 저는 조 박사님 병원에 있는 새라예요. 다음 주 월요일 오후 4시 조 박사님께 곧 연간 건강검진을 받으신다는 점 확인해 드리려고 전화했어요. 그리고… 한동안 안 오셨으니까 지난달에 병원 옮긴 걸 모르실 것 같아요. 여전히 같은 건물에 있지만, 지금은 4층에 있어요. 건물에 들어오시면 로비 뒤쪽으로 걸어가 엘리베이터를 타고 4층으로 오세요. 월요일에 뵐게요.
>
> 어휘 upcoming 다가오는   exam 건강검진   aware 알고 있는

80

Where does the speaker work?

(A) At a fitness center
(B) At a doctor's office
(C) At a laboratory
(D) At a pharmacy

화자는 어디에서 일하는가?

(A) 헬스장
(B) 개인 병원
(C) 연구실
(D) 약국

어휘 laboratory 연구실, 실험실   pharmacy 약국

해설 전체 내용 관련 - 화자의 근무 장소

지문 초반부에서 조 박사님 병원의 새라(This is Sarah, from Dr. Cho's office)라고 자신을 소개하고 있으므로 화자의 근무 장소는 병원임을 알 수 있다. 따라서 정답은 (B)이다.

81

Why is the speaker calling?

(A) To confirm an appointment
(B) To provide a reference
(C) To discuss lab results
(D) To resolve a billing issue

화자가 전화한 이유는 무엇인가?

(A) 예약 확인을 위해
(B) 추천서 제공을 위해
(C) 실험 결과 논의를 위해
(D) 청구 문제 해결을 위해

어휘 appointment 예약 reference 추천서 resolve 해결하다

해설 세부사항 관련 – 전화한 이유

지문 초반부에서 다음 주 월요일에 받을 건강검진을 확인하려 전화했다 (I'm calling to confirm your upcoming yearly exam with Dr. Cho next Monday at four P.M.)고 말했으므로 정답은 (A)이다.

> ▸▸ Paraphrasing 담화의 your upcoming yearly exam
> → 정답의 an appointment

82

What does the speaker say happened last month?

(A) A building lobby was renovated.
(B) An office moved to a different floor.
(C) Some fees increased.
(D) Some employees were hired.

화자는 지난달에 무슨 일이 있었다고 말하는가?

(A) 건물 로비를 보수했다.
(B) 병원이 다른 층으로 이전했다.
(C) 비용이 인상되었다.
(D) 직원이 채용되었다.

어휘 renovate 보수하다 increase 인상되다

해설 세부사항 관련 – 지난달에 있었던 일

지문 중반부에서 지난달에 병원을 옮긴 걸 모를 것(you may not be aware that we've just moved offices last month)이라면서, 같은 건물이지만 지금은 4층(We're still in the same building, but we're now on the fourth floor)이라고 했으므로 정답은 (B)이다.

> ▸▸ Paraphrasing 담화의 we've just moved offices / we're
> now on the fourth floor → 정답의 An office
> moved to a different floor

83-85 광고

> **M-Cn** Attention, truck drivers! **83Did you know
> that the Department of Transportation has just
> announced dozens of new regulations that will
> affect you, as commercial truck drivers?** **84The
> Clark Institute is offering Internet classes to train**

> **you on these new rules.** Our online classes allow
> you to learn, whether you're at home or traveling.
> Just go to newtrucklaws.com to register for
> classes. Register now, and **85you'll receive a ten
> percent discount on the program fee. But hurry—
> this special offer ends next week!**

> 트럭 운전사 여러분, 주목해 주세요! **교통부가 얼마 전 상용 트럭 운전
> 사인 여러분에게 영향을 미칠 새로운 법규 수십 개를 발표했다는 사실을
> 알고 계신가요?** 클라크 인스티튜트는 이 새로운 법규에 대해 교육하는
> 인터넷 수업을 제공하고 있습니다. 저희 온라인 수업은 집에 있든 이동
> 중이든 배울 수 있습니다. newtrucklaws.com으로 가서 수강 신청
> 만 하십시오. 지금 신청하면 **프로그램 비용을 10퍼센트 할인받을 수 있
> 습니다. 하지만 서두르세요. 이 특별 할인은 다음 주에 끝납니다!**

> 어휘 dozen 12개 regulation 법규 affect 영향을 미치다
> commercial 상(업)용의 register for ~을 신청하다 special
> offer 특별 할인

83

What has a government department recently announced?

(A) Job opportunities
(B) Funding decisions
(C) New transportation regulations
(D) Updated construction plans

정부 부서가 최근 발표한 것은 무엇인가?

(A) 취업 기회
(B) 재정 지원 결정
(C) 새로운 교통 법규
(D) 수정된 공사 계획

해설 세부사항 관련 – 정부 부서가 최근 발표한 것

지문 초반부에서 교통부가 얼마 전 트럭 운전사인 여러분에게 영향을 미칠 새로운 법규를 발표한 것을 아는지(Did you know ~ as commercial truck drivers?) 묻고 있으므로 정답은 (C)이다.

> ▸▸ Paraphrasing 담화의 regulations that will affect
> you, as commercial truck drivers
> → 정답의 transportation regulations

84

What is being advertised?

(A) A car wash service
(B) A training program
(C) A navigation system
(D) An insurance policy

광고하고 있는 것은 무엇인가?

(A) 세차 서비스
(B) 교육 프로그램
(C) 내비게이션 시스템
(D) 보험증서

해설 전체 내용 관련 – 광고하는 것

지문 중반부에서 클라크 인스티튜트는 새로운 법규의 교육을 위한 인터넷 수업을 제공한다(The Clark Institute is offering Internet classes to train you on these new rules)고 한 후, 인터넷 수업 관련 광고가 이어지고 있으므로 정답은 (B)이다.

> ▸▸ Paraphrasing   담화의 classes to train you on these new rules → 정답의 A training program

85

What does the speaker say will happen next week?

(A) A discount offer will end.
(B) A store location will open.
(C) A product will be launched.
(D) A facility will be inspected.

화자는 다음 주에 무슨 일이 있다고 말하는가?

(A) 할인이 끝난다.
(B) 매장 지점이 문을 연다.
(C) 제품이 출시된다.
(D) 시설이 점검을 받는다.

어휘 location 지점 facility 시설 inspect 점검하다

해설 세부사항 관련 – 다음 주에 있을 일

지문 후반부에서 프로그램 비용을 10퍼센트 할인받을 수 있다(you'll receive a ten percent discount on the program fee)며 할인이 다음 주에 끝나니 서두르라(But hurry—this special offer ends next week)고 언급했으므로 정답은 (A)이다.

> ▸▸ Paraphrasing   담화의 this special offer
> → 정답의 A discount offer

86-88 연설

> W-Br **86Thanks for joining us at the City of Belmont community awards dinner.** Tonight, community members have gathered here to honor a group of artists who were asked to beautify the streets of Belmont. **87Back in June, after a long selection process, five talented artists were chosen to paint the walls of several buildings around the city.** **88We hoped that this project would draw attention to one of the oldest areas in the city. Well, the murals were completed a month ago** and tourism in the area has doubled. Please welcome our talented artists.
>
> 벨몬트 시 지역사회 시상식 만찬에 참석해 주셔서 감사합니다. 오늘 밤, 지역사회 구성원들은 벨몬트 거리 미화 요청을 받은 일단의 예술가들을 기리기 위해 이곳에 모였습니다. 지난 6월, 오랜 선정 과정을 거쳐, 뛰어난 예술가 다섯 명이 도시 주변 여러 건물의 벽에 그림을 그리기 위해 선정되었습니다. 우리는 이 프로젝트로 이 도시에서 가장 오래된 지역 중 한 곳이 관심을 끌었으면 했습니다. 음, 벽화는 한 달 전에 완성되었고 지역 관광객은 두 배가 되었습니다. 뛰어난 예술가들을 환영해 주세요.

어휘 beautify 아름답게 하다 draw attention 관심을 끌다 mural 벽화

86

What type of event is taking place?

(A) A gallery opening
(B) A retirement party
(C) An awards ceremony
(D) A school fund-raiser

어떤 행사가 벌어지고 있는가?

(A) 화랑 개관
(B) 은퇴 파티
(C) 시상식
(D) 학교 모금 행사

어휘 fund-raiser 모금 행사

해설 전체 내용 관련 – 개최되는 행사 종류

지문 초반부에서 벨몬트 시 지역사회 시상식 만찬에 참석해 주어 고맙다(Thanks for joining us at the City of Belmont community awards dinner)고 말했으므로 정답은 (C)이다.

> ▸▸ Paraphrasing   담화의 awards dinner
> → 정답의 An awards ceremony

87

What happened in June?

(A) A building was purchased.
(B) A marketing campaign began.
(C) Some deadlines were extended.
(D) Some artists were selected.

6월에 있었던 일은 무엇인가?

(A) 건물을 매입했다.
(B) 마케팅 캠페인을 시작했다.
(C) 마감 기한이 연장되었다.
(D) 예술가들이 선정되었다.

해설 세부사항 관련 – 6월에 있었던 일

지문 중반부에서 6월에 도시 주변 건물의 벽에 그림을 그릴 예술가를 선정했다(Back in June, after a long selection process ∼ several buildings around the city)고 했으므로 정답은 (D)이다.

> ▸▸ Paraphrasing   담화의 five talented artists were chosen
> → 정답의 Some artists were selected

88

What does the speaker imply when she says, "tourism in the area has doubled"?

(A) A project was successful.
(B) More volunteers are needed.
(C) Renovation work can begin.
(D) It is difficult to find parking.

화자가 "지역 관광객은 두 배가 되었습니다"라고 말한 의도는 무엇인가?

(A) 프로젝트가 성공적이었다.
(B) 자원봉사자가 더 필요하다.
(C) 보수 작업을 시작할 수 있다.
(D) 주차지를 찾기 어렵다.

해설 화자의 의도 파악 - 지역 관광객은 두 배가 되었다고 말한 의도
인용문의 앞 문장들에서 이 프로젝트로 이 도시의 가장 오래된 지역이 관심을 끌기를 바랐다(We hoped that this project would draw attention to one of the oldest areas in the city)고 했고, 벽화는 한 달 전에 완성되었다(Well, the murals were completed a month ago)고 밝힌 뒤 언급한 말이므로 인용문은 벽화 프로젝트가 사람들의 관심을 끌었다는 사실을 알리려고 한 말임을 알 수 있다. 따라서 정답은 (A)이다.

89-91 소개

W-Am Welcome to today's staff meeting. As you know, we've started inviting speakers to our accounting firm once a month for professional development purposes. **89Our guest speaker today is Dr. Eugene Ray, who will be talking about financial risk management.** He will focus on the importance of assessing and managing financial risk within our company. **90Dr. Ray is an expert in this field and currently works as the editor in chief of the *Professional Finance Journal*.** **91If you'd like to speak with Dr. Ray directly, he'll be joining us for a small reception in the conference room immediately following his speech.** Now, let's give Dr. Ray a warm welcome.

오늘 직원회의에 잘 오셨습니다. 아시다시피, 우리 회계법인에서 전문성 개발 목적으로 한 달에 한 번 연사를 초청하기 시작했죠. **오늘 초청 연사는 유진 레이 박사님으로, 재무 리스크 관리에 관해 이야기하시겠습니다.** 박사님은 우리 회사 내 재무 리스크 진단과 관리의 중요성에 중점을 두실 겁니다. **레이 박사님은 이 분야의 전문가로, 현재 〈프로페셔널 파이낸스 저널〉의 편집장으로 일하고 계십니다.** 레이 박사님과 직접 이야기하고 싶으시면 강연 직후 박사님이 회의실에서 열리는 조촐한 환영회에 참석하실 겁니다. 자, 레이 박사님을 따뜻하게 맞아 주시기 바랍니다.

어휘 accounting firm 회계법인 financial risk 재무 리스크 assess 진단하다 expert 전문가 editor in chief 편집장 immediately following ~ 직후

89

What will Dr. Ray speak about?

(A) Managing financial risk
(B) Communicating with patients
(C) Improving customer service
(D) Preparing for job interviews

레이 박사는 무엇에 관해 이야기할 것인가?

(A) 재무 리스크 관리
(B) 환자와 소통하기
(C) 고객 서비스 개선
(D) 취업 면접 준비

어휘 patient 환자

해설 세부사항 관련 - 레이 박사의 연설 주제
지문 초반부에서 초청 연사인 유진 레이 박사가 재무 리스크 관리에 대해 이야기할 것(Our guest speaker today is Dr. Eugene Ray, who will be talking about financial risk management)이라고 전하고 있으므로 정답은 (A)이다.

> ▸▸ Paraphrasing 담화의 **financial risk management**
> → 정답의 **Managing financial risk**

90

What is Dr. Ray's current position?

(A) He is the editor of a publication.
(B) He is a professor at a university.
(C) He is the chief surgeon at a hospital.
(D) He is a safety inspector in a laboratory.

레이 박사의 현재 직책은 무엇인가?

(A) 출판사 편집자이다.
(B) 대학 교수이다.
(C) 병원 외과과장이다.
(D) 연구실 안전 검사관이다.

어휘 surgeon 외과의

해설 세부사항 관련 - 레이 박사의 직책
지문 중반부에서 레이 박사는 이 분야 전문가로 현재 〈프로페셔널 파이낸스 저널〉의 편집장(Dr. Ray is an expert in this field and currently works as the editor in chief of the *Professional Finance Journal*)이라고 밝혔으므로 정답은 (A)이다.

> ▸▸ Paraphrasing 담화의 **the editor in chief of the *Professional Finance Journal***
> → 정답의 **the editor of a publication**

91

What will Dr. Ray do after his speech?

(A) Sign some books
(B) Attend a reception
(C) Demonstrate a technique
(D) Evaluate a financial record

레이 박사는 강연 후 무엇을 할 것인가?

(A) 책에 서명하기
(B) 환영회에 참석하기
(C) 기술을 시연하기
(D) 재무 기록을 평가하기

어휘 evaluate 평가하다

해설 세부사항 관련 – 레이 박사가 강연 후 할 일

지문 후반부에서 강연 후 환영회에 참석하는 레이 박사와 이야기하라(If you'd like to speak with Dr. Ray directly, he'll be joining us for a small reception in the conference room immediately following his speech)고 했으므로 정답은 (B)이다.

> ▸▸ Paraphrasing 담화의 be joining us for a small reception
> → 정답의 Attend a reception

92-94 공지

> M-Au Hi, everyone. As you know, ^{92,93}**a lot of customers called yesterday to say they were upset about how long it was taking to fix the widespread outage of our Internet service.** ⁹³**The Internet is up and running again,** but the phones are still ringing. **Because of this, we're going to offer our customers a free upgrade.** ⁹⁴**The document I'm passing out to you provides more information about this compensation plan, so please take a look at it now and let me know if you have questions.**
>
> 안녕하세요, 여러분. 아시다시피, 어제 많은 고객들이 전화를 걸어 우리 인터넷 서비스의 광범위한 작동 중단을 수리하는 데 시간이 오래 걸려서 화가 났다고 했습니다. 인터넷이 다시 작동하고 있지만 여전히 전화벨이 울리고 있습니다. 이 때문에 고객들에게 무료 업그레이드를 제공할 예정입니다. 제가 여러분께 나눠 드리는 문서에 이 보상안에 대한 자세한 정보가 있으니, 지금 살펴보시고 궁금한 점 있으면 알려 주시기 바랍니다.
>
> 어휘 upset 화난 fix 수리하다 widespread 광범위한 outage 작동 중단, 정전 compensation 보상

92

What does the speaker most likely work?

Where does the speaker most likely work?

(A) At a mobile phone manufacturer
(B) At a radio station
(C) At an Internet service provider
(D) At a clothing store

화자는 어디에서 일하겠는가?
(A) 휴대폰 제조업체
(B) 라디오 방송국
(C) 인터넷 서비스 제공업체
(D) 옷 가게

어휘 manufacturer 제조업체

해설 전체 내용 관련 – 화자의 근무지

지문 초반부에서 어제 우리 인터넷 서비스의 작동 중단을 수리하는 데 시간이 오래 걸려 화난 고객들의 전화가 많았다(a lot of customers called yesterday to say they were upset about how long it was taking to fix the widespread outage of our Internet service)고 했으므로 정답은 (C)이다.

93

What does the speaker mean when he says, "but the phones are still ringing"?

(A) The company continues to receive complaints.
(B) The company needs additional staff.
(C) The company is still taking orders.
(D) The company's advertising was effective.

화자가 "하지만 여전히 전화벨이 울리고 있습니다"라고 말한 의도는 무엇인가?
(A) 회사에 계속 불만이 접수되고 있다.
(B) 회사에 추가로 직원이 필요하다.
(C) 회사는 여전히 주문을 받고 있다.
(D) 회사 광고가 효과가 있었다.

어휘 effective 효과적인

해설 화자의 의도 파악 – 하지만 여전히 전화벨이 울리고 있다고 말한 의도

인용문의 앞 문장들에서 어제 우리 인터넷 서비스의 작동 중단을 수리하는 데 시간이 오래 걸려 화난 고객들의 전화가 많았다(a lot of customers called yesterday to say they were upset about how long it was taking to fix the widespread outage of our Internet service)고 했고, 인터넷이 다시 작동하고 있다(The Internet is up and running again)고 했다. 따라서 '하지만 여전히 전화벨이 울리고 있다'라는 인용문은 인터넷 서비스 작동 중단으로 인한 불만 전화가 계속해서 오고 있다는 의도로 한 말이므로 정답은 (A)이다.

94

What will the listeners most likely do next?

(A) Promote a business
(B) Revise some résumés
(C) Make a repair
(D) Read a document

청자들은 다음에 무엇을 하겠는가?
(A) 업체 홍보하기
(B) 이력서 수정하기
(C) 수리하기
(D) 문서 읽기

해설 세부사항 관련 – 청자들이 다음에 할 일

지문 후반부에서 화자가 나눠 주는 문서에 보상안에 대한 정보가 있으니, 지금 살펴보고 질문을 하라(The document I'm passing out to you provides more information about this compensation plan, so please take a look at it now and let me know if you have questions)고 했으므로 정답은 (D)이다.

> ▸▸ Paraphrasing 담화의 take a look at it
> → 정답의 Read a document

95-97 방송 + 삽화

> W-Br ⁹⁵**It's time for "Bake It at Home"—where we teach you how to make professional-quality baked goods in your own kitchen.** Today we'll

196

show you how to make a surprisingly tasty cake with a packaged cake mix and a can of soda! That's right; you can simply combine your favorite cake mix, right out of the box, with a soft drink to create flavorful cakes—just like these we baked in our studio kitchen. And don't be afraid to create your own combinations—⁹⁶**I substituted orange soda for the cherry soda and it was delicious!** We'd love to hear about your favorite combinations, so ⁹⁷**upload photos of your creations to our Web site.**

이제 '집에서 빵 굽기' 시간입니다. 이 시간에는 여러분의 주방에서 전문가 품질의 제과류를 만드는 방법을 가르쳐 드립니다. 오늘은 포장된 케이크 믹스와 청량음료 한 캔으로 놀랍도록 맛있는 케이크를 만드는 법을 보여 드리겠습니다! 맞습니다, 상자에서 바로 여러분이 가장 좋아하는 케이크 믹스를 꺼내 청량음료와 섞기만 하면 맛있는 케이크가 탄생합니다. 쿠킹 스튜디오에서 구운 이 케이크들처럼요. 그리고 자신만의 조합을 만드는 것을 두려워하지 마세요. **저는 체리 소다 대신 오렌지 소다를 썼는데 맛있었어요!** 여러분이 가장 좋아하는 조합을 알고 싶으니, **저희 웹사이트에 여러분의 창작품 사진을 올려 주세요.**

어휘 baked goods 제과류 flavorful 맛있는 substitute A for B B대신 A를쓰다 combination 조합(물) creation 창작(품)

Cake Recipes

Vanilla	Chocolate
Vanilla cake mix + ⁹⁶ Cherry Soda	Chocolate cake mix + Cola

Lemon	Strawberry
Lemon cake mix + Lemon Soda	Strawberry cake mix + Ginger ale

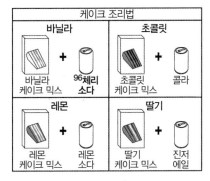

케이크 조리법

바닐라	초콜릿
바닐라 케이크 믹스 + ⁹⁶체리 소다	초콜릿 케이크 믹스 + 콜라

레몬	딸기
레몬 케이크 믹스 + 레몬 소다	딸기 케이크 믹스 + 진저 에일

95

Who is the intended audience for the broadcast?

(A) Restaurant owners
(B) Home cooks
(C) Food critics
(D) Professional chefs

어떤 시청자를 대상으로 하는 방송인가?

(A) 식당 주인
(B) 집에서 요리하는 사람
(C) 음식 비평가
(D) 전문 요리사

어휘 cook 요리사 critic 비평가

해설 전체 내용 관련 – 대상 시청자

지문 초반부에서 '집에서 빵 굽기' 시간이라며 여러분의 주방에서 전문가 품질의 제과류를 만드는 방법을 가르쳐 준다(It's time for "Bake It at Home"—where we teach you how to make professional-quality baked goods in your own kitchen)고 했으므로 정답은 (B)이다.

96

Look at the graphic. Which cake recipe did the speaker change?

(A) Vanilla
(B) Chocolate
(C) Lemon
(D) Strawberry

시각 정보에 의하면, 화자가 바꾼 케이크 조리법은 무엇인가?

(A) 바닐라
(B) 초콜릿
(C) 레몬
(D) 딸기

해설 시각 정보 연계 – 화자가 바꾼 케이크 조리법

지문 후반부에서 체리 소다 대신 오렌지 소다를 썼는데 맛있었다 (I substituted orange soda for the cherry soda and it was delicious!)고 했으므로 정답은 (A)이다.

97

What are the listeners asked to do?

(A) Call the show
(B) Attend a class
(C) Share photographs
(D) Write a review

청자들이 요청받은 일은 무엇인가?

(A) 프로그램에 전화하기
(B) 강좌에 참석하기
(C) 사진 공유하기
(D) 후기 작성하기

해설 세부사항 관련 – 청자들에 대한 요청 사항

지문 끝에 웹사이트에 여러분의 창작품 사진을 올려 달라(upload photos of your creations to our Web site)고 요청했으므로 정답은 (C)이다.

▸▸ Paraphrasing 담화의 upload photos of your creations to our Web site → 정답의 Share photographs

M-Cn OK, let's get started with today's staff meeting. **98I'm very excited for next month's book convention, which we'll be hosting right here at the T&J Publishing headquarters.** I'm passing around the list of events taking place on the first day. You may be interested in the nonfiction author panel at eleven A.M. since we recently published books by several of the speakers. Also… **99please remember to keep your schedule clear at three P.M., because everyone will need to participate in that session.** Now, **100there's one last thing that we have yet to confirm— the refreshments we'll be serving. Are there any suggestions for which catering company to use?**

자, 오늘 직원회의부터 시작합시다. 다음 달 바로 이곳 T&J 출판 본사에서 도서 대회를 개최하게 돼서 무척 설레는군요. 첫날에 있을 행사 목록을 나눠 줄게요. 저희가 최근에 몇몇 연사들이 쓴 책을 출간했기 때문에 오전 11시에 있을 논픽션 작가 패널에 관심이 있을 것 같아요. 그리고… 모두 세션에 참석해야 하므로 오후 3시에는 일정을 비워 두어야 한다는 점 잊지 마세요. 자, 아직 확정하지 못한 것이 하나 있는데, 우리가 제공할 다과예요. 어떤 출장요리 업체를 이용할지 의견 있으신가요?

어휘 host 주최하다　headquarter 본사　recently 최근에 participate in ~에 참석하다　have yet to do 아직 ~하지 않았다　refreshments 다과　catering 출장요리

Book Convention Day 1

Opening Remarks	10:00 A.M.
Nonfiction Author Panel	11:00 A.M.
Digital Books Seminar	1:00 P.M.
99Book Publicity Forum	3:00 P.M.

도서 대회 1일

개회사	오전 10:00
논픽션 작가 패널	오전 11:00
디지털 도서 세미나	오후 1:00
99도서 홍보 포럼	**오후 3:00**

98

Where is the talk most likely taking place?

(A) At a library
(B) At a bookstore
(C) At a publishing company
(D) At a news agency

담화는 어디에서 이루어지고 있겠는가?

(A) 도서관
(B) 서점
(C) 출판사
(D) 통신사

해설 전체 내용 관련 – 담화 장소

지문 초반부에서 다음 달 바로 이곳 T&J 출판 본사에서 도서 대회를 개최해서 설렌다(I'm very excited for next month's book convention, which we'll be hosting right here at the T&J Publishing head-quarters)고 했으므로 담화 장소가 출판사임을 알 수 있다. 따라서 정답은 (C)이다.

99

Look at the graphic. Which session are the listeners required to attend?

(A) Opening Remarks
(B) Nonfiction Author Panel
(C) Digital Books Seminar
(D) Book Publicity Forum

시각 정보에 의하면, 청자들이 참석해야 하는 세션은 무엇인가?

(A) 개회사
(B) 논픽션 작가 패널
(C) 디지털 도서 세미나
(D) 도서 홍보 포럼

해설 시각 정보 연계 – 청자들이 참석해야 하는 세션

지문 중반부에서 모두 세션에 참석해야 하니 오후 3시 일정은 비워 두라(please remember to keep your schedule clear at three P.M., because everyone will need to participate in that session)고 언급했으므로 정답은 (D)이다.

100

What still needs to be confirmed?

(A) The event location
(B) The registration fee
(C) The start time
(D) The catering arrangements

아직 확정되지 않은 것은 무엇인가?

(A) 행사 장소
(B) 등록비
(C) 시작 시간
(D) 출장요리 준비

해설 세부사항 관련 – 아직 확정되지 않은 것

지문 후반부에서 확정되지 못한 하나는 다과(there's one last thing that we have yet to confirm—the refreshments we'll be serving) 라면서, 이용할 출장요리 업체에 대한 의견이 있는지(Are there any suggestions for which catering company to use?)를 묻고 있으므로 정답은 (D)이다.

▸▸ **Paraphrasing**　담화의 **which catering company to use** → 정답의 **The catering arrangements**

기출 TEST 8

1 (A)	**2** (D)	**3** (C)	**4** (D)	**5** (C)
6 (B)	**7** (A)	**8** (A)	**9** (B)	**10** (B)
11 (A)	**12** (B)	**13** (A)	**14** (C)	**15** (C)
16 (C)	**17** (B)	**18** (C)	**19** (A)	**20** (C)
21 (C)	**22** (A)	**23** (C)	**24** (C)	**25** (B)
26 (B)	**27** (C)	**28** (A)	**29** (A)	**30** (A)
31 (C)	**32** (A)	**33** (C)	**34** (D)	**35** (A)
36 (B)	**37** (C)	**38** (A)	**39** (D)	**40** (C)
41 (A)	**42** (B)	**43** (D)	**44** (C)	**45** (B)
46 (D)	**47** (C)	**48** (D)	**49** (A)	**50** (B)
51 (D)	**52** (B)	**53** (D)	**54** (C)	**55** (A)
56 (D)	**57** (B)	**58** (C)	**59** (D)	**60** (C)
61 (A)	**62** (C)	**63** (B)	**64** (A)	**65** (C)
66 (D)	**67** (A)	**68** (B)	**69** (D)	**70** (D)
71 (C)	**72** (B)	**73** (D)	**74** (C)	**75** (A)
76 (B)	**77** (B)	**78** (A)	**79** (D)	**80** (A)
81 (B)	**82** (C)	**83** (D)	**84** (C)	**85** (A)
86 (D)	**87** (C)	**88** (B)	**89** (A)	**90** (D)
91 (B)	**92** (A)	**93** (C)	**94** (B)	**95** (B)
96 (C)	**97** (B)	**98** (C)	**99** (D)	**100** (B)

PART 1

1 W-Am

(A) He's tying his shoe.
(B) He's cutting the grass.
(C) He's reading a magazine.
(D) He's walking around a fountain.

(A) 남자가 신발끈을 묶고 있다.
(B) 남자가 잔디를 깎고 있다.
(C) 남자가 잡지를 읽고 있다.
(D) 남자가 분수 주변을 걷고 있다.

어휘 fountain 분수

해설 1인 등장 사진 – 사람의 동작/상태 묘사

(A) 정답. 남자가 신발끈을 묶고 있는(tying his shoe) 모습을 잘 묘사했
    으므로 정답.
(B) 동사 오답. 남자가 잔디를 깎고 있는(cutting the grass) 모습이 아니
    므로 오답.
(C) 동사 오답. 남자가 잡지를 읽고 있는(reading a magazine) 모습이
    아니므로 오답.

(D) 동사 오답. 남자가 분수 주변을 걷고 있는(walking around a
    fountain) 모습이 아니므로 오답.

---

2 M-Au

(A) They're installing a railing.
(B) They're sweeping the steps.
(C) They're looking out a window.
(D) They're going down some stairs.

(A) 사람들이 난간을 설치하고 있다.
(B) 사람들이 계단을 쓸고 있다.
(C) 사람들이 창밖을 보고 있다.
(D) 사람들이 계단을 내려가고 있다.

어휘 install 설치하다 railing 난간 sweep 쓸다 stairs 계단

해설 2인 이상 등장 사진 – 사람의 동작/상태 묘사

(A) 동사 오답. 사람들이 난간을 설치하고 있는(installing a railing) 모
    습이 아니라 난간을 잡고 있는(holding onto a railing) 모습이므로
    오답.
(B) 동사 오답. 사람들이 계단을 쓸고 있는(sweeping the steps) 모습이
    아니므로 오답.
(C) 동사 오답. 사람들이 창밖을 보고 있는(looking out a window) 모습
    이 아니므로 오답.
(D) 정답. 사람들이 계단을 내려가고 있는(going down some stairs) 모
    습이므로 정답.

---

3 W-Br

(A) She's paying at a counter.
(B) She has stacked books on shelves.
(C) She has opened a refrigerator.
(D) She's eating a meal in a restaurant.

(A) 여자가 계산대에서 지불하고 있다.
(B) 여자가 선반에 책을 채워 놓았다.
(C) 여자가 냉장고를 열었다.
(D) 여자가 식당에서 식사를 하고 있다.

어휘 stack 쌓아서 채우다 refrigerator 냉장고

해설 1인 등장 사진 – 사람의 동작/상태 묘사

(A) 사진에 없는 명사를 이용한 오답. 사진에 계산대(counter)가 보이지
    않으므로 오답.

(B) 동사 오답. 여자가 선반에 책을 채워 놓은(has stacked books on shelves) 상태가 아니므로 오답.

(C) 정답. 여자가 냉장고를 연(has opened a refrigerator) 상태이므로 정답.

(D) 동사 오답. 여자가 식당에서 식사를 하고 있는(eating a meal in a restaurant) 모습이 아니라 냉장고 앞에 서 있는(standing in front of a refrigerator) 모습이므로 오답.

---

4 M-Cn

(A) Men are washing some cars.
(B) A building is being constructed.
(C) The pavement is covered with leaves.
(D) Some bushes are being planted.

(A) 남자들이 세차를 하고 있다.
(B) 건물이 건설되고 있다.
(C) 보도가 나뭇잎으로 덮여 있다.
(D) 관목 몇 그루를 심어지고 있다.

어휘 construct 건설하다 pavement 보도 bush 관목 plant 심다

해설 2인 이상 등장 사진 – 사람 또는 사물 중심 묘사

(A) 동사 오답. 남자들이 세차를 하고 있는(washing some cars) 모습이 아니므로 오답.

(B) 동사 오답. 건물(building)이 건설되고 있는(is being constructed) 모습이 아니므로 오답.

(C) 동사 오답. 보도(pavement)가 나뭇잎으로 덮여 있는(covered with leaves) 상태가 아니므로 오답.

(D) 정답. 관목(bushes)이 심어지고 있는(are being planted) 모습을 잘 묘사했으므로 정답.

---

5 M-Au

(A) A clock has been left on the ground.
(B) Some cabinets are being painted.
(C) Several brooms have been placed next to a plastic bin.
(D) Boxes are being loaded onto a truck.

(A) 시계가 땅에 놓여 있다.
(B) 캐비닛들이 칠되고 있다.
(C) 빗자루 몇 개가 플라스틱 통 옆에 놓여 있다.
(D) 트럭 위에 상자들이 실리고 있다.

어휘 broom 빗자루 bin 통 load 싣다

해설 사물/배경 사진 – 실내 사물의 상태 묘사

(A) 동사 오답. 시계(clock)가 땅에 놓여 있는(left on the ground) 상태가 아니라 벽에 걸려 있는(hanging on the wall) 상태이므로 오답.

(B) 동사 오답. 캐비닛(cabinets)을 칠되고 있는(are being painted) 모습이 보이지 않으므로 오답.

(C) 정답. 빗자루(brooms)가 플라스틱 통 옆에 놓여 있는(placed next to a plastic bin) 상태이므로 정답.

(D) 동사 오답. 상자들(boxes)이 트럭 위에 실리고 있는(are being loaded onto a truck) 모습이 보이지 않으므로 오답.

---

6 W-Br

(A) Some people are talking in small groups.
(B) Some people are attending a presentation.
(C) A woman is writing instructions on a whiteboard.
(D) A woman is distributing a stack of pamphlets.

(A) 사람들이 작은 무리를 지어 이야기하고 있다.
(B) 사람들이 발표회에 참석하고 있다.
(C) 여자가 화이트보드에 지시 사항을 쓰고 있다.
(D) 여자가 팸플릿 한 더미를 배포하고 있다.

어휘 instructions 지시 사항 distribute 배포하다 a stack of 한 더미의

해설 2인 이상 등장 사진 – 사람의 동작/상태 묘사

(A) 동사 오답. 사람들이 작은 무리를 지어 이야기하고 있는(talking in small groups) 모습이 아니므로 오답.

(B) 정답. 사람들이 발표회에 참석하고 있는(attending a presentation) 모습이므로 정답.

(C) 명사 오답. 여자가 화이트보드(whiteboard)가 아니라 공책(notebook)에 쓰고 있는 모습이므로 오답.

(D) 동사 오답. 여자가 팸플릿 한 더미를 배포하고 있는(distributing a stack of pamphlets) 모습이 아니므로 오답.

PART 2

7

W-Br Who approved the marketing budget?

M-Au (A) Mr. Chen did.
      (B) I can pay.
      (C) Next to the farmers market.

누가 마케팅 예산안을 승인했나요?
(A) 첸 씨가 했어요.
(B) 제가 지불할 수 있어요.
(C) 농산물 직판장 옆이요.

어휘 approve 승인하다 budget 예산(안) farmers market 농산물 직판장

해설 예산안 승인자를 묻는 Who 의문문

(A) 정답. 예산안 승인자가 누구인지를 묻는 질문에 첸 씨라는 구체적인 인물로 응답했으므로 정답.

(B) 연상 단어 오답. 질문의 budget에서 연상 가능한 pay를 이용한 오답.

(C) 유사 발음 오답. 질문의 marketing과 부분적으로 발음이 유사한 market을 이용한 오답.

8

W-Am　Where's the employee break room?

M-Cn　**(A) On the fifth floor.**
　　　(B) Let's call the repair shop.
　　　(C) Yes, it's fairly big.

직원 휴게실이 어디인가요?
(A) 5층이요.
(B) 수리점에 전화합시다.
(C) 예, 꽤 크네요.

어휘 break room 휴게실 repair shop 수리점, 정비소 fairly 꽤

해설 휴게실이 있는 장소를 묻는 Where 의문문

(A) 정답. 휴게실이 있는 장소를 묻는 질문에 5층이라는 구체적인 장소로 응답했으므로 정답.

(B) 연상 단어 오답. 질문의 break에서 연상 가능한 대처 방안인 수리점에 전화하는(call the repair shop) 상황을 이용한 오답. break는 '고장나다'라는 뜻도 있지만 질문에서는 '휴식'이라는 뜻으로 쓰였다.

(C) Yes/No 불가 오답. Where 의문문에는 Yes/No 응답이 불가능하므로 오답.

9

M-Au　When can we buy tickets?

W-Am　(A) Only four per person.
　　　(B) A day before the show.
　　　(C) It's cheaper to rent them.

언제 티켓을 살 수 있나요?
(A) 1인당 4장만요.
(B) 공연 하루 전이요.
(C) 임차하는 게 더 싸요.

어휘 rent 임차하다

해설 티켓의 구매 가능 시점을 묻는 When 의문문

(A) 질문과 상관없는 오답. 개수를 묻는 How many 의문문에 대한 응답이므로 오답.

(B) 정답. 티켓의 구매 가능 시점을 묻는 질문에 공연 하루 전이라며 구체적인 시점으로 응답하고 있으므로 정답.

(C) 연상 단어 오답. 질문의 buy에서 연상 가능한 rent를 이용한 오답.

10

W-Br　Would you be interested in joining our tour of the art museum?

M-Cn　(A) A famous painting.
　　　(B) Sure, that sounds exciting.
　　　(C) Fifty years old.

미술관 투어에 같이 가시겠어요?
(A) 유명한 그림이죠.
(B) 그럼요, 재미있겠어요.
(C) 50년 됐어요.

해설 제안을 나타내는 의문문

(A) 연상 단어 오답. 질문의 art museum에서 연상 가능한 painting을 이용한 오답.

(B) 정답. 미술관 투어에 같이 가겠냐는 제안에 재미있겠다며 수락했으므로 정답.

(C) 질문과 상관없는 오답. How old 의문문에 대한 응답이므로 오답.

11

M-Au　You have a copy of the report, don't you?

M-Cn　**(A) Yes, it's on my desk.**
　　　(B) I'm sorry to hear that.
　　　(C) He's a reporter.

보고서 사본 가지고 있죠?
(A) 예, 제 책상 위에 있어요.
(B) 안됐군요.
(C) 그는 기자예요.

해설 사본을 가지고 있는지 여부를 확인하는 부가 의문문

(A) 정답. 보고서 사본을 가지고 있는지 여부를 묻는 질문에 Yes라고 대답한 후에 책상 위에 있다며 그에 호응하는 추가 정보를 덧붙였으므로 정답.

(B) 질문과 상관없는 오답. 좋지 않은 소식을 전하는 평서문에 대한 응답이므로 오답.

(C) 유사 발음 오답. 질문의 report와 발음이 일부 유사한 reporter를 이용한 오답.

12

W-Am　How far are we from the hotel?

M-Au　(A) I have three bus passes.
　　　(B) About a mile, I think.
　　　(C) Wasn't it yesterday?

호텔까지 얼마나 먼가요?
(A) 제게 버스 승차권이 3장이 있어요.
(B) 1마일쯤 되는 것 같아요.
(C) 어제 아니었나요?

해설 호텔까지의 거리를 묻는 How far 의문문

(A) 질문과 상관없는 오답. How many 의문문에 대한 응답이므로 오답.

(B) 정답. 호텔까지의 거리를 묻는 질문에 1마일이라는 구체적인 거리로 응답하고 있으므로 정답.

(C) 질문과 상관없는 오답. 거리를 묻는 질문에 시점과 관련하여 되묻는 응답이므로 오답.

13

W-Br Did you get a chance to read that document I sent you?

W-Am (A) No, but I'll read it soon.
(B) An additional shipping charge.
(C) I prefer the library.

제가 보낸 서류 혹시 읽어 보셨나요?
(A) 아니요, 하지만 곧 읽을게요.
(B) 추가 배송비요.
(C) 전 도서관이 더 좋아요.

어휘 additional 추가의 shipping 배송 charge 요금

해설 서류를 읽었는지를 묻는 조동사(Do) 의문문

(A) 정답. 서류를 읽었는지를 묻는 질문에 No라고 대답한 후에 곧 읽을 것이라는 계획을 제시하고 있으므로 정답.
(B) 연상 단어 오답. 질문의 sent에서 연상 가능한 shipping을 이용한 오답.
(C) 연상 단어 오답. 질문의 read에서 연상 가능한 library를 이용한 오답.

14

M-Au When will Mary return from the conference?

W-Br (A) At the convention center.
(B) I'll give it back tomorrow.
(C) In the next couple of days.

메리는 회의에서 언제 돌아오나요?
(A) 컨벤션 센터에서요.
(B) 내일 돌려 드릴게요.
(C) 이틀쯤 후에요.

어휘 couple of days 이틀쯤

해설 회의에서 돌아오는 시점을 묻는 When 의문문

(A) 연상 단어 오답. 질문의 conference에서 연상 가능한 장소(convention center)를 이용한 오답.
(B) 연상 단어 오답. 질문의 return에서 연상 가능한 give back을 이용한 오답.
(C) 정답. 메리가 회의에서 돌아오는 시점을 묻는 질문에 이틀쯤 후라며 구체적인 시점으로 응답하고 있으므로 정답.

15

M-Cn Should we take the train or a taxi to the town hall?

M-Au (A) The training session is down the hall.
(B) A two-hour delay.
(C) Let's take the train.

시청으로 가려면 기차를 타야 하나요, 택시를 타야 하나요?
(A) 교육 세션은 복도 끝입니다.
(B) 2시간 연착이요.
(C) 기차를 탑시다.

어휘 delay 연착, 지연

해설 교통 수단을 묻는 선택 의문문

(A) 단어 반복 오답. 질문의 hall을 반복 이용한 오답.
(B) 연상 단어 오답. 질문의 train에서 연상 가능한 delay를 이용한 오답.
(C) 정답. 시청으로 가는 교통 수단을 묻는 선택 의문문에 기차를 타자며 선택 사항 중 하나를 택해 구체적으로 응답하였으므로 정답.

16

W-Br Haven't you had your computer fixed yet?

M-Cn (A) She often uses a computer.
(B) A software update.
(C) I need a replacement.

컴퓨터 아직 안 고쳤나요?
(A) 그녀는 컴퓨터를 자주 사용해요.
(B) 소프트웨어 업데이트요.
(C) 교체품이 필요해요.

어휘 replacement 교체(품)

해설 사실 여부를 확인하는 부정 의문문

(A) 단어 반복 오답. 질문의 computer를 반복 이용한 오답.
(B) 연상 단어 오답. 질문의 computer에서 연상 가능한 software와 update를 이용한 오답.
(C) 정답. 컴퓨터를 고쳤는지를 확인하는 질문에 교체품이 필요하다며 고치지 못했다고 우회적으로 응답하고 있으므로 정답.

17

W-Am Why don't you join us for lunch?

M-Cn (A) Didn't he already sign it?
(B) I have to finish this project.
(C) A membership fee.

저희와 점심 같이 드실래요?
(A) 그 사람 벌써 서명하지 않았나요?
(B) 이 프로젝트를 끝내야 해요.
(C) 회비요.

어휘 membership fee 회비

해설 제안/권유의 의문문

(A) 질문과 상관없는 오답. 대화 상대에게 동참을 권하는 제안문에 제3자의 서명 여부를 묻는 응답을 하고 있으므로 오답.
(B) 정답. 점심을 같이 먹자고 제안하는 질문에 프로젝트를 끝내야 한다며 우회적으로 거절하고 있으므로 정답.
(C) 연상 단어 오답. 질문의 join us에서 연상 가능한 membership을 이용한 오답.

18

M-Au   Do you like the new office space?

W-Am   (A) In the city.
       (B) Yes, if you'd like to.
       (C) Well, we do have bigger windows.

새 사무실 공간이 마음에 드시나요?
(A) 시내예요.
(B) 예, 원하신다면요.
(C) 그럼요, 창문이 더 커요.

해설 사무실이 마음에 드는지를 묻는 조동사(Do) 의문문
(A) 질문과 상관 없는 오답. 장소를 묻는 Where 의문문에 대한 응답이므로 오답.
(B) 단어 반복 오답. 질문의 like를 반복 이용한 오답.
(C) 정답. 사무실이 마음에 드는지를 묻는 질문에 창문이 더 크다며 마음에 드는 구체적인 이유로 응답하고 있으므로 정답.

19

M-Au   Why did you cancel your visit to the doctor?

W-Br   **(A) Because I'm feeling better now.**
       (B) The credit card hasn't expired.
       (C) That's a nice place.

병원 방문을 왜 취소했나요?
(A) 이젠 괜찮아서요.
(B) 신용카드는 유효기간이 지나지 않았어요.
(C) 멋진 곳이네요.

어휘 cancel 취소하다 expire 만료되다

해설 병원 방문을 취소한 이유를 묻는 Why 의문문
(A) 정답. 병원 방문을 취소한 이유를 묻는 질문에 이젠 괜찮아서라며 적절한 이유를 댔으므로 정답.
(B) 질문과 상관없는 오답. 방문 취소 이유를 묻는 질문에 어울리지 않는 이유로 응답하고 있으므로 오답.
(C) 연상 단어 오답. 질문의 visit에서 연상 가능한 place를 이용한 오답.

20

W-Am   How long has your house been listed for sale?

W-Br   (A) At Ingrid's house.
       (B) I'm not sure I have time.
       (C) Just over six weeks.

집을 매물로 내놓은 지 얼마나 됐죠?
(A) 잉그리드 집에서요.
(B) 시간이 될지 잘 모르겠어요.
(C) 6주 조금 넘었어요.

해설 집을 매물로 내놓은 기간을 묻는 How long 의문문
(A) 단어 반복 오답. 질문의 house를 반복 이용한 오답.
(B) 질문과 상관없는 오답. 기간을 묻는 질문에 시간의 유무에 대한 응답을 하고 있으므로 오답.
(C) 정답. 집을 매물로 내놓은 기간을 묻는 질문에 6주라는 구체적인 기간

으로 응답하고 있으므로 정답.

21

W-Am   I'm surprised we haven't received the product design yet.

M-Au   (A) You can use my stapler.
       (B) The name on the cover sheet.
       (C) Didn't you get the memo?

아직 제품 디자인을 못 받았다니 뜻밖이네요.
(A) 제 스테이플러 쓰세요.
(B) 표지에 있는 이름이요.
(C) 공지 못 받으셨어요?

어휘 cover sheet 표지

해설 사실/정보 전달의 평서문
(A) 연상 단어 오답. 평서문의 product에서 연상 가능한 구체적인 품목(stapler)을 이용한 오답.
(B) 평서문과 상관없는 오답. 평서문에 어울리지 않는 응답을 하고 있으므로 오답.
(C) 정답. 제품 디자인을 못 받아서 뜻밖이라는 의견에 공지를 못 받았는지 되묻는 응답이므로 정답.

22

M-Cn   What did you think of the social media seminar?

W-Am   **(A) I registered for a different session.**
       (B) He's downstairs.
       (C) I'll suggest that.

소셜 미디어 세미나 어땠어요?
(A) 저는 다른 세션에 등록했어요.
(B) 그는 아래층에 있어요.
(C) 제가 그렇게 제안할게요.

어휘 register for ~에 등록하다

해설 세미나가 어땠는지를 묻는 What 의문문
(A) 정답. 소셜 미디어 세미나가 어땠는지를 묻는 질문에 자신은 다른 세션에 등록했다며 소셜 미디어 세미나가 어땠는지 모른다고 우회적으로 응답했으므로 정답.
(B) 질문과 상관없는 오답. 장소를 묻는 Where 의문문에 대한 응답이므로 오답.
(C) 연상 단어 오답. 질문의 think에서 연상 가능한 suggest를 이용한 오답.

23

M-Au   Where would I be able to find Ms. Moreau this afternoon?

W-Br   (A) To reserve a room.
       (B) No, at nine A.M.
       (C) She'll be in room 235.

오늘 오후에 모로 씨를 어디서 뵐 수 있을까요?

  (A) 방을 예약하려고요.

  (B) 아니요, 오전 9시예요.

  (C) 235호에 있을 겁니다.

해설 모로 씨를 뵐 수 있는 장소를 묻는 Where 의문문

(A) 질문과 상관없는 오답. 이유를 묻는 Why 의문문에 대한 응답이므로 오답.

(B) Yes/No 불가 오답. Where 의문문에는 Yes/No 응답이 불가능하므로 오답.

(C) 정답. 모로 씨를 뵐 수 있는 장소를 묻는 질문에 235호라는 구체적인 장소로 응답했으므로 정답.

24

M-Cn The new assembly plant's hiring soon, isn't it?

W-Am (A) In the garden.

  (B) Can you assemble it?

  (C) I already filled out an application.

신설 조립공장에서 곧 채용하죠, 그렇죠?

  (A) 정원예요.

  (B) 조립하실 수 있나요?

  (C) 저는 벌써 지원서를 작성했어요.

어휘 assembly 조립 assemble 조립하다 fill out 작성하다

해설 조립공장에서 곧 채용할지 여부를 묻는 부가 의문문

(A) 연상 단어 오답. 질문의 plant에서 연상 가능한 garden을 이용한 오답. plant는 '식물'이라는 뜻도 있지만 이 문장에서는 '공장'이라는 뜻으로 쓰였다.

(B) 파생어 오답. 질문의 assembly와 파생어 관계인 assemble을 이용한 오답.

(C) 정답. 조립공장에서 곧 채용할지 여부를 묻는 질문에 자신은 벌써 지원서를 작성했다며 우회적으로 응답하고 있으므로 정답.

25

W-Br Aren't we supposed to take the highway to the airport?

M-Au (A) It's not on the market yet.

  (B) There's road maintenance going on.

  (C) The flight to Singapore.

공항까지 고속도로를 타야 되는 거 아닌가요?

  (A) 아직 시중에 없어요.

  (B) 도로 정비 중이에요.

  (C) 싱가포르행 비행기요.

어휘 be supposed to ~해야 하다 maintenance 정비

해설 사실 여부를 확인하는 부정 의문문

(A) 질문과 상관없는 오답. 특정 장소까지의 주행 도로에 관한 질문에 관련없는 출시 여부로 응답하고 있으므로 오답.

(B) 정답. 공항까지 고속도로로 가야 할 것을 확인하는 질문에 도로 정비 중이라며 고속도로로 가지 않을 것을 우회적으로 응답하고 있으므로 정답.

(C) 연상 단어 오답. 질문의 airport에서 연상 가능한 flight를 이용한 오답.

26

M-Cn Do I sign for the delivery, or does someone else sign?

W-Am (A) It arrived on time.

  (B) You should do it.

  (C) At the back entrance.

배송품이 오면 제가 서명해야 하나요 아니면 다른 사람이 서명하나요?

  (A) 제시간에 도착했어요.

  (B) 당신이 해야 해요.

  (C) 후문예요.

어휘 delivery 배송(품) entrance 입구

해설 절을 연결한 선택 의문문

(A) 연상 단어 오답. 질문의 delivery에서 연상 가능한 arrived on time을 이용한 오답.

(B) 정답. 배송품에 서명할 사람을 묻는 선택 의문문에 당신이 해야 한다며 선택 사항 중 하나를 택해 구체적으로 응답했으므로 정답.

(C) 질문과 상관없는 오답. Where 의문문에 대한 응답이므로 오답.

27

W-Br When will that company release its healthy snack bars?

M-Au (A) It's about eight kilometers from here.

  (B) I haven't tried that way yet.

  (C) We'll have to look at their Web site.

저 회사는 건강 스낵바를 언제 출시하나요?

  (A) 여기서 약 8킬로미터예요.

  (B) 그 방법은 아직 시도하지 않았어요.

  (C) 회사 웹사이트를 봐야 해요.

어휘 release 출시하다

해설 스낵바 출시 시점을 묻는 When 의문문

(A) 질문과 상관없는 오답. 거리를 묻는 How far 의문문에 대한 응답이므로 오답.

(B) 질문과 상관없는 오답. 질문에 방식에 관한 언급이 없는데 that way (그 방법)라고 응답하고 있으므로 오답.

(C) 정답. 스낵바 출시 시점을 묻는 질문에 회사 웹사이트를 봐야 한다며 우회적으로 응답하고 있으므로 정답.

28

M-Cn The client called to say he'll be late.

W-Br **(A) The traffic is much worse on Fridays.**

  (B) Working on most weekends.

  (C) Please don't hesitate to contact me.

고객이 늦는다고 전화했어요.

  (A) 금요일에는 교통사정이 훨씬 나쁘죠.

  (B) 대부분의 주말에 일하는 거요.

  (C) 주저 없이 제게 연락하세요.

어휘 hesitate 주저하다

해설 사실/정보 전달의 평서문

(A) 정답. 고객이 늦는다는 정보를 전달하는 평서문에 금요일에는 교통사정이 나쁘다며 늦는 상황을 이해한다고 우회적으로 응답하고 있으므로 정답.

(B) 평서문과 상관없는 오답. 고객이 늦는다고 전화한 사실과 관계 없는 주말 근무와 관련된 응답을 하고 있으므로 오답.

(C) 연상 단어 오답. 질문의 called에서 연상 가능한 contact를 이용한 오답.

29

M-Cn How were the sales for our sports apparel this quarter?

W-Am **(A) They increased by seven percent!**
(B) He plays football very well.
(C) Hand me those nails.

이번 분기 스포츠 의류 매출이 어땠나요?
(A) 7퍼센트 올랐어요!
(B) 그는 축구를 아주 잘해요.
(C) 저 못 좀 주세요.

어휘 apparel 의류 quarter 분기 increase 오르다 nail 못

해설 의류 매출이 어땠는지를 묻는 How 의문문

(A) 정답. 의류 매출이 어땠는지를 묻는 질문에 7퍼센트가 올랐다며 매출이 좋았음을 우회적으로 응답하고 있으므로 정답.

(B) 연상 단어 오답. 질문의 sports에서 연상 가능한 plays와 football을 이용한 오답.

(C) 질문과 상관없는 오답. 상태를 묻는 질문과 관련없는 부탁으로 응답을 하고 있으므로 오답.

30

W-Br Are you buying a phone with a bigger screen or with better sound quality?

M-Cn **(A) I have to check the prices.**
(B) Yesterday at four o'clock.
(C) No, I don't think so.

화면이 더 큰 폰을 구입하시겠어요, 아니면 음질이 더 좋은 폰을 구입하시겠어요?
(A) 가격을 확인해야 해요.
(B) 어제 4시요.
(C) 아니요, 그렇지 않아요.

해설 구를 연결한 선택 의문문

(A) 정답. 질문에서 선택 사항으로 언급된 큰 화면과 좋은 음질 대신 폰 구입을 위해 가격을 확인해야 한다는 제3의 선택 사항을 제시했으므로 정답.

(B) 질문과 상관없는 오답. 시점을 묻는 When 의문문에 대한 응답이므로 오답.

(C) Yes/No 불가 오답. 선택 의문문에는 Yes/No 응답이 불가능하므로 오답.

31

M-Au Would you mind setting up the product displays?

W-Br (A) A new tablet computer.
(B) The office next door is warm.
(C) Actually, I'm on my break.

제품 진열 좀 해 주시겠어요?
(A) 새 태블릿 컴퓨터요.
(B) 옆 사무실은 따뜻해요.
(C) 실은 지금 쉬는 중이에요.

어휘 set up 마련하다, 설치하다 display 진열

해설 부탁을 나타내는 의문문

(A) 질문과 상관없는 오답. 제품이 무엇인지 묻는 What 의문문에 대한 응답이므로 오답.

(B) 질문과 상관없는 오답. 요청문과 관계없는 장소의 상태로 응답을 하고 있으므로 오답.

(C) 정답. 제품 진열을 해 달라고 부탁하는 질문에 지금 쉬는 중이라며 우회적으로 거절하고 있으므로 정답.

PART 3

32-34

W-Br Wow, **[32]the new wood flooring in our hotel's lobby looks really nice.** The installation company we hired did a great job.

M-Au I know—**[33]it was definitely worth closing the hotel for a few days to finish up the renovation.**

W-Br Yes, it was. Now we need to have the furniture moved back in here.

M-Au Right. **[34]I'll call the maintenance department now and ask about that.** They should move it this afternoon since we reopen tomorrow.

여 와, **우리 호텔 로비에 새로 깐 나무바닥이 정말 멋져 보이네요.** 우리가 고용한 설비회사가 제대로 했네요.

남 맞아요. **수리를 끝내느라 며칠 동안 호텔을 닫았는데 확실히 보람이 있었어요.**

여 예, 그러네요. 이제 가구를 다시 여기로 옮겨야 해요.

남 그래요. **지금 시설관리부에 전화해서 물어볼게요.** 내일 다시 문을 여니까 그들이 오늘 오후에 가구를 옮겨야 해요.

어휘 installation 설비 definitely 확실히 renovation 수리
maintenance (건물 등의) 시설관리, 유지 보수

32

Where do the speakers work?

(A) At a hotel
(B) At an art gallery
(C) At a hardware store
(D) At a travel agency

화자들은 어디에서 일하는가?

(A) 호텔
(B) 화랑
(C) 철물점
(D) 여행사

어휘 hardware store 철물점

해설 전체 내용 관련 – 화자들이 근무하는 장소

대화 초반부에 여자가 남자에게 우리 호텔 로비에 새로 깐 나무바닥이 정말 멋지다(the new wood flooring in our hotel's lobby looks really nice)고 했으므로 화자들이 호텔에서 일하고 있음을 알 수 있다. 따라서 정답은 (A)이다.

33

Why was a building temporarily closed?

(A) To take inventory
(B) To host an event
(C) To complete a renovation
(D) To celebrate a holiday

건물이 잠시 폐쇄된 이유는 무엇인가?

(A) 재고를 조사하려고
(B) 행사를 주최하려고
(C) 수리를 완료하려고
(D) 휴일을 기념하려고

어휘 take inventory 재고를 조사하다   celebrate 기념하다

해설 세부사항 관련 – 건물이 잠시 폐쇄된 이유

남자가 첫 번째 대사에서 수리를 위해 며칠 호텔을 닫았는데 보람이 있었다(it was definitely worth closing the hotel for a few days to finish up the renovation)고 했으므로 정답은 (C)이다.

> ▸▸ Paraphrasing 대화의 **finish up the renovation**
> → 정답의 **complete a renovation**

34

What is the man going to do next?

(A) Post some flyers
(B) Send customers an e-mail
(C) Place a food order
(D) Contact the maintenance department

남자는 다음에 무엇을 할 것인가?

(A) 전단 게시하기
(B) 고객에게 이메일 보내기
(C) 음식 주문하기
(D) 시설관리부에 연락하기

어휘 post 게시하다   flyer 전단

해설 세부사항 관련 – 남자가 다음에 할 행동

남자가 두 번째 대사에서 지금 시설관리부에 전화해서 물어보겠다(I'll call the maintenance department now and ask about that)고 했으므로 정답은 (D)이다.

> ▸▸ Paraphrasing 대화의 **call the maintenance department**
> → 정답의 **Contact the maintenance department**

35-37

M-Cn	Monica, [35]**I wanted to talk to you about our company's annual employee appreciation dinner—I'm in charge of planning it this year.** I know [36]**it was at the Rose Banquet Hall last year...**
W-Am	Yes, it was. But it doesn't have to be held there. [36]**How about that new Italian restaurant in Hillside instead?**
M-Cn	But isn't that restaurant too far from the office? That might discourage people from coming to the dinner.
W-Am	I don't think so. [37]**The company always provides shuttle service from the office,** so people can take that bus if they don't want to drive.

남	모니카, 우리 회사 연례 직원 감사 만찬에 대해 이야기하고 싶었어요. 제가 올해 만찬 계획하는 일을 맡고 있거든요. 지난해에는 로즈 연회장에서 했던 걸로 아는데…
여	예, 맞아요. 하지만 꼭 거기서 할 필요는 없어요. 대신 힐사이드에 새로 생긴 이탈리아 식당은 어때요?
남	하지만 그 식당은 사무실에서 너무 멀지 않나요? 그러면 사람들이 만찬에 오는 걸 포기할지도 몰라요.
여	그렇진 않을 거예요. 회사가 언제나 사무실에서 셔틀 서비스를 제공하니까 운전하기 싫으면 그 버스를 타면 되거든요.

어휘 annual 연례의   appreciation 감사   discourage 낙심하여 포기하게 만들다

35

What are the speakers planning?

(A) A company dinner
(B) A conference schedule
(C) An upcoming trip
(D) A factory inspection

화자들이 계획하고 있는 것은 무엇인가?

(A) 회사 만찬
(B) 회의 일정
(C) 다가오는 여행
(D) 공장 점검

어휘 inspection 점검

해설 **전체 내용 관련 – 화자들이 계획하는 일**
대화 초반부에서 남자가 우리 회사 연례 직원 감사 만찬에 대해 이야기하고 싶다며 자신이 올해 만찬 계획 일을 맡고 있다(I wanted to talk to you about our company's annual employee appreciation dinner—I'm in charge of planning it this year)고 한 후, 만찬 계획에 대한 대화가 이어지고 있으므로 정답은 (A)이다.

▸▸ Paraphrasing 대화의 company's annual employee appreciation dinner
→ 정답의 company dinner

36

What does the woman suggest?

(A) Inviting a guest speaker
(B) Reserving a different venue
(C) Checking a budget
(D) Postponing a party

여자가 제안하는 것은 무엇인가?
(A) 초청 연사 초대
(B) 다른 장소 예약
(C) 예산 확인
(D) 파티 연기

어휘 reserve 예약하다 venue 장소 budget 예산(안) postpone 연기하다

해설 **세부사항 관련 – 여자의 제안 사항**
남자가 첫 번째 대사에서 작년엔 로즈 연회장에서 했다(it was at the Rose Banquet Hall last year)고 한 말에 여자가 대신 힐사이드의 새 이탈리아 식당은 어떤지(How about that new Italian restaurant in Hillside instead?) 물었으므로 정답은 (B)이다.

▸▸ Paraphrasing 대화의 new Italian restaurant in Hillside instead → 정답의 different venue

37

What does the woman say will be provided?

(A) Name tags
(B) A city tour
(C) Transportation
(D) Entertainment

여자가 제공될 것이라고 말하는 것은 무엇인가?
(A) 이름표
(B) 시 관광
(C) 교통
(D) 여흥

해설 **세부사항 관련 – 여자가 말하는 제공 사항**
여자가 마지막 대사에서 회사가 언제나 셔틀 서비스를 제공한다(The company always provides shuttle service from the office)고 했으므로 정답은 (C)이다.

▸▸ Paraphrasing 대화의 shuttle service
→ 정답의 Transportation

38-40 3인 대화

W-Br Hi, Ana and Peter. **38Can you look at this design I created for our store's new sign?**

W-Am It's much better than the current one! I'm glad you made the words larger on the new sign.

M-Cn I like it too, but... **39I think we should also mention that we're open until ten P.M.** You know, to promote the idea that customers have longer to shop here.

W-Br I like that idea, Peter. Do you want to help me?

M-Cn Sure, I can do that now.

W-Am In that case, **40I can work on the weekly inventory list.**

W-Br **40Thanks, Ana.** It'll take a while to update the list of available products in stock.

여1 안녕하세요, 애나, 피터. **우리 매장 새 간판으로 제가 만든 이 디자인 좀 보실래요?**

여2 지금 간판보다 훨씬 낫네요! 새 간판에 글자를 더 크게 만들어서 다행이에요.

남 저도 그게 맘에 들어요, 그런데… **오후 10시까지 문을 연다는 것도 언급해야 할 것 같아요.** 고객들이 여기서 쇼핑을 더 길게 할 수 있다는 점을 홍보하려고요.

여1 그 아이디어 마음에 드는데요, 피터. 저 좀 도와 주실래요?

남 그럼요, 지금 도와 드릴 수 있어요.

여2 그렇다면 **전 주간 재고 목록 작업을 할 수 있겠어요.**

여1 **고마워요, 애나.** 재고가 있어 입수할 수 있는 제품 목록을 업데이트하려면 시간이 좀 걸릴 거예요.

어휘 current 현재의 mention 언급하다 promote 홍보하다 inventory list 재고 목록 take a while 시간이 꽤 걸리다 available 입수할 수 있는

38

What are the speakers mainly discussing?

(A) A store sign
(B) A Web site
(C) Some uniforms
(D) Some business cards

화자들이 주로 논의하는 것은 무엇인가?
(A) 매장 간판
(B) 웹사이트
(C) 유니폼
(D) 명함

해설 전체 내용 관련 – 주로 논의되는 주제

여자가 첫 번째 대사에서 우리 매장 새 간판으로 제가 만든 디자인을 보겠는지(Can you look at this design I created for our store's new sign) 물었고 그에 대한 응답으로 대화가 이어지고 있으므로 정답은 (A)이다.

39

What suggestion does the man make?

(A) Adding display racks
(B) Giving a demonstration
(C) Researching some suppliers
(D) Advertising a business' hours

남자가 제안하는 것은 무엇인가?

(A) 진열 선반 추가
(B) 시연
(C) 공급업체 조사
(D) 영업시간 광고

해설 세부사항 관련 – 남자의 제안 사항

남자가 첫 번째 대사에서 오후 10시까지의 영업 시간도 언급하자(I think we should also mention that we're open until ten P.M.)고 제안했으므로 정답은 (D)이다.

> ▸▸ Paraphrasing 대화의 mention that we're open until ten P.M.
> → 정답의 Advertising a business' hours

40

What does Ana offer to do?

(A) Lead a training session
(B) Greet a client
(C) Update a list
(D) Revise an announcement

애나가 하겠다고 제안한 것은 무엇인가?

(A) 교육 세션 진행
(B) 고객 환영
(C) 목록 업데이트
(D) 공고 수정

해설 세부사항 관련 – 애나의 제안 사항

여자2가 두 번째 대사에서 주간 재고목록 작업을 하겠다(I can work on the weekly inventory list)고 하자, 여자1이 애나를 호명하며 고맙다(Thanks, Ana)고 한 것으로 보아 애나가 제안한 것은 목록 작업임을 알 수 있다. 따라서 정답은 (C)이다.

> ▸▸ Paraphrasing 대화의 work on the weekly inventory list
> → 정답의 Update a list

41-43

> W-Am Thanks for calling Ewing Books. How may I help you?

M-Cn Hello. **41Do you have *Organization for All* in stock? It's a book by James Dobbey.**

W-Am Let me see... Hmm—it looks like that particular item is currently sold out. But **42we're scheduled to get another shipment early next week.**

M-Cn Oh, in that case, would you mind holding a copy for me when the books arrive?

W-Am I'm awfully sorry, but we can't hold copies for customers. But **43if you give me your phone number, I'll make a note to call you as soon as the shipment is here.**

여 유잉 북스에 전화 주셔서 감사합니다. 무엇을 도와 드릴까요?

남 안녕하세요. 〈모두를 위한 조직〉 재고가 있나요? 제임스 도비가 쓴 책입니다.

여 볼게요… 흠, 그 특정 품목은 현재 매진된 것 같습니다. 하지만 **다음 주 초에 또 배송품이 도착할 예정입니다.**

남 그렇다면 책이 도착하면 저를 위해 한 부 맡아 주시겠어요?

여 정말 죄송하지만 고객을 위해 부수를 따로 맡아 드리지는 않습니다. 하지만 **전화번호를 주시면 메모했다가 배송품이 도착하는 대로 전화드리겠습니다.**

어휘 organization 조직 particular 특정한 be scheduled to ~할 예정이다 copy 한 부 make a note 메모하다 shipment 배송(품)

41

What type of business is the man calling?

(A) A bookstore
(B) A restaurant
(C) A clothing shop
(D) A printing shop

남자는 어떤 업체에 전화하고 있는가?

(A) 서점
(B) 식당
(C) 옷 가게
(D) 인쇄소

해설 전체 내용 관련 – 남자가 전화한 업체

대화 초반부에 남자가 〈모두를 위한 조직〉 재고가 있는지(Do you have *Organization for All* in stock?) 물으며 제임스 도비가 쓴 책(It's a book by James Dobbey)이라고 했으므로 남자가 전화한 업체는 서점임을 알 수 있다. 따라서 정답은 (A)이다.

42

What will happen next week?

(A) A class will begin.
(B) A shipment will arrive.
(C) A location will change.
(D) A sale will end.

다음 주에 무슨 일이 있을 것인가?

(A) 수업이 시작된다.

(B) 배송품이 도착한다.

(C) 장소가 변경된다.

(D) 할인이 끝난다.

해설 세부사항 관련 – 다음 주에 있을 일

대화 중반부에 여자가 다음 주 초에 배송품이 도착 예정(we're scheduled to get another shipment early next week)이라고 했으므로 정답은 (B)이다.

> ▸▸ Paraphrasing   대화의 get another shipment
> → 정답의 A shipment will arrive

43

What information does the woman ask for?

(A) A bank account number

(B) A mailing address

(C) A discount code

(D) A telephone number

여자가 요청하는 정보는 무엇인가?

(A) 은행 계좌번호

(B) 우편 주소

(C) 할인 코드

(D) 전화번호

해설 세부사항 관련 – 여자의 요청 사항

여자가 마지막 대사에서 전화번호를 주면 배송품이 도착하는 대로 전화할 것(if you give me your phone number, I'll make a note to call you as soon as the shipment is here)이라고 했으므로 정답은 (D)이다.

> ▸▸ Paraphrasing   대화의 your phone number
> → 정답의 A telephone number

44-46

W-Br	Hello. I ordered a sofa from your store, but **⁴⁴I remeasured my doorway and I'm afraid the sofa may be too large to fit through it.**
M-Au	Ah, I understand. You know, **⁴⁵the sofa will arrive unassembled,** so it should fit without a problem—**⁴⁵it'll take my delivery team about an hour to put it together.**
W-Br	Oh, that's good to know. One more question. **⁴⁶It's scheduled to be delivered on Friday. Could you reschedule everything for Saturday?**
여	안녕하세요. 거기 매장에서 소파를 주문했는데요 **문간 치수를 다시 재 보니 문간을 통과하기에 소파가 너무 크네요.**
남	아, 알겠습니다. 알다시피, **소파는 조립이 안 된 상태에서 도착하니** 문제 없이 들어갈 겁니다. **우리 배달팀이 조립하는 데 한 시간 정도 걸릴 겁니다.**

여	오, 다행이네요. 하나 더 물을게요. **소파는 금요일에 배송되기로 되어 있어요. 모두 토요일로 일정을 바꿀 수 있을까요?**
어휘	remeasure 다시 재다 doorway 문간, 출입구 unassembled 조립되지 않은 reschedule 일정을 바꾸다

44

What is the woman concerned about?

(A) The quality of some fabric

(B) The price of a shipment

(C) The size of some furniture

(D) The noise from some construction

여자가 걱정하는 것은 무엇인가?

(A) 천의 품질

(B) 배송비

(C) 가구의 크기

(D) 공사 소음

어휘 fabric 직물, 천

해설 세부사항 관련 – 여자의 걱정

대화 초반부에서 여자가 문간 치수를 다시 재 보니 문간을 통과하기에 소파가 너무 크다(I remeasured my doorway and I'm afraid the sofa may be too large to fit through it)고 했으므로 정답은 (C)이다.

> ▸▸ Paraphrasing   대화의 the sofa may be too large
> → 정답의 The size of some furniture

45

What does the man say his team will do at the woman's house?

(A) Paint a living room

(B) Assemble a product

(C) Take some measurements

(D) Remove some machinery

남자는 자신의 팀이 여자 집에서 무엇을 할 것이라고 말하는가?

(A) 거실 페인트칠하기

(B) 제품 조립하기

(C) 치수 재기

(D) 기계 치우기

어휘 remove 치우다

해설 세부사항 관련 – 자신이 팀이 여자 집에서 할 행동

남자가 대화 중반부에서 소파는 미조립 상태로 도착한다(the sofa will arrive unassembled)며 배달팀이 조립하는 데 한 시간 정도 걸린다(it'll take my delivery team about an hour to put it together)고 했다. 여기서 it은 sofa를 지칭하므로 정답은 (B)이다.

> ▸▸ Paraphrasing   대화의 put it together
> → 정답의 Assemble a product

46

What does the woman ask the man to do?

(A) Resubmit an order form

(B) Send some samples

(C) Go to a different address

(D) Change a delivery date

여자가 남자에게 요청한 일은 무엇인가?

(A) 주문서 다시 제출하기

(B) 견본 보내기

(C) 다른 주소로 가기

(D) **배송일 변경하기**

어휘 resubmit 다시 제출하다

해설 세부사항 관련 – 여자의 요청 사항

여자가 마지막 대사에서 소파는 금요일 배송 예정(It's scheduled to be delivered on Friday)이라며 토요일로 변경 가능한지(Could you reschedule everything for Saturday?) 물었으므로 정답은 (D)이다.

> ▸▸ Paraphrasing 대화의 **reschedule everything**
> → 정답의 **Change a delivery date**

47-49

M-Cn	Hi, Soon-yi. **⁴⁷I'd like to hire a temporary employee. I need someone to go through the back-office filing cabinets.**
W-Br	Sure, I can look into hiring someone. Are there any specific skills you're looking for?
M-Cn	Yes, I'd like whoever we hire to scan and catalog architectural plans and sketches from the past five years. So, ⁴⁸**computer skills are a must.**
W-Br	OK, how long would you need to hire the person for?
M-Cn	Hopefully a year. ⁴⁹**Can you check the budget to see if it's possible?**
남	안녕하세요, 순이. **임시직을 채용하려고 해요. 내근 부서 문서 캐비닛을 관리할 사람이 필요해요.**
여	그렇군요, 제가 누군가 채용하도록 살펴볼게요. 찾고 계신 특별한 기술이라도 있나요?
남	예, 지난 5년 동안의 건축 계획과 스케치를 스캔하고 목록으로 작성할 사람이면 누구든 채용하면 좋겠어요. 그래서 **컴퓨터 기술은 필수예요.**
여	알겠어요, 그 사람을 얼마나 오랫동안 고용해야 하죠?
남	1년이면 좋겠어요. **가능할지 예산을 확인해 주시겠어요?**
어휘	temporary 임시의 back-office 내근 부서 architectural 건축의 budget 예산(안)

47

Why does the man want to hire a temporary employee?

(A) To hand out brochures

(B) To design a Web site

(C) To sort through some documents

(D) To pick up some office equipment

남자가 임시직 고용을 원하는 이유는 무엇인가?

(A) 소책자를 배포하려고

(B) 웹사이트를 디자인하려고

(C) **문서를 정리하려고**

(D) 사무 장비를 가져오려고

어휘 hand out 배포하다 brochure 소책자, 브로슈어 sort 정리하다

해설 세부사항 관련 – 임시직 고용을 원하는 이유

남자가 첫 번째 대사에서 임시직을 채용하려 한다(I'd like to hire a temporary employee)면서, 내근 부서 문서 캐비닛 관리 인원이 필요하다(I need someone to go through the back-office filing cabinets)고 밝혔으므로 정답은 (C)이다.

> ▸▸ Paraphrasing 대화의 **go through the back-office filing cabinets**
> → 정답의 **sort through some documents**

48

According to the man, what does the job require?

(A) Sales experience

(B) Public speaking skills

(C) Interior decorating experience

(D) Computer skills

남자에 의하면, 일자리에 요구되는 것은 무엇인가?

(A) 영업 경험

(B) 대중 연설 기술

(C) 인테리어 장식 경험

(D) **컴퓨터 기술**

해설 세부사항 관련 – 일자리에 요구되는 것

남자가 두 번째 대사에서 컴퓨터 기술은 필수(computer skills are a must)라고 했으므로 정답은 (D)이다.

49

What does the man ask the woman to do?

(A) Check a budget

(B) Sign a contract

(C) Brainstorm marketing ideas

(D) Prepare some invoices

남자가 여자에게 요청한 일은 무엇인가?

(A) **예산 확인**

(B) 계약 체결

(C) 마케팅 아이디어 짜내기

(D) 청구서 준비하기

어휘 brainstorm (아이디어 등을) 짜내다

해설 세부사항 관련 – 남자의 요청 사항
남자는 마지막 대사에서 가능할지 예산을 확인해 달라(Can you check the budget to see if it's possible?)고 했으므로 정답은 (A)이다.

50-52

M-Au	Hi, Jin-Hee. There's going to be a huge convention in town next week with around 20,000 attendees. ⁵⁰**I'm thinking about keeping the restaurant open later on those nights to get the extra business. I just need to make sure that I have a server who can work late each night.**
W-Am	That sounds good. ⁵⁰**I'd love to work an extra shift.** ⁵¹**I could use the money to have some work done on my car. It's been making a strange noise for the last two weeks.**
M-Au	OK. ⁵²**Which night are you available to stay late, then?**
W-Am	Hmm, Thursday is my mother's birthday.
M-Au	How about Friday?
W-Am	That'll work, thanks!
남	안녕하세요, 진희. 다음 주 약 2만 명이 참석하는 초대형 회의가 시내에서 있어요. 해당 날짜에 밤 늦게까지 식당을 열어 추가로 영업을 할까 해요. 매일 밤 늦게까지 일할 수 있는 웨이터가 있는지 확인해야겠어요.
여	잘됐네요. 전 추가 근무를 하고 싶어요. 그 돈으로 차를 수리할 수 있겠네요. 지난 2주 동안 이상한 소리가 났거든요.
남	그렇군요. 그럼 늦게까지 일할 수 있는 밤이 언제인가요?
여	흠, 목요일은 어머니 생신이에요.
남	금요일은 어때요?
여	괜찮아요, 고마워요!

어휘	attendee 참석자 shift 교대 근무 available (사람이) 시간이 되는

50

Where do the speakers most likely work?

(A) At a hotel
(B) At a restaurant
(C) At a convention hall
(D) At an auto repair shop

화자들은 어디에서 일하겠는가?
(A) 호텔
(B) 식당
(C) 컨벤션 홀
(D) 자동차 정비소

해설 전체 내용 관련 – 화자들의 근무지
대화 초반부에 남자가 밤 늦게까지 식당 영업을 할 것(I'm thinking about keeping the restaurant open later on those nights to get the extra business)이라며 늦게까지 일할 웨이터가 있는지 확인해야겠다(I just need to make sure that I have a server who can work late each night)고 한 말에 여자가 추가 근무를 하고 싶다(I'd love to work an extra shift)고 말했으므로 정답은 (B)이다.

51

What does the woman say about her car?

(A) She will loan it to a friend.
(B) She does not use it often.
(C) It was recently purchased.
(D) **It needs to be fixed.**

여자가 차에 관해 말한 것은 무엇인가?
(A) 친구에게 빌려 줄 것이다.
(B) 자주 쓰지 않는다.
(C) 최근 구입했다.
(D) **수리가 필요하다.**

어휘 purchase 구입하다 fix 수리하다

해설 세부사항 관련 – 여자가 차에 관해 말한 것
여자가 첫 번째 대사에서 그 돈으로 차를 수리할 것(I could use the money to have some work done on my car)이라며 이상한 소리가 난다(It's been making a strange noise for the last two weeks)고 했으므로 정답은 (D)이다.

> ▶▶ Paraphrasing 대화의 **have some work done on my car**
> → 정답의 **be fixed**

52

What does the woman mean when she says, "Thursday is my mother's birthday"?

(A) She is inviting the man to a party.
(B) **She cannot work on Thursday night.**
(C) She has to buy a gift before Thursday.
(D) She forgot to update a calendar.

여자가 "목요일은 어머니 생신이에요"라고 말한 의도는 무엇인가?
(A) 남자를 파티에 초대하고 있다.
(B) **목요일 밤에는 일할 수 없다.**
(C) 목요일 전에 선물을 사야 한다.
(D) 깜박하고 일정을 업데이트하지 않았다.

해설 화자의 의도 파악 – 목요일은 어머니 생신이라는 말의 의미
남자가 두 번째 대사에서 언제 늦게까지 일할 수 있는지(Which night are you available to stay late, then?) 물은 것에 대해 한 말이므로 목요일 밤에는 늦게까지 일할 수 없음을 알리기 위해 한 말임을 알 수 있다. 따라서 정답은 (B)이다.

53-55 3인 대화

W-Br **53Hi Juan, welcome to your first day at TKZ Accounting.** I'm Kate, from the training division of Human Resources.

W-Am And I'm Rachel Goldberg. **53,54We organize new-hire training for all the accountants, so we'll be working with you closely over the next week.**

M-Cn Very nice to meet you both, and I'm looking forward to working with you. This is my first full-time job in Accounting.

W-Am Before we begin your training, do you have any questions?

M-Cn Yes, actually. When I came in for my interview I had to pay to park my car, but **55is there free parking for TKZ employees?**

W-Br Yes—there's a special parking sticker in your new-employee materials folder there on the table. Be sure to put it on your car before tomorrow morning.

여1 안녕하세요 후안, TKZ 회계로 첫 출근하신 것을 환영합니다. 전 인사부 교육팀의 케이트예요.

여2 전 레이첼 골드버그예요. 모든 회계사들을 대상으로 신입사원 교육을 준비하고 있으니 다음 주 동안 당신과 긴밀하게 협력할 겁니다.

남 두 분 다 만나서 반가워요. 어서 함께 일하고 싶네요. 이번이 제가 회계법인에서 일하는 첫 번째 정규직이에요.

여2 교육을 시작하기 전에 질문 있으신가요?

남 예, 있어요. 면접 보러 왔을 때 돈을 내고 주차해야 했는데, TKZ 직원용 무료 주차가 있나요?

여1 예, 저기 탁자 위에 신입사원용 자료 폴더에 특별 주차 스티커가 있어요. 내일 아침 전에 반드시 차에 두세요.

어휘 accounting 회계 division 부서 organize 준비하다
accountant 회계사 closely 긴밀하게

53

What most likely is the man's position?

(A) A maintenance worker
(B) A government official
(C) An editor
(D) An accountant

남자의 직책은 무엇이겠는가?
(A) 정비사
(B) 정부 공무원
(C) 편집자
(D) 회계사

어휘 maintenance 정비 official 공무원

해설 전체 내용 관련 – 남자의 직책

대화 초반부에서 여자 1이 후안을 호명하며 TKZ 회계로의 첫 출근을 환영(Hi Juan, welcome to your first day at TKZ Accounting)했고, 여자2가 모든 신입 회계사들을 위한 교육을 준비하므로 다음 주 당신과 긴밀하게 협력할 것(We organize new-hire training for all the accountants, so we'll be working with you closely over the next week)이라고 말하는 것으로 보아 남자 화자인 후안의 직책은 회계사임을 알 수 있다. 따라서 정답은 (D)이다.

54

What do the women do at their company?

(A) They arrange travel.
(B) They provide legal assistance.
(C) They organize training sessions.
(D) They manage company inventory.

여자들이 회사에서 하는 일은 무엇인가?
(A) 출장을 준비한다.
(B) 법률 지원을 제공한다.
(C) 교육 세션을 준비한다.
(D) 회사 재고를 관리한다.

어휘 arrange 준비하다 legal 법률의 assistance 지원 inventory 재고

해설 세부사항 관련 – 여자들이 회사에서 하는 일

여자2가 첫 번째 대사에서 우리는 신입 회계사들을 위한 교육을 준비하고 있다(We organize new-hire training for all the accountants)고 했으므로 정답은 (C)이다.

> ▸▸ Paraphrasing 대화의 new-hire training for all the accountants → 정답의 training sessions

55

What does the man ask about?

(A) Free parking
(B) Technical support
(C) Payment options
(D) Printing supplies

남자가 질문한 것은 무엇인가?
(A) 무료 주차
(B) 기술 지원
(C) 결제 옵션
(D) 인쇄 용품

해설 세부사항 관련 – 남자의 질문

남자가 두 번째 대사에서 TKZ 직원용 무료 주차가 있는지(is there free parking for TKZ employees?) 물었으므로 정답은 (A)이다.

56-58

M-Au Mara, **56,57I'd like to talk to you about the spring jacket designs.** Maybe after your meeting?

W-Br My meeting was canceled.

M-Au OK. So, I just looked over your drawings.

W-Br What did you think of them?

M-Au I like the jacket designs overall, but I'm concerned that there aren't enough inside pockets. You should add more on the inside.

W-Br All right. It shouldn't be too hard to add another pocket or two to the designs. **58I'll go and look over my sketches right now and see what I can change.**

남 마라, 봄 재킷 디자인에 대해 이야기하고 싶어요. 아마 당신 회의 끝나고?

여 제 회의는 취소됐어요.

남 그렇군요. 그럼, 막 당신 도안을 봤어요.

여 어땠어요?

남 재킷 디자인은 대체로 마음에 들어요. 그런데 안주머니가 부족한 게 걱정이에요. 안에 더 추가해야 해요.

여 알겠어요. 디자인에 주머니 한두 개 추가하는 건 어렵지 않아요. 지금 당장 가서 도안을 훑어보고 어떻게 바꿀 수 있을지 볼게요.

어휘 cancel 취소하다 drawing 도안 overall 대체로
concerned 걱정하는 look over 검토하다

56

Which industry do the speakers most likely work in?

(A) Health care
(B) Architecture
(C) Tourism
(D) Fashion

화자들은 어떤 업계에서 일하겠는가?

(A) 의료
(B) 건축
(C) 관광
(D) 패션

어휘 architecture 건축

해설 전체 내용 관련 – 화자들이 종사하는 업계

남자가 첫 번째 대사에서 여자에게 봄 재킷 디자인에 대해 이야기하고 싶다(I'd like to talk to you about the spring jacket designs)고 한 것으로 보아 화자들이 패션 업계에서 일하고 있음을 알 수 있다. 따라서 정답은 (D)이다.

57

What does the woman mean when she says, "My meeting was canceled"?

(A) She cannot answer a question.
(B) She is available to discuss an issue.
(C) She is confused by a schedule change.
(D) She is worried a project will be delayed.

여자가 "제 회의는 취소됐어요"라고 말한 의도는 무엇인가?

(A) 질문에 대답할 수 없다.
(B) 문제를 논의할 시간이 있다.
(C) 일정 변경으로 혼란스럽다.
(D) 프로젝트가 연기될까 봐 걱정스럽다.

해설 화자의 의도 파악 – 제 회의는 취소됐다고 말한 의도

남자가 첫 번째 대사에서 봄 재킷 디자인에 대해 이야기하고 싶다(I'd like to talk to you about the spring jacket designs)며 아마 회의 끝나고 (Maybe after your meeting?)라고 묻는 말에 제 회의는 취소됐다고 말한 의도는 지금 이야기할 수 있다는 뜻을 전하기 위한 것으로 볼 수 있다. 따라서 정답은 (B)이다.

58

What will the woman most likely do next?

(A) Call a vendor
(B) Distribute a questionnaire
(C) Review some designs
(D) Contact some colleagues

여자는 다음에 무엇을 하겠는가?

(A) 판매업체에 전화한다.
(B) 설문지를 배포한다.
(C) 디자인을 검토한다.
(D) 동료에게 연락한다.

어휘 vendor 판매업체 distribute 배포하다 questionnaire 설문지

해설 세부사항 관련 – 여자가 다음에 할 일

여자가 마지막 대사에서 당장 도안을 훑어보고 어떻게 바꿀지 보겠다 (I'll go and look over my sketches right now and see what I can change)고 했으므로 정답은 (C)이다.

▸▸ Paraphrasing 대화의 **look over my sketches**
→ 정답의 **Review some designs**

59-61

W-Am Omar, 59**we should discuss what we're going to cover in the company's upcoming computer-security seminar. I was thinking we could address best practices for password security.**

M-Au Yeah, 59**good idea.** People often ask questions about creating passwords. 60**The seminar is mandatory, right? If not, it should be.**

W-Am 60**I don't think we should require all employees to come.** Some people might already have meetings scheduled.

M-Au Well, let's ask our supervisor and see what she thinks.

TEST 8

W-Am OK—and ⁶¹**at the end, I'd like to give everyone a survey asking them about their experiences with technical support.** It would help to find out if the system we have in place works for them.

여 오마르, 곧 있을 회사 컴퓨터 보안 세미나에서 어떤 내용을 다룰지 논의해야 해요. 비밀번호 보안에 관한 모범 사례를 다루면 어떨까 생각했어요.

남 예, 좋은 생각이에요. 사람들이 종종 비밀번호 생성에 대해 물어요. 세미나는 의무죠? 아니라면 그렇게 해야 해요.

여 전 직원이 오도록 요구할 필요는 없을 것 같아요. 이미 회의 일정이 잡힌 사람도 있을지 모르고요.

남 음, 상사에게 물어봐서 어떻게 생각하는지 알아보죠.

여 좋아요. 그리고 마지막에, 기술 지원 관련 경험에 대해 묻는 설문지를 모두에게 주고 싶어요. 우리가 가동하고 있는 시스템이 효과가 있는지 알아보면 유용할 거예요.

어휘 security 보안 address 다루다 best practices 모범 사례 mandatory 의무인 supervisor 상사 survey 설문(지) experience 경험 in place 준비가 되어 있는, 가동 중인

59
What is the topic of an upcoming seminar?

(A) Payroll procedures
(B) Videoconferencing tools
(C) Computer upgrades
(D) Password security

다가오는 세미나의 주제는 무엇인가?

(A) 급여 절차
(B) 화상회의 도구
(C) 컴퓨터 업그레이드
(D) 비밀번호 보안

어휘 payroll 급여 procedure 절차

해설 세부사항 관련 – 세미나의 주제

대화 초반부에 여자가 회사 세미나에서 다룰 내용을 논의해야 한다(we should discuss what we're going to cover in the company's upcoming computer-security seminar)며 비밀번호 보안에 관한 모범 사례를 다룰 수 있다(I was thinking we could address best practices for password security)고 했고 뒤이어 남자도 좋은 생각(good idea)이라고 동의하고 있으므로 정답은 (D)이다.

60
What aspect of the seminar do the speakers disagree about?

(A) How long it should last
(B) How it should be announced
(C) Whether attendance should be required
(D) Whether refreshments should be served

화자들이 세미나에 관해 의견이 다른 부분은 무엇인가?

(A) 세미나 지속 시간
(B) 세미나 발표 방식
(C) 참석 요구 여부
(D) 다과 제공 여부

해설 세부사항 관련 – 화자들의 의견이 다른 부분

남자가 첫 번째 대사에서 세미나는 의무인지(The seminar is mandatory, right?) 물으며 아니라면 그렇게 해야 한다(If not, it should be)고 한 말에 여자가 전 직원이 오도록 요구할 필요는 없을 것 같다(I don't think we should require all employees to come)고 한 것으로 보아 화자들은 세미나 참석 요구 여부에 관해 의견이 다름을 알 수 있다. 따라서 정답은 (C)이다.

▸▸ Paraphrasing   대화의 require all employees to come
→ 정답의 attendance should be required

61
What does the woman want to distribute after the seminar?

(A) A survey
(B) A manual
(C) Some paychecks
(D) Some hardware

여자가 세미나 후 배포하려는 것은 무엇인가?

(A) 설문지
(B) 설명서
(C) 급여
(D) 하드웨어

해설 세부사항 관련 – 여자가 배포하려는 것

마지막 대사에서 여자가 마지막에, 기술 지원 경험에 대한 설문지를 주고 싶다(at the end, I'd like to give everyone a survey asking them about their experiences with technical support)고 했으므로 정답은 (A)이다.

62-64 대화 + 일정표

M-Cn ⁶²**The results of your checkup look good, overall.** Congratulations! ⁶²**You're in much better shape than you were when you last visited our medical practice.** What have you been doing to keep healthy?

W-Am Well, I've been jogging a lot more lately, but sometimes my knees hurt. ⁶³**I love aerobic exercise, but I don't want to get injured. Is there something else I could do?**

M-Cn Well—you could try swimming. It's easier on the knees. I believe ⁶⁴**they have weekly open swim times for adults at the local community center.** Here—I happen to have their spring schedule with me.

W-Am ⁶⁴**I'm actually free on that day—I'll give it a try.** Thanks!

남	전반적으로 검사 결과는 좋아 보이네요. 축하합니다! 지난번 저희 진료소에 방문했을 때보다 건강이 훨씬 좋아지셨어요. 건강 유지를 위해 뭘 하셨나요?
여	글쎄요, 요즘에는 조깅을 많이 했는데 가끔 무릎이 아파요. **유산소 운동을 좋아하지만 다치는 건 싫어요. 제가 할 수 있는 다른 게 있을까요?**
남	음, 수영을 한번 해 보세요. 무릎이 더 편해요. **지역 복지관에서 성인을 위한 수영 시간이 매주 열릴 겁니다.** 여기요, 마침 저한테 봄 일정이 있네요.
여	**실은 그날 시간이 있어요. 해 볼게요. 고마워요!**

어휘	medical practice 진료소 lately 최근 aerobic exercise 유산소 운동 injured 부상을 당한 community center 복지관

62
Who most likely is the man?

(A) A fitness coach
(B) A teacher
(C) A medical doctor
(D) A receptionist

남자는 누구이겠는가?
(A) 헬스 코치
(B) 교사
(C) 의사
(D) 접수원

해설 전체 내용 관련 – 남자의 신분

대화 초반부에 남자가 여자에게 전반적 검사 결과는 좋다(The results of your checkup look good, overall)며 지난번 진료소 방문 때보다 건강이 훨씬 좋아졌다(You're in much better shape than you were when you last visited our medical practice)고 한 것으로 보아 남자는 의사임을 알 수 있다. 따라서 정답은 (C)이다.

63
What does the woman ask the man about?

(A) Requirements for a job
(B) Alternative types of exercise
(C) Available appointment times
(D) Operating hours of a business

여자가 남자에게 질문한 것은 무엇인가?
(A) 취업 요건
(B) 대체할 운동 형태
(C) 예약 가능한 시간
(D) 업체 영업시간

어휘 requirement 요건 alternative 대안; 대안의

해설 세부사항 관련 – 여자의 문의 사항

여자가 첫 번째 대사에서 유산소 운동을 좋아하지만 다치는 건 싫다(I love aerobic exercise, but I don't want to get injured)면서, 할 수 있는 다른 게 있는지(Is there something else I could do?) 물었으므로 정답은 (B)이다.

> ▶▶ Paraphrasing 대화의 **something else** → 정답의 **Alternative types of exercise**

64
Look at the graphic. When will the woman probably go to the community center in the spring?

(A) On Tuesdays
(B) On Wednesdays
(C) On Thursdays
(D) On Fridays

시각 정보에 의하면, 봄이면 여자는 언제 복지관에 가겠는가?
(A) 화요일
(B) 수요일
(C) 목요일
(D) 금요일

해설 시각 정보 연계 – 여자가 복지관에 갈 요일

남자가 두 번째 대사에서 지역 복지관에서 성인 수영 시간이 매주 열린다(they have weekly open swim times for adults at the local community center)고 했고 여자가 그날 시간이 있다며 해 보겠다(I'm actually free on that day—I'll give it a try)고 했다. 시각 정보를 보면 수영은 화요일이므로 정답은 (A)이다.

65-67 대화 + 지도

M-Au	Excuse me, do you work here? I'm visiting the city for the first time, and I'm not sure which train line I should take.
W-Br	OK. Where do you want to go?
M-Au	I'm trying to get to the City Theater. **65I'm going to see a play there tonight.**

W-Br Oh, the theater is next to the Prospect Avenue station. Unfortunately, that line is closed for repairs. You know what—[66]**you can take the train to the Fifth Street station and then take the bus to the theater from there.**

M-Au Thanks! [67]**Will I need to buy a separate ticket for the bus?**

W-Br No, you can use your train pass to transfer to the bus for free.

남   실례합니다, 여기서 일하시나요? 이 도시는 처음 방문하는데, 어느 노선 기차를 타야 할지 잘 모르겠어요.

여   그러시군요. 어디로 가시는데요?

남   시립극장에 가려고요. **오늘 밤 거기 연극 보러 가거든요.**

여   아, 극장은 프로스펙트 애비뉴 역 옆에 있어요. 안타깝게도 그 노선은 수리하느라 폐쇄되었어요. 있잖아요, **5번 가 역까지 기차를 타고 거기서 극장으로 가는 버스를 타면 돼요.**

남   고마워요! **버스를 타려면 따로 표를 사야 하나요?**

여   아니요, 기차 승차권을 써서 무료로 버스로 환승할 수 있어요.

어휘 unfortunately 안타깝게도 repair 수리 separate 별도의 transfer 환승하다 for free 무료로

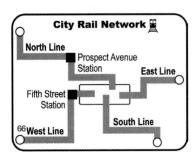

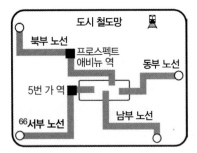

65

What does the man say he is doing tonight?

(A) Taking a flight
(B) Eating in a restaurant
(C) Seeing a performance
(D) Visiting a friend

남자는 오늘 밤 무엇을 한다고 말하는가?

(A) 비행기 타기
(B) 식당에서 식사하기
(C) 공연 보기
(D) 친구 집 방문하기

어휘 performance 공연

해설 세부사항 관련 – 남자가 오늘 밤에 할 일

남자가 두 번째 대사에서 오늘 밤 연극을 보러 간다(I'm going to see a play there tonight)고 했으므로 정답은 (C)이다.

> ▸▸ Paraphrasing   대화의 see a play
> → 정답의 Seeing a performance

66

Look at the graphic. Which train line will the man most likely take?

(A) The North Line
(B) The East Line
(C) The South Line
(D) The West Line

시각 정보에 의하면, 남자는 어떤 노선의 기차를 타겠는가?

(A) 북부 노선
(B) 동부 노선
(C) 남부 노선
(D) 서부 노선

해설 시각 정보 연계 – 남자가 타려는 기차의 노선

여자가 두 번째 대사에서 기차로 5번 가 역까지 가서 극장으로 가는 버스를 타라(you can take the train to the Fifth Street station and then take the bus to the theater from there)고 했으므로 정답은 (D)이다.

67

What does the man ask about a bus?

(A) Whether he needs a different ticket
(B) Whether there are reserved seats
(C) How long the ride will take
(D) How often the bus runs

남자가 버스에 관해 질문한 것은 무엇인가?

(A) 다른 표가 필요한지 여부
(B) 예약 좌석이 있는지 여부
(C) 가는 데 걸리는 시간
(D) 버스 운행 빈도

해설 세부사항 관련 – 남자의 문의 사항

남자가 세 번째 대사에서 버스표를 따로 사야 하는지(Will I need to buy a separate ticket for the bus?)를 물었으므로 정답은 (A)이다.

> ▸▸ Paraphrasing   대화의 **separate ticket**
> → 정답의 **different ticket**

W-Am Hello. ⁶⁸**I'd like to exchange these headphones for a different pair. I** purchased them yesterday, but when I tried them on at home, I just didn't like them.

M-Au Sure, I can help you with that. Tell me more about what you're looking for so I can recommend a different pair.

W-Am Well, ⁷⁰**I want the kind of headphones that you wear on your head.** And I'd like the ones that reduce noise. ⁶⁹**I'm an electrical engineer,** and there's a lot of noise on job sites. It makes it hard to focus.

M-Au OK, that helps. ⁷⁰**Matphase Electronics makes great headphones. I'd recommend this model here. They're the best at reducing noise,** and I think you'll like them.

W-Am Great. Thanks for your help.

여 안녕하세요. **이 헤드폰을 다른 것으로 바꾸고 싶어요.** 어제 샀는데 집에서 들어 보니 마음에 들지 않았어요.

남 그러시군요, 제가 도와 드릴게요. 다른 걸 추천할 수 있도록 어떤 걸 찾으시는지 자세히 이야기해 주세요.

여 음, 머리에 쓰는 타입의 헤드폰이 필요해요. 그리고 잡음을 줄이는 헤드폰이 좋아요. **전 전기 기술자인데,** 작업현장에 잡음이 심해요. 그러면 집중하기가 어려워요.

남 좋아요, 도움이 됐어요. **맷페이즈 전자에서 훌륭한 헤드폰을 만들어요. 여기 이 모델을 추천해요. 잡음을 줄이는 데 최고예요.** 마음에 드실 거라 생각합니다.

여 좋아요. 도와 주셔서 감사합니다.

어휘 exchange 교환하다 purchase 구매하다 recommend 추천하다 reduce 줄이다 site 현장

Matphase Electronics Model #	On the Head	In the Ear	Noise Reduction
F-12		✓	Fair
A-66	✓		Good
N-48		✓	Excellent
⁷⁰C-94	✓		Excellent

맷페이즈 전자 모델명	머리 위	귓속	잡음 감소
F-12		✓	중간
A-66	✓		상
N-48		✓	최상
⁷⁰C-94	✓		최상

68

Why is the woman at the store?
(A) To arrange a delivery
(B) To exchange a purchase
(C) To request an instruction manual
(D) To complain about an incorrect charge

여자가 매장에 온 이유는 무엇인가?
(A) 배송을 준비하려고
(B) 구매품을 교환하려고
(C) 사용 설명서를 요청하려고
(D) 잘못된 요금에 대한 불만을 제기하려고

어휘 instruction manual 사용 설명서 charge 요금

해설 전체 내용 관련 - 여자가 매장에 온 이유
대화 초반부에 여자가 헤드폰을 다른 것으로 바꾸고 싶다(I'd like to exchange these headphones for a different pair)고 했으므로 정답은 (B)이다.

▸▸ Paraphrasing 대화의 **these headphones**
→ 정답의 **a purchase**

69

What is the woman's job?
(A) Jazz musician
(B) Studio photographer
(C) Carpenter
(D) Electrical engineer

여자의 직업은 무엇인가?
(A) 재즈 음악가
(B) 스튜디오 사진작가
(C) 목수
(D) 전기 기술자

어휘 carpenter 목수

해설 세부사항 관련 - 여자의 직업
여자가 두 번째 대사에서 본인을 전기 기술자(I'm an electrical engineer) 라고 밝혔으므로 정답은 (D)이다.

70

Look at the graphic. What model does the man recommend?
(A) F-12
(B) A-66
(C) N-48
(D) C-94

시각 정보에 의하면, 남자가 추천하는 모델은 무엇인가?
(A) F-12
(B) A-66
(C) N-48
(D) C-94

TEST 8

해설 시각 정보 연계 - 남자가 추천하는 모델

남자가 두 번째 대사에서 맷페이즈 전자의 헤드폰 모델을 추천한다(Matphase Electronics makes great headphones. I'd recommend this model here)며 잡음을 줄이는 데 최고(They're the best at reducing noise)라고 했다. 시각 정보를 보면 잡음 감소가 최상인 헤드폰 모델은 N-48과 C-94인데, 여자가 두 번째 대사에서 머리에 쓰는 헤드폰을 원한다고 했으므로 정답은 (D)이다.

PART 4

71-73 전화 메시지

> **M-Cn** Good afternoon, Mr. Rivera, I'm calling from Millford Limited. **⁷¹Thank you for applying for our marketing director position.** We were very impressed with your résumé, especially the large amount of experience speaking in public you've had at other marketing firms. **⁷²Public speaking is definitely a requirement for our position. ⁷³We'd like to invite you to interview with us next week— can you please let me know when you'd be available to come to our office?** Thanks.
>
> 안녕하세요, 리베라 씨, 밀퍼드사에서 전화드립니다. **마케팅 이사직에 지원해 주셔서 감사합니다.** 귀하의 이력서, 특히 다른 마케팅 회사에서 대중 연설 경험이 많으신 것이 무척 인상 깊었습니다. **대중 연설은 분명이 직책에 꼭 필요한 요건입니다. 다음 주 면접에 초청하고 싶습니다. 언제 우리 사무실에 오실 수 있는지 알려 주시겠습니까?** 감사합니다.
>
> 어휘 apply for ~에 지원하다 impressed 깊은 인상을 받은 definitely 분명히 requirement 요건 available 시간이 되는

71

What field does the listener most likely work in?

(A) Health care
(B) Education
(C) Marketing
(D) Technology

청자는 어떤 분야에서 일하겠는가?
(A) 의료
(B) 교육
(C) 마케팅
(D) 기술

해설 전체 내용 관련 - 청자가 일하는 분야

지문 초반부에서 마케팅 이사직에 지원해 주어 고맙다(Thank you for applying for our marketing director position)고 했으므로 정답은 (C)이다.

72

What job requirement does the speaker mention?

(A) Frequent travel
(B) Public speaking
(C) Employee supervision
(D) Bilingual skills

화자가 언급한 취업 요건은 무엇인가?
(A) 잦은 출장
(B) 대중 연설
(C) 직원 감독
(D) 2개 언어 구사 능력

어휘 frequent 잦은 supervision 감독 bilingual 2개 언어를 구사하는

해설 세부사항 관련 - 취업 요건

지문 중반부에서 대중 연설은 이 직책에 꼭 필요한 요건(Public speaking is definitely a requirement for our position)이라고 밝혔으므로 정답은 (B)이다.

73

What does the speaker ask the listener to do?

(A) Attend a trade show
(B) Contact a new client
(C) Complete some paperwork
(D) Suggest a meeting time

화자가 청자에게 요청한 일은 무엇인가?
(A) 무역박람회 참석
(B) 신규 고객 연락
(C) 서류 작성
(D) 면담 시간 제안

해설 세부사항 관련 - 청자에 대한 요청 사항

지문 후반부에서 면접에 초청한다며 언제 사무실에 올 수 있는지(We'd like to invite you to interview with us next week—can you please let me know when you'd be available to come to our office?) 묻고 있으므로 정답은 (D)이다.

> ▶▶ Paraphrasing 담화의 when you'd be available to come to our office → 정답의 a meeting time

74-76 회의 발췌

> **M-Au** Hi, everyone. This meeting shouldn't last too long. **⁷⁴I just want to go over our company's plans for the Redgrove marathon that's happening next month.** So, we'll be sponsoring a food station for the runners and their families. It's going to be a long race, so **⁷⁵let's use this opportunity to promote some of our newest protein-bar flavors—** the mint chocolate and berry blast, for example. **⁷⁶Leanna, why don't you oversee the selection of the protein bars for the run?**

여러분, 안녕하세요. 이번 회의는 오래 끌진 않을 겁니다. **다음 달에 있**
을 레드그로브 마라톤에 관한 회사의 계획만 검토하고 싶어요. 그러니
까, 우리가 주자들과 가족을 위한 음식 나눔터를 후원할 예정입니다. 장
거리 경주이므로 예를 들어, 민트 초콜릿과 베리 블라스트 같은 **최신 단**
백질 바 맛을 홍보하는 기회로 이용합시다. 리나, 경주에 쓸 단백질 바
선정을 감독하시죠.

어휘 go over 검토하다   opportunity 기회   promote 홍보하다
flavor 맛   oversee 감독하다

74

What event is the speaker discussing?

(A) A wellness fair
(B) A luncheon
(C) A race
(D) A training session

화자가 논의하고 있는 행사는 무엇인가?

(A) 건강 박람회
(B) 오찬
(C) 경주
(D) 교육 세션

어휘 wellness 건강   fair 박람회

해설 전체 내용 관련 – 논의되고 있는 행사

지문 초반부에서 다음 달에 있을 레드그로브 마라톤에 관한 계획만 검
토하겠다(I just want to go over our company's plans for the
Redgrove marathon that's happening next month)고 전하고 있으
므로 정답은 (C)이다.

▸▸ Paraphrasing   담화의 **the Redgrove marathon**
→ 정답의 **A race**

75

What does the company most likely sell?

(A) Food
(B) Footwear
(C) Clothing
(D) Electronics

회사는 무엇을 판매하겠는가?

(A) 식품
(B) 신발
(C) 옷
(D) 전자제품

해설 세부사항 관련 – 회사가 판매하는 제품

지문 중반부에서 우리의 최신 단백질 바를 홍보하는 기회로 이용하자
(let's use this opportunity to promote some of our newest
protein-bar flavors)고 했으므로 회사가 판매하는 제품은 식품임을 알
수 있다. 따라서 정답은 (A)이다.

76

What does the speaker ask Leanna to do?

(A) Conduct a survey
(B) Select some items
(C) Visit a location
(D) Pass out identification badges

화자가 리나에게 요청한 일은 무엇인가?

(A) 설문 조사하기
(B) 품목 선정하기
(C) 장소 방문하기
(D) 신분증 배포하기

어휘 pass out 배포하다   identification 신분

해설 세부사항 관련 – 리나에 대한 요청 사항

지문 후반부에서 화자가 리나를 호명하며 경주에 쓸 단백질 바 선정을 감
독해 달라(Leanna, why don't you oversee the selection of the
protein bars for the run?)고 요청했으므로 정답은 (B)이다.

▸▸ Paraphrasing   담화의 **oversee the selection of the protein**
bars → 정답의 **Select some items**

77-79 방송

W-Br You're listening to Radio 4 London. With
me in the studio tonight is **[77]Anne Pochon, the**
well-known French photographer who just
recently published her autobiography. Anne
spent nearly a decade compiling her personal
photographs and memories, which resulted in
a handsome, illustrated volume that is available
in bookstores now. The autobiography was
released at the perfect time. **[78]Ms. Pochon's private**
collection of photographs was just sold to the
Gateway Art Museum, where an exhibition of
her work is set to open in June. [79]Anne and I will
discuss her career and future plans after a short
commercial break.

여러분은 〈라디오 4 런던〉을 듣고 계십니다. 오늘 밤 스튜디오에는 최
근 자서전을 출간한 **유명 프랑스 사진작가 앤 포숑**이 저와 함께합니다.
앤은 10년 가까이 개인 사진과 추억을 모아 편찬했고, 그 결과 이제 사
진을 곁들인 멋진 책을 서점에서 구하실 수 있습니다. 자서전은 완벽한
시점에 발매되었습니다. **포숑 씨의 개인 사진 모음이 게이트웨이 미술**
관에 막 팔렸는데 이곳에서 6월에 작품 전시회가 열릴 예정입니다. 짧은
광고 후에 앤과 제가 그녀의 활동과 향후 계획에 대해 이야기하겠습니다.

어휘 autobiography 자서전   decade 10년   compile 모아서
편찬하다   release (음반이나 책) 발매하다   exhibition 전시회
commercial break 광고 시간

77

Who is Anne Pochon?

(A) A museum director
(B) A photographer
(C) A film producer
(D) A sculptor

앤 포숑은 누구인가?

(A) 미술관장
(B) 사진작가
(C) 영화 제작자
(D) 조각가

어휘 sculptor 조각가

해설 세부사항 관련 – 앤 포숑의 신분
지문 초반부에서 앤 포숑을 유명 프랑스 사진작가(Anne Pochon, the well-known French photographer)라고 밝혔으므로 정답은 (B)이다.

78

What does the speaker say will happen in June?

(A) An art exhibit will be held.
(B) A company merger will take place.
(C) A documentary will be released.
(D) A shop will be renovated.

화자는 6월에 어떤 일이 있을 것이라고 말하는가?

(A) 예술 전시회가 열린다.
(B) 회사 합병이 있다.
(C) 다큐멘터리가 공개된다.
(D) 매장을 수리한다.

어휘 merger 합병   renovate 개조[보수]하다

해설 세부사항 관련 – 6월에 있을 일
지문 중반부에서 포숑 씨의 사진 모음이 6월에 전시회가 열릴 게이트웨이 미술관에 팔렸다(Ms. Pochon's private collection of photographs was just sold to the Gateway Art Museum, where an exhibition of her work is set to open in June)고 했으므로 정답은 (A)이다.

▸▸ Paraphrasing   담화의 an exhibition of her work is set to open → 정답의 An art exhibit will be held

79

What will the speaker most likely do next?

(A) Provide directions
(B) Take some pictures
(C) Autograph some books
(D) Interview a guest

화자는 다음에 무엇을 하겠는가?

(A) 길 안내 제공하기
(B) 사진 찍기
(C) 책에 서명하기
(D) 게스트 인터뷰하기

어휘 autograph 서명하다

해설 세부사항 관련 – 화자가 다음에 할 일
지문 후반부에서 광고 후에 앤과 제가 그녀의 활동과 향후 계획에 대해 이야기하겠다(Anne and I will discuss her career and future plans after a short commercial break)고 했으므로 정답은 (D)이다.

▸▸ Paraphrasing   담화의 discuss her career and future plans → 정답의 Interview a guest

80-82 회의 발췌

M-Cn As you know, the Chemical Industry Convention is coming up in May, and the four of you have been selected to attend. 80**You'll be participating in demonstrations and workshops promoting our many chemical products.** I know this'll be your first time representing our company, and 81**you'll probably have questions as you prepare...** But remember, we have all the convention information available for you—and I went to the convention last year. Also, 82**when you return from your trip, we'll ask you to give a presentation to your colleagues on what you learned about our competitors and potential customers.**

아시다시피 5월에 화학산업 컨벤션이 있는데 여러분 중 네 사람이 참석하기로 선정되었죠. 여러분은 우리 회사의 많은 화학 제품들을 홍보하는 시연회와 워크숍에 참가하게 됩니다. 우리 회사를 대표하는 건 이번이 처음이라는 것 알고 있어요. 그러니 준비하면서 궁금한 점이 있을 겁니다… 그런데 우리에겐 여러분을 위한 컨벤션 정보가 전부 있다는 점과 제가 지난해 컨벤션에 갔다는 점, 잊지 마세요. 또한 출장에서 돌아오면 경쟁사와 잠재 고객에 관해 알게 된 사항을 동료들에게 발표해 달라고 요청하겠습니다.

어휘 demonstration 시연(회)   chemical 화학의   colleague 동료   competitor 경쟁사   potential 잠재적인

80

What does the company sell?

(A) Chemical products
(B) Machine parts
(C) Laboratory equipment
(D) Home appliances

회사가 판매하는 것은 무엇인가?

(A) 화학 제품
(B) 기계 부품
(C) 실험실 장비
(D) 가전제품

어휘 laboratory 실험실   equipment 장비   appliance 기기

해설 전체 내용 관련 - 회사가 판매하는 것

지문 초반부에서 여러분들은 우리 회사의 화학 제품들을 홍보하는 시연회와 워크숍에 참가할 것(You'll be participating in demonstrations and workshops promoting our many chemical products)이라고 언급했으므로 정답은 (A)이다.

81

What does the speaker mean when he says, "I went to the convention last year"?

(A) He does not want to go to an event.
(B) He is able to help the listeners.
(C) He is explaining an expense report.
(D) He disagrees with the listeners' opinions.

화자가 "제가 지난해 컨벤션에 갔다"고 말한 의도는 무엇인가?
(A) 행사에 가고 싶지 않다.
(B) 청자들을 도울 수 있다.
(C) 경비 보고서를 설명하고 있다.
(D) 청자들의 의견에 동의하지 않는다.

어휘 expense 지출 disagree 동의하지 않다

해설 화자의 의도 파악 - 제가 지난해 컨벤션에 갔다라고 말한 의도

인용문의 앞 문장들에서 준비하면서 궁금한 점이 있을 것(you'll probably have questions as you prepare)이라고 했고, 여러분을 위한 정보가 있다는 점을 기억할 것(But remember, we have all the convention information available for you)과 함께 '제가 지난해 컨벤션에 갔다'는 점을 언급함으로써 궁금한 사항에 답변할 수 있다는 의도를 전달하려고 한 말임을 알 수 있다. 따라서 정답은 (B)이다.

82

What does the speaker want the listeners to do when they return?

(A) Submit some receipts
(B) Develop an advertising plan
(C) Give a presentation
(D) Speak with a supervisor

화자는 청자들이 돌아오면 무엇을 하기 원하는가?
(A) 영수증 제출하기
(B) 광고 기획안 짜기
(C) 발표하기
(D) 상사와 이야기하기

어휘 receipt 영수증

해설 세부사항 관련 - 청자들에 대한 요청 사항

지문 끝에 출장에서 돌아오면 경쟁사와 잠재 고객에 관한 사항을 발표해 달라고 요청할 것(when you return from your trip, we'll ask you to give a presentation to your colleagues on what you learned about our competitors and potential customers)이라고 했으므로 정답은 (C)이다.

83-85 소개

W-Br **⁸³Welcome to Rockstone Bank. Over the next six weeks, you will complete an internship that aims to teach you the basics of banking.** At the end of the internship, you will have the opportunity to apply for a permanent bank teller position. Now, **⁸⁴I'd like to introduce our branch manager, Ms. Leah Enfield. ⁸⁵Ms. Enfield has worked at Rockstone Bank for 25 years. She will begin your orientation today with a presentation on our corporate culture, that is, the way we do things here at the bank.** Now please join me in welcoming our branch manager, Ms. Leah Enfield.

록스톤 은행에 오신 걸 환영합니다. 앞으로 6주 동안 여러분은 은행 업무의 기본을 가르치는 것이 목표인 수습 과정을 마치게 됩니다. 수습 과정이 끝나면, 여러분에게는 정규직 은행 창구직원 자리에 지원할 수 있는 기회가 생깁니다. 자, 지점장 리아 엔필드 씨를 소개하겠습니다. 엔필드 씨는 록스톤 은행에서 25년째 일하고 있습니다. 엔필드 씨는 당사 기업 문화, 즉 여기 은행에서 일하는 방식에 대해 발표하면서 오늘 오리엔테이션을 시작하겠습니다. 이제 지점장 레아 엔필드 씨를 환영해 주세요.

어휘 aim 목표로 하다 opportunity 기회 apply for ~에 지원하다 permanent 정규직의 bank teller 은행 창구직원 corporate 기업의

83

Why are the listeners at Rockstone Bank?

(A) To attend a board meeting
(B) To organize a charity event
(C) To open an account
(D) To take part in an internship program

청자들이 록스톤 은행에 있는 이유는 무엇인가?
(A) 이사회에 참석하려고
(B) 자선행사를 준비하려고
(C) 계좌를 개설하려고
(D) 수습 프로그램에 참여하려고

어휘 charity 자선(단체) take part in ~에 참여하다

해설 전체 내용 관련 - 청자들이 록스톤 은행에 있는 이유

지문 초반부에서 록스톤 은행에 온 것을 환영(Welcome to Rockstone Bank)하면서, 앞으로 6주 동안 여러분은 은행업무의 기본 습득을 위한 수습 과정을 마치게 된다(Over the next six weeks, you will complete an internship that aims to teach you the basics of banking)고 했으므로 정답은 (D)이다.

▸▸ Paraphrasing 담화의 complete an internship
→ 정답의 take part in an internship program

84

What is Ms. Enfield's position?

(A) Customer service representative
(B) Chief executive officer
(C) Branch manager
(D) Loan officer

엔필드 씨의 직책은 무엇인가?

(A) 고객 서비스 담당 직원
(B) 최고 경영자
(C) **지점장**
(D) 대출 담당 직원

어휘 representative 직원   loan 대출

해설 세부사항 관련 – 엔필드 씨의 직책

지문 중반부에서 지점장 리아 엔필드 씨를 소개한다(I'd like to introduce our branch manager, Ms. Leah Enfield)고 했으므로 정답은 (C)이다.

85

What will Ms. Enfield speak about?

(A) Corporate culture
(B) A company policy
(C) An application process
(D) Career development

엔필드 씨는 무엇에 관해 이야기할 것인가?

(A) **기업 문화**
(B) 회사 정책
(C) 지원 절차
(D) 경력 개발

해설 세부사항 관련 – 엔필드 씨가 이야기할 것

지문 후반부에서 엔필드 씨는 록스톤 은행에서 25년째 일하고 있다(Ms. Enfield has worked at Rockstone Bank for 25 years)면서, 당사 기업 문화, 즉 은행에서 일하는 방식을 발표하면서 오리엔테이션을 시작하겠다(She will begin your orientation today with a presentation on our corporate culture, that is, the way we do things here at the bank)고 했으므로 정답은 (A)이다.

86-88 정보

W-Am Hello, and ⁸⁶**welcome to Coldwell Family Farm!** Today at our farm, you'll have the opportunity to tour the fields and go inside our greenhouses to see a wide variety of flowers. You'll also hear from our farmers, who will share with you what it takes to grow such fresh, beautiful flowers. ⁸⁷**But remember that this is an outdoor tour, so please take your hats, sunglasses, and anything else you need to protect yourself from the sun.** ⁸⁸**We'll end the tour in our farm store**, and all of our flowerpots are twenty percent off. Enjoy!

안녕하세요, **콜드웰 가족 농장에 오신 것을 환영합니다!** 오늘 여러분은 농장에서 밭을 둘러보고 온실 안으로 들어가 매우 다양한 꽃들을 볼 수 있는 기회를 갖게 됩니다. 또한 농부들의 이야기를 들으실 텐데요, 이렇게 신선하고 아름다운 꽃을 재배하려면 무엇이 필요한지 여러분에게 알려 드릴 겁니다. 하지만 야외 견학이라는 점을 명심하세요. 그러니 모자, 선글라스, 그리고 햇빛에서 자신을 보호하기 위해 필요한 건 무엇이나 가져오세요. 농장 매장에서 견학을 마무리할 예정이며, 화분은 모두 20 퍼센트 할인됩니다. 즐겁게 보내세요!

어휘 opportunity 기회   greenhouse 온실   a wide variety of 매우 다양한   protect 보호하다

86

Where is the talk most likely taking place?

(A) At a supermarket
(B) At a community park
(C) At an art supply store
(D) At a farm

담화는 어디에서 진행되고 있겠는가?

(A) 슈퍼마켓
(B) 근린공원
(C) 미술용품 매장
(D) **농장**

해설 전체 내용 관련 – 담화 장소

지문 초반부에서 콜드웰 가족 농장에 온 것을 환영한다(welcome to Coldwell Family Farm)고 했으므로 담화 장소는 농장임을 알 수 있다. 따라서 정답은 (D)이다.

87

What does the speaker remind the listeners to do?

(A) Put belongings in a locker
(B) Fill out a survey
(C) Use sun protection
(D) Read some instructions

화자가 청자들에게 일깨우는 행동은 무엇인가?

(A) 소지품 물품 보관함에 넣기
(B) 설문지 작성하기
(C) **햇빛 차단용품 사용하기**
(D) 설명서 읽기

어휘 belongings 소지품

해설 세부사항 관련 – 청자들에게 상기시키는 것

지문 중반부에서 야외 견학이니 모자와 선글라스와 그 외 햇빛에서 자신을 보호할 것을 가져오라(But remember that this is an outdoor tour, so please take your hats, sunglasses, and anything else you need to protect yourself from the sun)고 청자들을 상기시키고 있으므로 정답은 (C)이다.

▸▸ Paraphrasing 담화의 hats, sunglasses, and anything else you need to protect yourself from the sun → 정답의 sun protection

88

What does the speaker mean when she says, "all of our flowerpots are twenty percent off"?

(A) She needs the listeners to change some price tags.

(B) She wants the listeners to purchase some merchandise.

(C) She is disappointed that a product did not sell well.

(D) She is surprised by a decision.

화자가 "화분은 모두 20퍼센트 할인됩니다"라고 말한 의도는 무엇인가?

(A) 청자들이 가격표를 바꾸어야 한다.

(B) 청자들이 물품을 구매하기 원한다.

(C) 상품이 잘 팔리지 않아서 실망했다.

(D) 결정에 놀랐다.

어휘 purchase 구매하다　merchandise 물품　disappointed 실망한　decision 결정

해설 화자의 의도 파악 – 화분은 모두 20퍼센트 할인된다라고 말한 의도
인용문 앞에서 농장 매장에서 견학을 마무리할 예정(We'll end the tour in our farm store)이라면서 '화분은 모두 20퍼센트 할인된다'라고 한 것으로 보아 견학이 끝나면 청자들이 화분을 할인가로 구매하길 바라는 의도로 한 말임을 알 수 있다. 따라서 정답은 (B)이다.

89-91 설명

> M-Cn **89Thanks for coming to this informal training session.** So, this new scheduling software is something all managers will be using from now on. It's not complicated, but a couple of its features are different from our old scheduling software. I've already got it open on my computer, so let's look at the spreadsheet with employees' names. First, **90after entering the hours for an employee, remember to hit Save not Next.** You have to save one person's data before you can enter the next. Oh no, **91my computer seems to have stopped working. Let me restart it and try again—I'm sorry for this interruption.**
>
> 이번 약식 교육 세션에 와 주셔서 감사합니다. 자, 지금부터 모든 매니저는 이 새 일정관리 소프트웨어를 사용하게 됩니다. 복잡하지는 않지만, 두어 가지 기능이 예전 일정관리 소프트웨어와 다릅니다. 제 컴퓨터에 이미 열어 놓았으니, 직원 이름이 적힌 스프레드시트를 보시죠. 먼저, **직원 근무 시간을 입력한 후 '다음'이 아닌 '저장'을 눌러야 한다는 점 명심하십시오.** 한 사람의 데이터를 먼저 저장해야 다음 사람을 입력할 수 있습니다. 이런, **제 컴퓨터가 작동을 멈춘 것 같네요. 재가동해서 다시 시도해 볼게요. 중단되어서 죄송합니다.**
>
> 어휘 complicated 복잡한　feature 기능　interruption 중단, 방해

89

What is the purpose of the talk?

(A) To offer some training

(B) To revise a handbook

(C) To recommend a hotel

(D) To introduce new staff

담화의 목적은 무엇인가?

(A) 교육 제공

(B) 편람 수정

(C) 호텔 추천

(D) 신입사원 소개

어휘 revise 수정하다

해설 전체 내용 관련 – 담화의 목적

지문 초반부에서 약식 교육 세션에 와 주어 고맙다(Thanks for coming to this informal training session)고 했으므로 정답은 (A)이다.

90

According to the speaker, what should the listeners remember to do?

(A) Reinstall some software

(B) Complete daily reports

(C) Submit travel vouchers

(D) Save some data

화자에 의하면, 청자들이 기억해야 하는 일은 무엇인가?

(A) 소프트웨어 재설치하기

(B) 일일 보고서 작성하기

(C) 출장 바우처 제출하기

(D) 데이터 저장하기

어휘 reinstall 재설치하다　submit 제출하다

해설 세부사항 관련 – 청자들이 기억해야 할 것

지문 중반부에서 직원 근무 시간을 입력한 후 '다음'이 아닌 '저장'을 눌러야 함을 명심하라(after entering the hours for an employee, remember to hit Save not Next)고 했으므로 정답은 (D)이다.

> ▸▸ Paraphrasing　담화의 the hours for an employee
> → 정답의 some data

91

Why does the speaker apologize?

(A) His colleague is unavailable.

(B) His computer is malfunctioning.

(C) Some assignments are delayed.

(D) Some requests have been denied.

화자가 사과하는 이유는 무엇인가?

(A) 동료를 만날 수 없다.

(B) 컴퓨터가 고장났다.

(C) 과제가 지연되고 있다.

(D) 요청이 거절되었다.

어휘 unavailable 만날 수 없는　assignment 과제　deny 거절하다

해설 세부사항 관련 - 화자가 사과하는 이유

지문 후반부에서 화자가 컴퓨터가 작동을 멈춘 것 같다(my computer seems to have stopped working)고 한 후, 재가동해서 다시 시도하겠다며 중단되어 죄송하다(Let me restart it and try again—I'm sorry for this interruption)고 했으므로 정답은 (B)이다.

> ▸▸ Paraphrasing 담화의 have stopped working
> → 정답의 malfunctioning

92-94 방송

W-Am Hi, I'm your host, Nina Hudson, and **92this is Nibble—the weekly podcast about the history of food. On today's episode, I'll be talking about cutlery and other eating utensils**—why some cultures primarily use chopsticks to eat and others use forks and knives. But before we get started, **93I'd like to announce that for the first time ever, Nibble is going to be broadcasting an episode live next month. 94You can find information about how to be in the studio audience on our Web site. And while you're there, you can also submit a review of our program to let us know what topics you'd like us to cover in the future.** That'll only take a minute.

안녕하세요, 진행자 니나 허드슨입니다. 그리고 **여기는 음식의 역사에 대한 주간 팟캐스트, 니블입니다. 오늘 에피소드에서는 식탁용 날붙이와 기타 식기에 관해 이야기하겠습니다.** 왜 어떤 문화는 주로 젓가락을 사용해 먹고 다른 문화는 포크와 나이프를 사용하는지 말이죠. 그러나 시작하기 전에, **니블이 다음 달에 에피소드를 최초로 생방송으로 진행한다는 점을 알려 드립니다. 저희 웹사이트에서 스튜디오 청중으로 참여하는 방법에 관한 정보를 찾을 수 있습니다. 그리고 거기 있는 동안 저희 프로그램에 대한 후기를 제출하셔서 앞으로 어떤 주제를 다루었으면 하는지 알려 주세요.** 1분밖에 안 걸립니다.

어휘 cutlery (나이프, 포크 등) 식탁용 날붙이 utensil 기구 primarily 주로 audience 청중 submit 제출하다 cover 다루다

92

What is the topic of this week's podcast?

(A) The history of eating utensils
(B) The latest cooking trends
(C) Local restaurant reviews
(D) Healthy eating on a budget

이번 주 팟캐스트의 주제는 무엇인가?

(A) 식기의 역사
(B) 최신 요리 경향
(C) 지역 식당 후기
(D) 한정된 예산으로 건강하게 먹기

어휘 on a budget 한정된 예산으로

해설 전체 내용 관련 - 팟캐스트의 주제

지문 초반부에서 여기는 음식의 역사에 대한 주간 팟캐스트인 니블(this is Nibble—the weekly podcast about the history of food)이라며, 오늘 에피소드는 식탁용 날붙이와 기타 식기에 관한 것(On today's episode, I'll be talking about cutlery and other eating utensils)이라고 밝혔으므로 정답은 (A)이다.

> ▸▸ Paraphrasing 담화의 talking about cutlery and other eating utensils
> → 정답의 The history of eating utensils

93

What does the speaker say will take place next month?

(A) A debut of a new host
(B) A fund-raising event
(C) A live studio broadcast
(D) A trivia contest

화자는 다음 달에 무슨 일이 있을 것이라고 말하는가?

(A) 새 진행자 데뷔
(B) 모금 행사
(C) 스튜디오 생방송
(D) 퀴즈 대회

어휘 trivia 퀴즈

해설 세부사항 관련 - 다음 달에 있을 일

지문 중반부에서 니블이 다음 달에 최초로 에피소드를 생방송한다(I'd like to announce that for the first time ever, Nibble is going to be broadcasting an episode live next month)고 했으므로 정답은 (C)이다.

> ▸▸ Paraphrasing 담화의 broadcasting an episode live
> → 정답의 A live studio broadcast

94

Why does the speaker say, "That'll only take a minute"?

(A) To correct a misunderstanding
(B) To encourage participation
(C) To ask for permission
(D) To reconsider a suggestion

화자가 "1분밖에 안 걸립니다"라고 말한 이유는 무엇인가?

(A) 오해를 정정하려고
(B) 참가를 독려하려고
(C) 허가를 요청하려고
(D) 제안을 재고하려고

어휘 participation 참가 permission 허가

해설 화자의 의도 파악 - 1분밖에 안 걸린다라고 말한 이유

인용문의 앞 문장들에서 웹사이트에서 스튜디오 청중으로 참여하는 방법을 찾을 수 있고, 거기 있는 동안 프로그램에 대한 후기를 제출해 앞으로 어떤 주제를 다루었으면 하는지 알려 달라(You can find information about how to be in the studio audience on our Web site. And while you're there, you can also submit a review of our program to let us know what topics you'd like us to cover in the future)고 했다. 스튜디오 청중으로 참여하는 방법에 대해 소개한 뒤 언급

한 말이므로 인용문은 스튜디오 청중으로 참가를 독려하려는 의도로 한 말임을 알 수 있다. 따라서 정답은 (B)이다.

95-97 전화 메시지 + 주문서

M-Cn Hello, this message is for Howard. **95I'm calling from the sales department at Evergreen Technology.** I was in your print shop just yesterday to order some business cards for my salespeople. Well, **96I see now that I made a mistake on the number of cards we need for Barbara Reynolds.** I'll actually need to double the order of Barbara's cards. If that's not a problem, **97I'll stop by the shop tomorrow afternoon to pick up everyone's cards at the same time.**

안녕하세요, 하워드에게 보내는 메시지입니다. **에버그린 테크놀로지 영업부에서 전화드립니다.** 제가 어제 영업사원용 명함을 주문하려고 인쇄소에 갔습니다. **이제 보니 바바라 레이놀즈에게 필요한 명함 수에 오류가 있었습니다.** 실은 바바라의 명함 주문을 두 배로 해야 합니다. 문제가 안된다면 **내일 오후 가게에 들러 모두의 카드를 한꺼번에 가져오겠습니다.**

어휘 business card 명함 stop by 들르다

Customer: Evergreen Technology	
Order:	Business Cards

Quantity	Name
500	Jihoon Lee
1,000	Paola Dias
961,500	Barbara Reynolds
2,000	Mohammed Nasser

고객: 에버그린 테크놀로지	
주문:	명함

수량	이름
500	이지훈
1,000	파올라 디아스
96 1,500	바바라 레이놀즈
2,000	모하메드 나세르

95

Which department does the speaker work in?

(A) Human Resources
(B) Sales
(C) IT
(D) Finance

화자가 일하는 부서는 어디인가?

(A) 인사
(B) 영업
(C) IT
(D) 재정

해설 전체 내용 관련 – 화자가 근무하는 부서

지문 초반부에서 화자가 에버그린 테크놀로지 영업부에서 전화한다(I'm calling from the sales department at Evergreen Technology)고 했으므로 정답은 (B)이다.

96

Look at the graphic. Which quantity needs to be changed?

(A) 500
(B) 1,000
(C) 1,500
(D) 2,000

시각 정보에 의하면, 수정되어야 하는 수량은 무엇인가?

(A) 500
(B) 1,000
(C) 1,500
(D) 2,000

해설 시각 정보 연계 – 수정되어야 하는 수량

지문 중반부에서 바바라 레이놀즈에게 필요한 명함 수에 오류가 있다(I see now that I made a mistake on the number of cards we need for Barbara Reynolds)고 했으므로 정답은 (C)이다.

97

What does the speaker say he will do tomorrow?

(A) Provide a logo
(B) Pick up an order
(C) Pay an invoice
(D) Meet with a client

화자가 내일 하겠다고 말하는 것은 무엇인가?

(A) 로고 제공하기
(B) 주문품 가져오기
(C) 청구서 비용 결제하기
(D) 고객 면담하기

해설 세부사항 관련 – 화자가 내일 할 일

지문 끝에 내일 가게에 들러 카드를 한꺼번에 가져오겠다(I'll stop by the shop tomorrow afternoon to pick up everyone's cards at the same time)고 했으므로 정답은 (B)이다.

▸▸ Paraphrasing   담화의 **everyone's cards**
→ 정답의 **an order**

98-100 전화 메시지 + 서비스 목록

W-Am Hi, Kim. **98I'm calling about the preparations for opening our new restaurant. 99I just stopped by the building to check on the dining room renovations, and I was really pleased at how good the place looks.** I've also checked into merchant service companies that process credit card payments for small businesses, and I sent you a list of the best features that each company offers. There's one that doesn't charge for the equipment we need to read the credit cards, so that's an attractive feature. But [100]**another company allows people to pay at the table using their mobile phones. I think customers would really appreciate that convenience, so I suggest using that one.**

안녕하세요, 킴. 새 식당 개업 준비 때문에 전화드렸어요. 식당 수리를 점검하려고 막 건물에 들렀는데, 얼마나 멋진지 정말 기뻤어요. 소규모 업체 카드 결제를 처리하는 가맹점 서비스 회사도 알아봤고, 각 회사가 제공하는 최고의 특징 목록을 보내 드렸습니다. 신용카드를 판독하는 데 필요한 장비에 대해 요금을 부과하지 않는 특징도 있는데 솔깃한 특징입니다. 하지만 또 다른 회사의 경우 휴대폰을 사용해 테이블에서 결제할 수 있습니다. 제 생각에는 고객들이 그런 편리함을 정말 환영할 것 같아서 그걸 사용했으면 합니다.

어휘 preparation 준비 renovation 수리 merchant service (신용카드) 가맹점 서비스 feature 특징 attractive 솔깃한 appreciate 환영하다 convenience 편리함

COMPANY	BEST FEATURE
Lowz	No equipment charge
[100]Gatepath	Payments from mobile phones
E-buzz	Flexible contracts
MRC	Online customer service

회사	최고 특징
로우즈	장비 요금 없음
[100]게이트패스	휴대폰 결제
E-버즈	가변 계약
MRC	온라인 고객 서비스

98

What type of business is being launched?
(A) A financial consulting firm
(B) A real estate agency
(C) A restaurant
(D) An electronics store

어떤 유형의 업체가 출범되고 있는가?
(A) 재무 컨설팅 회사
(B) 부동산 중개소
(C) 식당
(D) 전자제품 매장

해설 전체 내용 관련 – 개업하는 업체의 유형
지문 초반부에서 새 식당 개업 준비로 전화했다(I'm calling about the preparations for opening our new restaurant)고 했으므로 정답은 (C)이다.

99

What does the speaker say she is pleased about?
(A) The location of public transportation
(B) The price of some equipment
(C) Some job applications
(D) Some building renovations

화자가 기쁘다고 말한 것은 무엇인가?
(A) 대중교통 위치
(B) 장비 가격
(C) 입사 지원서
(D) 건물 수리

해설 세부사항 관련 – 화자가 기뻐하는 것
지문 초반부에서 식당 수리 점검을 위해 들렀는데, 수리가 멋지게 되어 기뻤다(I just stopped by the building to check on the dining room renovations, and I was really pleased at how good the place looks)고 말했으므로 정답은 (D)이다.

▸▸ Paraphrasing 담화의 **dining room renovations** → 정답의 **building renovations**

100

Look at the graphic. Which company does the speaker want to use?
(A) Lowz
(B) Gatepath
(C) E-buzz
(D) MRC

시각 정보에 의하면, 화자가 이용하기 원하는 회사는 어디인가?
(A) 로우즈
(B) 게이트패스
(C) E-버즈
(D) MRC

해설 시각 정보 연계 – 화자가 원하는 회사
지문 후반부에서 다른 회사의 경우 휴대폰을 사용해 테이블에서 결제할 수 있다(another company allows people to pay at the table using their mobile phones)며 고객들이 그런 편리함을 환영할 것 같아 그걸 사용했으면 한다(I think customers would really appreciate that convenience, so I suggest using that one)고 했으므로 정답은 (B)이다.

기출 TEST 9

1 (C)	**2** (B)	**3** (D)	**4** (A)	**5** (D)
6 (A)	**7** (C)	**8** (A)	**9** (C)	**10** (B)
11 (C)	**12** (B)	**13** (C)	**14** (B)	**15** (A)
16 (B)	**17** (C)	**18** (B)	**19** (B)	**20** (A)
21 (A)	**22** (C)	**23** (A)	**24** (A)	**25** (A)
26 (B)	**27** (C)	**28** (B)	**29** (A)	**30** (C)
31 (A)	**32** (D)	**33** (B)	**34** (C)	**35** (D)
36 (C)	**37** (C)	**38** (A)	**39** (C)	**40** (C)
41 (D)	**42** (C)	**43** (B)	**44** (C)	**45** (A)
46 (B)	**47** (A)	**48** (D)	**49** (B)	**50** (B)
51 (C)	**52** (A)	**53** (D)	**54** (B)	**55** (A)
56 (B)	**57** (C)	**58** (D)	**59** (A)	**60** (A)
61 (C)	**62** (A)	**63** (C)	**64** (A)	**65** (B)
66 (D)	**67** (D)	**68** (C)	**69** (A)	**70** (D)
71 (C)	**72** (D)	**73** (B)	**74** (D)	**75** (C)
76 (C)	**77** (A)	**78** (B)	**79** (C)	**80** (B)
81 (D)	**82** (B)	**83** (B)	**84** (D)	**85** (A)
86 (A)	**87** (D)	**88** (C)	**89** (B)	**90** (A)
91 (D)	**92** (B)	**93** (A)	**94** (D)	**95** (C)
96 (B)	**97** (D)	**98** (D)	**99** (B)	**100** (A)

PART 1

1 W-Am

(A) She's closing a door.
(B) She's washing some plates.
(C) She's preparing some food.
(D) She's sweeping a floor.

(A) 여자가 문을 닫고 있다.
(B) 여자가 접시를 씻고 있다.
(C) 여자가 음식을 준비하고 있다.
(D) 여자가 바닥을 쓸고 있다.

어휘 plate 접시 prepare 준비하다 sweep 쓸다

해설 1인 등장 사진 – 사람의 동작/상태 묘사

(A) 동사 오답. 여자가 문을 닫고 있는(closing a door) 모습이 아니므로 오답.
(B) 동사 오답. 여자가 접시를 씻고 있는(washing some plates) 모습이 아니므로 오답.
(C) 정답. 여자가 음식을 준비하고 있는(preparing some food) 모습이므로 정답.
(D) 동사 오답. 여자가 바닥을 쓸고 있는(sweeping a floor) 모습이 아니므로 오답.

2 M-Au

(A) They're taking off their jackets.
(B) They're walking outside.
(C) They're going into a building.
(D) They're packing some luggage.

(A) 사람들이 재킷을 벗고 있다.
(B) 사람들이 밖에서 걷고 있다.
(C) 사람들이 건물 안으로 들어가고 있다.
(D) 사람들이 짐을 꾸리고 있다.

어휘 take off 벗다 luggage 짐, 가방

해설 2인 이상 등장 사진 – 사람의 동작/상태 묘사

(A) 동사 오답. 사람들이 재킷을 벗고 있는(taking off their jackets) 모습이 아니라 재킷을 입고 있는(wearing their jackets) 상태이므로 오답.
(B) 정답. 사람들이 밖에서 걷고 있는(walking outside) 모습이므로 정답.
(C) 동사 오답. 사람들이 건물 안으로 들어가고 있는(going into a building) 모습이 아니므로 오답.
(D) 동사 오답. 사람들이 짐을 꾸리고 있는(packing some luggage) 모습이 아니므로 오답.

3 W-Br

(A) They're shaking hands across a counter.
(B) They're putting stamps on envelopes.
(C) A man is organizing documents in a folder.
(D) A woman is writing on a piece of paper.

(A) 사람들이 카운터를 가로질러 악수하고 있다.
(B) 사람들이 봉투에 우표를 붙이고 있다.
(C) 남자가 폴더에 서류를 정리하고 있다.
(D) 여자가 종이 위에 적고 있다.

어휘 envelope 봉투 organize 정리하다

해설 2인 이상 등장 사진 – 사람의 동작/상태 묘사

(A) 동사 오답. 사람들이 카운터를 가로질러 악수하고 있는(shaking hands across a counter) 모습이 아니므로 오답.
(B) 사진에 없는 명사를 이용한 오답. 사진에 봉투(envelopes)나 우표(stamps)가 보이지 않으므로 오답.
(C) 동사 오답: 남자가 폴더에 서류를 정리하고 있는(organizing documents in a folder) 모습이 아니라 한 손을 카운터에 얹고 있는(putting a hand on the counter) 모습이므로 오답.

(D) 정답. 여자가 종이 위에 적고 있는(writing on a piece of paper) 모습이므로 정답.

---

4 M-Cn

(A) Some ladders have been set up in a work space.
(B) Some chairs have been lined up against a wall.
(C) Some plants have been placed on the ground.
(D) Some cabinet drawers have been left open.

(A) 작업 공간에 사다리 몇 개가 설치되어 있다.
(B) 의자 몇 개가 벽에 늘어서 있다.
(C) 몇몇 식물들이 땅바닥 위에 놓여 있다.
(D) 캐비닛 서랍 몇 개가 열려 있다.

어휘 ladder 사다리 line up 늘어서다 drawer 서랍

해설 사물/배경 사진 – 실내 사물의 상태 묘사

(A) 정답. 사다리 몇 개(some ladders)가 작업 공간에 설치되어 있는 (set up in a work space) 상태이므로 정답.
(B) 동사 오답. 의자 몇 개(some chairs)가 벽에 늘어서 있는(lined up against a wall) 상태가 아니므로 오답.
(C) 전치사구 오답. 몇몇 식물들(some plants)은 땅바닥 위에(on the ground) 놓여 있는 상태가 아니라 캐비닛 위에(on the cabinet) 놓여 있는 상태이므로 오답.
(D) 형용사 오답. 캐비닛 서랍 몇 개(some cabinet drawers)가 열려 있는(left open) 상태가 아니라 닫혀 있는(closed) 상태이므로 오답.

---

5 W-Am

(A) A man is loading some bricks onto a cart.
(B) A man is cutting the grass alongside a road.
(C) A man is driving a truck into a parking garage.
(D) A man is using a shovel to move some dirt.

(A) 남자가 수레에 벽돌을 싣고 있다.
(B) 남자가 도로를 따라 풀을 베고 있다.
(C) 남자가 트럭을 몰고 주차장으로 들어가고 있다.
(D) 남자가 삽을 이용해 흙을 옮기고 있다.

어휘 load 싣다 brick 벽돌 parking garage 주차장 shovel 삽 dirt 흙

해설 1인 등장 사진 – 사람의 동작/상태 묘사

(A) 동사 오답. 남자가 수레에 벽돌을 싣고 있는(loading some bricks onto a cart) 모습이 아니므로 오답.

(B) 동사 오답. 남자가 도로를 따라 풀을 베고 있는(cutting the grass alongside a road) 모습이 아니므로 오답.
(C) 동사 오답. 남자가 트럭을 몰고 주차장으로 들어가고 있는(driving a truck into a parking garage) 모습이 아니므로 오답.
(D) 정답. 남자가 삽을 이용해 흙을 옮기고 있는(using a shovel to move some dirt) 모습이므로 정답.

---

6 M-Cn

(A) A bridge crosses over a waterway.
(B) A dock is crowded with tourists.
(C) Some boats are sailing in the ocean.
(D) Some ropes are piled on top of a box.

(A) 다리가 수로 위를 가로지르고 있다.
(B) 선착장이 관광객들로 붐빈다.
(C) 배 몇 척이 바다에서 항해하고 있다.
(D) 밧줄 몇 개가 상자 위에 쌓여 있다.

어휘 waterway 수로 dock 선착장, 부두 crowded 붐비는

해설 사물/배경 사진 – 실외 사물의 상태 묘사

(A) 정답. 다리(bridge)가 수로 위를 가로지르고 있는(crosses over a waterway) 상태이므로 정답.
(B) 사진에 없는 명사를 이용한 오답. 사진에 관광객들(tourists)이 보이지 않으므로 오답.
(C) 동사 오답. 배 몇 척(some boats)이 바다에서 항해하고 있는(sailing in the ocean) 모습이 아니라 선착장에 묶여 있는(tied to a dock) 모습이므로 오답.
(D) 동사 오답. 밧줄 몇 개가 상자 위에 쌓여 있는(piled on top of a box) 모습이 아니므로 오답.

PART 2

7

W-Br Will you be paying with cash?
W-Am (A) It is recyclable.
     (B) They paid attention.
     (C) No, with a credit card.

현금으로 지불하시겠어요?
(A) 그건 재활용할 수 있습니다.
(B) 그들은 주의를 기울였어요.
(C) 아니요, 신용카드로 할게요.

어휘 recyclable 재활용 가능한 pay attention 주의를 기울이다

해설 지불 방법을 묻는 조동사(Will) 의문문

(A) 질문과 상관없는 오답. 현금 지불 여부를 묻는 질문에 재활용 가능성으로 응답하고 있으므로 오답.

(B) 유사 발음 오답. 질문의 paying과 부분적으로 발음이 유사한 paid를 이용한 오답.

(C) 정답. 현금으로 지불할지 묻는 질문에 No라고 대답한 후에 구체적인 지불 방법을 알려 주었으므로 정답.

8

M-Au　Why didn't Karin apply for the position?

M-Cn　(A) She isn't qualified.
　　　(B) In the supply drawer.
　　　(C) Sometime last week.

카린은 왜 그 자리에 지원하지 않았죠?
(A) 자격이 되지 않았어요.
(B) 비품 서랍 안에요.
(C) 지난주 언젠가요.

어휘 apply for ~에 지원하다　qualified 자격이 되는, 적격인　supply 비품, 물품　drawer 서랍

해설 지원하지 않은 이유를 묻는 Why 의문문

(A) 정답. 카린이 지원하지 않은 이유를 묻는 질문에 자격이 되지 않았다며 적절한 이유를 댔으므로 정답.

(B) 유사 발음 오답. 질문의 apply와 발음이 일부 유사한 supply를 이용한 오답.

(C) 질문과 상관없는 오답. When 의문문에 대한 응답이므로 오답.

9

W-Am　Is the health-care lecture today or tomorrow?

W-Br　(A) On the corner of Fifth and State Streets.
　　　(B) I'll finish it by the end of the day.
　　　(C) It's today, in fifteen minutes.

건강관리 강의는 오늘인가요, 내일인가요?
(A) 5번 가와 스테이트 가 사이 모퉁이에요.
(B) 오늘 안으로 끝낼게요.
(C) 오늘이에요, 15분 후입니다.

어휘 health-care 건강관리

해설 단어를 연결한 선택 의문문

(A) 질문과 상관없는 오답. Where 의문문에 대한 응답이므로 오답.

(B) 단어 반복 오답. 질문의 today에서 day를 반복 이용한 오답.

(C) 정답. 강의가 오늘인지 혹은 내일인지 묻는 질문에 오늘이라는 선택 사항 중 하나를 택해 구체적으로 응답하였으므로 정답.

10

M-Au　Which train car needs to be inspected?

M-Cn　(A) Tickets are twenty dollars.
　　　(B) The one right behind the engine.
　　　(C) I don't think so.

어느 열차 칸을 점검해야 하나요?
(A) 표는 20달러입니다.
(B) 엔진 바로 뒤에 있는 칸이오.
(C) 아닐걸요.

어휘 inspect 점검하다

해설 점검할 열차 칸을 묻는 Which 의문문

(A) 연상 단어 오답. 질문의 train에서 연상 가능한 tickets를 이용한 오답.

(B) 정답. 점검할 열차 칸을 묻는 질문에 엔진 바로 뒤에 있는 칸이라고 구체적으로 응답했으므로 정답.

(C) 질문과 상관없는 오답. 의견을 구하는 질문이 아닌데 의견으로 응답했으므로 오답.

11

W-Am　Have you found a good doctor yet?

M-Cn　(A) Here, take my pencil.
　　　(B) That's what I think, too.
　　　(C) Yes, I saw her last week.

좋은 의사를 찾으셨나요?
(A) 여기요, 제 연필 받으세요.
(B) 제 생각도 그래요.
(C) 예, 지난주에 그녀에게 진찰을 받았어요.

어휘 see a doctor 진찰 받다

해설 좋은 의사를 찾았는지 묻는 조동사(Have) 의문문

(A) 연상 단어 오답. Have you found ~?에서 연상 가능한 Here을 이용한 오답.

(B) 질문과 상관없는 오답. 사실 확인을 위한 질문에 의견 동조의 표현으로 응답하고 있으므로 오답.

(C) 정답. 좋은 의사를 찾았는지 묻는 질문에 Yes라고 답한 후 지난주에 그녀에게 진찰을 받았다며 추가 정보를 덧붙였으므로 정답.

12

M-Au　When are we leaving for the airport?

W-Am　(A) I believe so.
　　　(B) As soon as the bus arrives.
　　　(C) I did read the report.

우린 언제 공항으로 가나요?
(A) 그렇게 생각해요.
(B) 버스가 도착하자마자요.
(C) 저는 정말 보고서를 읽었어요.

어휘 as soon as ~하자마자

해설 공항으로 출발하는 시점을 묻는 When 의문문

(A) 질문과 상관없는 오답. 의견을 구하는 질문이 아닌데 의견으로 응답했으므로 오답.

(B) 정답. 공항으로 출발하는 시점을 묻는 질문에 버스가 도착하자마자라며 구체적인 시점으로 응답하고 있으므로 정답.

(C) 유사 발음 오답. 질문의 airport와 부분적으로 발음이 유사한 report를 이용한 오답.

TEST 9

13

W-Br Who's taking the shipment up to the tenants in 3D?

M-Au (A) It starts at three-thirty.
(B) Sure, that's fine with me.
(C) I'll ask Daniel to do it.

누가 3D에 있는 세입자에게 배송품을 갖다 주죠?
(A) 3시 30분에 시작합니다.
(B) 그러죠, 전 괜찮습니다.
(C) 제가 다니엘에게 하라고 부탁할게요.

어휘 shipment 배송(품) tenant 세입자

해설 배송자를 묻는 Who 의문문
(A) 단어 반복 오답. 질문의 3D에서 three를 반복 이용한 오답.
(B) 질문과 상관없는 오답. 제안문에 대한 응답이므로 오답.
(C) 정답. 배송자를 묻는 질문에 자신이 다니엘에게 부탁하겠다며 우회적으로 응답했으므로 정답.

14

M-Cn How can we advertise to different age-groups?

W-Br (A) Yes, they are.
(B) By using social media.
(C) No, you have to drive there.

어떻게 하면 다양한 연령층에 광고할 수 있을까요?
(A) 예, 맞아요.
(B) 소셜 미디어를 활용해서요.
(C) 아니요, 거기까지 운전해야 합니다.

어휘 advertise 광고하다

해설 다양한 연령층에 광고하는 방법을 묻는 How 의문문
(A) Yes/No 불가 오답. How 의문문에는 Yes/No 응답이 불가능하므로 오답.
(B) 정답. 다양한 연령층에 광고하는 방법을 묻는 질문에 소셜 미디어를 활용한다는 구체적인 방법으로 응답하고 있으므로 정답.
(C) Yes/No 불가 오답. How 의문문에는 Yes/No 응답이 불가능하므로 오답.

15

M-Au I want to send this package to Texas.

W-Br (A) When does it have to arrive?
(B) Here's the lunch menu.
(C) At the beginning.

이 소포를 텍사스로 보내고 싶어요.
(A) 언제 도착해야 하나요?
(B) 여기 점심 메뉴입니다.
(C) 처음에요.

어휘 package 소포

해설 필요 사항 전달의 평서문
(A) 정답. 소포를 텍사스로 보내고 싶다는 평서문에 도착 시점에 대해 되묻고 있으므로 정답.

(B) 질문과 상관없는 오답. 소포를 보내는 것과 관련없는 점심 메뉴를 건네는 응답을 하고 있으므로 오답.
(C) 질문과 상관없는 오답. When 의문문에 대한 응답이므로 오답.

16

W-Am Where did you put the instruction manual?

M-Cn (A) During our annual fund-raiser.
(B) I left it on your desk.
(C) He didn't introduce me.

사용 설명서를 어디에 두셨죠?
(A) 연례 모금 행사 동안요.
(B) 당신 책상 위에 뒀어요.
(C) 그는 나를 소개하지 않았어요.

어휘 instruction manual 사용 설명서 annual 연례의 fund-raiser 모금 행사

해설 물건을 놔둔 장소를 묻는 Where 의문문
(A) 유사 발음 오답. 질문의 manual과 발음이 일부 유사한 annual을 이용한 오답.
(B) 정답. 물건을 놔둔 장소를 묻는 질문에 책상 위라는 구체적인 장소로 응답했으므로 정답.
(C) 유사 발음 오답. 질문의 instruction과 발음이 일부 유사한 introduce를 이용한 오답.

17

M-Au I hope Mr. Zhou likes our updates to the office design.

M-Cn (A) A new receptionist.
(B) How many signs?
(C) He already approved them.

우리가 수정한 사무실 디자인이 주 씨 마음에 들었으면 좋겠어요.
(A) 새로 온 접수 담당자예요.
(B) 표지판이 몇 개예요?
(C) 그는 이미 승인했어요.

어휘 receptionist 접수 담당자 approve 승인하다

해설 희망 사항 전달의 평서문
(A) 질문과 상관없는 오답. Who 의문문에 대한 응답이므로 오답.
(B) 유사 발음 오답. 평서문의 design과 부분적으로 발음이 유사한 signs를 이용한 오답.
(C) 정답. 수정된 사무실 디자인을 주 씨가 좋아하면 좋겠다는 희망 사항에 대해 그가 이미 승인했다는 사실 전달로 응답했으므로 정답.

18

W-Am When're we going to hear from the architect?

W-Br (A) That sounds great.
(B) Probably this afternoon.
(C) An office building on Vine Street.

건축가에게 언제쯤 연락이 올까요?
(A) 멋지네요.
(B) 아마 오늘 오후요.
(C) 바인 가에 있는 업무용 빌딩이에요.

어휘 architect 건축가 probably 아마도

해설 건축가에게 연락 올 시점을 묻는 When 의문문
(A) 질문과 상관없는 오답. 제안문에 어울리는 응답이므로 오답.
(B) 정답. 건축가에게 연락 올 시점을 묻는 질문에 오늘 오후라며 구체적인 시점으로 응답하고 있으므로 정답.
(C) 연상 단어 오답. 질문의 architect에서 연상 가능한 office building을 이용한 오답.

19

W-Am Could you remind me to call the cleaning service tomorrow?
M-Cn **(A)** Next to the front office.
　　　 (B) Sorry, I'll be on vacation.
　　　 (C) A broken window.

내일 청소업체에 전화하라고 일러 주실래요?
(A) 본부 옆이요.
(B) 죄송해요, 저 휴가예요.
(C) 깨진 창문이요.

어휘 remind 일러 주다 front office 본부

해설 부탁/요청의 의문문
(A) 질문과 상관없는 오답. Where 의문문에 대한 응답이므로 오답.
(B) 정답. 업체에 전화하도록 상기시켜 달라고 했을 때 미안하지만 휴가라고 우회적으로 거절하고 있으므로 정답.
(C) 질문과 상관없는 오답. What 의문문에 대한 응답이므로 오답.

20

M-Cn Who received the promotion to department director?
W-Br **(A) It hasn't been announced.**
　　　 (B) Right, a large account.
　　　 (C) OK, I'll think about it.

누가 부서장으로 승진했나요?
(A) 아직 발표되지 않았어요.
(B) 맞아요, 중요한 고객이죠.
(C) 좋아요, 생각해 보죠.

어휘 promotion 승진 department director 부서장 announce 발표하다 account 고객

해설 승진자를 묻는 Who 의문문
(A) 정답. 부서장으로 승진한 사람을 묻는 질문에 아직 발표되지 않았다며 우회적으로 응답하고 있으므로 정답.
(B) 질문과 상관없는 오답. 의문사 의문문에 대해 의견 동조로 응답하고 있으므로 오답.

(C) 질문과 상관없는 오답. 승진자를 묻는 질문에 OK라고 답할 수 없으므로 오답.

21

W-Br Are there enough presentation packets, or should I get some more?
W-Am **(A) We need five more.**
　　　 (B) I think that's your jacket.
　　　 (C) Twenty percent off.

설명회 자료집이 충분한가요, 아니면 좀 더 마련해야 할까요?
(A) 다섯 개 더 필요해요.
(B) 저건 당신 재킷 같은데요.
(C) 20퍼센트 할인이요.

어휘 presentation 설명회, 프레젠테이션 packet 자료집

해설 절을 연결한 선택 의문문
(A) 정답. 자료집이 충분한지 혹은 더 마련해야 하는지 묻는 질문에 다섯 개가 더 필요하다며 선택 사항 중 하나를 택했으므로 정답.
(B) 유사 발음 오답. 질문의 packets와 발음이 일부 유사한 jacket을 이용한 오답.
(C) 질문과 상관없는 오답. How much 의문문에 대한 응답이므로 오답.

22

M-Cn How do I volunteer to help with the company picnic?
W-Am **(A)** I'd like a lemonade, please.
　　　 (B) They played a great game.
　　　 (C) Megumi is organizing that.

자원해서 회사 야유회를 도우려면 어떻게 하면 되나요?
(A) 레모네이드 한 잔 주세요.
(B) 그들은 대단한 경기를 했어요.
(C) 메구미가 준비하고 있어요.

어휘 volunteer 자원하다 organize 준비[계획]하다

해설 자원 봉사 방법을 묻는 How 의문문
(A) 질문과 상관없는 오답. How can I help you? 의문문에 대한 응답이므로 오답.
(B) 질문과 상관없는 오답. 방법을 묻는 질문에 소감으로 응답하고 있으므로 오답.
(C) 정답. 야유회 자원 봉사 방법을 묻는 질문에 메구미가 준비하고 있다며 우회적으로 응답했으므로 정답.

23

W-Br Helen's training the new interns, isn't she?
M-Au **(A) No, she works at the branch office now.**
　　　 (B) To Grandville University.
　　　 (C) We can take the later train.

헬렌이 신입 인턴들을 교육하고 있죠, 그렇죠?
(A) 아니요, 그녀는 지금 지사에서 일해요.
(B) 그랜드빌 대학으로요.
(C) 우리는 다음 기차를 타면 되요.

어휘 branch office 지사

해설 인턴 교육을 하고 있는지 여부를 확인하는 부가 의문문

(A) 정답. 헬렌이 인턴 교육을 하고 있는지 여부를 묻는 질문에 No라고 대답한 후에 그녀는 지금 지사에서 일한다며 그에 호응하는 추가 정보를 덧붙였으므로 정답.

(B) 질문과 상관없는 오답. Where 의문문에 대한 응답이므로 오답.

(C) 유사 발음 오답. 질문의 training과 발음이 유사한 train을 이용한 오답.

24

M-Cn Is the maintenance staff going to polish the floors next week?

W-Br (A) They do it once a month.
(B) I decided not to go after all.
(C) No, it's not on Main Street.

관리팀이 다음 주에 바닥 광을 내나요?
(A) 그들은 그 일을 한 달에 한 번씩 해요.
(B) 저는 결국 가지 않기로 했어요.
(C) 아니요, 그건 메인 가에 없어요.

어휘 maintenance staff 관리팀 polish 광내다 after all 결국, 어쨌든

해설 계획 여부를 묻는 Be동사 의문문

(A) 정답. 관리팀의 다음 주 바닥 관련 계획 여부를 묻는 질문에 그 일은 한 달에 한 번씩 한다며 우회적으로 응답하고 있으므로 정답.

(B) 단어 반복 오답. 질문의 going에서 go를 반복 이용한 오답.

(C) 유사 발음 오답. 질문의 maintenance와 부분적으로 발음이 유사한 Main Street를 이용한 오답.

25

M-Cn Where should I park the delivery truck?

M-Au (A) Do you know where the loading dock is?
(B) I'd love to go to the park.
(C) Yes, we do deliver on Sundays.

배달 트럭을 어디에 주차해야 하나요?
(A) 하역장이 어딘지 아세요?
(B) 공원에 가고 싶어요.
(C) 예, 일요일에도 배달합니다.

어휘 delivery 배달 loading dock 하역장

해설 주차 장소를 묻는 Where 의문문

(A) 정답. 주차 장소를 묻는 질문에 하역장의 위치를 아는지 되물으며 구체적인 장소로 응답했으므로 정답.

(B) 단어 반복 오답. 질문의 park를 반복 이용한 오답.

(C) Yes/No 불가 오답. Where 의문문에는 Yes/No 응답이 불가능하므로 오답.

26

W-Am Would you like me to call you a taxi?

M-Cn (A) About seven kilometers.
(B) My car's right around the corner.
(C) Thank you for your visit.

택시를 불러 드릴까요?
(A) 약 7킬로미터예요.
(B) 제 차가 아주 가까이에 있어요.
(C) 와 주셔서 감사합니다.

어휘 right around the corner 아주 가까이에

해설 제안/권유의 의문문

(A) 질문과 상관없는 오답. 길이를 묻는 How long 의문문에 대한 응답이므로 오답.

(B) 정답. 택시를 불러 주겠다고 제안하는 질문에 자신의 차가 가까이에 있다며 우회적으로 거절하고 있으므로 정답.

(C) 연상 단어 오답. 질문의 Would you like ~?에서 연상 가능한 대답인 Thank you를 이용한 오답.

27

W-Br Didn't Insook leave the store at five yesterday?

M-Au (A) In the storage room.
(B) I need to go shopping today.
(C) No—she stayed late to help a customer.

인숙 씨 어제 5시에 가게를 나가지 않았나요?
(A) 창고에 있어요.
(B) 전 오늘 쇼핑을 가야 해요.
(C) 아니요, 고객을 돕느라 늦게까지 남아 있었어요.

어휘 storage room 창고

해설 사실 여부를 확인하는 부정 의문문

(A) 유사 발음 오답. 질문의 store와 발음이 일부 유사한 storage를 이용한 오답.

(B) 연상 단어 오답. 질문의 store에서 연상 가능한 go shopping을 이용한 오답.

(C) 정답. 특정인이 어제 5시에 가게를 떠났는지를 확인하는 질문에 No라고 한 후에 고객을 돕느라 남아 있었다는 이유를 덧붙이고 있으므로 정답.

28

W-Am You've placed your food order already, haven't you?

W-Br (A) A table for ten, please.
(B) I'm still waiting for a menu.
(C) The office supplies haven't arrived.

음식은 이미 주문하셨죠?
(A) 10인용 테이블이요.
(B) 아직 메뉴판을 기다리고 있어요.
(C) 사무용품이 도착하지 않았어요.

어휘 place an order 주문하다　office supplies 사무용품

해설 음식을 주문했는지 여부를 확인하는 부가 의문문

(A) 연상 단어 오답. 질문의 food order에서 연상 가능한 A table for ten을 이용한 오답.

(B) 정답. 음식을 주문했는지 여부를 묻는 질문에 아직 메뉴판을 기다리고 있다며 주문을 못했다고 우회적으로 응답하고 있으므로 정답.

(C) 단어 반복 오답. 질문의 haven't를 반복 이용한 오답.

29

M-Cn　What section of the speech do you want to start working on?

M-Au　(A) The awards ceremony isn't until the eighth!

(B) She's changing jobs.

(C) This microphone doesn't work.

연설문 어느 부분부터 먼저 작성하고 싶으세요?

(A) 시상식은 8일이에요!

(B) 그녀는 이직 중이에요.

(C) 이 마이크는 작동이 안 돼요.

어휘 awards ceremony 시상식　work 작동하다

해설 먼저 작성하고 싶은 부분을 묻는 What 의문문

(A) 정답. 연설문에서 먼저 작성하고 싶은 부분을 묻는 질문에 시간적인 여유가 있다는 것을 알리며 우회적으로 응답하고 있으므로 정답.

(B) 연상 단어 오답. 질문의 working에서 연상 가능한 jobs를 이용한 오답.

(C) 유사 발음 오답. 질문의 working과 부분적으로 발음이 유사한 work를 이용한 오답.

30

W-Br　Should we use the extra money on computers or on chairs?

M-Cn　(A) Please, have a seat over there.

(B) On the lower right corner of the screen.

(C) We've had the same computers for five years.

여분의 돈은 컴퓨터에 써야 할까요, 아니면 의자에 써야 할까요?

(A) 저기 앉으세요.

(B) 화면 오른쪽 하단 모서리요.

(C) 우린 5년째 같은 컴퓨터를 쓰고 있어요.

어휘 extra 여분의, 추가의

해설 단어를 연결한 선택 의문문

(A) 연상 단어 오답. 질문의 chairs에서 연상 가능한 seat을 이용한 오답.

(B) 연상 단어 오답. 질문의 computers에서 연상 가능한 screen을 이용한 오답.

(C) 정답. 돈이 쓰일 품목을 묻는 선택 의문문에 5년째 같은 컴퓨터를 쓰고 있다며 컴퓨터에 돈을 써야 한다는 대답을 우회적으로 표현했으므로 정답.

31

M-Au　Ms. Sato can't go to the board meeting today.

W-Am　(A) Oh, then I'll take the notes.

(B) Actually, I'm a vegetarian.

(C) Conference Room B.

사토 씨는 오늘 이사회에 갈 수 없어요.

(A) 아, 그럼 제가 메모할게요.

(B) 실은 저 채식주의자예요.

(C) B 회의실입니다.

어휘 board meeting 이사회　vegetarian 채식주의자　conference 회의

해설 사실/정보 전달의 평서문

(A) 정답. 사토 씨는 오늘 이사회에 갈 수 없다며 정보를 전달하는 평서문에 그럼 자신이 메모하겠다는 대안을 제시하고 있으므로 정답.

(B) 질문과 상관없는 오답. 사토 씨가 이사회에 갈 수 없다는 정보와 관계 없는 본인의 식단 관리와 관련된 응답을 하고 있으므로 오답.

(C) 연상 단어 오답. 질문의 meeting에서 연상 가능한 conference를 이용한 오답.

PART 3

32-34

M-Au　Hello, I have a reservation for tonight, but I can't remember my confirmation number.

W-Am　No problem. **33What's your name?**

M-Au　It's Martin Harris.

W-Am　OK, here it is. **32You'll be staying with us for three nights. OK, here's your room key**. Is there anything else I can help you with?

M-Au　Yes, where are the vending machines? I'm a bit hungry.

W-Am　**34There's a snack machine down this hall to the right.**

M-Au　Great. **34I can stop there on the way to my room.**

남　안녕하세요, 오늘 밤 예약이 되어 있는데, 예약 확인 번호가 기억나지 않네요.

여　괜찮습니다. **성함이 어떻게 되시죠?**

남　마틴 해리스입니다.

여　좋아요, 여기 있네요. **사흘 동안 저희 호텔에서 지내시게 됩니다. 여기 방 열쇠입니다.** 뭐 다른 건 도와 드릴 게 없나요?

남　네, 자판기가 어디 있죠? 배가 좀 고프네요.

여　**이 복도 오른쪽에 간식 자판기가 있어요.**

남　잘됐네요. 제 방으로 가는 길에 거기 들르면 되겠어요.

어휘	reservation 예약 confirmation 확인 vending machine 자판기

32

Where are the speakers?

(A) At an airport

(B) At a restaurant

(C) At a theater

(D) At a hotel

화자들은 어디에 있는가?

(A) 공항

(B) 식당

(C) 극장

(D) 호텔

해설 전체 내용 관련 – 대화 장소

대화 중반부에 여자가 남자에게 사흘 동안 저희 호텔에서 지내시게 된다 (You'll be staying with us for three nights)며 여기 방 열쇠다(OK, here's your room key)라고 말하는 것으로 보아 화자들이 있는 장소는 호텔임을 알 수 있다. 따라서 정답은 (D)이다.

33

What does the woman ask the man for?

(A) His reservation number

(B) His name

(C) His departure day

(D) His credit card

여자가 남자에게 요청한 것은 무엇인가?

(A) 예약 번호

(B) 이름

(C) 출발일

(D) 신용카드

어휘 departure 출발

해설 세부사항 관련 – 여자의 요청 사항

여자가 첫 번째 대사에서 이름이 어떻게 되는지(What's your name?) 묻고 있으므로 정답은 (B)이다.

34

What will the man most likely do next?

(A) Park his car

(B) Upgrade a reservation

(C) Buy a snack

(D) Go to the pool

남자는 다음에 무엇을 하겠는가?

(A) 차를 주차한다.

(B) 예약을 상위 등급으로 높인다.

(C) 간식을 산다.

(D) 수영장으로 간다.

해설 세부사항 관련 – 남자가 다음에 할 행동

여자가 세 번째 대사에서 복도 오른쪽에 간식 자판기가 있다(There's a snack machine down this hall to the right)고 했고 뒤이어 남자가 방으로 가는 길에 거기 들르면 되겠다(I can stop there on the way to my room)고 했으므로 남자가 간식을 살 것임을 예상할 수 있다. 따라서 정답은 (C)이다.

35-37

M-Cn	35Hamilton Properties. This is the manager's office. How can I help you?
W-Br	Hi. I live in apartment four-C. 36I need someone to come check my air-conditioning unit.
M-Cn	OK. What seems to be the problem?
W-Br	Well, it was working yesterday, but 36today it won't turn on. It's starting to get hot inside the apartment.
M-Cn	I'll send a technician out. 37What's your phone number so he can call to let you know when he'll be there?
W-Br	It's 555-0124.
M-Cn	All right. Someone will call you shortly.
남	해밀턴 부동산 관리소장실입니다. 무엇을 도와 드릴까요?
여	안녕하세요. 저는 4-C 아파트에 살고 있습니다. 누가 와서 에어컨 좀 점검해 주세요.
남	알겠습니다. 무슨 문제인 것 같나요?
여	에어컨이 어제는 돌아갔는데 오늘은 켜지지가 않네요. 아파트 실내가 더워지고 있어요.
남	기술자를 보내겠습니다. 기술자가 언제 도착할지 알려 드릴 수 있도록 전화번호를 주시겠어요?
여	555-0124번입니다.
남	좋습니다. 곧 누가 전화를 드릴 겁니다.

어휘	property 부동산, 재산 turn on 켜지다 technician 기술자 shortly 곧

35

Who most likely is the man?

(A) A painter

(B) A security guard

(C) A bank teller

(D) A property manager

남자는 누구이겠는가?

(A) 페인트공

(B) 경비원

(C) 은행원

(D) 건물 관리자

어휘 bank teller 은행원

해설 전체 내용 관련 - 남자의 신분

대화 초반부에 남자가 해밀턴 부동산 관리소장실(Hamilton Properties. This is the manager's office)이라고 했으므로 남자는 건물을 관리하는 사람임을 알 수 있다. 따라서 정답은 (D)이다.

36

What problem does the woman have?

(A) She found a mistake on a bill.
(B) She cannot locate a door key.
(C) An air conditioner is not working.
(D) An apartment is too noisy.

여자의 문제는 무엇인가?
(A) 관리비 영수증에 오류를 발견했다.
(B) 문 열쇠를 찾을 수 없다.
(C) 에어컨이 작동하지 않는다.
(D) 아파트가 너무 시끄럽다.

어휘 bill 고지서 locate 찾다 work 작동하다 noisy 시끄러운

해설 세부사항 관련 - 여자의 문제

여자가 첫 번째 대사에서 누가 와서 에어컨 좀 점검해 달라(I need someone to come check my air-conditioning unit)고 한 후, 두 번째 대사에서 오늘은 켜지지 않는다(today it won't turn on)고 했다. 여기서 it은 air-conditioning unit을 지칭하므로 정답은 (C)이다.

> ▶▶ Paraphrasing   대화의 **air-conditioning unit**
> → 정답의 **air conditioner**
> 대화의 **won't turn on** → 정답의 **is not working**

37

What information does the man ask for?

(A) An address
(B) A security code
(C) A telephone number
(D) An appointment time

남자가 요구한 정보는 무엇인가?
(A) 주소
(B) 보안코드
(C) 전화번호
(D) 예약 시간

어휘 appointment 예약

해설 세부사항 관련 - 남자의 요구 사항

남자가 세 번째 대사에서 전화번호가 무엇인지(What's your phone number?) 물었으므로 정답은 (C)이다.

38-40

W-Am Hi, Jermaine. ³⁸**We've been producing a lot of sports beverages here at the factory lately,** and our supply of bottles will only last another month or so. Can you place an order for another shipment of bottles?

M-Au Sure, but should I use the same supplier as last time?

W-Am ³⁹**That depends on whether they can give us a lower price on future orders.** Could you negotiate the price with them?

M-Au Hmm… good idea. ⁴⁰**I'll call the supplier and see what they say.**

여 안녕하세요, 저메인. **최근 이곳 공장에서 스포츠 음료를 많이 생산하고 있는데**, 비축된 병이 한 달 남짓이면 다 떨어져요. 병을 더 주문해 주시겠어요?

남 그러죠, 지난번과 같은 납품업자를 이용해야 할까요?

여 **앞으로 주문 시 더 낮은 가격에 줄 수 있는지에 달려 있죠.** 가격을 협상해 보시겠어요?

남 음… 그게 좋겠네요. **납품업자에게 전화해서 이야기를 들어 볼게요.**

어휘 beverage 음료 factory 공장 lately 최근 supply 공급[비축](량) place an order 주문하다 shipment 배송(품) supplier 납품업자 depend on ~에 달려 있다 negotiate 협상하다

38

Where do the speakers most likely work?

(A) At a manufacturing plant
(B) At a delivery company
(C) At a fitness center
(D) At a grocery store

화자들은 어디에서 일하겠는가?
(A) 제조 공장
(B) 배송업체
(C) 헬스장
(D) 식료품점

어휘 manufacturing 제조(업) delivery 배송 grocery 식료품

해설 전체 내용 관련 - 화자들의 근무지

대화 초반부에 여자가 남자에게 우리가 최근 이곳 공장에서 스포츠 음료를 많이 생산하고 있다(We've been producing a lot of sports beverages here at the factory lately)고 하는 것으로 보아 화자들이 근무하는 곳은 음료 제조 공장임을 알 수 있다. 따라서 정답은 (A)이다.

> ▶▶ Paraphrasing   대화의 **factory** → 정답의 **manufacturing plant**

39

According to the woman, what does a decision depend on?

(A) Employee availability
(B) Government regulations
(C) A price
(D) A timeline

여자에 의하면, 결정은 무엇에 달려 있는가?

(A) 직원의 업무 가능 여부
(B) 정부 규제
(C) 가격
(D) 일정

어휘 employee 직원 availability 이용 가능성 regulation 규제

해설 세부사항 관련 – 결정 시 고려 사항

여자는 두 번째 대사에서 앞으로 주문 시 더 낮은 가격에 줄 수 있는지에 달려 있다(That depends on whether they can give us a lower price on future orders)며 납품업자 결정 시 고려 사항에 대해 설명하고 있으므로 정답은 (C)이다.

40

What does the man say he will do?

(A) Check delivery dates
(B) Schedule an inspection
(C) Contact a supplier
(D) Test a product

남자는 무엇을 하겠다고 말하는가?

(A) 배송일 확인하기
(B) 점검 일정 잡기
(C) 납품업자에게 연락하기
(D) 제품 시험하기

어휘 inspection 점검 contact 연락하다 supplier 납품업자

해설 세부사항 관련 – 남자가 할 행동

남자가 마지막 대사에서 납품업자에게 전화해서 이야기를 들어 보겠다(I'll call the supplier and see what they say)고 했으므로 정답은 (C)이다.

> ▸▸ Paraphrasing 대화의 **call** → 정답의 **Contact**

41-43

W-Br **41Edwin, you've been a tour guide with our company for six months now.** How's it going?

M-Cn Great. **42I really love this job. It's given me a chance to learn about the history of the city.** I have a lot more knowledge now about the places we visit.

W-Br That's good. And I've heard customers say your tours are very interesting. So, I was wondering if you'd like to increase your hours. **43Would you be interested in working a couple of extra shifts each week?**

M-Cn Yes, I'd like that a lot. I could work on weekends if you need me.

여 에드윈, 우리 회사에서 관광 가이드로 일한 지 6개월이 되었네요. 어때요?

남 아주 좋아요. 전 이 일이 정말 좋아요. 도시의 역사에 대해 배울 수 있는 기회가 되거든요. 이제 우리가 방문하는 장소에 대해 훨씬 더 많이 알게 되었어요.

여 잘됐네요. 그리고 고객들이 당신 투어가 매우 흥미롭다고 말하던데요. 그래서 시간을 늘릴 의향이 있는지 궁금했어요. **매주 교대근무를 두어 번 더 하는 건 어때요?**

남 예, 아주 좋죠. 필요하다면 주말에도 일할 수 있어요.

어휘 knowledge 지식 increase 늘리다 shift 교대근무

41

What is the man's job?

(A) University professor
(B) Newspaper reporter
(C) Flight attendant
(D) Tour guide

남자의 직업은 무엇인가?

(A) 대학 교수
(B) 신문 기자
(C) 비행기 승무원
(D) 관광 가이드

어휘 professor 교수 attendant 승무원

해설 전체 내용 관련 – 남자의 직업

대화 초반부에 여자가 상대방 남자인 에드윈을 호명하며 우리 회사에서 관광 가이드로 일한 지 6개월이 되었다(Edwin, you've been a tour guide with our company for six months now)고 했으므로 정답은 (D)이다.

42

What does the man say he likes about the job?

(A) Meeting city officials
(B) Traveling to other countries
(C) Learning about local history
(D) Attending special celebrations

남자는 직업의 어떤 점이 마음에 든다고 말하는가?

(A) 시 공무원들 만나기
(B) 외국 여행하기
(C) 지역 역사에 대해 배우기
(D) 특별 축하행사에 참석하기

어휘 official 공무원 local 지역의 celebration 축하행사

해설 세부사항 관련 – 남자가 직업에 대해 맘에 들어 하는 점

남자가 첫 번째 대사에서 일이 정말 좋다(I really love this job)며 도시의 역사에 대해 배울 수 있는 기회가 된다(It's given me a chance to learn about the history of the city)고 했으므로 정답은 (C)이다.

> ▸ Paraphrasing 대화의 the history of the city
> → 정답의 local history

43

What does the woman ask the man to do?

(A) Write an article
(B) Work more hours
(C) Train new employees
(D) Organize an event

여자가 남자에게 부탁한 일은 무엇인가?

(A) 기사 작성하기
(B) 근무시간 연장하기
(C) 신입사원 교육하기
(D) 행사 준비하기

어휘 article 기사 organize 준비[계획]하다

해설 세부사항 관련 – 여자의 요청 사항

여자가 두 번째 대사에서 매주 교대근무를 두어 번 더 하는 건 어떤지(Would you be interested in working a couple of extra shifts each week?) 묻고 있으므로 정답은 (B)이다.

> ▸ Paraphrasing 대화의 a couple of extra shifts
> → 정답의 more hours

44-46

W-Am	Mr. Stern, I have an idea for our newspaper's upcoming edition. **⁴⁴A lot of farmers markets in this region open during the summer months, so I'd like to write a short piece about them.**
M-Au	That would work well. **⁴⁵Are you planning to interview the vendors who are selling produce?** We've received a lot of positive feedback from our readers when we print stories about local business owners.
W-Am	That's a good idea, but **⁴⁶I'll need to find a photographer to accompany me this weekend.**
M-Au	I don't think Elena has any assignments.
W-Am	Great! I'll speak with her now.
여	스턴 씨, 이번 호 우리 신문에 대해 아이디어가 있어요. **여름철이면 이 지역에 농산물 직판장이 많이 열리잖아요. 그래서 거기에 관해서 짤막한 기사를 써 보고 싶어요.**

남	괜찮을 거 같네요. **농산물 파는 상인들을 인터뷰할 계획인가요?** 지역 기업주들에 대한 이야기를 게재하면 독자들에게 긍정적인 의견을 많이 받거든요.
여	좋은 생각이긴 한데, **이번 주말에 같이 갈 사진기자를 찾아야 해요.**
남	엘레나는 할당된 임무가 없을 거예요.
여	잘됐네요! 바로 엘레나에게 이야기할게요.

어휘	upcoming 이번의, 다가오는 farmers market 농산물 직판장 region 지역 piece 기사[글] vendor 상인 produce 농산물 receive 받다 positive 긍정적인 accompany 동행하다 assignment (할당된) 임무, 과제

44

What will be the topic of the woman's article?

(A) Music festivals
(B) Local restaurants
(C) Farmers markets
(D) Sporting events

여자 기사의 주제는 무엇인가?

(A) 음악 축제
(B) 지역 식당
(C) 농산물 직판장
(D) 스포츠 행사

해설 세부사항 관련 – 여자 기사의 주제

대화 초반부에 여자가 농산물 직판장이 많이 열리므로 그에 대한 기사를 쓰고 싶다(A lot of farmers markets in this region open during the summer months, so I'd like to write a short piece about them)고 했으므로 정답은 (C)이다.

45

What does the man ask the woman about?

(A) Interviewing some vendors
(B) Reformatting some images
(C) Extending a deadline
(D) Making travel arrangements

남자가 여자에게 질문한 것은 무엇인가?

(A) 상인 인터뷰
(B) 일부 이미지 형식 변경
(C) 마감 연장
(D) 출장 준비

어휘 reformat 형식을 바꾸다 extend 연장하다 arrangement 준비

해설 세부사항 관련 – 남자의 질문

남자가 첫 번째 대사에서 농산물 파는 상인들을 인터뷰할지(Are you planning to interview the vendors who are selling produce?) 물었으므로 정답은 (A)이다.

46

What does the man mean when he says, "I don't think Elena has any assignments"?

(A) A colleague completes tasks quickly.
(B) A colleague may be available for a job.
(C) An office does not need more staff.
(D) A schedule may be incorrect.

남자가 "엘레나는 할당된 업무가 없을 거예요"라고 말한 의도는 무엇인가?
(A) 동료가 업무를 일찍 끝낸다.
(B) 동료가 일할 수 있을 것이다.
(C) 사무실에는 직원이 더 필요 없다.
(D) 일정이 정확하지 않을 수도 있다.

어휘 colleague 동료 complete 완료하다 available 이용할 수 있는 incorrect 정확하지 않은, 틀린

해설 화자의 의도 파악 – 엘레나는 할당된 업무가 없을거라는 말의 의미
여자가 두 번째 대사에서 이번 주말에 같이 갈 사진기자를 찾아야 한다(I'll need to find a photographer to accompany me this weekend)고 한 것에 대해 한 말이므로 동료가 일할 수도 있음을 알리기 위해 한 말임을 알 수 있다. 따라서 정답은 (B)이다.

47-49

M-Au	Anita, **47congratulations on publishing your book about fund-raising for nonprofit organizations!**
W-Br	Thanks! I couldn't have done it without the input from everyone here at the Society for Wildlife Preservation.
M-Au	If it's possible, **48I'd really like you to give a talk on your book to the staff.** I think it'd really motivate everyone to think creatively about how we can attract more donors to help our cause.
W-Br	Sure, I can do that, but it'll have to wait until next month because **49I'm attending that convention on protecting the rain forest.**
남	아니타, 비영리 단체를 위한 기금 모금에 관한 책을 출판하셨네요, 축하해요!
여	고마워요! 여기 야생동물보존협회 모든 사람들의 의견이 없었다면 할 수 없었을 거예요.
남	가능하면 당신 책에 대해 직원들에게 강연했으면 해요. 어떻게 하면 우리의 목표를 도울 기부자를 더 많이 끌어 모을 수 있을지 모든 사람이 창의적으로 생각하도록 자극이 될 거예요.
여	물론이죠, 할 수 있어요. 그런데 제가 열대우림 보호 관련 회의에 참석할 예정이라 다음 달까지 기다려야 해요.

어휘 congratulations on ~을 축하하다 publish 출판하다 fund-raising 기금 모금 nonprofit 비영리의 organization 단체 input 의견 society 협회

wildlife 야생동물 preservation 보존, 보호 motivate 자극이 되다 creatively 창의적으로 attract 끌어 모으다 donor 기부자 cause 목표, 대의명분 convention 회의 protect 보호하다 rain forest 열대우림

47

Why does the man congratulate the woman?

(A) She recently published a book.
(B) She just received a promotion.
(C) She acquired a major account.
(D) She completed a business course.

남자가 여자를 축하한 이유는 무엇인가?
(A) 여자가 최근에 책을 출판했다.
(B) 여자가 막 승진했다.
(C) 여자가 중요한 고객을 확보했다.
(D) 여자가 경영학 과정을 마쳤다.

어휘 recently 최근 promotion 승진 acquire 획득하다 account 고객 complete 마치다

해설 세부사항 관련 – 남자가 여자를 축하한 이유
남자가 첫 번째 대사에서 여자에게 비영리 단체를 위한 기금 모금에 관한 책 출판을 축하한다(congratulations on publishing your book about fund-raising for nonprofit organizations)고 했으므로 정답은 (A)이다.

48

What does the man ask the woman to do?

(A) Update a reservation
(B) Meet with a new client
(C) Submit a budget report
(D) Give a talk to staff members

남자가 여자에게 요청한 일은 무엇인가?
(A) 예약 수정하기
(B) 신규 고객 면담하기
(C) 예산 보고서 제출하기
(D) 직원들에게 강연하기

어휘 reservation 예약 client 고객 submit 제출하다 budget 예산

해설 세부사항 관련 – 남자의 요청 사항
남자가 대화 중반부에서 당신 책에 대해 직원들에게 강연했으면 한다(I'd really like you to give a talk on your book to the staff)고 했으므로 정답은 (D)이다.

49

Where does the woman say she will be going?

(A) To a fund-raising event
(B) To a convention
(C) On a vacation
(D) On a promotional tour

여자는 어디에 갈 것이라고 말하는가?
(A) 기금 모금 행사
(B) 회의
(C) 휴가
(D) 홍보 투어

어휘 fund-raising 기금 모금   promotional 홍보의

해설 세부사항 관련 – 여자가 갈 곳
여자는 마지막 대사에서 자신이 열대우림 보호 관련 회의에 참석할 예정(I'm attending that convention on protecting the rain forest)이라고 했으므로 정답은 (B)이다.

50-52 3인 대화

M-Cn **50Ms. Lombardo, let me introduce you to my coworker Tom. He'll be helping me with the designs for your remodeling project.** We're here today to see the space and listen to your ideas.

W-Am Thank you both for coming. It's nice to meet you, Tom. Now, **51I'd like to talk about what's available for flooring first.**

M-Au Sure, there are some great laminate flooring options. They're fairly inexpensive and very durable.

M-Cn Yes, that's right. **52Tom, why don't you show her the flooring section of the catalog?**

남1 롬바르도 씨, 제 동료 톰을 소개합니다. 저를 도와서 고객님의 리모델링 프로젝트를 위한 디자인을 만들 겁니다. 공간을 보고 고객님의 생각을 듣기 위해 오늘 여기 왔습니다.

여 두 분 다 와 주셔서 감사합니다. 톰, 만나서 반가워요. 자, **먼저 바닥재로 쓸 만한 게 뭔지 이야기하고 싶어요.**

남2 그러죠, 아주 좋은 강화마루 선택사항들이 있어요. 꽤 저렴하고 내구성도 아주 좋아요.

남1 맞아요. **톰, 고객님에게 카탈로그 바닥재 부분을 보여 주시겠어요?**

어휘 available 이용 가능한 laminate floor 강화마루
fairly 꽤 inexpensive 저렴한 durable 내구성이 좋은

50
Who most likely are the men?
(A) Real estate agents
(B) Interior designers
(C) Marketing executives
(D) Bank managers

남자들은 누구이겠는가?
(A) 부동산 중개업자
(B) 인테리어 디자이너
(C) 마케팅 임원
(D) 은행 지점장

어휘 real estate 부동산   executive 임원, 간부

해설 전체 내용 관련 – 남자들의 신분
대화 초반부에 남자가 롬바르도 씨(여자)를 호명하며 동료 톰을 소개하겠다(Ms. Lombardo, let me introduce you to my coworker Tom)고 했고 자신을 도와 리모델링 프로젝트를 위한 디자인을 만들 것(He'll be helping me with the designs for your remodeling project.)이라고 했으므로 남자들이 인테리어 디자이너임을 알 수 있다. 따라서 정답은 (B)이다.

51
What does the woman want to discuss first?
(A) A delivery time
(B) A rental fee
(C) Some flooring options
(D) Some machinery upgrades

여자가 먼저 의논하고 싶은 것은 무엇인가?
(A) 배송 시간
(B) 임대료
(C) 바닥재 선택사항
(D) 기계 개선

어휘 rental 임대   machinery 기계

해설 세부사항 관련 – 여자가 의논하고 싶은 것
여자가 대화 중반부에서 먼저 바닥재로 쓸 만한 게 뭔지 이야기하고 싶다(I'd like to talk about what's available for flooring first)고 했으므로 정답은 (C)이다.

> ▸▸ Paraphrasing   대화의 **what's available for flooring**
> → 정답의 **flooring options**

52
What will the woman most likely do next?
(A) Look at a catalog
(B) Cancel a meeting
(C) Review a receipt
(D) Call a supervisor

여자는 다음에 무엇을 하겠는가?
(A) 카탈로그를 본다.
(B) 회의를 취소한다.
(C) 영수증을 검토한다.
(D) 상사에게 전화한다.

어휘 cancel 취소하다   receipt 영수증   supervisor 상사

해설 세부사항 관련 – 여자가 다음에 할 행동
남자1이 마지막 대사에서 톰을 호명하며 여자에게 카탈로그 바닥재 부분을 보여 주겠냐(Tom, why don't you show her the flooring section of the catalog?)고 물어보고 있으므로 여자가 다음에 카탈로그를 볼 것임을 예상할 수 있다. 따라서 정답은 (A)이다.

TEST 9

53-55

W-Br	Amir, can you help me? **53I'm trying to set up the conference room projector for a workshop I'm giving at two o'clock.**
M-Cn	Sure. What's the problem?
W-Br	Well, I'm having trouble connecting the projector to my laptop. **54My laptop cable isn't compatible with the projector.**
M-Cn	Did the company just issue you a new laptop?
W-Br	Yes—last week.
M-Cn	Our new work laptops require a different cable. It should be in the box they gave you when they delivered your laptop. **55You should go look in your office.**
W-Br	Thanks so much. I'll do that now.
여	아미르, 좀 도와 주실래요? **2시에 제가 진행하는 워크샵 때문에 회의실에 프로젝터를 설치하려고 해요.**
남	그렇군요. 뭐가 문제죠?
여	프로젝터와 노트북이 연결이 잘 안 되네요. **노트북 케이블이 프로젝터와 호환이 안 돼요.**
남	회사에서 얼마 전에 새 노트북을 지급했나요?
여	예, 지난주예요.
남	새로운 업무용 노트북에는 다른 케이블이 필요해요. 노트북을 배송할 때 준 상자 안에 있을 거예요. **가서 사무실에서 찾아 보세요.**
여	정말 고마워요. 당장 할게요.
어휘	set up 설치하다 conference 회의 connect 연결하다 compatible 호환되는 issue 지급하다 require 필요하다

53

What is the woman planning to do at two o'clock?

(A) Go to the airport
(B) Receive a shipment
(C) Meet with a customer
(D) Give a workshop

여자는 2시에 무엇을 할 계획인가?

(A) 공항으로 간다.
(B) 배송품을 받는다.
(C) 고객을 만난다.
(D) **워크숍을 진행한다.**

어휘 shipment 배송(품)

해설 세부사항 관련 – 여자가 2시에 할 일

대화 초반부에 여자는 2시에 진행하는 워크샵 때문에 회의실에 프로젝터를 설치하려고 한다(I'm trying to set up the conference room projector for a workshop I'm giving at two o'clock)고 했으므로 정답은 (D)이다.

54

What problem is the woman having?

(A) Her log-in information has expired.
(B) Her laptop cable does not work.
(C) Her reservation was not confirmed.
(D) Her mobile phone is missing.

여자가 겪고 있는 문제는 무엇인가?

(A) 로그인 정보가 만료되었다.
(B) **노트북 케이블이 작동하지 않는다.**
(C) 예약이 확인되지 않았다.
(D) 휴대전화를 잃어버렸다.

어휘 expire 만료되다 confirm 확인하다

해설 세부사항 관련 – 여자의 문제

대화 중반부에 여자가 노트북 케이블이 프로젝터와 호환이 안 된다(My laptop cable isn't compatible with the projector)고 했으므로 정답은 (B)이다.

> ▶▶ Paraphrasing 대화의 **isn't compatible with the projector**
> → 정답의 **does not work**

55

What does the man tell the woman to do?

(A) Search in her office
(B) Visit an electronics store
(C) Borrow some equipment
(D) Contact a service team member

남자는 여자에게 무엇을 하라고 하는가?

(A) **사무실을 뒤진다.**
(B) 전자제품 매장에 간다.
(C) 장비를 빌린다.
(D) 서비스팀 직원에게 연락한다.

어휘 search 뒤지다, 찾아보다 electronics 전자제품 borrow 빌리다 equipment 장비

해설 세부사항 관련 – 남자의 제안 사항

남자가 세 번째 대사에서 사무실에서 찾아 보라(You should go look in your office)고 했으므로 정답은 (A)이다.

> ▶▶ Paraphrasing 대화의 **go look** → 정답의 **Search**

56-58 3인 대화

W-Am	**56Satoshi, Luisa from the gardening center is here to look at our outdoor seating area.**
M-Au	**56,57Hi, Luisa. The patio's here on the north side of the café, so it doesn't get much direct sunlight. But I'd like to have as many plants as possible to create a comfortable space for our customers to enjoy their coffee.**

W-Br　Well, ⁵⁷**there are quite a few species of potted plants that will thrive in that space with indirect sunlight. You should come by the garden center tomorrow to see them.**

M-Au　⁵⁸**Would you mind e-mailing me some photos instead?** Some tables are being delivered tomorrow, so I'll need to stay here all day.

여1　사토시, 원예센터의 루이자가 우리 야외 좌석 구역을 보려고 왔어요.

남　안녕하세요, 루이자. 여기 테라스는 카페 북쪽에 있어서 직사광선이 별로 없어요. 그래도 식물을 가능한 한 많이 놓아서 고객들이 커피를 즐길 수 있는 편안한 공간을 만들고 싶어요.

여2　음, 간접 햇빛이 들어오는 공간에서 잘 자라는 화분 식물 종류가 꽤 있어요. 내일 원예센터에 들러서 보세요.

남　대신 사진 몇 장을 이메일로 보내 주시겠어요? 내일 탁자 몇 개가 배달 오기 때문에 하루 종일 여기 있어야 해요.

어휘　gardening 원예　patio 테라스　comfortable 편안한　species 종　potted 화분에 심은　thrive 번성하다　indirect 간접적인　come by 들르다　deliver 배달하다

56

Where is the conversation taking place?

(A) At a park
(B) At a café
(C) At a furniture store
(D) At a supermarket

대화는 어디에서 이루어지고 있는가?

(A) 공원
(B) 카페
(C) 가구점
(D) 슈퍼마켓

해설　전체 내용 관련 – 대화 장소

대화 초반부에 여자가 사토시를 호명하며 원예센터의 루이자가 자신들의 야외 좌석 구역을 보러 왔다(Satoshi, Luisa from the gardening center is here to look at our outdoor seating area)고 한 말에 사토시가 루이자에게 인사(Hi, Luisa)하며 여기 테라스는 카페 북쪽에 있다(The patio's here on the north side of the café)고 말한 것으로 보아 화자들이 있는 장소는 카페임을 알 수 있다. 따라서 정답은 (B)이다.

57

What does Luisa suggest that the man do?

(A) Open a window
(B) Use a coupon
(C) Visit a plant shop
(D) Extend business hours

루이자가 남자에게 하라고 제안한 일은 무엇인가?

(A) 창문을 연다.
(B) 쿠폰을 사용한다.
(C) 꽃가게에 간다.
(D) 영업시간을 연장한다.

어휘　extend 연장하다　business hours 영업시간

해설　세부사항 관련 – 루이자가 남자에게 한 제안 사항

남자가 첫 번째 대사에서 루이자에게 인사(Hi, Luisa)하고 테라스가 북쪽에 위치해 있어 직사광선이 별로 없다(The patio's here on the north side of the café, so it doesn't get much direct sunlight)며 식물을 가능한 한 많이 놓아서 고객들에게 편안한 공간을 만들고 싶다(But I'd like to have as many plants as possible to create a comfortable space for our customers to enjoy their coffee)고 한 말에 루이자가 간접 햇빛에서도 잘 자라는 화분 식물이 있다(there are quite a few species of potted plants that will thrive in that space with indirect sunlight)며 원예센터에 들러서 보라(You should come by the garden center tomorrow to see them)고 했으므로 정답은 (C)이다.

> ▸▸ Paraphrasing　대화의 **come by the garden center** → 정답의 **Visit a plant shop**

58

What does the man ask Luisa for?

(A) A list of prices
(B) A deadline extension
(C) Some coffee
(D) Some photographs

남자가 루이자에게 요청한 것은 무엇인가?

(A) 가격 일람표
(B) 마감 연장
(C) 커피
(D) 사진

어휘　extension 연장

해설　세부사항 관련 – 남자의 요청 사항

남자가 마지막 대사에서 루이자의 제안에 사진 몇 장을 이메일로 보내 주겠는지(Would you mind e-mailing me some photos instead?) 물었으므로 정답은 (D)이다.

> ▸▸ Paraphrasing　대화의 **photos** → 정답의 **photographs**

59-61

W-Am　Do you know Bob, the new hire? Well, he submitted his first quarterly sales report yesterday. I just finished analyzing it, and ⁵⁹**it looks like the electronic items, especially laptops, are underperforming in our Region 1 stores.**

M-Cn That doesn't sound good.

W-Am No, but the report concluded that the company should still focus on selling electronics, because the profit margin on these items is a lot higher.

M-Cn That makes sense. ⁶⁰I think Bob should do a presentation for the sales department about his report.

W-Am He's never done that before. Uh… I could present the report.

M-Cn No, it's a good experience for a new employee. ⁶¹I'll organize a meeting with the sales department next week.

여 새로 온 직원 밥 아세요? 밥이 어제 처음으로 분기 판매실적 보고서를 제출했어요. 제가 방금 분석을 마쳤는데 **지역 1 매장들에서 전자제품, 특히 노트북 판매 실적이 저조한 것 같아요.**

남 문제가 있어 보이네요.

여 그렇죠, 하지만 보고서에서는 이 제품들의 이윤 폭이 훨씬 크기 때문에 회사가 여전히 전자제품 판매에 주력해야 한다고 결론 내리고 있어요.

남 일리 있네요. **밥이 자신의 보고서에 관해 영업부를 상대로 발표를 해야 한다고 생각해요.**

여 그는 이전에 해 본 적이 없어요. 어… 제가 보고서를 발표할 수도 있어요.

남 아니요, 신입사원에게 좋은 경험이에요. **다음 주에 영업부와 회의 자리를 마련할게요.**

어휘 hire 신입사원 submit 제출하다 quarterly 분기의 analyze 분석하다 underperform 실적을 내지 못하다 conclude 결론 내리다 profit margin 이윤 폭 experience 경험 organize 준비하다

59

What problem does the woman mention?

(A) A product is not selling well.
(B) A position is vacant.
(C) A proposal was not accepted.
(D) A supervisor is busy.

여자가 언급하는 문제는 무엇인가?

(A) 제품이 잘 팔리지 않는다.
(B) 자리가 공석이다.
(C) 제안서가 수용되지 않았다.
(D) 상사가 바쁘다.

어휘 vacant 비어 있는 proposal 제안(서) accept 수용하다 supervisor 상사

해설 세부사항 관련 – 여자가 언급하는 문제

대화 초반부에 여자가 지역1 매장들에서 전자제품, 특히 노트북 판매 실적이 저조한 것 같다(it looks like the electronic items, especially

laptops, are underperforming in our Region 1 stores)고 했으므로 정답은 (A)이다.

▸▸ Paraphrasing 대화의 **underperforming**
→ 정답의 **not selling well**

60

Why does the woman say, "He's never done that before"?

(A) To express concern
(B) To request more help
(C) To approve a decision
(D) To offer some praise

여자가 "그는 이전에 해 본 적이 없어요"라고 말한 이유는 무엇인가?

(A) 우려를 나타내려고
(B) 도움을 더 요청하려고
(C) 결정을 승인하려고
(D) 칭찬하려고

어휘 express 나타내다 concern 우려, 근심 approve 승인하다 decision 결정 praise 칭찬

해설 화자의 의도 파악 – 그는 이전에 해 본 적이 없다고 말한 이유

남자가 두 번째 대사에서 밥이 자신의 보고서에 관해 영업부를 상대로 발표를 해야 한다(I think Bob should do a presentation for the sales department about his report)고 한 말에 그는 이전에 해 본 적이 없다고 말한 의도는 밥이 발표 경험이 없음에 대한 우려를 나타내기 위한 것으로 볼 수 있다. 따라서 정답은 (A)이다.

61

What does the man say he will do?

(A) Write a report
(B) Conduct an interview
(C) Schedule a meeting
(D) Post an advertisement

남자는 무엇을 하겠다고 말하는가?

(A) 보고서를 작성한다.
(B) 면접을 시행한다.
(C) 회의 일정을 잡는다.
(D) 광고를 게시한다.

어휘 conduct 시행하다 post 게시하다 advertisement 광고

해설 세부사항 관련 – 남자가 다음에 할 행동

남자는 마지막 대사에서 다음 주에 영업부와 회의 자리를 마련하겠다(I'll organize a meeting with the sales department next week)고 했으므로 정답은 (C)이다.

▸▸ Paraphrasing 대화의 **organize** → 정답의 **Schedule**

M-Au	Excuse me. I was here in your store yesterday, and [62]**I need to return this item.**
W-Br	OK. Are there any problems with it?
M-Au	Yes. When I got home, I went to put it away and [62]**realized that there's a large stain right here.** See?
W-Br	I'm sorry about that. OK. So, [63]**it looks like you spent 32 dollars on the item.**
M-Au	Right, and I used my credit card for the purchase.
W-Br	Well, [64]**I can certainly refund the amount to your credit card. Would you like me to do that?**
M-Au	That sounds good.
남	실례합니다. 어제 이 가게에 왔는데 **이 제품을 반품해야겠어요.**
여	그러시죠. 제품에 문제가 있나요?
남	예. 집에 도착해서 제품을 넣어 두려고 가다가 **여기 커다란 얼룩이 있는 걸 알아차렸어요.** 보이시죠?
여	그 점은 죄송합니다. 좋습니다. **이 제품에 32달러를 쓰신 것 같네요.**
남	맞아요. 그리고 구매 시 신용카드를 사용했어요.
여	**물론 해당 금액을 신용카드로 환불해 드릴 수 있어요. 그렇게 해 드릴까요?**
남	좋아요.

어휘	realize 알아차리다 stain 얼룩 spend (돈이나 시간을) 쓰다 purchase 구매(품) refund 환불하다 amount 양

```
          Receipt
     Jay's Retail Outlet
     Jacket    $24.00
     Sweater   $13.00
 [63]Scarf     $32.00
     T-shirt   $ 7.00
     Total     $76.00
```

```
            영수증
         제이 소매점
     재킷        24.00달러
     스웨터       13.00달러
 [63]스카프       32.00달러
     티셔츠        7.00달러
     총계        76.00달러
```

62

Why does the man want to return an item?

(A) It has a stain.
(B) It has a tear.
(C) It is the wrong color.
(D) It is too large.

남자가 반품하려는 이유는 무엇인가?

(A) **얼룩이 있다.**
(B) 찢어졌다.
(C) 원하는 색상이 아니다.
(D) 너무 크다.

어휘 tear 찢어진 곳

해설 전체 내용 관련 – 남자가 반품하려는 이유

남자가 대화 초반부에 제품을 반품해야겠다(I need to return this item)고 한 후, 두 번째 대사에서 여기 커다란 얼룩이 있는 걸 알아차렸다(realized that there's a large stain right here)고 했으므로 정답은 (A)이다.

63

Look at the graphic. Which item does the man want to return?

(A) The jacket
(B) The sweater
(C) The scarf
(D) The T-shirt

시각 정보에 의하면, 남자가 반품을 원하는 품목은 무엇인가?

(A) 재킷
(B) 스웨터
(C) **스카프**
(D) 티셔츠

해설 시각 정보 연계 – 남자가 반품을 원하는 품목

대화 중반부에서 여자가 남자에게 이 제품에 32달러를 쓴 것 같다(it looks like you spent 32 dollars on the item)고 했다. 시각 정보를 보면 가격이 32달러인 제품은 스카프이므로 정답은 (C)이다.

64

What does the woman offer to do for the man?

(A) Issue a refund to his credit card
(B) Set up an account for him
(C) Consult with a manager
(D) Call another branch store

여자는 남자를 위해 무엇을 하겠다고 제안하는가?

(A) **신용카드로 환불하기**
(B) 계정 설정하기
(C) 매니저와 상의하기
(D) 다른 지점에 전화하기

TEST 9

어휘 issue 발부[지급]하다 account 계정 consult with 상의하다
branch store 지점

해설 세부사항 관련 – 여자의 제안 사항

대화 후반부에 여자가 해당 금액을 신용카드로 환불해 줄 수 있다(I can certainly refund the amount to your credit card)며 그렇게 해 줄지 (Would you like me to do that?) 물었으므로 정답은 (A)이다.

> ▶ Paraphrasing 대화의 **refund the amount to your credit card**
> → 정답의 **Issue a refund to his credit card**

65-67 대화 + 지도

M-Cn	Joe's Pizza House. What would you like to order?
W-Br	Hi, Joe. It's Vanessa. I'm on Mill Street by the bus stop right now. **65I'm almost finished delivering the food orders.** But **66this last one doesn't have an address on it.**
M-Cn	Hmm... No address? Is there a name?
W-Br	Uh... it's Dan Smith.
M-Cn	OK. Let me look that up... **67The Smith order needs to be delivered to the Hazelton apartment building—apartment twelve.**
W-Br	Oh yes, **67on Durham Road—directly across from the park.** Thanks!

남	조 피자 하우스입니다. 무엇을 주문하시겠어요?
여	안녕하세요, 조. 바네사예요. 지금 밀 가 버스 정류장 옆에 있어요. **식품 주문 배달을 거의 마쳤어요.** 그런데 **마지막 주문에 주소가 없어요.**
남	음… 주소가 없어요? 이름은 있나요?
여	어… 댄 스미스예요.
남	알았어요. 찾아볼게요… **스미스 주문은 헤이즐턴 아파트 건물, 아파트 12호로 배달해야 해요.**
여	아, 네, **공원 바로 건너편 더럼 가네요.** 고마워요!

어휘	look up 찾아보다 directly 바로 across from ~의 맞은 편에

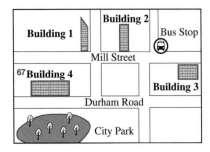

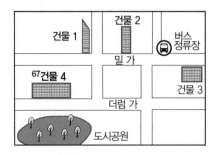

65

Who most likely is the woman?

(A) A postal worker
(B) A delivery driver
(C) A repair technician
(D) A building supervisor

여자는 누구이겠는가?

(A) 우체부
(B) 배송 기사
(C) 수리공
(D) 건물관리사

어휘 postal 우편의 repair 수리 technician 기술자 supervisor 관리자

해설 전체 내용 관련 – 여자의 신분

대화 초반부에서 여자가 식품 주문 배달을 거의 마쳤다(I'm almost finished delivering the food orders)고 했으므로 여자가 식품 배달 일에 종사함을 알 수 있다. 따라서 정답은 (B)이다.

66

What problem does the woman mention?

(A) A package has been damaged.
(B) A vehicle is not working.
(C) Some residents are not home.
(D) Some information is missing.

여자가 언급하는 문제는 무엇인가?

(A) 소포가 손상되었다.
(B) 차가 작동하지 않는다.
(C) 일부 주민들이 집에 없다.
(D) 일부 정보가 누락되었다.

어휘 package 소포, 꾸러미 damage 손상하다 vehicle 차량 resident 주민

해설 세부사항 관련 – 여자의 문제

대화 초반부에서 여자가 마지막 주문이 주소가 없다(this last one doesn't have an address on it)고 했으므로 정답은 (D)이다.

> ▶ Paraphrasing 대화의 **this last one doesn't have an address on it**
> → 정답의 **Some information is missing**

67

Look at the graphic. Where will the woman go next?

(A) To Building 1
(B) To Building 2
(C) To Building 3
(D) To Building 4

시각 정보에 의하면, 여자는 다음에 어디로 가겠는가?

(A) 건물 1
(B) 건물 2
(C) 건물 3
(D) 건물 4

해설 시각 정보 연계 – 여자가 다음에 갈 건물

남자가 세 번째 대사에서 주문은 헤이즐턴 아파트 건물 12호로 배달해야 한다(The Smith order needs to be delivered to the Hazelton apartment building—apartment twelve)고 한 말에 여자가 공원 바로 건너편 더럼 가(on Durham Road—directly across from the park)라고 다음 배달지를 확인하고 있다. 시각 정보를 보면 공원 바로 건너편 더럼 가에 위치한 건물은 건물 4이므로 정답은 (D)이다.

68-70 대화 + 출발 안내 전광판

W-Am Hi, Mario. I'm calling with some bad news. **68My flight was supposed to leave for Madrid at eleven o'clock, but it's been delayed.**

M-Au Oh, no. I was expecting you to be here in time to meet with a potential client. **69You're supposed to be presenting the new fabrics our company is making this year.**

W-Am Well, the delay's less than an hour, so I still might get there in time.

M-Au Maybe, but **70I'm going to reschedule for tomorrow morning.** The potential client is a clothing designer, and we could bring in a lot of money if she agrees to buy our fabrics for use in her spring line.

여 안녕하세요, 마리오. 안 좋은 소식이 있어서 전화했어요. **제 비행기가 11시에 마드리드로 출발하기로 되어 있었는데, 지연되었어요.**

남 저런. 당신이 제시간에 와서 잠재 고객을 만날 거라 기대했는데. 올해 우리 회사에서 만드는 새 직물을 선보이기로 했잖아요.

여 지연 시간이 1시간도 안 돼서 시간 안에 거기 도착할 수도 있어요.

남 그럴지도 모르죠, 그래도 **내일 아침**으로 일정을 조정할게요. 잠재 고객은 의상 디자이너인데, 만약 그녀가 봄철 제품군에 쓰려고 우리 옷감을 사는 데 동의한다면 큰돈을 벌 수 있어요.

어휘 be supposed to ~하기로 되어 있다 delayed 지연된 potential 잠재적인 fabric 천 reschedule 일정을 조정하다

DEPARTURES		
Destination	**Scheduled**	**Status**
Barcelona	9:00 A.M.	40 minutes late
Lisbon	10:30 A.M.	On time
68Madrid	11:00 A.M.	55 minutes late
Paris	11:20 A.M.	25 minutes late

출발		
목적지	**일정**	**상태**
바르셀로나	오전 9:00	40분 지연
리스본	오전 10:30	정시
68마드리드	**오전 11:00**	**55분 지연**
파리	오전 11:20	25분 지연

68

Look at the graphic. What is the status of the woman's flight?

(A) 40 minutes late
(B) On time
(C) 55 minutes late
(D) 25 minutes late

시각 정보에 따르면, 여자가 탈 비행기의 상태는 어떤가?

(A) 40분 지연
(B) 정시
(C) 55분 지연
(D) 25분 지연

해설 시각 정보 연계 – 여자가 탈 비행기의 상태

대화 초반부에서 여자는 자신이 탈 마드리드행 11시 비행기가 지연되었다(My flight was supposed to leave for Madrid at eleven o'clock, but it's been delayed)고 했으므로 정답은 (C)이다.

69

What kind of company do the speakers work for?

(A) A fabric manufacturer
(B) A clothing store
(C) A travel agency
(D) A newspaper publisher

화자들은 어떤 회사에서 일하는가?

(A) 직물 제조업체
(B) 의류 가게
(C) 여행사
(D) 신문사

TEST 9

어휘 manufacturer 제조업체   publisher 출판사

해설 전체 내용 관련 - 화자들의 근무지

대화 중반부에서 남자가 올해 자신들의 회사에서 만드는 새 직물을 여자가 선보이기로 했다(You're supposed to be presenting the new fabrics our company is making this year)고 한 것으로 보아 화자들은 직물을 만드는 회사에서 일하고 있음을 알 수 있다. 따라서 정답은 (A)이다.

70

What does the man say he is going to do?

(A) Open another bank account
(B) Extend business hours
(C) Review a contract
(D) Change a meeting time

남자는 무엇을 하겠다고 말하는가?

(A) 다른 은행계좌 개설
(B) 영업시간 연장
(C) 계약서 검토
(D) 회의 시간 변경

어휘 extend 연장하다   business hours 영업시간   contract 계약(서)

해설 세부사항 관련 - 남자가 다음에 할 행동

남자가 마지막 대사에서 일정을 내일 아침으로 조정하겠다(I'm going to reschedule for tomorrow morning)고 했으므로 정답은 (D)이다.

> ▸▸ Paraphrasing   대화의 reschedule for tomorrow morning
> → 정답의 Change a meeting time

PART 4

71-73 방송

M-Au Welcome to the local morning news. And now for our top story. ⁷¹**Mayforth Motor Company has announced plans to build a new assembly plant here in Centerville next year.** ⁷²**This is very positive news for our city, especially in terms of employment. The company is promising to hire 500 workers,** and, on top of that, there will be many construction jobs while the factory is being built. James Mayforth, president of Mayforth Motor Company, stopped by the studio earlier today to talk about the new factory. ⁷³**We are pleased to present that interview now.**

지역 아침 뉴스에 오신 것을 환영합니다. 자, 헤드라인 뉴스입니다. **메이포스 자동차 회사는 내년에 이곳 센터빌에 새로운 조립공장을 건설할 계획이라고 발표했습니다. 우리 시로서는, 특히 고용 측면에서 매우 긍정적인 소식인데요. 회사는 직원 500명을 고용하겠다고 약속하고 있으며,** 그

밖에도 공장이 건설되는 동안 많은 건설 일자리가 생기게 됩니다. 메이포스 자동차 회사 사장 제임스 메이포스가 신규 공장에 대해 이야기하기 위해 오늘 아침 스튜디오에 들렀습니다. **이제 기꺼이 해당 인터뷰를 전해 드리겠습니다.**

어휘 local 지역의   announce 발표하다   assembly 조립   plant 공장   positive 긍정적인   especially 특히   in terms of ~ 면에서   employment 고용   on top of that 그 밖에도   construction 건설   present 제시하다

71

What is the broadcast about?

(A) A fund-raising initiative
(B) A business merger
(C) A new factory
(D) A product launch

무엇에 관한 방송인가?

(A) 기금 모금 계획
(B) 업체 합병
(C) 신규 공장
(D) 제품 출시

어휘 initiative 계획   merger 합병   launch 출시

해설 전체 내용 관련 - 방송의 주제

지문 초반부에서 메이포스 자동차 회사가 내년에 이곳 센터빌에 새로운 조립공장을 건설할 계획이라고 발표했다(Mayforth Motor Company has announced plans to build a new assembly plant here in Centerville next year)고 했고, 이어 관련 내용을 이어 나가고 있으므로 정답은 (C)이다.

> ▸▸ Paraphrasing   담화의 assembly plant → 정답의 factory

72

What benefit is expected for the city of Centerville?

(A) A public park will be expanded.
(B) A hospital will add services.
(C) Roadways will be improved.
(D) Employment will increase.

센터빌 시에 기대되는 혜택은 무엇인가?

(A) 공원이 확장될 것이다.
(B) 병원 서비스가 추가될 것이다.
(C) 도로가 개선될 것이다.
(D) 고용이 증가할 것이다.

어휘 expand 확장하다   roadway 도로   improve 개선하다   increase 증가하다

해설 세부사항 관련 - 센터빌 시에 기대되는 혜택

지문 중반부에서 고용 측면에서 시에 매우 긍정적인 소식이라며 회사가 직원 500명을 고용하겠다고 약속했다(This is very positive news for our city, especially in terms of employment. The company is promising to hire 500 workers)고 언급했으므로 정답은 (D)이다.

▸▸ Paraphrasing   담화의 **hire 500 workers**
→ 정답의 **Employment will increase**

73

What will the listeners hear next?

(A) A music program
(B) An interview
(C) A sports report
(D) A weather forecast

청자들은 다음에 무엇을 듣겠는가?

(A) 음악 프로그램
(B) 인터뷰
(C) 스포츠 보도
(D) 일기예보

어휘 forecast 예보

해설 세부사항 관련 – 청자들이 다음에 들을 내용

지문 후반부에서 이제 기꺼이 해당 인터뷰를 전하겠다(We are pleased to present that interview now)고 했으므로 정답은 (B)이다.

74-76 전화 메시지

W-Br   Good morning, Marco. **⁷⁴This is Soo-Lin, from the warehouse. ⁷⁵,⁷⁶I'm calling to get your approval to purchase five computer tablets for the inventory managers.** Right now they're writing down customer orders by hand and then inputting them into the computers in their offices. If we give them tablets, they'll be able to finish the orders much more quickly. ⁷⁶**I'd like to buy the tablets next week—it'd really help improve our efficiency in the warehouse.** The budget meeting is on Monday, right? Please let me know what you decide—thanks!

안녕하세요, 마르코. **창고 담당 수린이에요. 재고 관리자들을 위해 태블릿 컴퓨터 5대를 구매하는 사안에 대해 승인 받으려고 전화했어요.** 지금 그들은 고객의 주문을 손으로 적어 사무실에 있는 컴퓨터에 입력하고 있어요. 그들에게 태블릿을 주면, 주문 받은 것을 훨씬 더 빨리 납품할 수 있을 거예요. **다음 주에 태블릿을 사고 싶어요. 창고의 효율성을 개선하는 데 정말 도움이 될 거예요.** 예산 회의가 월요일이죠? 어떻게 결정했는지 알려 주세요. 고마워요!

어휘 warehouse 창고   approval 승인   purchase 구매하다; 구매(품)   inventory 재고   input 입력하다   improve 개선하다   efficiency 효율성   budget 예산   decide 결정하다

74

Where does the speaker work?

(A) At a repair shop
(B) At a conference center
(C) In a factory
(D) In a warehouse

화자는 어디에서 일하는가?

(A) 정비소
(B) 회의장
(C) 공장
(D) 창고

어휘 repair shop 정비소, 수리점   factory 공장

해설 전체 내용 관련 – 화자의 근무지

지문 초반부에서 화자가 창고 담당 수린(This is Soo-Lin, from the warehouse)이라고 자신을 소개하고 있으므로 정답은 (D)이다.

75

What does the speaker want to purchase?

(A) Light fixtures
(B) Office furniture
(C) Electronic devices
(D) Employee uniforms

화자가 구매하고 싶어 하는 것은 무엇인가?

(A) 조명 설비
(B) 사무실 가구
(C) 전자기기
(D) 직원 제복

어휘 fixture 설비, 시설   device 기기

해설 세부사항 관련 – 화자가 구매하고 싶은 것

지문 초반부에 화자가 태블릿 컴퓨터 5대를 구매하는 사안에 대해 승인을 받으려고 전화했다(I'm calling to get your approval to purchase five computer tablets for the inventory managers)고 했으므로 정답은 (C)이다.

▸▸ Paraphrasing   담화의 **computer tablets**
→ 정답의 **Electronic devices**

76

What does the speaker imply when she says, "The budget meeting is on Monday, right?"

(A) She wants to participate in a discussion.
(B) She wants to meet some new employees.
(C) She hopes a request will be approved quickly.
(D) She knows that the listener will be unavailable.

여자가 "예산 회의가 월요일이죠?"라고 말한 의도는 무엇인가?

(A) 토의에 참여하고 싶다.
(B) 신입사원들을 만나고 싶다.
(C) 요청이 빨리 승인되기 바란다.
(D) 청자가 시간이 없다는 것을 알고 있다.

어휘 participate in ~에 참여하다   unavailable (사람이) 시간이 없는, (사물이) 이용할 수 없는

해설 화자의 의도 파악 – 예산 회의가 월요일이냐고 물은 의도
인용문의 앞 문장들에서 태블릿 컴퓨터 5대를 구매하는 사안에 대해 승인을 받으려고 전화했다(I'm calling to get your approval to purchase five computer tablets for the inventory managers)고 한 후, 창고의 효율성 개선에 도움이 될 태블릿을 다음 주에 사고 싶다(I'd like to buy the tablets next week—it'd really help improve our efficiency in the warehouse)고 했다. 따라서 '예산 회의가 월요일이죠?'라고 물은 인용문은 태블릿 구입 요청이 빨리 승인되기를 바라는 의도로 한 말이므로 정답은 (C)이다.

77-79 발표문

M-Au Summer's here, and **77it's time for the city of Ocean View's annual music competition.** This Saturday evening, come to Fountain Park to listen to local bands play their best songs. With fifteen music groups participating, this year's event will be better than ever! And remember, the audience gets to determine the winner—**78just download our event application to your smartphone. On that app, you can vote for your favorite performance.** Also, we're still in need of people to help out with the food and beverage booths. **79Volunteers will be allowed to watch the performances from special seats that are right next to the stage!** Please contact our volunteer coordinator at 555-0193 to sign up.

여름이 왔으니 **오션 뷰 시의 연례 음악 경연대회가 열릴 시간입니다.** 이번 토요일 저녁, 분수 공원으로 오셔서 지역 밴드들이 연주하는 최고의 노래를 들으세요. 15개의 음악 그룹이 참가하므로 올해 행사는 그 어느 때보다 훌륭할 것입니다! 그리고 청중이 수상자를 결정한다는 점, 기억하십시오—**스마트폰에 행사 애플리케이션만 다운로드하십시오. 앱에서 가장 마음에 드는 공연에 투표할 수 있습니다.** 또한, 식음료 부스에서 도와 줄 사람들이 아직도 필요합니다. **자원봉사자들은 무대 바로 옆에 있는 특별석에서 공연을 관람할 수 있습니다!** 신청하시려면 555-0193번으로 저희 자원봉사 담당자에게 연락하십시오.

어휘 annual 연례의   competition 경연대회, 시합   local 지역의
participate 참가하다   audience 청중   vote 투표하다
performance 공연   in need of ~을 필요로 하는   beverage
음료   sign up 신청하다

77
What type of event is the announcement about?
(A) A music contest
(B) A press conference
(C) A food festival
(D) A government election

어떤 행사에 관한 발표인가?
(A) 음악 대회
(B) 기자회견
(C) 음식 축제
(D) 정부 선거

어휘 press conference 기자회견   election 선거

해설 전체 내용 관련 – 발표의 주제
지문 초반부에서 오션 뷰 시의 연례 음악 경연대회가 열릴 시간이다(it's time for the city of Ocean View's annual music competition)라고 전하고 있으므로 정답은 (A)이다.

▸▸ Paraphrasing   담화의 competition → 정답의 contest

78
Why are the listeners encouraged to download an application?
(A) To look at a menu
(B) To cast a vote
(C) To get a map
(D) To check a schedule

청자들에게 애플리케이션을 다운로드하라고 권하는 이유는 무엇인가?
(A) 메뉴를 보라고
(B) 투표하라고
(C) 지도를 얻으라고
(D) 일정을 확인하라고

어휘 cast a vote 투표하다

해설 세부사항 관련 – 애플리케이션 다운로드를 권하는 이유
지문 중반부에서 화자가 스마트폰에 행사 애플리케이션을 다운로드하면 투표를 할 수 있다(just download our event application to your smartphone. On that app, you can vote for your favorite performance)고 했으므로 정답은 (B)이다.

▸▸ Paraphrasing   담화의 vote → 정답의 **cast a vote**

79
What does the speaker say volunteers will receive?
(A) A water bottle
(B) A meal coupon
(C) Special seating
(D) Free transportation

화자는 자원봉사자들이 무엇을 받게 된다고 말하는가?
(A) 물병
(B) 식권
(C) 특별 좌석
(D) 무료 교통

어휘 meal 식사   transportation 교통

해설 세부사항 관련 – 자원봉사자들에게 제공되는 것

지문 후반부에서 자원봉사자들은 특별석에서 공연을 관람할 수 있다
(Volunteers will be allowed to watch the performances from
special seats that are right next to the stage!)고 했으므로 정답은
(C)이다.

> ▸▸ Paraphrasing   담화의 seats → 정답의 seating

80-82 회의 발췌

M-Cn As you know, 80**we're planning next year's
line of athletic shoes,** so I'll start this week's
design-team meeting with customer feedback.
81**The feedback shows that consumers are
unhappy with the current design of our athletic
shoes. Specifically, many people think our shoes
are uncomfortable and have said their feet hurt
after exercising.** Management would like to see
your ideas for some new designs by the end of
the week. To that end, we're going to divide you
into small groups to work together to help you
meet the deadline. 82**I'll e-mail you the group
assignments after the meeting.**

아시다시피 **내년 운동화 라인을 기획하고 있어서** 이번 주 디자인팀 회의
는 고객 의견으로 시작하겠습니다. **의견을 보면 소비자들은 우리 운동화
의 현재 디자인에 불만이 있습니다. 특히, 많은 사람들이 우리 신발이 불
편하다고 생각하고 운동 후에 발이 아프다고 말했습니다.** 경영진은 이번
주까지 새로운 디자인에 대한 여러분의 아이디어를 보고 싶어 합니다.
그러려면, 협력해서 마감일을 맞출 수 있도록 소그룹으로 나누겠습니
다. **회의 후에 그룹 과제를 이메일로 보낼게요.**

어휘 athletic 운동의   consumer 소비자   current 현재의
specifically 특히   uncomfortable 불편한   hurt 아프다
management 경영진   to that end 그 목적을 달성하기 위해
divide 나누다   meet the deadline 마감일을 맞추다
assignment 과제

80

What kind of merchandise does the company
produce?

(A) Eyewear
(B) Footwear
(C) Furniture
(D) Electronics

회사는 어떤 상품을 생산하는가?
(A) 안경류
(B) 신발
(C) 가구
(D) 전자제품

어휘 eyewear 안경류

해설 전체 내용 관련 – 회사가 생산하는 상품

지문 초반부에서 화자가 내년 운동화 라인을 기획하고 있다(we're
planning next year's line of athletic shoes)고 했으므로 정답은 (B)
이다.

> ▸▸ Paraphrasing   담화의 athletic shoes → 정답의 Footwear

81

According to the speaker, what do consumers want?

(A) Lower prices
(B) Better packaging
(C) More color selections
(D) More-comfortable designs

화자에 의하면, 소비자들이 원하는 것은 무엇인가?
(A) 더 싼 가격
(B) 더 나은 포장
(C) 더 나은 색상 구성
(D) 더 편안한 디자인

어휘 selection 구성, 구색

해설 세부사항 관련 – 소비자들이 원하는 것

지문 중반부에서 화자가 운동화의 디자인에 불만인 소비자들이 있다(The
feedback shows that consumers are unhappy with the current
design of our athletic shoes)고 했고, 뒤이어 많은 사람들이 신발
이 불편하고 운동 후에 발이 아프다고 말했다(many people think our
shoes are uncomfortable and have said their feet hurt after
exercising)고 했으므로 소비자들이 원하는 것은 더 편안한 디자인의 운
동화임을 알 수 있다. 따라서 정답은 (D)이다.

82

What information will be e-mailed to the listeners?

(A) An employee survey
(B) An inventory list
(C) Some product specifications
(D) Some group assignments

청자들에게 이메일로 전달될 정보는 무엇인가?
(A) 직원 설문 조사
(B) 재고 목록
(C) 상품 사양
(D) 그룹 과제

어휘 survey 설문조사   inventory 재고   specification 명세

해설 세부사항 관련 – 청자들에게 이메일로 전달될 정보

지문 후반부에서 회의 후에 그룹 과제를 이메일로 보내겠다(I'll e-mail
you the group assignments after the meeting)고 했으므로 정답은
(D)이다.

TEST 9

9

83-85 전화 메시지

> **W-Am** Hi, Pierre. It's Emiko. **83I wanted to follow up with you about your upcoming travel to Lakewood for the trade show. 84I'm having trouble finding you accommodations**—there are other events in Lakewood that weekend, and every hotel is completely booked. There's usually a place to stay in Springfield. You'd just have to drive a bit farther the day of the show. Please call me when you can. Also, **85don't forget that your manager needs to approve your presentation before you leave.** Thanks.
>
> 안녕하세요, 피에르. 에미코예요. **곧 있을 레이크우드 무역 박람회 출장 건에 대해 알려 드릴 소식이 있어요. 숙소를 찾느라 애를 먹고 있는데,** 그 주말에 레이크우드에서 다른 행사들이 있어서 호텔이 전부 예약이 다 찼어요. 보통 스프링필드에는 묵을 곳이 있어요. 다만 박람회 당일에 좀 더 멀리까지 차를 몰아야 해요. 가능할 때 전화 주세요. 또한 **출발하기 전에 부장이 프레젠테이션을 승인해야 한다는 것 잊지 마세요.** 고마워요.
>
> 어휘 trade show 무역 박람회 accommodation 숙소 completely 완전히 farther 더 멀리 approve 승인하다 presentation 프레젠테이션, 설명회

83

What event is the listener attending soon?

(A) A community fund-raiser
(B) A trade show
(C) A film festival
(D) A sports competition

청자가 곧 참석할 행사는 무엇인가?
(A) 지역 모금 행사
(B) 무역 박람회
(C) 영화 축제
(D) 스포츠 대회

어휘 fund-raiser 모금 행사 competition 대회

해설 전체 내용 관련 – 청자가 참석할 행사
지문 초반부에서 화자가 청자에게 곧 있을 레이크우드 무역 박람회 출장 건에 대해 소식이 있다(I wanted to follow up with you about your upcoming travel to Lakewood for the trade show)고 했으므로 정답은 (B)이다.

84

Why does the speaker say, "There's usually a place to stay in Springfield"?

(A) To confirm a reservation
(B) To reject a suggestion
(C) To give directions
(D) To offer a solution

화자가 "보통 스프링필드에는 묵을 곳이 있어요"라고 말하는 이유는 무엇인가?
(A) 예약을 확인하려고
(B) 제안을 거절하려고
(C) 지시하려고
(D) 해법을 제시하려고

어휘 confirm 확인하다 reservation 예약 reject 거절하다 suggestion 제안 give directions 지시하다 solution 해법

해설 화자의 의도 파악 – 보통 스프링필드에는 묵을 곳이 있다고 말한 이유

인용문 앞에서 그 주말에 다른 행사들이 레이크우드에서 있어 호텔이 전부 예약이 다 찼기 때문에 숙소를 찾느라 애를 먹고 있다(I'm having trouble finding you accommodations—there are other events in Lakewood that weekend, and every hotel is completely booked)면서 '보통 스프링필드에는 묵을 곳이 있다'고 한 것으로 보아 스프링필드에 있는 호텔에 머물러야 한다는 뜻으로 이해할 수 있다. 따라서 인용문은 숙소에 대한 해법을 제시하려는 의도로 한 말이므로 정답은 (D)이다.

85

What requires a manager's approval?

(A) A conference presentation
(B) A catering request
(C) An equipment purchase
(D) A rental car agreement

부장의 승인이 필요한 것은 무엇인가?
(A) 회의 프레젠테이션
(B) 음식 요청 사항
(C) 장비 구입
(D) 대여 차량 계약

어휘 catering 음식 (공급) equipment 장비 purchase 구입 agreement 계약(서)

해설 세부사항 관련 – 부장의 승인이 필요한 사항
지문 후반부에서 출발하기 전에 부장이 프레젠테이션을 승인해야 한다는 것을 잊지 말라(don't forget that your manager needs to approve your presentation before you leave)고 했으므로 정답은 (A)이다.

86-88 안내문

> **M-Au** Thank you, everyone, for attending today's safety training. **86This training is required before you start working at the construction site.** Before we begin, please put on your orange safety vest and hard hat. Then, **87we'll step outside and I'll show you how to properly operate the construction equipment.** After that, you'll have time to practice while I supervise the group. At the end of the day, **88you'll each receive a certificate that indicates that you're authorized to use our construction equipment.**

모두들 오늘 안전 교육에 참석해 주셔서 감사합니다. **공사 현장에서 일하시기 전에 이 교육을 받아야 합니다.** 시작하기 전에, 주황색 안전 조끼와 안전모를 착용하십시오. 그런 다음, **밖으로 나가 건설 장비를 제대로 작동하는 방법을 보여 드리겠습니다.** 그 후에 연습하는 시간을 갖는데 제가 그룹을 감독할 겁니다. 마지막에 **여러분 모두 우리 건설 장비를 사용하도록 정식 인가를 받았다는 증서를 받게 됩니다.**

어휘 construction site 공사[건설] 현장 vest 조끼 hard hat 안전모 properly 제대로 operate 작동하다 equipment 장비 supervise 감독하다 certificate 증서 indicate 나타내다 authorized 정식으로 인가된

86

Who most likely are the listeners?

(A) Construction workers
(B) Park rangers
(C) Gardeners
(D) Architects

청자들은 누구이겠는가?
(A) 공사장 작업자
(B) 공원 경비원
(C) 원예사
(D) 건축가

어휘 ranger 공원 경비원 gardener 원예사 architect 건축가

해설 전체 내용 관련 – 청자들의 신분
지문 초반부에서 화자가 청자들에게 공사 현장에서 일하기 전에 이 교육을 받아야 한다(This training is required before you start working at the construction site)고 밝혔으므로 정답은 (A)이다.

87

What will the group do outside?

(A) Measure a plot of land
(B) Clear some trails
(C) Take some photographs
(D) Learn about some equipment

이 집단이 밖에서 하게 될 일은 무엇인가?
(A) 토지 한 구획을 측량한다.
(B) 오솔길을 청소한다.
(C) 사진을 찍는다.
(D) 장비에 대해 배운다.

어휘 measure 측량하다 plot 터, 구획 trail 오솔길, 등산로

해설 세부사항 관련 – 집단이 밖에서 할 일
지문 중반부에서 밖으로 나가 건설 장비 작동 방법을 보여 주겠다(we'll step outside and I'll show you how to properly operate the construction equipment)고 했으므로 정답은 (D)이다.

88

What will happen at the end of the day?

(A) Supplies will be collected.
(B) Work schedules will be created.
(C) Certificates will be distributed.
(D) Books will be ordered.

마지막에 어떤 일이 있겠는가?
(A) 비품을 수거한다.
(B) 작업 일정을 짠다.
(C) 증서를 배포한다.
(D) 책을 주문한다.

어휘 supplies 비품 distribute 배포하다

해설 세부사항 관련 – 마지막에 있을 일
지문 후반부에서 여러분(청자) 모두 우리 건설 장비를 사용하도록 정식 인가를 받았다는 증서를 받게 된다(you'll each receive a certificate that indicates that you're authorized to use our construction equipment)고 했으므로 정답은 (C)이다.

> ▸▸ Paraphrasing   담화의 **receive a certificate**
> → 정답의 **Certificates will be distributed**

89-91 발표문

W-Br OK, everyone. [89]**I have a few announcements before the patients start arriving here at the medical clinic.** First, [90]**the new chairs I ordered for the waiting room are coming this morning.** Please let me know when the delivery people get here so I can give them specific instructions about where to unload the chairs. Also, Mark is out this week on holiday. [91]**Since he's the one responsible for scheduling the follow-up appointments for our patients, I'll need one of you to take over that task while he's away. Who'd be willing to do that?**

자, 여러분. 환자들이 여기 병원에 도착하기 전에 발표할 사안이 몇 가지 있습니다. 먼저, 대기실용으로 제가 주문한 새 의자들이 오늘 아침에 옵니다. 배달부들이 여기 오면 알려 주세요, 그래야 어디에 의자를 부릴지 제가 구체적으로 지시할 수 있습니다. 그리고 마크는 이번 주에 휴가로 자리를 비웁니다. 마크가 환자 후속 진료 예약을 담당하고 있으니, 자리를 비운 사이 여러분 중 한 사람이 그 일을 인계해야 합니다. 인계하실 분 있습니까?

어휘 announcement 발표 (내용) patient 환자 delivery 배달 specific 구체적인 instruction 지시, 설명 unload 부리다 on holiday 휴가 중에 responsible for ~을 맡고 있는 appointment 예약 take over 인계 받다

89

Where does the speaker work?

(A) At a furniture store

(B) At a medical clinic

(C) At a fitness center

(D) At a travel agency

화자는 어디에서 일하는가?

(A) 가구점

(B) 병원

(C) 헬스장

(D) 여행사

해설 전체 내용 관련 – 화자의 근무지

지문 초반부에서 화자가 환자들이 여기 병원에 도착하기 전에 발표할 사안이 있다(I have a few announcements before the patients start arriving here at the medical clinic)고 했으므로 정답은 (B)이다.

90

According to the speaker, what will happen this morning?

(A) Some items will be delivered.

(B) Some workshops will be held.

(C) A building will be inspected.

(D) An article will be published.

화자에 의하면, 오늘 아침에 무슨 일이 있을 것인가?

(A) 제품이 배송될 것이다.

(B) 워크숍이 열릴 것이다.

(C) 건물을 점검할 것이다.

(D) 기사가 실릴 것이다.

어휘 inspect 점검하다 article 기사 publish 출간하다

해설 세부사항 관련 – 오늘 아침에 있을 일

지문 중반부에서 새 의자들이 오늘 아침에 온다(the new chairs I ordered for the waiting room are coming this morning)고 했으므로 정답은 (A)이다.

> ▸ **Paraphrasing** 담화의 new chairs I ordered for the waiting room are coming
> → 정답의 Some items will be delivered

91

Why does the speaker need a volunteer?

(A) To order office supplies

(B) To organize a filing system

(C) To distribute some brochures

(D) To schedule some appointments

화자에게 지원자가 필요한 이유는 무엇인가?

(A) 사무용품을 주문하려고

(B) 서류 정리 체계를 세우려고

(C) 소책자를 배부하려고

(D) 예약 일정을 잡으려고

어휘 supplies 비품 organize 구성하다, 체계화하다 distribute 배부하다 brochure 소책자

해설 세부사항 관련 – 화자에게 지원자가 필요한 이유

지문 후반부에서 환자 후속 진료 예약을 담당하고 있는 마크가 자리를 비우니, 여러분 중 한 명이 그 일을 인계해야 한다(Since he's the one responsible for scheduling the follow-up appointments for our patients, I'll need one of you to take over that task while he's away)면서, 인계하실 분이 있는지(Who'd be willing to do that?) 지원자를 묻고 있으므로 정답은 (D)이다.

92-94 전화 메시지

> W-Am Hi, **92it's Sofia, one of the inspectors at the factory**. Since you're the manager, I wanted to let you know about something. At the staff meeting last week I discussed the new inspection procedures with all the teams. **93I told everyone that the production teams would have to wait for their machines to be inspected before turning them on each morning.** Well, I just arrived to do the inspection, and all the machines are already running. Remember, the purpose of the inspections is to check the machine settings. **94If the settings aren't correct, a lot of raw materials could be wasted, which is a problem.** Please call me back at the factory.
>
> 안녕하세요, **공장 감독관 소피아예요**. 당신이 주임이니까 알려 드리고 싶었어요. 지난주 직원 회의에서 저는 모든 팀과 새로운 점검 절차에 대해 논의했어요. **저는 생산팀이 매일 아침 기계를 켜기 전에 점검을 받기 위해 기다려야 한다고 모두에게 이야기했어요.** 음, 방금 점검하러 도착했는데, 모든 기계가 이미 작동하고 있네요. 기기 설정을 확인하는 것이 점검 목적임을 잊지 마세요. **설정이 정확하지 않으면 원자재를 많이 낭비할 수 있는데, 그러면 문제죠.** 공장으로 다시 전화 주세요.

어휘 inspector 감독관 inspection 점검 procedure 절차 purpose 목적 correct 정확한 raw material 원자재

92

Where does the speaker work?

(A) At a farm

(B) At a factory

(C) At a television station

(D) At a repair shop

화자는 어디에서 일하는가?

(A) 농장

(B) 공장

(C) 텔레비전 방송국

(D) 정비소

어휘 repair 정비, 수리

해설 전체 내용 관련 – 화자의 근무지

지문 초반부에서 화자가 자신이 공장 감독관 소피아(it's Sofia, one of the inspectors at the factory)라고 했으므로 정답은 (B)이다.

93

What does the speaker imply when she says, "all the machines are already running"?

(A) Some instructions were not followed.
(B) It is too late to change an assignment.
(C) A project deadline will be met.
(D) Extra help will not be needed.

여자가 "모든 기계가 이미 작동하고 있네요"라고 말한 의도는 무엇인가?

(A) 지시를 지키지 않았다.
(B) 배정을 바꾸기에는 너무 늦었다.
(C) 프로젝트 기한을 맞출 것이다.
(D) 추가로 도움이 필요하지 않을 것이다.

어휘 assignment 배정, 배치

해설 화자 의도 파악 – 모든 기계가 이미 작동하고 있다고 말한 의도

인용문 앞에서 화자가 생산팀이 매일 기계를 켜기 전에 점검을 위해 기다려야 한다고 모두에게 알렸다(I told everyone that the production teams would have to wait for their machines to be inspected before turning them on each morning)고 했고, 뒤이어 방금 점검하러 도착했다(I just arrived to do the inspection)면서 '모든 기계가 이미 작동하고 있다'고 한 것으로 보아 점검을 받기 전에 기계를 켰다는 것을 알 수 있다. 따라서 인용문은 지시를 지키지 않았다는 의도로 한 말이므로 정답은 (A)이다.

94

What is the speaker concerned about?

(A) Misplacing a manual
(B) Exceeding a budget
(C) Breaking a contract
(D) Wasting materials

화자가 우려하는 것은 무엇인가?

(A) 설명서를 엉뚱한 곳에 둔다
(B) 예산을 초과한다
(C) 계약을 위반한다
(D) 자재를 낭비한다.

어휘 misplace 엉뚱한 곳에 두다   exceed 초과하다   budget 예산
contract 계약

해설 세부사항 관련 – 화자의 우려 사항

지문 후반부에서 설정이 정확하지 않으면 원자재를 많이 낭비할 수 있는데, 그러면 문제(If the settings aren't correct, a lot of raw materials could be wasted, which is a problem)라고 했으므로 정답은 (D)이다.

> ▸▸ Paraphrasing   담화의 **raw materials could be wasted**
> → 정답의 **Wasting materials**

95-97 회의 발췌 + 메뉴

M-Cn I have some important announcements before we open the restaurant tonight. First, the shipment we were expecting from our seafood distributor won't arrive until next week, so that means no mixed seafood soup. Instead **95we'll make a double batch of Thursday's soup and serve that on Friday as well.** Please make sure to let our regular customers know. Next, **96I'd like to introduce our newest server, Deena Sanchez.** Deena will do some training this week and start serving customers next week. **97I posted her training schedule in the staff lounge.** Please take a look at it while you're on break today, and let me know if you can help out with any of the trainings.

오늘 밤 식당을 열기 전에 발표할 중요한 내용이 있습니다. 첫째, 해산물 유통업자에게 받기로 한 배송품이 다음 주나 되어야 도착합니다. 즉 혼합 해물 수프를 못 만든다는 이야기죠. 대신 **목요일 수프를 2회분 만들어서 금요일에도 제공할 겁니다.** 단골들에게 꼭 알려 주세요. 다음으로 **새로 들어온 서빙 담당직원 디나 산체스를 소개합니다.** 디나는 이번 주에 교육을 받고 다음 주부터 고객 서비스를 시작합니다. **제가 직원 휴게실에 디나의 교육 일정을 게시했습니다.** 오늘 쉬는 동안 한번 보시고, 혹시 교육을 도와 줄 수 있으시면 알려 주세요.

어휘 important 중요한   announcement 발표(내용)
shipment 배송(품)   distributor 유통업자   batch 1회분
regular customer 단골   break 휴식

Soup of the Day

Tuesday:	French Onion
Wednesday:	Tomato Basil
95Thursday:	Potato and Cheese
Friday:	Mixed Seafood

요일별 수프

화요일:	프랑스식 양파 수프
수요일:	토마토 바질 수프
95목요일:	**감자 치즈 수프**
금요일:	혼합 해물 수프

95

Look at the graphic. Which soup does the speaker say will be served on two days this week?

(A) French Onion
(B) Tomato Basil
(C) Potato and Cheese
(D) Mixed Seafood

시각 정보에 의하면, 화자가 이번 주 이틀 동안 제공할 것이라고 말한 수프는 무엇인가?

(A) 프랑스식 양파 수프
(B) 토마토 바질 수프
(C) 감자 치즈 수프
(D) 혼합 해물 수프

해설 시각 정보 연계 – 이번 주 이틀 동안 제공할 수프
지문 중반부에서 목요일 수프를 2회분 만들어서 금요일에도 제공할 것 (we'll make a double batch of Thursday's soup and serve that on Friday as well)이라고 했으므로 정답은 (C)이다.

96

Who is Deena Sanchez?

(A) A manager
(B) A server
(C) A customer
(D) A chef

디나 산체스는 누구인가?

(A) 매니저
(B) 서빙 담당 직원
(C) 고객
(D) 요리사

해설 세부사항 관련 – 디나 산체스의 신분
지문 중반부에서 신입 서빙 담당 직원 디나 산체스를 소개한다(I'd like to introduce our newest server, Deena Sanchez)고 했으므로 정답은 (B)이다.

97

What has the speaker placed in the staff lounge?

(A) Uniform shirts
(B) Job applications
(C) A revised menu
(D) A training schedule

화자가 직원 휴게실에 둔 것은 무엇인가?

(A) 제복 셔츠
(B) 입사 지원서
(C) 수정된 메뉴
(D) 교육 일정

어휘 application 지원(서) revised 수정된

해설 세부사항 관련 – 화자가 직원 휴게실에 둔 것
지문 후반부에서 화자가 직원 휴게실에 디나의 교육 일정을 게시했다(I posted her training schedule in the staff lounge)고 했으므로 정답은 (D)이다.

98-100 전화 메시지 + 고객 평가도

W-Am [99]**Hi, Ms. Dubois**, it's Paula from the marketing department. [98]**I'm getting ready for my business trip next week**, and I need to get a new laptop to bring with me. [99]**Since you used to work for Vance Electronics, I wanted your advice on their laptops.** I'm looking at a Web site of customer ratings right now. [100]**They have a lightweight model—only 1.6 kilograms. That's the one I want**, but it's not rated as highly as some of the others. What model do you recommend? Give me a call back, OK? Thanks, Ms. Dubois!

안녕하세요, 두보이스, 마케팅부 폴라예요. 다음 주에 출장 갈 준비를 하는데, 가져 갈 새 노트북을 사야 해요. 당신은 예전에 밴스 전자에서 일했으니까, 그 회사 노트북에 대해 조언을 구하고 싶었어요. 지금 고객 평가도 웹사이트를 보고 있어요. 1.6킬로그램 밖에 안 되는 경량 모델이 있네요. 제가 원하는 건데 다른 것들만큼 평가가 높지 않네요. 어떤 모델을 추천하시겠어요? 다시 전화 주세요, 네? 고마워요, 두보이스 씨!

어휘 department 부서 business trip 출장 customer 고객 rating 순위, 평가 lightweight 경량의 recommend 추천하다

Customer Ratings of Vance Laptop Models

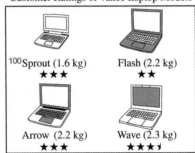
[100]Sprout (1.6 kg) ★★★   Flash (2.2 kg) ★★
Arrow (2.2 kg) ★★★   Wave (2.3 kg) ★★★✦

밴스 노트북 모델의 고객 평가도
[100]스프라우트 (1.6kg) ★★★   플래쉬 (2.2kg) ★★
애로우 (2.2kg) ★★★   웨이브 (2.3kg) ★★★✦

98

What will the speaker do next week?

(A) Submit a proposal
(B) Conduct an interview
(C) Move to a new office
(D) Take a business trip

화자가 다음 주에 할 일은 무엇인가?

(A) 제안서 제출하기
(B) 면접 시행하기
(C) 새 사무실로 이사하기
(D) 출장 가기

어휘 submit 제출하다 proposal 제안(서) conduct 시행하다

해설 세부사항 관련 – 화자가 다음 주에 할 일
지문 초반부에서 화자가 다음 주에 출장 갈 준비를 한다(I'm getting ready for my business trip next week)고 했으므로 정답은 (D)이다.

99

According to the speaker, why is Ms. Dubois familiar with Vance Electronics?

(A) She just bought one of their laptops.
(B) She was employed by that company.
(C) She is a purchasing manager.
(D) She read a review in a magazine article.

화자에 의하면, 두보이스 씨가 밴스 전자에 대해 잘 아는 이유는 무엇인가?
(A) 얼마 전에 회사 노트북을 하나 샀다.
(B) 그 회사에서 일했다.
(C) 구매 관리자다.
(D) 잡지 기사에서 후기를 읽었다.

어휘 employ 고용하다 purchase 구매하다 article 기사

해설 세부사항 관련 – 두보이스 씨가 밴스 전자에 대해 잘 아는 이유
지문 초반부에서 화자가 두보이스 씨에게 인사(Hi, Ms. Dubois)하므로 청자가 두보이스 씨임을 알 수 있다. 지문 중반부에서 화자가 당신(청자)은 예전에 밴스 전자에서 일했으니까, 그 회사 노트북에 대해 조언을 구하고 싶었다(Since you used to work for Vance Electronics, I wanted your advice on their laptops)고 했으므로 정답은 (B)이다.

> ▸▸ Paraphrasing 담화의 **you used to work for Vance Electronics** → 정답의 **She was employed by that company**

100

Look at the graphic. Which laptop model does the speaker say she wants to buy?

(A) Sprout
(B) Flash
(C) Arrow
(D) Wave

시각 정보에 의하면, 화자가 사고 싶다고 말한 노트북 모델은 무엇인가?
(A) 스프라우트
(B) 플래쉬
(C) 애로우
(D) 웨이브

해설 시각 정보 연계 – 화자가 사고 싶다고 말한 노트북 모델
지문 후반부에서 화자는 1.6킬로그램짜리 경량 모델이 바로 자신이 원하는 것(They have a lightweight model—only 1.6 kilograms. That's the one I want)이라고 했으므로 정답은 (A)이다.

기출 TEST 10

1 (B)	2 (D)	3 (A)	4 (A)	5 (D)
6 (A)	7 (A)	8 (B)	9 (A)	10 (C)
11 (B)	12 (A)	13 (A)	14 (A)	15 (A)
16 (A)	17 (B)	18 (B)	19 (A)	20 (A)
21 (C)	22 (B)	23 (A)	24 (C)	25 (B)
26 (A)	27 (A)	28 (B)	29 (C)	30 (B)
31 (B)	32 (B)	33 (D)	34 (C)	35 (D)
36 (A)	37 (B)	38 (B)	39 (A)	40 (D)
41 (A)	42 (D)	43 (C)	44 (A)	45 (C)
46 (B)	47 (B)	48 (C)	49 (A)	50 (B)
51 (A)	52 (C)	53 (B)	54 (B)	55 (D)
56 (C)	57 (D)	58 (B)	59 (D)	60 (C)
61 (A)	62 (B)	63 (C)	64 (B)	65 (A)
66 (C)	67 (D)	68 (D)	69 (C)	70 (B)
71 (D)	72 (C)	73 (A)	74 (B)	75 (C)
76 (A)	77 (D)	78 (A)	79 (B)	80 (D)
81 (B)	82 (A)	83 (B)	84 (C)	85 (A)
86 (D)	87 (B)	88 (C)	89 (B)	90 (D)
91 (A)	92 (D)	93 (A)	94 (B)	95 (C)
96 (C)	97 (D)	98 (B)	99 (B)	100 (D)

PART 1

1 M-Cn

(A) A woman is typing at a desk.
(B) A woman is searching a bookshelf.
(C) A woman is taking down some posters.
(D) A woman is leaving a building.

(A) 여자가 책상에서 타자를 치고 있다.
(B) 여자가 책장을 살펴보고 있다.
(C) 여자가 포스터들을 내리고 있다.
(D) 여자가 건물을 떠나고 있다.

어휘 bookshelf 책장 take down (높은 곳에 있는 것을) 내리다, 치우다
      leave 떠나다

해설 1인 등장 사진 – 사람의 동작/상태 묘사

(A) 동사 오답. 여자가 책상에서 타자를 치고 있는(typing at a desk) 모습이 아니므로 오답.
(B) 정답. 여자가 책장을 살펴보고 있는(searching a bookshelf) 모습이므로 정답.

(C) 동사 오답. 여자가 포스터들을 내리고 있는(taking down some posters) 모습이 아니므로 오답.
(D) 동사 오답. 여자가 건물을 떠나고 있는(leaving a building) 모습이 아니므로 오답.

2 W-Am

(A) They're crossing a bridge.
(B) They're standing under some trees.
(C) They're taking off their coats.
(D) They're walking toward a park.

(A) 사람들이 다리를 건너고 있다.
(B) 사람들이 나무들 아래 서 있다.
(C) 사람들이 코트를 벗고 있다.
(D) 사람들이 공원을 향해 걷고 있다.

어휘 cross 건너다 take off 벗다 toward ~를 향해

해설 2인 이상 등장 사진 – 사람의 동작/상태 묘사

(A) 사진에 없는 명사를 이용한 오답. 사진에 다리(bridge)가 보이지 않으므로 오답.
(B) 동사 오답. 사람들이 나무들 아래 서 있는(standing under some trees) 모습이 아니므로 오답.
(C) 동사 오답. 사람들이 코트를 벗고 있는(taking off their coats) 모습이 아니므로 오답.
(D) 정답. 사람들이 공원을 향해 걷고 있는(walking toward a park) 모습이므로 정답.

3 M-Cn

(A) A cashier is leaning over a cash register.
(B) A cashier is placing money on a countertop.
(C) A customer is carrying a tray with beverages.
(D) A customer is reaching for a bowl.

(A) 출납원이 금전 등록기 위로 몸을 구부리고 있다.
(B) 출납원이 조리대 위에 돈을 올려놓고 있다.
(C) 손님이 음료가 있는 쟁반을 나르고 있다.
(D) 손님이 그릇을 잡으려고 손을 뻗고 있다.

어휘 lean over ~ 위로 몸을 구부리다 cash register 금전 등록기
      countertop 조리대 reach for ~를 잡으려고 손을 뻗다

256

해설 2인 이상 등장 사진 – 사람의 동작/상태 묘사

(A) 정답. 출납원이 금전 등록기 위로 몸을 구부리고 있는(leaning over a cash register) 모습이므로 정답.

(B) 동사 오답. 출납원이 조리대 위에 돈을 올려놓고 있는(placing money on a countertop) 모습이 아니므로 오답.

(C) 동사 오답. 손님이 음료가 있는 쟁반을 나르고 있는(carrying a tray with beverages) 모습이 아니므로 오답.

(D) 동사 오답. 손님이 그릇을 잡으려고 손을 뻗고 있는(reaching for a bowl) 모습이 아니므로 오답.

---

4 M-Au

(A) Some chairs are being stacked in a corner.
(B) Some curtains are being closed.
(C) The women are waiting in a line.
(D) The women are standing in front of a table.

(A) 의자들이 구석에 쌓이고 있다.
(B) 커튼이 쳐지고 있다.
(C) 여자들이 줄을 서서 기다리고 있다.
(D) 여자들이 탁자 앞에 서 있다.

어휘 stack 쌓다, 포개다   wait in a line 줄을 서서 기다리다

해설 2인 이상 등장 사진 – 사람 또는 사물 중심 묘사

(A) 정답. 의자들(chairs)이 구석에 쌓이고 있는(are being stacked) 모습이므로 정답.

(B) 사진에 없는 명사를 이용한 오답. 사진에 커튼(curtains)이 보이지 않으므로 오답.

(C) 동사 오답. 여자들이 줄을 서서 기다리고 있는(waiting in a line) 모습이 아니므로 오답.

(D) 사진에 없는 명사를 이용한 오답. 사진에 탁자(table)가 보이지 않으므로 오답.

---

5 M-Cn

(A) All of the people are wearing hats.
(B) Several cars are parked in a garage.
(C) Many performers are signing autographs.
(D) Sound equipment has been set up on a stage.

(A) 모든 사람들이 모자를 쓰고 있다.
(B) 차 몇 대가 차고에 주차되어 있다.
(C) 많은 연주자들이 사인을 하고 있다.
(D) 음향 장비가 무대에 설치되어 있다.

어휘 garage 차고   performer 연주자   autograph 사인   equipment 장비

해설 2인 이상 등장 사진 – 사람 또는 사물 중심 묘사

(A) 대명사 오답. 일부 사람들만 모자를 쓰고 있는(wearing hats) 모습이므로 오답.

(B) 사진에 없는 명사를 이용한 오답. 사진에 차고(a garage)가 보이지 않으므로 오답.

(C) 동사 오답. 연주자들이 사인을 하고 있는(signing autographs) 모습이 아니므로 오답.

(D) 정답. 음향 장비(sound equipment)가 무대에 설치되어 있는(set up on a stage) 상태이므로 정답.

---

6 W-Am

(A) A tall plant has been placed next to a cabinet.
(B) Several clocks are being removed from a wall.
(C) Some cabinet doors have been left open.
(D) Some plants are being watered.

(A) 키가 큰 식물이 캐비닛 옆에 놓여 있다.
(B) 몇 개의 시계들이 벽에서 치워지고 있다.
(C) 캐비닛 문들이 열려 있다.
(D) 식물들에 물이 주어지고 있다.

어휘 next to ~ 옆에   remove 제거하다, 치우다   water 물을 주다

해설 사물/배경 사진 – 실내 사물의 상태 묘사

(A) 정답. 키가 큰 식물이 캐비닛 옆에 놓여 있는(has been placed next to a cabinet) 상태이므로 정답.

(B) 동사 오답. 시계들이 벽에서 치워지고 있는(are being removed from a wall) 중이 아니므로 오답.

(C) 동사 오답. 캐비닛 문들이 열려 있는(have been left open) 상태가 아니므로 오답.

(D) 동사 오답. 식물들에 물이 주어지고 있는(are being watered) 중이 아니므로 오답.

PART 2

7

M-Cn When will these shoes be back in stock?

W-Br (A) On Tuesday.
      (B) It's a good investment.
      (C) A different pair.

이 신발의 재고는 언제 다시 들어오나요?

(A) 화요일이에요.
(B) 훌륭한 투자입니다.
(C) 다른 한 쌍이요.

어휘 be in stock 재고가 있다 investment 투자 pair 한 쌍

해설 신발 재고가 들어오는 시점을 묻는 When 의문문

(A) 정답. 신발 재고가 들어오는 시점을 묻는 질문에 화요일이라며 구체적인 시점으로 응답하고 있으므로 정답.

(B) 연상 단어 오답. 질문의 stock에서 연상 가능한 investment를 이용한 오답. stock은 '주식'이라는 뜻도 있지만 이 문장에서는 '재고'라는 뜻으로 쓰였다.

(C) 연상 단어 오답. 질문의 shoes에서 연상 가능한 pair를 이용한 오답.

8

M-Cn Is this a full-time or a part-time position?

M-Au (A) Five candidates so far.

(B) It's part-time.

(C) Do you have time this afternoon?

이건 정규직 일자리인가요, 아니면 시간제 일자리인가요?

(A) 지금까지 5명의 지원자요.

(B) 시간제요.

(C) 오늘 오후에 시간 있어요?

어휘 full-time position 정규직, 상근직 candidate 지원자, 후보자
so far 지금까지

해설 단어를 연결한 선택 의문문

(A) 연상 단어 오답. 질문의 position에서 연상 가능한 candidates를 이용한 오답.

(B) 정답. 정규직 일자리인지 혹은 시간제 일자리인지를 묻는 질문에 시간제라며 선택 사항 중 하나를 택해 구체적으로 응답하였으므로 정답.

(C) 단어 반복 오답. 질문의 this와 time을 반복 이용한 오답.

9

M-Au How do you usually get to the office?

W-Br (A) I ride my bike.

(B) Nine o'clock in the morning.

(C) It's a nice building.

보통 어떻게 출근하세요?

(A) 자전거를 탑니다.

(B) 오전 9시요.

(C) 멋진 건물이네요.

해설 출근 방법을 묻는 How 의문문

(A) 정답. 출근 방법을 묻는 질문에 자전거를 탄다며 구체적인 방법으로 응답했으므로 정답.

(B) 연상 단어 오답. 질문의 get to the office에서 연상 가능한 출근 시간(Nine o'clock in the morning)을 이용한 오답.

(C) 연상 단어 오답. 질문의 office에서 연상 가능한 building을 이용한 오답.

10

W-Br Why is the company planning to hire a new receptionist?

W-Am (A) A résumé and cover letter.

(B) Yes, he fixed the air conditioning.

(C) Because Carlos is retiring soon.

회사에서 왜 새로운 접수 담당자를 채용하려고 계획하고 있죠?

(A) 이력서와 자기소개서요.

(B) 네, 그가 에어컨을 고쳤어요.

(C) 칼로스가 곧 퇴직하거든요.

어휘 hire 채용하다 résumé 이력서 cover letter 자기소개서 fix
수리하다, 고치다 retire 은퇴하다, 퇴직하다

해설 채용 이유를 묻는 Why 의문문

(A) 연상 단어 오답. 질문의 hire에서 연상 가능한 résumé와 cover letter를 이용한 오답.

(B) Yes/No 불가 오답. Why 의문문에는 Yes/No 응답이 불가능하므로 오답.

(C) 정답. 접수 담당자 채용 이유를 묻는 질문에 칼로스가 곧 퇴직한다며 적절한 이유를 댔으므로 정답.

11

M-Au Excuse me, may I check your train ticket, please?

M-Cn (A) Platform nineteen.

(B) Sure—here it is.

(C) A window seat.

실례합니다만, 기차표를 확인할 수 있을까요?

(A) 19번 플랫폼이요.

(B) 물론이죠, 여기 있습니다.

(C) 창가 좌석이요.

어휘 check 확인하다, 조사하다

해설 부탁/요청의 의문문

(A) 연상 단어 오답. 질문의 train에서 연상 가능한 platform을 이용한 오답.

(B) 정답. 기차표를 확인해도 되는지 묻는 질문에 Sure라고 대답한 후에 여기 있다며 표를 보여 주고 있으므로 정답.

(C) 연상 단어 오답. 질문의 train에서 연상 가능한 window seat를 이용한 오답.

12

W-Am Which folder should I place this document in?

M-Au (A) The green one.

(B) Some mint tea, please.

(C) All of the shirts have been folded.

이 서류를 어떤 폴더에 넣어야 하죠?

(A) 녹색 폴더요.

(B) 민트차 주세요.

(C) 모든 셔츠가 개켜져 있어요.

어휘 fold 접다, 개다

해설 서류를 넣어 둘 폴더를 묻는 Which 의문문

(A) 정답. 서류를 넣어 둘 폴더를 묻는 질문에 녹색 폴더라는 구체적인 폴더를 지칭하고 있으므로 정답.

(B) 질문과 상관없는 오답. 서류를 넣어 둘 폴더를 묻는 질문에 민트차를 달라고 하는 말은 상황에 적합하지 않은 응답이므로 오답.

(C) 유사 발음 오답. 질문의 folder와 발음이 일부 유사한 folded를 이용한 오답.

13

M-Au Where can I pick up my name tag for the conference?

W-Am **(A) Near the entrance.**
(B) A new set of luggage.
(C) The annual pharmacist convention.

회의에서 쓸 제 이름표를 어디에서 찾으면 되나요?

(A) 입구 근처에서요.
(B) 새로운 수하물요.
(C) 연례 약사 대회요.

어휘 conference 회의 entrance 입구 luggage 짐, 수하물
pharmacist 약사 convention 대회

해설 이름표를 찾을 수 있는 장소를 묻는 Where 의문문

(A) 정답. 회의에서 쓸 이름표를 찾을 수 있는 장소를 묻는 질문에 입구 근처라는 구체적인 장소로 응답했으므로 정답.
(B) 연상 단어 오답. 질문의 name tag에서 연상 가능한 luggage를 이용한 오답.
(C) 연상 단어 오답. 질문의 conference에서 연상 가능한 convention을 이용한 오답.

14

W-Am Why did you decide to become a history teacher?

M-Cn **(A) I actually teach math.**
(B) We left early.
(C) She was trained for a month.

왜 역사 교사가 되기로 결심하셨나요?

(A) 저는 사실 수학을 가르치는데요.
(B) 저희는 일찍 출발했어요.
(C) 그녀는 한 달간 교육을 받았어요.

해설 역사 교사가 되기로 결심한 이유를 묻는 Why 의문문

(A) 정답. 역사 교사가 되기로 결심한 이유를 묻는 질문에 수학을 가르친다며 상대방의 잘못된 정보를 정정하고 있으므로 정답.
(B) 질문과 상관없는 오답. 역사 교사가 되기로 결심한 이유를 묻는 질문에 일찍 출발했다는 말은 상황에 적합하지 않은 응답이므로 오답.
(C) 연상 단어 오답. 질문의 teacher에서 연상 가능한 trained를 이용한 오답.

15

W-Br Doesn't the restaurant menu need to be updated for summer?

M-Au **(A) Yes, we'll do that today.**
(B) At the farmer's market.
(C) Thirty reservations.

여름철을 맞아 식당 메뉴를 새로 바꿔야 하지 않나요?

(A) 네, 오늘 할 겁니다.
(B) 농산물 직판장에서요.
(C) 예약 30건요.

어휘 farmer's market 농산물 직판장 reservation 예약

해설 필요 여부를 확인하는 부정 의문문

(A) 정답. 식당 메뉴를 새로 바꿔야 하는지를 확인하는 질문에 Yes라고 대답한 후에 구체적인 교체 시점을 말하므로 정답.
(B) 질문과 상관없는 오답. Where 의문문에 어울리는 응답이므로 오답.
(C) 연상 단어 오답. 질문의 restaurant에서 연상 가능한 reservations를 이용한 오답.

16

M-Au When are you going to paint your office?

M-Cn **(A) I can't decide on a color.**
(B) No, we didn't buy tickets.
(C) The room next to the elevator.

사무실 페인트를 언제 칠할 예정이신가요?

(A) 색깔을 정하지 못하겠네요.
(B) 아니요, 우리는 표를 안 샀어요.
(C) 엘리베이터 옆에 있는 방요.

어휘 decide on ~로 결정하다 next to ~ 옆에

해설 페인트를 칠할 시점을 묻는 When 의문문

(A) 정답. 페인트를 칠할 시점을 묻는 질문에 색깔을 정하지 못하겠다며 우회적으로 응답하고 있으므로 정답.
(B) Yes/No 불가 오답. When 의문문에는 Yes/No 응답이 불가능하므로 오답.
(C) 연상 단어 오답. 질문의 office에서 연상 가능한 elevator를 이용한 오답.

17

M-Cn Isn't our presentation next week?

W-Br (A) It went well.
(B) Right, it's on Monday.
(C) Only a laptop.

다음 주에 우리 발표가 있지 않나요?

(A) 잘 진행됐어요.
(B) 맞아요. 월요일이에요.
(C) 노트북 컴퓨터만요.

어휘 presentation 발표

해설 사실 여부를 확인하는 부정 의문문

(A) 연상 단어 오답. 질문의 presentation에서 연상 가능한 went well을 이용한 오답.
(B) 정답. 발표 일정이 다음 주가 맞는지 확인하는 질문에 Right라고 대답한 후에 구체적인 날짜를 덧붙였으므로 정답.
(C) 연상 단어 오답. 질문의 presentation에서 연상 가능한 laptop을 이용한 오답.

18

W-Am You're working on programming the Web site, right?

W-Br (A) No, to the left.
(B) Yes, it's nearly ready.
(C) That's a fun movie.

웹사이트 프로그래밍 작업을 하고 계시죠, 그렇죠?
(A) 아니요, 왼쪽으로요.
(B) 네, 거의 준비됐어요.
(C) 재미있는 영화예요.

어휘 nearly 거의

해설 웹사이트 프로그래밍 작업을 하고 있는지 여부를 확인하는 부가 의문문

(A) 연상 단어 오답. 질문의 right에서 연상 가능한 left를 이용한 오답. right는 '오른쪽'이라는 뜻도 있지만 이 문장에서는 '맞다'라는 뜻으로 쓰였다.
(B) 정답. 웹사이트 프로그래밍 작업을 하고 있는지를 묻는 질문에 Yes라고 대답한 후에 거의 준비됐다며 그에 호응하는 추가 정보를 덧붙였으므로 정답.
(C) 질문과 상관없는 오답. 웹사이트 프로그래밍 작업을 하고 있는지 묻는 질문에 재미있는 영화라는 말은 상황에 적합하지 않은 응답이므로 오답.

19

W-Br I think you should call off the meeting.

M-Au (A) It starts in 30 minutes.
(B) Did he turn it on?
(C) Every Tuesday morning.

회의를 취소하셔야 할 것 같아요.
(A) 30분 후면 시작해요.
(B) 그가 그것을 켰나요?
(C) 매주 화요일 오전요.

어휘 call off 취소하다 turn on 켜다

해설 제안을 나타내는 평서문

(A) 정답. 회의를 취소할 것을 제안하는 평서문에 30분 후면 시작한다며 우회적으로 거절하고 있으므로 정답.
(B) 연상 단어 오답. 평서문의 off에서 연상 가능한 on을 이용한 오답.
(C) 질문과 상관없는 오답. When 의문문에 어울리는 응답이므로 오답.

20

M-Au Who can teach me how to operate this new cash register?

M-Cn (A) Sarah can show you.
(B) They're less than ten thousand won.
(C) Yes, cash is accepted here.

누가 저에게 이 새 금전 등록기 작동법을 가르쳐 주실 수 있나요?
(A) 사라가 알려 드릴 수 있어요.
(B) 10,000원 미만입니다.
(C) 네, 여기에선 현금을 받습니다.

어휘 operate 작동하다 cash register 금전 등록기 less than ~ 미만의, ~보다 적은 accept 받다, 수락하다

해설 금전 등록기 작동법을 가르쳐 줄 사람을 묻는 Who 의문문

(A) 정답. 금전 등록기 작동법을 가르쳐 줄 사람을 묻는 질문에 사라가 알려 줄 수 있다며 구체적인 인물로 응답했으므로 정답.
(B) 연상 단어 오답. 질문의 cash에서 연상 가능한 돈의 액수(ten thousand won)를 이용한 오답.
(C) 단어 반복 오답. 질문의 cash를 반복 이용한 오답.

21

W-Am Where's the broken fax machine?

W-Br (A) That'd be great, thanks.
(B) For two weeks at least.
(C) I moved it into the hallway.

고장 난 팩스는 어디 있죠?
(A) 그러면 좋겠어요. 감사합니다.
(B) 적어도 2주 동안요.
(C) 제가 복도로 옮겼어요.

어휘 broken 고장 난 at least 최소한 hallway 복도

해설 고장 난 팩스가 있는 장소를 묻는 Where 의문문

(A) 질문과 상관없는 오답. 고장 난 팩스의 위치를 묻는 질문에 고맙다는 말은 상황에 적합하지 않은 응답이므로 오답.
(B) 질문과 상관없는 오답. How long 의문문에 어울리는 응답이므로 오답.
(C) 정답. 고장 난 팩스가 있는 장소를 묻는 질문에 복도로 옮겼다며 구체적인 장소로 응답했으므로 정답.

22

W-Am How do I record my overtime hours?

M-Cn (A) They play music in the office.
(B) My manager always does that for me.
(C) The renovation starts next week.

초과 근무 시간은 어떻게 기록합니까?
(A) 그들은 사무실에서 음악을 연주해요.
(B) 저는 항상 관리자가 해 줍니다.
(C) 보수 작업이 다음 주에 시작돼요.

어휘 record 기록하다 overtime 초과 근무 renovation 개조, 보수

해설 초과 근무 시간 기록 방법을 묻는 How 의문문

(A) 연상 단어 오답. 질문의 overtime에서 연상 가능한 office를 이용한 오답.
(B) 정답. 초과 근무 시간 기록 방법을 묻는 질문에 항상 관리자가 해 준다며 방법을 모른다고 우회적으로 응답하고 있으므로 정답.
(C) 질문과 상관없는 오답. 초과 근무 시간 기록 방법을 묻는 질문에 보수 작업이 다음 주에 시작된다는 말은 상황에 적합하지 않은 응답이므로 오답.

23

W-Br Should we invite more guests to the banquet?

M-Cn (A) Yes, I think that's a good idea.

(B) The bank across the street.

(C) Because I went already.

연회에 손님을 더 초대해야 할까요?

(A) 네, 좋은 생각인 것 같아요.

(B) 길 건너 은행요.

(C) 제가 이미 갔거든요.

어휘 banquet 연회

해설 제안/권유의 의문문

(A) 정답. 연회에 손님을 더 초대하자고 제안하는 질문에 좋은 생각이라며 찬성했으므로 정답.

(B) 유사 발음 오답. 질문의 banquet과 발음이 일부 유사한 bank를 이용한 오답.

(C) 질문과 상관없는 오답. Why 의문문에 어울리는 응답이므로 오답.

24

W-Am I'd like to cancel my subscription to *Lakeline Times*.

M-Au (A) No, mostly entertainment news.

(B) The photograph on the front cover.

(C) Do you have your account number?

〈레이크라인 타임즈〉 구독을 취소하고 싶습니다.

(A) 아니요, 대부분 연예 뉴스예요.

(B) 표지 사진요.

(C) 계정번호가 있으세요?

어휘 cancel 취소하다 subscription 구독 mostly 거의, 대부분 account 계정, 계좌

해설 사실/정보 전달의 평서문

(A) 연상 단어 오답. 평서문의 *Lakeline Times*에서 연상 가능한 news를 이용한 오답.

(B) 연상 단어 오답. 평서문의 *Lakeline Times*에서 연상 가능한 front cover를 이용한 오답.

(C) 정답. 구독을 취소하고 싶다는 평서문에 계정번호가 있는지를 묻고 있으므로 정답.

25

W-Am Who left these boxes in the hallway?

M-Au (A) The closet in the basement.

(B) There were maintenance workers here earlier.

(C) Just take a left on this street and you're there.

누가 복도에 이 상자들을 놔 뒀죠?

(A) 지하에 있는 벽장요.

(B) 아까 여기 유지 보수 인부들이 있었어요.

(C) 이 거리에서 좌회전하면 있어요.

어휘 hallway 복도 basement 지하 maintenance 유지 보수 take a left 좌회전하다

해설 복도에 상자들을 놔 둔 사람을 묻는 Who 의문문

(A) 연상 단어 오답. 질문의 boxes에서 연상 가능한 closet을 이용한 오답.

(B) 정답. 복도에 상자들을 놔 둔 사람을 묻는 질문에 여기에 유지 보수 인부들이 있었다며 우회적으로 응답하고 있으므로 정답.

(C) 단어 반복 오답. 질문의 left를 반복 이용한 오답.

26

M-Cn I'm taking our new client to lunch.

W-Am (A) I'm free at noon.

(B) Soup and salad.

(C) Sure, take as much as you want.

새 고객을 점심 식사 자리에 모시고 갈게요.

(A) 저는 12시에 시간이 있어요.

(B) 수프와 샐러드요.

(C) 네, 원하는 만큼 가져 가세요.

어휘 as much as ~만큼, ~ 못지 않게

해설 사실/정보 전달의 평서문

(A) 정답. 고객을 점심 식사 자리에 데리고 가겠다는 평서문에 자신은 12시에 시간이 있다며 우회적으로 동행을 제안하고 있으므로 정답.

(B) 연상 단어 오답. 평서문의 lunch에서 연상 가능한 Soup and salad를 이용한 오답.

(C) 파생어 오답. 평서문의 taking과 파생어 관계인 take를 이용한 오답.

27

W-Br Would you prefer to open a new store downtown or in the countryside?

M-Au (A) The rent downtown is very expensive.

(B) I parked the car outside.

(C) Where do we store the envelopes?

새 매장을 시내에 열고 싶으세요, 아니면 시골 지역에 열고 싶으세요?

(A) 시내는 임대료가 무척 비싸요.

(B) 저는 밖에 주차했어요.

(C) 봉투는 어디에 보관하나요?

어휘 downtown 시내에 countryside 시골 지역 expensive 비싼 store 보관하다, 저장하다 envelope 봉투

해설 개업 장소를 묻는 선택 의문문

(A) 정답. 새 매장을 시내에 열고 싶은지 혹은 시골 지역에 열고 싶은지를 묻는 질문에 시내는 임대료가 비싸다며 시골 지역을 선호함을 우회적으로 표현했으므로 정답.

(B) 유사 발음 오답. 질문의 countryside와 발음이 일부 유사한 outside를 이용한 오답.

(C) 단어 반복 오답. 질문의 store를 반복 이용한 오답.

28

W-Am Tim is organizing the office tour for the interns, right?

W-Br (A) That's an old desk.
(B) No, Ms. Ito is.
(C) A trip to Germany.

팀이 인턴들의 사무실 견학을 준비하고 있죠, 그렇죠?
(A) 저건 오래된 책상입니다.
(B) 아니요, 이토 씨가 하고 있어요.
(C) 독일 여행요.

어휘 organize 준비하다, 조직하다

해설 팀이 인턴들의 사무실 견학을 준비하는지 여부를 묻는 부가 의문문
(A) 연상 단어 오답. 질문의 office에서 연상 가능한 desk를 이용한 오답.
(B) 정답. 팀이 인턴들의 사무실 견학을 준비하는지 여부를 묻는 질문에 No라고 대답한 후에 이토 씨가 하고 있다며 추가 정보를 제시하고 있으므로 정답.
(C) 연상 단어 오답. 질문의 tour에서 연상 가능한 trip을 이용한 오답.

29

M-Cn I'd like to book accommodations for a family of five.

W-Am (A) They were very accommodating.
(B) I enjoyed that book as well.
(C) I have a vacancy on the fourth floor.

5인 가족 숙소를 예약하고 싶은데요.
(A) 그들은 매우 협조적이었어요.
(B) 저도 그 책을 재미있게 봤어요.
(C) 4층에 빈방이 있습니다.

어휘 book 예약하다 accommodation 숙소 accommodating 잘 협조하는 have a vacancy 공석이 있다, 빈방이 있다

해설 사실/정보 전달의 평서문
(A) 유사 발음 오답. 평서문의 accommodations와 발음이 유사한 accommodating을 이용한 오답.
(B) 단어 반복 오답. 평서문의 book을 반복 이용한 오답.
(C) 정답. 5인 가족 숙소를 예약하고 싶다는 평서문에 4층에 빈방이 있다며 그에 호응하는 추가 정보를 제시했으므로 정답.

30

W-Br Why don't we finish the budget report tomorrow?

M-Cn (A) The figures in the spreadsheet from July.
(B) As long as I can still leave at five o'clock.
(C) Seventy thousand dollars.

내일 예산 보고서를 완료하면 어때요?
(A) 스프레드시트에 있는 7월부터의 수치요.
(B) 5시 정각에 퇴근할 수만 있다면요.
(C) 7만 달러요.

어휘 budget 예산 figure 수치 as long as ~하기만 하면, ~하는 한

해설 제안/권유의 의문문
(A) 연상 단어 오답. 질문의 budget에서 연상 가능한 figures를 이용한 오답.
(B) 정답. 내일 예산 보고서를 완료하자고 제안하는 질문에 5시 정각 퇴근이라는 조건을 제시하고 있으므로 정답.
(C) 연상 단어 오답. 질문의 budget에서 연상 가능한 돈의 액수(Seventy thousand dollars)를 이용한 오답.

31

W-Am Is the television ad airing this morning?

W-Br (A) The air quality was recently tested.
(B) James makes those decisions.
(C) A billboard by the highway.

오늘 오전에 TV 광고가 방영되나요?
(A) 최근 대기의 질을 테스트했어요.
(B) 제임스가 결정합니다.
(C) 고속도로 옆 광고판요.

어휘 air 방송되다; 공기 recently 최근에 make a decision 결정하다 billboard 광고판, 게시판

해설 광고 방영 여부를 확인하는 Be동사 의문문
(A) 파생어 오답. 질문의 airing과 파생어 관계인 air를 이용한 오답.
(B) 정답. 오늘 오전에 TV광고가 방영되는지 여부를 확인하는 질문에 제임스가 결정한다며 우회적으로 응답하고 있으므로 정답.
(C) 연상 단어 오답. 질문의 ad에서 연상 가능한 billboard를 이용한 오답.

PART 3

32-34

W-Am Excuse me, 32**I'm looking for a bus that goes all the way to Tilden Beach.**

M-Cn 33**My bus route will take you to the Tilden Beach boardwalk.** But you should know that this bus line stops running at nine P.M. If you want to stay later than that, you'll need to find another way back.

W-Am OK, thanks for letting me know. 34**I'm actually staying for a concert that will end around ten P.M.**, so I'll take a taxi home.

여 실례합니다. **틸든 비치까지 가는 버스를 찾고 있는데요.**

남 **이 버스 노선이 틸든 비치 산책로까지 갑니다.** 하지만 밤 9시에 운행이 끝난다는 걸 알고 계셔야 해요. 그보다 더 오래 있고 싶으시면 돌아오는 다른 방법을 찾으셔야 합니다.

여 네. 알려 주셔서 감사합니다. **사실 밤 10시경에 끝나는 음악회 때문에 있는 거라서,** 집에 올 땐 택시를 타야겠네요.

어휘 boardwalk (해변 등에) 판자를 깔아 만든 길, 산책로

32

Where does the woman say she wants to go?

(A) To an airport
(B) To a beach
(C) To a hotel
(D) To a fitness center

여자는 어디에 가고 싶다고 말하는가?

(A) 공항에
(B) 해변에
(C) 호텔에
(D) 피트니스 센터에

해설 세부사항 관련 – 여자가 가고 싶어 하는 장소

대화 초반부에 여자가 틸든 비치까지 가는 버스를 찾고 있다(I'm looking for a bus that goes all the way to Tilden Beach)고 했으므로 정답은 (B)이다.

33

Who most likely is the man?

(A) An auto mechanic
(B) A local musician
(C) A security guard
(D) A bus driver

남자는 누구이겠는가?

(A) 자동차 정비공
(B) 지역 음악가
(C) 보안요원
(D) 버스 운전기사

어휘 mechanic 정비공, 기술자 security 보안

해설 세부사항 관련 – 남자의 신분

남자가 이 버스 노선이 틸든 비치 산책로까지 간다(My bus route will take you to the Tilden Beach boardwalk)고 한 것으로 보아 남자는 버스 운전기사임을 알 수 있다. 따라서 정답은 (D)이다.

34

Why will the woman return home late?

(A) She is working overtime.
(B) She has a flight delay.
(C) She is attending a concert.
(D) She is eating at a restaurant.

여자는 왜 집에 늦게 돌아올 것인가?

(A) 초과 근무를 할 것이다.
(B) 항공편이 지연될 것이다.
(C) 음악회에 갈 것이다.
(D) 음식점에서 식사를 할 것이다.

어휘 work overtime 초과 근무하다 delay 지연 attend 참석하다

해설 세부사항 관련 – 여자가 집에 늦게 돌아오는 이유

여자가 마지막 대사에서 밤 10시경에 끝나는 음악회 때문에 있는 것(I'm actually staying for a concert that will end around ten P.M.)이라고 했으므로 정답은 (C)이다.

▸▸ Paraphrasing 대화의 staying for a concert
→ 정답의 attending a concert

35-37

M-Au Gertrude, [35]**I've received a lot of maintenance requests from tenants lately about their appliances. It made me realize that the kitchen appliances in the apartment complex are pretty old.**

W-Br I guess it's time to replace some... but [36]**I'll need to look over our budget to make sure there's enough money for such a significant expense.**

M-Au OK, and I'll talk to the manager of the appliance store this afternoon. [37]**Hopefully I can arrange a discount for buying a large quantity of items from them.**

남 거트루드, 최근 세입자들로부터 가전제품에 대한 유지 보수 요청을 많이 받았습니다. 그래서 우리 아파트 단지의 주방 가전이 꽤 오래됐다는 사실을 깨달았어요.

여 일부를 교체할 시기인 것 같아요…. 하지만 제가 예산을 검토해서, 그렇게 큰 지출을 하기에 충분한 자금이 있는지 확인해야 할 것 같습니다.

남 네, 제가 오늘 오후에 가전제품 매장 관리자에게 말할게요. 제품 대량 구매 할인을 받도록 주선할 수 있으면 좋겠어요.

어휘 maintenance 유지 보수 request 요청 tenant 세입자, 임차인 appliance 가전제품 replace 교체하다 look over 검토하다 budget 예산 significant 큰 expense 지출 arrange 마련하다, 주선하다 a large quantity of 대량의

35

Where do the speakers most likely work?

(A) At an appliance manufacturer
(B) At a construction firm
(C) At a grocery store
(D) At an apartment complex

화자들은 어디서 일하겠는가?

(A) 가전제품 제조업체
(B) 건설회사
(C) 식료품점
(D) 아파트 단지

어휘 manufacturer 제조업체 construction 건설, 공사 grocery store 식료품점

대화 초반부에 남자가 최근 세입자들의 가전제품 유지 보수 요청을 많이 받았다(I've received a lot of maintenance requests from tenants lately about their appliances)며 아파트 단지의 주방 가전이 꽤 낡았음을 알았다(It made me realize that the kitchen appliances in the apartment complex are pretty old)고 했으므로 화자들의 근무 장소는 아파트 단지임을 알 수 있다. 따라서 정답은 (D)이다.

36

What does the woman say she will review?

(A) A budget
(B) A contract
(C) A job posting
(D) An instruction manual

여자는 무엇을 검토하겠다고 말하는가?

(A) 예산
(B) 계약서
(C) 구인 공고
(D) 설명서

어휘 contract 계약서 job posting 구인 공고

해설 세부사항 관련 – 여자가 검토할 사항

여자가 대화 중반부에서 예산을 검토해서, 그렇게 큰 지출을 할 충분한 자금이 있는지 확인할 것(I'll need to look over our budget to make sure there's enough money for such a significant expense)이라고 말했으므로 정답은 (A)이다.

37

What does the man hope to do this afternoon?

(A) Schedule an interview
(B) Arrange a discount
(C) Make a delivery
(D) Print some brochures

남자는 오늘 오후에 무엇을 하고 싶어 하는가?

(A) 면접 일정 잡기
(B) 할인 주선하기
(C) 배송하기
(D) 안내책자 출력하기

어휘 make a delivery 배송하다 brochure 안내책자

해설 세부사항 관련 – 남자가 오후에 하고 싶어 하는 일

남자가 마지막 대사에서 제품 대량 구매 할인을 받도록 주선할 수 있으면 좋겠다(Hopefully I can arrange a discount for buying a large quantity of items from them)고 했으므로 정답은 (B)이다.

38-40

W-Am Hi, Vinod. Thanks for stopping by my office. ³⁸**Can you meet with a new client today? They're interested in purchasing a software package.**

M-Au Sure. But I thought that was supposed to be Sameera's client.

W-Am It is, but ³⁹**her flight from New York has been canceled, so she won't be able to come in today.** Normally, as the sales manager, I would take the meeting, but I have an urgent appointment at that time.

M-Au What time is the meeting? And is there anything I should know about the client?

W-Am It's at three thirty in Conference Room B. And ⁴⁰**please be sure to check that the projector works ahead of time.** We've been having trouble with it...

여 안녕하세요, 비노드. 제 사무실에 와 주셔서 고마워요. 오늘 신규 고객을 만나실 수 있나요? 그들은 소프트웨어 패키지 구매에 관심이 있어요.

남 네, 그런데 그 고객은 사미라가 담당하기로 되어 있던 거 같은데요.

여 맞아요. 하지만 그녀의 뉴욕발 비행기가 취소돼서 오늘 들어올 수가 없을 거예요. 보통은 제가 영업 관리자로서 그 회의를 맡는데, 그 시간에 급한 약속이 있어요.

남 회의가 몇 시죠? 제가 고객에 대해 알아야 할 사항이 있나요?

여 3시 30분, B 회의실입니다. 회의 시간 전에 프로젝터가 잘 작동하는지 확인해 주세요. 프로젝터에 문제가 있었거든요….

어휘 stop by 들르다 purchase 구입하다 be supposed to ~ 하기로 되어 있다 cancel 취소하다 normally 보통은 urgent 급한 appointment 약속 ahead of time 시간 전에, 미리

38

Who most likely is the man?

(A) A flight attendant
(B) A sales representative
(C) An event organizer
(D) A repair technician

남자는 누구이겠는가?

(A) 항공기 승무원
(B) 영업사원
(C) 행사 기획자
(D) 수리공

어휘 flight attendant 항공기 승무원 sales representative 영업 담당자, 영업사원 technician 기술자

해설 전체 내용 관련 – 남자의 신분

대화 초반부에 여자가 남자에게 오늘 신규 고객을 만날 수 있는지(Can you meet with a new client today?) 물으며 그들은 소프트웨어 패키지 구매에 관심이 있다(They're interested in purchasing a software package)고 한 것으로 보아 남자는 영업사원임을 알 수 있다. 따라서 정답은 (B)이다.

39

Why is Sameera unable to attend a meeting?

(A) Her flight was canceled.
(B) Her car has broken down.
(C) She is on vacation.
(D) She is feeling sick.

사미라는 왜 회의에 참석할 수 없는가?

(A) 항공편이 취소됐다.
(B) 차가 고장 났다.
(C) 휴가 중이다.
(D) 아프다.

어휘 break down 고장 나다   be on vacation 휴가 중이다

해설 세부사항 관련 – 사미라의 회의 불참 이유

여자가 두 번째 대사에서 사미라의 뉴욕발 비행기가 취소되어 오늘 들어올 수가 없을 것(her flight from New York has been canceled, so she won't be able to come in today)이라고 했으므로 정답은 (A)이다.

40

What does the woman say the man should do before a meeting?

(A) Read some client information
(B) Prepare a contract
(C) Make a dinner reservation
(D) Check some equipment

여자는 남자에게 회의 전에 무엇을 해야 한다고 말하는가?

(A) 고객 정보 읽기
(B) 계약서 준비하기
(C) 저녁 식사 예약하기
(D) 장비 확인하기

어휘 contract 계약서   make a reservation 예약하다   equipment 장비

해설 세부사항 관련 – 남자가 회의 전에 할 행동

여자는 마지막 대사에서 회의 시간 전에 프로젝터가 잘 작동하는지 확인해 달라(please be sure to check that the projector works ahead of time)고 했으므로 정답은 (D)이다.

▸▸ Paraphrasing   대화의 check that the projector works
→ 정답의 Check some equipment

41-43

M-Cn   Zoya, I was just arranging the display of spring dresses in the front window, and ⁴¹**I noticed a bunch of tables and chairs being brought in to the unit next to our clothing store.**

W-Am   Really? Let me see... You're right! ⁴²**That space has been vacant for so long... I wonder what kind of business is moving in.**

M-Cn   You know... Coffee shops need a lot of tables and chairs.

W-Am   That's true. Do you think the owners are inside?

M-Cn   I only see employees from the moving company... But I'm sure the movers wouldn't be here on their own.

W-Am   Ok, then. ⁴³**Why don't you finish the display, and I'll go introduce myself?**

남   조야, 제가 방금 전면창에 봄 원피스들을 진열했는데요. 우리 의류 매장 옆 매장에 탁자와 의자가 많이 들어오고 있는 걸 봤어요.

여   정말요? 한번 볼게요…. 그러네요! 그 공간은 오랫동안 비어 있었는데요…. 어떤 업체가 들어오는지 궁금해요.

남   음… 커피숍에 탁자와 의자가 많이 필요하죠.

여   맞아요. 주인이 안에 있을까요?

남   이사업체 직원들만 보여요. 하지만 그 인부들이 단독으로 여기 오진 않았겠죠.

여   그래요. 진열을 마무리하시고 제가 가서 인사를 하면 어때요?

어휘   notice 보고 알다   a bunch of 다수의   vacant 비어 있는   on one's own 혼자서, 단독으로

41

Where do the speakers work?

(A) At a clothing shop
(B) At a photography studio
(C) At a travel agency
(D) At a furniture store

화자들은 어디서 일하는가?

(A) 의류 매장
(B) 사진관
(C) 여행사
(D) 가구 매장

어휘 travel agency 여행사

해설 전체 내용 관련 – 화자들의 근무지

대화 초반부에 남자가 의류 매장 옆 매장에 다수의 탁자와 의자가 들어 오고 있는 걸 봤다(I noticed a bunch of tables and chairs being brought in to the unit next to our clothing store)고 했으므로 정답은 (A)이다.

▸▸ Paraphrasing   대화의 clothing store
→ 정답의 clothing shop

42

Why does the man say, "Coffee shops need a lot of tables and chairs"?

(A) To request assistance
(B) To correct an error
(C) To express disagreement
(D) To make a guess

남자가 "커피숍에 탁자와 의자가 많이 필요하죠"라고 말한 이유는 무엇인가?

(A) 도움을 요청하려고
(B) 오류를 정정하려고
(C) 의견이 다르다고 말하려고
(D) 추측해 보려고

어휘 assistance 도움 disagreement 의견 불일치 make a guess
     추측하다

해설 화자의 의도 파악 – 커피숍에 탁자와 의자가 많이 필요하다고 말한
     이유

여자가 첫 번째 대사에서 그 공간은 오랫동안 비어 있었는데 어떤 업체
가 들어오는지 궁금하다(That space has been vacant for so long...
I wonder what kind of business is moving in)고 한 말에 커피숍에
탁자와 의자가 많이 필요하다고 말한 이유는 커피숍이 들어올 수 있다고
추측해 보려는 의도로 볼 수 있다. 따라서 정답은 (D)이다.

43

What will the woman do next?

(A) Process an online order
(B) Call the building's property manager
(C) Meet some new neighbors
(D) Fix a broken piece of equipment

여자는 다음으로 무엇을 하겠는가?

(A) 온라인 주문 처리하기
(B) 건물 관리인에게 전화하기
(C) 새로운 이웃 만나기
(D) 고장 난 장비 수리하기

어휘 process 처리하다 property 건물, 부동산 neighbor 이웃
     equipment 장비

해설 세부사항 관련 – 여자가 다음에 할 행동

여자가 마지막 대사에서 남자가 진열을 마무리하고 자신이 가서 인사
를 하겠다(Why don't you finish the display, and I'll go introduce
myself?)고 했으므로 여자는 새로운 이웃을 만날 것임을 알 수 있다. 따라
서 정답은 (C)이다.

> ▸▸ Paraphrasing   대화의 go introduce myself
>   → 정답의 Meet some new neighbors

44-46

W-Am Excuse me, ⁴⁴the loading-dock entrance
      is only for warehouse employees. Visitors
      are supposed to use the front entrance.

M-Au Oh, ⁴⁴sorry I'm here to see Mr. Suzuki.
      ⁴⁵I'm a writer for the *E-Commerce Business
      Weekly*. I'm writing a report about your
      company's order-fulfillment process.

W-Am Right, we're expecting you. ⁴⁶Please go
      to the security desk at the front entrance.
      You'll have to show your press credentials
      to get a visitor ID. I'll meet you there in a few
      minutes and take you to Mr. Suzuki's office.

여 실례합니다. **하역장 입구는 창고 직원 전용입니다. 방문객은
    정문을 이용하셔야 합니다.**

남 아, **최송합니다만 스즈키 씨를 만나러 왔는데요. 저는
    〈이커머스 비즈니스 위클리〉의 기자입니다.** 귀사의 주문 이행
    절차에 관한 기사를 작성하고 있습니다.

여 네, 기다리고 있었습니다. **정문의 보안 데스크로 가세요.**
    방문객 신분증을 받으시려면 기자증을 보여 주셔야 할
    겁니다. 몇 분 후에 거기서 뵙고 스즈키 씨 사무실로 모셔다
    드리겠습니다.

어휘 loading dock 하역장 warehouse 창고 fulfillment
      이행, 수행 process 절차 press credential 기자증

44

Why does the man apologize?

(A) He used the wrong entrance.
(B) He is late for an appointment.
(C) He forgot to bring identification.
(D) He lost an order number.

남자가 사과를 한 이유는 무엇인가?

(A) 다른 입구를 이용했다.
(B) 약속에 늦었다.
(C) 신분증 지침을 잊었다.
(D) 주문번호를 잃어버렸다.

어휘 apologize 사과하다 appointment 약속 identification 신원
      확인, 신분 증명

해설 세부사항 관련 – 남자가 사과한 이유

대화 초반부에 여자가 하역장 입구는 창고 직원 전용(the loading-dock
entrance is only for warehouse employees)이라며 방문객은 정문
을 이용해야 한다(Visitors are supposed to use the front entrance)
고 했고 뒤이어 남자가 죄송하다며 스즈키 씨를 만나러 왔다(sorry I'm
here to see Mr. Suzuki)고 한 것으로 보아 남자는 방문객 전용이 아닌
다른 입구를 이용했음을 알 수 있다. 따라서 정답은 (A)이다.

45

What is the man's job?

(A) Delivery driver
(B) Electrician
(C) Journalist
(D) Security guard

남자의 직업은 무엇인가?

(A) 배송 운전기사
(B) 전기 기사
(C) 기자
(D) 보안요원

어휘 delivery 배송, 배달 electrician 전기 기사

해설 세부사항 관련 – 남자의 직업

대화 중반부에 남자가 〈이커머스 비즈니스 위클리〉의 기자(I'm a writer
for the *E-Commerce Business Weekly*)라고 밝혔으므로 정답은 (C)
이다.

46

Where does the woman direct the man to go?

(A) To a conference room

(B) To a security desk

(C) To a construction site

(D) To a loading dock

여자는 남자에게 어디로 가라고 말하는가?

(A) 회의실

(B) 보안 데스크

(C) 공사장

(D) 하역장

어휘 construction site 공사장

해설 세부사항 관련 – 남자가 갈 장소

여자가 마지막 대사에서 남자에게 정문의 보안 데스크로 가라(Please go to the security desk at the front entrance)고 했으므로 정답은 (B)이다.

47-49

M-Cn	Hey, Janet, what a long day... **⁴⁷we've had so many customers. ⁴⁷, ⁴⁸The new Techno computer tablet sure is selling well, isn't it?**
W-Am	We've already sold out! We purchased 200 of them... I thought we'd be overstocked. This is great for business.
M-Cn	Yeah, they really are popular... **⁴⁹I wonder why so many people are buying this tablet.**
W-Am	**⁴⁹I think it's because of all the good reviews on the Internet.** Most of the reviews gave the tablet five stars out of five!
남	재닛, 정말 긴 하루네요… **손님이 정말 많았어요. 새로운 테크노 태블릿 컴퓨터가 정말 잘 팔리네요, 그렇죠?**
여	이미 다 팔렸어요! 200대를 구입했는데… 저는 재고가 너무 많다고 생각했거든요. 회사에 잘된 일이죠.
남	네, 무척 인기가 많아요… **왜 그렇게 많은 사람들이 이 태블릿을 사는지 궁금해요.**
여	**인터넷 후기가 다 좋아서 그런 것 같아요.** 대부분의 후기에서 이 태블릿 제품에 별점 5점 만점에 5점을 줬어요!
어휘	sure 정말 purchase 구입하다 overstocked 공급 과잉의, 재고 과잉의 review 후기, 평

47

Where do the speakers most likely work?

(A) At an advertising agency

(B) At an electronics shop

(C) At a furniture store

(D) At an assembly plant

화자들은 어디에서 일하겠는가?

(A) 광고 대행사

(B) 전자제품 매장

(C) 가구 매장

(D) 조립 공장

어휘 advertising 광고 assembly 조립 plant 공장

해설 전체 내용 관련 – 화자들의 근무지

남자가 첫 번째 대사에서 손님이 정말 많았다(we've had so many customers)면서, 새로운 태블릿 컴퓨터가 잘 팔린다(The new Techno computer tablet sure is selling well, isn't it?)고 하는 것으로 보아 화자들의 근무지는 전자제품 매장임을 알 수 있다. 따라서 정답은 (B)이다.

48

Why does the woman say, "We've already sold out"?

(A) To ask for help

(B) To refuse a request

(C) To express agreement

(D) To show concern

여자가 "이미 다 팔렸어요"라고 말한 이유는 무엇인가?

(A) 도움을 청하려고

(B) 요청을 거절하려고

(C) 동의를 나타내려고

(D) 우려를 표하려고

어휘 refuse 거절하다 request 요청 concern 우려

해설 화자의 의도 파악 – 이미 다 팔렸다고 말한 이유

남자가 첫 번째 대사에서 새로운 테크노 태블릿 컴퓨터가 잘 팔린다(The new Techno computer tablet sure is selling well, isn't it?)고 한 말에 대한 대답이므로 제품이 잘 팔린다는 의견에 동의를 표시하기 위해 한 말임을 알 수 있다. 따라서 정답은 (C)이다.

49

According to the woman, why is a product popular?

(A) It has good online reviews.

(B) It has a lifetime warranty.

(C) It is being advertised by celebrities.

(D) It is being sold at a low price.

여자에 의하면, 제품은 왜 인기가 많은가?

(A) 온라인 후기가 좋다.

(B) 평생 품질보증이 된다.

(C) 유명인들이 광고하고 있다.

(D) 낮은 가격에 판매되고 있다.

어휘 lifetime 평생, 생애 warranty 품질 보증서 celebrity 유명 인사

TEST 10

해설 세부사항 관련 – 제품이 인기가 많은 이유

남자가 두 번째 대사에서 많은 사람들이 왜 이 태블릿을 사는지 궁금하다 (I wonder why so many people are buying this tablet)고 했고, 여자가 인터넷 후기가 좋아서 그런 것 같다(I think it's because of all the good reviews on the Internet)고 말했으므로 정답은 (A)이다.

> ▸ Paraphrasing 대화의 **good reviews on the Internet**
> → 정답의 **good online reviews**

50-52 3인 대화

W-Br	Welcome to Gaduna's Outdoor Supplies. Can I help you both?
M-Cn	Hi! **50Our boss is retiring in a month, and we'd like to get something to congratulate her.**
W-Br	OK. Is there something in particular you're looking for?
M-Au	Well... **51she's always said she wanted to spend more time hiking when she retired.** But we're not really sure what to get her.
W-Br	I see. **52I'd recommend buying a membership to our store.** She'll receive our newsletter and have access to digital trail maps. Plus, she'll get a ten percent discount on all of our merchandise.
M-Cn	That's a great idea!
여	가두나즈 아웃도어즈 서플라이입니다. 두 분, 도와 드릴까요?
남1	안녕하세요! **저희 상사가 한 달 뒤에 퇴직하셔서 축하드릴 물건을 사고 싶습니다.**
여	알겠습니다. 특별히 찾으시는 것이 있나요?
남2	음… **은퇴하면 하이킹을 하는 데 더 많은 시간을 보내고 싶다고 항상 말씀하셨거든요.** 하지만 무엇을 사 드릴지 잘 모르겠어요.
여	그렇군요. **저희 매장 회원권 구매를 권해 드립니다.** 저희 소식지를 받아 보시고 디지털 길 지도에 접속해 이용하실 수 있습니다. 또한 전 제품 10퍼센트 할인을 받으실 겁니다.
남1	좋은 생각이네요!
어휘	retire 은퇴하다, 퇴직하다 congratulate 축하하다 in particular 특별히 recommend 추천하다 newsletter 소식지 have access to ~에 접근할 수 있다 merchandise 제품

50

Why are the men at the store?

(A) To return a defective item
(B) To purchase a gift
(C) To publicize a festival
(D) To apply for a position

남자들은 왜 매장에 갔는가?

(A) 결함이 있는 물건을 환불하기 위해
(B) 선물을 구입하기 위해
(C) 축제를 홍보하기 위해
(D) 일자리에 지원하기 위해

어휘 defective 결함이 있는 publicize 광고하다, 홍보하다 apply for ~에 지원하다

해설 전체 내용 관련 – 남자들이 매장에 간 이유

남자1이 첫 번째 대사에서 상사가 한 달 뒤에 퇴직해서 축하할 물건을 사고 싶다(Our boss is retiring in a month, and we'd like to get something to congratulate her)고 했으므로 정답은 (B)이다.

> ▸ Paraphrasing 대화의 **get something to congratulate her**
> → 정답의 **purchase a gift**

51

What hobby is mentioned?

(A) Hiking
(B) Swimming
(C) Skiing
(D) Cycling

어떤 취미가 언급됐는가?

(A) 하이킹
(B) 수영
(C) 스키
(D) 자전거 타기

어휘 mention 언급하다

해설 세부사항 관련 – 언급된 취미

남자2가 첫 번째 대사에서 상사가 은퇴하면 하이킹을 하는 데 시간을 보내고 싶다고 항상 말했다(she's always said she wanted to spend more time hiking when she retired)고 했으므로 정답은 (A)이다.

52

What does the woman recommend?

(A) Finalizing a schedule
(B) Consulting a return policy
(C) Getting a membership
(D) Downloading a map

여자는 무엇을 추천하는가?

(A) 일정 마무리하기
(B) 환불 정책 참조하기
(C) 회원권 사기
(D) 지도 다운로드하기

어휘 finalize 마무리짓다, 완결하다 consult 참조하다, 상담하다 policy 정책

해설 세부사항 관련 – 여자가 추천하는 것

여자가 마지막 대사에서 매장 회원권 구매를 권한다(I'd recommend buying a membership to our store)고 했으므로 정답은 (C)이다.

53-55

M-Au	**53I'm glad our flight took off on schedule. We'll be just in time to get to the employee training session.**
W-Br	I agree. I wouldn't want to be late to a training session that we're supposed to lead!
M-Au	Right. OK, **54I'll work on the slides for our presentation during the flight then.** They're almost ready, but **54I need to make the changes we discussed yesterday.**
W-Br	Great. So **55when we land, should we head straight to the branch office?**
M-Au	**55Probably.** I would've liked to drop my luggage off at the hotel first, but that would take too long.
남	우리가 탄 비행기가 정시에 이륙해서 기뻐요. 직원 교육 시간에 딱 맞춰 도착할 것 같아요.
여	맞아요. 우리가 주관해야 하는 교육 시간에 늦고 싶지는 않아요!
남	그렇죠. 저는 그럼 비행 시간 동안 발표용 슬라이드 작업을 할게요. 거의 준비가 되긴 했지만 어제 논의한 변경사항을 반영해야 해요.
여	좋습니다. 착륙하면 지점으로 바로 가야 할까요?
남	아마 그럴 거예요. 먼저 호텔에 짐을 갖다 놓고 싶었지만 너무 오래 걸릴 겁니다.
어휘	take off 이륙하다 on schedule 예정대로, 정시에 be supposed to ~ 하기로 되어 있다 presentation 발표 head straight 직행하다 probably 아마

53

Why are the speakers traveling?

(A) To attend a conference
(B) To train some employees
(C) To meet a client
(D) To open a new business location

화자들은 왜 여행을 하는가?

(A) 회의에 참석하려고
(B) 직원들을 교육하려고
(C) 고객을 만나려고
(D) 새로운 사무실을 열려고

어휘 attend 참석하다 conference 회의

해설 전체 내용 관련 - 화자들의 여행 이유

남자가 대화 초반부에 비행기가 정시에 이륙해서 기쁘다(I'm glad our flight took off on schedule)며 직원 교육 시간에 맞춰 도착할 것(We'll be just in time to get to the employee training session)이라고 했으므로 정답은 (B)이다.

54

What does the man say he will do during the flight?

(A) Update a travel itinerary
(B) Edit some presentation slides
(C) Proofread a contract
(D) Review some résumés

남자는 비행 시간 동안 무엇을 하겠다고 말하는가?

(A) 여행 일정 업데이트하기
(B) 발표 슬라이드 수정하기
(C) 계약서 교정 보기
(D) 이력서 검토하기

어휘 itinerary 일정 edit 수정하다 proofread 교정 보다

해설 세부사항 관련 - 남자가 비행 동안 할 일

남자가 두 번째 대사에서 비행 동안 발표용 슬라이드 작업을 하겠다(I'll work on the slides for our presentation during the flight then)면서, 어제 논의한 변경사항을 반영해야 한다(I need to make the changes we discussed yesterday)고 했으므로 정답은 (B)이다.

▸▸ Paraphrasing 대화의 make the changes → 정답의 Edit

55

What will the speakers most likely do when they land?

(A) Check in to a hotel
(B) Eat at a restaurant
(C) Board another flight
(D) Go to an office building

화자들은 착륙하면 무엇을 할 것 같은가?

(A) 호텔에 체크인하기
(B) 음식점에서 식사하기
(C) 다른 항공편에 탑승하기
(D) 사무실 건물로 가기

어휘 board 탑승하다

해설 세부사항 관련 - 화자들이 착륙 후에 할 행동

여자가 두 번째 대사에서 착륙하면 지점으로 바로 가야 하는지(when we land, should we head straight to the branch office?)를 묻자 남자가 아마 그럴 것(Probably)이라고 대답했으므로 정답은 (D)이다.

▸▸ Paraphrasing 대화의 head straight to the branch office
                → 정답의 Go to an office building

56-58 3인 대화

M-Cn	**57Dolores from Maintenance is here fixing the lights in the waiting area.**
M-Au	Great! **56The patients need to be able to see when they fill out their medical forms.**
M-Cn	Oh, she's coming over. **56,57Maybe we should ask her to look at the sink in Examination Room One.**

M-Au	Good idea.
W-Am	Hi, there. The lights are working now. Let me know if they go off again.
M-Au	Thanks. Could you also look at the sink in Examination Room One? It leaks every time the doctors wash their hands.
W-Am	I only handle electrical issues. **58You'll have to fill out another maintenance request form,** but a plumber can probably come later today.

남1	유지 보수팀 돌로레스가 대기실 전등을 고치러 와 있습니다.
남2	다행이네요! 환자들이 의료용 양식을 기입할 때 볼 수 있어야 하거든요.
남1	아, 저기 오시네요. **아마 1번 진료실 개수대를 봐 달라고 요청해야 할 거예요.**
남2	좋은 생각입니다.
여	안녕하세요. 전등은 이제 잘 켜집니다. 다시 불이 나가면 알려 주세요.
남2	감사합니다. 1번 진료실 개수대도 좀 봐 주실 수 있나요? 의사 선생님들이 손을 씻을 때마다 물이 새요.
여	저는 전기 관련 문제만 처리해요. **다른 유지 보수 신청서를 작성하셔야 할 겁니다.** 하지만 배관공이 오늘 이따가 올 수 있을 거예요.

어휘	maintenance 유지 보수 fill out a form 양식을 기입하다, 작성하다 examination room 진료실 leak 새다 handle 다루다, 처리하다 request form 신청서

56

Where most likely are the speakers?

(A) In a computer store
(B) In a recording studio
(C) In a medical clinic
(D) In an electrical supply shop

화자들은 어디서 일하겠는가?
(A) 컴퓨터 매장
(B) 녹음실
(C) **병원**
(D) 전기용품 매장

어휘 recording 녹음 electrical 전기의

해설 전체 내용 관련 – 화자들의 근무 장소

남자2가 환자들이 의료용 양식을 기입할 때 볼 수 있어야 한다(The patients need to be able to see when they fill out their medical forms)고 했고, 남자1이 돌로레스에게 1번 진료실 개수대를 봐 달라고 요청해야 할 것(Maybe we should ask her to look at the sink in Examination Room One)이라고 했다. 따라서 화자들의 근무 장소는 병원임을 알 수 있으므로 정답은 (C)이다.

57

What are the speakers mainly discussing?

(A) A work schedule
(B) A recent illness
(C) Some pricing options
(D) Some maintenance problems

화자들은 주로 무엇에 대해 이야기하는가?
(A) 근무 일정
(B) 최근 질병
(C) 가격 선택사항
(D) **유지 보수 문제**

어휘 recent 최근의 illness 질병 pricing 가격 책정

해설 전체 내용 관련 – 대화 주제

남자1이 첫 번째 대사에서 유지 보수팀 돌로레스가 대기실 전등을 고치러 왔다(Dolores from Maintenance is here fixing the lights in the waiting area)고 한 후, 두 번째 대사에서 1번 진료실 개수대를 봐 달라고 요청해야 할 것(Maybe we should ask her to look at the sink in Examination Room One)이라며 대화를 이어 나가고 있으므로 정답은 (D)이다.

58

What does the woman say the men should do?

(A) Contact a manager
(B) Complete a form
(C) Pay a bill
(D) Provide some identification

여자는 남자들에게 무엇을 해야 한다고 말하는가?
(A) 관리자에게 연락하기
(B) **서식 작성하기**
(C) 계산서 지불하기
(D) 신분증 제시하기

어휘 complete a form 서식을 작성하다 identification 신원 확인, 신분 증명

해설 세부사항 관련 – 남자들이 해야 할 일

여자가 마지막 대사에서 남자들에게 다른 유지 보수 신청서를 작성해야 할 것(You'll have to fill out another maintenance request form)이라고 말했으므로 정답은 (B)이다.

> ▸▸ Paraphrasing   대화의 **fill out another maintenance request form** → 정답의 **Complete a form**

59-61

W-Am	Akira, have you seen the recent increases in shipping expenses?
M-Cn	Yeah, **59baking ingredients are becoming expensive to import. But our pastries are made with imported specialty flour and butter.** And customers love them.

W-Am I know, but ⁶⁰**I'd rather reduce our expenses than increase our prices. I think we should look for domestic suppliers that offer similar ingredients for less.**

M-Cn It's an option, but we'll have to test all of the recipes. ⁶¹**I'm worried that using different ingredients will change the taste.** We need to make sure we're still producing the quality baked goods that our customers expect.

여 아키라, 배송 비용이 최근 인상된 걸 보셨나요?

남 네, 베이킹 재료들이 수입하기에 비싸지고 있어요. 우리 페이스트리는 수입한 특선 밀가루와 버터로 만들잖아요. 고객들이 아주 좋아하고요.

여 그렇죠. 하지만 가격 인상보다는 비용 절감을 하는 게 낫습니다. 비슷한 재료를 더 싼 가격에 제공하는 국내 공급업체를 찾아봐야 할 것 같아요.

남 그렇게 할 수는 있지만 모든 조리법을 시험해 봐야 할 겁니다. **다른 재료를 쓰면 맛이 달라질 거라서 걱정됩니다.** 고객들이 기대하는 최상급 제과류를 계속 생산해야 하니까요.

어휘 recent 최근의 increase 인상, 증가 shipping expense 배송 비용 ingredient 재료, 성분 import 수입하다 reduce 줄이다, 감소시키다 domestic 국내의 similar 비슷한, 유사한 quality 질 좋은

59

What type of business do the speakers most likely operate?

(A) A cooking school
(B) A kitchen supply store
(C) A dairy farm
(D) A specialty bakery

화자들은 어떤 종류의 업체를 운영하겠는가?

(A) 요리학교
(B) 주방용품 매장
(C) 낙농가
(D) **특선 제과점**

어휘 dairy farm 낙농장

해설 전체 내용 관련 – 화자들이 운영하는 업체의 종류

남자가 첫 번째 대사에서 베이킹 재료들이 수입하기에 비싸지고 있다(baking ingredients are becoming expensive to import)며 화자들의 페이스트리는 수입한 특선 밀가루와 버터로 만든다(But our pastries are made with imported specialty flour and butter)고 한 것으로 보아 화자들은 제과점을 운영함을 알 수 있다. 따라서 정답은 (D)이다.

60

How does the woman want to reduce expenses?

(A) By relocating a business
(B) By shortening operating hours
(C) By using local suppliers
(D) By purchasing in bulk

여자는 어떤 방법으로 비용을 절감하고 싶어 하는가?

(A) 업체를 이전함으로써
(B) 영업시간을 줄임으로써
(C) **현지 공급업체를 이용함으로써**
(D) 대량 구매함으로써

어휘 relocate 이전하다 operating hours 운영시간, 영업시간 in bulk 대량으로

해설 세부사항 관련 – 여자가 원하는 비용 절감 방법

여자가 두 번째 대사에서 가격 인상보다는 비용 절감이 낫다(I'd rather reduce our expenses than increase our prices)고 한 후, 비슷한 재료를 더 싼 가격에 제공하는 국내 공급업체를 찾아봐야 할 것(I think we should look for domestic suppliers that offer similar ingredients for less)이라고 했으므로 정답은 (C)이다.

> ▸▸ Paraphrasing 대화의 domestic suppliers
> → 정답의 local suppliers

61

What is the man concerned about?

(A) A change may affect product quality.
(B) A new recipe has not been successful.
(C) An ingredient is no longer being sold.
(D) A competing business is expanding.

남자가 우려하는 것은 무엇인가?

(A) **변화가 제품의 질에 영향을 미칠 수 있다.**
(B) 새로운 조리법이 성공하지 못했다.
(C) 재료가 더 이상 판매되지 않는다.
(D) 경쟁업체가 확장하고 있다.

어휘 affect 영향을 주다 expand 확장되다, 확대되다

해설 세부사항 관련 – 남자의 우려 사항

남자가 마지막 대사에서 다른 재료를 쓰면 맛이 달라질 거라서 걱정된다(I'm worried that using different ingredients will change the taste)고 했으므로 정답은 (A)이다.

> ▸▸ Paraphrasing 대화의 using different ingredients will
> change the taste → 정답의 A change may
> affect product quality

62-64 대화 + 도형

M-Cn Hi, Elise. Good news—⁶²**the last of the parts for the wind turbine have arrived.**

W-Br Great! ⁶²**Now we can start transporting them to the designated site in Bloomington on Tuesday.**

M-Cn Well, ⁶³**I'm meeting tomorrow with local officials to discuss temporarily closing down part of the road while we transport everything.**

W-Br OK. The foundation is already installed at the site, right? So ⁶⁴**let's send the longest part next.**

M-Cn Exactly. That way we'll only need the road closed for a day. I'll let you know when we get approval so you can schedule the drivers.

남 안녕하세요, 엘리스. 좋은 소식이 있어요. **풍력 터빈의 마지막 부품이 도착했습니다.**

여 좋아요! 이제 화요일에 블루밍턴의 지정된 현장으로 그것들을 수송하는 작업을 시작할 수 있겠네요.

남 음, 저는 내일 지역 공무원들과 만나, 우리가 전부 수송하는 동안 도로 일부를 임시 봉쇄하는 것에 대해 논의할 예정인데요.

여 알겠습니다. 현장에 받침대는 이미 설치됐죠, 그렇죠? 그럼 **다음에는 가장 긴 부품을 보냅시다.**

남 맞아요. 그렇게 하면 하루만 도로를 봉쇄하면 돼요. 승인을 받으면 운전기사 일정을 잡으실 수 있도록 알려 드리겠습니다.

어휘 transport 수송하다 designated 지정된 temporarily 일시적으로, 임시로 foundation 토대, 기초 install 설치하다 get approval 승인을 받다

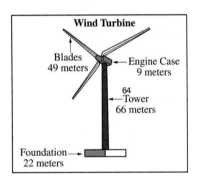

Wind Turbine
Blades 49 meters
Engine Case 9 meters
⁶⁴Tower 66 meters
Foundation 22 meters

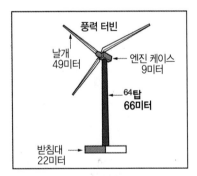

풍력 터빈
날개 49미터
엔진 케이스 9미터
⁶⁴탑 66미터
받침대 22미터

62

What are the speakers mainly discussing?

(A) An inspection of a facility
(B) Transportation of some parts
(C) A revised government policy
(D) Some upcoming road construction

화자들은 주로 무엇에 대해 이야기하는가?

(A) 시설 점검
(B) 일부 부품 수송
(C) 개정된 정부 정책
(D) 곧 있을 도로 공사

어휘 inspection 점검, 사찰 revised 개정된, 수정된 policy 정책 upcoming 다가오는, 곧 있을 construction 건설, 공사

해설 전체 내용 관련 – 대화 주제

대화 초반부에서 남자가 풍력 터빈의 마지막 부품이 도착했다(the last of the parts for the wind turbine have arrived)고 했고 뒤이어 여자도 화요일에 블루밍턴 현장으로 수송하는 작업을 시작할 수 있겠다(Now we can start transporting them to the designated site in Bloomington on Tuesday)며 부품 수송에 대해 대화를 이어가고 있으므로 정답은 (B)이다.

▸▸ Paraphrasing 대화의 the parts for the wind turbine → 정답의 some parts

63

What does the man say he will do tomorrow?

(A) Calculate a distance
(B) Adjust a budget
(C) Talk to local officials
(D) Print a permit

남자는 내일 무엇을 할 것이라고 말하는가?

(A) 거리 계산하기
(B) 예산 조정하기
(C) 지역 공무원과 논의하기
(D) 허가증 출력하기

어휘 calculate 계산하다 distance 거리 adjust 조정하다 budget 예산 permit 허가증

해설 세부사항 관련 – 남자가 내일 할 일

남자가 두 번째 대사에서 내일 지역 공무원들과 만나, 전부 수송하는 동안 일부 도로를 임시 봉쇄하는 것에 대해 논의할 것(I'm meeting tomorrow with local officials ~ while we transport everything)이라고 했으므로 정답은 (C)이다.

▸▸ Paraphrasing 대화의 meeting with local officials to discuss → 정답의 Talk to local officials

64

Look at the graphic. According to the speakers, what will be shipped next?

(A) The engine case
(B) The tower
(C) The foundation
(D) The blades

시각 정보에 의하면, 화자들은 다음으로 무엇을 배송할 것인가?

(A) 엔진 케이스
(B) 탑
(C) 받침대
(D) 날개

해설 시각 정보 연계 – 다음 배송 제품

여자가 두 번째 대사에서 다음에는 가장 긴 부품을 보내자(let's send the longest part next)고 했으므로 정답은 (B)이다.

▸▸ Paraphrasing 대화의 the longest part → 정답의 The tower

65-67 대화 + 평면도

W-Am Hey, Jerome. **65We're hosting the engineering conference this weekend. You're in charge of filming the presentations in the auditorium, right?**

M-Au Yes. And **66the conference organizers asked me to set up some additional cameras.** Here's the new layout.

W-Am Do you have enough people to handle that?

M-Au All set. I have people for the positions at the sides of the auditorium and the one near the stage. **67I want to run the camera at the back of the auditorium myself.**

여 안녕하세요, 제롬. 이번 주말에 공학 회의를 개최할 예정인데요. 강당 발표 촬영을 맡고 계시죠, 그렇죠?

남 네. 그리고 회의 주최 측이 추가로 카메라를 설치해 달라고 요청하셨어요. 여기 새로 나온 배치도가 있어요.

여 일을 처리할 인원이 충분한가요?

남 만반의 준비를 마쳤습니다. 강당 양 측면 위치를 맡은 사람들이 있고 무대 근처에 한 명이 있습니다. 저는 강당 뒤쪽에서 카메라 촬영을 하려고요.

어휘 host 개최하다 in charge of ~를 맡아서, 담당해서 auditorium 강당 set up 설치하다 additional 추가의 layout 배치 stage 무대

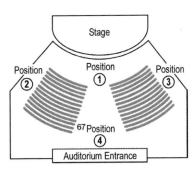

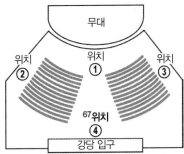

65

What event are the speakers preparing for?

(A) A professional conference
(B) A political debate
(C) An awards ceremony
(D) A musical concert

화자들은 어떤 행사를 준비하는가?

(A) 전문가 회의
(B) 정치 토론회
(C) 시상식
(D) 음악회

어휘 professional 전문적인; 전문가 political 정치와 관련된 debate 토론, 토의 awards ceremony 시상식

해설 전체 내용 관련 – 화자들이 준비하는 행사

대화 초반부에 여자가 이번 주말에 공학 회의를 개최할 예정(We're hosting the engineering conference this weekend)이라며 남자에게 강당 발표 촬영을 맡고 있는지(You're in charge of filming the presentations in the auditorium, right?)를 확인하고 있으므로 정답은 (A)이다.

▸▸ Paraphrasing 대화의 engineering conference
→ 정답의 professional conference

66

What was the man asked to do?

(A) Collect tickets
(B) Leave empty rows near the stage
(C) Set up some extra equipment
(D) Pass out programs

남자는 무엇을 하라고 요청받았는가?

(A) 표 걷기
(B) 무대 근처 열을 비워 두기
(C) 추가 장비 설치하기
(D) 프로그램 나눠 주기

어휘 collect 모으다 row (좌석) 줄, 열 pass out 나눠 주다

해설 세부사항 관련 – 남자가 받은 요청 사항

남자가 첫 번째 대사에서 회의 주최 측이 추가로 카메라를 설치해 달라고 요청했다(the conference organizers asked me to set up some additional cameras)고 했으므로 정답은 (C)이다.

▸▸ Paraphrasing 대화의 additional cameras
→ 정답의 extra equipment

67

Look at the graphic. Where will the man most likely be working during the event?

(A) At Position 1
(B) At Position 2
(C) At Position 3
(D) At Position 4

시각 정보에 의하면, 남자는 행사 중 어디서 일하겠는가?

(A) 위치 1
(B) 위치 2
(C) 위치 3
(D) 위치 4

해설 시각 정보 연계 – 남자가 일할 위치

남자가 마지막 대사에서 자신은 강당 뒤쪽에서 카메라 촬영을 할 것(I want to run the camera at the back of the auditorium myself)이라고 했다. 시각 정보를 보면 강당 뒤쪽은 위치 4이므로 정답은 (D)이다.

68-70 대화 + 목록

W-Br	**68Since our meetings with the clients don't start until tomorrow, where should we take them this afternoon? They said they're interested in visiting some art museums.**
M-Au	But it's Monday. The museums are all closed today. **69I still have some bus passes for a tour of the city... How about that?**
W-Br	Actually, the weather's nice. Maybe we could rent bikes. Here, look at this mobile phone application. It has a list of the closest locations of the rental stations and how many bicycles are available.
M-Au	Oh, great. Let's see—**70we'll need four bikes. Based on the app, it seems only one station near here has enough available bikes.**
여	고객과의 회의가 내일이 되어야 시작될 텐데, 오늘 오후에 고객들을 어디로 모시고 가야 할까요? 미술관 방문에 관심이 있다고 말씀하셨는데요.
남	하지만 오늘은 월요일이에요. 모든 미술관이 휴관입니다. **아직 도시 투어 버스표가 좀 있는데… 그건 어떠세요?**
여	사실 날씨가 참 좋아요. 아마 자전거를 대여할 수 있을 것 같아요. 이 모바일 앱 좀 보세요. 가장 가까운 대여점 위치와 대여 가능한 자전거 대수가 표시된 목록이 있어요.
남	아, 좋아요. 자, **자전거는 네 대가 필요할 거예요. 앱에 따르면 충분한 자전거가 있는 가까운 대여점은 한 곳뿐입니다.**

어휘 rent 빌리다, 대여하다 available 이용 가능한

Location	Available Bicycles
65 Elm St.	1
702 Peach St.	4
41 Ames Ave.	3
7 Edson Rd.	2

위치	대여 가능한 자전거 대수
엘름 가 65번지	1
70피치 가 2번지	**4**
에임즈 가 41번지	3
에드슨 가 7번지	2

68

What does the woman say about the clients?

(A) Their flight was delayed.
(B) Their contract has not been signed.
(C) They prefer to try a seafood restaurant.
(D) They want to visit museums.

여자는 고객들에 대해 뭐라고 말하는가?

(A) 고객들이 탄 항공편이 지연됐다.
(B) 고객과의 계약이 체결되지 않았다.
(C) 해산물 식당에 가 보고 싶어 한다.
(D) 미술관에 가고 싶어 한다.

어휘 delay 지연시키다 sign a contract 계약을 체결하다, 계약서에 서명하다

해설 세부사항 관련 – 여자가 고객들에 대해 언급한 사항

여자가 대화 초반부에 회의가 내일인데, 오늘 오후에 고객들을 어디로 데려 가야 할지(Since our meetings with the clients don't start until tomorrow, where should we take them this afternoon?)를 물으며 그들은 미술관 방문에 관심이 있다(They said they're interested in visiting some art museums)고 했으므로 정답은 (D)이다.

> ▸▸ Paraphrasing 대화의 **are interested in visiting some art museums** → 정답의 **want to visit museums**

69

What does the man suggest doing?

(A) Updating an event calendar
(B) Trying some local food
(C) Taking a bus tour
(D) Making reservations

남자는 무엇을 하라고 제안하는가?

(A) 행사 일정 업데이트하기
(B) 현지 음식 먹어 보기
(C) 버스 투어하기
(D) 예약하기

어휘 local 현지의 make a reservation 예약하다

해설 세부사항 관련 – 남자의 제안 사항

남자가 첫 번째 대사에서 도시 투어 버스표가 있는데, 그건 어떤지(I still have some bus passes for a tour of the city... How about that?) 물었으므로 정답은 (C)이다.

70

Look at the graphic. Which location will the speakers go to?

(A) 65 Elm St.
(B) 2 Peach St.
(C) 41 Ames Ave.
(D) 7 Edson Rd.

시각 정보에 의하면, 화자들은 어떤 위치로 갈 것인가?

(A) 엘름 가 65번지
(B) 피치 가 2번지
(C) 에임즈 가 41번지
(D) 에드슨 가 7번지

해설 시각 정보 연계 – 화자들이 갈 위치

남자가 마지막 대사에서 자전거 네 대가 필요하겠다(we'll need four bikes)면서, 앱에 따르면 충분한 자전거가 있는 가까운 대여점은 한 곳뿐(Based on the app, it seems only one station near here has enough available bikes)이라고 말했으므로 정답은 (B)이다.

PART 4

71-73 공지

M-Au 71Welcome to the Three Pines Mall! Thank you for shopping with us. While you're here today, be sure to stroll through the central atrium, where 72local food vendors are offering delectable free samples of new menu items. Supplies are limited! Also, 73please be aware that Cedar Avenue is being repaved next week and will be closed to traffic. You will still be able to access the mall via Highway Fifteen as usual.

쓰리 파인즈 몰에 오신 것을 환영합니다! 쇼핑해 주셔서 감사합니다. 오늘 이곳에 계시는 동안 중앙 아트리움으로 가 보세요. **지역 먹거리 판매상들이 맛있는 신메뉴 무료 시식품을 제공합니다.** 수량이 한정되어 있습니다! 아울러 **시더 가는 다음 주에 재포장될 예정이라 통행이 금지됩니다.** 하지만 평소처럼 15번 고속도로를 경유해 저희 쇼핑몰에 오실 수 있습니다.

어휘 stroll through 거닐다, 산책하다 atrium 아트리움(현대식 건물 중앙 높은 곳에 보통 유리로 지붕을 한 넓은 공간) vendor 판매상 delectable 맛있는 limited 한정된, 제한된 be closed to traffic 통행이 금지되다 as usual 평소대로

71

Where is the announcement being made?

(A) At a museum
(B) At a restaurant
(C) At a bus station
(D) At a shopping mall

공지는 어디서 이뤄지는가?

(A) 박물관
(B) 음식점
(C) 버스 정류장
(D) 쇼핑몰

해설 전체 내용 관련 – 공지 장소

지문 초반부에서 쓰리 파인즈 몰에 온 것을 환영한다(Welcome to the Three Pines Mall)면서 쇼핑해 주어 감사하다(Thank you for shopping with us)고 했으므로 정답은 (D)이다.

72

What is being offered for free?

(A) Exhibit passes
(B) Headphones
(C) Food samples
(D) Decorative trees

무엇이 무료로 제공되는가?

(A) 전시회 입장권
(B) 헤드폰
(C) 시식품
(D) 장식용 나무

어휘 exhibit 전시회 decorative 장식용의

해설 세부사항 관련 – 무료로 제공되는 것

지문 중반부에서 지역 먹거리 판매상들이 맛있는 신메뉴 무료 시식품을 제공한다(local food vendors are offering delectable free samples of new menu items)고 밝혔으므로 정답은 (C)이다.

73

According to the speaker, what will happen next week?

(A) A road will be closed.
(B) A menu will change.
(C) A documentary will be screened.
(D) A holiday sale will end.

화자에 의하면, 다음 주에 무슨 일이 있을 것인가?

(A) 도로가 폐쇄된다.
(B) 메뉴가 바뀐다.
(C) 다큐멘터리가 방영된다.
(D) 휴가철 할인이 끝난다.

어휘 screen 방영하다, 상영하다

해설 세부사항 관련 – 다음 주에 있을 일

지문 후반부에서 시더 가는 다음 주에 재포장될 예정이라 통행이 금지된다(please be aware that Cedar Avenue is being repaved next week and will be closed to traffic)고 했으므로 정답은 (A)이다.

W-Br A big welcome to Rita Perez, Westin Bookstore's featured guest of the summer! **74Ms. Perez has graciously agreed to give a reading and to participate in a book signing.** Her recently published novel, *Springtime Smiles*, has become an instant best seller, receiving praise from critics both here and abroad. **75Having been her friend for seven years, I'm very happy to see her career flourish.** **76One last note before we begin... please make sure the sound on your mobile phone is turned off.** And now, let's welcome Ms. Perez to the front.

이번 여름 웨스틴 서점의 특별 초대 손님인 리타 페레즈를 크게 환영해 주세요! 감사하게도 페레즈 씨께서 낭독과 책 사인회 참여에 동의해 주셨습니다. 최근 출판된 페레즈 씨의 소설 〈봄날의 미소〉는 국내외 비평가들에게 호평을 받으며 바로 베스트셀러에 등극했습니다. 7년 동안 페레즈 씨와 알고 지내며 그녀가 성공을 거두는 모습을 보니 기쁩니다. 시작하기 전에 마지막으로 말씀드릴 것이 있는데요… 휴대전화 소리는 반드시 꺼 주시기 바랍니다. 이제 페레즈 씨를 앞으로 모시겠습니다.

어휘 featured guest 특별 초대 손님 graciously 고맙게도, 자비롭게도 give a reading 낭독하다 participate in ~에 참가하다 publish 출판하다 instant 즉각적인 critic 비평가 flourish 번창하다

74
Who most likely is Rita Perez?

(A) A travel agent
(B) An author
(C) A librarian
(D) A news reporter

리타 페레즈는 누구이겠는가?
(A) 여행사 직원
(B) 작가
(C) 사서
(D) 기자

해설 전체 내용 관련 – 리타 페레즈의 신분
지문 초반부에서 페레즈 씨가 낭독과 책 사인회 참여에 동의했다 (Ms. Perez has graciously agreed to give a reading and to participate in a book signing)고 하면서 최근 출간된 그녀의 소설(Her recently published novel)을 소개하고 있으므로 정답은 (B)이다.

75
Why is the speaker happy for Rita Perez?

(A) She won a contest.
(B) She received a promotion.
(C) She has become successful.
(D) She will travel abroad.

화자는 리타 페레즈에 대해 왜 기뻐하는가?
(A) 대회에서 우승했다.
(B) 승진했다.
(C) 성공을 거뒀다.
(D) 해외 여행을 갈 것이다.

어휘 win a contest 대회에서 우승하다 promotion 승진

해설 세부사항 관련 – 화자가 리타 페레즈에 대해 기쁜 이유
지문 중반부에서 7년 동안 페레즈 씨와 알고 지내며 성공을 거두는 모습을 보니 기쁘다(Having been her friend for seven years, I'm very happy to see her career flourish)고 했으므로 정답은 (C)이다.

> ▸▸ Paraphrasing 담화의 her career flourish
> → 정답의 become successful

76
What does the speaker request that the listeners do?

(A) Silence their phones
(B) Take their seats
(C) Ask questions
(D) Make a purchase

화자는 청자들에게 무엇을 하라고 요청하는가?
(A) 전화기를 무음으로 해 놓기
(B) 자리에 앉기
(C) 질문하기
(D) 구입하기

어휘 take a seat 앉다 make a purchase 구입하다

해설 세부사항 관련 – 청자들에 대한 요청 사항
지문 후반부에서 시작하기 전에 마지막으로 휴대전화 소리는 꺼 달라(One last note before we begin... please make sure the sound on your mobile phone is turned off)고 요청했으므로 정답은 (A)이다.

> ▸▸ Paraphrasing 담화의 the sound on your mobile phone is turned off → 정답의 Silence their phones

W-Am Good morning, everyone. I want to start this meeting by discussing the results of some recent product testing. **77We were asked to design a software program for health-care professionals that would make medical record keeping more efficient.** **78Nurses said they wanted a faster tool for recording data so they could spend more time with patients.** Well, the nurses at Cranberg Hospital used our software for two weeks, and during that time they spent fifteen minutes less than usual completing reports each shift. So that's good news. **79I've summarized the results of our testing in a few handy charts.** Let's take a look at them now.

안녕하세요, 여러분. 오늘 회의는 최근 제품 시험 결과를 논의하는 것으로 시작하려 합니다. 우리는 의료 기록을 더 효율적으로 저장할 의료 전문가용 소프트웨어 프로그램 설계를 요청받은 바 있습니다. 간호사들은 데이터를 더 빨리 기록할 수 있는 수단을 찾아서 환자들에게 더 많은 시간을 할애할 수 있기를 바란다고 말했어요. 음, 크랜버그 병원 간호사들이 우리 소프트웨어를 2주간 사용했는데요. 이 기간 동안 매 근무 교대시간 보고서 작성에 평소보다 15분이 덜 걸렸습니다. 좋은 소식이죠. 제가 시험 결과를 보기 편하게 몇 개의 도표로 요약했어요. 지금 한 번 보시죠.

어휘 health-care 의료 서비스, 보건 professional 전문가 efficient 효율적인 complete 작성하다, 완료하다 shift 교대 근무 (시간) summarize 요약하다 handy 유용한, 편리한 take a look at ~를 보다

77

Who most likely are the listeners?

(A) Laboratory technicians
(B) Doctors
(C) Telecommunication specialists
(D) **Software designers**

청자들은 누구이겠는가?
(A) 실험실 기사
(B) 의사
(C) 전자 통신 전문가
(D) **소프트웨어 설계자**

어휘 laboratory 실험실 telecommunication 전자 통신

해설 전체 내용 관련 - 청자들의 신분
지문 초반부에서 우리는 의료 기록을 더 효율적으로 저장할 의료 전문가용 소프트웨어 프로그램 설계를 요청받았다(We were asked to design a software program for health-care professionals that would make medical record keeping more efficient)고 전하고 있으므로 청자들의 신분은 소프트웨어 설계자임을 알 수 있다. 따라서 정답은 (D)이다.

78

What does the speaker imply when she says, "they spent fifteen minutes less than usual completing reports each shift"?

(A) A product is effective.
(B) A deadline was extended.
(C) Some tasks have been reassigned.
(D) Some staff members are not being careful.

화자가 "매 근무 교대시간 보고서 작성에 평소보다 15분이 덜 걸렸습니다"라고 말한 의도는 무엇인가?
(A) **제품이 효과적이다.**
(B) 기한이 연장됐다.
(C) 일부 업무가 다시 배정됐다.
(D) 일부 직원이 주의를 기울이지 않고 있다.

어휘 effective 효과적인 deadline 기한 extend 연장하다 assign 배정하다, 할당하다

해설 화자의 의도 파악 - 매 근무 교대시간 보고서 작성에 평소보다 15분이 덜 걸렸다고 말한 의도
인용문의 앞 문장들에서 간호사들은 데이터를 더 빠르게 기록하여 환자들에게 더 많은 시간을 할애하길 바란다(Nurses said they wanted a faster tool for recording data so they could spend more time with patients)고 했고, 크랜버그 병원 간호사들이 소프트웨어를 2주간 사용했다(Well, the nurses at Cranberg Hospital used our software for two weeks)고 했다. 따라서 인용문은 제품이 효과적으로 시간을 절약시켰다는 의도로 한 말이므로 정답은 (A)이다.

79

What will the listeners do next?

(A) Tour a facility
(B) **Review some charts**
(C) Enjoy some refreshments
(D) Watch a product demonstration

청자들은 다음으로 무엇을 할 것인가?
(A) 시설 견학하기
(B) **도표 검토하기**
(C) 다과 즐기기
(D) 제품 시연 보기

어휘 facility 시설 refreshment 다과 demonstration 시연

해설 세부사항 관련 - 청자들이 다음에 할 행동
지문 후반부에서 시험 결과를 보기 편하게 몇 개의 도표로 요약했다(I've summarized the results of our testing in a few handy charts)며, 지금 한 번 보자(Let's take a look at them now)고 했으므로 정답은 (B)이다.

> ▶▶ Paraphrasing 담화의 take a look at them
> → 정답의 Review some charts

80-82 전화 메시지

M-Cn Good morning, Ms. Zhao, **80this is Mustafa from Healthful Pharmacy. 81I'm calling to let you know that your prescription is ready and can be picked up today.** One thing to be aware of, though, we will be short staffed from four to five due to employee training. Unfortunately, we aren't able to hold this training any other time. Anyway, **82when you do come in, please remember to bring some kind of photo identification.** We require that of all our customers. Thanks.

안녕하세요, 차오 씨. 저는 헬스풀 약국의 무스타파입니다. 차오 씨의 처방전이 준비되어 오늘 가져가시면 된다고 말씀드리려 전화했습니다. 한 가지 알고 계셔야 할 사항이 있는데요. 4시부터 5시까지 직원 교육 때문에 일손이 부족할 겁니다. 안타깝게도 교육을 진행할 다른 시간대가 없습니다. 어쨌든 오실 때 사진이 부착된 신분증을 가져오세요. 모든 손님께 요청드리는 사항입니다. 감사합니다.

80

Where does the speaker work?

(A) At a health food store

(B) At a dentist's office

(C) At a fitness center

(D) At a pharmacy

화자는 어디서 일하는가?

(A) 건강식품 매장

(B) 치과

(C) 헬스장

(D) 약국

해설 전체 내용 관련 – 화자의 근무지

지문 초반부에서 화자가 자신을 소개하며 헬스풀 약국의 무스타파(this is Mustafa from Healthful Pharmacy)라고 했으므로 정답은 (D)이다.

81

Why does the speaker say, "we will be short staffed from four to five due to employee training"?

(A) To ask the listener to work an additional shift

(B) To encourage the listener to come at a different time

(C) To complain about a decision

(D) To refuse a request for time off

화자가 "4시부터 5시까지 직원 교육 때문에 일손이 부족할 겁니다"라고 말한 이유는 무엇인가?

(A) 청자에게 추가 근무를 요청하려고

(B) 청자에게 다른 시간대에 올 것을 권하려고

(C) 결정에 대해 불만을 제기하려고

(D) 휴가 요청을 거절하려고

어휘 additional 추가의   encourage 권장하다, 장려하다   complain
불평하다   refuse 거절하다   time off 휴식, 휴가

해설 화자의 의도 파악 – 4시부터 5시까지 직원 교육 때문에 일손이 부
족할 것이라고 말한 이유

인용문 앞에서 차오 씨의 처방전이 준비되어 오늘 가져가면 된다고 알리려 전화했다(I'm calling to let you know that your prescription is ready and can be picked up today)고 했고, 뒤이어 한 가지 알고 있어야 할 사항이 있다(One thing to be aware of, though)면서 '4시부터 5시까지 직원 교육 때문에 일손이 부족할 것이다'라고 한 것으로 보아 특정 시간에 약국이 바쁠 것이라는 뜻으로 이해할 수 있다. 따라서 인용문은 약국이 바쁜 시간에 방문을 피해 달라는 의도로 한 말이므로 정답은 (B)이다.

82

What does the speaker remind the listener to do?

(A) Bring identification

(B) Pay an overdue bill

(C) Register online

(D) Submit a time sheet

화자는 청자에게 무엇을 하라고 말하는가?

(A) 신분증 가져오기

(B) 연체된 청구서 지불하기

(C) 온라인으로 등록하기

(D) 근무 시간 기록표 제출하기

어휘 overdue 기한이 지난   register 등록하다   submit 제출하다
time sheet 근무 시간 기록표

해설 세부사항 관련 – 청자에게 상기되는 사항

지문 후반부에서 약국에 올 때 사진이 부착된 신분증을 가져오라(when you do come in, please remember to bring some kind of photo identification)고 언급했으므로 정답은 (A)이다.

83-85 소개

M-Au Thank you for attending today's seminar. **83Our guest speaker today is Min-Ah Choi. Min-Ah is the company president of Choi, Incorporated. 84Her company specializes in financial planning. It offers a wide range of financial services to both small businesses and individuals. So... this is a great opportunity to learn from a leader in the industry.** We'll be getting started in just a few minutes. As you get settled into your seats, **85please make sure you've signed in for the session. To do so, you'll need to find your e-mail confirmation on your mobile phone or laptop and click the "sign in" button there.** That way, you'll all get credit for attending this seminar.

오늘 세미나에 참석해 주셔서 감사합니다. **오늘 객원 연사는 최민아입니다. 민아는 주식회사 최의 회장입니다. 재무 계획 전문 업체죠. 소규모 사업체와 개인에게 다양한 재무 서비스를 제공합니다. 그러니… 업계 선두 주자에게 배울 아주 좋은 기회입니다.** 몇 분 후 시작할 예정입니다. 자리를 잡으시면 세미나에 도착했음을 알리는 서명을 꼭 해 주시기 바랍니다. **서명을 하시려면 휴대전화나 노트북에서 이메일 확인서를 찾아 "도착 서명" 버튼을 클릭하세요.** 이렇게 하시면 세미나 참석을 인정받게 됩니다.

83

According to the speaker, who is Min-Ah Choi?

(A) A city official
(B) A company president
(C) An office supervisor
(D) A university professor

화자에 의하면, 최민아는 누구인가?

(A) 시 공무원
(B) 회사 회장
(C) 사무실 관리자
(D) 대학교수

어휘 official 공무원, 임원 supervisor 감독관, 관리자 professor 교수

해설 세부사항 관련 - 최민아의 직업

지문 초반부에서 오늘 객원 연사는 주식회사 최의 회장인 최민아(Our guest speaker today is Min-Ah Choi. Min-Ah is the company president of Choi, Incorporated)라고 밝혔으므로 정답은 (B)이다.

84

What is the focus of the seminar?

(A) Project management
(B) Computer skills
(C) Financial planning
(D) Product marketing

세미나의 중심 내용은 무엇인가?

(A) 프로젝트 관리
(B) 컴퓨터 활용 능력
(C) 재무 계획
(D) 제품 마케팅

어휘 management 관리

해설 세부사항 관련 - 세미나의 중심 내용

지문 중반부에서 연사의 회사가 재무 계획 전문 업체이고, 소규모 사업체와 개인에게 다양한 재무 서비스를 제공하니 업계 선두주자에게 배울 좋은 기회(Her company specializes in financial planning ~ opportunity to learn from a leader in the industry)라며 세미나의 객원 연사가 회장으로 있는 회사에 대해 설명하고 있다. 따라서 세미나의 중심 내용은 재무 계획임을 알 수 있으므로 정답은 (C)이다.

85

What does the speaker ask the listeners to do?

(A) Sign in online
(B) Pick up a handout
(C) Ask questions
(D) Form small groups

화자는 청자들에게 무엇을 하라고 요청하는가?

(A) 온라인으로 도착 서명하기
(B) 인쇄물 가져가기
(C) 질문하기
(D) 소집단 형성하기

어휘 handout 인쇄물, 유인물

해설 세부사항 관련 - 청자들에 대한 요청 사항

지문 후반부에서 세미나에 도착했음을 알리는 서명을 꼭 해 달라(please make sure you've signed in for the session)면서 서명을 하려면 휴대전화나 노트북에서 이메일 확인서를 찾아 "도착 서명" 버튼을 클릭하라(To do so, you'll need to find your e-mail confirmation on your mobile phone or laptop and click the "sign in" button there)고 했으므로 정답은 (A)이다.

86-88 공지

M-Cn Before we end the staff meeting, 86remember that our branch office on Carson Avenue will be closed for renovations starting Monday. That branch's accounting team will temporarily move to our building until their office renovations are complete. 87The employees will be working in conference room B—we'll be moving some desks in there for the next few weeks. 88We've arranged to host a catered lunch for them on Monday. All staff are welcome and encouraged to attend.

직원 회의를 마치기 전에, 카슨 가 지점이 월요일부터 보수 공사로 문을 닫는다는 사실을 기억해 주십시오. 해당 지점 회계팀은 사무실 보수가 완료될 때까지 임시로 우리 건물로 옮길 것입니다. 그 직원들은 B 회의실에서 일할 테니, 향후 몇 주 동안 그곳으로 책상을 옮겨 둘 예정입니다. 월요일에 그들을 위해 출장연회 점심 식사를 열도록 준비했습니다. 모든 직원이 참석 가능하니 와 주시기 바랍니다.

어휘 renovation 개조, 보수 accounting 회계 temporarily 일시적으로, 임시로 complete 완료된 arrange 준비하다, 마련하다 encourage 권하다, 장려하다

86

Why will a branch office be closed?

(A) Surrounding roads are being repaired.
(B) Sales have recently declined.
(C) The building will be photographed.
(D) The building will undergo renovations.

지점은 왜 문을 닫는가?

(A) 주변 도로를 고치고 있다.
(B) 최근 매출이 감소했다.
(C) 건물에서 촬영을 한다.
(D) 건물 보수 공사를 한다.

어휘 surrounding 인근의, 주위의 decline 감소하다, 하락하다 undergo 겪다

해설 세부사항 관련 – 지점이 문을 닫는 이유

지문 초반부에서 카슨 가 지점이 월요일부터 보수 공사로 문을 닫는다는 사실을 기억하라(remember that our branch office on Carson Avenue will be closed for renovations starting Monday)고 했으므로 정답은 (D)이다.

87

What does the speaker say about conference room B?

(A) It is big enough for a staff meeting.
(B) It will be used as office space.
(C) It has recently been inspected.
(D) It has outdated technology.

화자는 B 회의실에 대해 뭐라고 말하는가?

(A) 직원 회의를 할 만큼 충분히 크다.
(B) 사무 공간으로 이용될 것이다.
(C) 최근 점검했다.
(D) 구식 기술을 갖추고 있다.

어휘 inspect 점검하다, 검사하다   outdated 구식의

해설 세부사항 관련 – B 회의실에 대해 언급된 사항

지문 중반부에서 그 직원들은 B 회의실에서 일할 것(The employees will be working in conference room B)이라고 했으므로 정답은 (B)이다.

> ▸▸ Paraphrasing   담화의 The employees will be working in
>   conference room B
>   → 정답의 It will be used as office space

88

What will take place on Monday?

(A) A training workshop
(B) A software upgrade
(C) A catered lunch
(D) A facility tour

월요일에 무슨 일이 있을 것인가?

(A) 교육 워크숍
(B) 소프트웨어 업그레이드
(C) 출장연회 점심 식사
(D) 시설 견학

어휘 facility 시설

해설 세부사항 관련 – 월요일에 있을 일

지문 후반부에서 월요일에 그들을 위해 출장연회 점심 식사를 할 것(We've arranged to host a catered lunch for them on Monday)이라고 했으므로 정답은 (C)이다.

89-91 방송

M-Au For all of you tuning in to our radio station today, the annual Springfield Music Festival is just around the corner! **89From June twelfth to fourteenth, the Springfield Park will host a variety of live performances, from drumming circles to alternative rock bands…** all free and open to the public. **90And don't forget about WKBC's annual raffle. This year, you can enter to win a brand new, one-of-a-kind electric guitar. 91Raffle tickets are only available at our ticket booth. And last year,** all the tickets were gone in an hour. Look for us by the water fountain on June twelfth. Hope to see you there!

오늘 저희 라디오를 청취해 주시는 여러분, 연례 스프링필드 음악 축제가 코앞으로 다가왔습니다! 6월 12일에서 14일까지 스프링필드 공원에서는 드럼 동호회부터 얼터너티브 록 밴드에 이르기까지 다양한 라이브 공연이 개최되며… 모두 무료로 개방됩니다. WKBC의 연례 경품 추첨도 잊지 마세요. 올해는 새로 나온 특별한 전자 기타 추첨에 참여하실 수 있습니다. 추첨 티켓은 매표소에서만 구하실 수 있습니다. 작년엔 한 시간만에 표가 동이 났죠. 6월 12일에 분수대 옆에서 저희를 찾으세요. 거기서 뵙겠습니다!

어휘 tune in 청취하다, 시청하다   annual 연례의   just around the corner 목전에 와 있는, 코앞으로 다가온   a variety of 다양한   performance 공연   open to the public 대중에게 개방되다   raffle 추첨식 복권   brand new 아주 새로운   one-of-a-kind 특별한, 독특한   fountain 분수

89

What event is happening in June?

(A) A job fair
(B) A music festival
(C) An art exhibit
(D) A fitness demonstration

6월에 어떤 행사가 열리는가?

(A) 취업 박람회
(B) 음악 축제
(C) 미술 전시회
(D) 피트니스 시범

어휘 job fair 취업 박람회   demonstration 시범, 시연

해설 전체 내용 관련 – 6월에 열리는 행사

지문 초반부에서 6월 12일에서 14일까지 스프링필드 공원에서는 드럼 동호회부터 얼터너티브 록 밴드까지 다양한 라이브 공연이 개최될 것 (From June twelfth to fourteenth, the Springfield Park will host a variety of live performances, from drumming circles to alternative rock bands)이라고 전하고 있으므로 정답은 (B)이다.

90

What kind of prize can the listeners win?

(A) Dinner reservations
(B) Concert tickets
(C) A laptop computer
(D) A musical instrument

청자들은 어떤 경품을 받을 수 있는가?

(A) 저녁 식사 예약
(B) 음악회 표
(C) 노트북 컴퓨터
(D) 악기

어휘 reservation 예약 musical instrument 악기

해설 세부사항 관련 – 청자들이 받을 수 있는 경품
지문 중반부에서 WKBC의 연례 경품 추첨도 잊지 말라(And don't forget about WKBC's annual raffle)고 한 후, 올해는 전자 기타 추첨에 참여할 수 있다(This year, you can enter to win a brand new, one-of-a-kind electric guitar)고 했다. 따라서 청자들이 받을 수 있는 경품은 악기임을 알 수 있으므로 정답은 (D)이다.

▶▶ Paraphrasing 담화의 electric guitar
→ 정답의 musical instrument

91

What does the speaker mean when he says, "all the tickets were gone in an hour"?

(A) The listeners should make a purchase as soon as possible.
(B) The listeners should print more tickets.
(C) An event might begin late.
(D) Some vendors will be pleased.

화자가 "한 시간만에 표가 동이 났죠"라고 말한 의도는 무엇인가?

(A) 청자들은 가능한 한 빨리 구입해야 한다.
(B) 청자들은 더 많은 표를 출력해야 한다.
(C) 행사가 늦게 시작될 수도 있다.
(D) 상인들이 반길 것이다.

어휘 make a purchase 구입하다

해설 화자의 의도 파악 – 한 시간만에 표가 동이 났다고 말한 의도
인용문 앞에서 추첨 티켓은 매표소에서만 구할 수 있다(Raffle tickets are only available at our ticket booth)는 정보를 제공한 뒤 작년엔 '한 시간만에 표가 동이 났다'라고 언급한 것으로 보아 인용문은 티켓을 빨리 구입하라는 의도로 한 말임을 알 수 있다. 따라서 정답은 (A)이다.

92-94 담화

W-Br Welcome, everyone! ⁹²**We're so glad you're joining our team. With the recent expansion to this building, we now have five additional theaters and can show more movies than ever.** And that's, of course, why we've hired more staff. Well, ⁹³**today, I'll show you the ticket booth and how to use the ticket machines.** After that, we'll go over some other duties you'll be expected to cover, like working at the snack bar. Now, your uniforms haven't arrived yet, so, ⁹⁴**tomorrow, please wear a red shirt to match our logo.**

여러분, 환영합니다! 저희 팀에 들어오시게 되어 반갑습니다. **최근 이 건물로 확장하면서 이제 다섯 개의 극장이 추가로 생겼고 전보다 더 많은 영화를 상영할 수 있게 됐어요.** 물론 그래서 더 많은 직원을 채용한 거죠. 자, 오늘 여러분께 매표소를 소개하고 매표 기계 사용법을 알려 드릴 겁니다. 그러고 나서 스낵바 업무 등 여러분이 맡아야 할 다른 직무를 살펴보겠습니다. 여러분의 유니폼이 아직 도착하지 않았으니 **내일은 저희 로고에 맞춰 빨간 셔츠를 입으세요.**

어휘 expansion 확장 additional 추가의

92

Where most likely are the listeners?

(A) At a bookstore
(B) At a restaurant
(C) At a bus station
(D) At a movie theater

청자들은 어디에 있겠는가?

(A) 서점
(B) 음식점
(C) 버스 정류장
(D) 영화관

해설 전체 내용 관련 – 담화 장소
지문 초반부에서 청자들이 팀에 들어와서 반갑다(We're so glad you're joining our team)고 했고, 최근 이 건물로 확장하면서 다섯 개의 극장이 추가되어 더 많은 영화를 상영할 수 있게 됐다(With the recent expansion to this building, we now have five additional theaters and can show more movies than ever)고 했으므로 청자들은 영화관에 있음을 알 수 있다. 따라서 정답은 (D)이다.

93

What will the speaker mainly talk about today?

(A) Job duties
(B) Health regulations
(C) Sales goals
(D) Customer feedback

화자는 오늘 주로 무엇에 관해 이야기하겠는가?

(A) 직무
(B) 보건 규정
(C) 매출 목표
(D) 고객 피드백

어휘 regulation 규정

해설 세부사항 관련 – 오늘 이야기할 주제

지문 중반부에서 화자가 오늘 청자에게 매표소 소개와 매표 기계 사용법을 알려 주겠다(today, I'll show you the ticket booth and how to use the ticket machines)면서, 스낵바 업무 등 맡아야 할 다른 직무를 살펴보겠다(After that, we'll go over some other duties you'll be expected to cover, like working at the snack bar)고 했으므로 청자들에게 직무를 설명할 것임을 알 수 있다. 따라서 정답은 (A)이다.

94

What does the speaker ask the listeners to do tomorrow?

(A) Arrive early
(B) Wear a specific color
(C) Park in a designated area
(D) Bring photo identification

화자는 청자들에게 내일 무엇을 하라고 요청하는가?

(A) 일찍 도착하기
(B) 특정 색상 옷 입기
(C) 지정된 구역에 주차하기
(D) 사진이 부착된 신분증 가져오기

어휘 specific 특정한 designated 지정된

해설 세부사항 관련 – 청자들에 대한 요청 사항

지문 후반부에서 내일은 로고에 맞춰 빨간 셔츠를 입으라(tomorrow, please wear a red shirt to match our logo)고 요청했으므로 정답은 (B)이다.

> ▸▸ Paraphrasing 담화의 wear a red shirt
> → 정답의 Wear a specific color

95-97 전화 메시지 + 청구서

M-Cn Hello, Ms. Rodriguez, **⁹⁵it's Harrison, from Harrison's Home Remodeling. I'm calling because the original invoice I sent you yesterday for your kitchen remodel is incorrect.** This is good news for you, though, because **⁹⁶I forgot that the tiles you selected for your kitchen flooring are discounted this month. So, later today I'll send you a new invoice,** which will include the discount on the tiles. Oh, and **⁹⁷my crew and I will be at your house tomorrow morning to install the countertops, then we'll be all done.** Call me back if you have any questions.

안녕하세요, 로드리게즈 씨. 저는 해리슨즈 홈 리모델링의 해리슨입니다. 어제 보내 드린 주방 리모델링에 관한 원본 청구서가 잘못되어 전화드립니다. 하지만 좋은 소식이에요. 주방 바닥재로 선택하셨던 타일이 이번 달에 할인된다는 사실을 깜빡 잊었거든요. 오늘 이따가 새 청구서를 보내드리겠습니다. 거기에 타일 할인이 포함될 겁니다. 아, 저와 저희 직원이 조리대를 설치하러 내일 아침에 댁으로 갈 예정입니다. 그럼 다 끝납니다. 질문이 있으시면 전화 주십시오.

어휘 invoice 청구서 incorrect 잘못된 discount 할인하다 countertop 조리대 assessment 평가 material 재료, 자재

Original Invoice: Isabel Rodriguez

Initial Assessment	$60
Design Fees	$600
⁹⁶Materials	$2,530
Labor	$1,500

청구서 원본: 이사벨 로드리게즈

최초 평가	60달러
디자인비	600달러
⁹⁶자재	**2,530달러**
인건비	1,500달러

95

What has the speaker's company been working on?

(A) Landscaping a garden
(B) Repairing a garage door
(C) Remodeling a kitchen
(D) Installing solar panels

화자의 회사는 어떤 작업을 하고 있는가?

(A) 정원 조경
(B) 차고 문 수리
(C) 주방 리모델링
(D) 태양 전지판 설치

어휘 landscape 조경을 하다 garage 차고 solar panel 태양열 전지판

해설 전체 내용 관련 – 화자의 회사가 하는 작업

지문 초반부에서 해리슨즈 홈 리모델링의 해리슨(it's Harrison, from Harrison's Home Remodeling)이라며 어제 보낸 주방 리모델링의 청구서가 잘못되어 전화한다(I'm calling because the original invoice I sent you yesterday for your kitchen remodel is incorrect)고 했으므로 정답은 (C)이다.

> ▸▸ Paraphrasing 담화의 kitchen remodel
> → 정답의 Remodeling a kitchen

96

Look at the graphic. Which amount does the speaker say is incorrect?

(A) $60
(B) $600
(C) $2,530
(D) $1,500

시각 정보에 의하면, 화자는 어떤 금액이 잘못됐다고 말하는가?

(A) 60달러
(B) 600달러
(C) 2,530달러
(D) 1,500달러

해설 시각 정보 연계 – 잘못된 금액

지문 중반부에서 주방 바닥재로 선택한 타일이 이번 달에 할인된다는 사실을 잊었다(I forgot that the tiles you selected for your kitchen flooring are discounted this month)고 했고 새 청구서를 보내 주겠다(So, later today I'll send you a new invoice)고 했으므로 타일 금액이 잘못되었음을 알 수 있다. 시각 정보를 보면 자재비는 $2,530이므로 정답은 (C)이다.

97

What does the speaker say he will do tomorrow?

(A) Go to a home repair store
(B) Inspect some equipment
(C) Purchase some new tools
(D) Complete a project

화자는 내일 무엇을 하겠다고 말하는가?

(A) 집 수리 매장 방문하기
(B) 장비 점검하기
(C) 새 연장 구입하기
(D) 프로젝트 완료하기

어휘 inspect 점검하다, 검사하다   tool 도구, 연장   complete 완료하다

해설 세부사항 관련 – 화자가 내일 할 일

지문 후반부에서 화자는 자신과 직원이 조리대를 설치하러 내일 아침 방문 예정이며 그럼 다 끝난다(my crew and I will be at your house tomorrow morning to install the countertops, then we'll be all done)고 했으므로 정답은 (D)이다.

> ▸▸ Paraphrasing   담화의 **be all done**
> → 정답의 **Complete a project**

98-100 광고 + 가격표

W-Am Would you like to add something special to your company's celebration or business function? Then Eco-Events may be just right for you. **⁹⁸We offer a large variety of environmentally friendly rental products for any occasion.** Our most popular rentals are our tables and chairs, all made from sustainable materials. They're beautiful and functional! Our tables come in four sizes, allowing you to arrange a gathering any way you'd like. And for a limited time, **⁹⁹our most popular table, which seats eight to twelve people, can be rented for just ten dollars per day!** **¹⁰⁰To take advantage of this limited offer, just enter the promotional code TENDISCOUNT when you go to our Web site.**

귀사의 축하 파티나 기념 행사에 특별한 요소를 더하고 싶으신가요? 그렇다면 에코 이벤트가 있습니다. **어떤 상황에서도 쓸 수 있는 다양한 친환경 대여 제품을 제공해 드립니다.** 가장 인기 있는 대여 제품은 탁자와 의자로, 모두 지속 가능한 자재로 만들어졌습니다. 아주 예쁘고 실용적입니다! 탁자는 4가지 크기가 있어, 원하시는 대로 모임을 준비하실 수 있습니다. 한시적으로, **인기가 가장 많은 8~12인용 탁자를 하루 10달러에 대여하실 수 있습니다!** 한시적 할인가로 이용하시려면 저희 웹사이트를 방문하셔서 쿠폰 번호 TENDISCOUNT를 입력하세요.

어휘 function 행사   environmentally-friendly 친환경적인   for any occasion 어떤 상황에서도   sustainable 지속 가능한   functional 실용적인   gathering 모임   take advantage of ~를 이용하다   promotional code 쿠폰 번호(할인을 받기 위해 입력하는 번호)

Table Packages	
SILVER (Seats 4-6) $12	⁹⁹DELUXE (Seats 8-12) $25
GOLD (Seats 6-8) $20	PREMIUM (Seats 10-16) $35

탁자 패키지	
실버 (4-6인) 12달러	⁹⁹디럭스 (8-12인) 25달러
골드 (6-8인) 20달러	프리미엄 (10-16인) 35달러

TEST 10

98

What kind of business is being advertised?

(A) A clothing store
(B) A rental company
(C) A convention center
(D) A furniture manufacturer

어떤 종류의 업체를 광고하는가?

(A) 의류 매장
(B) **대여업체**
(C) 컨벤션 센터
(D) 가구 제조업체

어휘 manufacturer 제조업체

해설 전체 내용 관련 – 광고되는 업체의 종류

지문 초반부에서 어떤 상황에서도 쓸 수 있는 다양한 친환경 대여 제품을 제공한다(We offer a large variety of environmentally friendly rental products for any occasion)고 광고하고 있으므로 정답은 (B)이다.

99

Look at the graphic. Which table package is available at a discounted price?

(A) Silver
(B) Deluxe
(C) Gold
(D) Premium

시각 정보에 의하면, 어떤 탁자 패키지를 할인된 가격으로 이용할 수 있는가?

(A) 실버
(B) **디럭스**
(C) 골드
(D) 프리미엄

해설 시각 정보 연계 – 할인된 탁자 패키지

가격표를 보면 8-12인용 탁자의 대여료가 25달러로 되어 있는데 지문 후반부에서 가장 인기 있는 8~12인용 탁자를 하루 10달러에 대여할 수 있다(our most popular table, which seats eight to twelve people, can be rented for just ten dollars per day)고 했으므로 정답은 (B)이다.

100

How can the listeners obtain a discount?

(A) By watching a brief video
(B) By visiting a store location
(C) By speaking with a manager
(D) By entering a promotional code

청자들은 어떻게 할인을 받을 수 있는가?

(A) 간단한 동영상을 시청함으로써
(B) 매장을 방문함으로써
(C) 관리자와 이야기함으로써
(D) **쿠폰 번호를 입력함으로써**

어휘 brief 간략한

해설 세부사항 관련 – 청자들이 할인 받는 방법

지문 후반부에서 한시적 할인가로 이용하려면 웹사이트를 방문해서 쿠폰 번호 TENDISCOUNT를 입력하라(To take advantage of this limited offer, just enter the promotional code TENDISCOUNT when you go to our Web site)고 했으므로 정답은 (D)이다.